출제기관
KBS 한국어진흥원
공/식/인/증

가장 최신 기출
국가공인 자격

KBS
한국어능력시험 공식
기출문제집 + 무료강의

KBS한국어진흥원 문제/해설/결과분석 제공

제85, 84, 83회

1권 | 공식기출 문제집

시대에듀# 은 KBS한국어능력시험의 출제기관인 KBS한국어진흥원의 공식계약사로, 가장 최신 기출문제를 출간합니다.

KBS한국어진흥원
공식기출 문제/해설/결과분석 제공

KBS한국어진흥원은 대한민국 공영방송인 KBS한국방송이 한국어와 한국어 문화콘텐츠 확산을 위하여 사내에 설립한 KBS의 공익적 기관입니다.

2004년부터 시행하고 있는 국가공인 〈KBS한국어능력시험〉을 시작으로 청소년들의 독서와 언어능력을 높여주는 초·중등생을 위한 〈책과 함께, KBS한국어능력시험〉, 한국어를 모국어로 하지 않는 재외동포 및 외국인들의 한국어 활용 능력을 평가하는 〈외국인을 위한 KBS한국어능력시험(KBSKLT)〉, 실무적인 의사소통 능력을 평가하는 〈KBS한국어의사소통능력시험〉까지 연 10만 명 이상이 응시하는 시험을 주관하는 대한민국의 대표적 한국어 평가 기관입니다.

KBS한국어능력시험 공식기출 문제집
감수&강의

민상윤 교수

(現) KBS한국어능력시험 형설온라인교육센터 강사
(現) KB라스쿨 고등 국어 대표 강사
(現) 나두공 9급 공무원 국어 강사
(現) 러너스컴퍼니 교육컨설팅 대표

합격시키는 힘, 합격력을 끌어올리다
콘텐츠의 정확성과 견고함을 기반으로, 자격증수험서의 본질인 합격에 집중하는 시대에듀의 합격력 끌어올림# 브랜드입니다.

합격콘텐츠 서비스

1 최신 기출 해설부터 어휘·어법 특강까지!
KBS한국어능력시험 무료강의

- 최신 기출 3회분(85회, 84회, 83회) 기출해설 무료강의
- 영역별 학습전략 & 최빈출 어휘·어법

※ 시대에듀 공식 유튜브 채널에서도 확인하실 수 있습니다.
유튜브(YouTube) ◯ 검색 [시대에듀]

(youtube.com/@kbs9605)
유튜브(YouTube)
◯ 검색 [한국어진흥원]

---

2 시험 직전 최종 점검! 공부하면 등급이 달라지는
가장 최신 기출 어휘·어법 공략집

---

3 ## 모바일 OMR 자동채점 서비스

- 공식기출 3회+기출변형 모의고사 1회 모바일 OMR 자동채점 서비스 제공
- 문제편 제85회~제83회+기출변형 모의고사 문제지 QR코드 참고

※ 도서 내 문제지 우측 상단에 위치한 QR코드 찍기

---

4 ## 즉문즉답 1:1 고객문의

공부하다가 잘못된 내용이 있거나 모르는 내용이 있으면 바로 질문하세요.
실시간으로 빠르고 자세하게! 답변해 드립니다.

forms.gle/Rc8TtdXbaNjdezRf6

구성과 특징

01 출제기관 KBS한국어진흥원 제공 **최신 공식기출 3회분**

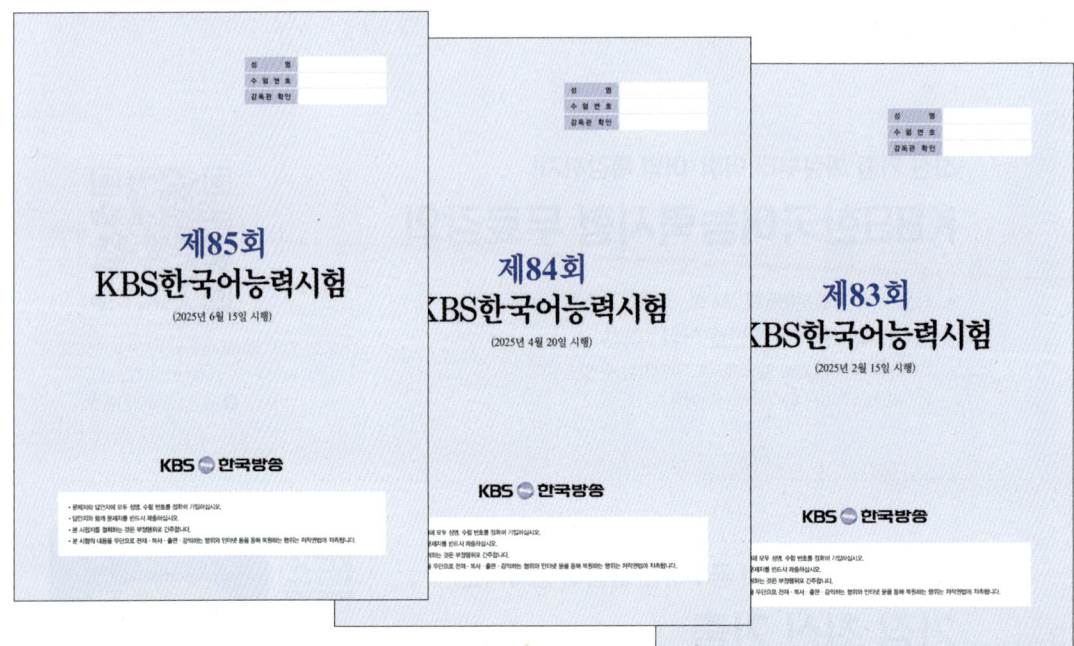

02 기출분석부터 약점 진단까지! **시험 분석 및 평가 & 자가 진단표**

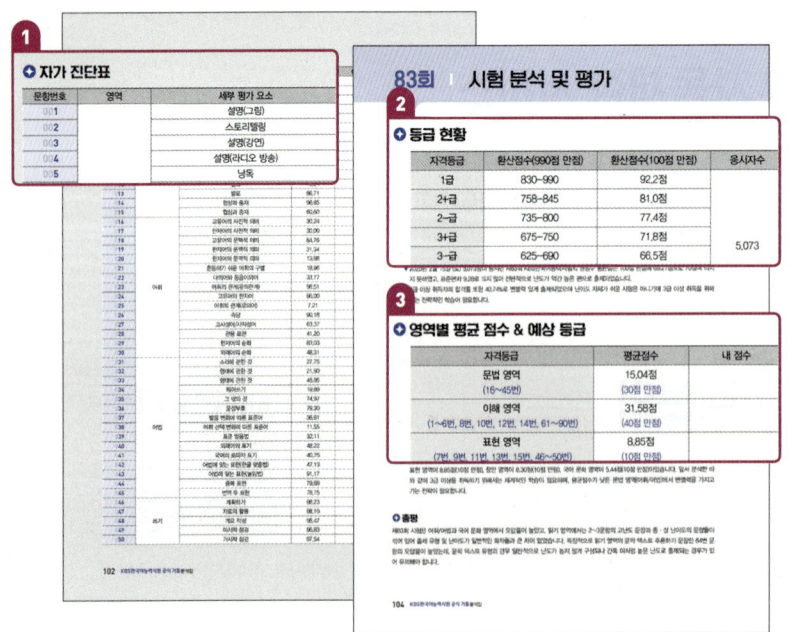

❶ 자가 진단표

문항별 정답률과 함께 다시 볼 문항을 확인하고, 하나의 표로 정리할 수 있습니다.

❷ 회차별 등급 현황

공식기출의 회차별 시험 결과를 확인할 수 있습니다.

❸ 영역별 평균 점수&예상 등급

영역별 평균 점수와 본인의 예상 점수를 비교하여 체계적인 학습 전략을 수립할 수 있습니다.

03 상세한 해설과 풀이 전략을 담은 **정답과 해설**

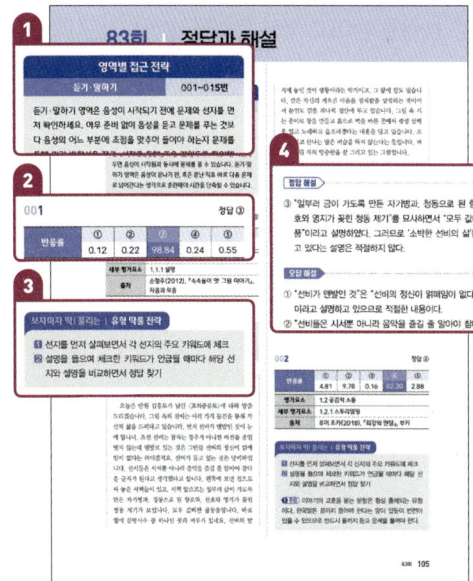

❶ 영역별 접근 전략

시험장에서 시간을 절약할 수 있는 영역별 접근 전략을 확인할 수 있습니다.

❷ 선지 반응률

오답률이 높은 선지를 확인하여 반드시 맞아야 할 문제를 확인하고 대비할 수 있습니다.

❸ 유형 풀이 전략

풀이 시간을 단축하는 문제&유형별 풀이 전략을 확인할 수 있습니다.

❹ 상세한 해설

정답과 오답에 대한 해설을 상세하게 수록하여, 혼자서도 충분한 학습이 가능합니다.

04 최종 점검을 위한 **기출변형 모의고사**

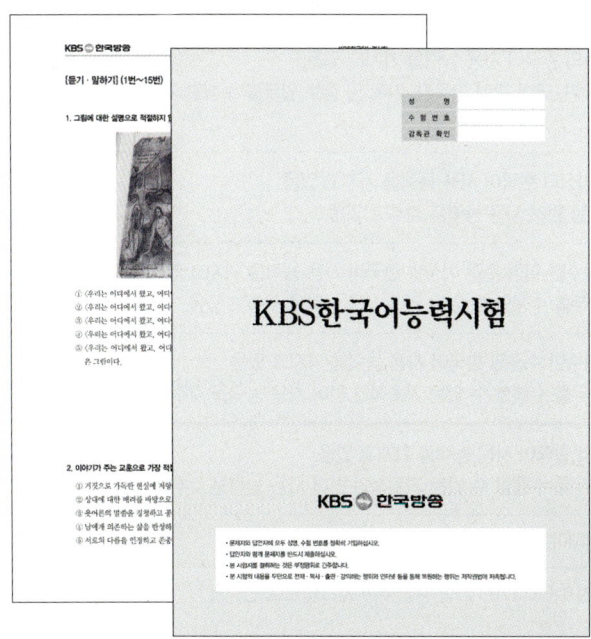

기출변형 모의고사

실제 시험과 동일한 구성의 기출변형 모의고사로 시험 직전 실전 연습이 가능합니다.

시험 소개

○ KBS한국어능력시험이란?

KBS한국어능력시험은 국어를 정확하고 교양(教養)있게 사용하여 국어를 아름답게 가꾸어 보전(保全)해야 할 선도적 사명과 책임이 있는 KBS가 궁극적으로는 국민의 국어 사용 능력을 높이고 국어 문화를 발전시키는 데 기여하기 위해 시행하는 시험임.

○ 국가공인자격

KBS한국방송공사에서 실시하는 KBS한국어능력시험은 문화체육관광부로부터 민간자격 국가공인을 인증받음으로써 명실공히 우리나라를 대표하는 한국어능력 자격검정임.

○ 검정 기준

등급		내용
1급	국가공인 자격증 발급	• 전문가 수준의 뛰어난 한국어 사용 능력을 가지고 있음. • 창조적인 언어 사용 능력의 소유자로서 언론인, 방송인, 저술가, 작가, 국어 관련 교육자, 기획 및 홍보 업무 책임자로서 갖추어야 할 언어 능력을 충분히 갖추고 있음.
2+급		• 일반인으로서 매우 뛰어난 수준의 한국어 사용 능력을 가지고 있음. • 언론인, 방송인, 저술가, 작가, 국어 관련 교육자, 기획 및 홍보 업무를 수행할 언어 사용 능력을 갖추고 있음.
2-급		• 일반인으로서 뛰어난 수준의 한국어 사용 능력을 가지고 있음. • 언론인, 방송인, 저술가, 작가, 국어 관련 교육자, 기획 및 홍보 업무를 수행할 기본적인 언어 사용 능력을 갖추고 있음.
3+급		• 일반인으로서 보통 수준 이상의 한국어 사용 능력을 가지고 있음. • 일반 업무를 수행할 수 있는 언어 사용 능력을 갖추고 있음.
3-급		• 국어교육을 정상적으로 이수한 일정 수준 이상의 한국어 사용 능력을 가지고 있음. • 일정 범위 내에서 일반 업무를 수행할 수 있는 언어 사용 능력을 갖추고 있음.
4+급		• 국어교육을 정상적으로 이수한 수준의 한국어 사용 능력을 가지고 있음. • 일정 범위 내에서 일반 업무를 수행할 수 있는 기초적인 언어 사용 능력을 갖추고 있음.
4-급		• 고교 교육을 이수한 수준의 한국어 사용 능력을 가지고 있음. • 일정 범위 내에서 기본 업무를 수행할 수 있는 기초적인 언어 사용 능력을 갖추고 있음.
무급		국어 사용 능력을 위해 노력해야 함.

※ 합격 기준은 절대평가가 아닌 KBS가 특허등록(특허 제10-0834208호)한 등급부여 시스템으로 산정함.

○ 시험 기본 정보

시행 기관	KBS한국방송 주최, KBS한국어진흥원 주관
응시 자격	제한 없음
자격증 및 성적 유효 기간	성적 조회 개시일로부터 만 2년

시험 시간	총 120분
	❶ 실제 평가에 소요되는 시험 시간은 10:00~12:00(120분간)로 함.
	  • 듣기시험: 10:00~10:25(25분)
	  • 읽기시험: 10:25~12:00(95분)
	  ※ 쉬는 시간 없음
	❷ 시험에 응시하는 수험자는 시험 시작 30분 전까지(수험표 및 공지사항 참고) 고사실에 입실하여야 함.
	  (시간 내 입실하지 못한 경우 이에 대한 책임은 수험자에게 있음)
	  • 09:30~09:40 수험자 주의사항 및 소지품 정리
	  • 09:40~09:55 답안지 배부 및 신분 확인
	  • 09:55~10:00 문제지 배부

응시료	33,000원 • 자격증 발급 수수료: 5,000원 ※ 자격증 발급 수수료는 응시료에 포함되지 않으며, 신청인이 부담하여야 함.
접수 기간	접수 시작일 09:00부터, 접수 마감일 18:00까지 온라인 접수만 가능 ※ 시행 일정은 시행처 사정에 따라 변경될 수 있으며, 2026년의 정확한 시험 일정은 2025년 말에 발표 예정
수험생 유의사항	• 준비물: 수험표, 신분증, 연필, 지우개 • 시험지 불출 엄금

○ 출제 방식

- 객관식 5지 선다형
- 100문항
- 990점 만점

※ 문항당 균일 배정이 원칙이나 필요시 차등 배점

○ 출제 수준

한국 고교 수준의 국어교육을 정상적으로 받은 사람이 풀 수 있는 수준

시험 소개

○ 출제 영역

국어능력		세부 내용
어휘·어법 능력	어휘력과 문법(어법) 능력	• 언어의 4대 기능이라고 하는 말하기, 듣기, 읽기, 쓰기 능력의 기초가 되는 능력 • 풍부한 어휘를 정확하게 사용하는 능력과 문법을 정확하게 구사하는 능력 • 고유어, 한자어, 외래어에 대한 이해 및 표현 능력을 측정 • 4대 어문 규정(①한글 맞춤법, ②표준어 규정, ③외래어 표기법, ④로마자 표기법)에 대한 이해 능력을 측정 • 외국어가 범람하는 어려운 전문 용어가 그대로 사용되는 오늘날의 언어 현실을 반영하여 순화어 관련 문항을 포함 • 한자(漢字)에 대한 이해 및 사용 능력
이해 능력	듣기 능력	• 인간의 의사소통에 가장 기본이 되는 영역 • 강의, 강연, 뉴스, 토론, 대화, 인터뷰 자료 등 다양한 구어 담화를 듣고 문제를 해결하는 방식으로 구성
	읽기 능력	• 다양한 텍스트를 주고 글에 대한 사실적 이해, 추론적 이해, 비판적 이해 능력을 측정 • 텍스트는 문예 텍스트, 학술 텍스트, 실용 텍스트로 구성 [문예 텍스트] – 문학, 정서 표현의 글 　　　　　　　– 추리·상상적 이해력 [학술 테스트] – 인물, 사회, 과학, 예술 등 　　　　　　　– 논리·비판적 이해력 [실용 텍스트] – 기사문, 보고서, 설명서, 편지글, 다매체 텍스트 　　　　　　　– 사실·분석적 이해력
표현 능력	쓰기 능력	• 대규모 인원이 응시하여 시험 운영과 관리의 제약 때문에 객관식으로 쓰기와 말하기 능력을 측정 • '주제 선정 → 자료 수집 → 개요(outline) 작성 → 집필 → 퇴고'의 일련의 과정을 잘 이해하고 실습해 본 사람이면 누구나 풀 수 있도록 쓰기 과정별로 문항이 구성되어 있음.
	말하기 능력	• 발표, 토론, 협상, 설득, 논증, 표준화법(언어예절, 호칭어와 지칭어 사용 등) 등의 다양한 말하기 상황과 관련된 능력 • 정확한 발음과 관련하여 표준발음법 관련 문항도 포함됨.
창의적 언어 능력	창안 능력	• 쓰기나 말하기 능력에서 창의적, 독창적 아이디어를 만들어내는 능력으로, 언어를 창의적으로 사용하는 능력을 측정 • 창의적인 표어를 제작하거나, 글을 읽고 감동적이거나 인상적인 제목을 만들거나 추출할 수 있는 능력 • 기타 창의적 사고력을 기반으로 각종 언어 사용에서 아이디어를 창안하는 능력 • 비유법과 관련한 창의적 수사법, 고사성어(故事成語)와 속담(俗談) 등을 활용한 표현 능력
국어 교과의 교양적 지식	국어 문화 능력	• 기존 국어 시험들에서 배제되어 온 국어와 관련된 교양 상식에 대한 이해 능력 • 기존 국어 시험들은 듣기, 읽기 기능 중심의 평가로 이해력, 사고력 평가에 치우치고 국어 교과상의 지식들은 배제해 왔으나, 본 시험에서는 국어학이나 국문학에 대한 지식들도 국어 능력의 고급문화 능력으로 함양되어야 할 것으로 보아 이를 측정하고 있음.

○ KBS한국어능력시험의 활용

응시 영역	대상	활용
공무 영역	공사 지원자 및 종사자	자기 점검, 임용, 승진
군인·경찰 영역	경찰, 군간부 지원자 및 종사자	자기 점검, 임용, 승진
교사·강사 영역	교원 및 강사	자기 점검, 교원 및 강사 채용
청소년 영역	중·고등학교 학생	자기 점검, 특목고 진학 및 대입 면접
언론 영역	언론사 지원자 및 종사자	자기 점검, 채용 및 승진
직무 영역	일반 회사 지원자 및 종사자	자기 점검, 채용 및 승진
외국어 영역	국내 거주 외국인	자기 점검, 외국인 근로자 채용

※ 국민건강보험공단 2025년 상반기 신규직원 채용 시부터 KBS한국어능력시험 2–급 이상 자격증 우대면허 추가됨(전 직렬 공통).

○ 2025년 KBS한국어능력시험 시험 일정

회차	원서접수	시험일	성적발표
83회	2025.01.06. (월) ~ 2025.01.31. (금)	2025.02.15. (토)	2025.02.27. (목)
84회	2025.03.10. (월) ~ 2025.04.04. (금)	2025.04.20. (일)	2025.05.01. (목)
85회	2025.05.05. (월) ~ 2025.05.30. (금)	2025.06.15. (일)	2025.06.26. (목)
86회	2025.07.07. (월) ~ 2025.08.01. (금)	2025.08.17. (일)	2025.08.28. (목)
87회	2025.09.01. (월) ~ 2025.09.26. (금)	2025.10.19. (일)	2025.10.30. (목)
88회	2025.11.10. (월) ~ 2025.12.05. (금)	2025.12.21. (일)	2026.01.01. (목)

※ 접수는 접수 시작일 09:00부터, 접수 마감일 18:00까지이며, 일정은 운영사의 사정에 의해 변경 및 취소될 수 있음.

공식 기출로 확실하게!

최신 4개년 기출분석
최신 4개년* 기출 패턴&영역별 핵심 전략

* KBS한국어능력시험은 최근 4개년간 영역 및 유형별로 출제 문항 수가 정형화되었고, 세부 내용에서도 공통된 출제 패턴을 보이고 있습니다. 또한 이전과는 달리 특정 문제 유형이 자주 출제되기도 하고, 이전에 출제되었던 유형이 출제되지 않기도 하는 등 여러 특징이 있었습니다. 이에, 최신 출제 트렌드에 맞는 학습법으로 공부하실 수 있도록 최신 4개년 기출문제를 모두 분석하여 최신 출제 경향에 맞는 문제 접근법을 알려드리고자 합니다.

듣기 · 말하기

최신 4개년 기출 패턴 & 영역별 핵심 전략

15문항

✓ 2022년부터 듣기 · 말하기 영역은 유형 및 세부 내용별로 고정된 문제 수가 출제되고 있습니다.

✓ 6~15번은 하나의 듣기 대본에 듣기와 말하기 문제가 세트로 출제됩니다. 음성은 한 번만 들려주기 때문에 **음성을 들으며 두 문제를 동시에 푸는 전략**이 필요합니다.

✓ 정답률이 낮은 스토리텔링(우화), 낭독 문항의 경우, 음성을 듣고 제시문의 **주제를 파악**하는 유형이 출제됩니다. 음성 안에서 답을 찾는 다른 유형들과는 달리, 제시문에 **내제되어 있는 주제를 찾아내야** 하기에 집중력이 필요합니다. 평소 학습할 때 음성을 들으며 제시문의 **소재와 주제를 함께 파악하는 연습**이 필요합니다.

	문항 번호	유형	세부 내용	평균 정답률
		65회~85회		
듣기 · 말하기	1	설명(그림)	그림에 대한 설명의 일치 불일치	89.1%
	2	스토리텔링(우화)	이야기의 주제 찾기	81.3%
	3	설명(강연)	강연 내용 일치 불일치	91.4%
	4	설명(라디오 방송)	방송 내용에 대한 이해	84.8%
	5	낭독	시의 주제 찾기	80.4%
	6	공적 대화 · 방송 진행자 －전문가의 대담	6번: [듣기] 담화 내용에 대한 이해	86.7%
	7		7번: [말하기] 진행자의 말하기 방식	
	8	사적 대화 · 대화 및 드라마 장면의 일부분 (주로 인물 간 갈등상황)	8번: [듣기] 대화 내용에 대한 이해	84.5%
	9		9번: [말하기] 인물의 말하기 방식, 말하기 전략	
	10	설명(강연)	10번: [듣기] 강연 내용에 대한 이해	91.5%
	11		11번: [말하기] 강연자의 말하기 방식(내용 전개 방식)	
	12	발표	12번: [듣기] 발표 내용에 대한 이해	89.7%
	13		13번: [말하기] 발표의 말하기 전략, 내용 구성 전략	
	14	협상 · 중재 · 대화, 토론을 통한 협상 · 중재 상황	14번: [듣기] 대화 내용에 대한 이해, 대화 참여자의 입장 확인	84.8%
	15		15번: [말하기] 갈등의 근본적 원인 파악, 갈등 해결을 위한 인물의 행동 확인	

정답률이 낮은 유형에 ☐표시하였습니다!

최신 4개년 기출 패턴 · 영역별 핵심 전략

어휘·어법

30 문항

★ 가장 최신 기출의 어휘·어법을 한 권에 정리한 본 교재 부록 '**가장 최신 기출 어휘·어법 공략집**'으로 틈틈이 암기하여 어휘·어법 영역에서 목표 등급을 달성해 보세요.

✓ 어휘/어법은 총 30문항이 출제되어 **비중이 높은 데 비해 정답률은 낮은 영역**입니다. 이에 전략적으로 학습한다면 **등급에서의 차별점**을 가져갈 수 있습니다.

✓ 어휘는 빈출 어휘들이 반복되어 출제되는 경우가 많기 때문에 **빈출 어휘 암기가 가장 중요**합니다.

✓ 어법은 자주 출제되는 한글 맞춤법 및 표준어 규정을 중심으로 문제가 확장되어 출제되므로 **빈출 규정을 기준으로 기초 개념부터 꼼꼼히 학습**하는 것이 중요합니다.

(1) 어휘

	문항 번호	유형	세부 내용	평균 정답률
		65회~85회		
어휘	16	고유어의 사전적 의미	제시된 사전적 의미에 해당하는 고유어 찾기	42.6%
	17	한자어의 사전적 의미	사전적 뜻풀이가 적절하지 않은 한자어 찾기	44.7%
	18	고유어의 문맥적 의미	문맥상 쓰임이 적절하지 않은 고유어 찾기	62.9%
	19	한자어의 문맥적 의미	문맥상 쓰임이 적절하지 않은 한자어 찾기	47.5%
	20		문장 속 어휘에 알맞은 한자 찾기	49.0%
	21	혼동하기 쉬운 어휘의 구별	문맥상 쓰임이 적절하지 않은 고유어 찾기	45.5%
	22	다의어와 동음이의어	다의어/동음이의어 관계에 있지 않은 어휘 찾기	54.5%
	23	어휘의 의미 관계(상하/반의/유의/부분)	〈보기〉의 어휘와 같은 의미 관계를 가진 어휘 찾기	79.6%
	24	고유어와 한자어	고유어에 대응하는 한자어 찾기	79.5%
	25	어휘의 의미 관계 (반의어/유의어/상하 관계/반의 관계)	제시된 어휘의 반의어/유의어에 해당하는 어휘 찾기, 제시된 어휘와 상하/반의 관계에 있는 어휘 찾기	63.2%
	26	속담	제시된 뜻풀이에 해당하는 속담 찾기	59.3%
	27	고사성어/사자성어	문맥상 쓰임이 적절하지 않은 한자성어 찾기	57.7%
	28	관용 표현	문맥상 쓰임이 적절하지 않은 관용 표현 찾기	70.2%
	29	한자어의 순화	한자어의 순화 표현 찾기	52.5%
	30	외래어의 순화	외래어의 순화 표현 찾기	66.6%

(2) 어법

	65회~85회			
	문항 번호	유형	세부 내용	평균 정답률
어법	31	소리에 관한 것	소리(발음)를 고려한 표준 표기 찾기	47.0%
	32	형태에 관한 것	형태(어휘의 구성)를 고려한 표준 표기 찾기	45.7%
	33		형태(어휘의 구성)를 고려한 표준 표기 찾기	50.9%
	34	띄어쓰기	띄어쓰기가 바른 문장 찾기	45.7%
	35	그 밖의 것	한글 맞춤법에 맞는 표기 찾기	51.0%
	36	문장 부호	문장 부호의 쓰임이 적절한 문장 찾기	56.8%
	37	발음 변화에 따른 표준어	한글 맞춤법에 맞는 표기 찾기 (발음 변화로 인해 헷갈리는 한글 맞춤법)	36.0%
	38	어휘 선택 변화에 따른 표준어	방언에 대응하는 표준어 찾기	38.0%
	39	표준 발음법	어휘의 적절한 표준 발음법 찾기	46.3%
	40	외래어 표기법	적절한 외래어 표기법 찾기	47.4%
	41	국어의 로마자 표기	적절한 로마자 표기법 찾기	47.0%
	42	어법에 맞는 표현	적절한 문장 표현 찾기 (생략된 문장 성분, 문장 성분 간 호응, 부정 부사어, 어법에 맞는 표현)	46.5%
	43		적절한 문장 표현 찾기(높임법)	62.5%
	44	중복 표현	적절한 문장 표현 찾기(중복 표현)	71.4%
	45	번역 투 표현	번역 투 표현 사용된 문장 찾기, 번역 투 표현 수정하기	65.8%

최신 4개년 기출 패턴 & 영역별 핵심 전략
쓰기

5문항

- ✓ 쓰기 영역의 46~50번 문항은 하나의 지문에 5개 문항이 세트로 출제됩니다. 크게 글쓰기 계획과 고쳐쓰기로 분류할 수 있으며, **문항별로 동일한 유형의 문항이 출제**됩니다. 이에 **기출문제를 반복하여 풀어보면서 유형에 익숙해지는 것만으로도 큰 도움**이 되는 영역입니다.

- ✓ '개요 작성' 유형은 정답률이 가장 낮은 문항 유형으로, 주어진 〈개요〉의 항목들을 바탕으로 제시문 내용을 역으로 검토해야 합니다. 이때 제시문을 먼저 읽고 〈개요〉에 접근하면 선지에서 요구하는 세부 요소를 놓치기 쉬워 시간을 낭비하게 되는 경우가 많습니다.

- ✓ **문항과 선지에서 요구하는 키워드를 먼저 파악**한 뒤, 그 키워드를 중심으로 제시문을 읽으며 **선지를 소거해 나가는 방식**으로 풀어나가는 것이 유리합니다.

		65회~85회		
	문항 번호	유형	세부 내용	평균 정답률
쓰기	46	글쓰기 계획-계획하기	글쓰기 계획과 제시문 간의 반영 여부 파악	84.3%
	47	글쓰기 계획-자료의 활용	주어진 자료들을 활용하여 제시문 수정/보완하기	85.0%
	48	글쓰기 계획-개요 작성	제시된 〈개요〉를 바탕으로 제시문에 반영한 내용 검토하기	79.2%
	49	고쳐 쓰기-미시적 점검	제시문에 반영된 어휘 수정하기	86.2%
	50	고쳐 쓰기-거시적 점검	제시문의 내용을 바탕으로 빈칸에 들어갈 문장 찾기	88.7%

최신 4개년 기출 패턴 & 영역별 핵심 전략
창안

10문항

- 창안 영역은 다른 영역처럼 매 회차 유형별로 문항 수가 고정되어 있지는 않으나 정해진 유형이 반복해서 출제되는 영역입니다. 이에 쓰기 영역과 마찬가지로 **기출문제를 반복 학습하여 유형에 익숙해지는 훈련이 필요합니다.**

- '텍스트 창안–유비추론을 활용한 내용 생성' 유형은 주어진 제시문을 바탕으로 비유 및 유추 기법을 사용하여 새로운 내용을 도출해내야 하는 유형으로 정답률이 가장 낮습니다. 제시문에서 제시하는 소재나 **주제에 대한 명확한 '근거/기준'을 파악하고 접근**하는 훈련이 필요합니다.

		65회~85회			
	문항 번호	유형	회차별 문항 수	세부 내용	평균 정답률
창안	51 ~ 60	텍스트 창안 (유비추론을 활용한 내용 생성)	4~5	• ㉠, ㉡을 읽기 과정에 비유할 때 ㉢과 가장 유사한 것은? • '다른 정보'를 어휘력에 비유할 때, ㉢에서 유추할 수 있는 내용으로 적절하지 않은 것은?	85.6%
		텍스트 창안 (조건에 맞는 내용 생성)	1~3	• 〈보기〉의 문장이 공통적으로 근거하는 개념적 은유로 가장 적절한 것은? • ㉣에서 이끌어낼 수 있는 사례로 적절하지 않은 것은?	87.5%
		그림 창안 (구체적 그림을 활용한 내용 생성)	3~4	• 〈보기〉를 참고할 때, (가)를 활용한 마케팅 사례로 적절하지 않은 것은? • (가)와 (나)를 분석한 표의 내용으로 적절하지 않은 것은?	86.6%
		그림 창안 (시각 리터러시)	1	• (가)의 방식과 유사한 환경 보호 사례로 가장 적절한 것은? • (가)의 화살표를 통해 설명 가능한 관계의 사례로 가장 적절한 것은?	86.2%

최신 4개년 기출 패턴 & 영역별 핵심 전략
읽기

30문항

✓ 읽기 영역은 총 30문항으로 비중이 크고, 제시문의 길이도 길어 **제시문을 빠르고 정확하게 읽는 연습**이 필요합니다.

✓ 읽기 영역은 크게 문학 텍스트, 학술 텍스트, 실용 텍스트가 고정으로 구성되며 텍스트별로 **이해하기, 추론하기, 비판하기** 유형의 문항이 출제됩니다.

✓ 정답률이 가장 낮은 학술 텍스트 유형은 일상적으로 접하기 힘든 **전문적인 소재**를 다루는 경우가 많고, 간혹 **배경지식 없이는 이해하기 어려운 고난도 제시문이 출제**되기도 합니다. 이에, 문제를 많이 풀어보며 문제 푸는 속도를 익히는 것도 중요하지만, 평소에 **다양한 소재의 학술 텍스트를 꾸준히 읽는 습관**을 들이는 것이 도움이 됩니다.

			65회~85회	
	문항 번호	유형	세부 내용	평균 정답률
읽기	61 ~ 65	문학 텍스트 (이해하기/추론하기/비판하기)	[이해하기] • 윗글에 대한 설명으로 가장 적절한 것은? • 서술상 특징으로 가장 적절한 것은? [추론하기] • 〈보기〉를 바탕으로 윗글을 이해한 내용으로 적절하지 않은 것은? • 밑줄 친 ㉠과 ㉡을 추론한 내용으로 적절한 것은? • 서사적 기능으로 가장 적절한 것은? [비판하기] • 윗글에 대한 감상으로 적절하지 않은 것은?	80.1%

66 ~ 82	학술 텍스트 (이해하기/추론하기/비판하기)	[이해하기] • 윗글을 통해 알 수 있는 내용으로 적절하지 않은 것은? • 윗글의 설명 방식에 대한 이해로 적절하지 않은 것은? [추론하기] • 윗글을 바탕으로 추론했을 때 ㉠의 내용으로 가장 적절한 것은? • ㉡에 대한 이해로 적절하지 않은 것은? [비판하기] • ㉠의 진술이 전제하고 있는 내용으로 가장 적절한 것은? • 윗글과 〈보기〉의 내용을 고려할 때, ⓐ와 ⓑ에 들어갈 표현으로 가장 적절한 것은? • 윗글을 바탕으로 〈보기〉의 학생의 반응 중 적절한 것을 있는 대로 고른 것은?		63.7%
83 ~ 90	실용 텍스트 (이해하기/추론하기/비판하기)	[이해하기] • 윗글을 통해 알 수 없는 것은? • 언어 표현에 대한 윗글의 관점으로 가장 적절한 것은? • 뉴스 보도에 사용된 정보 제시 전략으로 적절하지 않은 것은? [추론하기] • ㉠의 관점에서 언어표현을 수정한 내용으로 적절하지 않은 것은? • 밑줄 친 부분의 문맥상 의미가 ㉠과 가장 가까운 것은? [비판하기] • 윗글에 대한 반응으로 적절하지 않은 것은? • 윗글을 바탕으로 〈보기〉의 (A)에 들어갈 그래프로 가장 적절한 것은? • ㉠~㉤을 다듬은 말로 적절하지 않은 것은? • 뉴스 보도를 본 시청자들의 반응으로 적절하지 않은 것은?		81.1%

최신 4개년 기출 패턴 & 영역별 핵심 전략
국어 문화

10 문항

- 국어 문화 영역은 정답률이 비교적 낮은 영역이나, 대부분 제시된 자료에 답이 있으므로 자료를 기준으로 적용해서 풀어보고 오답 체크를 해본다면 충분히 점수를 가져갈 수 있습니다.

- 91~93번 문항은 작품이나 작가에 대한 배경 지식을 묻는 문항으로, 〈보기〉의 설명을 바탕으로 작품명 또는 작가명을 고르는 형태로 출제됩니다. 평소 학습할 때 빈출 작품에 대한 독해뿐 아니라 **작품의 주제, 작가 관련 사항 등 내용을 확장해가며 학습**하는 것이 도움이 됩니다.

- 96번은 『훈민정음(혜례본)』 관련 문항으로 최근 시험에서 거의 매회 출제되고 있고, 내용이 반복되기 때문에 한 번 정리해두면 확실히 맞힐 수 있는 유형입니다.

- 98번 문항은 '**수어**'와 '**점자**'가 회차마다 **번갈아 가며 출제**되므로, 목표하는 시험 회차의 경향에 맞춰 효율적으로 대비할 수 있습니다.

		65회~85회		
	문항 번호	유형	세부 내용	평균 정답률
국어 문화	91	한국 고전문학	〈보기〉에 제시된 문학 작품의 제목 찾기	56.2%
	92	한국 현대문학	〈보기〉에 제시된 문학 작품의 제목 찾기	56.3%
	93	한국 현대문학	〈보기〉에서 설명하는 작가 찾기	51.0%
	94	국어 생활	일제 강점기 광고/신문기사 내용 일치 불일치	80.7%
	95	국어 생활	문학 작품(고전)에 쓰인 어휘의 뜻풀이 찾기	55.4%
	96	국어사	『훈민정음(혜례본)』에 쓰인 어휘의 뜻풀이 찾기	44.4%
	97	국어 생활	남북 사전의 비교	58.6%
	98	국어 생활	〈보기〉에 제시된 수어/점자에 대한 설명을 바탕으로 유추하기	69.1%
	99	국어 생활	〈보기〉에 제시된 법령 용어를 쉬운 용어로 수정하기	61.1%
	100	매체 언어의 탐구	• 광고 언어, 방송 언어, 라디오 방송 등 〈보기〉에 제시된 매체 언어의 특성 파악하기 • 뉴스, 보도문, 기사문 등 〈보기〉에 제시된 문장 고쳐 쓰기	77.1%

#나의 합격증 미리 채우기

한국어능력 자격증
국어능력 민간자격 국가공인 검정

자 격 번 호 :
성   명 :
생 년 월 일 :
자 격 종 목 :
자 격 등 급 :
자격취득일 :
자격만료일 :

위 사람은 한국방송공사가 시행하는 제   회 KBS 한국어능력시험에서 자격기본법 제23조에 따라 문화체육관광부 공인 민간자격을 취득하였음을 증명합니다.

년   월   일

국가공인 민간자격 관리기관
한국방송 사장

#파이팅 #나의각오

출제기관
KBS 한국어진흥원
공/식/인/증

KBS
한국어능력시험 공식
기출문제집 + 무료강의

제85, 84, 83회

1권 | 공식기출 문제집

시대에듀는 KBS한국어능력시험의 출제기관인 KBS한국어진흥원의 공식계약사로, 가장 최신 기출문제를 출간합니다.

차례

[앞별책] 가장 최신 기출 어휘·어법 공략집

최신 4개년 기출분석 최신 4개년 기출 패턴&영역별 핵심 전략

[1권]	공식기출 문제집	
제85회 KBS한국어능력시험		21
제84회 KBS한국어능력시험		73
제83회 KBS한국어능력시험		125

특별제공 [책속책] 기출변형 모의고사

[2권]	기출분석 해설집		
제85회 KBS한국어능력시험	3	**제83회 KBS한국어능력시험**	99
• 빠른 정답 확인표		• 빠른 정답 확인표	
• 자가 진단표		• 자가 진단표	
• 시험 분석 및 평가		• 시험 분석 및 평가	
• 정답과 해설		• 정답과 해설	
제84회 KBS한국어능력시험	51	**기출변형 모의고사**	149
• 빠른 정답 확인표		• 빠른 정답 확인표	
• 자가 진단표		• 정답과 해설	
• 시험 분석 및 평가			
• 정답과 해설			

성 명	
수험번호	
감독관 확인	

제85회
KBS한국어능력시험

(2025년 6월 15일 시행)

KBS 한국방송

- 문제지와 답안지에 모두 성명, 수험 번호를 정확히 기입하십시오.
- 답안지와 함께 문제지를 반드시 제출하십시오.
- 본 시험지를 절취하는 것은 부정행위로 간주합니다.
- 본 시험의 내용을 무단으로 전재·복사·출판·강의하는 행위와 인터넷 등을 통해 복원하는 행위는 저작권법에 저촉됩니다.

홀수형 문항(100문항)

※ 수험번호 맨 끝자리 수가 홀수인 수험생용입니다.

영역	문항
듣기·말하기	1~15
어휘	16~30
어법	31~45
쓰기	46~50
창안	51~60
읽기	61~90
국어 문화	91~100

듣기·말하기 1번~15번

001 그림에 대한 설명으로 가장 적절한 것은?

① 그림은 입헌군주제로 회귀하려는 움직임에 대한 시민의 반발을 담고 있다.
② 마리안느는 고전 미술이 표방하는 우아함을 강조하여 표현되었다.
③ 삼색기의 정적인 이미지를 통해 혁명의 긴박함보다 평화를 강조하였다.
④ 그림 좌측에 있는 칼을 든 작업복 차림의 노동자는 작가 자신을 표현한 것이다.
⑤ 그림 속 인물 배치는 혁명에 참여한 다양한 계층의 연대를 시각화한 것이다.

002 이야기의 주제로 가장 적절한 것은?

① 열 번 찍어 안 넘어가는 나무 없다.
② 청렴결백한 삶을 위해 노력해야 한다.
③ 배울 점이 많은 친구를 가까이해야 한다.
④ 목표를 달성하려면 준비가 철저해야 한다.
⑤ 환경을 바꾼다고 본질까지 변하는 것은 아니다.

003 강연의 내용에 대한 이해로 적절하지 않은 것은?

① 청사초롱은 전통적인 혼례에서 사용하던 조명 기구이다.
② 청사초롱은 붉은색 바탕에 푸른색 단을 두른 비단을 씌웠다.
③ 청사초롱은 조선 후기에 초가 대량 생산되면서 혼례식에 사용되었다.
④ 청사초롱은 신부 측에 함을 전하러 갈 때 길을 밝히는 수단이었다.
⑤ 청사초롱을 받은 신붓집에서는 집안에 불을 밝히는 용도로 사용했다.

004 방송의 내용에 대한 이해로 적절하지 않은 것은?

① 〈골드베르크 변주곡〉은 굴드에 의해 대중화되었다.
② 굴드는 연주자 가운데 개성이 넘치는 연주자로 유명했다.
③ 굴드는 열두 살의 나이에 캐나다 왕립음악원 회원이 되었다.
④ 굴드는 미국에서 데뷔할 때 〈골드베르크 변주곡〉을 연주했다.
⑤ 굴드는 피아노 연주에 가수의 목소리까지 녹음한 것으로 유명하다.

005 이 시의 주제로 가장 적절한 것은?

① 평화로운 삶을 꿈꾸는 희망적 태도
② 절망적인 현실에 대한 비판과 풍자
③ 근심 없는 사회를 건설하려는 의지
④ 소통이 부재한 현대 사회에 대한 비판
⑤ 사랑하는 사람을 그리워하는 안타까운 마음

006 전문가가 설명한 내용으로 가장 적절한 것은?

① 선풍기 사망 사고 소문은 TV 뉴스 보도에서 시작되었다.
② 선풍기를 밤새 틀고 잠을 자면 체온이 30도 이하로 떨어진다.
③ 선풍기 실험에서는 선풍기 열이 발생해도 실내 온도는 내려간다.
④ 선풍기 바람을 오래 쐬면 저혈당 환자의 건강이 악화될 수 있다.
⑤ 선풍기 바람과 오토바이 타기는 모두 호흡 곤란을 유발하지 않는다.

007 진행자의 말하기 전략에 대한 설명으로 가장 적절한 것은?

① 대담의 핵심 주제를 소개하며 대화를 시작하고 있다.
② 전문적인 개념에 대해 구체적인 예시를 덧붙여 보강하고 있다.
③ 전문가의 설명으로 해소되지 않은 예외적 경우에 대해 질문하고 있다.
④ 대담의 신뢰성과 객관성을 높이기 위해 객관적인 통계 자료를 요청하고 있다.
⑤ 남아 있는 문제를 환기하며 청취자의 사회적 관심과 참여를 당부하고 있다.

008 대화를 통해 알 수 있는 내용으로 가장 적절한 것은?

① 여자는 인생을 바꾸기 위해 헬스클럽에 방문했다.
② 여자는 운동이 약한 생명을 강하게 만들 수 있다고 믿는다.
③ 여자는 비용이 합리적이라고 생각하며 헬스클럽 등록을 결심한다.
④ 남자는 살면서 유일하게 바꿀 수 있는 것은 몸이라고 생각한다.
⑤ 남자는 건강한 정신이 삶의 가치와 방향을 결정한다고 믿는다.

009 대화 참여자의 말하기 방식으로 적절하지 않은 것은?

① 남자는 비유적인 표현으로 여자에게 운동을 권유하고 있다.
② 남자는 자신의 신체적 경험을 근거로 상대를 설득하고 있다.
③ 여자는 과거 경험을 설명하며 상대의 제안을 거절하고 있다.
④ 여자는 인생에서 바꿀 수 있는 것이 몸뿐이라는 말에 동의하고 있다.
⑤ 여자는 남자의 말의 일부를 반복하며 되묻는 방식으로 반응하고 있다.

010 강연의 내용으로 적절하지 않은 것은?

① 쌍둥이는 유전과 환경의 복잡한 관계를 보여 주는 존재이다.
② 쌍둥이는 과학적으로 형성 방식에 따라 일란성과 이란성으로 나뉜다.
③ 하나의 수정란에서 분화한 쌍둥이는 동일한 유전자를 100% 공유한다.
④ 이란성 쌍둥이가 유전자를 공유할 가능성은 일반 형제자매와 유사하다.
⑤ 일란성 쌍둥이는 환경 요인에 따라 유전자의 발현이 달라지는 경우가 없다.

011 강연의 말하기 방식에 대한 설명으로 가장 적절한 것은?

① 주제를 뒷받침하는 역사적 사례를 직접 인용하고 있다.
② 인간의 정체성과 존재에 대한 철학적 문제를 폭넓게 다루고 있다.
③ 특정 유전학 이론이 발달해 가는 과정의 세부 문제를 말하고 있다.
④ '유전'과 '환경'의 관계에 대해 예를 들어 구체적으로 언급하고 있다.
⑤ 언급한 주제의 의미가 무엇인지 청중에게 추가 질문을 던지고 있다.

012 발표의 내용에 대한 이해로 적절하지 않은 것은?

① 정부는 자립준비청년을 위한 경제적 지원을 하고 있다.
② 자립준비청년들이 가장 힘들어 하는 부분은 혼자라는 두려움이다.
③ 자립준비청년이란 보육원 등의 보호를 받다가 돌봄이 종료되는 이들을 말한다.
④ 보육원 내에서는 아버지와 어머니의 역할을 해 주는 존재를 찾기 어렵다.
⑤ 사회적 가족은 자립준비청년과 건강한 가정이 연결되어 지내는 형태를 의미한다.

013 발표의 내용 구성 전략으로 적절하지 않은 것은?

① 궁금증을 유발하는 내용으로 청중의 관심을 끌고 있다.
② 자신의 경험을 밝힘으로써 내용의 설득력을 높이고 있다.
③ 언론 보도를 예로 들어 주제의 시의성을 드러내고 있다.
④ 전문가의 말을 인용하여 문제의 심각성을 강조하고 있다.
⑤ 비유적 표현을 활용하여 자신의 견해를 마무리하고 있다.

014 두 사람의 입장에 대한 이해로 적절하지 않은 것은?

① 구단 관계자는 리그 준우승을 이룬 선수의 헌신과 성과에 대해서 인정한다.
② 구단 관계자는 2년에 걸쳐 동일한 비율의 연봉 인상으로 처음의 제안을 수정한다.
③ 선수 대리인은 계약 기간의 연장이 팀 우승에 기여할 수 있다고 주장한다.
④ 선수 대리인은 기부 활동이 구단의 이미지 제고에 도움이 된다고 주장한다.
⑤ 선수 대리인은 환경 개선과 팀의 전력 보강이 필요하다는 점에 동의한다.

015 두 사람의 갈등 해결 방식으로 가장 적절한 것은?

① 선수 대리인은 정신적 피해를 근거로 상대의 양보를 요구하고 있다.
② 구단 관계자는 여러 대안의 장단점을 비교하며 상대의 양보를 요구하고 있다.
③ 구단 관계자는 우승을 전제로 자신의 입장을 양보하고 있다.
④ 양측은 협상이 결렬되는 것을 막기 위해 제3자의 절충을 요청하고 있다.
⑤ 양측은 공동의 목표를 달성하기 위해 각자의 입장을 조정하고 있다.

어휘 16번~30번

016 "일을 힘들여 하지 아니하고 되는대로 천천히 하다."라는 의미의 고유어는?

① 갈그랑거리다　　② 걸리적거리다　　③ 버르적거리다
④ 시위적거리다　　⑤ 우비적거리다

017 밑줄 친 한자어의 사전적 뜻풀이로 옳지 않은 것은?

① 우리가 만난 지도 <u>어언(於焉)</u> 10년이 지났다. → 알지 못하는 동안에 어느덧
② 회사를 그만두겠다고 말씀드리면 아버지는 <u>기함(氣陷)</u>을 하실 것이다. → 매우 화를 냄
③ 이번에 친구와 <u>격의(隔意)</u> 없이 대화를 나누면서 쌓인 오해를 풀었다. → 서로 터놓지 않는 속마음
④ 그의 주장에서 <u>맹점(盲點)</u>은 비용을 고려하지 않았다는 점이다. → 미처 생각이 미치지 못한, 모순되는 점이나 틈
⑤ 무더운 여름을 시원하게 해 주는 <u>납량(納涼)</u> 특집 방송이 편성되었다. → 여름철에 더위를 피하여 서늘한 기운을 느낌

018 밑줄 친 고유어의 의미로 적절하지 않은 것은?

① 시간이 흘러 질화로에 남은 <u>겻불</u>도 꺼졌다. → 얼어 쬐는 불
② 그는 문제를 듣자마자 <u>단박</u>에 답을 맞혔다. → 그 자리에서 바로
③ 아주머니는 다홍 무명 적삼에 <u>갈매</u> 무명 치마를 입었다. → 짙은 초록색
④ 버려진 <u>개땅</u>임을 감안할 때 천일제염법은 잔존할 것으로 보인다. → 바닷물이 드나드는 땅
⑤ 고생을 많이 한 그는 제법 <u>나이배기</u>로 보였다. → 겉보기보다 나이가 많은 사람을 낮잡아 이르는 말

019 밑줄 친 한자어의 쓰임이 적절하지 않은 것은?

① 도움을 청할 일이 있으면 기탄(忌憚) 없이 말해 봐.
② 전쟁이 발발하면서 국가 경제는 만신창이(滿身瘡痍)가 되었다.
③ 눈치가 빠른 그는 상대방이 원하는 바가 무엇인지 단번에 갈파(喝破)하였다.
④ 사업 수주를 둘러싼 경쟁으로 업계는 불법이 판치는 복마전(伏魔殿)으로 전락했다.
⑤ 이 일은 회사가 공익에 기여하기 위해 추진하는 일이니 채산(採算)을 따질 필요는 없습니다.

020 〈보기〉의 밑줄 친 ㉠~㉢에 해당하는 한자로 올바르게 묶인 것은?

〈 보 기 〉

- 일이 성사될 ㉠가망이 있으니 최선을 다하겠습니다.
- 선생님은 학생과의 진학 상담에서 ㉡지망 학과를 물었다.
- 선생은 ㉢미망에 빠져 있는 사람들을 구하려고 노력하셨습니다.

	㉠	㉡	㉢
①	加望	地望	迷妄
②	加望	志望	彌望
③	可望	地望	彌望
④	可望	地望	迷妄
⑤	可望	志望	迷妄

021 밑줄 친 고유어의 쓰임이 적절하지 않은 것은?

① 문고리를 내박치듯 잡아 문을 열었다.
② 어쩔 수 없는 분노가 꼭뒤까지 올랐다.
③ 동생은 마지막 사탕을 얼른 입속으로 가무려 버렸다.
④ 지하철에서 사람들에게 대끼고 나니 기운이 하나도 없다.
⑤ 함께하는 시간이 쌓일수록 둘은 서로에게 갈마들고 있었다.

022 밑줄 친 단어 중 나머지 넷과 다의어 관계에 있지 않은 것은?

① 새끼줄로 되게 묶어라.
② 밥이 너무 되어 먹기 힘들다.
③ 일이 되면 쉬어 가면서 해라.
④ 집안 어른한테 된 꾸중을 들었다.
⑤ 많고 적은 것은 되어 보아야 안다.

023 두 단어의 의미 관계가 〈보기〉와 동일하지 않은 것은?

〈 보기 〉
주다 – 드리다

① 먹다 – 잡수다　　② 보다 – 뵙다　　③ 여쭈다 – 여쭙다
④ 있다 – 계시다　　⑤ 자다 – 주무시다

024 밑줄 친 '맞다'에 대응하는 한자어가 적절하지 않은 것은?

① 당신의 사회적 위상에 맞게 행동하시기 바랍니다. → 부합(符合)하게
② 연습을 하지 못했더니 다른 사람과 춤 동작이 잘 맞지 않았다. → 상응(相應)하지
③ 사업 전망에 대한 우리 둘의 생각이 맞아 함께 협력하기로 했다. → 합치(合致)하여
④ 앞선 회담과 달리 이번 회담이 잘될 것이라는 나의 예상이 맞았다. → 적중(的中)하였다
⑤ 다사다난했던 한 해를 마감하고 이제 새로운 한 해를 맞았습니다. → 영접(迎接)하였습니다

025 〈보기〉의 문맥을 고려할 때 밑줄 친 부분의 반의어가 쓰인 문장으로 가장 적절한 것은?

〈 보기 〉
가방이 무거워서 들 수가 없다.

① 가벼운 이불을 덮었다.
② 몸살을 가볍게 앓았다.
③ 상대방을 가볍게 이겼다.
④ 어깨를 가볍게 톡톡 쳤다.
⑤ 퇴근 후 가벼운 운동을 했다.

026 제대로 알지도 못하면서 일을 하려고 하는 상황에 사용하기에 적절하지 <u>않은</u> 것은?

① 적도 모르고 가지 딴다.
② 맥도 모르고 침통 흔든다.
③ 잣눈도 모르고 조복 마른다.
④ 말똥도 모르고 마의 노릇한다.
⑤ 땅 넓은 줄을 모르고 하늘 높은 줄만 안다.

027 밑줄 친 사자성어의 쓰임이 문맥상 적절하지 <u>않은</u> 것은?

① 지구가 태양을 돈다는 것은 학계의 <u>만불성설(萬不成說)</u>이다.
② 잘못을 저지른 자가 <u>적반하장(賊反荷杖)</u>으로 큰소리치는 상황이다.
③ 시간이 없어 관광지를 <u>주마간산(走馬看山)</u>으로 빠르게 둘러보았다.
④ 사장은 실수를 덮기 위해 <u>지록위마(指鹿爲馬)</u>의 입장문을 발표했다.
⑤ 선생님의 가르침을 제자들이 <u>아전인수(我田引水)</u> 격으로 해석하여 왜곡하였다.

028 밑줄 친 관용 표현의 쓰임이 적절하지 <u>않은</u> 것은?

① 그 애들에게 돈푼이라도 줘서 <u>입을 씻기세요</u>.
② 동생은 <u>입이 짧아</u> 음식을 조금 먹다가 그만둔다.
③ 점심을 먹었지만 <u>입이 궁금해서</u> 간식거리를 찾았다.
④ 저 친구는 <u>입이 높아서</u> 아무 음식이나 다 잘 먹는다.
⑤ 내가 여러 번 확인해 보라고 <u>입이 마르도록</u> 얘기했잖아.

029 밑줄 친 한자어를 맥락에 맞게 순화한 표현으로 적절하지 <u>않은</u> 것은?

① <u>기실(其實)</u> 이번 사고는 인재라고 할 수밖에 없다. → 사실은
② <u>가사(假使)</u> 고시에 합격하지 못하더라도 나는 소신껏 살아가겠다. → 설령, 가령
③ 진찰에 앞서 <u>기왕력(旣往歷)</u>을 모두 상세하게 적어 주시기 바랍니다. → 과거의 행적
④ 정확한 실사를 위해서는 전문가의 <u>심방조사(尋訪調査)</u>가 필요하다. → 방문 조사
⑤ 이곳은 터널과 교차로 사이의 <u>이격(離隔)</u> 거리 미확보로 교통사고가 우려된다. → 떨어짐

030 밑줄 친 표현을 다듬은 말로 적절하지 않은 것은?

① 정부는 문화, 민주주의, 과학 기술을 내용으로 하는 K-이니셔티브(initiative)를 발표했다. → 구상
② 전문가들은 금융 위기보다 더 큰 영향을 미칠 그린 스완(green swan)이 다가올 수 있다고 경고한다. → 기후발 위기
③ 파인 다이닝(fine-dining)은 음식의 단가가 높지만 그만큼 최고급 식재료를 사용해야 하기에 이윤이 크지 않다. → 고급 식사
④ 데이터 기반 업무가 보편화되면서 '데이터 마이닝(data mining)'과 '데이터 분석 전문가'라는 개념이 중요하게 떠오르고 있다. → 정보 내면화
⑤ 법의 잣대가 일관되지 않고 고위 권력자에게 지나치게 관대하면, 법조 권력과 엘리트의 카르텔(Kartell)이라는 비난을 피할 수 없다. → 담합, 이권 공동체

어법 31번~45번

031 밑줄 친 부분의 표기가 옳지 않은 것은?

① 가을이 오니 기분이 산듯하다.
② 잊고 있던 일이 문득 떠올랐다.
③ 아기가 엄마를 보고 함박 웃는다.
④ 친구와의 약속을 깜박 잊고 말았다.
⑤ 퍼붓던 비가 거짓말처럼 건듯 개었다.

032 밑줄 친 부분의 표기가 옳지 않은 것은?

① 목화솜이 눈처럼 하야네.
② 옷이 허여면 때가 잘 탄다.
③ 개울물이 조금 멀개 보인다.
④ 벼가 익으면 들판이 누럴 것이다.
⑤ 먹구름이 끼면 하늘이 까말 거예요.

033 밑줄 친 부분의 표기가 옳지 않은 것은?

① 왜 이렇게 잔뜩 <u>부어</u> 있어?
② 목이 <u>부어서</u> 말을 하기 어렵다.
③ 다리가 <u>붓고</u> 아파서 걷기 힘들다.
④ 국수가 <u>불면</u> 맛이 없으니 얼른 먹자.
⑤ 요즘에 체중이 <u>불어서</u> 식사를 줄였다.

034 밑줄 친 부분의 띄어쓰기가 옳은 것은?

① <u>섬진∨강</u>은 봄에 무척 아름답다.
② <u>태백∨산맥</u>은 남북으로 뻗어 있다.
③ <u>카스피∨해</u>는 세계에서 가장 큰 호수다.
④ <u>두시∨언해</u> 초간본은 15세기에 간행되었다.
⑤ <u>베니스의∨상인</u>은 셰익스피어가 지은 희곡이다.

035 밑줄 친 부분의 표기가 옳지 않은 것은?

① 별것 아닌 일을 종일 <u>깔짝거리고</u> 있다.
② 풀밭에서 메뚜기가 <u>폴짝거리며</u> 뛰어오른다.
③ 몸을 <u>꿈적거리기</u> 싫어서 종일 집에 있었다.
④ 강아지는 물을 <u>할짝거리며</u> 마시기 시작했다.
⑤ 피부가 가렵다고 자꾸 <u>끌적거리면</u> 덧나기 쉽다.

036 다음 문장 부호의 쓰임에 대한 설명이 올바르지 <u>않은</u> 것은?

	문장 부호	설명
①	큰따옴표("")	책의 제목이나 신문 이름 등을 나타낼 때 쓴다. 예 이 책의 이름은 "조선독립운동사"이다.
②	작은따옴표('')	그림이나 노래와 같은 예술 작품의 제목을 나타낼 때 쓴다. 예 이 가곡은 슈베르트의 '마왕'이다.
③	겹낫표(『』)	책의 제목이나 신문 이름 등을 나타낼 때 쓴다. 예 이 책의 이름은 『목민심서』이다.
④	홑낫표(「」)	소제목, 상호, 법률, 규정 등을 나타낼 때 쓴다. 예 「국어기본법」에서는 국어의 지위를 규정한다.
⑤	홑화살괄호(〈〉)	책의 제목이나 신문 이름 등을 나타낼 때 쓴다. 예 〈삼대〉는 염상섭이 지은 소설이다.

037 밑줄 친 부분이 표준어인 것은?

① 광고지가 벽에 <u>덕지덕지</u> 붙어 있다.
② 차를 탔더니 멀미가 나서 속이 <u>매시껍다</u>.
③ 속았다고 생각하니 <u>부화</u>가 치밀어 오른다.
④ 개미집이 근처에 있는지 개미가 <u>박실거린다</u>.
⑤ 과일 장수는 <u>맛빼기</u>로 수박을 한 쪽씩 주었다.

038 다음은 문학 작품에 나타나는 방언이다. 대응하는 표준어가 적절하지 <u>않은</u> 것은?

① 시방 두 분이 절 <u>숭보시구서</u>(→ 흉보시고서) 웃으셨죠?
② 나 때미네 <u>궈년시리</u>(→ 당연히) 안 쓸 돈얼 디리읎이 써!
③ 그러면, <u>무사</u>(→ 왜) 길 구석으로 머리 숙연 댕기는 거라.
④ 니 요새 흔한 거 보고 그 책 <u>아무따나</u>(→ 함부로) 생각하지 마래이.
⑤ 누구는 남원산성 그 거창헌 거이 입 안으로 <u>옴시레기</u>(→ 전부) 들왔다고 허고이.

039 다음 중 표준 발음이 아닌 것은?

① 갈등[갈뜽] ② 발달[발딸] ③ 몰상식[몰쌍식]
④ 불세출[불쎄출] ⑤ 실소득[실쏘득]

040 밑줄 친 외래어의 표기가 올바른 것은?

① 갓길에 차를 세워 놓고 본네트(bonnet)를 열었다.
② 친구와의 추억을 한 커트(cut)의 사진으로 남겼다.
③ 이 빵집에서는 크로아상(croissant)이 제일 맛있다.
④ 그는 마일리지를 모아 비지니스(business) 좌석을 샀다.
⑤ 행사장 앞에서는 브로슈어(brochure)를 나누어 주고 있었다.

041 국어의 로마자 표기가 올바르지 않은 것은?

① 별내(Byeollae) ② 신문로(Sinmunno) ③ 연희동(Yeonhidong)
④ 학여울(Hangnyeoul) ⑤ 흑석동(Heukseokdong)

042 〈보기〉의 ㉠~㉤ 가운데 어법에 맞지 않는 문장은?

〈 보 기 〉

㉠인간은 오랫동안 자연을 지배하고 이용할 수 있는 대상으로 여겨 왔다. ㉡인간은 숲에서 나무를 베어 내고, 강을 막아 저수지를 만들고, 산을 뚫어 길을 내고, 땅을 파서 광물을 채굴하고 동식물을 사냥한다. ㉢최근 들어 자연은 인간의 탐욕과 무분별한 행동에 반발하고 있다. ㉣기후 변화, 자연재해, 생물의 다양성 감소 등으로 분노를 표출하며 자연은 인간에게 심각한 위협을 가하고 있는 것이다. ㉤이러한 상황 속에서 인간은 자연을 지배하는 대상이 아니라 복종하는 대상으로 자연과의 관계를 새롭게 정립해야 한다는 목소리가 높아지고 있다.

① ㉠   ② ㉡   ③ ㉢   ④ ㉣   ⑤ ㉤

043 〈보기〉의 밑줄 친 부분과 상대 높임법의 등급이 동일한 것은?

――――――〈 보 기 〉――――――
하루 종일 바쁘게 돌아다녀 피곤하니 일찍 잡시다.

① 우리 힘껏 일해 보세.
② 오늘따라 아이가 밥을 잘 먹는구려.
③ 바람이 차니 창문을 닫아 주십시오.
④ 시간이 늦었으니 내일 다시 오겠어요.
⑤ 약속 시간이 얼마 남지 않았으니 빨리 가자.

044 다음 중 중의적으로 해석되지 않는 문장은?

① 학생이 다 출석하지 않았다.
② 선생님께서 보고 싶은 학생이 많다.
③ 철수는 순희보다 영자를 더 좋아한다.
④ 동생은 어떤 사람이든지 만나고 싶어 한다.
⑤ 솔직하고 성실한 철수의 대답에 공감이 갔다.

045 밑줄 친 번역 투 표현을 고친 것으로 적절하지 않은 것은?

① 한 사람이 필요로 하는(→ 한 사람에게 필요한) 분량이 얼마나 됩니까?
② 근무 시간에 자주 자리를 비우는 행위는 근무 태만 행위에 다름 아니다(→ 행위에 틀림없다).
③ 고령화 사회에서 치매만큼이나 주의를 요하는(→ 주의해야 하는) 노인성 질환이 파킨슨병이다.
④ 신호등을 무시하고 길을 건너던 김 씨가 순경에 의해 연행됐다(→ 김 씨를 순경이 연행했다).
⑤ 조직 내 인사이동에 대해 책임자의 현명한 판단이 요구된다(→ 책임자가 현명하게 판단해야 한다).

쓰기 46번~50번

※ [046~050] 다음은 '장애인 이동권'을 주제로 작성한 초고이다. 글을 읽고 물음에 답하시오.

　이동권이란 개인이 물리적·사회적 장벽 없이 자유롭게 이동할 수 있는 권리를 뜻한다. 만약 우리에게 지금 당장, 원하는 곳으로 이동할 수 있는 이 권리가 사라진다면 어떤 일이 벌어질까. 학생이라면 학교에, 직장인이라면 일터에 가지 못할 것이다. 그뿐만 아니라 친구를 만나고 동네를 산책하는 것 역시 거의 불가능한 일이 되어 버릴 것이다. 이처럼 이동이라는 것은 단순히 A 지점에서 B 지점으로 옮겨 가는 문제가 아니다. 이동은 그 자체로 삶과 ㉠연결한다. 우리 사회에는 이러한 삶의 문제와 매일같이 전쟁을 ㉡치루는 이들이 있다. 바로 휠체어를 이용하는 장애인들이다.

　○○대 보건대학원 '장애와 건강 연구팀'이 휠체어를 이용하는 장애인을 대상으로 설문 조사를 한 결과에 따르면, '지난 1년 동안 장애와 관련한 이동이나 접근의 어려움으로 인해 포기한 일은 무엇입니까'라는 질문에 '취업(26.0%), 경조사 참여(22.7%), 가족이나 친구 만나기(21.7%), 초·중·고, 대학교 등 교육 시설 다니기(6.5%)' 등으로 답했다. ㉢이처럼 장애인의 이동권은 취업률, 교육 수준 등과 밀접한 관련이 있다. 보건복지부가 발표한 2023년 장애인 실태 조사에 따르면 장애인의 취업률은 37.2%(전체 인구 기준 63.3%), 중졸 이하 학력은 51.6%(전체 인구 기준 7%)였다.

　그렇다면 이들이 휠체어를 타고 외출하지 않는(못하는) 이유는 무엇일까. 같은 설문 조사에서 가장 많은 이들이 '교통이 불편해서(39.2%)'를 택했다. 보행 중 맞닥뜨리는 정비되어 있지 않은 인도, 찾을 수 없는 경사로, 차도를 이용할 수밖에 없는 상황 등이 이동에 어려움을 ㉣겪는다.

　그렇다면 대중교통은 어떨까. 대중교통의 이동 편의 시설 기준 적합률이 점차 향상되고 있기는 하지만 여전히 이에 대해 보완해야 할 점이 많다. 먼저 계단이 없고 차체가 낮아 휠체어 이용자의 승하차가 ㉤쉽고 용이한 저상 버스는 전국 보급률이 38.9%에 그쳤으며, 배차 간격은 서울의 경우 평균 14.0분이었지만, 울산, 제주, 충남 등은 각각 95.2분, 73.0분, 66.9분에 달했다. 다음으로 지하철의 경우, 2024년 서울을 기준으로 승강기가 설치되지 않은 역은 13개나 되었다. 또한 승강기는 고장이 잦아 이용이 불가한 경우, 환승할 때마다 멀리 떨어진 곳까지 이동해야 하는 경우가 많다.

　이러한 문제를 해결하기 위해서는 첫째, 교통 약자 이동 편의법의 실효성을 강화하고 이를 철저히 이행할 행정적 체제가 마련되어야 한다. 둘째, 예산을 확보하고 정책적 우선순위 조정을 통해 대중교통 수단에 장애인이 원활하게 접근할 수 있도록 인프라를 갖춰야 한다. 셋째, 이동권을 '시혜'나 '배려'가 아닌 '정당한 권리'로 보는 사회적 인식 전환이 필요하다. 이동권은 헌법이 보장하는 자유권의 일환이며, 인간다운 삶을 위한 최소한의 권리이다. [　　　A　　　] 누구나 어디든 갈 수 있는 사회를 기대해 본다.

046 다음은 윗글을 쓰기 전에 세운 글쓰기 계획이다. 윗글에 반영된 것으로만 묶은 것은?

───────〈 글쓰기 계획 〉───────

ㄱ. 묻고 답하는 방식으로 독자의 관심을 유도해야겠어.
ㄴ. 쟁점에 대해 대비되는 견해를 균형 있게 제시해야겠어.
ㄷ. 문제 상황을 가정하여 문제 해결의 필요성을 전달해야겠어.
ㄹ. 전문가의 주장을 직접 인용하여 내용의 신뢰성을 확보해야겠어.

① ㄱ, ㄴ   ② ㄱ, ㄷ   ③ ㄱ, ㄹ   ④ ㄴ, ㄷ   ⑤ ㄷ, ㄹ

047 다음은 윗글을 수정·보완하기 위해 추가로 수집한 자료이다. 자료의 활용 방안으로 적절하지 <u>않은</u> 것은?

	자료 내용	유형
(가)	현재 A는 벨기에 ○○ 대학에서 석사 과정을 밟고 있다. 입학 전 홈페이지를 살펴보다가 감탄했다. 휠체어 접근 가능 여부와 장애인 화장실 위치, 장애인 주차장과 엘리베이터 위치가 600년 된 학교의 건물 지도마다 빠짐없이 그려져 있었다. "이게 사소해 보여도 휠체어 이용 장애인에게는 '탐색 비용'을 확 줄여 줘요. 한국에서는 제가 직접 가 보거나, 전화를 해 보거나 하는 방식으로 개인이 확인해야 하는 영역의 일이었는데 여기서는 묻지 않아도 제공되는 정보인 거죠."	뉴스 기사
(나)	'1층이 있는 삶'이란 슬로건이 있다. 한 사람의 생활사에서 사적이거나 공적인, 크고 작은 만남과 활동의 많은 부분이 건물 안에서 이루어지기에, 그곳에 이르기 위한 통로의 시작인 '1층'의 공유는 일상성의 동등한 참여라는 중요한 의미를 갖는다. 휠체어를 이용하는 장애인에게는 불과 2cm의 턱도 1층에 이르는 것을 방해한다. 턱과 계단에 경사로를 설치하면 휠체어를 이용하는 장애인도 1층을 공유하는 '모두'에 합류할 수 있다.	판결문
(다)	'아동·청소년기에 장애와 관련한 이동의 어려움으로 경험한 것'이 무엇인지 물었다. 교육적 배제 유형은 세 가지였다. (1) 학교 입학을 거절당하거나 특수 학교 입학을 권유받은 적이 있는지 (2) 학업을 중단하거나 진학을 포기한 적이 있는지 (3) 운동회, 수학여행 등 단체 활동에 참여하지 못한 적이 있는지를 물었다. 이 응답을 '지난 1년 동안 자살에 대해 진지하게 생각한 적이 한 번이라도 있습니까'라는 질문의 응답과 연결해 분석한 결과, 두 가지 교육적 배제를 경험한 사람은 그렇지 않은 사람보다 '자살 생각' 비율이 2.34배, 세 가지 교육적 배제를 경험한 사람은 3.68배 높았다.	연구 보고서

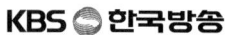

(라)

지역별 저상 버스 보급률, 배차 간격

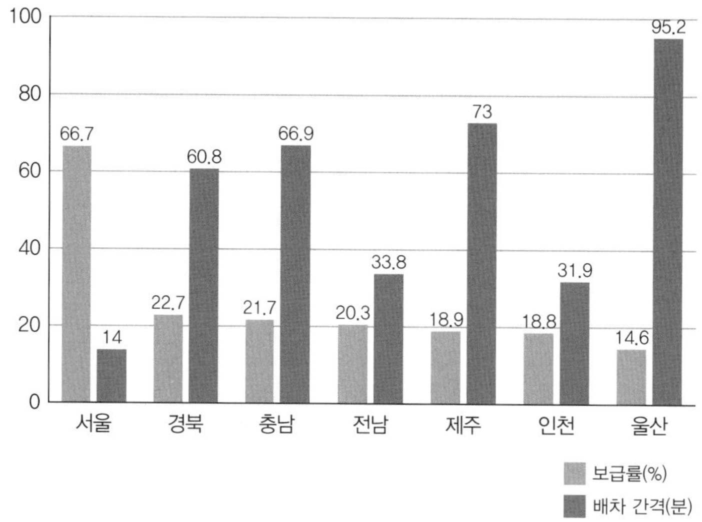

논문

(마)

휠체어를 타고 외출하지 않는 이유는 무엇입니까? (중복 응답)

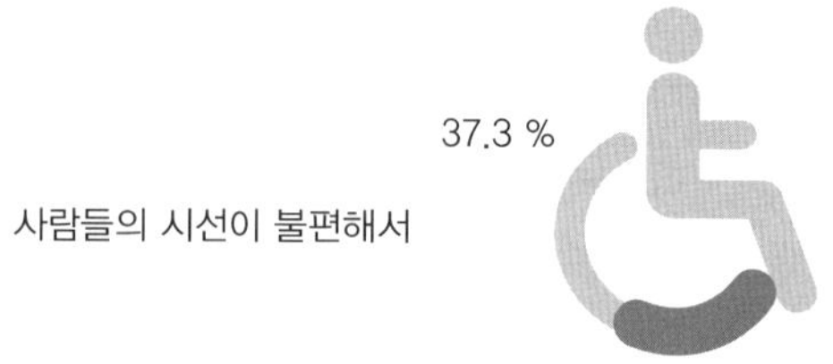

만약 내일 반드시 저상 버스를 이용해야 한다면 무엇이 걱정됩니까? (중복 응답)

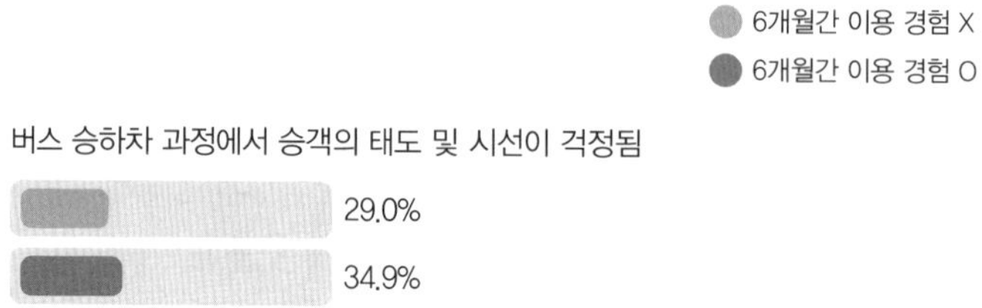

통계 자료

① (가)를 활용하여 교통 약자를 위한 편의 시설에 대한 정보를 충분히 제공하는 것도 이동권 증진에 도움이 될 수 있다는 내용을 추가한다.
② (나)를 활용하여 이동권이 인간다운 삶을 위한 권리라는 내용을 뒷받침한다.
③ (다)를 활용하여 이동권 제한이 당사자에게 심리적으로 큰 영향을 미친다는 내용을 추가한다.
④ (라)를 활용하여 지역별 저상 버스 보급률이 배차 간격의 원인이라는 내용을 추가한다.
⑤ (마)를 활용하여 장애인 이동권에 대한 인식 전환의 필요성을 강조하는 내용을 뒷받침한다.

048 다음은 윗글을 쓰기 전에 작성한 글의 개요이다. 윗글을 쓰는 과정에서 필자가 점검하여 반영한 내용으로 적절하지 않은 것은?

〈 개요 〉

Ⅰ. 이동권의 의미
　1. 이동권의 정의
　2. 시민 이동권과 자동차 제한 정책
Ⅱ. 이동권 제한으로 발생하는 문제
　1. '이동'이라는 것의 의미
　2. 취업의 어려움
　3. 교육 기회 제한
Ⅲ. 문제 해결을 위한 조건
　1. 법 강화 및 행정 체제 마련
　2. 예산 확보 및 인프라 구축
　3. 인식 전환의 필요성
Ⅳ. 이동권 저해 요인 및 개선 방법
　1. 장애인에게 친화적이지 않은 보행 환경
　2. 저상 버스의 낮은 보급률
　3. 지하철 관련 요인
Ⅴ. 이동권의 의미 및 이동권 보장의 효과

① Ⅰ-2는 주제와 관련이 없는 내용이므로 삭제한다.
② Ⅱ-1은 상위 항목과의 연관성을 고려하여 Ⅰ의 하위 항목으로 이동한다.
③ Ⅲ은 글의 맥락을 고려하여 Ⅳ와 순서를 교체한다.
④ Ⅳ는 하위 항목의 내용을 고려하여 '이동권 저해 요인'으로 수정한다.
⑤ Ⅳ-3은 의미를 명료화하기 위해 '지하철 승강기 설치 및 관리 인력 확보'로 수정한다.

049 윗글의 ㉠~㉤을 고쳐 쓰기 위한 방안으로 적절하지 않은 것은?

① ㉠: 맥락상 피동 표현이 쓰여야 하므로 '연결된다'로 수정한다.
② ㉡: 단어의 올바른 쓰임이 아니므로 '치르는'으로 수정한다.
③ ㉢: 앞뒤의 내용을 고려할 때 쓰임이 적절하지 않으므로 '한편'으로 수정한다.
④ ㉣: 주어와 서술어를 고려하여 사동 표현인 '겪게 한다'로 수정한다.
⑤ ㉤: 다른 말과의 관계에 비추어 볼 때 불필요하게 의미가 중복되었으므로 삭제한다.

50 〈보기〉를 [A]에 추가한다고 할 때, 그 의도로 가장 적절한 것은?

───〈 보 기 〉───

장애인 이동권 확보를 위한 여러 조치는 결과적으로 그들뿐 아니라 노인, 임산부, 유아차 이용자 등 모든 교통 약자의 이동의 질을 향상할 것이며 나아가 그들 모두의 삶을 개선하게 될 것이다.

① 문제 해결에 따른 사회적 파급 효과를 강조하기 위해
② 기존 정책의 한계를 재진술하여 주장을 강조하기 위해
③ 문제 상황이 지속될 경우 예상되는 전망을 제시하기 위해
④ 실현 가능한 문제 해결 방안을 구체적으로 제시하기 위해
⑤ 문제 해결을 위해서는 원인 파악이 시급함을 역설하기 위해

창안 51번~60번

※ **[051~053]** 다음 글을 읽고 물음에 답하시오.

펭귄은 물속과 육지에서 활동할 수 있도록 신체 조건을 발달시켰다. 물속과 물 밖은 빛의 굴절률이 다르므로, 일반적으로 육지 활동에 적합한 눈은 물속에 들어가면 근시가 된다. 그런데 펭귄은 수정체의 두께를 바꾸는 능력이 탁월하여 물속에서도 사물을 잘 볼 수 있다. 또한 펭귄의 깃털은 기름샘에서 나오는 기름이 묻어 있어서 바닷물에 잘 젖지 않는다. [A]

펭귄은 섣불리 바다에 들어갔다가는 천적인 바다표범이나 물개의 먹이가 될 수 있다. 그러나 남극에서 먹이를 구하려면 바다에 뛰어들어야 한다. ㉠이때 어느 한 펭귄 개체가 먼저 바다에 뛰어들면 그 뒤를 이어 다른 펭귄들이 물속으로 뛰어드는 모습을 보인다.

펭귄 중 가장 거대한 몸집을 가지고 있는 ㉡황제펭귄은 허들링이라는 독특한 방식으로 군집을 이뤄 체온을 유지한다. 수천 마리의 황제펭귄이 서로 몸을 맞대고 거대한 원을 형성하면 바깥쪽과 안쪽은 온도 차이가 10도 이상 난다. 안쪽 대열의 펭귄은 바깥에 있는 펭귄들이 바람을 막아 주기 때문에 상대적으로 따뜻하지만, 바깥쪽 대열의 펭귄들은 체온이 떨어지고 지치게 된다. 따라서 일정 시간이 지나면 안쪽에 있던 황제펭귄은 바깥쪽으로 나오고, 바깥에서 온몸으로 추위를 막아내던 황제펭귄이 무리의 안쪽으로 들어가며 서로 자리를 바꾼다.

051 윗글의 [A]와 〈보기〉를 통해 공통적으로 이끌어 낼 수 있는 교훈으로 가장 적절한 것은?

> 〈 보기 〉
>
> 겉씨식물인 침엽수는 물관이 발달하지 않은 대신 세포와 세포 사이에 작은 구멍이 뚫려 있는 헛물관을 통해 세포에서 세포로 물을 전달한다. 물을 한 번에 통과시킬 수 있는 물관에 비해 헛물관은 운반 속도가 느리고 효율성이 낮다. 그러나 물관은 추운 날씨에 물이 동결되면 흐름이 끊기는 곳이 생겨 물을 수송할 수 없는 반면, 헛물관은 추위에 강하며 안정적으로 물을 운반할 수 있다.

① 상호 의존과 연대의 중요성
② 시행착오를 통한 성장과 발전
③ 협력적 소통을 통한 갈등 해결
④ 주어진 환경에 적응하는 유연함
⑤ 타인과 자신을 비교하지 않는 마음가짐

052 ㉠을 기업 경영 전략에 비유할 때 이끌어 낼 수 있는 내용으로 가장 적절한 것은?

① 중요한 결정을 내릴 때는 다수의 합의를 따르는 것이 합리적이다.
② 구성원들의 고충 해결을 위해 조직 내 소통 창구를 마련해야 한다.
③ 경쟁력 강화를 위해 정확한 정보에 기초한 의사 결정을 내려야 한다.
④ 구성원들의 능력 발휘를 위해 권한과 역할을 적절하게 배분해야 한다.
⑤ 기업의 성장을 위해 실패를 두려워하지 않고 도전하는 자세가 필요하다.

053 윗글의 ㉡의 입장에서 〈보기〉의 '철수'에게 해 줄 수 있는 조언으로 가장 적절한 것은?

> 〈 보기 〉
>
> 고등학생인 철수는 조별로 진행되는 수행 평가 과제를 개인 과제로 대체하여 제출하고 싶다고 선생님께 말씀드렸다. 다른 친구들과 역할을 분담하고 일정을 맞추는 것이 어렵기도 하고, 자신이 노력하는 만큼 다른 친구들이 노력하지 않는 것 같아서 손해를 보는 것처럼 느껴진다는 이유에서였다.

① 자신을 먼저 낮추고 타인의 의견을 경청해야 한다.
② 혼자 가면 빨리 가지만 함께 가면 멀리 갈 수 있다.
③ 불가능한 일에 대해서는 욕심을 내지 않는 것이 좋다.
④ 다른 사람의 뒤만 좇지 말고 리더가 되도록 노력해야 한다.
⑤ 다양한 개성을 가진 사람들이 모이면 더 넓은 시야를 가질 수 있다.

※ [054~056] 다음 그림을 보고 물음에 답하시오.

(가)	(나)
가지치기	퇴고하기

054 (가)와 (나)에 대한 이해로 적절하지 <u>않은</u> 것은?

① (가)는 생물학적 성장 환경에서, (나)는 언어적 표현 환경에서 주로 이루어진다.
② (가)는 식물의 성장을 돕고, (나)는 글의 완성도를 높이기 위한 행위이다.
③ (가)의 결과는 시각적으로 드러나지만, (나)의 결과는 시각적으로는 알 수 없다.
④ (가)와 (나)는 내적인 사고 과정을 포괄하는 외적 활동 결과가 나타난다.
⑤ (가)와 (나)는 처음보다 더 나은 상태를 만들기 위한 조정 과정이다.

055 (가)의 '가지치기'와 (나)의 '퇴고하기'를 비교한 설명으로 가장 적절한 것은?

① (가)와 (나)는 결과를 바꾸지 않고 과정을 정리하는 데 초점이 맞춰진다.
② (가)에서는 선택과 판단이 필요하지만 (나)에서는 기계적으로 수정만 하면 된다.
③ (가)와 (나)는 모두 삭제 중심의 행위라는 점에서 본질적으로 같은 사고 과정을 따른다.
④ (나)는 (가)에 비해 추가와 재구성을 포함하는 더 복합적인 행위이다.
⑤ (나)는 자연스럽게 이루어지는 반면, (가)는 인위적인 개입이 필요한 과정이다.

056 (가)를 활용하여 설명 가능한 사례로 가장 적절한 것은?

① 작품을 완성한 후 조형의 일부를 덧붙여 더욱 풍성하게 표현했다.
② 아이디어 회의에서 떠오르는 생각을 빠르게 적으며 양을 늘려 갔다.
③ 발표에서 중요한 내용을 강조하기 위해 목소리를 더 키워 또렷하게 말했다.
④ 문제를 해결하기 위해 가능한 모든 아이디어를 최대한 모아 보관해 두었다.
⑤ 책상 정리를 통해 꼭 필요한 물건만 남기고 나머지를 버려 집중력을 높였다.

※ **[057~058]** 다음 글을 읽고 물음에 답하시오.

> 지난 13일 버려진 채 발견된 갈색 푸들입니다. 왼쪽 옆구리에 상처가 나 붕대를 감고 있습니다. 원래는 주인의 정보가 담긴 인식 칩이 있던 자리인데, 인식 칩이 감쪽같이 사라졌습니다. 개 주인은 상처를 내고 유기한 사실을 뒤늦게 인정한 것으로 전해졌습니다. SNS엔 공분과 함께 개 주인에 대한 비난이 빗발쳤습니다.

057 위 뉴스 기사의 '개 주인'에게 보여 줄 광고 사례와 문구가 적절하지 <u>않은</u> 것은?

①
그에게 당신은
아직 주인입니다.

②
목줄 풀린 반려견,
누군가에게는 맹수입니다.

③
저도 한때
따뜻한 집이 있었습니다.

④
사지 말 '개'
버리지 말 '개'
평생 함께하 '개'

⑤
버리지 마세요,
가족 같은 생명

058 윗글과 〈조건〉을 모두 반영하여 공익 광고 문구를 창안할 때 가장 적절한 것은?

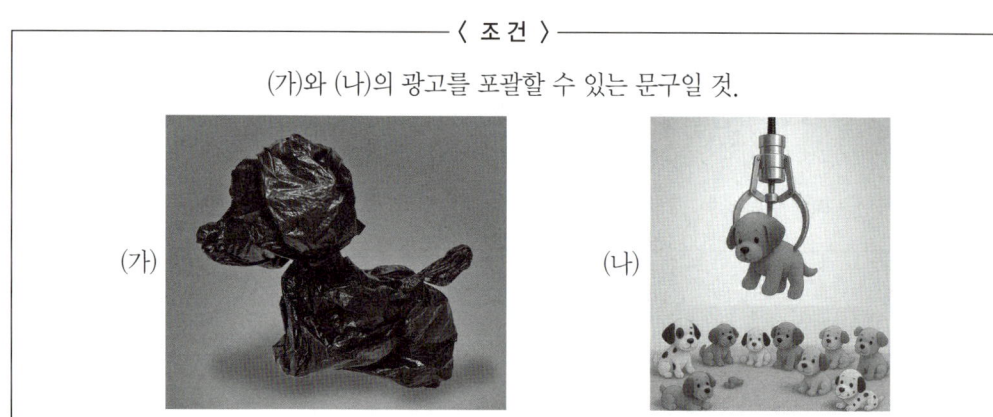

〈 조 건 〉
(가)와 (나)의 광고를 포괄할 수 있는 문구일 것.

① 귀여운 나를 선택해 주세요.
② 소중한 생명, 사지 말고 입양하세요.
③ 나는 쓰고 버리는 일회용이 아니에요.
④ 가족이 되고 싶었지만 장난감이 되었습니다.
⑤ 쓸모나 재미가 아니라 존재로 사랑해 주세요.

※ **[059~060]** 다음 글을 읽고 물음에 답하시오.

반향실 효과(Echo Chamber Effect)는 폐쇄된 온라인 공간에서 자신과 생각이 비슷한 사람들끼리만 소통하게 되면서 편향된 사고가 강화되는 현상을 가리킨다. 자신과 유사한 견해를 가진 사람이나 매체로부터 얻은 정보는 쉽게 신뢰하고 주변에 전파하는 반면, 그렇지 않은 경우는 근거 없이 거부하거나 무시하게 된다. 그 결과 동일한 견해가 반복적으로 울려 퍼지며 점점 더 확고한 신념으로 자리 잡는다.

영국의 한 연구팀은 반향실 효과가 전혀 관련 없는 판단 영역에까지 영향을 미칠 수 있음을 보여 주는 실험을 진행했다. 실험 참가자들은 정치 성향이 다른 사람들과 도형 분류 과제를 수행했다. 이때 참가자들은 단지 정치 성향이 같다는 이유만으로, 실제로는 오류를 범한 사람의 판단을 더 정확하다고 평가하는 경향을 보였다. 이는 정치적 선호와 관계없는 과제에서도 신념의 유사성이 판단에 영향을 미친다는 점을 보여 준다.

이처럼 ㉠반향실 효과는 정보에 대한 판단력을 흐리게 하며, 시간이 지날수록 편향은 더욱 심화된다. 초기에 사소하게 넘긴 왜곡된 정보가 점차 신념으로 굳어지고, 나아가 사회적 갈등으로 비화될 수 있다. 따라서 다양한 관점을 접하고 비판적으로 사고하는 태도를 지니는 것이 필요하다.

059 윗글의 ⊙과 〈보기〉를 통해 유추할 수 있는 교훈으로 가장 적절한 것은?

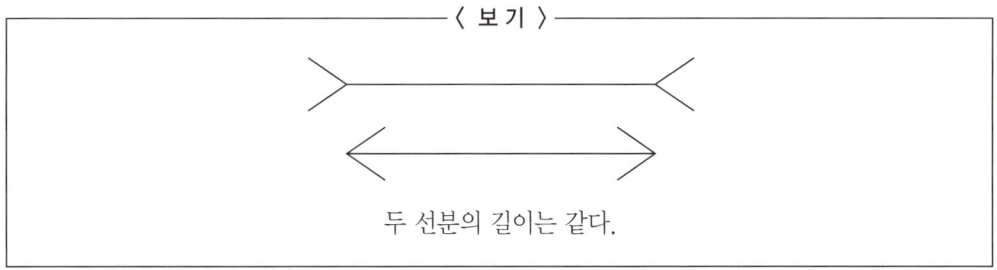

두 선분의 길이는 같다.

① 처음부터 완벽한 판단은 어려우므로 직관으로 결정해야 한다.
② 판단이 어려울 때는 다수결로 결정하는 것이 최선의 방법이다.
③ 내가 서 있는 곳만이 옳은 길이 아니라는 것을 인지해야 한다.
④ 처음의 결정이 옳은 경우가 많으므로 끝까지 밀고 나가야 한다.
⑤ 식견이 높은 사람의 자문을 구하는 것이 정확한 판단에 도움이 된다.

060 윗글의 내용을 참고하여 〈보기〉의 커뮤니티 운영자에게 할 수 있는 조언으로 가장 적절한 것은?

〈 보 기 〉

한 지역의 커뮤니티에 최근 몇몇 이용자들이 편향된 정치적 의견을 반복적으로 게시하였다. 이에 커뮤니티 운영자는 대응 방안을 고민했지만, '조금 지나면 자연스럽게 잠잠해지겠지.' 하고 생각하여 제재하지 않았다. 그런데 시간이 지나자 해당 이용자들의 발언은 점점 더 과격해졌고, 반대 의견을 가진 사용자들은 하나둘 커뮤니티를 떠나기 시작했다. 결국 커뮤니티 전체가 특정 입장만이 반복되는 공간으로 변했고, 운영자는 이제 어떻게 대응해야 할지 더 난감한 상황에 처했다.

① 논쟁을 줄이기 위해 중립적 내용만 허용해야 한다.
② 다수 입장 중심으로 운영 방향을 분명히 해야 한다.
③ 이용자 자율에 맡기고 운영 개입은 최소화해야 한다.
④ 의견의 다양성이 유지되도록 운영 방침을 세워야 한다.
⑤ 표현의 자유를 보장하려면 게시글을 수정하지 않아야 한다.

읽기 61번~90번

※ [061~062] 다음 글을 읽고 물음에 답하시오.

> 이름이 뭔가요?
> 전공은 뭐였죠?
> 고향에서 죽 자라났나요?
>
> 여기에 쓰여 있는 게 전부 사실입니까?
>
> ㉠질문만 있고 답이 없는 곳에 다녀왔다
>
> 서 있어도
> ㉡앉아 있는 사람들보다 작았다
>
> 가장 많이 떠들었는데도
> ㉢듣는 사람들보다 귀가 아팠다
>
> 눈사람처럼 하나의 표정만 짓고 있었다
> 낙엽처럼 하나의 방향만 갖고 있었다
>
> 삼십여 년 뒤,
> 답이 안 나오는 공간에서
> ㉣정확히 똑같은 질문을 던지기 위해
>
> 녹지 않았다
> ㉤순순히 떨어지지 않았다
>
> — 오은, 「면접」

061 윗글에 대한 설명으로 가장 적절한 것은?

① 감탄의 표현을 통해 역설을 유발하였다.
② 활발한 움직임을 강조함으로써 리듬감을 돋운다.
③ 결연한 어조를 통해 현실의 부정적 전망을 드러낸다.
④ 유사한 단어들을 반복적으로 열거하여 주의를 환기한다.
⑤ 낙하와 융해의 이미지를 서로 대조하여 의식의 변화를 표현한다.

062 ㉠~㉤에 대한 이해로 적절하지 <u>않은</u> 것은?

① ㉠: 희망이 잘 엿보이지 않고 암담함을 암시한다.
② ㉡: 자세에 따른 크기에 상반되는 권위의 무게를 표현한다.
③ ㉢: 평가받는 자리와 그 과정이 마뜩하지 않음을 제시한다.
④ ㉣: 문제의 해결을 유보하고 모면을 선택하였음을 드러낸다.
⑤ ㉤: 부당한 상황에 항거하고 불복하였음을 의미한다.

※ **[063~065]** 다음 글을 읽고 물음에 답하시오.

돌이켜보면 무척 반갑고 놀라웠다. 그러나 그 당시에는 그걸 표현할 만큼의 에너지가 남아 있지 않았다. ⓐ제이콥이 ⓑ한희를 꼭 끌어안으면서 너무 보고 싶었다고 말했다. 한희는 "나도"라고 말해야 했으나 "숙소는 예약했어?"라고 물었다.
"정말 일을 그만두고 온 건 아니지?"
한희는 제이콥이 메고 있는 배낭을 흘긋거리며 말했다.
"그만뒀어. 나 ⓒ한국에서 살 거야."
제이콥은 한희를 안았던 팔을 풀고 한희의 손을 잡고 걸었다. 그는 13시간 비행을 한 사람답지 않게 쉴 새 없이 재잘거렸다.
"돌아가는 비행기표는 있어?"
"나 한국에서 살 거라고 말했잖아."
제이콥은 한희가 원하는 대답은 단 한 가지도 가지고 있지 않았다. 한희는 우선 학교 앞 카페로 들어가 장기 숙박이 가능한 숙소를 알아보았고, 관광 비자가 만료되는 3개월 이후까지 일을 구하지 못하면 돌아가기로 약속을 받아냈다.
제이콥은 한희가 다듬어준 이력서로 여러 한국어학당에 지원했지만 한 곳에서도 연락이 오지 않았다. 한국의 어학당에서는 한국어가 모국어가 아닌 사람을 강사로 둘 이유가 없었다. 결국 제이콥은 비자가 만료되기 직전 영어 학원에 취직을 했다. 그편은 정말 쉬웠다. 1년 비자에 연장이 가능하고 월세 지원에 퇴직금까지 계약서에 명시되어 있었다. 한희는 매우 좋은 조건이라고 했지만, 제이콥은 일시적인 일일 뿐이라고 ㉠선을 그었다.
제이콥은 학원에서 한국어를 사용하지 못하게 한다고 불평을 했다. 한희는 자신 역시 수업 시간에 한국어 이외의 언어는 사용할 수 없다고 말하며 달랬다.
"한국어학당에서는 어떻게 지냈냐는 질문도 못 알아듣는 학생들한테 세계 경제 동향에 대한 신문 기사를 읽으라고 하지는 않잖아."
제이콥은 학생들과 대화를 하고 싶어 했는데, 학생들은 영어로 말하는 것을 부끄러워했다. 학생들은 제이콥도 잘 모르는 단어를 밑줄 긋고 외웠다. 제이콥은 일에 여러 불만이 있었지만, 여전히 한희를 넘치게 사랑했다. 제이콥이 한희에게 쏟아붓는 언어들이 모두 ⓒ생소한 것이었으므로 한희는 때로 그가 부모보다 자신을 더 사랑한다고 느끼기도 했다. 누가 그녀를 햇살이라고 부를까. 누가 그녀의 머리에 입을 맞출까. 누가 그녀의 눈꺼풀을 어루만지며 그것이 한글의 모음을 닮았다고 말할까.

한희는 책임 강사 자리를 얻었고, 제이콥 역시 더 나은 조건의 영어 유치원으로 자리를 옮겼다. 유명 대학의 이름을 단 영어 유치원이었고, 제이콥도 영어 학원보다 만족하는 듯했다. 한희는 무주택자로 서울시 보증금 지원을 받았고, 제이콥은 월급과 별도로 월세를 받았으므로 역에서 거리가 멀지만 아침 해가 잘 드는 아파트를 얻을 수 있었다. 주말에 제이콥과 같이 소파에 누워 아침 햇살을 느끼다가 한희는 그가 자신의 가족이라는 것을 새삼스레 느꼈다. 결혼과는 상관없이 제이콥은 한희의 가장 가까운 가족이었다.

결혼을 하지 않는 것도, 아기를 가지는 것도 모두 그의 바람이었다. 제이콥이 자신의 부모도 결혼하지 않고 40년을 살았노라고 했을 때 한희는 수긍했다. 어차피 결혼에 대한 환상 같은 것은 처음부터 없었다. 그러나 아기는 가지고 싶다는 제이콥의 말에는 쉽게 동의할 수 없었다. 한희는 책임 강사 자리를 지키고 싶었고, 그러려면 자리를 비우지 않고 계속 일해야 했다. 그래서 제이콥이 그녀의 눈을 닮은 아이를 가지고 싶다고 할 때마다 고개를 저었다.

"나는 출산 휴가도 없어. 그냥 계약 연장이 안 되는 거야. 그게 끝이라고."

제이콥은 그녀가 얼마나 능력 있는 여자인지 열정적으로 말했다. 그녀 정도라면 한국 어느 대학에서건 일을 다시 구할 수 있을 것이고, 영국 대학에서 일하고 싶다면 자신이 적극 도와줄 거라고 말했다. 영국 대학에서 일할 수 있게 도와준다는 말은, 그가 현재 한국의 영어 학원과 영어 유치원에서 4년째 일하고 있다는 사실을 고려하면 허무맹랑하기 짝이 없었는데도, 한희는 그 말에 마음이 ⓒ흔들렸다.

죽자 살자 일하고 있지만 한국에서 한희의 미래는 불투명했다. H대에서 책임 강사를 몇 년 하다가 지방대의 신설 어학당에 총괄 책임으로 가는 것이 가장 좋은 미래였다. 그런데 그마저도 60대의 책임 강사는 찾아보기 어려웠다. 외국 대학에서 전임 자리만 얻을 수 있다면, 그보다 더 나은 것은 없을 거였다. 어쩌면, 정말 어쩌면, 외국 대학에서 제이콥과 안정적으로 일하면서 가족도 꾸릴 수도 있을 것이다. 당장 다음 달 생계가 막막해질 수 있다는 공포 없이, 불안 없이 살 수도 있을 것이다.

아기는 배 속에서 무럭무럭 자랐다. 제이콥은 배 속 아기에게만큼은 영어로 이야기했다. 그들이 영국에 갈 것이니 영어를 배워야 한다고 한희가 주장했다. 한희는 자신이 시킨 일인데도 영어로 이야기하는 제이콥이 ㉣낯설었다. 목소리 톤이 조금 더 낮았고, 말이 더 빨랐으며, 무성의하게 들렸다. 때로는 제이콥이 아기에게 하는 말의 토막을 정확히 이해하지 못할 때도 있었다. 그럴 때 한희는 여전히 ㉤차갑고 물살이 센 강에 발을 담그고 있는 것만 같았다. 아기 역시 그녀가 이해하지 못하는 언어를 하게 될 것이다. 그들은 한희와 다른 방식으로 웃고, 다른 방식으로 경탄하고, 다른 방식으로 사랑하는 사람들의 나라에서 살아갈 것이다.

- 서수진, 「코리안 티처」

063 윗글의 서술상 특징으로 가장 적절한 것은?

① 독자가 인물의 시각에 몰입하여 그의 감정을 느끼도록 유도한다.
② 서술자가 사건의 귀결을 예고하면서 현재 인물의 행위를 논평한다.
③ 의성어 및 의태어를 활용한 묘사로 독자의 시각과 청각을 자극한다.
④ 부분적인 사실과 원인을 알 수 없는 사건 제시로 의문을 점증시킨다.
⑤ 대화 속에 삽입된 이야기로 전체 줄거리와 구조상의 대비를 유도한다.

064 〈보기〉 중 ⓐ, ⓑ, ⓒ와 관련하여 윗글의 내용을 적절하게 이해한 것을 있는 대로 모두 고른 것은?

〈 보 기 〉

ㄱ. ⓑ는 ⓐ가 ⓒ에서 가진 직장을 부러워하였다.
ㄴ. ⓐ는 ⓑ에게 예고하지 않고 ⓒ로의 이주를 결정했다.
ㄷ. ⓑ는 ⓒ를 떠난 뒷날로 자기와 ⓐ의 혼인을 미루었다.
ㄹ. ⓑ는 ⓒ에서 재회한 ⓐ에 대해 반가움이 앞서 근심을 잊었다.
ㅁ. ⓑ는 ⓐ와 가진 아이로 인해 ⓒ에서의 생계가 곤란해질 것을 염려했다.

① ㄱ, ㄷ   ② ㄴ, ㅁ   ③ ㄱ, ㄹ   ④ ㄴ, ㄷ, ㄹ   ⑤ ㄴ, ㄹ, ㅁ

065 윗글의 ㉠~㉤을 해석한 진술로 적절하지 않은 것은?

① ㉠: 더 좋은 직장에 대한 기대와 향상심을 드러내는 것이군.
② ㉡: 타문화 속에서 생활한 이가 쓴 표현이 색다른 감각을 불렀군.
③ ㉢: 직업과 경력을 포기하고서라도 아이를 가지려는 마음이 커졌군.
④ ㉣: 자기가 표명한 계획에 대해 의혹을 품고 은연중 불안해하는군.
⑤ ㉤: 현실과 희망 사이의 괴리감이 온도 감각으로 환치된 채로 느껴졌군.

※ [066~068] 다음 글을 읽고 물음에 답하시오.

불온한 것들이 우리의 익숙한 감각 속으로 낯설게 침입할 때 우리는 '감각적 각성'에 이르게 된다. 각성이란 보이지 않던 것이 보이게 되는 사건이다. 그렇다면 감성의 분할과 관련하여 이런 각성을 정의할 수 있을 것이다. 감각적 각성이란 기존의 익숙해진 감각에선 보이지 않던 것을 보고 느끼고 감지하게 되는 사건이다.

이런 각성은 통상 약물에 의해 이루어졌다고 알고 있다. 보통의 눈으로는 보지 못하던 것을 보기 위해 식물을 이용했던 인디언들이나 그들을 따라 새로운 감각 세계를 경험하기 위해 약물을 이용했던 히피들 혹은 적잖은 예술가들이 그랬을 것이다. 벤야민은 "종교는 인민의 아편"이라는 마르크스의 문장을 비틀어, 이런 약물적 각성과 종교를 연결한다. 약물만큼이나 종교가 사람들을 매혹하고 새로운 세계로 이끄는 것은, 이런 각성의 힘 때문인지도 모른다.

약물적 각성은, 약물에서 깨어나면 다시 기존의 감각으로 돌아온다는 점에서 약물 안에 있고 언제나 잠정적이다. 벤야민처럼 이런 약물적 각성의 한계는 다시 종교적 각성에 연결할 수 있을 것이다. 종교 역시 그 안에서만, 신의 믿음을 공유한다는 전제에서만 새로운 각성이 제공하는 세계로 사람들을 이끈다.

벤야민의 말처럼 '**세속적 각성**'이 이와 구별되어 정의되어야 한다면, 일단 먹어 보라고, 일단 믿어 보라고, 요컨대 일단 들어와 보라고 요구하지 않고 새로운 감각으로 각성시키는 것이어야 할 것이다. 약물이나 믿음을 가정하지 않고 뜻하지 않은 세계를 보게 하는 것, 그런 식으로 세상의 비밀을 보게 하는 것. **불온한 자들**, 어떤 동의도 구하지 않고 우리의 경계 안으로 밀고 들어오는 것들이야말로 이런 세속적 **각성**을 가능하게 하는 계기라고 할 수 있을 것이다.

어떤 '합일'의 엑스터시를 통하지 않고서도 **감각적 각성**에 이르는 길, 그리하여 지금 보이는 것들에 가려 보이지 않던 것 혹은 존재자에 가려 보이지 않던 존재를 보는 감각적 각성의 길이, 불온한 자들을 통해 가능하리라고 말할 수 있을 것이다. 불안함 속에서도 우리를 잡아끄는 떨치기 힘든 매혹을 통해, 그에 휘말리는 우리의 '아찔한' 불온성을 통해 우리는 약물 없이, 종교 없이 감각적 각성에 이를 수 있지 않을까? 그렇게 그것은 새로운 세계, 새로운 삶을 향해 '신비한' 모험을 시작하는 출발점을 제공할 수 있지 않을까?

불온한 것들이 야기하는 불편함과 불안함을 긍정할 수 있을 때, 그들에 매혹되어 그들이 이끄는 미지의 세계로 이끌려 들어갈 때, 가장 먼저 발생하는 것은 아마도 이런 감각적 각성일 것이다. 이러한 감각적 각성이 낡은 세계의 바깥을 보게 하리라고 말해도 좋을 것이다.

066 '불온한 자들'을 통해 도달할 수 있다고 보는 '각성'의 특징으로 적절하지 않은 것은?

① 약물이나 특정 믿음에 의존하지 않는다.
② 기존의 감각적 한계를 넘어선 인식을 가능하게 한다.
③ 어떤 전제나 요구 없이 뜻하지 않은 세계를 보게 한다.
④ 불안함과 불편함을 회피함으로써 안정적으로 도달할 수 있다.
⑤ '합일'의 엑스터시와 같은 특별한 상태를 필요로 하지 않는다.

067 '불온한 자들'과 '감각적 각성'의 관계에 대한 설명으로 가장 적절한 것은?

① '불온한 자들'은 '감각적 각성'을 방해하는 부정적인 요소로 작용한다.
② '감각적 각성'은 '불온한 자들'이 지닌 내재적 속성을 의미한다.
③ '불온한 자들'은 익숙한 감각에 침입하여 '감각적 각성'을 유발하는 계기가 된다.
④ '감각적 각성'에 이르면 '불온한 자들'의 위험성을 명확히 인지하고 피할 수 있게 된다.
⑤ '불온한 자들'과 '감각적 각성'은 서로 독립적으로 발생하는 별개의 현상이다.

068 윗글에서 '세속적 각성'을 강조하는 이유로 가장 적절한 것은?

① 세속적 각성이 가장 쉽게 도달할 수 있는 보편적인 각성이기 때문에
② 약물이나 종교에 비해 더 강렬하고 신비로운 체험을 제공하기 때문에
③ 사회 질서를 유지하고 기존의 가치 체계를 공고히 하는 데 기여하기 때문에
④ 감각적 혼란을 최소화하고 이성적 판단 능력을 극대화하는 각성이기 때문에
⑤ 특정 조건이나 전제 없이, 일상적 현실과의 관계 속에서 이루어지는 각성이기 때문에

※ [069~072] 다음 글을 읽고 물음에 답하시오.

　민사 실체법은 개별 권리의 발생, 변경, 양도, 소멸을 규율하지만, 그 권리를 실현하는 방식은 몇몇 예외 말고는 규정하지 않는다. 자신의 권리를 스스로 실현하는 자력 구제는 공권력의 도움을 받을 수 없는 예외 상황에서나 지극히 제한적으로 허용될 뿐이다. 개별적인 폭력 행사는 법적 평화의 교란이며, 그로 말미암는 피해는 본래의 동기보다 과도해지기 쉽다. 그뿐만 아니라 사적인 권리 구제는 권리자가 아니라 강자들이 이기도록 만들 위험도 있다.
　자력 구제 금지의 귀결은 이른바 법적 보호의 국가 독점이다. 자력 구제를 금지한 국가는 권리를 실현할 수 있는 다른 수단을 국민에게 제공해야 한다. 그리하여 개인은 국가에 대해 법적 구제의 실현을 요구할 수 있는 이른바 재판 청구권을 가지게 되고 이는 헌법상 보장된다. 그것이 민사법 영역에서는 민사 소송으로서 국가의 법정에서 권리를 확정하는 판결 절차와 그것을 실현하는 집행 절차로 구성된다. 판결 절차에서 법관은 제출된 증거에 터 잡아 사실관계를 먼저 확정해야 하고, 이어서 실체법의 규범을 그에 적용하는 이중의 과업을 진다.
　조정으로 화해를 유도하여 분쟁을 해결하자는 발상이 나오면서 민사 소송의 대안으로 제시하는 일까지 있다. 권리를 확정하려는 것이 아니라 분쟁의 해결에 중점을 두는 화해는 기껏해야 민사 소송을 보완하는 정도이지 대체하지는 못한다. 더구나 상호 양보로 분쟁을 해결하는 화해는 권리자에게 실체법상의 권리 일부를 포기하도록 하기 때문에 법치 국가의 관점에서 바람직하지 않은 면도 있다. 그러나 이것은 현재 여러 형태로 사법 제도 안에 자리를 차지해 가고 있다. 한 예로 일부 가사 사건에서는 재판하기에 앞서 조정을 선행하도록 한다.
　국가의 절차로 실체법상의 권리를 실현할 수 있는 가능성은 여러 영향력을 갖는다. 직접적인 예로는 개인 채권자는 법원의 문을 두드려 채무자로부터 빚을 받아내는 데 도움받을 수 있다. 이런 가능성이 뚜렷하면 당연히 채무자들은 의무를 이행할 채비를 하게 된다. 이처럼 민사 절차에 대한 고려가 의무자의 도의적 행동을 이끈다. 간접적 효과로 법원의 판례가 성문법의 발전에 중요한 영향을 끼치는 것도 들 수 있다.
　이러한 이해는 민사 소송의 목적의 논의로도 이어진다. 근대 민사 소송법이 제정되던 시기에는 ⊙자유주의 사상이 지배적이어서, 소송을 사적인 권리 투쟁으로 보며 법원을 그저 중립적인 역할에 머무르게 하려 했다. 그리하여 실질적인 소송 진행을 당사자에게 맡겼다. 이러한 원칙들 자체는 기본적으로 오늘날도 유지된다. 이에 대해 소송의 목적에는 객관적 민사법 질서의 확립을 가장 앞에 두어야 한다는 ⓒ보수적인 입장도 있었다. ⓒ사회적 측면에 주목하는 주장에서는 법적 평화의 조성과 유지를 소송의 주된 의미로 보았다. 여기서는 적극적으로 해결해야 하는 하나의 사회악으로서 소송을 바라보며, 분쟁을 타협의 방식으로 끝낼 것도 제안한다. 이들 견해는 소송의 여러 목적에서 한 면을 집어 주로 강조하는 것일 뿐 민사 소송의 목적이 그 어느 한 가지일 수만은 없다.

069 윗글의 내용에 대한 이해로 가장 적절한 것은?

① 증거의 주된 기능은 적용할 법조문을 결정하는 것이다.
② 힘의 논리가 법적 정의를 누를 우려 때문에 자력 구제는 금지된다.
③ 조정에 따른 화해는 실체적 권리관계의 실현에 주안점을 둔다.
④ 오늘날에는 분쟁 해결에서 법원의 중립적 역할이 요구되지 않는다.
⑤ 민사상의 문제에 관한 법적 분쟁은 협상을 통해 해결하는 것이 이상적이다.

070 윗글에서 민사 소송에 관한 설명으로 적절하지 <u>않은</u> 것은?

① 개인 사이에 권리관계를 확정하는 기능이 있다.
② 확정된 사실관계에 법률을 적용하여 판결을 내린다.
③ 궁극적으로 법적 평화를 조성하고 유지하는 역할을 한다.
④ 소송으로 형성된 법원의 판례는 민사법의 진보에 이바지한다.
⑤ 개인의 권리를 보호하는 역할을 독점한 국가의 권리에 따른 배려이다.

071 윗글에서 추론한 내용으로 적절하지 <u>않은</u> 것은?

① 실체법적 권리관계를 확정하는 민사 소송의 기능은 화해로 대체할 수 없다.
② 화해는 양 당사자가 저마다 주장하는 범위에서 일부를 포기하는 방식으로 이루어진다.
③ 국가에 법적 구제를 요구하는 헌법상의 권리는 자력 구제 금지 원칙의 유래를 통해 이해할 수 있다.
④ 분쟁 해결보다 실체법 규범의 적용을 중시하는 민사 소송의 단점을 보완하기 위한 방안으로 조정의 활용이 제시된다.
⑤ 개인의 법적 권리가 소송으로 관철될 가능성이 낮으면 채무자가 의무를 자발적으로 이행하려는 동기가 약화될 수 있다.

072 ㉠~㉢에 관한 설명으로 적절하지 않은 것은?

① 현행 민사 소송은 절차 진행의 주도권을 당사자 쪽에 주는 것이 원칙인데 이는 ㉠의 영향이라 할 수 있다.
② 객관적으로 성립되어 있는 법질서를 유지하려는 것이 민사 소송의 목적이라는 ㉡은 현행 제도에서도 유효하다.
③ ㉡은 공동체의 질서라는 관점에서 소송을 바라본다는 점에서 ㉠과 대비된다.
④ ㉢에서는 소송이 법적 해결의 대상이기 때문에 재판이 아닌 조정으로 법적 평화를 회복하는 데에는 반대한다.
⑤ ㉠은 될 수 있는 한 법원의 개입을 적게 하려 하는 반면, ㉢은 굳이 그럴 필요가 없다고 본다.

※ **[073~075]** 다음 글을 읽고 물음에 답하시오.

물 위에 배가 떠 있거나, 사람이 수영장에서 몸을 띄우는 현상은 모두 부력이라는 물리적 힘에 의해 설명된다. 부력이란, 물체가 액체나 기체와 같은 유체 속에 잠겼을 때, 그 유체가 물체를 밀어 올리는 힘을 의미한다. 이 힘의 크기는 물체가 잠긴 유체의 무게에 따라 결정되며, 여기서 무게란 질량에 중력 가속도를 곱한 값이다. 다시 말해, 물체가 유체를 밀어낸 만큼의 유체의 무게에 해당하는 크기의 힘이 위쪽으로 작용하는 것이다.

이러한 원리는 고대 그리스의 과학자 아르키메데스에 의해 최초로 정리되었다. 그는 목욕을 하던 중 물이 넘치는 모습을 보고 영감을 받아, "유체에 잠긴 물체는 그 물체가 밀어낸 유체의 무게와 같은 크기의 부력을 받는다."라는 이론을 세웠고, 오늘날까지 이를 아르키메데스의 원리라고 부른다. 이 원리는 선박, 수영, 열기구 등 다양한 분야에서 널리 활용되고 있다. 배는 구조상 많은 양의 물을 밀어내도록 설계되어 있으며, 밀어낸 물의 무게가 배의 무게와 같아질 때 물에 뜬다. 반대로, 배의 무게가 더 무거우면 점점 가라앉게 된다.

물체가 유체 속에 잠길 때 작용하는 부력의 크기는, 유체의 밀도, 물체가 유체 속에 차지한 부피, 그리고 중력 가속도를 곱한 값에 비례한다. 같은 물체를 유체에 넣었을 때, 밀도가 큰 유체일수록 더 큰 부력이 작용하며, 잠긴 부피가 크거나 중력 가속도가 클수록 부력도 커진다. 사람이 수영할 때에도 같은 원리가 적용된다. 수영장에서 몸을 편 자세로 두면, 몸의 일부는 물속에 잠기고 일부는 떠오른다. 이는 몸이 일정한 부력을 받기 때문이며, 몸이 물에 뜨는 정도는 체지방률이나 폐 안의 공기량 등에 따라 달라진다. 기본적으로는, 몸이 밀어낸 물의 무게가 자신의 무게와 같아질 때 몸이 뜨게 된다.

부력은 액체뿐 아니라 기체 속에서도 작용한다. 예를 들어, 열기구는 내부에 밀도가 낮은 뜨거운 공기를 채워, 밀도가 높은 찬 공기보다 위로 올라가려는 성질을 이용한다. 이처럼 부력은 단지 물속 현상에 국한되지 않고, 모든 유체에서 작용하는 보편적인 물리 법칙으로서, 다양한 과학 원리의 기초가 된다.

073 윗글의 내용에 대한 이해로 적절하지 않은 것은?

① 물체가 잠긴 부피가 클수록 부력도 커진다.
② 체지방률이나 폐 안의 공기량은 물에 뜨는 데 영향을 준다.
③ 부력은 유체 속에서 작용하는 힘이며, 기체에서도 나타날 수 있다.
④ 배가 물에 뜨려면 밀어낸 물의 무게가 배의 무게보다 작아야 한다.
⑤ 뜨거운 공기를 채운 열기구가 상승하는 현상은 부력으로 설명된다.

074 다음 중 구형 물체가 받는 부력이 가장 크게 작용할 조건은?

① 밀도가 낮은 액체에 지름이 작은 물체를 부분적으로 잠기게 한 경우
② 밀도가 높은 액체에 지름이 작은 물체를 완전히 잠기게 한 경우
③ 밀도가 높은 액체에 지름이 큰 물체를 부분적으로 잠기게 한 경우
④ 밀도가 낮은 액체에 지름이 큰 물체를 완전히 잠기게 한 경우
⑤ 밀도가 높은 액체에 지름이 큰 물체를 완전히 잠기게 한 경우

075 〈보기〉는 두 개의 액체에 동일한 물체를 넣고 비교한 탐구 활동이다. 이에 대한 해석으로 적절한 것을 있는 대로 고른 것은?

─〈 보 기 〉─

◉ 탐구 내용
 • 재질과 질량이 같은 구형 물체를 물과 식용유에 각각 넣고, 뜨는 정도를 비교하였다.
 • 물에서는 물체의 절반 이상이 물 위로 떠올랐고, 식용유에서는 대부분이 액체에 잠겼다.

◉ 해석한 내용
 ㄱ. 물이 식용유보다 밀도가 더 높다.
 ㄴ. 식용유에서 물체에 작용한 부력은 물에서보다 크다.
 ㄷ. 같은 물체라도 부력의 크기는 유체의 종류에 따라 달라진다.

① ㄱ　　② ㄴ　　③ ㄷ　　④ ㄱ, ㄷ　　⑤ ㄴ, ㄷ

※ [076~078] 다음 글을 읽고 물음에 답하시오.

 1905년, 독일의 물리학자 알베르트 아인슈타인은 기존의 뉴턴 역학으로는 설명할 수 없던, 빛의 속도에 가까운 빠른 운동 상태에서의 물리 법칙을 다루기 위해 '특수 상대성 이론'을 발표하였다. 이 이론은 시간과 공간이 절대적인 것이 아니라, 관측자와 대상 간의 상대적 속도에 따라 달라질 수 있다는 획기적인 내용을 담고 있다.
 특수 상대성 이론은 두 가지 전제를 바탕으로 한다. 첫째, 모든 관성계 — 즉, 물체에 외부 힘이 작용하지 않아 등속 직선 운동을 유지하거나 정지 상태에 있는 기준계 — 에서는 물리 법칙이 동일하게 성립한다. 둘째, 진공에서의 빛의 속도는 관측자나 광원의 운동 상태와 관계없이 항상 일정하다. 이 두 전제는 기존의 시간·공간 개념을 근본적으로 뒤흔드는 물리적 결과를 예측하게 했다. 대표적인 예로 '시간 지연' 현상이 있다. 이는 정지한 관측자 기준에서, 빠르게 움직이는 물체의 시계가 더 느리게 가는 것처럼 보이는 현상을 의미한다. 이러한 시간 지연은 'ⓒ쌍둥이 역설'과 같은 사고실험을 통해 널리 알려져 있으며, 특수 상대성 이론의 핵심 결과 중 하나로 손꼽힌다. 또 다른 결과는 '길이 수축' 현상이다. 정지한 관측자의 입장에서 보면, 빠르게 움직이는 물체는 운동 방향을 따라 측정되는 길이가 정지 상태일 때보다 짧게 나타난다. 이는 같은 물체라도 정지한 관측자와 운동하는 관측자가 측정하는 길이가 다를 수 있음을 보여 주며, '정지'와 '운동'의 구분 역시 관측자의 기준에 따라 상대적으로 결정된다.

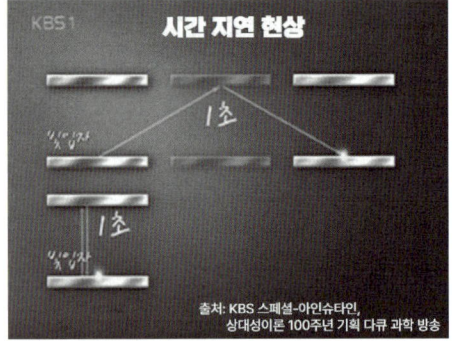

 이처럼 특수 상대성 이론은 고속 운동에 따라 시공간의 구조 자체가 변한다는 사실을 보여 준다. 다만, 특수 상대성 이론은 등속도 운동에만 적용되며, 가속 운동이나 중력에 의한 시공간 변화는 설명하지 못한다. 이 한계를 보완하고 중력장 내 시공간의 휘어짐과 그로 인한 시간 흐름의 차이까지 포괄하기 위해 아인슈타인은 1915년에 '일반 상대성 이론'을 발표하였다. 특수 상대성 이론은 일반 상대성 이론의 전제가 되는 제한적 이론이며, 두 이론은 상호 보완적인 관계에 있다. 또한, 특수 상대성 이론은 입자 가속기, 인공위성 항법 시스템(GPS), 고정밀 시계 기술 등 다양한 현대 과학 기술의 이론적 기반으로 활용되고 있다.

076 특수 상대성 이론에 대한 설명으로 적절하지 않은 것은?

① 모든 관성계에서 물리 법칙이 동일하다는 가정을 바탕으로 한다.
② 정지한 관측자와 빠르게 움직이는 대상 간의 시간 측정 차이를 설명한다.
③ 진공에서의 빛의 속도는 관측자나 광원의 운동 상태와 관계없이 일정하다.
④ 중력이나 가속 운동을 포함한 상황까지 포괄적으로 설명한다.
⑤ '정지'와 '운동'의 상태는 관측자에 따라 상대적으로 결정된다.

077 ㉠에 대한 설명으로 적절하지 않은 것은?

① 지구에 남은 쌍둥이보다 우주에서 빠르게 이동하는 쌍둥이의 시간이 느리게 흐른다.
② 시간 지연 현상을 설명하기 위해 고안된 사고실험이다.
③ 특수 상대성 이론의 시간 개념을 설명하는 데 사용된다.
④ 시간 지연 효과를 극단적으로 보여 주는 예시로 활용된다.
⑤ 현실에서 실험적으로 검증된 과학적 사실이다.

078 〈보기〉는 특수 상대성 이론을 바탕으로 한 실험적 상황이다. (가), (나)에 들어갈 말로 가장 적절한 것은?

― 〈 보 기 〉 ―

지구에 있는 연구소의 관측자는 일정 시간 동안 지구를 출발해 등속으로 운동 중인 우주선 내부의 시계와 장비로부터 데이터를 수신하였다. 관측자의 기준에서, 우주선의 시계는 연구소 시계보다 시간이 __(가)__ 흐른 것으로 나타났으며, 우주선 안에서 운동 방향에 따라 놓인 막대의 길이는 정지 상태일 때와 비교했을 때 __(나)__ 측정되었다.

	(가)	(나)
①	빠르게	길게
②	느리게	짧게
③	느리게	길게
④	짧게	동일하게
⑤	길게	동일하게

※ [079~082] 다음 글을 읽고 물음에 답하시오.

바닷가에서 둥그런 돌을 발견했다고 해 보자. 그 돌이 아무리 당구공처럼 동글게 생겼다고 해도 바닷물에 의해 그런 모양이 됐다고 생각하는 게 자연스럽지 누군가가 만들었다고 생각하지는 않는다. 이번에는 시계를 발견했다고 해 보자. 돌이 바닷물의 작용으로 시계가 되었다고 생각하는 것은 전혀 자연스럽지 않다. 누군가가 이 시계를 만들었으며 그것을 누군가가 떨어뜨렸다고 생각하는 게 자연스럽다.
왜 당구공 모양의 돌은 바닷물에 의해 그런 모양이 되었다고 생각하고 시계는 누군가가 만들었다고 생각할까? 시계는 당구공 모양의 돌과 비교할 수 없이 복잡하기 때문이다. 돌은 그냥 동그랄 뿐이지만 시계는 수많은 부품에 의해 복잡하게 움직인다. 인간의 눈은 바닷가의 돌과 가까울까, 시계와 가까울까? 인간의 눈은 복잡하다는 점에서 시계와 가깝다. 시계와는 비교할 수 없이 복잡하고 정교하다. 각막, 홍채, 시신경, 망막 등으로 복잡하게 구성되어 있다. 18세기 철학자인 페일리는 시계를 누군가가 만들었다고 생각하는 것이 자연스럽다면 인간의 눈도 누군가가 만들었다고 생각하는 것이 자연스럽다고 주장한다. 다시 말해서 시계를 만든 제작자가 있어야 하는 것처럼 인간의 눈을 만든 제작자도 있어야 한다는 것이다. 그 제작자는 다름 아닌 신이므로 신은 있다고 믿어야 한다는 것이 페일리의 주장이다.

이러한 신 존재 증명을 '설계 논증'이라고 부른다. 시계의 설계자가 있어야 하는 것처럼 ㉠인간과 자연의 설계자도 있어야 하는데 그 설계자는 신이라는 논증이다. 수많은 부품이 움직이는 시계를 설계하기 위해서는 상당히 지적이어야 하는데, 시계보다 훨씬 복잡하고 정교한 인간과 자연을 설계하는 존재라면 얼마나 지적이겠는가? 그래서 설계 논증을 '지적 설계 논증'이라고도 한다. 한편 돌이야 그냥 거기에 있을 뿐이지만 시계는 시각을 알려 준다는 목적이 있다. 마찬가지로 인간의 눈도 무엇인가를 본다는 목적이 있다. 그래서 설계 논증은 '목적론적 논증'이라고도 부른다.

설계 논증은 시계와 인간의 눈이 비슷하다는 점에 착안한 ㉡유비 논증이다. 시계와 인간의 눈은 모두 복잡하다는 유사성이 있는데 시계를 설계한 사람이 있으니까 인간의 눈도 누군가가 설계했을 것이라고 추론을 하는 것이다. 그러나 유비 논증은 그 유사성이라고 본 것이 사실은 사소한 유사성이거나 유사한 점 외에 더 중요한 차이점이 있는데도 못 봤을 때는 실패하고 만다. 시계와 인간의 눈은 복잡하다는 유사성도 있지만 더 중요한 차이점이 있다. 시계는 누군가가 만든 것을 우리가 본 적이 있거나 들어서 알지만, 인간의 눈은 누군가가 만든 것을 본 적이 없다는 점이 그것이다. 누군가가 만든 것을 본 적이 없다는 점에서는 오히려 돌이 인간의 눈과 더 비슷하다. 만약 그 둘 사이의 유사성에 더 주목한다면 유비 논증에 의해 인간의 눈도 돌처럼 자연에 의해 그 자리에 있었다고 결론 내릴 수도 있는 것이다.

그리고 우리는 이제 페일리 시대와 달리 둥그런 돌이 바닷물에 씻겨 생겼다는 것을 아는 것처럼 다윈의 진화론을 통해 인간의 눈이 어떻게 해서 생겼는지 안다. 수십억 년 전, 아주 단순한 유기체만 있을 때에는 생명체에 눈이 없었다. 그러다가 5억 년쯤 전의 캄브리아기에 바닷속의 한 유기체가 돌연변이에 의해 빛을 감지하는 단백질 분자를 갖게 되고 그런 기능이 생긴 유기체가 먹이를 훨씬 더 잘 찾고 천적을 피할 수 있게 되었다. 이렇게 환경에 더 잘 적응한 유기체들의 후손들이 바다에서 육지로 올라오게 되어 인간의 눈이 된 것이다.

설령 설계 논증이 옳다고 하더라도 신의 존재를 증명하지 못한다. 설계 논증의 결론처럼 누군가가 인간을 비롯한 세상을 설계했다고 하더라도 그 설계자는 신처럼 초자연적 존재가 아닐 수도 있고, 유일한 신이 아니라 여러 신일 수도 있다. 또 설계 논증에 따르면 신은 이 세상을 만든 다음에 더 이상 세상에 관여하지 않고 사라져 버려도 상관이 없다. 더 중요하게는 신의 설계는 완벽하지 못하고 허점이 많기에 지적이지 못하다. 예컨대 인간의 눈은 시신경이 망막의 앞쪽에 나오도록 설계가 되어 있어 신경 다발이 묶인 지점에 맹점이 생길 수밖에 없고 그 다발이 흘러내렸을 때 실명이 되기도 한다. 설계 논증은 실패한다.

079 윗글에 대한 이해로 적절하지 않은 것은?

① 설계 논증은 유비 논증에 의존하고 있다.
② 진화는 꼭 완벽한 결과로 이어지지 않는다.
③ 사소한 유사성에 근거하는 유비 논증은 실패한다.
④ 설계 논증은 신이 존재한다는 것을 입증하려는 논증이다.
⑤ 바닷가의 돌과 달리 인간의 눈은 누가 만들었는지 본 사람이 없다.

080 ㉠의 속성으로 적절하지 않은 것은?

① 영원하다   ② 유일하다   ③ 지적이다   ④ 수동적이다   ⑤ 초자연적이다

081 ㉡으로 비유한 것끼리 올바르게 짝 지은 것은?

	설계자	시계	구성 요소
①	신	눈	각막, 홍채 등
②	자연	눈	각막, 홍채 등
③	신	각막, 홍채 등	눈
④	자연	돌	동그란 모양
⑤	바닷물	돌	동그란 모양

082 '설계 논증'에 대한 비판으로 적절하지 않은 것은?

① 누군가가 설계했다고 했는데 그런 존재는 없다.
② 설계한 존재가 있기는 하지만 발견된 적은 없다.
③ 설계자가 지적이라고 했는데 그리 지적이지 못하다.
④ 설계한 존재가 유일하다고 했는데 여러 명일 수 있다.
⑤ 목적을 가지고 설계했다고 했는데 설계한 존재가 없다.

※ [083~084] 다음 글을 읽고 물음에 답하시오.

2025학년도 학생 건강검진 안내

학내 구성원의 건강 증진과 질병 조기 발견을 위해 학생 건강검진을 시행하오니, 희망하는 학생은 신청해 주시기 바랍니다.

1. 대상자
   - 학부 및 대학원 신입생, 재학생, 휴학생 중 건강검진 신청자
     (졸업생, 수료생 미포함)

2. 검진 장소
   - ○○병원(행복시 희망구 사랑1길 12)

3. 기본 건강검진 항목
   - 흉부 X-선 촬영, 내과 진료
   - 구강 검진, 시력 검사, 청력 검사, 혈압 검사
   - 혈액 검사(빈혈, B형 간염, 간 기능, 콜레스테롤 검사 등)
   - 소변 검사(요당, 요단백, 잠혈), 인바디 측정 등

4. 신청 및 검진 일정

구분	신청 대상	신청 기간	검진 기간
1차	기존 재학생(신입생, 휴학생 제외)	2/10~2/28	3/1~5/31
2차	신입생 및 재학생	3/1~3/31	3/10~5/31
3차	전체 대상자(휴학생 포함)	4/1~5/10	4/10~5/31

   ※ 검진 신청 시 ㉠신청 방법 및 검진 절차 확인 필요

5. 지참물
   - 신분증(주민등록증, 운전면허증 중 1개)
   ※ 검진비는 무료임.

6. 기타 사항
   - 예약 일정 변경은 유선(☎1234-5678)으로만 가능
   - 검사 전 8시간 금식(물도 안 됨)
   - 2030 국가 무료 건강검진을 받은 경우 학생 건강검진 신청 불필요

083 윗글의 내용에 대한 이해로 가장 적절한 것은?

① 학부 수료생도 검진 대상에 포함된다.
② 건강검진 검사 비용은 본인 부담이다.
③ 건강검진을 받으려면 검사 전 8시간 금식이 필요하다.
④ 건강검진 신청자는 국가 무료 건강검진도 받아야 한다.
⑤ 건강검진 항목에는 심전도 검사와 위내시경 검사가 포함되어 있다.

084 윗글의 ㉠과 관련하여 〈보기〉를 읽고 보인 반응으로 적절하지 <u>않은</u> 것은?

〈 보 기 〉

건강검진 신청 및 검진 절차

(1) 학내 포털 신청	학내 포털 로그인 → 건강센터 → '건강검진 신청' 클릭 → 검진 희망일 선택 후 '예약신청' 클릭 ※ 검진 관련 정보를 문자/알림톡으로 발송할 예정이므로 연락 가능한 연락처 반드시 등록
(2) 문진표 작성/건강검진	검진 희망일 확정 후 검진 1주 전 ○○병원에서 발송한 문자/알림톡 확인 → 사전 문진표 작성(온라인 작성 및 제출) → 검진 희망일에 병원 방문하여 건강검진 시행 ※ 검진까지 1주 미만 남은 경우, 예약 확정 즉시 문자/알림톡 발송 예정 ※ 예약 일정 변경(희망일자에 검진 못한 경우 포함)은 ○○병원 콜센터(1234-5678)에서만 가능
(3) 결과 확인	- 건강검진 결과는 개별 통보 예정(검진 후 2~3주 소요) - 건강센터에서 결과 상담 가능

① 검진 예약은 학내 포털을 통해 진행해야 하므로, 포털에 로그인하여 신청해야겠다.
② 검진 희망일에 병원을 방문하여 문진표를 작성할 수 있으니, 미리 작성하지 않아도 되겠다.
③ 검진 관련 안내는 문자나 알림톡으로 발송되므로, 연락 가능한 연락처를 등록해야겠다.
④ 검진 예약일을 변경하려면 병원 콜센터로 연락해야 하므로, 해당 번호를 알아두어야겠다.
⑤ 검진 결과는 건강센터에서 상담이 가능하다고 하니, 필요시 상담을 신청해야겠다.

※ [085~087] 다음 뉴스 보도를 읽고 물음에 답하시오.

		잠 못 드는 중년…또 다른 고통 '수면장애'
장면 1		앵커: 밤이 무섭다는 사람들이 있습니다. 잠을 청할수록 정신은 말똥말똥, 불면증 때문입니다. 매일 밤 반복되는 조용한 싸움, ㉠왜 이들의 밤은 늘 환하게 밝아야 할까요? 오늘은 불면증의 원인과 예방법 알아봅니다. 박○○ 기자입니다.
장면 2	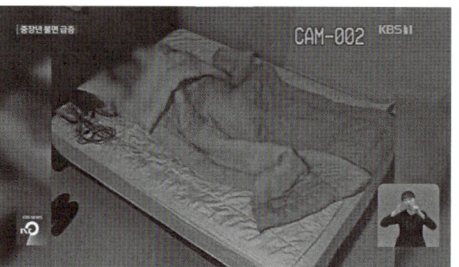	박 기자: ㉡제대로 잠을 이루지 못하고 몸을 뒤척이는 60대 여성입니다. 안면부에 각종 측정 장비를 착용하고 수면 중 발생하는 비정상적인 상태를 찾아내는 검사를 받고 있습니다. 갱년기를 거치면서 불면증이 더 심해졌습니다.
장면 3		박 기자: 수면장애에는 불면증과 수면무호흡증 등 잠과 관련된 모든 질환이 포함됩니다. 특히 불면증은 갱년기 호르몬 변화뿐 아니라 스트레스나 불안감이 있는 경우에도 걸릴 수 있습니다. 최근 10년간 중장년층에서 수면장애 환자는 80% 가까이 늘었으며, 심각한 수면장애로 인해 음주에 의존한다는 응답도 높았습니다.
장면 4	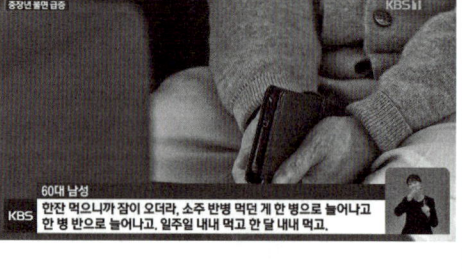	박 기자: ㉢그러나 술을 마신다고 해서 잠을 잘 자는 건 아니었습니다. 오히려 선잠을 자게 돼 수면의 질이 떨어지게 됩니다. 이 60대 남성은 불면증에 시달리다 술을 마시고 잠을 청하는 습관이 생겼습니다. 점점 주량이 늘게 됐습니다. 60대 남성: "한 잔 먹으니까 잠이 오더라고요. ㉣소주 반병 먹던 게 한 병으로 늘어나고 한 병 반으로 늘어나고. 일주일 내내 먹고 한 달 내내 먹고."

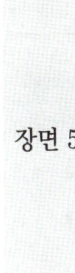 장면 5

박 기자: 수면장애 환자는 담배나 커피 등 각성 효과가 있는 물질도 피하는 게 좋습니다. 적절한 처방을 받고 호전되는 상태에 따라 약 복용량을 줄여 나가며, 적당히 햇볕을 쬐고 운동하는 것이 중요합니다.

전문가: "상태에 따라 적절한 약을 처방받고, 햇볕을 자주 쬐고 규칙적인 생활을 해야 수면의 질이 ⓜ빨리 개선될 수 있습니다."

085 뉴스 보도에 사용된 정보 제시 전략으로 적절하지 <u>않은</u> 것은?

① 장면 1: 자막에 핵심어를 배치해 보도의 주제를 직관적으로 전달하고 있다.
② 장면 2: 실제 수면 검사 장면을 제시하여 불면증 치료 절차를 구체적으로 보여 주고 있다.
③ 장면 3: 시각 자료를 활용해 수면장애 환자의 증가 추세를 효과적으로 환기하고 있다.
④ 장면 4: 인터뷰를 통해 음주 후 수면 시도가 음주량의 증가로 이어지고 있음을 보여 주고 있다.
⑤ 장면 5: 전문가 인터뷰를 자막으로 제시하여 불면증 개선 방안을 설득력 있게 전달하고 있다.

086 〈보기〉는 뉴스 보도를 본 시청자들의 반응이다. 이에 대한 이해로 적절하지 <u>않은</u> 것은?

〈 보 기 〉

시청자 게시판

└ **시청자 1** 잠이 부족할 때 내 몸에 무슨 일이 일어나는지 궁금해서 오늘 따로 자료를 찾아봤습니다. 불면증이 단지 피곤한 상태가 아니라 인지 기능 저하나 치매 위험까지 유발할 수 있다고 하더라고요.

└ **시청자 2** 어머니도 갱년기 이후 불면증으로 힘들어하시는데, 검사 장면을 보니 눈앞에 그려지더라고요. 일상에서 겪는 고통이 얼마나 장기화될 수 있는지 실감 났어요. 보도에서 말하듯 적극적인 검사와 관리가 꼭 필요하다는 생각이 들었습니다.

└ **시청자 3** 불면증 때문에 술을 마신다는 사례는 많이 들어 봤지만, 오히려 수면 질을 더 나쁘게 만든다는 지적은 인상 깊었어요. 그런데 전문가들은 다 약 먹으라고만 하더라고요. 부작용 걱정이 있는 사람들 입장도 조금 더 다뤄 줬으면 좋겠습니다.

└ **시청자 4** 수면장애가 중장년층 여성에게 특히 많다고는 했는데, 어느 연령대가 특히 심각한 건지 더 궁금했어요. 다른 연령층과 비교한 그래프 같은 게 함께 나왔다면 훨씬 이해가 쉬웠을 것 같아요.

└ **시청자 5** 사실 저는 수면 건강에 그다지 신경을 써 본 적이 없었는데, 이 보도를 보면서 새로운 사실을 알게 되었어요. 아예 처음부터 관심을 갖게 만든다는 점에서 정말 의미 있는 보도였던 것 같아요.

① 시청자 1: 보도 내용을 폭넓게 이해하기 위해 제시되지 않은 정보를 스스로 찾아보고 있다.
② 시청자 2: 자신의 경험과 보도 내용을 연결하며 검사의 필요성에 공감하고 있다.
③ 시청자 3: 보도에서 제시된 내용에 한계가 있다고 보고 추가적인 정보를 요구하고 있다.
④ 시청자 4: 수치 비교 등 시각 자료를 추가할 것을 요청하며 구체적인 정보를 원하고 있다.
⑤ 시청자 5: 개인적 반성을 계기로 수면장애를 개인 문제보다 사회적 과제로 인식하고 있다.

087 ㉠~㉤에 대한 설명으로 적절하지 않은 것은?

① ㉠: 반문하는 의문문을 사용하여 시청자의 관심을 유도하고 있다.
② ㉡: 현재형 서술을 통해 현장의 상황을 실시간처럼 전달하고 있다.
③ ㉢: 접속부사를 활용하여 앞의 기대와 다른 결과를 강조하고 있다.
④ ㉣: 유사한 표현의 반복을 통해 음주로 인한 악영향을 보여 주고 있다.
⑤ ㉤: 명령 표현을 사용하여 특정 행동을 반드시 실천하도록 요구하고 있다.

※ **[088~090]** 다음 글을 읽고 물음에 답하시오.

서울시 대학생 놀이돌봄 인턴십 모집 공고

어린이에게 실내놀이시설에서 안전하고 즐거운 놀이돌봄을 제공하고, 대학생에게는 현장 경험을 통한 취업 역량 향상의 기회를 제공하고자 「서울시 대학생 놀이돌봄 인턴십」 참여자를 아래와 같이 모집합니다.

1. **추진 기간:** 여름 방학 기간(2025. 7. 1.~8. 31.)

2. **접수 기간:** 2025. 4. 21.(월) ~ 2025. 5. 9.(금), 18:00시 마감

3. **모집 인원:** 7월 활동 50명, 8월 활동 50명(기간 선택, 중복 지원 가능)

4. **활동 기관:** 서울형 키즈카페 77개소 중 수요가 있는 기관에 인원 배치

5. **신청 방법:** 서울시 누리집의 지원 시스템에 등록
   ※ 지원 시 재학(졸업) 증명서 첨부 파일로 업로드

6. **신청 자격:** 공고일 기준 서울 거주 또는 서울 소재 대학교 학생
   ※ 대학교 재학생·휴학생 및 졸업생 가능(29세 이하)
   ※ 2025. 6. 30. 기준 29세 이하(1995. 7. 1. 이후 출생자)
   ※ 아동 관련 전공 우대

7. **선발 절차(서류 심사 등)**
   (1차) 서류 심사(신청자에 대한 적격 심사)
   (2차) 서류 심사 통과자 중 추첨하여 100명 선발
   ※ 최종 발표: 6월 중, 선발자 개별 문자 안내
   ※ 키즈카페 근무 배치 및 알림: 6월 중순 개별 문자 안내
   ※ 대학생 희망 지역(1순위, 2순위, 3순위) 및 거주지 등을 종합적으로 고려하여 배치

8. **근로 임금:** 시간당 11,779원('25년 생활 임금), 교통비 월 55,000원

088 윗글을 이해한 내용으로 가장 적절한 것은?

① 7월과 8월 활동에 모두 지원할 수 있다.
② 참가 신청은 이메일을 통해 제출해야 한다.
③ 서울 소재 대학교 졸업생은 지원할 수 없다.
④ 서류 심사를 통과하면 모두 인턴으로 선발된다.
⑤ 근무지는 대학생이 직접 선착순으로 선택할 수 있다.

089 윗글을 읽고 보인 반응으로 적절하지 않은 것은?

① 여름 방학에 활동하니 학교 수업에 지장이 없겠군.
② 활동 기간을 선택할 수 있으니 일정에 맞춰 신청해야지.
③ 2개월을 근무하면 교통비는 총 100,000원을 지원받겠군.
④ 아동 관련 전공자는 우대된다고 하니 유아 교육과인 나는 유리하겠군.
⑤ 최종 선발자는 문자로 안내한다고 하니 연락처를 정확히 입력해야겠어.

090 윗글에 추가로 제시되어야 할 정보로 가장 적절한 것은?

① 근로 후 지급되는 급여 내용
② 아동 관련 전공의 구체적인 종류
③ 서울시 누리집의 다른 모집 공고
④ 유사한 놀이돌봄 프로그램의 비교 정보
⑤ 이전 인턴십 참여자의 만족도 조사 결과

국어 문화 91번~100번

091 〈보기〉에서 설명하는 문학 작품은?

〈 보 기 〉

 이 작품은 우리나라 최초의 연시조로 자연 속에서 한가롭게 지내는 삶을 노래하며 이를 임금의 은혜와 결부하여 표현하였다. 자연 속 즐거움을 각 계절마다 한 수씩 읊으며 안분지족하는 은사(隱士)의 모습을 보여 주고 각 연의 끝 구절인 '역군은이샷다'를 통해 임금에 대한 신하의 충의 사상과 태평성대를 바라는 사대부의 소망을 나타내었다.

① 어부가   ② 강호사시가   ③ 고산구곡가   ④ 도산십이곡   ⑤ 한거십팔곡

092 〈보기〉에서 설명하는 문학 작품은?

〈 보 기 〉

 이 작품은 '나'가 서울을 떠났다가 다시 서울로 돌아오는 '떠남-추억의 공간-복귀'의 순환 구조를 통해 1960년대의 허무와 회의 의식을 드러낸 단편 소설이다. '나'가 떠난 추억의 공간은 축축한 바람과 자욱한 안개가 낀 곳으로 1960년대 안개가 낀 듯이 미래가 보이지 않는 시대상을 반영하며 '나'는 이곳에서 순수함을 되찾으려 했지만 실패하고 현실로 복귀하고 만다.

① 역마   ② 관촌수필   ③ 무진기행
④ 삼포 가는 길   ⑤ 서울, 1964년 겨울

093 〈보기〉에서 설명하는 작가는?

〈 보 기 〉

 1931년 『문예월간』을 통해 문단에 등단했으며 호는 '청마'이다. 생명파 시인으로 출발해 남성적 어조로 일관하여 생활과 자연, 애련과 의지 등을 노래하였다. 생명에 대한 열정을 강렬한 어조로 노래하였으며, 동양적인 허무의 세계를 극복하려는 원시적인 의지도 보였다. 따라서 시에 허무 의지의 극치인 '바위'와 고고함의 상징인 '나무'가 빈번하게 등장하곤 한다. 대표적인 시집으로는 『청마시초』, 『생명의 서』 등이 있다.

① 신석정   ② 유치환   ③ 이상화   ④ 이육사   ⑤ 한용운

094 〈보기〉는 일제 강점기 신문에 게재된 기사이다. 이에 대한 설명으로 적절하지 <u>않은</u> 것은?

〈 보기 〉

만원(滿員)인 각 극장
정월 하로늘 밤의 각 연극장은 만원

　정월 하로늘 밤은 일긔가 다른 날보다 밍렬히 치워져서 챠고 챤 미운 바람은 사람의 쌤을 갈겨 늬이는 그 치운 밤이지만은 시너 활동사진관과 극장에는 남녀 관긱이 됴수 밀니듯 하야 초져녁브터 만원의 성황을 일우어 자못 번화하얏는대 됴션인 편의 극장으로는 구파 연극 광무대(光武臺)에도 상당히 관긱이 만허셔 륙빅여 명이 모힌 즁에 성황을 일우엇고 또 활동사진관 단셩사(團成社)에도 대단 만원이 되야 취미진진흔 것은 말흘 것 업시 박수갈치가 우레갓흔 즁에 이번브터 스진이 더욱 참신하며 우미관(優美館) 기타 황금관 대정관 그 외에도 만원이 되야 관주들도 모다 깃븐 빗이 얼골에 넘치엿더라
　　　　　　　　　　　　　　　　　　　－『매일신보』, 1922년 1월 3일자

① 단성사에서는 새롭게 상영된 영화가 큰 호응을 얻었다.
② 광무대에는 600여 명 이상의 관객이 모여 성황을 이루었다.
③ 남녀 관객이 몰리자 극장 운영자들은 기뻐하는 모습을 보였다.
④ 우미관, 황금관, 대정관 등 주요 극장들도 만원사례를 기록했다.
⑤ 정월 초하룻날은 강한 비바람이 불었음에도 대부분 극장이 붐볐다.

095 〈보기〉의 ㉠~㉤의 의미로 적절하지 <u>않은</u> 것은?

〈 보 기 〉

흥보가 ㉠웃지 죠흔지 반말을 ᄒ던 스룸이 ㉡별안간 존칭ᄒ야 "㉢리방님 단여오겟소" ᄒ며 굽실굽실 인ᄉᄒ고 ㉣로자 닷량 ㉤둘너차고 주긔집으로 도라오며 노래를 ᄒ난대 돈타령을 ᄒ것다.

– 「흥부전」

① ㉠: 동작의 강도나 상태의 정도가 대단하게.
② ㉡: 갑작스럽고 아주 짧은 동안.
③ ㉢: 조선 시대에, 각 지방 관아에 속한 육방 가운데 인사(人事), 비서(祕書) 따위에 관한 일을 맡아보던 구실아치.
④ ㉣: 집안 살림에 드는 비용.
⑤ ㉤: 몸에 둘러 매달려 있게 하다.

096 〈보기〉는 『훈민정음』 서문이다. ㉠~㉤에 대한 설명으로 적절하지 <u>않은</u> 것은?

〈 보 기 〉

나랏 말ᄊᆞ미 中國에 달아 文字와로 서르 ᄉᆞᄆᆞᆺ디 아니ᄒᆞᆯᄊᆡ 이런 젼ᄎᆞ로 어린 百姓이 ㉠니르고져 홒 ㉡배 이셔도 ᄆᆞᄎᆞᆷ내 제 ㉢ᄠᅳ들 시러 ㉣펴디 몯홅 노미 하니라 내 이ᄅᆞᆯ 爲ᄒᆞ야 어엿비 너겨 새로 스믈여듧 字ᄅᆞᆯ 밍ᄀᆞ노니 사름마다 ᄒᆡᅇᅧ ㉤수ᄫᅵ 니겨 날로 ᄡᅮ메 便安킈 ᄒᆞ고져 홅 ᄯᆞᄅᆞ미니라.

① ㉠: 현대 국어에서는 'ㅣ' 계열 모음 앞에 오는 'ㄴ'이 탈락하는 현상이 나타난다.
② ㉡: 현대 국어에서는 모음으로 끝나는 체언 뒤에 주격 조사 '가'가 나타난다.
③ ㉢: 현대 국어에서는 어두 자음군 표기가 된소리 표기로 바뀌어 나타난다.
④ ㉣: 현대 국어에서는 'ㅣ' 계열 모음 앞에 오는 'ㄷ'이 'ㅈ'으로 바뀌어 나타난다.
⑤ ㉤: 현대 국어에서는 'ㅸ'이 사라지고, 된소리되기 현상이 나타난다.

097 〈보기〉는 남북의 맞춤법 관련 내용이다. 남북의 표기가 모두 올바른 것은?

───〈 보 기 〉───

(남한)
　어간의 '하'가 아주 줄어들면 준 대로 적고, 일부가 줄어 다음 음절의 첫소리가 거센소리가 되면 거센소리로 적는다.
　예 넉넉하지(→ 넉넉지) 않다. 섭섭하지(→ 섭섭지) 않다. 시원하지(→ 시원치) 않다.

(북한)
　'않다', '못하다' 앞에 오는 '하지'를 줄인 경우는 '치'로 적는다.
　예 넉넉하지(→ 넉넉치) 않다, 섭섭하지(→ 섭섭치) 않다, 편안하지(→ 편안치) 못하다

	(남)	(북)
①	음식이 <u>넉넉지</u> 않다.	음식이 <u>넉넉지</u> 않다.
②	대접이 <u>섭섭치</u> 않다.	대접이 <u>섭섭치</u> 않다.
③	살림이 <u>넉넉치</u> 않다.	살림이 <u>넉넉치</u> 않다.
④	결정을 <u>서슴치</u> 않다.	결정을 <u>서슴치</u> 않다.
⑤	생활이 <u>편안치</u> 않다.	생활이 <u>편안치</u> 않다.

098 〈보기〉를 바탕으로 할 때 점자 표기가 올바르지 않은 것은?

〈 보 기 〉

기본 자음자 14개가 첫소리 자리에 쓰일 때에는 다음과 같이 적는다.

자음자	ㄱ	ㄴ	ㄷ	ㄹ	ㅁ	ㅂ	ㅅ	ㅇ	ㅈ	ㅊ	ㅋ	ㅌ	ㅍ	ㅎ
첫소리 글자														

기본 모음자 'ㅏ, ㅑ, ㅓ, ㅕ, ㅗ, ㅛ, ㅜ, ㅠ, ㅡ, ㅣ'는 다음과 같이 적는다.

※ 'ㅇ'이 첫소리 자리에 쓰일 때에는 이를 표기하지 않으며, 받침으로 쓸 때는 ⠼로 적는다.

① 야유
② 포용
③ 아버지
④ 우거지
⑤ 중앙

099 밑줄 친 용어를 쉬운 용어로 정비한 것으로 가장 적절한 것은?

〈 보 기 〉

보조금을 교부받은 자는 그 교부받은 보조금에 대하여 별도의 계정을 설정하고 수입 및 지출을 명백히 구분하여 <u>계리하여야</u> 한다. (「서울특별시 은평구 보조금 관리 조례」 5장 제16조)

① 가려야
② 올려야
③ 기록하여야
④ 결제 처리하여야
⑤ 회계 처리하여야

100 〈보기〉에서 드러나는 방송 언어의 특성으로 적절하지 **않은** 것은?

― 〈 보 기 〉 ―

　바다에 가면 서걱서걱한 모래 사이에 조약돌처럼 매끈하게 빛나는 것들이 있습니다. 어, 이름은 씨 글라스고요. 바다에 버려져 깨진 유리가 오랜 시간 파도에 부딪히고 풍화되면서 동글동글 모양도 예뻐지고 초록 주황 분홍 갈색 색깔로 알록달록 다양해져 일부러 주워서 간직하는 사람들도 많다고 해요. 깨지고 버려진 유리 조각들이 동글동글 빛나는 존재가 되기까지 수없이 부딪치고 으깨지면서 얼마나 많은 시간을 견뎌낸 걸까요? 음, 우리도 살면서 만난 모진 풍파들을 잘 버텨 낸다면 동글동글 편안해지는 날이 오겠죠? 밤을 잊은 그대에게 저는 ○○○입니다.

(오프닝 음악)

　네, 오늘 첫 곡은 그동안 많은 분들이 요청해 주셨던 노래가 나오셨습니다. 4532님, 오늘 첫 곡이 지금 시간대에 딱 맞다구요. 5890님, "와 오늘 첫 곡 제가 평소에도 즐겨 듣던 노래예요."라고 실시간 문자를 보내 주셨네요. 오늘도 많은 문자 보내 주시고 소통하는 방송 진행해 볼게요. 짧은 문자 50원, 긴 문자 100원이세요.

① 색채 어휘를 활용하여 장면을 생생하게 전달하고 있다.
② 다음에 나올 이야기를 미리 안내하는 담화 표지를 사용하고 있다.
③ '어, 음, 네'와 같은 의미 없는 간투사를 사용하는 모습을 보이고 있다.
④ 높이지 않아야 할 대상까지 높이는 잘못된 높임 표현을 사용하고 있다.
⑤ 격식체와 비격식체를 혼용하여 공적인 상황에서 청취자와의 친근감을 드러내고 있다.

성 명	
수험번호	
감독관 확인	

제84회
KBS한국어능력시험

(2025년 4월 20일 시행)

KBS 한국방송

- 문제지와 답안지에 모두 성명, 수험 번호를 정확히 기입하십시오.
- 답안지와 함께 문제지를 반드시 제출하십시오.
- 본 시험지를 절취하는 것은 부정행위로 간주합니다.
- 본 시험의 내용을 무단으로 전재·복사·출판·강의하는 행위와 인터넷 등을 통해 복원하는 행위는 저작권법에 저촉됩니다.

홀수형 문항(100문항)

※ 수험번호 맨 끝자리 수가 홀수인 수험생용입니다.

영역	문항
듣기·말하기	1~15
어휘	16~30
어법	31~45
쓰기	46~50
창안	51~60
읽기	61~90
국어 문화	91~100

듣기·말하기 1번~15번

001 그림에 대한 설명으로 가장 적절한 것은?

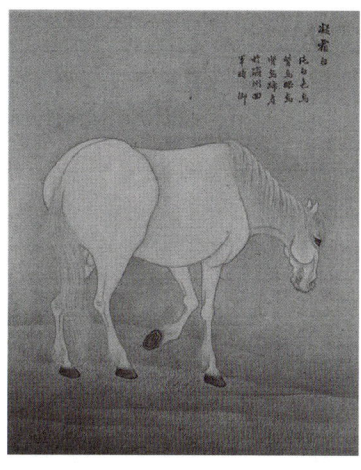

① '팔준도첩'은 태조 이성계가 직접 명해 제작한 것으로, 전쟁에서 활약한 군마의 역동적인 모습을 강조하였다.
② '응상백'은 제주산 백마로, 위화도 회군 당시 이성계가 탔던 말이며, 용맹한 기운을 강조한 자세로 묘사되었다.
③ 구륵전채법(鉤勒塡彩法)을 사용하여 윤곽선 없이 색의 번짐 효과로 자연스러운 입체감을 표현한 것이 특징이다.
④ 그림의 말은 주문자의 미적 취향을 반영해 우아한 모습으로 묘사되었으며, 단순한 기록화를 넘어 정치적 의미를 담고 있다.
⑤ 고개를 숙인 '응상백'의 모습은 고려 왕조의 쇠퇴를 안타까워하는 충신의 마음을 상징적으로 표현하려는 의도가 반영되었다.

002 이 이야기의 주제로 가장 적절한 것은?

① 언어가 다르더라도 기본적인 소통은 가능하다.
② 물리적인 시간과 언어의 시간 표현은 일치해야 한다.
③ 인간의 언어 체계와 외계 생명체의 언어 체계는 동일하다.
④ 외계 생명체와 소통하려면 그들의 언어를 완벽하게 익혀야 한다.
⑤ 언어는 의사소통의 수단일 뿐만 아니라 사고방식을 결정하는 역할을 한다.

003 강연의 내용에 대한 이해로 적절하지 <u>않은</u> 것은?

① 언어 모델은 컴퓨터가 인간의 언어를 이해하고 생성하도록 돕는 기술이다.
② 1980년대 이전에는 규칙 기반 모델이 사용되었지만, 언어의 복잡성으로 인해 한계가 있었다.
③ 1990년대의 언어 모델은 처음으로 문맥을 이해할 수 있는 수준에 도달했다.
④ 신경망 기반 모델은 빈칸 채우기 방식으로 학습하며 문맥을 이해하는 능력을 발전시켰다.
⑤ AI는 창의적인 글을 쓰고 특정 분야의 전문가처럼 정보를 제공하는 수준까지 발전했다.

004 방송의 내용과 일치하지 <u>않는</u> 것은?

① '폭포'는 1830년대 초반에 작곡되었으며, 쇼팽의 첫 번째 에튀드 세트를 여는 곡이다.
② '폭포'는 이 아르페지오가 폭포수가 떨어지는 듯한 흐름을 보이기 때문에 붙여진 이름이다.
③ 쇼팽과 리스트는 음악적 교류를 통해 서로의 연주 기법과 작곡 방식에 영향을 주었다.
④ 쇼팽은 파리로 이주한 직후, 이 곡을 통해 조국의 혼란한 상황을 직접적으로 표현하고자 했다.
⑤ '폭포'는 연주자에게 고도의 기교와 깊이 있는 감정적 표현을 모두 요구한다.

005 이 시의 주제로 가장 적절한 것은?

① 절망적인 현실에 대한 극복 의지
② 소외된 존재들에 대해 느끼는 연민
③ 현대의 물질 만능주의에 대한 비판
④ 사랑하는 이와의 이별에 대한 안타까움
⑤ 자연과 대비되는 자신의 삶에 대한 반성

006 전문가의 설명을 이해한 내용으로 적절하지 <u>않은</u> 것은?

① 청소년들에게 미디어 리터러시 교육이 필요하다.
② 청소년과 성인의 뇌가 반응하는 자극의 세기가 다르다.
③ 청소년들의 SNS 사용은 우울과 불안으로 이어질 수 있다.
④ 청소년을 보호하기 위해서 SNS 운영사는 자체 검열을 강화할 필요가 있다.
⑤ 청소년 시기에 전두엽이 미숙하게 발달하더라도 성인이 되면 정상으로 회복된다.

007 진행자의 말하기에 대한 설명으로 적절하지 않은 것은?

① SNS에 대한 용어 정의로 대담을 시작하고 있다.
② 청소년의 정신 건강에 대한 우려를 표현하고 있다.
③ 청소년 SNS 규제 대책에 대한 전문가의 의견을 구하고 있다.
④ 성인보다 청소년들에게 SNS가 더 위험한 이유에 대해 질문하고 있다.
⑤ 공감할 수 있는 내용을 언급하며 주제에 대한 관심을 불러일으키고 있다.

008 대화의 핵심 내용으로 가장 적절한 것은?

① 남자는 의료적 결정이 법의 판단에 우선해야 한다고 주장한다.
② 남자는 시대에 맞는 의료적 가치의 변화가 필요하다고 주장한다.
③ 남자는 생명을 연장하는 것이 의사의 가장 중요한 역할이라고 강조한다.
④ 여자는 안락사가 허용될 경우 의료 시스템이 더욱 발전할 것이라고 본다.
⑤ 여자는 환자의 이익을 위해 의사가 생명을 결정할 권한을 가져야 한다고 본다.

009 여자의 말하기 전략으로 가장 적절한 것은?

① 법적 사례를 들어 안락사가 불법임을 논리적으로 설명했다.
② 남자의 의견을 받아들이면서 자신의 입장을 유연하게 조정했다.
③ 예상 가능한 문제를 가정하여 안락사의 위험성에 대해 설명했다.
④ 감정적 호소를 최소화하고 객관적인 자료를 바탕으로 논리적으로 설명했다.
⑤ 질문을 반복하여 남자의 논리를 흐리게 하고 안락사의 윤리적 문제를 강조했다.

010 강연의 내용과 일치하지 않는 것은?

① 외상후스트레스장애는 트라우마의 결과이다.
② 충격적인 사건을 경험한 사람들이 모두 외상후스트레스장애를 겪는 것은 아니다.
③ 편도체가 오작동하면 위험하지 않은 상황에서도 심한 공포를 느낄 수 있다.
④ 외상후스트레스장애는 정신적 증상이므로 신체적 증상을 동반하지 않는다.
⑤ 대형 재난을 겪은 피해자들에게 트라우마 극복을 위한 심리적 지원이 필요하다.

011 강연자의 말하기 방식에 대한 설명으로 가장 적절한 것은?

① 청중이 들으면서 유의해야 할 점을 안내하고 있다.
② 통계 수치를 활용하여 내용의 객관성을 높이고 있다.
③ 주요 내용에 대한 요약으로 강연을 마무리하고 있다.
④ 전문가의 의견을 언급하여 내용의 신뢰성을 높이고 있다.
⑤ 구체적인 사회적 현상을 예로 들며 강연을 시작하고 있다.

012 발표의 내용에 대한 이해로 가장 적절한 것은?

① 멜랑콜리를 억압하는 사회는 긍정적인 분위기가 팽배하다.
② 오늘날의 멜랑콜리는 비정상적 정신 상태로 이해하는 것이 적절하다.
③ 과거부터 멜랑콜리는 엘리트와 대중의 구분 없이 공유하던 기질이었다.
④ 멜랑콜리의 이면에는 부정적 사회에 순응하고자 하는 욕망이 숨어 있다.
⑤ 멜랑콜리의 예술적 형상화를 이해하려면 다양한 관점에서 접근해야 한다.

013 발표자의 말하기 전략으로 적절하지 <u>않은</u> 것은?

① 질문을 던지면서 청중들의 관심을 유도한다.
② 서로 다른 극단적인 상황을 가정하여 대조한다.
③ 특정한 주장을 반박하면서 자신의 논지를 전개한다.
④ 시간의 흐름에 따라 달라진 점을 통시적으로 보여 준다.
⑤ 구체적인 사례를 제시하고 문제 해결적인 태도를 취한다.

014 두 사람의 입장에 대한 이해로 적절하지 <u>않은</u> 것은?

① 대한고는 지역 축제 개최에 대한 풍부한 경험을 내세우고 있다.
② 대한고는 공간적인 장점과 구성원의 강한 의지를 강조하고 있다.
③ 대한고는 폐막식 주관을 전제로 도서 축제를 공동으로 개최할 수 있다고 말하고 있다.
④ 민국고는 지역 사회와 연계된 독서 프로그램에 대한 풍부한 경험이 있음을 전하고 있다.
⑤ 민국고는 신설 학교의 인지도 향상을 위해 도서 축제 개최에 대한 의욕을 밝히고 있다.

015 양측의 갈등 해결 방식으로 가장 적절한 것은?

① 대한고는 자신의 양보로 상대방의 양보를 이끌고 있다.
② 대한고는 상대방의 도서 축제 개최 목적을 지지하고 있다.
③ 민국고는 협상의 진전을 위해 절충적인 대안을 제시하고 있다.
④ 민국고는 도서 축제 공동 개최 제안을 조건부로 수용하고 있다.
⑤ 민국고는 여러 제안을 묶어서 담판의 형식으로 일괄 결정하고 있다.

어휘 16번~30번

016 "모양이 제격에 어울려서 맞다"를 뜻하는 고유어는?

① 가뭇없다   ② 맵자하다   ③ 파임내다   ④ 생때같다   ⑤ 한결같다

017 한자어의 사전적 뜻풀이로 옳지 <u>않은</u> 것은?

① 정산(精算): 정밀하게 계산함.
② 단장(斷腸): 유대나 연관 관계를 끊음.
③ 괴력(怪力): 괴상할 정도로 뛰어나게 센 힘.
④ 무운(武運): 전쟁 따위에서 이기고 지는 운수.
⑤ 탐닉(耽溺): 어떤 일을 몹시 즐겨서 거기에 빠짐.

018 밑줄 친 고유어의 의미로 적절하지 <u>않은</u> 것은?

① 고깃국을 뭉근한 불로 끓여 내었다. → 세지 않은 불기운이 끊이지 않고 꾸준하다.
② 친구가 데려온 강아지의 털은 눈처럼 희고 함함하였다. → 털이 보드랍고 반지르르하다.
③ 김치를 보시기에 먹음직스럽게 담아내 왔다. → 김치나 깍두기 따위를 담는 반찬 그릇의 하나.
④ 하던 일을 아주 결딴을 내려고 하는군. → 결정적인 판단을 하거나 단정을 내림. 또는 그런 판단이나 단정.
⑤ 협력사들의 짬짜미가 불가능하게 하는 조치가 필요하다. → 남모르게 자기들끼리만 짜고 하는 약속이나 수작.

019 밑줄 친 한자어의 쓰임이 적절하지 <u>않은</u> 것은?

① 자식이 이제 혼인을 하여 슬하(膝下)를 떠나려 한다.
② 노파심(老婆心)에서 하는 말이니 오해하지 말고 들어라.
③ 바닷가에는 작은 돌들이 무진장(無盡藏)으로 깔려 있었다.
④ 먼 길 오셨는데 약간의 거마비(車馬費)도 드리지 못해 죄송합니다.
⑤ 삶이란 결국 역려(逆旅)를 만나듯 어긋난 인연의 연속인 경우가 많다.

020 〈보기〉의 밑줄 친 ㉠~㉢에 해당하는 한자로 올바르게 묶인 것은?

〈 보 기 〉

- ㉠<u>이상</u>을 품은 사람은 쉽게 포기하지 않는다.
- 과가 적성에 맞지 않아 ㉡<u>전과</u>를 신청하는 사람들이 있다.
- 그 화가는 ㉢<u>후기</u>에 들어서면서 화풍이 전기와 확연히 달라졌다.

	㉠	㉡	㉢
①	理想	轉科	後記
②	理想	轉科	後期
③	理想	全科	後期
④	異象	全科	後期
⑤	異象	轉科	後記

021 밑줄 친 고유어의 쓰임이 적절하지 <u>않은</u> 것은?

① 사업 실패로 입은 손해가 <u>거추없을</u> 정도로 막대했다.
② 가볍게 한 말로 이렇게 크게 <u>사달</u>이 날 줄은 몰랐다.
③ 과장이 자꾸 맞다고 우기는데 무슨 <u>켯속</u>인지 모르겠다.
④ 동생은 만두를 빚을 때 <u>소</u>를 많이 넣어 번번이 만두가 터진다.
⑤ 아버지는 큰형이 돌아오지 않자 애가 <u>달아</u> 어쩔 줄을 모르셨다.

022 밑줄 친 단어 중 나머지 넷과 다의어 관계에 있지 <u>않은</u> 것은?

① 바둑을 두다 실수로 대마가 <u>죽었다</u>.
② 시계가 <u>죽어</u> 알람이 울리지 않았다.
③ 아빠가 되고서 성질이 많이 <u>죽었다</u>.
④ 이 조항은 이제는 <u>죽은</u> 법이 되었다.
⑤ 모자에 눌려서 머리 한쪽이 푹 <u>죽었다</u>.

023 두 단어의 의미 관계가 〈보기〉와 동일한 것은?

―〈 보 기 〉―
기호품 – 커피

① 건물 – 계단   ② 채소 – 남새   ③ 탈것 – 가마
④ 들보 – 서까래 ⑤ 개똥벌레 – 반딧불이

024 밑줄 친 '서다'에 대응하는 한자어가 적절하지 <u>않은</u> 것은?

① 자녀 결혼식에서 주례를 <u>서기로</u> 친구와 약속했다. → 담당(擔當)하기로
② 앉아 있던 사람들이 어느새 모두 <u>서서</u> 응원을 하고 있었다. → 기립(起立)해서
③ 기계가 갑자기 <u>서는</u> 바람에 직원이 모두 일을 멈춰야 했다. → 정지(停止)하는
④ 아이가 <u>선</u> 후로 아내는 입덧이 심해져서 밥을 거의 먹지 못했다. → 탄생(誕生)한
⑤ 조선이 <u>선</u> 이후로 200년이 지나자 큰 전쟁이 이 땅에서 벌어졌다. → 개국(開國)한

025 〈보기〉의 밑줄 친 단어와 바꾸어 쓰기에 적절하지 <u>않은</u> 것은?

―〈 보 기 〉―
이 장신구는 <u>보잘것없어</u> 보이지만 내게는 소중한 물건이다.

① 같잖아 ② 하찮아 ③ 변변찮아 ④ 볼품없어 ⑤ 하잘것없어

026 밑줄 친 속담의 사용이 문맥상 적절하지 않은 것은?

① 이런, 시험 보는 날 지각을 하다니, 곽란에 약 지으러 보내면 좋겠네.
② 그 점잖은 사람이 불같이 화를 내다니, 여름 하늘에 소낙비 같은 일이야.
③ 팀장은 칠팔월 수숫잎같이 좀처럼 최종 결단을 내리지 못하고 이랬다저랬다 했다.
④ 작은 치통을 방치하다 발치까지 하게 되다니 새 잡아 잔치할 것을 소 잡아 잔치한 꼴이군.
⑤ 초라니 열은 보아도 능구렁이 하나는 못 본다더니 저 친구는 당최 속을 알 수 없어 불편해.

027 밑줄 친 사자성어의 쓰임이 문맥상 적절하지 않은 것은?

① 남에게 배울 때는 불치하문(不恥下問)의 마음이 필요하다.
② 우리는 금란지계(金蘭之契)가 있는 둘도 없는 친구 사이이다.
③ 신임 대표는 그동안의 문제를 쾌도난마(快刀亂麻)로 해결했다.
④ 부모는 타지로 떠난 자식 걱정에 내내 전전반측(輾轉反側)이었다.
⑤ 우공이산(愚公移山)이라고 불가능한 일은 빨리 포기하는 게 낫다.

028 밑줄 친 관용 표현의 쓰임이 적절하지 않은 것은?

① 며칠을 굶었는지 배가 등에 붙은 것 같았어.
② 옆집이 잘되는 것을 보고 한참 동안 배를 앓았다.
③ 젊은 시절 고생한 끝에 이제는 배에 기름이 끼었어.
④ 정치인들이 공익보다 자기의 배를 채우는 데 급급하였다.
⑤ 급여를 받지 못한 직원들은 배를 두드리며 어렵게 살고 있다.

029 밑줄 친 한자어를 맥락에 맞게 순화한 표현으로 바르지 않은 것은?

① 내일 정오에 담당자가 신청서를 교부(交付)할 예정이다. → 내줄
② 회장은 이번에 사업 확장 계획을 재가(裁可)하였다. → 허가하였다.
③ 구매처와 수의 시담(隨意示談)이 완료되면 기술 협상이 진행된다. → 수의 계약
④ 그들의 태도는 미상불(未嘗不) 준엄한 역사의 심판을 받아야 한다. → 아닌 게 아니라
⑤ 세정 당국은 과오납금 환부율(還付率)을 높일 수 있는 대책을 마련해야 한다. → 반송률

030 밑줄 친 표현을 다음은 말로 적절하지 않은 것은?

① 이 소파는 레자(← leather)를 사용하여 기능성과 심미성을 살렸다. → 인조 가죽
② 이 자료는 회사별 시그니처 아이템(signature item)을 모아 놓았다. → 대표 상품
③ 연휴나 명절 때만 되면 노쇼(no show) 승차권이 1만 건이 넘는다고 한다. → 환불
④ 매실 엑기스(← ekisu[일])는 설탕과 매실의 비율을 1:1로 할 때 최적이다. → 진액
⑤ 정부는 취약 계층을 대상으로 한 에너지 바우처(voucher) 제도를 도입했다. → 이용권 제도

어법 31번~45번

031 밑줄 친 부분의 표기가 옳지 않은 것은?

① 오이를 예쁘게 싹둑싹둑 썰었다.
② 밥과 나물을 쓱삭쓱삭 비벼 먹었다.
③ 하찮은 일을 가지고 쑥설쑥설 말이 많았다.
④ 그는 사람들과 쏟닥쏟닥 무슨 얘기를 나누었다.
⑤ 동네 사람들이 쑥덕쑥덕 뒷말을 하기 시작했다.

032 밑줄 친 부분의 표기가 옳은 것은?

① 건넌마을에 봄꽃이 피었다.
② 세상에 벼라별 사람이 다 있다.
③ 들입다 뛰어서 겨우 기차를 탔다.
④ 다들 허리띠를 지끈 매고 일어났다.
⑤ 친구는 고개짓으로 저쪽을 가리켰다.

033 밑줄 친 부분의 표기가 옳지 않은 것은?

① 도토리가 자그매.
② 호박이 아주 둥그래.
③ 골목길이 아주 좁다래.
④ 노을 진 하늘이 새빨개.
⑤ 기다리는 줄이 아주 기다래.

034 밑줄 친 부분의 띄어쓰기가 옳은 것은?

① 선물을 받아 이렇게 기쁠∨데라니!
② 시간이 갈∨수록 날이 맑아지고 있다.
③ 도움은 못 줄∨망정 방해는 하지 마라.
④ 그 모양을 볼∨작시면 어김없는 상거지다.
⑤ 오늘은 반드시 지금 하는 일을 끝낼∨터이다.

035 밑줄 친 부분의 표기가 옳지 <u>않은</u> 것은?

① 날씨가 <u>걷잡을</u> 수 없이 나빠졌다.
② 이 일은 <u>겉잡아</u> 사흘은 걸릴 일이다.
③ 상추를 씻은 다음 체에 <u>받쳐</u> 물기를 빼자.
④ 학생 대표는 졸업식에 <u>부치는</u> 글을 읽었다.
⑤ 카메라 초점을 정확하게 <u>맞혀서</u> 사진을 찍어라.

036 다음 문장 부호의 쓰임에 대한 설명이 옳지 <u>않은</u> 것은?

	문장 부호	설명
①	가운뎃점(·)	특정한 의미가 있는 날을 표시할 때 쓸 수 있다. 예 3·1 운동
②	쉼표(,)	공통 성분을 줄여서 하나의 어구로 묶을 때 쓸 수 있다. 예 초, 중, 고등학교
③	붙임표(-)	표제 다음에 해당 항목을 들거나 설명을 붙일 때 쓸 수 있다. 예 빛의 삼원색 - 빨강, 초록, 파랑
④	큰따옴표("")	신문 이름을 나타낼 때 쓸 수 있다. 예 "황성신문"은 1910년에 폐간되었다.
⑤	줄표(—)	문장 중간에 끼어든 어구의 앞뒤에 쓸 수 있다. 예 나는 — 솔직히 말하면 — 그를 만나고 싶지 않아.

037 밑줄 친 표현이 표준어인 것은?

① 엿길금을 넣어 만든 식혜가 달고 시원하다.
② 가이없는 부모님의 사랑이 나의 마음을 울린다.
③ 불합리한 제도를 개선하기 위해 가열차게 맞서야 한다.
④ 머리에 화려한 꼬깔을 쓴 농악대가 신명 나게 장구를 치고 있다.
⑤ 운전을 할 때는 아무리 졸려도 정신을 흐트리지 말고 긴장해야 한다.

038 다음은 문학 작품에 나타나는 방언이다. 대응하는 표준어가 적절하지 않은 것은?

① 미친놈 다 보겠네. 말도 가이방해야(→ 비슷해야) 대꾸를 하지.
② 쫴구락지(→ 개구리) 잔등에 점이 백였으면 속두 점이 백였다나?
③ "글로 머하노?" "도끼자로 미우는(→ 다듬는) 것부터 배우는 기라."
④ 정수남인 엉덩이는 허공에 대고 괄락괄락(→ 벌컥벌컥) 엎드려 댓 허벅을 마셔댄다.
⑤ 오늘 말짓(→ 장난)을 허다가는 우리 식구덜 모다 모래내 다리 아래로 이사 가야 헐팅게….

039 밑줄 친 부분의 발음이 표준 발음인 것은?

① 그는 굵직하고[국찌카고] 힘 있는 어조로 말했다.
② 밀가루 반죽을 홍두깨로 넓적하게[널쩌카게] 편다.
③ 김장에 쓰려고 굵다란[굴따란] 무를 여러 개 골랐다.
④ 이 칼국수는 쫄깃쫄깃하고 넓죽한[널쭈칸] 면발이 특징이다.
⑤ 어느덧 그는 늙수그레한[늘쑤그레한] 중년 남자로 변해 있었다.

040 밑줄 친 외래어의 표기가 올바르지 않은 것은?

① 도로 위에 방치된 전동 킥보드(kick-board)가 많다.
② 여기는 한국에서 가장 저렴한 아웃렛(outlet) 매장이다.
③ 국제 경기에서 한국을 응원하는 플랜카드(placard)가 내걸렸다.
④ 냉장고가 고장이 나서 애프터서비스(after service)를 받아야겠다.
⑤ 체육회는 올림픽 성공 개최를 주제로 심포지엄(symposium)을 개최한다.

041 다음 중 국어의 로마자 표기로 올바른 것은?

① 설악산 Seolaksan
② 백암산 Baegamsan
③ 덕룡산 Deongryongsan
④ 한라산 Halrasan
⑤ 북한산 Bukansan

042 〈보기〉의 ㉠~㉤ 가운데 어법에 맞지 않는 문장은?

〈 보 기 〉

㉠된장찌개는 된장을 주재료로 하여 채소·두부·고기나 조개 따위를 넣고 끓인 찌개이다. ㉡재료는 계절에 따라 다른데 여름에는 풋고추를 많이 넣고, 가을에는 버섯류를, 그리고 겨울에는 시래기 따위를 넣는다. ㉢된장찌개에는 특유의 구수한 향과 함께 맵고 짠 맛이 우러나 어떤 음식과도 잘 어울린다. 여름철에는 특히 순수한 된장 맛을 강조한 강된장찌개를 즐긴다. ㉣강된장찌개는 작은 뚝배기에다 풋고추와 두부·호박을 썰어 넣고 펄펄 끓여서 먹는데 삼삼하고 맛이 좋다. ㉤저렴한 가격으로 부족한 단백질을 섭취할 수 있는 된장찌개는 가장 쉽게 접할 수 있는 음식으로서 한국인들이 평상시에 즐겨 먹는 음식 중 하나이다.

① ㉠　　② ㉡　　③ ㉢　　④ ㉣　　⑤ ㉤

043 다음 중 청자를 존대하고 있지 않은 문장은?

① 오늘은 비가 내릴 것 같습니다.
② 어제 선생님께서 전화를 하셨어.
③ 이 사람, 음식 솜씨가 대단하구려!
④ 버스가 올 때까지 여기 앉아 계십시오.
⑤ 어머님께서 기다리실 테니 어서 집으로 가오.

044 다음 중 중의적으로 해석되지 않는 문장은?

① 아직도 올 사람이 다 안 왔다.
② 나는 동생보다 언니와 더 친하다.
③ 시장에서 사과와 배 두 개를 샀다.
④ 선생님께서 학생들에게 책을 읽히셨다.
⑤ 나는 철수와 영희의 결혼식에 참석했다.

045 밑줄 친 번역 투 표현을 고친 것으로 적절하지 않은 것은?

① 우리 학교는 산 중턱에 위치하고 있다(→ 있다).
② 교육은 공부하는 것을 통해(→ 공부하는 것으로) 이루어진다.
③ 이번 사건으로 인해(→ 사건으로) 체중이 6킬로그램이나 빠졌다.
④ 청동기 시대에 청동은 특권층의 무기로 사용되어졌다(→ 사용되었다).
⑤ 이 소설은 독자로 하여금(→ 독자에게 있어) 새로운 세계로 모험을 떠나게 한다.

쓰기 46번~50번

※ [046~050] 다음은 '과도한 나트륨 섭취에 따른 문제와 해결 방안'을 주제로 작성한 초고이다. 다음을 읽고 물음에 답하시오.

나트륨(Na)은 우리가 음식을 통해 매일 섭취하는 소금인 '염화나트륨(NaCl)'의 구성 성분으로, 나트륨과 소금은 다르다. 소금은 나트륨(Na) 40%와 염소(Cl) 60%의 비율로 구성되어 있어, ㉠비록 소금 1g을 섭취한다면 나트륨 약 400mg을 섭취하게 되는 것이다. 우리 몸의 필수 영양소인 나트륨은 혈액, 세포액, 골격 등에 존재하며 몸속에서 다양한 기능을 한다. 먼저 나트륨은 수분과 전해질 균형에 관여하고 세포의 삼투압을 ㉡유지하는 기능을 한다. ㉢하지만 나트륨은 체액의 산-알칼리도(pH)를 조절하며 근육의 운동과 뇌와 신경의 자극 전달에도 필요하다. 또한 나트륨은 담즙, 췌장액 및 장액 등 중요한 소화액의 재료가 되어 우리가 섭취한 음식의 소화 및 흡수를 돕는다. 이러한 나트륨이 부족해지면, 혈액량이 감소하여 혈압이 떨어져 성장 감소, 식욕 부진, 근육 경련 등의 증상이 나타날 수 있다. 한편 나트륨을 과도하게 섭취할 경우에는 뇌졸중, 고혈압, 위장병, 골다공증 등의 질병을 일으킬 수 ㉣있으나, 나트륨 섭취에 주의가 필요하다.

현재 전 세계적으로 나트륨 과다 섭취는 심각한 문제이다. 그렇다면 우리나라 국민은 나트륨을 얼마나 섭취하고 있을까? 국민건강영양조사자료를 토대로 2018~2022년 우리나라 국민의 1인당 하루 평균 나트륨 섭취량을 분석한 결과, 2022년 기준 우리나라 국민의 1인당 하루 평균 나트륨 섭취량은 3,074㎎으로 나타났다. 이는 세계 보건 기구(WHO) 권장량인 2,000㎎보다 약 1.5배 많은 수치이다.

이렇듯 나트륨 섭취량이 과도하게 나타나는 주요한 원인 중 하나는 일상적 식습관의 문제를 들 수 있다. 이 외에 기업의 저나트륨 식품 개발에 대한 노력 미비나 사회적 차원에서의 나트륨 섭취 줄이기 캠페인과 같은 홍보가 부족하다는 점 등도 나트륨 과다 섭취의 원인이라 할 수 있다.

그렇다면 건강의 위험을 초래할 수 있는 나트륨 과다 섭취를 줄이기 위해서는 어떠한 노력이 필요할까? 먼저 국, 찌개의 나트륨은 대부분 국물에 많이 함유되어 있으므로 국물을 ⑩작게 먹는 것이 바람직하다. 다음으로 가공식품 구입 시 나트륨 함량을 비교하여 구매해야 한다. 마지막으로 채소와 과일은 나트륨을 몸 밖으로 일정량 배출해 주는 기능이 있으므로 채소와 과일을 매일 섭취하는 것이 좋다. 즉 과도한 나트륨 섭취를 막기 위해서는 [ⓐ] 이러한 개인적인 노력뿐만 아니라 식품을 제공하는 기업, 정부가 서로 협력하여 우리나라 국민의 건강 증진을 위해 나트륨 줄이기를 위한 사회적 노력이 요구된다.

046 다음은 윗글을 쓰기 전에 떠올린 글쓰기 계획이다. 윗글에 반영된 것을 모두 고른 것은?

〈 글쓰기 계획 〉

ㄱ. 질문의 방식으로 앞으로 이어질 내용을 제시해야겠어.
ㄴ. 분류의 방식을 활용하여 나트륨의 종류를 설명해야겠어.
ㄷ. 구체적 수치를 활용하여 우리나라 국민의 나트륨 섭취 실태를 제시해야겠어.
ㄹ. 전문가의 인터뷰 내용을 직접 인용하여 나트륨 과다 섭취의 문제점을 강조해야겠어.

① ㄱ, ㄴ   ② ㄱ, ㄷ   ③ ㄴ, ㄷ   ④ ㄴ, ㄹ   ⑤ ㄷ, ㄹ

047 다음은 윗글을 수정·보완하기 위해 추가로 수집한 자료이다. 자료의 활용 방안으로 적절하지 않은 것은?

	자료 내용	유형
(가)	식약처는 영양 성분 및 나트륨 저감 표시 대상 식품을 지속적으로 확대하고 영양표시 확인 방법 등에 대한 홍보를 강화할 계획이라고 밝혔다. 한편, 식약처는 우리 국민의 나트륨의 적정 섭취를 위해 나트륨 과잉 섭취에 대한 경각심을 고취하고 일상에서 나트륨 적정 섭취를 실천할 수 있도록 다양한 교육·홍보와 함께 영양 표시 대상 식품도 지속적으로 확대할 방침이다.	정책 홍보물

(나)	다른 나라의 1인 1일 평균 나트륨 섭취량 비교 (보건 복지부)		통계 자료
	일본	영국	미국	
	4,280㎎	3,440㎎	3,436㎎	

(다)	나트륨은 우리가 일상적으로 먹는 음식에 다량으로 함유되어 있습니다. 조리 방법이나 재료, 양 등에 따라 값이 달라질 수 있지만, 통계적으로 볼 때 대략 김치찌개에는 2,000㎎, 갈비탕은 1,700㎎, 육개장 2,900㎎, 라면 1,800㎎, 우동에는 2,400㎎ 정도의 나트륨이 들어 있습니다.	전문가 인터뷰

(라)	식품의약품안전처에서 국민건강영양조사자료를 바탕으로 분석한 결과, 우리 국민의 하루 평균 나트륨 섭취량은 2018년부터 2022년까지 미미하게 감소했으나 여전히 기준치를 상회하는 것으로 나타났다.					연구 보고서
	우리나라의 1인 1일 평균 나트륨 섭취량 (식약처)					
	2018년	2019년	2020년	2021년	2022년	
	3,274㎎	3,289㎎	3,220㎎	3,081㎎	3,074㎎	

(마)	일본의 대표적인 간장 제조 업체의 경우, 최근 저염 간장 매출이 5년 전과 비교했을 때 1.5배 증가하였다. 이에 염분을 66% 줄인 간장 신상품을 새롭게 출시하기도 하였다. 그리고 한 라면 제조 업체에서는 면과 스프의 염분을 30% 줄인 컵라면을 출시하였다. 현재 일본에서는 라면뿐만 아니라 과자 등에서도 소금 덜어내기가 진행 중으로, 저염 식품을 전문적으로 판매하는 온라인 상점도 등장하였다.	신문 기사

① (가)를 활용하여 나트륨 과다 섭취를 줄이기 위한 개인적 노력을 구체화한다.
② (나)를 활용하여 다른 나라의 나트륨 섭취량을 보여 줌으로써 나트륨 과다 섭취가 세계적인 문제임을 강조한다.
③ (다)를 활용하여 나트륨 섭취를 줄이기 위해서는 국물을 적게 먹는 노력이 필요함을 강조한다.
④ (라)를 활용하여 2018~2022년 우리나라 국민의 1인당 하루 평균 나트륨 섭취량이 감소했음에도 권장량에 비해 심각한 수준임을 강조한다.
⑤ (마)를 활용하여 나트륨 과다 섭취를 줄이기 위해 노력하고 있는 다른 나라의 사례를 추가한다.

048 다음은 윗글을 쓰기 전에 세웠던 글쓰기 개요이다. 윗글을 쓰는 과정에서 필자가 점검하여 반영한 내용으로 적절하지 <u>않은</u> 것은?

─〈 개 요 〉─

Ⅰ. 나트륨의 기능과 특징
 1. 나트륨과 소금의 차이
 2. 나트륨 부족이나 과다 섭취 시의 문제점
 3. 나트륨과 당류 섭취 권장량 비교
Ⅱ. 세계 각국의 나트륨 섭취 실태
 1. 우리나라 국민 1인당 하루 평균 나트륨 섭취량 분석 결과
 2. 세계 보건 기구 권장량과 우리나라 섭취량 비교
 3. 나트륨의 기능
Ⅲ. 우리나라 나트륨 과다 섭취의 원인
 1. 개인적 측면
 2. 사회적 측면
Ⅳ. 우리나라 나트륨 과다 섭취를 줄이기 위한 해결 방안
 1. 사회적 측면
 2. 개인적 측면

① Ⅰ-3은 글의 주제와 어울리지 않는 내용이므로 삭제한다.
② Ⅱ-3은 상위 항목을 고려하여 Ⅰ의 하위 항목으로 이동한다.
③ Ⅱ는 하위 항목과의 관련성을 높이기 위해 '우리나라의 나트륨 섭취 실태'로 수정한다.
④ Ⅱ-2는 Ⅲ의 구체적인 내용이므로 Ⅲ의 하위 항목으로 이동한다.
⑤ 글의 맥락을 고려하여 Ⅳ-1과 Ⅳ-2의 순서를 바꾸어 서술한다.

049 윗글의 ㉠~㉤을 고쳐 쓰기 위한 방안으로 적절하지 <u>않은</u> 것은?

① ㉠: 부사어와 서술어의 호응이 맞지 않으므로 '만약'으로 수정한다.
② ㉡: 피동 표현을 사용하는 것이 적절하므로 '유지되는'으로 수정한다.
③ ㉢: 문장 간의 연결이 적절하지 않으므로 '그리고'로 수정한다.
④ ㉣: 앞뒤 맥락을 고려하여 '있으므로'로 수정한다.
⑤ ㉤: 문장의 의미를 고려하여 '적게'로 수정한다.

050 글의 내용으로 미루어 볼 때, ⓐ에 들어갈 내용으로 가장 적절한 것은?

① 식품 생산 기업이 저염 식품을 다양하게 개발하는 것이 필요하다.
② 우리나라 국민의 나트륨 섭취량에 대한 정확한 통계 분석이 요구된다.
③ 나트륨 섭취의 문제를 인식하고 식습관 개선을 실천하는 것이 중요하다.
④ 나트륨 과다 섭취가 건강에 미치는 영향에 대한 홍보를 활성화하는 것이 요구된다.
⑤ 나트륨을 대체할 수 있는 감미료 개발을 위한 국가 차원의 정책적 노력이 필요하다.

창안 51번~60번

※ [051~053] 다음 글을 읽고 물음에 답하시오.

택배는 물건을 원하는 장소로 빠르고 효율적으로 배송하는 서비스이다. 이를 위해 배송 과정에서 여러 단계의 물류 연결망이 활용된다. '집하 센터'는 물건이 처음 모이는 곳이며, '물류 센터'는 중간 거점으로 여러 지역에서 온 물건을 재분류하여 각 배송 지역으로 보내는 곳이다. 그리고 '배송 센터'는 도착지별로 물건을 나누어 고객에게 배달하는 곳이다.

배송 방식의 대표적인 형태로는 ㉠직접 연결 방식과 ㉡거점 경유 방식이 있다. 직접 연결 방식은 집하 센터에서 배송 센터로 물건을 곧바로 보내는 형태이다. 중간 거점을 거치지 않으므로 운송 시간이 단축될 수 있으나, 이동 경로에 따른 운송 비용이 많아질 수 있다. 또한 각 배송 센터에서 배달할 물건을 개별적으로 분류해야 하므로 운영 비용이 증가할 수 있다.

한편 거점 경유 방식은 먼저 모든 물류를 대형 물류 센터로 모은 후, 목적지별로 다시 분류하여 각 지역의 배송 센터로 보내는 형태이다. 이 방식은 개별 배송 센터에서의 배송지 분류 작업을 줄여 인력과 비용을 절감할 수 있다. 하지만 반드시 중간 거점을 거쳐야 하므로 운송 시간이 길어질 수 있으며, 물류 처리량이 많을 경우 분류 오류나 배송 지연이 발생할 가능성이 크다.

이처럼 각각의 장단점이 명확하므로, 택배 서비스를 설계할 때는 지역별 수요, 물류의 성격, 운송 시기 등을 종합적으로 고려하여 두 방식을 유연하게 병행하는 지혜가 필요하다. 예를 들어 성수기에는 직접 연결 방식을 활용해 물량을 신속히 배송하고, 평상시에는 거점 경유 방식을 통해 운영 비용을 절감하는 방식으로 상황에 맞게 대처할 수 있다.

051 물건 을 '지식', 배송 방식 을 '학습 방식'에 비유할 때, ㉠의 효과로 가장 적절한 것은?

① 심화 개념보다 기초 개념 학습에 집중할 수 있다.
② 지식을 종합하고 구조화하는 능력을 키울 수 있다.
③ 타인의 도움을 받아 부족한 지식을 쉽게 보완할 수 있다.
④ 학습에 필요한 지식을 신속하게 학습하고 활용할 수 있다.
⑤ 공동의 목표를 설정하여 협력적 학습 태도를 형성할 수 있다.

052 ㉠, ㉡을 정보 확산 방식에 비유할 때, ㉡과 가장 유사한 것은?

① 개인이 자신이 찍은 영상을 친구에게 문자로 전송한다.
② 상품의 판매를 위해 개인에게 무작위로 전화를 걸어 홍보한다.
③ 방송국이 하루 동안의 주요 기사를 종합해 저녁 뉴스를 보도한다.
④ 기업이 고객들의 알권리를 위해 제품 설명서를 제품과 함께 제공한다.
⑤ 새롭게 개업한 상점을 알리기 위해 전단지를 동네 주민들에게 배포한다.

053 〈조건〉에 맞는 표현으로 가장 적절한 것은?

───〈 조 건 〉───
택배 배송 방식을 '갈등 해결 방식'에 비유할 때, ㉠과 ㉡의 방식을 종합적으로 고려한 갈등 해결의 지혜를 표현할 것.

① 일상적 소통을 강화함으로써 갈등을 사전에 예방해야 한다.
② 원인 제공자를 탓하기보다 당사자 간 합의를 우선해야 한다.
③ 시간이 해결해 줄 것이므로 해결을 유보하는 것이 최선이다.
④ 갈등은 당사자 간 직접 소통이 아닌 중재 기관을 중심으로 해결해야 한다.
⑤ 갈등의 성격에 따라 직접 해결과 중재자의 개입을 통한 해결을 적절히 병행해야 한다.

※ **[054~056]** 다음 그림을 보고 물음에 답하시오.

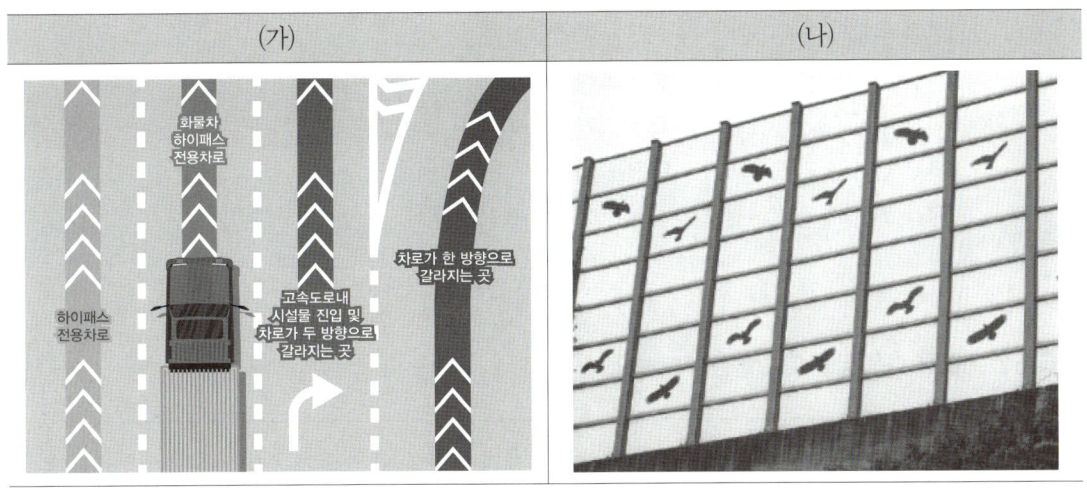

054 그림 (가)와 (나)를 분석한 표의 내용으로 적절하지 <u>않은</u> 것은?

	(가)	(나)
현상	고속도로 노면에 색깔 선을 그려 놓음.	고속도로 투명 방음벽에 새를 그려 놓음.
특징	㉠운전자에게 주행해야 할 차선을 직관적으로 안내하고 유도함.	조류가 투명 벽을 장애물로 인식하게 하여 충돌을 방지함.
목적	㉡차선 혼란 방지를 통한 주행 사고 예방	㉢심미적 효과를 통한 자연 환경 개선
주장	㉣질서 유지를 위해 체계적인 사회적 지침을 마련할 필요가 있다.	㉤공존을 위해 부수적인 사회적 장치를 마련할 필요가 있다.

① ㉠   ② ㉡   ③ ㉢   ④ ㉣   ⑤ ㉤

055 (가)와 유사한 기능을 하는 사례로 가장 적절한 것은?

① 식당 입구에 유명 연예인 사진을 붙여 입장을 유도했다.
② 놀이기구 앞에 발자국 스티커를 붙여 줄서기를 유도했다.
③ 지하철 계단에 소모 칼로리를 표시해 계단 이용을 장려했다.
④ 자동문 근처에 센서를 배치해 사람이 다가오면 열리도록 설정했다.
⑤ 버스 정류장에 온열 의자를 설치하여 시민들에게 편의를 제공했다.

056 (나)를 통해 이끌어 낼 수 있는 시사점으로 가장 적절한 것은?

① 시설은 외형의 아름다움이 기능보다 중요하다.
② 편의 시설이 생태계에 미칠 영향을 고려해야 한다.
③ 자연과의 공존을 위해 편의 시설을 제거해야 한다.
④ 친환경 디자인을 통해 도시 이미지를 개선해야 한다.
⑤ 환경을 위한 제도적 지원보다 자발적 실천이 필요하다.

※ **[057~058]** 다음 글을 읽고 물음에 답하시오.

2007년 이래로 스마트폰 사용은 급증하여 현재는 세계 인구의 약 67%가 스마트폰을 사용하고 있다. 사람들은 평균적으로 잠자지 않는 시간대에는 평균 10분에 한 번 이상 스마트폰을 보고, 하루 2,600회 이상 스마트폰을 만지고 있다고 한다. 그러나 과도한 스마트폰 사용은 수면을 방해하고, 자존감, 대인 관계, 기억력, 주의력, 정신 건강, 생산성, 문제 해결 및 의사 결정 능력에 악영향을 미친다. 그뿐 아니라 과다한 정보로 인간의 뇌는 과부하 상태가 되고, 스마트폰의 지속적 알림은 주의력을 떨어뜨리며 심신의 스트레스를 증폭시킨다. 게다가 운전 중 스마트폰을 이용하면 교통사고 발생 가능성이 20배 이상 증가한다는 보고도 있다.

057 윗글을 참고하여 제작한 공익 광고의 사례로 적절하지 <u>않은</u> 것은?

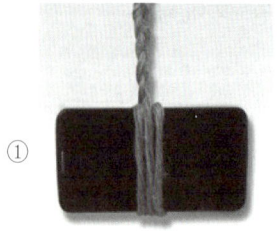
① 밥 한 번, 스마트폰 한 번

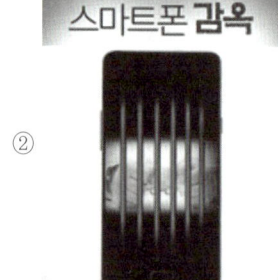
②

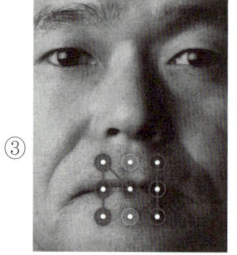
③ 스마트폰을 열수록 가족 간의 대화는 잠깁니다.

④ 운전대와 휴대폰을 같이 잡으면 사람까지 잡을 수 있습니다.

⑤ '찰칵'에서 '철컹'으로 바뀔 수 있습니다.

058 〈조건〉에 맞는 공익 광고 문구로 가장 적절한 것은?

⟨ 조 건 ⟩
- 윗글과 그림에 나타난 메시지를 모두 포괄할 것
- 비유법을 활용하여 표현 효과를 높일 것
- 의문문의 형태로 진술할 것

① 지금 무엇을 보고 있습니까?
② 당신은 스마트폰 안 개구리입니까?
③ 위대한 예술품을 당신 손안에 영원히.
④ 당신이 잡고 있나요, 당신이 잡혀 있나요?
⑤ 세상을 담기에 스마트폰은 너무 작습니다.

※ [059~060] 다음 글을 읽고 물음에 답하시오.

　운영체제(OS, Operating System)는 컴퓨터 시스템의 핵심 소프트웨어로, 하드웨어와 소프트웨어가 원활하게 상호 작용할 수 있도록 돕는 역할을 한다. 운영체제는 프로세스 관리, 메모리 관리, 파일 시스템 관리, 장치 제어 등의 기능을 수행하며, 이를 통해 사용자가 컴퓨터를 쉽게 사용할 수 있도록 환경을 제공한다. 또한, 여러 프로그램이 동시에 실행될 수 있도록 자원을 효율적으로 배분하고 충돌을 방지하는 조정자의 역할도 한다. ㉠이러한 운영체제의 존재 덕분에 사용자는 복잡한 하드웨어의 동작 방식을 몰라도 직관적으로 컴퓨터를 조작할 수 있다.
　㉡운영체제는 다양한 프로그램과 사용자의 요구를 조정하며 최적의 성능을 유지하는 것이 중요한 목표이다. 이를 위해 스케줄링 기법을 활용하여 여러 작업을 적절하게 배분하고, 오류를 감지하고 해결하는 기능을 갖추고 있다. 또한, 보안 시스템을 통해 외부의 위협으로부터 데이터를 보호하고, 시스템이 원활하게 작동하도록 지속적인 업데이트와 개선이 이루어진다.

059 윗글의 ⊙과 〈보기〉에서 공통적으로 이끌어 낼 수 있는 주제로 가장 적절한 것은?

〈 보기 〉

인체의 자율 신경계는 여러 장기와 기관이 조화롭게 기능할 수 있도록 자동으로 조절하는 역할을 한다. 예를 들어, 심장은 우리가 의식적으로 조절하지 않아도 일정한 박동을 유지하며, 소화 기관은 음식물이 들어오면 자연스럽게 소화 효소를 분비한다. 또한, 체온 조절 기능을 통해 외부 온도가 변해도 일정한 체온을 유지할 수 있다.

① 개별 요소 간의 유기적인 협력의 필요성
② 외부 환경 변화에 적응하는 능력의 필요성
③ 개별 요소들의 독립적인 운영 방식의 중요성
④ 효율적인 자원 활용을 위한 계획적 배분의 필요성
⑤ 복잡한 시스템을 자동으로 조절하는 체계의 중요성

060 윗글의 ⓒ을 회사 운영에 비유할 때 이끌어 낼 수 있는 내용으로 적절하지 <u>않은</u> 것은?

	ⓒ	회사 운영
①	요구 조정	노사 간의 협상 절차
②	작업의 배분	업무 분장
③	오류 감지	감사 제도
④	외부의 위협 보호	보안용 내부망 사용
⑤	업데이트와 개선	직원 복지 프로그램

읽기 61번~90번

※ **[061~062]** 다음 글을 읽고 물음에 답하시오.

한때 나는 뿌리의 신도였지만
이제는 뿌리보다 줄기를 믿는 편이다

줄기보다는 가지를,
가지보다는 가지에 매달린 잎을,
잎보다는 하염없이 지는 꽃잎을 믿는 편이다

희박해진다는 것
언제라도 흩날릴 준비가 되어 있다는 것

뿌리로부터 멀어질수록
가지 끝의 이파리가 위태롭게 파닥이고
당신에게로 가는 길이 조금씩 보이기 시작한다

당신은 뿌리로부터 달아나는 데 얼마나 걸렸는지?

뿌리로부터 달아나려는 정신의 행방을
정확히 알 수는 없지만
허공의 손을 잡고 어딘가를 향해 가고 있다

뿌리 대신 뿔이라는 말은 어떤가

가늘고 뾰족해지는 감각의 촉수를 밀어 올리면
감히 바람을 찢을 수 있을 것 같은데
무소의 뿔처럼 가벼워질 수 있을 것 같은데

우리는 뿌리로부터 온 존재들,
그러나 뿌리로부터 부단히 도망치는 발걸음들
오늘의 일용할 잎과 꽃이
천천히 시들고 마침내 입을 다무는 시간

한때 나는 뿌리의 신도였지만
이미 허공에서 길을 잃어버린 지 오래된 사람

— 나희덕, 「뿌리로부터」

061 윗글에 대한 설명으로 적절하지 <u>않은</u> 것은?

① 유사한 문장 구조의 반복을 통해 운율을 형성하고 있다.
② 과거와 현재를 대비하여 화자의 태도 변화를 드러내고 있다.
③ 청유형 어미를 활용하여 청자의 행동 변화를 유도하고 있다.
④ 의문의 형식을 통해 청자에게 소재에 대한 관심을 환기하고 있다.
⑤ 연쇄적 표현을 활용하여 화자가 중시하게 된 대상을 드러내고 있다.

062 〈보기〉를 바탕으로 할 때, 이 시를 감상한 내용으로 적절하지 <u>않은</u> 것은?

───〈 보 기 〉───

이 시에는 뿌리에 의지하며 살았지만 이후 뿌리에서 벗어나기를 원하는 화자의 모습이 드러나 있다. 이렇듯 불안정하고 예측 불가능하지만 새로운 길을 찾아 나서는 화자의 모습을 통해, 이 시는 존재의 근원인 뿌리로부터 벗어날수록 스스로 존재할 수 있다는 역설적 인식을 드러낸다.

① '언제든 흩날릴 준비가 되어 있다는 것'에서 예측 불가능하지만 새로운 길로 나아가려는 화자의 마음이 드러나는군.
② '뿌리로부터 멀어질수록' 오히려 '길이 조금씩 보이기 시작한다'는 것은 뿌리로부터 벗어날수록 스스로 존재할 수 있다는 역설적 인식을 보여 주는군.
③ '가지 끝의 이파리가 위태롭게 파닥이고'는 불안정하고 예측 불가능한 상황을 보여 주는군.
④ '뿌리로부터 온 존재들'이었다가 '뿌리로부터 부단히 도망치는 발걸음들'로 변화하려는 화자의 태도가 드러나는군.
⑤ '뿌리의 신도'는 스스로 존재하는 화자의 변화된 모습을 의미하는군.

※ **[063~065]** 다음 글을 읽고 물음에 답하시오.

　시속 오십 몇 킬로라는 특급 차창 밖에는, 다리 쉼을 할 만한 정거장도 역시 흘러갈 뿐이었다. 산, 들, 강, 작은 동리, 전선주, 꽤 길게 평행한 신작로의 행인과 소와 말. 그렇게 빨리 흘러가는 푼수로는, 우리가 지나친 공간과 시간 저편 뒤에 가로막힌 어떤 장벽이 있다면, 그것들은 캔버스 위의 한 터치, 또 한 터치의 오일같이 거기 부딪혀서 농후한 한 폭 그림이 될 것이냐 아닐까?고 나는 그러한 망상의 그림을 눈앞에 그리며 흘러갔다. 간혹 맞은편 폼에, 부풀듯이 사람을 가득 실은 열차가 서 있기도 하였다. 그러나 무시하고 걸핏걸핏 지나치고 마는 이 창밖의 그것들은 비질 자국 새로운 폼이나 정연히 빛나는 궤도나 다 흐트러진 폐허 같고, 방금 브레이크 되고 남은 관성과 새 정력으로 피스톤이 들먹거리는 차체도 폐물 같고, 그러한 차체에 빈틈없이 나붙은 얼굴까지도 어중이떠중이 뭉친 조난자같이 보이는 것이고, 그 역시 내가 지나친 공간 시간 저편 뒤에 가로막힌 캔버스 위에 한 터치로 붙어 버릴 것같이 생각되었다.
　이런 생각은 무슨 대단하다거나 신기로운 관찰은 물론 아니요, 멀리 또는 오래 고향을 떠나는 길도 아니라 슬픈 착각이란 것도 없는 것이다. 그렇다고 내가 영진*이 되었거나, 무슨 사업열에 들떴거나 어떤 희망에 팽창하여 호기와 우월감으로 모든 것을 연민시 하려 드는 것도 아니다. 정말 그도 저도 될 턱이 없는 내 위인이요 처지의 생각이라 창연(愴然)하다기에는 너무 실없고 그렇다고 그리 유쾌할 것도 없는 이런 망상을 무엇이라 명목을 지을 수 없어, 혹시 스피드가 간질여 주는 스릴이라는 것인가고 생각하면 그럴 듯도 한 것이다.
　결코 이 열차의 성능을 못 믿는 것은 아니지만 이렇게 무도(?)하게 돌진 맹진(猛進)하는 차 안에 앉았거니 하면 일종의 모험이라는 착각을 느낄 수 있고, 그것이 착각인 바에야 안심하고 그런 스릴을 향락할 수 있는 것이다. 이렇듯 거진 십 분의 안전율이 보장하는 모험이라 스릴을 향락하는 일종의 관능 유희다. 명수(名手)의 바이올린 소리가 한껏 길고 높게 치달아 금시에 숨이 넘어갈 듯한 것을 들을 때, 그 멜로디의 도취와는 달리 '이 순간! 다음 순간!' 이렇게, 땅 하니 줄이 튀지나 않을까? 하는 소연감(疎然感)을 아실아실 느껴보는 것도, 일종의 관능 유희로 그리 경멸할 수 없는 음악 감상술의 하나일 것이다. 그처럼 내가 탄 특급의 속력을 '무모(無謀)'로 느끼고, 뒤로 뒤로 달아나는 풍경이 더 물러갈 수 없는 장벽에 부딪혀 한 폭 그림이 되고, 폐허에 버려둔 듯한 열차의 사람들도 한 터치의 오일이 되고 말리라고 망상하는 것은 한 번도 가 본 적이 없는 곳으로 달려가는 이 여행의 스릴로서 내게는 다행일지언정 그리 경멸한 착각만은 아닌 듯싶었다.
　그러나 나 역시 이렇게 빨리 달아나는 푼수로는 어느 때 어느 장벽에 부딪혀서 어떤 풍속화나 혹은 어떤 인정극 배경의 한 터치의 '오일'이 되고 말는지 예측할 수는 없을 것이다.
　어느덧 국경이 가까워, 이동 경찰이 차표와 명함을 요구한다. '김명일(金明一)'이라는 단 석 자만 박힌 내 명함을 받아든 경찰은 우선 이런 무의미한 명함을 내놓는 나를 경멸할밖에 없다는 눈치로 직업과 주소와 '하얼빈'은 왜 가느냐고 물으며 수첩을 꺼내 들었다. 그리고 나의 무직업을 염려하고 또 일정한 주소가 없다는 체면에 그럴 법이 있느냐는 듯이 뒤캐어 묻는 바람 ┐

(가)

┘

에, 나는 미술 학교를 졸업했으니 화가랄 밖에 없고, 재작년에 상처(喪妻)하고 하나뿐인 딸이 지난봄에 여학교 기숙사로 입사하자 살림을 헤치고는 이리저리 여관 생활을 하는 중이라고, 그러나 지금 가는 '하얼빈'에는 옛 친구 '이 군'이 착실한 실업가로 성공하였으므로 나도 그를 배워 일정한 직업과 주소를 갖게 될지 모른다고 큰 포부를 지닌 듯이 그 자리를 꿰맬밖에 없었다. 그러나 이런 내 말이 전연 거짓이랄 수도 없는 것이다. 사실 나는 일정한 직업과 주소도 없는 지금의 생활이 주체스러워 견딜 수가 없는 것이다.

삼 년 전에 처 혜숙이가 죽자 나는 어느 중학교의 도화(圖畵) 선생**이라는 직업을 그만둔 후에는 팔리지 않는 그림을 몇 폭 그렸을 뿐인 화가라는 무직업자였다. 그리고 지난봄에 딸 경옥이를 기숙사에 들여보내고는 혜숙이와 신혼 당시에 신축하여 십여 년 살던 집을 팔아 버리었으므로 일정한 주소가 없었다.

내가 늘 집에 있는 것도 아니요, 있더라도 아침이면 경옥이가 학교에 간 후에야 일어나게 되고 밤이면 경옥이가 잠든 후에야 들어오게 되는 불규칙한 내 생활이라, 나와 한집에 있더라도 어미 없는 경옥이는 언제나 쓸쓸하고 늘 외로울밖에 없는 애였다. 그뿐 아니라 차차 자라서 감수성이 예민해 가는 그 애에게 나 같은 아버지의 생활이 좋은 영향을 줄 리도 없을 것이었다. 그래서 내 누님은 경옥이를 자기 집에 맡기라고도 하는 것이었으나, 마침 경옥이와 같이 소학교를 졸업하고 한 여학교에 입학하여 입사하게 된 친한 동무가 있었으므로 경옥이는 즐겨 기숙사로 들어간 것이었다. 그리고 보니 늙은 어멈만이 지키게 되는 집을 그저 둘 필요는 없었다.

*영진(榮進): 벼슬이나 지위가 높아짐.
**도화(圖畵) 선생: 도안과 그림을 아우르는 말. 지금의 미술 교사.

- 최명익, 「심문(心紋)」

063 윗글에 나타난 '나'의 상황을 이해한 것으로 적절하지 않은 것은?

① '나'는 창밖의 풍경을 그림에 빗대어 표현하고 있다.
② '나'는 자신의 관찰과 생각을 망상이라고 여기고 있다.
③ '나'는 자신의 심리를 지나가는 풍경에 투영시키고 있다.
④ '나'는 풍경 속 객체를 부정적인 이미지로 받아들이고 있다.
⑤ '나'는 기차 밖 풍경을 보며 승객들의 처지를 연민하고 있다.

064 윗글의 내용을 고려할 때, 〈보기〉의 빈칸에 공통적으로 들어갈 말로 가장 적절한 것은?

―〈 보 기 〉―

　이 소설은 1930년대 한국 소설의 중요한 한 흐름을 형성했던 '단층(斷層)파'의 대표작으로 의식의 흐름 기법을 도입하고 있다. 이 소설은 방심 상태로 과거의 기억을 현재의 지속 상태에서 떠올리는 모습을 전형적으로 보여 준다. 정해진 목적지를 향해서 달리는 차 안에서 느끼는 (　　)과 그로부터 나타난 절박한 행위에의 구속이 사라진 주체의 회상 작용을 작품의 주요 구조로 하고 있다. 이때의 회상 작용은 자극의 대상과 그러한 자극이 불러일으키는 과거의 기억 혹은 현재의 상태에 대한 반성으로 구성된 것으로 과거의 어느 한 공간과 현재의 공간들이 상호 교호하면서 나타나는 사고의 뒤엉킴이라고 할 수 있다. 특히 기차 여행이 이러한 (　　)의 주요한 계기가 된다. 이 소설을 '승차(乘車)의 형식화'라고 부르는 이유가 여기에 있다.

① 해방감　　② 친근감　　③ 속도감　　④ 소외감　　⑤ 이질감

065 윗글의 (가)를 〈보기〉의 대화 상황으로 표현할 때 내용상 적절하지 <u>않은</u> 것은?

―〈 보 기 〉―

경찰: 차표와 명함을 보여 주시겠소.
나 : 여기 있소.
경찰: ㉠직업과 주소를 말해 주시오.
나 : ㉡직업은 없고, 주소는 일정하지 않소이다.
경찰: (한심하다는 듯이) ㉢직업도 없고 주소가 없다…….
나 : …….
경찰: 정말 직업도 없고 주소도 없다는 거요?
나 : ㉣군이 말한다면 미술 학교를 졸업했으니 화가라고 할 수 있고, 재작년 가족 모두와 사별하고 나서는 살림을 헤치고 여기저기 생활을 하다 보니 주소는 없소이다.
경찰: 그런데 하얼빈에는 왜 가시오?
나 : ㉤내 친구 이모 군이 거기서 실업가로 성공하였다기에 찾아가는 길이오. 나도 거기 가서 친구처럼 하다 보면 직업도 생기고 주소도 생기지 않겠소?

① ㉠　　② ㉡　　③ ㉢　　④ ㉣　　⑤ ㉤

※ [066~068] 다음 글을 읽고 물음에 답하시오.

　디아스포라는 흔한 말이다. 학술, 언론, 정치 분야뿐 아니라 일상에서도 자주 입에 오르내린다. 한때 이 말은 유대인들의 추방과 이산을 가리키는 특수하고 제한된 용어였다. 그런데 1980년대 무렵부터는 거의 모든 종류의 이주를 뜻하게 되면서 그 외연이 급격히 넓어졌다. 하지만 디아스포라가 이주와 같은 뜻이라면 이 말이 왜 필요한가? 이 용어가 쓰이는 이유를 어떻게 설명할 수 있을까? 어쨌든 디아스포라는 측정 가능한 사회적 실체로 받아들이기보다 이주가 만들어낸 세계를 설명하는 데 도움을 주는 개념으로 보는 편이 적절하다.

　디아스포라 논의에서 일어난 혼란의 상당 부분은 디아스포라가 무엇인지 정의하려는 바로 그 시도에서 비롯되었다. 하나의 정의에 가능한 많은 기준들을 담으려고 하면 앞뒤가 맞지 않게 된다. 그렇다고 해서 다른 기준들을 버리고 몇 가지만 선택하면 불충분하고 불완전한 설명이 된다. 즉 유형론은 임의성을 내재하고 있다. 무엇이 중요한 기준인지를 누가 결정할 수 있는가?

　일반적인 점검 목록을 작성하듯, 주어진 기준들에 대한 충족 여부를 따져 특정 유형에 넣거나 빼는 식으로 유형론을 활용하면 또 다른 문제가 생긴다. 어떤 집단도 광범위한 유형론들이 제시하는 조건을 전부 만족시킬 수는 없다. 그렇다고 10개의 기준 중 6개만 충족해도 특정 유형에 속하는 걸로 친다면 다른 집단들과의 의미 있는 비교가 불가능해진다. 그 기준들은 서로 다른 체험에서 나온 것이기 때문이다. 예를 들어, 어떤 정의는 이주의 본질을 강조하지만 다른 정의는 해외 이주 체험의 특징에 초점을 맞추는 식이다.

　최근 연구들은 이 같은 개념상의 혼란을 피하면서, ⓐ　　　　　　　　　　경향이 나타났다. 유형론 연구가 임의적이거나 불충분하거나 혹은 과도하게 포괄적일 위험을 안고 있는 것과 달리, 이 경향은 정체성과 문화가 새로운 형태로 구성되는 방식에 초점을 맞춘다. 단편화(fragmentation), 혼종성(hybridity), 이중 의식(double consciousness) 등은 그 새로운 형태를 포착하려고 문화 비평가들이 쓰는 용어들이다. 디아스포라는 고향과 이주 지역의 경계를 넘어 새로운 문화적 영역을 열어젖힌다. 여기에서 초점은 이주 과정 자체가 아니라, 이주자들이 해외에 형성하는 연결망, 그들이 만들어 낸 문화의 양상이다.

　이 시도는 강력한 영향을 끼칠 수 있다. 특히 문학 연구나 문화적 재현 형식 연구에서 그러하다. 하지만 분명한 한계도 있다. 사람들이 느낀 바를 분명하게 표현하지 않고, 글과 이미지, 물질문화에 증거를 남기지 않는다면 이런 방식으로 디아스포라를 분석하기란 불가능하기 때문이다. 더욱이 지난 역사를 돌이켜 보면 이주자들은 대부분 궁핍했고 읽고 쓸 줄 모르는 경우가 많았다. 그들에 대해 남아 있는 문서 자료는 대부분 사회 지배층들이 남긴 기록이다. 그 증거에 기반해 파악된 사람들에게서 디아스포라의 의미를 찾으면 함정에 빠지게 된다. 유사한 예가 민족주의 연구이다.

　민족주의를 연구하는 역사학자들은 민족 지도층을 자임하는 사람들의 글과 행동에만 의존해 그 국가의 모든 사람들이 강한 민족주의 감정을 가졌다고 보면 안 된다는 것을 알고 있다. 이주 문제를 연구하는 역사학자들이 비슷한 문제에 부딪히는 것은 우연이 아니다. 비록 디아스포라 논의가 정체성은 역사적으로 구성된 것이지 고정된 것이 아니라고 강조하기는 하지만, 디아스포라 연구는 특정한 방향으로 치우치면 다른 장소에서 다른 특징을 가지고 살아가는 수많은 사람들을 그들 혹은 그들의 조상이 같은 근원을 가졌다는 이유로 한데 묶어 버리는 거대한 민족사로 귀결될 가능성도 안고 있다.

066 윗글에 대한 이해로 적절하지 <u>않은</u> 것은?

① 디아스포라는 강제 이주, 인구 이동, 소수 민족 등 다양한 의미로 혼용된다.
② 유형론에 입각한 연구는 디아스포라 식별 기준이 임의적이라는 문제를 안고 있다.
③ 기록을 남기지 않은 이주자들은 디아스포라 문화 연구의 대상으로 삼기가 쉽지 않다.
④ 디아스포라의 범주화 기준을 제시하는 것은 구체적 사례들을 비교하기 어렵게 만든다.
⑤ 이주자의 문화적 양상을 연구하는 것은 이주자의 정체성을 파편화하고 혼종적인 것으로 만든다.

067 윗글의 ⓐ에 들어갈 내용으로 가장 적절한 것은?

① 디아스포라의 외연 확대로 발생한 여러 유형들을 다시 세세하게 분류하려는
② 디아스포라가 무엇인지가 아니라 어떤 방식으로 어떻게 의미를 만들어 내는지를 묻는
③ 디아스포라에 대해 공통의 역사적 사건과 집단적 실체를 통해 지시적으로 정의를 내리려 하는
④ 디아스포라가 이주 지역에서도 어떻게 민족 집단으로서 범주화되었는지 문헌과 기록에 근거해 확인하려는
⑤ 디아스포라가 어떤 영향을 불러일으키고 어떤 결과를 가져왔는지에 대해서보다는 그것이 발생한 기원을 좇는

068 〈보기〉를 고려하면서 윗글을 이해한 내용으로 가장 적절한 것은?

〈 보 기 〉

누가 어떤 목적으로 사용하느냐에 따라 디아스포라는 그 성격이 완전히 다른 두 가지 쓰임새를 갖는다. 하나는 민족주의를 떠받치면서 차이를 없애고 동질화하며 복잡성과 다양성을 단일성으로 환원하고 만다. 다른 하나는 인간의 여러 가지 경험을 분석하고 구분하는 중요한 역할을 할 수 있다. 서로 모순되는 이 두 가능성을 염두에 두면서 단지 '뿌리'가 아니라 '길'을 탐색할 수 있어야 할 것이다.

① 이주의 역사를 민족 집단 단위로 파악해야 그 아픔과 역사에 대해 제대로 알고 공감할 수 있겠군.
② 고향과 이주지라는 명확한 이원 체계가 이주자의 출신 민족과 국가에 본질적 정체성을 발생하게 만드는군.
③ 세계 곳곳에 퍼져 있는 같은 기원을 가진 사람들을 하나로 연결하고 그 관계를 강화하는 실천이 중요하군.
④ 해외 이주민들의 삶, 경험을 유구한 민족사 속에 편입시키려는 시도에 대해 거리를 두고 살피기도 해야겠군.
⑤ 본래 살던 곳을 떠나왔어도 고국으로 돌아간다는 염원을 간직하고 그 방법을 찾는 게 디아스포라의 입장이군.

※ **[069~072]** 다음 글을 읽고 물음에 답하시오.

소송에서는 원고, 피고(인) 등 당사자와 법원이 관여하며, 이들은 모두 소송의 주체로 일컬어진다. 이들 가운데 당사자에게 소송 진행의 주도권을 부여하는 원칙을 ㉠당사자주의라고 한다. 주요 절차를 진행하는 주체를 당사자로 하는 것이다. 법원은 기일 지정, 사건 심리와 같은 소송 지휘를 맡는다. 법원에게 절차의 주도권을 주는 방식은 직권주의라 한다. 우리 민사소송은 당사자주의라 하지만 과연 그런가 싶을 만큼 퇴색하였다는 비판도 받는다. 이는 조선의 소송과 비교하면 선명해진다. 전통 시대의 민사 절차는 지나치게 당사자에게 맡겨 놓은 것은 아닌가 하는 생각까지 들도록 한다.

조선 시대에는 일반적인 행정 신청서인 소지에 재판을 신청 사항으로 적어 제출하면 그 서면이 오늘날의 소장과 같은 기능을 한다. 지금은 소장이 제출되면 피고에게 송달되어, 그때부터 사건은 심리할 수 있는 상태가 된다. 그리고 법원은 정해진 기일에 출석하지 않는 당사자에게 불이익을 주는 방식으로 법정 출석을 사실상 강제한다. 조선에서는 이와 달리 ㉡[   ] 어렵사리 함께 하게 된 원고와 피고는 먼저 재판을 신청하는 시송다짐을 법관에게 제출한다. 이 시송다짐이 제출됨으로써 심리 절차가 개시한다.

소송에 돌입한 원고와 피고는 먼저 자신의 입장을 밝히는 진술을 한 뒤 서로 공방을 펼친다. 조선의 판결서는 당사자들이 기일한 진술, 제출한 증거를 포함하여 소송의 모든 과정이 기록되어 있다. 조선에서도 사건의 심리에서 법관은 당연히 모호한 부분을 당사자에게 따져 묻는다. 그런데 판결서의 기재 방식에서 이에 대한 항목은 따로 설정되어 있지 않다. 당사자의 진술 부분에 어느 사항을 물으니 답변을 올린다는 식으로 편성되어 있다. 당사자에 관한 사항만을 적는다는 형식이다.

기일을 마치면서는 진술 내용의 기록을 보여 주거나 읽어 주고서 일치한다는 확인을 받는데 이것들도 다짐이라 부른다. 제출된 증거는 상대방에게 인정할 것인지의 다짐을 확인하는데, 대개는 위조나 변조라면서 시인하지 않는데, 이는 서명을 거부한다고 표현된다. 출석한 증인은 기재된 증언에 서명을 하여 그 진실성을 다짐한다. 그리하여 양 당사자는 모든 변론을 다 마치면, "그날그날의 다짐을 상고하여 법에 따라 처분"해 달라는 결송다짐을 제출한다. 이 또한 판결을 신청하는 형태로 나타나는 것이다. 그렇다고 해서 법원이 직권으로 사건을 조사하여 증거를 확보하는 일을 막고 있지는 않다. 실제로 성실한 법관은 그렇게 한다.

결송다짐이 있으면 판결 절차로 나아가는데, 우선 다툼의 대상들을 기록하고 양 당사자의 서명을 받아 확인한다. 이들을 누구에게 귀속시킬지가 사실상 재판의 결론이다. 판결서의 말미는 판결의 이유를 설명하고 나서 오늘날의 주문에 해당하는 판결 결론을 붙인다. 이 주문의 부분에서 누가 승소하였는지를 결정하는 것이다. 원고가 승소한 경우에는 청구한 것이 얼마만큼 인정되었는지도 확정해 주어야 한다. 맨 마지막에 화명이라 하여 그 목록을 수록한다. 이는 또한 집행의 대상을 확정하는 것이기도 하다. 패소한 피고는 판결대로 이행하겠다고 서약하는 다짐을 제출한다. 그 이행을 패소자가 스스로 하지 않으면, 이 다짐에 터 잡아서 강제집행이 개시되고 집행의 범위도 그에 한정된다.

069 윗글의 조선 시대 소송에 대한 설명으로 가장 적절한 것은?

① 소장에 해당하는 신청서의 제출로 법정이 열리고 심리 절차가 개시된다.
② 진실 발견이 어려운 경우 법관이 적극적으로 개입하여 해결하는 것이 가능했다.
③ 당사자가 제출한 증거에 대하여 상대방이 확인하도록 하는 절차를 갖추지 않았다.
④ 법원은 직권으로 수행하는 일이 없도록 되어 있어 사실상 중재자 역할을 수행하였다.
⑤ 법관은 당사자의 진술과 증거 제출이 끝나면 변론을 종결시키고 판결 절차로 나아갔다.

070 윗글을 바탕으로 추론한 내용으로 적절하지 않은 것은?

① 절차의 개시는 조선보다 현재의 민사소송에서 더 당사자주의적인 면이 강하다.
② 오늘날과 조선 시대의 소송은 모두 당사자주의적인 면과 직권주의적인 면이 공존한다.
③ 조선 시대 판결서는 강제집행을 하게 되었을 때의 집행 대상을 표시하는 경우가 있다.
④ 현행 민사소송에서도 조선 시대의 제도에서와 같이 당사자를 신문하는 것을 허용한다.
⑤ 민사소송에서 직권주의적인 경향은 조선 시대보다 오늘날이 더욱 강한 것으로 보인다.

071 ㉠에 해당하는 설명으로 보기 어려운 것은?

① 조선의 판결서에 법관의 신문이 기록되고 있다는 사실에서도 확인할 수 있다.
② 원칙적으로 소송에서 절차 진행의 주도권을 법관보다는 당사자에게 주는 방식이다.
③ 조선에서는 당사자가 판결의 이행을 서약하는 다짐을 하고 그것이 집행의 근거가 된다.
④ 조선에서는 당사자가 판결을 신청하여 판결 절차를 개시하는 형식으로 결송다짐이 이루어진다.
⑤ 법원이 절차의 진행에 개입하는 부분이 많다는 평가를 받는 현행 민사소송이 채택한 방식이다.

072 윗글의 ㉡에 들어갈 말로 가장 적절한 것은?

① 소장을 제출하는 것만으로는 법정이 열리지 못했다.
② 피고를 법정으로 데려오는 것은 원고의 역할이었다.
③ 소지는 소장이 아니라서 심리를 개시하는 효력이 없었다.
④ 재판을 담당하는 주체는 법원이 아니라 원고와 피고였다.
⑤ 피고를 신문하기 위해서 법정에 출석하는 것이 필요하다.

※ [073~075] 다음 글을 읽고 물음에 답하시오.

　식물군집의 천이는 군집의 종 구성 혹은 구조가 시간에 따라 방향성 있는 변화를 보이는 것이다. 천이에 관한 정의에서 가장 중요한 것은 방향성이란 용어이다. 이 말은 천이가 다시 시작되도록 하는 외적인 교란이 없다면 한때의 우점종이 다시 그 군집의 우점종으로 되지 않으며, 식물군집의 우점도가 점진적으로 변화하는 것을 의미한다. 따라서 천이에 관한 정의에는 특정한 시간 규모가 함축되어 있다. 식물군집에서 반복되는 계절적 패턴에 의한 변화 등 일시적인 변화는 그것이 아무리 두드러진 변화일지라도 천이에 포함되지 않는다. 한편 기후 변화, 새로운 종의 진화, 주요 경관 수준의 변화 등 몇만 년에서 수백만 년에 이르는 장기적 시간 규모의 변화는 주어진 지역에서 식물의 종 구성에 압도적인 변화를 발휘하지만, 이 또한 극단적인 경우로 천이로 간주하지 않는다. 식물천이에 관한 대부분의 연구들은 500~1,000년 이내의 기간을 다루고 있다.
　군집의 천이는 일반적으로 두 가지 환경 변화에 반응하는데, 생물 자신에 의해 야기된 환경 변화는 생물 주도적 요소라 하며 이러한 유형의 천이를 생물 주도적 천이라고 한다. 그리고 생물에 의해 영향을 받지 않고 외적인 힘에 의해 야기된 환경 변화를 환경 주도적 요소라 하며, 이러한 유형의 천이를 환경 주도적 천이라고 한다. 생물 주도적 천이에서 환경 변화는 수관층 잎에 의한 햇빛 차단, 낙엽의 생산, 뿌리에 의한 토양 성분 흡수 등을 포함한다. 일부 생물 주도적 요소는 다른 종의 정착을 허용하는 기회가 될 수 있다. 반면 지역적 기후 변화는 종 구성을 변화시킬 수 있지만 이는 식물 자체에 의해 조절되지 않으므로 환경 주도적 요소로 이해된다. 생물 주도적 그리고 환경 주도적 과정들은 천이 계열의 전 과정을 통해 항상 상호 작용한다. 예를 들어, 활엽수림의 천이 초기 단계에서 초본층의 발달은 환경 주도적 요소에 크게 영향을 받지만 지소가 성숙해지고 층 형성이 진행됨에 따라 수관층 폐쇄 등 생물 주도적 요소에 의해 더 영향을 받는다.
　천이 계열 군집들은 보통 시간에 따라 다양성과 생물량이 증가하며, 서식처는 더 중습한 상태로 되는데 이것을 진행 천이라고 한다. 이와는 반대로 퇴행 천이는 시간에 따라 다양성과 생물량이 감소하고, 서식처는 더 습해지거나 더 건조해진다. 알래스카의 범람원에서 진행되는 천이는 사초과 목야지로부터 하층에 키가 낮은 관목이 있는 흰가문비나무림으로 진행된다. 그러나 짙은 피음은 두꺼운 이끼층의 생장을 촉진하고 얕은 동토층의 침식을 촉진한다. 토양 수분이 증가함에 따라 물이끼가 침입하고, 흰가문비나무는 검은가문비나무로 교체되며, 궁극적으로는 사초과 목야지로 복귀된다.
　관목이 우점하는 군집들은 흔히 순환 천이를 보인다. 예를 들어, 텍사스 사막 관목림 내의 공터는 크레오소트부시와 그 다음에 침입하는 선인장, 그리고 다시 공터가 형성되는 짧은 주기의 순환 천이가 진행된다. 크레오소트부시는 종자 생산이 많고, 종자가 바람에 의해 널리 분산되므로 새로 형성된 나지는 처음엔 크레오소트부시의 유식물에 의해 점유된다. 이 관목이 자리를 잡으면 선인장의 열매를 먹어 종자를 산포시키는 새나 설치류가 이 지소에 서식하게 되어 선인장이 자라게 된다. 선인장은 성장함에 따라 크레오소트부시와 수분에 대한 경쟁을 하여 경쟁에 약한 크레오소트부시를 죽게 만든다. 뿌리가 지표 가까이에 위치하는 선인장은 자신을 방어해 주던 관목이 제거됨에 따라 뿌리가 침식을

당하며, 땅에 구멍을 파고 선인장 뿌리를 갉아 먹는 설치류들이 침입하여 선인장의 근계를 더욱 약화시킨다. 그 결과 선인장이 죽게 되어 다시 나지가 형성되고, 이 나지는 크레오소트부시의 유식물에 의해 다시 점유된다.

073 윗글을 읽고 답을 찾을 수 <u>없는</u> 질문은?

① 천이로 간주하는 변화 시간의 규모는 무엇인가?
② 생물 주도적 천이에서 환경 변화의 사례는 무엇인가?
③ 알래스카 범람원의 진행 천이가 일어나는 원인은 무엇인가?
④ 텍사스 관목림의 천이에 관여하는 크레오소트부시의 특징은 무엇인가?
⑤ 텍사스 관목림의 선인장 뿌리가 침식되지 않기 위한 조건은 무엇인가?

074 〈보기〉의 천이 과정의 유형으로 가장 적절한 것은?

〈 보 기 〉

호주 해안 사구의 식생 발달에 대한 연구에 따르면, 오래된 사구일수록 식물의 키와 생물량의 수치가 더 낮았다. 오래된 사구의 천이는 장기간에 걸친 토양 풍화와 영양 염류 고갈에 의해 진행되었다.

① 생물 주도적 천이, 진행 천이   ② 생물 주도적 천이, 퇴행 천이
③ 환경 주도적 천이, 진행 천이   ④ 환경 주도적 천이, 퇴행 천이
⑤ 환경 주도적 천이, 순환 천이

075 윗글을 바탕으로 할 때, 〈보기〉의 탐구 내용 중 적절한 것을 모두 고른 것은?

― 〈 보 기 〉 ―

증발에 필요한 양이 수분 공급량을 능가하는 식물의 수분 상태를 수분 스트레스라 하는데, 이는 식물의 광합성 과정에 영향을 미친다. C_4 식물은 수분이 제한된 동안에도 광합성을 위해 빛을 이용할 수 있는 능력이 향상되어 있다. 장경초지에서 대부분의 해에 C_3 식물은 열과 수분 스트레스 지수가 가장 낮은 이른 봄에 우점하는 종이다. 이들 종의 우점도는 늦은 봄에 급격히 감소하는데, 열과 수분 스트레스 지수가 높은 이 시기에 C_4 식물이 우점종 자리를 차지한다.

◉ 탐구 내용
ㄱ. C_4 식물은 여름 동안에도 광합성을 원활하게 할 수 있겠군.
ㄴ. 이른 봄의 이산화탄소 축적량은 C_4 식물이 C_3 식물보다 많겠군.
ㄷ. 우점종의 두드러진 변화가 관찰되지만 천이로 간주하긴 어렵겠군.
ㄹ. 우점종이 변화되었으니 계절이 변화하더라도 C_3 식물은 다시 우점종이 되지 않겠군.

① ㄱ, ㄴ   ② ㄱ, ㄷ   ③ ㄴ, ㄷ   ④ ㄴ, ㄹ   ⑤ ㄷ, ㄹ

※ **[076~078]** 다음 글을 읽고 물음에 답하시오.

뼈는 지레로 작용한다. 인간이 물체를 들어 올리거나 신체 일부를 움직이기 위해 근육을 사용할 때, 근육이 발생시켜야 하는 힘은 실제로 인간이 생각하는 것보다 크다. 예를 들어 손바닥 위에 15kg의 추를 놓고 있으려면 인간 팔의 이두근은 그보다 더 강한 힘을 생성해야 한다. 그 이유는 이두근의 착점은 팔꿈치 관절 가까이인 약 5cm 거리에 위치하지만, 손은 관절로부터 약 35cm 거리 멀리 떨어져 있다는 사실과 관련이 있다. 〈그림 1〉을 참고하면, 추를 들어 올리기 위해 이두근은 아래팔의 뼈를 위로 당김으로써 힘이 추에 대항하여 위쪽으로 작용하도록 한다. 추가 가만히 있거나 일정한 속도로 들어 올려질 때 이 힘의 크기는 추의 아래쪽으로 작용하는 중력의 힘과 같다. 이두근의 착점은 팔꿈치 관절 가까이에 있어 추의 축으로 작용하기 때문에 근육은 손에서 발휘하는 힘보다 상당히 큰 힘을 발휘해야만 한다.

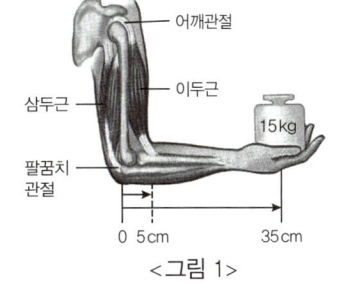

〈그림 1〉

일정한 거리를 움직이도록 힘이 물체에 가해질 때 일양(work)이 실행된다. 일은 힘과 거리의 곱으로 정의된다. 〈그림 2〉와 같이 손바닥 위의 추를 위로 들어 올리는 운동을 할 때 이두근은 팔을 움직이기 위하여 일정한 양의 일을 수행하고, 손은 추를 움직이기 위하여 그와 동일한 양의 일을 수행한다. 아래팔이 팔꿈치를 축으로 선회할 때 손과 이두근의 착점은 원호를 그리며 일정한 거리를 이동한다. 그러나 손은 원호가 더 큰 반경을 차지하고 있기 때문에 더 많이 이동한다. 손과 이두근은 같은 양의 일을 실행하기 때문에 발생되는 힘과 이동한 거리의 곱은 양쪽에서 같다. 이두근의 착점이 손보다 짧은 거리를 이동하므로 위의 등식으로부터 이두근은 손보다 더 큰 힘을 발휘해야만 한다.

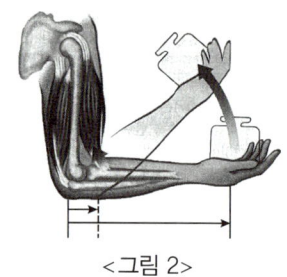

<그림 2>

이 원리를 이용하여 <그림 1>의 이두근이 추를 들어 올리기 위해 필요한 힘을 알 수 있다. 원호의 길이는 그 반경에 비례하므로 손 또는 이두근이 이동하는 거리는 팔꿈치로부터의 거리에 비례한다. 따라서 손이 힘 F_1을 발휘하고 팔꿈치로부터의 거리 R_1에 위치한다면 F_1과 R_1의 곱에 비례하는 일을 수행한다. 마찬가지로 이두근이 힘 F_2를 발휘하고 팔꿈치로부터의 거리 R_2에 위치한다면 F_2와 R_2의 곱에 비례하는 일을 수행한다. 이때 손과 이두근이 동일한 양의 일을 수행하므로 손과 이두근의 힘을 일정한 관계식으로 정의할 수 있으며, 따라서 15kg의 추를 손으로 들어 올릴 때 이두근은 ㉠ 의 힘을 발휘함을 알아낼 수 있다. 이는 손에 추를 가만히 들고 있을 때도 마찬가지이다.

위의 예에서 아래팔의 뼈는 팔꿈치를 축으로 회전하는 지레로 작용한다. 이두근은 이 지레를 위로 잡아당기는 반면, 손 위의 추는 지레를 아래로 밀어 내린다. 이 추를 일정한 속도로 들어 올리거나 그대로 들고 있으려면 이두근은 추를 아래쪽으로 내리는 힘보다 더 큰 힘을 발휘해야만 한다. 왜냐하면 그 지렛대가 추의 지렛대보다 더 짧기 때문이다. 이러한 사실에 따라 이두근은 지렛대가 짧기 때문에 기계적으로 불리한 상태에 놓여 있다고 볼 수 있다.

지렛대 효과로 인해 근육이 힘의 발생량 측면에서 기계적으로 불리하지만 신체의 가동성 측면에서는 실제로 이 상황이 유리하다. 근육은 수축할 때 일정한 속도로 짧아지지만 근육이 부착된 팔다리 부위는 훨씬 더 빨리 움직인다. 예를 들어 이두근이 1초에 2cm 속도로 짧아진다면 손은 그보다 7배인 1초에 14cm의 속도로 움직인다. 그러므로 지렛대 효과로 인해 이두근을 비롯한 여러 근육은 근육 자체가 짧아지는 것보다 신체 부위를 더 빠르게 움직여 준다. 이에 따라 달리기, 던지기 등 활동이 가능해질 뿐만 아니라 위급할 때 빨리 위험에서 벗어나는 운동의 작용이 가능해진다.

076 윗글에 대한 설명으로 가장 적절한 것은?

① 던지기 운동은 신체의 가동성보다 힘의 발생량 측면에서 경제성이 높다.
② <그림 2>의 동작에서 이두근은 힘이 추에 대항하여 아래쪽으로 작용하도록 한다.
③ <그림 2>의 동작에서 아래팔의 뼈는 어깨 관절을 축으로 회전하는 지레로 작용한다.
④ 이두근 운동은 근육의 수축 속도보다 이두근에 연결된 신체 부위의 운동 속도가 더 빠르다.
⑤ 추를 가만히 들고 있는 운동보다 추를 일정한 속도로 들어 올리는 운동에 더 큰 힘이 필요하다.

077 ㉠에 들어갈 말로 가장 적절한 것은?

① 50kg　② 75kg　③ 105kg　④ 150kg　⑤ 175kg

078 윗글을 바탕으로 할 때, 〈보기〉의 탐구 내용 중 적절한 것을 모두 고른 것은?

〈 보 기 〉

　지레는 고정되어 있는 받침점을 기준으로 하여, 받침점과 힘점 사이의 거리와 받침점과 작용점 사이 거리의 관계에 따라 더 큰 힘을 내거나 물체를 멀리 움직일 수 있다. 1종 지레는 받침점이 작용점과 힘점 사이에 있는 지레로, 받침점에서 작용점 사이의 거리가 받침점에서 힘점 사이의 거리보다 짧다. 2종 지레는 작용점이 받침점과 힘점 사이에 있으며, 3종 지레는 힘점이 받침점과 작용점 사이에 있다.

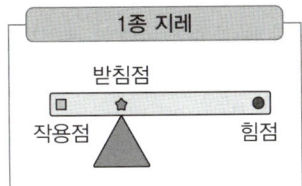 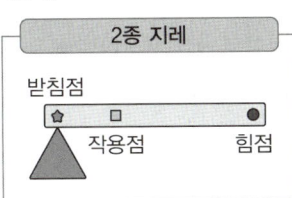 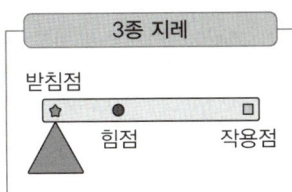

◉ 탐구 내용

ㄱ. 〈그림〉에서 팔의 이두근의 작용은 3종 지레의 사례이겠군.
ㄴ. 발뒤꿈치를 들어 발끝으로 서 있는 동작은 1종 지레에 해당하겠군.
ㄷ. 너트를 풀기 위해 짧은 멍키 스패너보다 긴 멍키 스패너를 사용할 때 더 큰 힘을 주어야 겠군.
ㄹ. 낚싯대를 사용해서 낚시를 하는 경우 낚싯바늘은 3종 지레의 작용점에 해당하겠군.

① ㄱ, ㄷ　② ㄱ, ㄹ　③ ㄴ, ㄷ　④ ㄴ, ㄹ　⑤ ㄷ, ㄹ

※ [079~082] 다음 글을 읽고 물음에 답하시오.

　어떤 사람들은 부자고, 어떤 사람들은 가난하다. 이것은 나쁜가? 많은 사람들은 사회가 심하게 불평등한 것은 부당하며 정부가 부유층의 부를 세금의 형태로 걷어 다른 사람에게 분배해야 한다고 주장한다. 철학자 로버트 노직은 여기에 동의하지 않는다. 그는 세금 부과는 강제 노동과 다름이 없으며 사람을 노예로 삼는 것이라고 주장한다. 노직과 같은 주장을 '자유 지상주의'라고 한다. 이는 내가 가지고 있는 권리를 내 마음대로 집행할 수 있다는 주장이다. 정부의 역할은 모든 사람의 자유를 증진하는 것이지 부의 재분배를 통해 경제적 평등을 증진하는 것이 아니다. 설령 재분배를 통해 경제 효용성이 높아진다고 하더라도 자유라는 소중한 권리를 침해해서는 안 되는 것이다.
　노직에 따르면 내 몸으로 노동을 해서 얻은 산물은 정당한 내 소유물이다. ㉠이 재산을 소유할 수 있는 방식은 세 가지가 있다. 첫째, 아무도 소유하지 않은 자연 세계의 일부를 취득하는 것이다. 이것은 철학자 로크가 다른 사람도 넉넉하게 이용할 수 있도록 넉넉하게 남겨두면 된다는 '단서'를 달아 허용한 것을 노직이 받아들인 것이다. 둘째, 내가 소유하고 있는 것은 내 마음대로 사용해도 된다. 곧 자발적인 합의에 따라 이전을 해도 된다. 셋째, 혹시 최초의 점유나 자발적인 이전에서 부당한 과정이 있으면 바로잡는 과정이다. 자유 지상주의에 따르면 애초에 강압이나 도둑질이 아니라 정당하게 취득했고, 자발적인 이전이나 자유로운 교환으로 얻은 소유물이라면 나는 그 소유권에 절대적인 권리를 행사할 수 있다. 그리고 아무리 좋은 결과가 나오더라도 거기에 간섭할 수는 없다.
　노직은 이 주장을 극대화하기 위해 1960년대의 유명한 농구 선수인 ㉡윌트 체임벌린의 예를 든다. 체임벌린의 팬은 경기가 열릴 때마다 입장료 외에 자발적으로 기부하여 체임벌린에게 준다. 정당하게 소유한 것을 자발적으로 이전한 것이라면 사람들은 자신이 원하는 대로 돈을 쓸 권리가 있다. 체임벌린에게 돈을 쓴다고 해서 누구도 잘못하는 것 같지 않다. 이때 구단주가 체임벌린에게 다른 선수들에게 그 돈을 나누어 주라고 명령할 '권리'가 있는가? 다른 선수들도 그것을 요구할 '권리'가 있는가? 그 돈은 자발적인 이전에 의해 체임벌린의 소유가 되었으므로 강제나 사기로 뺏는다면 체임벌린의 권리를 침해하게 된다. 노직은 세금 부과는 그런 약탈과 같다고 주장한다. 우리가 일한 노동의 대가 중 일부를 세금으로 거두어 간다면, 그만큼은 남을 위해 일한 셈이다. 실컷 일하고서도 대가를 받지 못하는 사람은 노예이다. 그러니 노직은 우리 노동 중 일부는 노예의 노동과 같다고 생각한다.
　노직은 체임벌린과 같은 사람들이 나쁜 짓을 하지 않고도 부자가 될 수 있기 때문에 사회가 얼마나 불평등해질 수 있는지에 제한이 없어야 한다고 주장한다. 애초에 돈을 정당하게 가진 사람이 그 사람에게 자유롭게 준 것이라면 정부는 누구의 돈을 빼앗기 위해 개입해서는 안 된다. 따라서 아무도 돈을 훔쳐 체임벌린에게 주지 않는 한 정부는 체임벌린의 돈 을 가져가서는 안 된다는 것이다. 부의 평등을 보장하려면 정부는 자유로운 거래를 막아야 한다. 노직은 이러한 엄격한 규제는 부당하다고 생각한다. 정부는 부의 재분배를 시도해서는 안 된다. 이는 대부분이 가난하고 소수만 부유한 사회처럼 매우 불평등한 사회라도 마찬가지이다.

079 '자유 지상주의'의 주장으로 가장 적절한 것은?

① 부의 재분배는 개인의 자유를 최대한 보장하는 것이다.
② 평등한 사회를 만들기 위해서는 자유를 보장해야 한다.
③ 자유의 가치는 경제 효용성이 극대화될 때 비로소 정당화된다.
④ 자유를 보장하고 불평등을 바로잡기 위해서는 정부가 개입해야 한다.
⑤ 결과적으로 불평등하고 비효율적이라고 하더라도 자유는 가장 소중한 가치이다.

080 마을에 우물이 하나밖에 없다고 가정할 때 ㉠으로 적절하지 <u>않은</u> 것은?

① 우물에서 길어 올린 한 바가지 물로 빙수를 만들어 판다.
② 우물에서 길어 올린 한 바가지 물을 마시지 않고 버린다.
③ 친구가 새치기해서 나에게 물을 준 것을 알고 앞사람에게 양보한다.
④ 강압이나 도둑질 없이 자발적인 노력만으로 우물물을 모두 퍼 올린다.
⑤ 우물에서 길어 올린 한 바가지 물을 길어 올릴 시간이 없는 사람에게 강압이나 사기 없이 판다.

081 ㉡을 경제 활동에 비유한 내용으로 적절하지 <u>않은</u> 것은?

	㉡	비유
①	기부금	부의 재분배
②	구단주	정부
③	농구 경기	노동
④	다른 선수들에게 돈(기부금)을 나누어 주기	세금 납부
⑤	다른 선수들에게 돈(기부금)을 나누어 주라는 명령	세금 부과

082 체임벌린의 돈 에 대한 질문과 그에 대한 노직의 대답으로 적절하지 않은 것은?

① 문: 체임벌린 혼자 경기를 한 것은 아니지 않은가?
   답: 체임벌린은 입장료와 별개로 돈을 받은 것이다.
② 문: 체임벌린의 팬의 기부금이 훔친 돈일 수 있지 않은가?
   답: 그래서 정당한 소유물에 한한다고 말했다.
③ 문: 체임벌린의 팬이 강압을 받아 돈을 기부한 것은 아닌가?
   답: 그래서 소유물을 정당하게 이전해야 한다고 말했다.
④ 문: 다른 선수들도 그 돈이 절실하게 필요하지 않은가?
   답: 필요하다고 해서 다른 사람의 돈을 강제로 빼앗는 것은 옳지 않다.
⑤ 문: 체임벌린도 기꺼이 다른 선수들에게 돈을 줄 수 있는 것 아닌가?
   답: 자발적인 기부 역시 자유를 억압하는 것이다.

※ [083~084] 다음 글을 읽고 물음에 답하시오.

서울형 산후조리 경비 지원

2024년 9월부터 서울형 산후조리 경비 이용 장벽이 완화됩니다.

1. 산모 신생아 건강 관리 서비스, 산후조리 경비 구분 없이 허용 업종 범위 내에서 최대 100만 원 통합 사용이 가능합니다.

2. 산모 신생아 건강 관리 서비스 이용 시 본인 부담금 10% 결제 의무도 폐지됩니다.

3. 사용 기한은 자녀 출생일로부터 1년까지로 연장됩니다.

- **지원 대상:** (자녀) 서울시 출생 등록 + (산모) 신청일 기준 서울시 거주
- **신청 기한:** 출산일로부터 60일 이내
- **지원 내용:** 출생아 1인당 산후조리 경비 이용권(100만 원)
- **지원 방법:** 이용권 신청 시 등록한 카드사에 지급
    ※ 서울시와 협약된 카드사만 등록 가능(행복카드, 사랑카드, 희망카드)
- **사용처:** 산모 신생아 관리 서비스 이용
    산후조리 경비 서비스 이용
    (의약품 및 건강식품 구매, 한약 조제, 산후 운동 수강)
    - 몸 건강: 요가, 필라테스, 체형 교정 등
    - 마음 건강: 산후 우울증 검사 및 상담
- **신청 방법:** 온라인(www.abc.korea) 신청 또는 동 주민센터 방문 신청
    ※ 방문 시 본인 신분증과 인증을 위한 본인 명의의 휴대 전화 또는 신용(체크)카드 소지 필요

083 윗글에 대한 이해로 적절하지 <u>않은</u> 것은?

① 산후조리 경비는 출산일로부터 60일 안에 신청해야 한다.
② 산모 신생아 건강 관리 서비스 이용 시 10%를 본인이 결제해야 한다.
③ 산후조리 경비를 출생아 1인당 최대 100만 원까지 사용할 수 있다.
④ 서울시에서 출생을 등록하지 않은 자녀는 지원받을 수 없다.
⑤ 자녀 출생일로부터 1년까지 산후조리 경비를 사용할 수 있다.

084 윗글에서 알 수 <u>없는</u> 내용은?

① 방문 시 준비물
② 동 주민센터 주소
③ 온라인 신청 사이트
④ 이용할 수 있는 서비스 유형
⑤ 서울시와 협약된 카드사 종류

※ **[085~087]** 다음 뉴스 보도를 읽고 물음에 답하시오.

		당분간 큰 일교차 … 한낮 10도 안팎 '포근'
장면 1		한낮에 포근함이 감돌며 계절의 변화를 물씬 느낄 수 있는 하루였죠? 오늘 부산에서는 노란 산수유가 하나둘 꽃망울을 터뜨리며 봄의 시작을 알리기도 했습니다. ㉠볼에 닿는 공기도 마치 부드러운 솜털처럼 제법 부드러워졌습니다.
장면 2		당분간 낮 기온이 10도 안팎까지 올라 포근하겠지만, 큰 일교차에 주의하셔야겠습니다. 밤사이 기온이 낮아지며 빙판길이 만들어지는 곳이 있으므로 도로 미끄럼 사고에 유의하시길 바랍니다. ㉡한낮에는 따스함이 감돌지만, 아침저녁에는 쌀쌀한 만큼 옷차림에 유의하셔야겠습니다.
장면 3		㉢한편 오늘 밤부터 초미세 먼지의 영향으로 공기가 탁하겠습니다. 지금은 전국의 초미세 먼지 농도 '좋음'에서 '보통' 수준을 보이고 있지만 온화한 서풍을 타고 오후부터 서쪽 지역에는 국외 미세 먼지가 유입되겠습니다.
장면 4		내일은 대기 정체로 오늘 쌓인 미세 먼지가 그대로 남는 곳이 있겠습니다. 충남, 광주, 전북 일평균 초미세 먼지 농도는 '나쁨' 수준이 예상됩니다. ㉣호흡기 관리 잘하셔야겠고, 마스크 착용 잊지 마셔야겠습니다. 특히 밤 사이 먼지와 안개가 뒤엉켜 가시거리가 짧은 곳이 있겠습니다.
장면 5		내일 아침 부산이 영상 3도, 낮 기온이 영상 11도로 예상되고, 전주의 아침 기온 영하 2도, 낮 기온 영상 11도로 예상됩니다. 내일 군산의 아침 기온 영하 3도까지 떨어져 춥겠습니다. 다음 주에는 날이 더욱 포근해지겠고요, ㉤비 소식이 찾아오겠습니다. 날씨였습니다.

085 뉴스 보도에 사용된 정보 제시 전략으로 적절하지 않은 것은?

① 장면 1: 특정 지역의 개화 사진을 통해 계절 변화를 시각적으로 전달하고 있다.
② 장면 2: 꺾은선 그래프를 통해 시청자가 일교차를 쉽게 파악하도록 돕고 있다.
③ 장면 3: 위성 사진에서 색을 구분하여 유입될 초미세 먼지의 현황을 보여 주고 있다.
④ 장면 4: 언급한 지역의 초미세 먼지의 농도를 수치로 비교하여 심각성을 드러내고 있다.
⑤ 장면 5: 주요 지역의 기온을 지도에 표시하여 내일 날씨 정보를 종합하고 있다.

086 〈보기〉는 뉴스 보도를 본 시청자들의 반응이다. 이에 대한 이해로 적절하지 않은 것은?

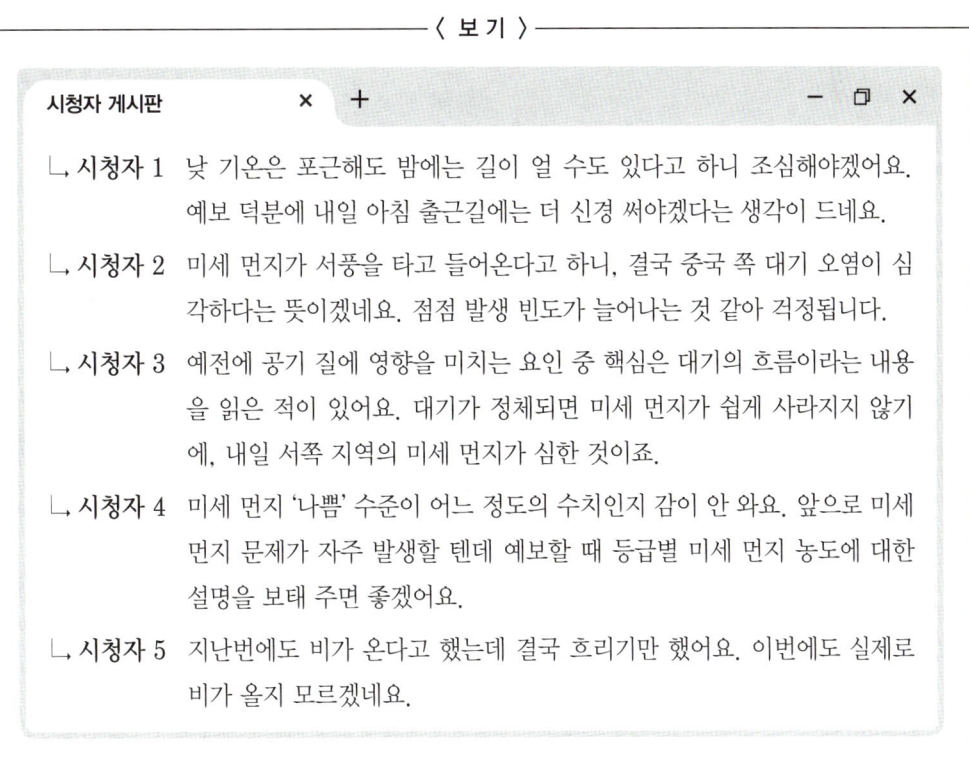

① 시청자 1: 기상 예보를 자신의 삶과 관련지어 유용하게 활용하고 있군.
② 시청자 2: 예보 내용을 토대로 기상 현상이 나타나는 배경을 추론하고 있군.
③ 시청자 3: 자신의 배경지식을 활용하여 예보 내용의 오류를 지적하고 있군.
④ 시청자 4: 기상 예보에서 부족한 정보를 언급하며 개선 방향을 제안하고 있군.
⑤ 시청자 5: 이전 기상 예보를 바탕으로 예보 내용에 의문을 제기하고 있군.

087 ㉠~㉤에 대한 설명으로 적절하지 않은 것은?

① ㉠: 직유법을 사용하여 봄 날씨로의 변화를 비유적으로 보도하고 있다.
② ㉡: 대조 표현을 사용하여 보도에서 다루는 일교차에 대한 전달을 강조하고 있다.
③ ㉢: 피동 표현을 사용하여 공기가 탁해지는 원인을 객관적으로 전달하고 있다.
④ ㉣: 조사를 생략하여 시청자에게 당부하는 내용을 간결하게 제시하고 있다.
⑤ ㉤: 일기 예보에서 주로 쓰이는 관습적 비유 표현을 사용하여 정보를 전달하고 있다.

※ **[088~090]** 다음 글을 읽고 물음에 답하시오.

행 복 시

수신 ㉠(전)4구역 주택재개발정비사업 조합설립추진위원회 귀하

제목 4구역 주택재개발정비구역 해제 및 조합설립추진위원회 취소 통보

1. '도시 및 주거환경정비법(이하 도정법)' 및 행복시의 '도시 및 주거환경정비조례'에 의거 행복시 고시 제1호로 4구역 주택재개발정비구역을 해제함.
2. 이에 따라 정비구역의 지정이 해제되는 경우 조합설립추진위원회 승인을 취소하여야 하므로 행복시 고시 제2호로 4구역 주택재개발정비사업 조합설립추진위원회의 승인 취소를 고시함.
   (※ 관련 고시문은 우리 시 홈페이지 고시 공고란에 게재)
3. 본 처분에 대하여 이의가 있을 경우
   - 행정심판은 행정심판법 제27조(심판 청구의 기간)에 의거 처분이 있음을 알게 된 날부터 90일 이내에 청구하여야 함.
   - 취소소송은 행정소송법 제20조(제소 기간)에 의거 처분 등이 있음을 안 날부터 90일 이내에 제기하여야 함.
4. 도정법 제13조 제2항에 의거 정비구역 지정 고시 후 조합설립추진위원회를 구성하여 시장의 승인을 받아야 함.
   ※ 승인을 얻지 아니하고 법 제14조 제1항에 따른 추진위원회 업무를 수행할 경우, 처벌 대상이 될 수 있음.

끝.

088 윗글을 이해한 내용으로 가장 적절한 것은?

① 4구역은 원래 주택재개발정비구역으로 지정되어 있었다.
② 취소 통보에 이의가 있을 경우 행복시 홈페이지에 신청하면 된다.
③ 취소소송은 공문이 발송된 날로부터 90일 이내에 제기해야 한다.
④ 정비구역의 조합설립추진위원회는 구청장의 승인을 받아야 한다.
⑤ 정비구역 지정이 해제되더라도 조합설립추진위원회는 유지될 수 있다.

089 ㉠의 입장에서 윗글을 이해한 내용으로 적절하지 않은 것은?

① 정비구역 해제 근거를 파악하려면 도정법과 행복시 조례를 모두 참고해야 한다.
② 승인 취소 관련 고시문은 행복시 홈페이지에 접속해서 확인할 수 있다.
③ 위원회의 승인 취소 처분을 받아들일 수 없다면 행정소송을 할 수 있다.
④ 행정심판 청구 기간과 취소소송 제기 기간은 동일하지 않다.
⑤ 처분에 이의가 있더라도 위원회 활동을 계속할 수 없다.

090 윗글에 추가로 제시되어야 할 정보로 적절하지 않은 것은?

① 행복시의 홈페이지 주소
② 주택재개발정비구역이 해제된 사유
③ 문의 사항이 있을 경우 연락 가능한 연락처
④ 추진위원회 업무를 지속할 경우 처벌의 법적 근거
⑤ 도시 및 주거환경정비법의 정비구역 해제 관련 조항

국어 문화 91번~100번

091 〈보기〉에서 설명하는 문학 작품은?

〈 보 기 〉

정철이 25세 이후에 당쟁으로 정계를 물러나 이곳에서 살 때 김성원을 위하여 이 작품을 지었다고 하며, 당시의 문인 김성원이 세운 서하당(棲霞堂)·식영정(息影亭)을 중심으로 계절에 따라 변하는 경치와 김성원의 풍류를 예찬한 노래이다. 총 84절(행) 168구, 3·4조가 주축을 이루고 있는 가사 작품이다.

① 상춘곡 ② 관서별곡 ③ 사미인곡 ④ 성산별곡 ⑤ 속미인곡

092 〈보기〉에서 설명하는 문학 작품은?

〈 보 기 〉

이청준 작가의 작품으로 동인문학상을 수상하였다. 이 작품은 6·25 전쟁 체험의 실존적 고통을 간직한 형과 절실한 체험도 없이 관념적 고통을 가지고 무기력하게 살고 있는 동생 '나'를 통해서, 인간 실존의 아픔의 근원과 그 극복 양상을 형상화하였다는 평가를 받는다. 이 작품의 제목은 죄책감으로 인해 일상적 삶을 포기하려는 정신적 상처를 가진 형과 자신의 아픔이나 환부의 원인조차 알지 못하는 동생을 각각 의미한다.

① 꽃과 뱀 ② 변사와 연극 ③ 전쟁과 악기
④ 병신과 머저리 ⑤ 소문과 두려움

093 〈보기〉에서 설명하는 작가는?

> 〈 보 기 〉
>
> 일제 강점기 「나의 꿈을 엿보시겠습니까」, 「아직 촛불을 켤 때가 아닙니다」 등을 저술한 시인으로, 시작 활동은 1924년 4월 19일자 『조선일보』에 소적이라는 필명으로 「기우는 해」를 발표하면서 시작되었다. 1931년 『시문학』지에 시 「선물」을 발표하여 그 잡지의 동인이 되면서부터 본격적인 작품 활동을 전개하였고, 이 작품들을 모아 1939년에 첫 시집 『촛불』에 이어 1947년에는 두 번째 시집 『슬픈 목가(牧歌)』를 간행하였다.

① 김광균　　② 김광섭　　③ 김상옥　　④ 노천명　　⑤ 신석정

094 〈보기〉는 일제 강점기 신문에 게재된 기사이다. 이에 대한 설명으로 적절하지 않은 것은?

> 〈 보 기 〉
>
> **개성(開城)서 초빙 공연**
>
> **지방 인사들의 열렬한 희망으로 내오일(來五日) 중앙회관에서 공연**
>
> 재동경 우리 음악가 협회원 일행의 음악단은 금번 본사 주최로 대구, 경성의 공연을 마추고 삼일 밤은 평양에서 최후의 공연을 필하고 일행은 일단 해산케 되엇는데 모처럼 다수 일행이 와서 평양까지 갓다가 그대로 해산케 됨은 섭섭타고 본사 개성 지국에서 일행을 개성까지 초빙하여 오일 밤 팔 시 개성 중앙회 중앙회관에서 대공연을 하게 되엿다. 개성으로서 이러한 성대한 대음악회를 개최하기는 실로 천재일우의 긔회라 각 방면에서 비상한 긔대를 가지고 잇다 한다.
>
> －『조선일보』 1935년 7월 5일자

① 음악단의 개성 공연은 처음부터 기획되어 있었다.
② 음악단은 대구, 경성, 평양에서 공연을 개최한 바 있다.
③ 음악단의 개성 공연은 신문사의 개성 지국에서 주도했다.
④ 음악 공연은 오일 밤에 개성 중앙회 중앙회관에서 열린다.
⑤ 개성에서 큰 규모의 음악회가 개최되는 것은 흔치 않은 일이다.

095 〈보기〉의 ㉠~㉤의 의미로 적절하지 <u>않은</u> 것은?

〈 보기 〉

㉠<u>화설(話說)</u>, 대명(大明) 성화(成化) 연간에 형주 구계촌에 한 사람이 있으되, 성은 홍(洪)이요 이름은 무(武)라. 세대 명문거족(名門巨族)으로 소년 급제하여 벼슬이 이부시랑(吏部侍郞)에 있어 충효 강직하니, 천자(天子) 사랑하사 국사(國事)를 의논하시니, 만조백관이 다 시기하야 모함하여, 무죄히 ㉡<u>삭탈관직(削奪官職)</u>하고 고향에 돌아와 농업에 힘쓰니, 가세는 ㉢<u>요부(饒富)</u>하나 슬하에 일점혈육(一點血肉)이 없어 매일 설워하더라.

〈 중략 〉

이 때는 추구월 ㉣<u>망간(望間)</u>이라. 부인이 ㉤<u>시비(侍婢)</u>를 데리고 망월루에 올라 월색을 구경하더니 홀연 몸이 곤하여 난간에 의지하니, 비몽간에 선녀가 내려와 부인께 재배(再拜)하고 아뢰기를……

— 「홍계월전」

① ㉠: 고대 소설에서 이야기를 시작할 때 쓰는 말.
② ㉡: 죄를 짓고 벼슬을 스스로 그만둠.
③ ㉢: 살림이 넉넉하다.
④ ㉣: 음력 보름께.
⑤ ㉤: 곁에서 시중을 드는 계집종.

096 〈보기〉는 『훈민정음』 서문이다. 〈보기〉에 대한 설명으로 적절하지 <u>않은</u> 것은?

〈 보기 〉

㉠<u>나·랏:말쏘·미</u>中듕國·귁·에달·아㉡<u>文문字·쫑</u>·와·로서르스뭇·디아·니홀·씨·이런젼·ᄎ·로어·린百·빅姓·셩·이니르·고·져·홇·배이·셔·도무·ᄎᆞᆷ:내제·ᄠᅳ·들시·러펴·디:몯홇㉢<u>·노·미</u>하·니·라·내·이·를爲·윙·ᄒᆞ·야:어엿·비너·겨·새·로·스·믈여·듧字·쫑·를밍·ᄀᆞ노·니:사룸:마·다:ᄒᆡ·ᅇᅧ:수·비니·겨·날·로㉣<u>·뿌</u>·메便뼌安한·킈ᄒᆞ·고·져홇㉤<u>ᄯᆞᄅᆞ·미니·라</u>

① ㉠: 각 음절의 오른쪽에 점을 찍어 성조를 표시한다.
② ㉡: 각 한자의 다음에 한글로 한자음을 표기한다.
③ ㉢: 어절과 어절 사이를 붙여 쓴다.
④ ㉣: 어법에 맞추어 적지 않고 소리 나는 대로 적는다.
⑤ ㉤: 문장 부호를 사용하지 않는다.

097 〈보기〉는 북한의 표기 관련 규정이다. 표기가 규정에 맞지 않는 것은?

〈 보 기 〉

『조선말규범집(2010)』

제6항 한 형태부안에서 받침 ≪ㄴ, ㄹ, ㅁ, ㅇ≫ 다음의 소리가 된소리로 나는 경우에는 그 것을 된소리로 적는다.

	옳음	그름
례:	반짝반짝	반작반작
	말씀	말슴
	옴짝달싹	옴작달삭
	뭉뚝하다	뭉둑하다

그러나 토에서는 ≪ㄹ≫ 뒤에서 된소리가 나더라도 된소리로 적지 않는다.

	옳음	그름
례:	~ㄹ가	~ㄹ까
	~ㄹ수록	~ㄹ쑤록
	~ㄹ지라도	~ㄹ찌라도

① 갈게 ② 깜짝 ③ 벌써 ④ 갈쏘냐 ⑤ 할지니

098 〈보기〉를 바탕으로 할 때, 다음 수어가 나타내는 의미는?

〈 보 기 〉

수어는 손동작을 이용하는 언어이기 때문에 특정 단어의 손동작을 거꾸로 할 경우 반대의 뜻이 되기도 하며, 손동작의 방향에 따라서 시제를 표현할 수 있다. 예를 들어 오른 주먹의 검지를 어깨 뒤쪽을 향해 넘기는 동작은 '어제'를, 반대로 앞쪽을 향해 내미는 동작은 '내일'을 의미한다. 만일 동일한 동작에 중지를 함께 펴 동작한다면 전자에는 '전날', 후자에는 '다음날'의 의미가 추가된다.

① 그제 ② 오늘 ③ 모레 ④ 글피 ⑤ 지금

099 〈보기〉의 법률 문장에서 밑줄 친 부분의 의미로 가장 적절한 것은?

〈 보 기 〉

점유물이 점유자의 책임 있는 사유로 인하여 멸실 또는 훼손한 때에는 <u>악의의</u> 점유자는 그 손해의 전부를 배상하여야 하며 선의의 점유자는 이익이 현존하는 한도에서 배상하여야 한다. 소유의 의사가 없는 점유자는 선의인 경우에도 손해의 전부를 배상하여야 한다. (민법 제220조)

① 손해 배상 능력이 있는
② 일정한 사실 관계를 알고 있는
③ 상대방을 비난할 의도를 가지고 있는
④ 거래 관계를 현저하게 왜곡하고 있는
⑤ 선량한 관리자의 의무를 망각하려 하는

100 〈보기〉에서 드러나는 방송 언어의 특성으로 적절하지 <u>않은</u> 것은?

〈 보 기 〉

진행자: (신나는 배경 음악) 여러분, 오늘도 텐션 업! △△ 라디오의 진행자 ○○○입니다. 벌써 3월이 성큼 다가왔네요! 우리 새 학기를 앞둔 학생 여러분, 마음이 어떠세요? 설레기도 하고, 살짝 걱정도 되죠? 오늘 '0222' 님이 이런 사연을 보내 주셨습니다. "고등학교에 입학하는 새내기입니다. 친구도 없고, 선생님도 낯설 것 같고… 잘 적응할 수 있을까요?" 에구… 맞아요, 새 학기마다 긴장이 되지요. 혹시 나만의 적응 꿀팁을 대방출해 줄 선배님이 있을까요? 사연이 소개된 분들께는 소정의 선물을 보내드려요.

① 간접 인용의 형식으로 청취자의 사연을 소개하고 있다.
② 질문을 던지며 방송의 흐름을 자연스럽게 이어가고 있다.
③ 특정 그룹의 청취자를 지칭하며 친밀감을 형성하고 있다.
④ 청취자의 고민에 공감하며 자연스럽게 화제를 이어가고 있다.
⑤ 신조어와 구어적 표현을 통해 친근한 분위기를 조성하고 있다.

성 명	
수험번호	
감독관 확인	

제83회
KBS한국어능력시험

(2025년 2월 15일 시행)

- 문제지와 답안지에 모두 성명, 수험 번호를 정확히 기입하십시오.
- 답안지와 함께 문제지를 반드시 제출하십시오.
- 본 시험지를 절취하는 것은 부정행위로 간주합니다.
- 본 시험의 내용을 무단으로 전재·복사·출판·강의하는 행위와 인터넷 등을 통해 복원하는 행위는 저작권법에 저촉됩니다.

홀수형 문항(100문항)

※ 수험번호 맨 끝자리 수가 홀수인 수험생용입니다.

영역	문항
듣기 · 말하기	1~15
어휘	16~30
어법	31~45
쓰기	46~50
창안	51~60
읽기	61~90
국어 문화	91~100

듣기·말하기 1번~15번

001 그림에 대한 설명으로 적절하지 <u>않은</u> 것은?

① 선비의 맨발은 자유로운 정신을 드러내고 있다.
② 악기는 참다운 군자의 덕목을 드러내고 있다.
③ 청동 제기는 소박한 선비의 삶을 드러내고 있다.
④ 칼은 게으른 마음을 경계하는 자세를 드러내고 있다.
⑤ 포의는 관직에 나가지 않은 모습을 드러내고 있다.

002 이 이야기의 교훈으로 가장 적절한 것은?

① 감정은 다스리기 어려움을 이해해야 한다.
② 자신의 감정을 이해하고 그대로 인정해야 한다.
③ 이성적 사고를 통해 자신의 모든 감정을 숨겨야 한다.
④ 부정적 감정을 자제하고 긍정적 감정을 끌어내야 한다.
⑤ 착한 일을 한 이를 격려하고 악한 일을 한 이를 징계해야 한다.

003 강연의 내용과 일치하지 <u>않는</u> 것은?

① 냉면은 한국에 특화된 음식이다.
② 냉면은 지역에 상관없이 이름이 동일하다.
③ 함흥냉면은 질겨서 가위가 필요할 때도 있다.
④ 북쪽의 냉면에 필적하는 남쪽의 음식은 막국수이다.
⑤ 막국수의 이름은 메밀을 표백하는 과정에서 유래했다.

004 방송을 듣고 이해한 내용으로 적절하지 <u>않은</u> 것은?

① 앤더슨은 가난과 인종 차별로 음악 학교에 입학하지 못했다.
② 앤더슨이 부른 영가에는 흑인 노예의 고통과 슬픔이 담겨 있다.
③ 흑인의 노래는 손뼉으로 반주를 하면서 리듬감이 두드러지게 되었다.
④ 흑인의 노래에는 다양한 지역의 민속 음악이 포함되어 있다.
⑤ 앤더슨이 빠뜨리지 않고 불렀던 〈깊은 강〉은 '노동요'에 해당한다.

005 이 시의 주제로 가장 적절한 것은?

① 삶의 허무를 극복하는 삶의 자세
② 어려움을 인내할 줄 아는 삶의 자세
③ 생태계의 파괴를 성찰하는 삶의 자세
④ 헌신하고 베풀며 더불어 사는 삶의 자세
⑤ 자연의 섭리를 깨닫고 실천하는 삶의 자세

006 전문가가 설명한 내용으로 가장 적절한 것은?

① AI의 욕망은 보상을 얻고자 하는 것이 아니다.
② AI는 보상 체계를 스스로 확장할 수 있다.
③ AI의 창의성은 대부분 인간이 부여한 것이다.
④ AI는 인간보다 전이 학습 능력이 뛰어나다.
⑤ AI는 적절한 외부 환경에 놓일 경우 창의성을 발전시킬 수 있다.

007 진행자의 말하기 전략에 대한 설명으로 가장 적절한 것은?

① 전문가의 설명에 대해 자신의 경험 사례를 보충하고 있다.
② 대담 주제와 관련된 사례를 소개하며 이야기를 시작하고 있다.
③ 전문 용어에 대해 현실의 사례를 들어 설명하기를 요청하고 있다.
④ 대담의 객관성을 높이기 위해 통계 자료의 출처를 요구하고 있다.
⑤ 최근의 쟁점을 청취자에게 질문하며 사회적 의미를 부각하고 있다.

008 대화를 통해 알 수 있는 등장인물의 생각으로 적절하지 <u>않은</u> 것은?

① 여자: 먹이를 주지 않아도 고양이가 사라지지는 않을 것이다.
② 여자: 고양이에게 먹이를 주어야 쓰레기를 뒤지지 않을 것이다.
③ 남자: 고양이로 인한 피해로 주민들이 불편을 겪고 있다.
④ 남자: 고양이 먹이를 주는 것과 고양이가 모이는 것은 관련이 없다.
⑤ 남자: 고양이 먹이를 주지 말자는 것이 생명을 경시하는 것은 아니다.

009 인물들의 말하기 방식에 대한 설명으로 가장 적절한 것은?

① 남자: 법적 근거를 들며 상대방의 행동을 비판하고 있다.
② 남자: 개인적인 고통을 사례로 들어 상대방의 행동을 비판하고 있다.
③ 여자: 상대방의 주장을 수용하여 자신의 입장을 변경하고 있다.
④ 여자: 다른 사람의 말을 인용하여 상대방의 주장을 반박하고 있다.
⑤ 여자: 논쟁의 해결을 위한 제3자의 개입 가능성을 언급하고 있다.

010 강연의 내용과 일치하지 <u>않는</u> 것은?

① 루브르 박물관은 프랑스 혁명을 계기로 대중에게 공개되었다.
② 루브르 박물관은 처음에 르네상스 양식의 궁전으로 건축되었다.
③ 루브르 박물관의 유리 피라미드는 디자인 선정 당시 많은 반대에 부딪혔다.
④ 루브르 박물관의 유리 피라미드는 입구이면서 동시에 자연 채광 통로의 역할을 한다.
⑤ 루브르 박물관에 있는 대표 작품으로는 레오나르도 다빈치의 「모나리자」를 들 수 있다.

011 강연자의 말하기 방식에 대한 설명으로 가장 적절한 것은?

① 대상의 대표적인 작품을 나열하여 제시하고 있다.
② 용어의 개념을 설명하여 청중의 이해를 돕고 있다.
③ 통계적 수치를 인용하여 관람객 수의 변화를 제시하고 있다.
④ 강연의 순서를 제시하여 청중이 강연 내용을 예측하도록 하고 있다.
⑤ 질문의 방식을 활용하여 대상과 관련된 청중의 경험을 환기하고 있다.

012 발표의 내용에 대한 이해로 적절하지 않은 것은?

① 지속적인 진화의 경쟁에 참여하지 않으면 도태된다.
② 붉은 여왕의 가설은 붉은 여왕의 달리기로 불리기도 한다.
③ 거울 나라는 앞서가고 싶으면 지금 뛰는 속도의 2배 이상으로 달려야 한다.
④ 거울 나라의 앨리스에 나오는 장면에서 붉은 여왕의 가설이 생겨났다.
⑤ 디지털 카메라를 발명한 회사의 사례는 환경에 적응하지 못한 경우이다.

013 발표자가 사용한 말하기 전략으로 가장 적절한 것은?

① 발표의 마무리에서 청중의 구체적 행동을 촉구하고 있다.
② 설문 조사 자료를 활용하여 발표 내용을 뒷받침하고 있다.
③ 자신이 직접 주창한 내용을 소개하며 발표를 시작하고 있다.
④ 정의, 예시의 방법을 활용하여 발표의 내용을 설명하고 있다.
⑤ 전문가와의 인터뷰를 인용하여 발표 내용의 신뢰성을 높이고 있다.

014 두 사람의 입장에 대한 이해로 적절하지 않은 것은?

① 밴드부 대표는 연주 소음에 유의하면서 활동해 왔다고 주장한다.
② 밴드부 대표는 마음껏 연주할 수 있는 환경을 원하고 있다고 주장한다.
③ 밴드부 대표는 도서부가 악기를 옮기는 것을 도와주어야 한다고 주장한다.
④ 도서부 대표는 밴드부의 소음으로 많은 학생들이 피해를 입고 있다고 주장한다.
⑤ 도서부 대표는 도서부가 활동 장소를 다른 곳으로 옮기는 것은 힘들다고 주장한다.

015 두 사람의 갈등 해결 방식으로 가장 적절한 것은?

① 밴드부 대표는 도서부의 입장을 고려하여 전적으로 양보하기로 결정했다.
② 도서부 대표와 밴드부 대표는 도서부의 제안을 절충하며 합의를 모색하고 있다.
③ 도서부 대표와 밴드부 대표는 각자의 절충안을 제시하여 갈등을 해결하고 있다.
④ 도서부 대표와 밴드부 대표는 다른 부서들의 불만에 공동 대응하기로 합의하고 있다.
⑤ 도서부 대표는 밴드부의 연주 환경에 대한 하소연을 받아들여 자신의 주장을 수정했다.

어휘 16번~30번

016 "성질이나 일 처리가 반듯하고 야무지다."를 의미하는 고유어는?

① 가만하다   ② 마뜩하다   ③ 말쑥하다   ④ 칠칠하다   ⑤ 해사하다

017 한자어의 사전적 뜻풀이로 적절하지 않은 것은?

① 도로(徒勞): 헛되이 수고함.
② 호우(好雨): 때를 맞추어 알맞게 오는 비.
③ 과문(寡聞): 보고 들은 것이 많아 지나침.
④ 차치(且置): 내버려두고 문제 삼지 아니함.
⑤ 탱천(撐天): 하늘을 찌를 듯이 공중으로 높이 솟아오름.

018 밑줄 친 고유어의 의미로 적절하지 않은 것은?

① 옷 솔기가 터져서 다시 꿰매야 했다. → 옷이나 이부자리 따위를 지을 때 두 폭을 맞대고 꿰맨 줄.
② 해거름이 되니 들판이 주황빛으로 물들었다. → 해가 서쪽으로 넘어가는 일. 또는 그런 때.
③ 보름이 지나고 나니 달빛이 이울기 시작했다. → 해나 달의 빛이 약해지거나 스러지다.
④ 그는 가풀막을 힘겹게 오르며 숨을 고르기도 했다. → 몹시 가파르게 비탈진 곳.
⑤ 너는 괜으로 가만히 있었으면 이 지경까지는 안 됐을 텐데. → 아무런 까닭이나 실속 없이.

019 밑줄 친 한자어의 쓰임이 적절하지 않은 것은?

① 유명 연예인의 말 한마디가 사회에 큰 반향(反響)을 일으켰다.
② 공장은 명절을 맞은 직원들이 모두 철시(撤市)하여 텅 비어 있었다.
③ 눈으로 직접 보고도 믿기 힘든 희유(稀有)한 일이 계속 벌어지고 있다.
④ 이번 달에는 아버지께서 생활비와 함께 가외(加外)로 용돈을 더 주셨다.
⑤ 예전에는 친한 사이였지만 오랫동안 격조(隔阻)하여 알아보기 힘들었다.

020 〈보기〉의 밑줄 친 ㉠~㉢에 해당하는 한자로 올바르게 묶인 것은?

〈 보 기 〉
- 형님의 계획은 준비 부족으로 결국 ㉠무산되고 말았다.
- 그녀는 친구의 결혼식 ㉡사회를 맡기로 했다.
- 청년은 ㉢지적을 받자 화를 참지 못하고 나갔다.

	㉠	㉡	㉢
①	霧散	社會	指摘
②	霧散	司會	指摘
③	霧散	社會	指笛
④	無算	司會	指笛
⑤	無算	社會	指摘

021 밑줄 친 고유어의 쓰임이 적절하지 않은 것은?

① 선배들은 어색해하는 신입생을 곰살맞게 대해 주었다.
② 그 직원은 일을 하는 솜씨가 늘차서 일을 빨리 끝냈다.
③ 그 아이는 예의를 지키지 않고 어른에게 무람없이 굴었다.
④ 아침까지 성기던 빗줄기가 오후 들면서는 아예 폭우로 바뀌었다.
⑤ 은은하게 들리는 자그러운 풍경 소리에 마음이 편안해짐을 느꼈다.

022 밑줄 친 단어 중 나머지 넷과 다의어 관계에 있지 않은 것은?

① 해가 중천에 떴는데 아직 자니?
② 벽에 습기가 차서 도배지가 떴다.
③ 최근 며칠 여행 때문에 마음이 붕 떠 있다.
④ 그 돈은 받기 어려우니 이미 떴다고 생각해.
⑤ 사람들은 새로운 일거리를 찾아 고향을 떴다.

023 두 단어의 의미 관계가 〈보기〉와 동일한 것은?

〈 보 기 〉

낯 – 얼굴

① 옷 – 단추   ② 나이 – 연령   ③ 운동 – 요가   ④ 예술 – 문학   ⑤ 진실 – 거짓

024 밑줄 친 '보다'에 대응하는 한자어가 적절하지 않은 것은?

① 어제 친구와 영화를 보았다. → 감상(鑑賞)하다
② 하루 종일 업무를 보느라 너무 바빴다. → 수행(遂行)하다
③ 오늘은 토요일이라 오전에만 환자를 봅니다. → 진료(診療)하다
④ 요즘은 아기를 보느라 지쳐서 운동할 틈도 없다. → 관찰(觀察)하다
⑤ 손님이 오시면 주무실 잠자리를 봐 드려야 한다. → 준비(準備)하다

025 〈보기〉의 밑줄 친 단어와 의미상 가장 가까운 것은?

〈 보 기 〉

새해 아침에 눈이 소담하게 내렸다.

① 탐스럽게   ② 아담하게   ③ 깨끗하게   ④ 고요하게   ⑤ 다붓하게

026 밑줄 친 속담의 사용이 문맥상 적절하지 않은 것은?

① 이러한 불경기에 사업을 확장하는 것은 섶을 지고 불로 들어가는 거야.
② 떡 본 김에 제사 지낸다고, 이렇게 모인 김에 다음 모임 날짜를 정합시다.
③ 사람 좋아 보이던 그가 사기꾼이었다니 '장옷 쓰고 엿 먹기'가 따로 없구나.
④ 평생 미운 짓만 하던 그도 쓸데가 있다니, 달밤에 삿갓 쓰고 나오는 격이다.
⑤ 물이 깊어야 고기가 모인다더니 동호회 회장을 잘 뽑아서 회원 수가 늘고 있다.

027 밑줄 친 사자성어의 쓰임이 문맥상 적절하지 <u>않은</u> 것은?

① 결승에서 맞붙은 두 팀은 <u>호각지세(互角之勢)</u>의 경기를 펼쳤다.
② 친구끼리 서로 잘못을 떠넘기는 모습이 <u>목불인견(目不忍見)</u>이다.
③ 이 그림은 흠잡을 데 없는 <u>천의무봉(天衣無縫)</u>의 작품으로 유명하다.
④ 광활한 우주에 비하면 인간은 <u>창해일속(滄海一粟)</u>만도 못한 존재이다.
⑤ 주변의 도움으로 위기를 모면하였다니 <u>경전하사(鯨戰蝦死)</u>라 할 수 있다.

028 밑줄 친 관용 표현의 쓰임이 적절하지 <u>않은</u> 것은?

① 내가 투자한 주식이 폭락하여 요즘 <u>입이 쓰다</u>.
② 동생은 <u>입이 되어서</u> 무엇이든지 잘 먹는 편이다.
③ 저녁을 적게 먹었더니 <u>입이 궁금한데</u> 뭐 먹을 거 없니?
④ 둘째는 <u>입이 밭아서</u> 좀처럼 먹지 않으니 살이 찌지 않는다.
⑤ 조카는 <u>입이 여물어서</u> 거래처 사람들의 신뢰를 한 몸에 받고 있다.

029 밑줄 친 한자어를 맥락에 맞게 순화한 표현으로 바르지 <u>않은</u> 것은?

① 공사 중 비계가 <u>도괴(倒壞)</u>하지 않도록 튼튼하게 설치해라. → 무너지지
② 공원 환경을 정비하기 위해 식물을 <u>보식(補植)</u>할 계획이다. → 보충하여 심을
③ 상처를 방치하면 상처가 덧나서 <u>반흔(瘢痕)</u>이 남을 수 있다. → 흉터
④ <u>부불금(賦拂金)</u>을 제때에 내지 않으면 가산세를 내게 될 수도 있다. → 이자
⑤ 건물을 지을 때는 <u>골조(骨組)</u> 공사를 끝낸 후에 외벽 공사에 들어간다. → 뼈대

030 밑줄 친 표현을 다듬은 말로 적절하지 <u>않은</u> 것은?

① 우리 학교 교복은 상의와 하의가 모두 <u>곤색(← kon[紺]色)</u>이다. → 감색
② 생산성 향상을 위해서는 <u>마더 팩토리(mother factory)</u>를 구축해야 한다. → 초거대 공장
③ 이 화장품은 홍삼 <u>엑기스(← ekisu)</u>를 포함하고 있어 피부에 생기를 준다. → 진액
④ 게시판에 <u>어그로(aggro)</u>를 끄는 글을 올리면 강제로 탈퇴를 당할 수 있다. → 억지 주목
⑤ 디지털 시대의 흐름에 맞추어 <u>레거시 미디어(Legacy Media)</u>의 변화가 필요하다. → 기존 매체

어법 31번~45번

031 밑줄 친 명사의 표기가 옳은 것은?

① 어머니는 홧병으로 몸져누우셨다.
② 잠자는 사자의 콧털을 건드리지 마라.
③ 어느새 날이 밝아 햇님이 방긋 웃는다.
④ 추석날 올해 수확한 햇쌀로 밥을 지었다.
⑤ 프로 야구 순위 다툼이 갈수록 안갯속이다.

032 밑줄 친 부분의 표기가 옳지 않은 것은?

① 자투리 천으로 조각보를 만들었다.
② 새침데기 같던 친구가 알은척을 했다.
③ 올해는 돈벌이가 꽤나 짭짤한 편이다.
④ 철썩같이 믿던 친구에게 배신을 당했다.
⑤ 갑자기 떠나겠다니 무슨 생뚱맞은 소리냐?

033 밑줄 친 부분의 표기가 옳은 것은?

① 돈을 너무 해프게 쓰지 마라.
② 친구에게 짖궂은 장난은 그만해라.
③ 나는 감정에 받쳐 서럽게 눈물을 흘렸다.
④ 친구에게 괜한 말을 해서 마음이 착찹하다.
⑤ 자루에 물건을 넣고 끈을 당겨 오무려 두어라.

034 밑줄 친 보조 용언의 띄어쓰기가 옳지 <u>않은</u> 것은?

	원칙	허용
①	바빠서 먼저 <u>가∨볼게</u>.	바빠서 먼저 <u>가볼게</u>.
②	책을 마저 <u>읽어∨버렸다</u>.	책을 마저 <u>읽어버렸다</u>.
③	밖에는 날이 <u>추운가∨보다</u>.	밖에는 날이 <u>추운가보다</u>.
④	친구가 선물을 <u>보내∨주었다</u>.	친구가 선물을 <u>보내주었다</u>.
⑤	네가 만든 떡볶이가 <u>먹을∨만하네</u>.	네가 만든 떡볶이가 <u>먹을만하네</u>.

035 밑줄 친 부분의 표기가 옳지 <u>않은</u> 것은?

① 친구는 겪은 일을 <u>나지막이</u> 말해 주었다.
② 정말 <u>간절히</u> 바라는 일은 이루어진다고 한다.
③ 우리 집은 일요일에 각자 방을 <u>말끔히</u> 청소한다.
④ 밤이 되자 마을의 분위기는 <u>고즈넉이</u> 가라앉았다.
⑤ 라디오 진행자는 청취자의 사연을 <u>일일히</u> 소개했다.

036 문장 부호의 쓰임에 대한 설명이 올바르지 <u>않은</u> 것은?

	문장 부호	설명
①	쉼표(,)	공통 성분을 줄여 하나의 어구로 묶어 쓸 때 '가운뎃점' 대신 쓸 수 있다. 예 오늘부터 초, 중, 고등학교가 방학이다.
②	밑줄(＿)	주의가 미쳐야 할 곳이나 중요한 부분을 특별히 드러내 보일 때 쓴다. 예 다음 중 한국어의 특징이 <u>아닌</u> 것은?
③	작은따옴표(' ')	예술 작품의 제목을 나타낼 때 '홑낫표' 대신 쓸 수 있다. 예 이 작품은 슈베르트가 작곡한 가곡 '송어'이다.
④	붙임표(-)	'기간'을 나타낼 때 '물결표' 대신 쓸 수 있다. 예 1월 1일-12월 31일
⑤	물결표(~)	이어지는 내용을 하나로 묶을 때 '붙임표' 대신 쓸 수 있다. 예 국어의 어순은 주어~목적어~서술어 순서이다.

037 밑줄 친 부분이 표준어인 것은?

① 노인은 숫당나귀를 장터에서 사 왔다.
② 그는 친구의 결혼식에 부주금을 냈다.
③ 그는 남의 말곁을 채서 따지기 좋아한다.
④ 벌이에 맞지 않게 외제 차라니 영 어쭙잖다.
⑤ 저 녀석 우쭐대는 꼴이 눈꼴시려서 못 보겠네.

038 다음은 문학 작품에 나타나는 방언이다. 대응하는 표준어가 적절하지 않은 것은?

① 성미가 급하지 않은 분이 왜 이리 깝치시오(→ 재촉하시오)?
② 내 곰뱅이(→ 몸뚱이) 성할 때 꼼쩍이는데 누가 머라 캐?
③ 곱쟁이(→ 곱절) 장사는 못해도 본전치기나마 술은 팔어야제잉.
④ 개주무리(→ 감기 몸살)인가배, 예사로 여겼디마는 영 갱신을 못하것다.
⑤ 기딜이(→ 구더기) 무서바서 장 못 담근다는 소리도 아직 들어보지 못했고.

039 다음 중 단어의 표준 발음이 아닌 것은?

① 되감다[되감따/뒈감따]
② 되밟다[되밥따/뒈밥따]
③ 뜻있다[뜨딛따/뜨싣따]
④ 맛있다[마딛따/마싣따]
⑤ 멋있다[머딛따/머싣따]

040 밑줄 친 외래어의 표기가 올바르지 않은 것은?

① 이 사건은 미스터리(mystery)로 남아 있다.
② 성우가 특집 방송의 내레이션(narration)을 맡았다.
③ 아버지께 생신 선물로 가디건(cardigan)을 사 드렸다.
④ 이 곡의 클라이맥스(climax)는 웅장한 선율로 유명하다.
⑤ 이틀 밤을 새워 연구를 한 그는 녹다운(knockdown)이 되었다.

041 국악 용어의 로마자 표기가 올바르지 않은 것은?

① 법고(Beopgo)
② 뱃노래(Baennorae)
③ 여민락(Yeominrak)
④ 영산회상(Yeongsanhoesang)
⑤ 동래 학춤(Dongnae hakchum)

042 〈보기〉의 ㉠~㉤ 가운데 어법에 맞지 않는 문장은?

〈 보 기 〉

㉠조산대는 산맥을 형성하는 지각 작용이 있었거나 일어날 가능성이 큰 지역이다. ㉡지구 표면의 두꺼운 퇴적층이 지각 판의 경계에서 큰 횡압력을 받으면 습곡 및 단층 작용 등이 일어나 지각이 융기되어 산맥이 형성되는데 이를 조산 운동이라고 한다. ㉢현재까지도 조산 운동이 진행 중인 조산대는 지각이 불안정하여 지진, 화산 폭발 등 자연재해가 많이 발생한다. 대표적인 조산대로는 알프스·히말라야 조산대, 환태평양 조산대 등이 있다. ㉣환태평양 조산대는 마치 태평양을 둘러싸는 고리 모양의 띠를 이루고 있어 이런 이름이 붙었다. ㉤전 세계 지진의 약 90%가 여기에서 발생하며, 활화산의 약 75%가 이 화산대에 속해 있다.

① ㉠   ② ㉡   ③ ㉢   ④ ㉣   ⑤ ㉤

043 밑줄 친 높임 표현에 대한 설명으로 적절하지 않은 것은?

① 어머니는 키가 <u>작으시다</u>. → '어머니'의 신체 일부를 높여 '어머니'를 간접적으로 높이고 있다.
② 어르신, 이쪽에 <u>앉으십시오</u>. → 청자를 높이면서 행동을 정중하게 권유하고 있다.
③ 벌써 한 해가 다 <u>지나갔구려</u>. → 청자가 화자보다 윗사람임을 드러낸다.
④ 삼촌께서 할머니를 <u>모시고</u> 오셨다. → 주어의 행위의 대상인 '할머니'를 높이고 있다.
⑤ 어두워지기 전에 어서 집으로 <u>돌아가렴</u>. → 청자가 화자보다 윗사람이 아님을 드러낸다.

044 다음 중 중의적으로 해석되지 <u>않는</u> 문장은?

① 친구는 나보다 동생을 좋아한다.
② 동생은 울면서 떠나는 언니를 배웅했다.
③ 세 명의 사냥꾼이 함께 두 마리의 토끼를 잡았다.
④ 오늘 만나기로 한 친구의 동생을 학교에서 만났다.
⑤ 흰색 모자를 쓴 어머니와 딸이 손을 잡고 걸어간다.

045 다음의 번역 투 문장을 수정한 것으로 적절하지 <u>않은</u> 것은?

① 연회장은 이 건물에 위치하고 있습니다. → 연회장은 이 건물에 자리 잡고 있습니다.
② 이 꽃은 영희에게 주어진 생일 선물이다. → 이 꽃은 영희가 받은 생일 선물이다.
③ 일찍 출발했음에도 불구하고 지각을 했다. → 일찍 출발했지만 지각을 했다.
④ 그는 현재 행정 업무를 담당하고 있는 중이다. → 그는 현재 행정 업무를 담당하고 있다.
⑤ 나에게 있어서 혼자만의 시간은 매우 소중하다. → 나에게 혼자만의 시간은 매우 소중하다.

쓰기 46번~50번

※ [046~050] 다음은 '반려동물 보유세'를 주제로 작성한 초고이다. 제시된 물음에 답하시오.

반려동물을 키우는 사람들에게 매년 일정 금액의 세금을 ⊙증여하는 반려동물 보유세 도입 논의가 다시 한 번 여론의 도마에 올랐다. 농림축산식품부가 도입을 ⓒ검토되는 것은 아니라고 선을 그었지만, 반려동물 양육 가구가 2020년 기준 300만 가구를 넘기면서 도입 가능성에 대한 관심이 뜨겁다.

반려동물 보유세 도입을 찬성하는 측의 첫 번째 논거는 국가 재정 부담이다. 국회 입법 조사처는 최근 '국가 이슈 분석 보고서'에서 재정 자립도가 낮은 지자체에서 동물 복지에 드는 재정을 충당하는 데 어려움이 있는 만큼 별도의 재원 마련 검토가 필요하다고 제안하였다. 유실·유기 동물 구조와 보호가 목적인 동물 보호 센터 예산은 2018년 200억 4,000만 원에서 2023년 373억 8,512만 원으로 5년 만에 2배 가까이 증가하였다. 반려동물 수가 당분간 계속 증가할 것이란 점에서 국민이 낸 세금에서

반려동물 정책 비용 부담이 커지는 것은 사실이다. 두 번째 논거는 반려동물 복지 향상이다. 보유세를 통해 거두어들인 재원을 반려동물 복지에 재투자할 수 있다는 것이다. 현재 유기 동물 문제나 동물 학대 문제가 심각한데 보유세로 ⓒ재원을 마련되면 동물 보호소를 확충하고 유기견 문제를 해결하며, 반려동물 등록제를 더욱 철저히 시행할 수 있을 것으로 보고 있다.

반려동물 보유세 도입을 반대하는 측의 첫 번째 논거는 경제적 부담 가중이다. 이미 반려동물을 키우기 위해 들어가는 의료비, 사료비 등이 상당한데 여기에 보유세까지 내야 한다면 경제적인 부담이 더욱 커질 수 있다는 것이다. ㉣반면 저소득층이나 노년층 등 경제적으로 취약한 계층에게는 이러한 세금이 큰 부담으로 다가올 수 있다. 두 번째 논거는 유기 동물 문제 악화 가능성이다. 반려동물 보유세가 도입되면 소유자가 세금 부담을 견디지 못해 동물을 유기하거나 파양할 가능성이 높아질 수 있다는 것이다. 이로 인해 동물 보호소는 유기 동물로 포화 상태가 될 수 있으며 오히려 유기 문제가 더욱 심각해질 수 있다는 지적이 있다.

반려동물 보유세 도입은 반려동물 소유자의 사회적 책임을 강화하고, 공공 재원을 효율적으로 활용할 수 있는 좋은 제도적 장치가 될 수 있다. 그러나 이러한 세금은 ㉮   . 또한 유기 동물 문제가 심각해질 가능성도 있다. ㉰따라서 반려동물 보유세 도입을 위해서 소득에 따른 차등 부과, 저소득층에 대한 지원 대책 마련, 철저한 반려동물 등록제 시행 등 다각적인 보완책이 필요할 것이다.

046 다음은 윗글을 쓰기 전에 떠올린 글쓰기 계획이다. 윗글에 반영된 것으로만 묶은 것은?

〈 글쓰기 계획 〉

ㄱ. 질문으로 글을 시작하며 독자들의 관심을 끌어야겠어.
ㄴ. 재정 부담을 설명하기 위해 구체적인 수치를 제시해야겠어.
ㄷ. 서로 반대되는 견해에 대해 근거를 들어 양측의 입장을 설명해야겠어.
ㄹ. 시민들과의 인터뷰를 인용하여 유기 동물 문제의 심각성을 드러내야겠어.

① ㄱ, ㄴ ② ㄱ, ㄷ ③ ㄱ, ㄹ ④ ㄴ, ㄷ ⑤ ㄷ, ㄹ

047 다음은 윗글을 수정 · 보완하기 위해 추가로 수집한 자료이다. 자료의 활용 방안으로 적절하지 <u>않은</u> 것은?

<table>
<tr><th></th><th>자료 내용</th><th>유형</th></tr>
<tr><td>(가)</td><td>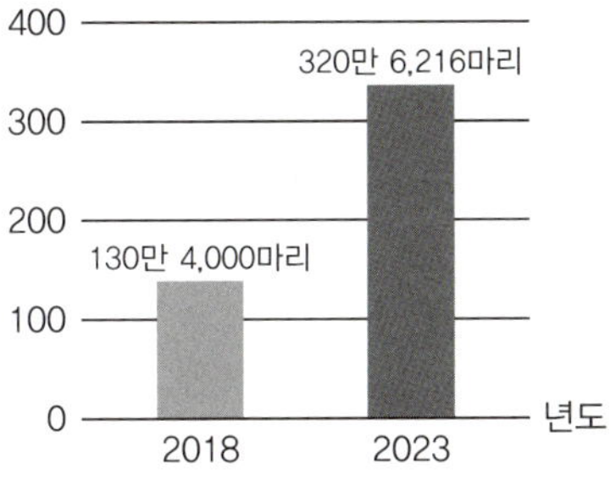
400
300
200
100
0
320만 6,216마리
130만 4,000마리
2018
2023
년도
반려동물 등록 수
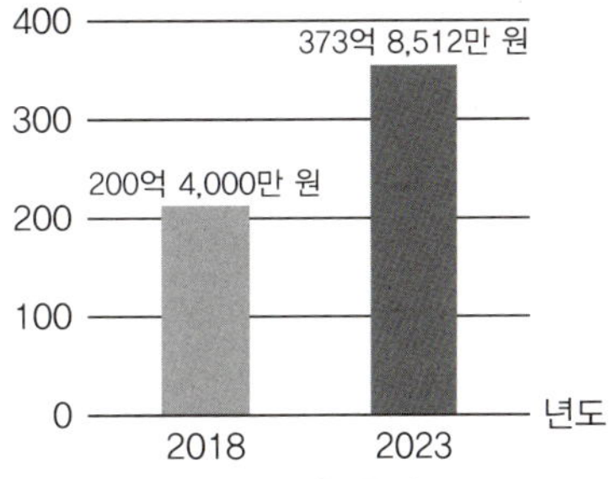
400
300
200
100
0
373억 8,512만 원
200억 4,000만 원
2018
2023
년도
예산 지출 추이
(자료: 농림축산 검역본부 '반려동물 복지 실태에 관한 조사')</td><td>통계 자료</td></tr>
<tr><td>(나)</td><td>수의학 대학의 우 교수는 "반려동물 보유세 기본 취지는 생명을 책임지고 키운다는 문화의 정착"이라며 "세금을 동물 복지나 유기 방지 등에 사용한다면 긍정적이며 동물 배려의 폭을 넓히기 위해서라도 보유세를 도입해야 할 것"이라고 밝혔다.</td><td>전문가 인터뷰</td></tr>
<tr><td>(다)</td><td>반려동물 보유세 신설이 보호자의 비용 부담을 늘려 오히려 동물 유기를 늘릴 수 있다는 우려가 커지고 있다. 반려동물을 키우면서 적적함을 달래는 노인 인구가 많고 그중에는 취약 계층이 적지 않기 때문이다.</td><td>뉴스 기사</td></tr>
<tr><td>(라)</td><td>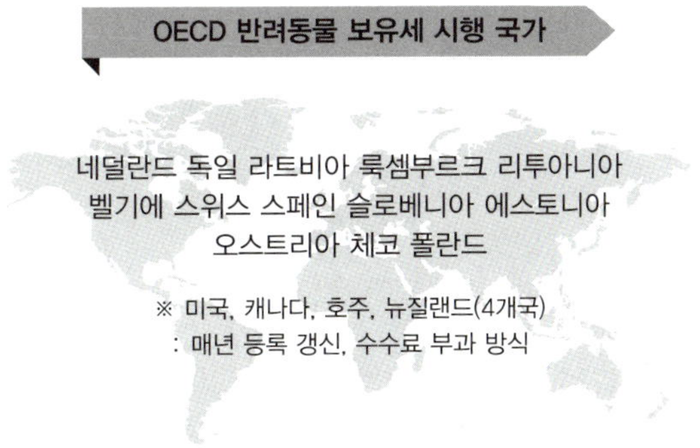
OECD 반려동물 보유세 시행 국가
네덜란드 독일 라트비아 룩셈부르크 리투아니아
벨기에 스위스 스페인 슬로베니아 에스토니아
오스트리아 체코 폴란드
※ 미국, 캐나다, 호주, 뉴질랜드(4개국)
: 매년 등록 갱신, 수수료 부과 방식</td><td>연구 보고서</td></tr>
<tr><td>(마)</td><td>동물복지문제연구소 '어웨어'가 지난 3월 발표한 '2023 동물 복지에 대한 국민 인식 조사' 보고서에서는 응답자의 71.1%가 '반려동물 보유세' 도입이 반려동물 양육자 책임 강화에 효과가 있을 것이라고 답했다.</td><td>전문 서적</td></tr>
</table>

① (가)를 활용하여 반려동물 보유세의 도입이 논의되고 있는 배경 설명을 보충한다.
② (나)를 활용하여 반려동물 보유세의 도입을 찬성하는 측의 논거를 뒷받침한다.
③ (다)를 활용하여 반려동물 보유세 도입에 신중해야 한다는 내용을 보강한다.
④ (라)를 활용하여 반려동물 보유세를 시행하는 국가가 줄어들고 있는 이유를 추가한다.
⑤ (마)를 활용하여 반려동물 보유세 도입에 대한 국민 인식이 긍정적이라는 내용을 추가한다.

048 다음은 윗글을 쓰기 전에 세웠던 글쓰기 개요이다. 윗글을 쓰는 과정에서 필자가 점검하여 반영한 내용으로 적절하지 <u>않은</u> 것은?

―〈 개 요 〉―

Ⅰ. 반려동물 보유세 도입 논의
  1. 반려동물 보유세의 도입 논란
  2. 반려동물의 입양 절차
Ⅱ. 반려동물 보유세 도입에 관한 찬성 측 입장
  1. 국가 재정 부담
  2. 유기 동물 문제 악화 가능성
Ⅲ. 반려동물 보유세 도입에 관한 반대 측 입장
  1. 경제적 부담 가중
  2. 반려동물 복지 향상
Ⅳ. 반려동물 보유세에 관한 관심 촉구
  1. 반려동물 보유세 도입의 장단점
  2. 다각적인 보완책 필요성 제언

① Ⅰ-2는 Ⅰ의 하위 항목에 어울리지 않으므로 삭제한다.
② Ⅱ-2는 Ⅲ을 뒷받침하는 내용이므로 Ⅲ의 하위 항목으로 이동한다.
③ Ⅲ-2는 상위 항목과의 연관성을 고려하여 Ⅱ의 하위 항목으로 이동한다.
④ Ⅳ는 전체 내용을 고려하여 '반려동물 보유세 도입의 장단점 및 제언'으로 수정한다.
⑤ Ⅳ-2는 내용의 흐름을 고려하여 '반려동물 보유세 시행의 현실적인 어려움'으로 교체한다.

049 윗글의 ㉠~㉤을 고쳐 쓰기 위한 방안으로 적절하지 <u>않은</u> 것은?

① ㉠: 문맥상 단어의 쓰임이 적절하지 않으므로 '부과'로 수정한다.
② ㉡: 피동 표현이 적절하지 않으므로 '검토하는'으로 수정한다.
③ ㉢: 문맥상 조사의 쓰임이 적절하지 않으므로 '재원이'로 수정한다.
④ ㉣: 문맥상 부사의 쓰임이 적절하지 않으므로 '특히'로 수정한다.
⑤ ㉤: 앞뒤 맥락을 고려할 때 적절하지 않으므로 '하지만'으로 수정한다.

050 글의 내용으로 미루어 볼 때, ㉮에 들어갈 내용으로 가장 적절한 것은?

① 유기 동물이 일으키는 여러 문제를 해결할 수 있다.
② 경제적으로 취약한 계층에게 큰 부담이 될 수 있다.
③ 반려동물 복지를 확대하기 위한 재원으로 쓰일 수 있다.
④ 필요한 동물 복지 재정을 충당하기에는 부족할 수 있다.
⑤ 반려동물 소유자의 양육비를 보조하는 데 도움을 줄 수 있다.

창안 51번~60번

※ **[051~053]** 달리기와 인간의 삶을 유비(類比)하고자 한다. 다음 글을 읽고 물음에 답하시오.

만일 달리기를 한다면 어느 정도의 속도로 얼마나 달려야 하는가? 신체적인 능력은 사람에 따라 다르기에 속도와 시간은 훈련을 위한 정확한 지표가 아니다. 유산소 운동을 더 효율적으로 하기 위해 심박수 구간을 활용한 심박존 운동법이 있다. 심박존이란 자신의 최대 심박수를 일정 비율로 나눈 영역이며, 최대 심박수는 220에서 자신의 현재 나이를 뺀 값으로 계산한다. 심박존은 몸풀기 수준의 1영역에서부터 전력 질주에 해당하는 5영역까지 다섯 개의 영역으로 구분된다. 이 중 심폐지구력 향상에 효과적인 단계는 **2영역**이다. 아주 편하진 않지만 대화가 가능한 낮은 운동 강도를 장시간 지속하는 훈련으로 기초체력을 높이고 장거리 달리기 실력을 높여 준다. ㉠다만 이 영역에만 머물러 있다면 4~5영역과 같은 힘든 고강도의 훈련에서 얻을 수 있는 근력과 속도를 기르기 어렵기에 최대 심박수에 가까운 훈련을 겸해야 한다.

1영역 50~60% 2영역 60~70% 3영역 70~80% 4영역 80~90% 5영역 90~100%

한편 달리기에서 '러너스 하이'라는 개념은 미국의 심리학자가 처음 사용한 용어로 유산소 운동 중 발생하는 행복감과 도취감을 뜻한다. 달리기나 장시간의 신체 활동 중 피로가 사라지고 긍정적인 기분이 드는 현상이며, 러너스 하이를 경험한 사람들은 그 상태를 "하늘을 나는 느낌과 같다"라고 표현하기도 한다. ㉡심박수가 너무 낮거나 너무 높은 상태에서는 러너스 하이를 경험하기 힘들며, 운동 강도가 점진적으로 상승할 때 러너스 하이를 경험할 수 있다.

051 심박존 영역을 학습 방법에 비유할 때, '2영역'의 특징으로 가장 적절한 것은?

① 수준이 비슷한 친구와 과제를 해결하게 한다.
② 충분히 풀 수 있는 과제를 반복하여 연습한다.
③ 짧은 시간 안에 최대한 많은 과제를 풀게 한다.
④ 과제 해결에 필요한 기초 개념을 훑어보게 한다.
⑤ 학생의 수준보다 어려운 도전적 과제를 제공한다.

052 심박수를 삶의 태도에 비유할 때, 〈조건〉에 맞는 교훈으로 가장 적절한 것은?

〈 조건 〉
심박수 120을 지향하며 살아가는 30세 직장인에게, ㉠의 조언을 담을 것.

① 송충이는 솔잎을 먹어야 한다.
② 우물 안 개구리여도 자신이 행복하면 그만이다.
③ 쉬지 않고 걷는 거북이는 토끼를 이길 수 있다.
④ 뱁새가 황새를 이기는 전략은 준비된 꾸준함이다.
⑤ 땅속에서 나오지 않는 개구리는 봄날을 맞을 수 없다.

053 ㉡을 고려한 운동 방식을 그래프로 나타낸 것으로 가장 적절한 것은? (단, x시간 동안 운동했을 때의 강도가 y이다.)

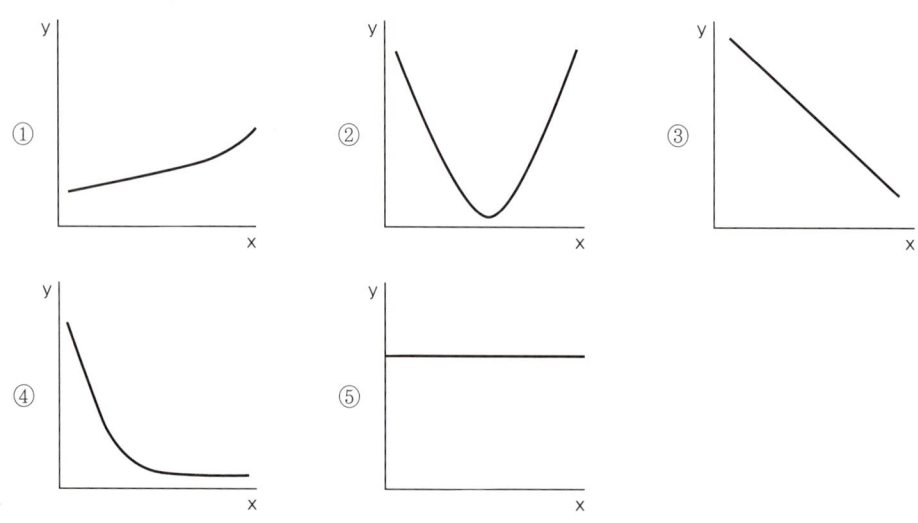

※ **[054~056]** 다음 그림을 보고 물음에 답하시오.

(가)	(나)
멀티탭	보조 배터리

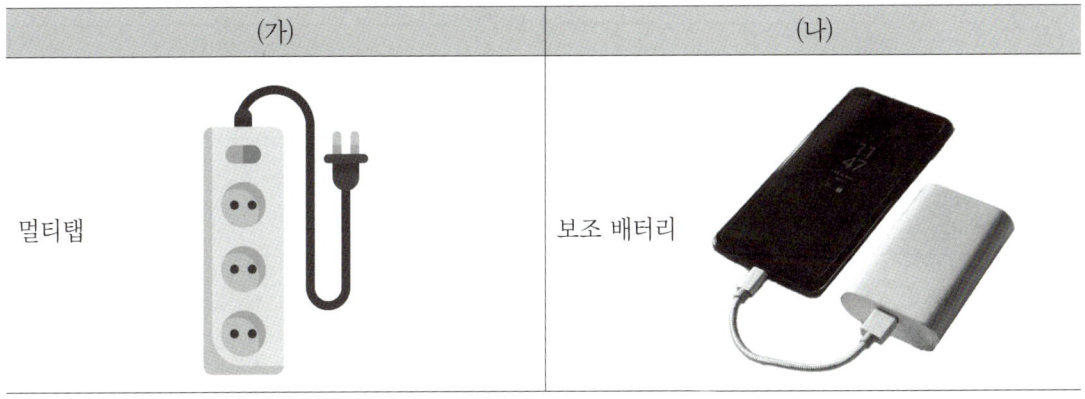

054 (가)와 (나)를 분석한 표의 내용으로 적절하지 <u>않은</u> 것은?

	(가)	(나)
목적	여러 전자기기에 전원을 공급함.	전자기기의 예비 전력을 준비함.
표현	하나의 콘센트에 여러 플러그를 연결할 수 있도록 함.	㉠미리 충전해 둔 배터리를 통해 전자기기에 전원을 공급함.
장점	㉡다양한 과제를 동시에 수행함.	㉢위기 상황에 대처 가능함.
단점	㉣과제 수행의 순서를 바꾸기 어려움.	㉤대처 가능한 시간에 한계가 있음.

① ㉠ ② ㉡ ③ ㉢ ④ ㉣ ⑤ ㉤

055 (가)의 사용법을 업무 수행 방식에 유추한 내용으로 적절하지 <u>않은</u> 것은?

	(가)의 사용법	업무 수행 방식
①	권장 용량을 넘어서 사용하지 않기	자신의 한계를 넘지 않도록 업무 조정하기
②	노후한 멀티탭은 새것으로 교체하기	생산성이 낮은 업무 처리 방식 개선하기
③	사용하지 않을 때는 플러그 빼기	업무의 우선 순위를 정하여 수행하기
④	먼지가 쌓이지 않도록 청결하게 유지하기	업무 환경을 정리 및 정돈하기
⑤	전력을 많이 사용하는 기기는 멀티탭을 쓰지 말고 콘센트에 직접 연결하기	중요한 업무는 다른 업무들과 동시에 처리하기보다는 집중하여 단독 수행하기

056 (나)의 역할을 고려하여 〈보기〉의 ⓐ에 대비하기 위한 조언으로 가장 적절한 것은?

〈 보기 〉

'토스트 아웃(Toast out)'은 번아웃 증후군의 이전 단계를 가리키는 말로 겉은 멀쩡해 보이지만 속은 까맣게 타기 직전인 토스트 빵에서 유래한 말이다. ⓐ직장에서 주어진 업무를 무리 없이 수행하는 듯 보이지만 실상은 정신적·신체적 소진에 다다른 경우가 여기에 해당한다고 볼 수 있다.

① 믿을 수 있는 동료들과 서로 힘을 북돋워 주는 시간을 가져 보세요.
② 스트레스에 대처할 수 있는 행동 목록을 미리 만들고 수행해 보세요.
③ 가족, 친구 등 주위에 있는 사람들과 소통하며 감정을 공유해 보세요.
④ 업무 외에도 여가를 보낼 수 있는 다양한 취미 활동을 시작해 보세요.
⑤ 지금까지 해 왔던 일을 다양한 관점에서 성찰하고 보람과 의미를 찾아보세요.

※ **[057~058]** 다음 글을 읽고 물음에 답하시오.

디지털 미디어를 접하는 연령대가 점차 낮아짐에 따라 청소년들이 겪는 사이버 언어폭력 문제가 심각해지고 있다. 사이버 언어폭력은 비대면성과 익명성을 기반으로 하여 가해자가 죄책감을 느끼는 정도가 낮으며, 겉으로 쉽게 드러나지 않아 주위에서 피해 사실을 인지하기 어려우므로 특히 주의와 예방이 필요하다. 사이버 언어폭력 예방과 관련된 공익 광고의 표현 전략은 다음과 같다.

(가) 피해자가 느끼는 고통을 제시하며 폭력을 방관하지 말아야 함을 강조한다.
(나) 사이버 언어폭력의 폭력성과 사이버 언어폭력 예방을 위한 태도를 동시에 제시한다.
(다) 사이버 언어폭력이 심각한 범죄임을 강조하여 경각심을 준다.
(라) 사이버 공간에서 언어를 순화하지 않을 때 나타날 수 있는 부정적 결과를 제시한다.
(마) 발음은 유사하지만 뜻은 대조적인 단어를 활용하여 광고의 주제 의식을 강조한다.

057 윗글의 (가)~(마)에 해당하는 광고 사례와 문구가 적절하지 <u>않은</u> 것은?

①
(가): 혼자서는 감당할 수 없는 무게입니다.

②
(나): 온라인 채팅, 배려하지 않으면 흉기입니다.

③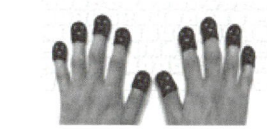
(다): 키보드 위 10명의 범죄자

④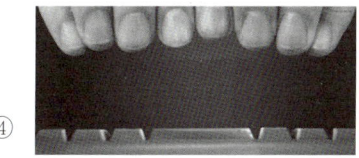
(라): 당신의 온라인 언어, 이제 교정하세요.

⑤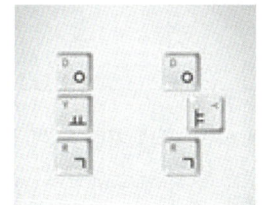
(마): 욕으로 쓰시겠습니까, 약으로 쓰시겠습니까?

058 〈조건〉을 반영하여 (나)의 유형에 해당하는 공익 광고 문구를 창안할 때 가장 적절한 것은?

―〈 조 건 〉―
- 대조의 방식을 활용하여 내용을 강조할 것
- 청유문을 활용하여 표현 효과를 높일 것

① 메시지라는 칼로 사람을 베시겠습니까?
② 사이버 언어폭력, 이제는 외면하지 마세요.
③ 타자를 치시겠습니까, 사람의 마음을 치시겠습니까?
④ 지금 쓰는 댓글로 상대방의 마음에 멍을 남기지 맙시다.
⑤ 사람을 찌르는 댓글이 아니라 사람을 살리는 댓글을 씁시다.

※ [059~060] 다음 글을 읽고 물음에 답하시오.

우리 몸에 이물질이나 병원체가 침입하면 이에 대항하는 방어 작용이 일어나 우리 몸을 보호한다. 방어 작용은 감염 초기 광범위한 대상에 대해 신속하게 일어나는 비특이적 방어 작용과 특정 병원체를 인식하여 작용하는 특이적 방어 작용으로 구분할 수 있다. 비특이적 방어 작용에 필요한 정보는 인간이 선천적으로 가진 유전 정보에 포함되어 있으며, ㉠특이적 방어 작용에서는 후천적으로 경험한 병원체나 항원의 정보에 맞추어 다양한 항체를 생성한다.

처음 경험하는 항원에 대한 면역 반응을 1차 면역 반응이라고 하며, 한번 경험한 항원이 재침입하였을 때 일어나는 반응을 2차 면역 반응이라고 한다. 1차 면역 반응에서는 항원에 대한 정보가 없으므로 항원에 맞는 항체를 생성하는 데 시간이 걸리지만, 그 후에는 침입한 항원의 정보를 갖는 기억 세포가 형성된다. ㉡2차 면역 반응에서는 기억 세포가 항원을 인식하므로 항체 생성까지 걸리는 시간이 1차 면역 반응보다 짧고 면역 효율도 강하다.

059 윗글의 ㉠과 〈보기〉를 종합할 때, '자아 형성'과 관련하여 이끌어 낼 수 있는 내용으로 가장 적절한 것은?

〈 보기 〉

우리는 마치 연극의 배우처럼 다양한 사회적 상황에 따라 다른 자아를 연출한다. 예를 들어, 우리는 친구들과의 모임에서는 유쾌하고 편안한 친구로서 행동하지만 직장에서는 전문적이고 성실한 직원의 역할을 수행한다. 즉, 자아는 고정된 실체가 아니라 유동적인 존재이다. 상황에 적합한 자아를 연출하는 것은 원활한 의사소통을 돕고 사회적 관계 유지에 기여한다.

① 자아는 사회적 상호 작용을 통해 변화할 수 있다.
② 자아는 선천적으로 타고나며 일생 동안 고정된다.
③ 자아는 타인에 대한 관찰과 모방을 통해 형성된다.
④ 자아는 개인이 스스로를 어떻게 규정하는지에 영향을 받는다.
⑤ 자아는 여러 차원으로 구성되며 각 차원은 상호 영향 관계에 있다.

060 윗글의 ⓒ과 유사한 사례로 적절하지 않은 것은?

① 수학 문제를 풀 때 과거에 풀었던 유형의 문제를 더 쉽게 풀 수 있다.
② 스포츠 경기에서 상대했던 팀의 특성을 기억하여 적절한 전략을 세운다.
③ 컴퓨터에서 웹 사이트에 대한 정보를 저장하여 정보 처리 속도를 단축한다.
④ 특정 음식물을 섭취하고 복통을 경험한 이후에 그 음식을 먹지 않기로 결정한다.
⑤ 처음 찾아가는 장소보다 한 번 방문했던 장소에 갈 때 길을 빠르게 찾을 수 있다.

읽기 61번~90번

※ [061~062] 다음 글을 읽고 물음에 답하시오.

지상(地上)에는
㉠아홉 켤레의 신발.
아니 현관에는 아니 들깐에는
아니 어느 시인의 가정에는
알 전등이 켜질 무렵을
문수(文數)가 다른 아홉 켤레의 신발을.

ⓒ내 신발은
십구문반(十九文半).
눈과 얼음의 길을 걸어,
그들 옆에 벗으면
육문삼(六文三)의 코가 납짝한
귀염둥아 귀염둥아
우리 막내둥아.

미소하는
내 얼굴을 보아라.
ⓒ얼음과 눈으로 벽(壁)을 짜올린
여기는
지상.
연민한 삶의 길이여.
내 신발은 십구문반(十九文半).

ⓔ아랫목에 모인
아홉 마리의 강아지야,
강아지 같은 것들아.
굴욕과 굶주림과 추운 길을 걸어
ⓜ내가 왔다.
아버지가 왔다.
아니 십구문반(十九文半)의 신발이 왔다.
아니 지상에는
아버지라는 어설픈 것이
존재한다.
미소하는
내 얼굴을 보아라.

— 박목월, 「가정(家庭)」

061 윗글에 대한 설명으로 가장 적절한 것은?

① 직유법을 활용하여 자연 친화적 태도를 나타내고 있다.
② 유사한 문장 구조의 반복을 통해 운율을 형성하고 있다.
③ 계절의 순환을 통해 화자의 의지를 점층적으로 부각하고 있다.
④ 청유형 어미를 활용하여 긍정적 미래에 대한 지향을 강조하고 있다.
⑤ 공감각적 심상을 활용하여 시적 대상에 대한 정서의 변화를 나타내고 있다.

062 〈보기〉를 바탕으로 할 때, ㉠~㉤을 이해한 내용으로 적절하지 <u>않은</u> 것은?

─〈 보 기 〉─

이 작품은 가족에 대한 따뜻한 애정을 품고, 삶의 무게를 묵묵히 견디어 내는 아버지의 모습을 담담하게 표현한 작품이다. 시인은 힘겨운 현실 속에서도 가족을 위해 헌신하는 아버지의 모습을 통해 가족의 의미를 깊이 있게 그려내고 있다.

① ㉠: 시적 화자의 자녀의 수를 나타낸다.
② ㉡: 다른 수치와 대비하여 제시함으로써 가장으로서 견뎌야 하는 삶의 무게를 드러낸다.
③ ㉢: 사랑하는 가족을 만날 수 없는 '아버지'의 힘겨운 현실을 나타낸다.
④ ㉣: 가족에 대한 '아버지'의 따뜻한 애정이 드러난다.
⑤ ㉤: 반복을 통해 '아버지'가 느끼는 책임감을 드러낸다.

※ [063~065] 다음 글을 읽고 물음에 답하시오.

"대강 여기 계신 가네기상께도 말씀을 여쭈어 두었습니다마는 제 질녀가 요새 안동*서 건너와 있습죠. 그 조카사위 애로 말씀하면 어엿한 조선 사람, 원적이 바루 경상남도 동래(東萊)올시다."
 가네기(金城)란 안집 친구가 한 달 전까지 쓰던 창씨(創氏)거니와, ㉠홍규는 벌써 이 친구에게 듣고 하야시 조카딸 내외의 국적이 실상은 소문이나 추측과는 뒤바뀌어 버린 것이 의외이었다.
"그래 조카따님은 일본인이시구?"
"네. 그 애야 부모가 다아 분명히……"
하고 하야시는 웃어버린다.
"그런데 조카사위 되는 사람은 왜 어엿한 조선 사람, 조선에 어엿한 원적을 두고 이때껏 일본 사람 행세를 하여 왔더란 말씀요?"
 홍규는 하야시의 흉내를 내어 '어엿한'이란 말에 두 번이나 힘을 주어 뇌였다. 그러나 그것은 결코 자조의 의미가 섞인 것은 아니었다.
"네. 별 복잡한 사정이 있는 건 아닙죠. 여남은 살 때 그 애 어른이 작고를 하니까 대를 물릴 자식도 아니요, 그 어린것을 큰댁네에게 맡기고 나설 사정도 못되어 나가사키[長崎]로 데려다가 외조부의 일본인 민적(民籍)에다 한때 방편으로 넣은 것이나 장성한 뒤에도 내내 그대로 행세를 해버린 거죠."
하고 말을 끊다가,
"이것은 우리끼리 말씀입니다마는 그때 시절에는 그편이 영 해롭지 않고 더구나 이런 데 나와서는 가봉(加俸)이니 배급(配給)이니 이로운 점이 없지 않아 있었거든요. 하하하"
하고, 그런 점은 관대히 보아달라는 뜻으로 웃어버린다.

홍규는 잠자코 말았다. 자식이 장성하면 제 겨레를 밝히려 들고 아비 성(性)을 따르려 들 것인데, 가봉 푼이나 일계(日系) 배급에 팔려서 제 아비 성도 찾으려 들지 않았더냐고 한마디 하고 싶지 않은 것이 아니나 그 대신에,

"그래 인제는 자기 성을 찾겠다나요?"

하고 물었다.

"세상이 이렇게 바뀌었으니까 찾으려 들겠죠. 다만 제 모(母)가 저기 있으니까 우선은 그리 가려 들지 모르죠마는…… 그러나 그놈의 원자탄(原子彈)에 어찌 되었는지, 이 지경이 되고 보니 나부터도 귀화해서 여기 신의주에서 안온히 살 수만 있다면 이대로 주저앉고 싶습니다."

하고 하야시는 제 신세를 생각하면 어이가 없다는 듯이 또 하하하―하고 웃는다.

결국은 안동에 가는 길이 있거든 조카사위를 데려다 줄 수 없겠느냐는 청이다. 조카사위가 조선 사람 교제도 없었거니와 조선인회(朝鮮人會)와는 연락이 닿지를 않고 보니, 별안간 조선 사람이로라 하고 나설 수도 없는 터요, 설불리 하다가는 조선 사람에게 뭇매에 맞아 죽을지 모르겠다는 걱정이다. 조카딸을 보내자니 전같이 피난민 떼가 몰려다닐 때도 반 목숨은 내놓고 나서는 모험이거니와, 요행히 넘겨 놓아도 사지에 들여보내는 것이니 자식새끼 알 듯 제발 세 목숨을 살려주시오 하고 손이 발이 되도록 비는 것이다.

홍규는 눈을 내리깔고 어느 때까지 잠자코 앉았다. 하야시의 눈이 자기의 입만 바라보고 있는 것을 깨닫고 근실근실한 듯 거북하건마는 선뜻 대답이 아니 나왔다. 자기가 입 한번만 벌리면 조선인회의 피난민증명서를 얻어 주어서 당장으로 끌고 올 수 있는 자신이 있다거나, 정하면 누구누구를 끼고 통행증명서에 노서아 장교의 싸인 하나쯤 얻어 낼 수도 있으려니 하는 실제 문제보다도 이 일에 아랑곳을 하겠느냐 말겠느냐는 것을 생각하기에 시간이 걸렸다.

아내도 초조한 듯이 치어다 본다. 친구 내외도 치어다 본다. 모든 사람의 눈이 승낙을 하라고 재촉을 하는 것 같았다. 그러나 홍규는 점점 눈살이 찌푸려지지 않을 수 없었다. 왜 이런 거북한 청을 받게 되었나 하는 불쾌보다도 그 ⓒ마쓰노라고 하는 청년이, 나는 마지 못해 창씨한 마쓰노가 아니요, 진짜 마쓰노요 하고 바로 서서는 어깨 짓을 하고 돌아서서는 속으로 고개를 움츠러뜨리며 살아왔을 그 꼴이 머리에 떠올라와서 불쾌한 것이었다.

그러나 홍규는 하는 수 없다는 듯이 입을 벌리고 말았다.

"어떻게 될지는 모르나, 내일 건너가 보죠. 어차피 남겨 두고 온 내 짐도 찾아와야 할 거니까 잘되면 그 길에 데려다 드리리다."

하야시는 이마가 다다미에 쓸려 벗겨지도록 몇 번을 엎드렸는지 몰랐다.

"무엇보다 애가 쓰이는 것은 동리에서나 친구들 사이나 대강 짐작들은 하는 모양이라는 것이거든요. 그리고 보니 조선 사람 편에서 미워할 것은 물론이요, 일본인 측에서도 탐탁히 여겨주지 않고 만인**도 좋아 않고……"

홍규는 그런 사정은 다 안다는 듯이 하야시의 말허리를 자르며, 자기 말을 잇달았다.

"그러기에 힘써보겠단 말이오. 그런 경우에 제일 무서운 것이 중국 사람이지마는 일본 사람이면 일

본 사람으로서 끝끝내 버티고 일본인회에서 탐탁히 가꾸어 준다면 나 역시 아랑곳할 필요가 없겠지요. 허나 결국에는 내 종족 아닙니까! 그것도 정치적 의미로 소위 친일파니 민족반역자니 하면 난들 별도리 있겠느냐마는 이것이야 단순히 가정문제요 가정형편으로 자초부터 그리된 거니까 이 기회에 바루잡아 놓는 것이 좋겠죠."

*안동: 安東. 압록강 어귀에서 신의주와 마주 보고 있는 중국의 도시.
　　　(1965년 개칭하여 현재는 단둥[丹東]이라 부른다.)
**만인: 滿人. 만주 거주 중국인.

- 염상섭, 「해방의 아들」

063 윗글의 서술상 특징으로 가장 적절한 것은?

① 인물의 외면과 내면의 모순을 드러내고 풍자한다.
② 서술자의 진술을 신뢰하기 어렵게 하여 혼란을 유발한다.
③ 인물의 언행과 심리를 교차하여 묘사함으로써 사건을 전개한다.
④ 대화로도 의구심이 풀리지 않은 채로 남아 사건에 신비감을 준다.
⑤ 서로 다른 입장의 등장인물 간 갈등을 심화하고 긴장감을 조성한다.

064 윗글의 등장인물 ㉠, ㉡에 대한 이해로 가장 적절한 것은?

① ㉠은 이전까지 타국에서 머무른 적이 없다.
② ㉡의 아내는 ㉡의 의뢰대로 ㉠에게 도움을 청했다.
③ ㉠은 ㉡이 처숙부에게 의탁한 점을 못마땅하게 여겼다.
④ ㉠은 ㉡이 일본인이고 ㉡의 아내가 조선인이라고 생각했었다.
⑤ ㉡은 조선인 및 일본인으로서의 신분을 필요에 따라 바꿔 왔다.

065 〈보기〉의 내용을 참고하여 윗글을 비평한 것으로 적절하지 않은 것은?

〈 보 기 〉

「해방의 아들」은 부당했던 식민 지배와 광기 어린 태평양 전쟁이 종식됨과 동시에 일본인들이 한반도에서 물러가는 시기를 배경으로 창작되었다. 그런데 문제는 이 작품이 혼혈인으로서의 정체성을 지닌 존재에 투영된 다중성과 다양성을 소거한 채로 혈통적 민족주의로 복귀하는 일을 마땅한 것처럼 그린다는 점에 있다.

① 급여나 배급에서도 종족 차별이 이루어졌다는 것을 언급해서 혼혈인 등장인물의 과거 일본인 행세가 언짢게 보이도록 유도했군.
② 열세에 놓인 일본인에 관한 묘사는 해방 직후에 종족적 위계가 뒤집힌 상황을 반영한 것일 텐데 민족주의를 더 강화할 수도 있겠군.
③ 혼혈인의 정체성은 복잡할 법도 한데 이를 선택으로 고칠 수 있는 문제인 듯이 평면적으로 처리하는 건 자연스럽지 않을 수도 있겠군.
④ 성을 부계를 따라 바꾸는 것이 조선인으로 자기를 표명하는 일과 동궤로 여기는 모습은 혈통적 민족주의가 나타난 사례라고 할 수 있겠군.
⑤ 가정문제를 바로잡아 놓는 것이 좋겠다는 홍규의 말은 혈통적 민족주의를 추구함으로써 존재의 다양성을 구현할 수 있다는 전망을 내포하는군.

※ **[066~068]** 다음 글을 읽고 물음에 답하시오.

마을은 두 가지 속성을 내포하고 있다. 우선 지역 사회를 기반으로 사람들 사이의 관계가 형성되어 있어야 하고, 물리적으로는 개인의 공간과 공공의 공간 사이에 중간적 성격의 공간이 있어야 한다. 이러한 공간을 '사이 공간'이라 하는데, 이는 통행을 목적으로 하는 공간이라기보다 주민들 사이에 사적 관계를 형성하는 공동의 영역이라 할 수 있다. 이 두 가지가 오랫동안 지속될 때 한 장소에 오래 머물러 사는 '정주성'이 형성된다. 이것은 집을 짓고 선택하는 과정과 밀접한 관계가 있다.

과거에는 개인이 자기가 살 집의 입지를 선정하고, 목수와 상호 합의하여 집을 지었다. 오랜 시간에 걸쳐 집들이 하나하나 들어차면서 마을이 생겨나고 그 사이사이를 따라 길이 저절로 만들어졌다. 개인의 주거 공간을 한정하는 담과 담 사이에는 길과 공터가 있었다. 전통 주거지의 길은 큰길에서 안길이 뻗어 나가고 또 그 길에서 샛길이 뻗어 나가는 식이었다. 사람들은 길이 곧게 뻗은 것을 흉하게 여겼는데, 특히 집으로 들어오는 길은 곧바로 보이지 않도록 구부러진 형태로 되어 있어야 길하다고 여겼다. 또한 집이 큰길 옆에 있는 것 역시 꺼린 탓에 전통 마을 의 집은 실핏줄처럼 얽힌 불규칙한 길을 따라 자연스레 자리하였다. 이런 까닭에 근대 이전의 전통 마을에는 항상 구부러지거나 꺾인 불규칙한 형태의 골목길이 존재했고, 도시를 포함한 전통 주거지의 가로 체계는 격자형(十자형)이 아닌 가지형(丁자형)으로 나타났다.

과거에는 개인이 생활을 하는 집과 일을 하는 장소가 멀리 떨어져 있지 않았다. 그렇기 때문에 사람들은 매일 두 공간 사이를 오가며 그곳에서 다양한 일을 경험했다. 개인의 집과 집 사이의 거리도 가까워서 이웃과 친밀한 사회적 관계를 형성할 수 있었다. 자신의 생활 반경인 집 주변과 그 사이사이에서 사람들과 마주치도록 구성된 공간을 '마을'이라 불렀던 것이다.

방에서 나오면 마당이 있고, 대문을 열면 골목길을 만나며, 길을 돌고 돌다 보면 그 동네의 중심부로 나갈 수 있었기 때문에 마을 안을 이동하다 보면 여러 경로를 자연스럽게 거칠 수밖에 없었다. 굳이 의도하지 않더라도 사람들의 만남과 모임이 곳곳에서 발생하였고, 그들 사이에서는 요즘 흔히 말하는 ㉠'커뮤니티'가 형성되었다. 집의 형태는 따로따로였지만 집 안팎을 살펴보면 모여 살 수 있는 구조였다.

반면 오늘날의 대표적인 주거 형태인 아파트는 전통의 주거 형태인 주택과는 다른 특징을 보인다. 아파트는 한 단위 세대를 층층이 쌓아서 배치하는 적층(積層)을 기본으로 한다. 하나의 건물 내에 수평적, 혹은 수직적으로 균일한 주거 공간이 밀집해 있고, 거기에 동질성을 지닌 거주자가 모여 사는 것이 현대의 한국식 공동 주택이 지닌 특징이라 할 수 있다.

이러한 공동 주택의 등장은 공동체적 관계를 변화시키는 중요한 원인을 제공했다. 공동 주택, 즉 아파트에는 '사이 공간'이 없다. 아파트에 사는 사람들은 공동의 현관을 통과한 후 승강기 홀이나 복도를 거쳐 각자의 개인 공간으로 들어간다. 그곳은 사생활을 최대한 보장하는 공간이다. 주택의 형태나 외관만 보면 모두 같은 공간에 사는 유사한 집단으로 보이지만, 그 안에서의 생활 모습은 공유할 만한 것이 거의 없다.

'사이 공간'이 없기 때문에 그곳에 사는 사람들은 아파트 단지라는 인위적 마을에서 상징적인 결속성만을 확보하고 있을 뿐 단지 내외의 사람들과 충분히 소통하지 못한다. 단지 내에는 단지를 구획하는 울타리, 보안과 감시를 위해 설치한 CCTV, 외부인을 통제하는 차단기, 비밀번호를 눌러야만 열 수 있는 견고한 출입문이 있을 뿐이다.

066 전통 마을 에 대한 이해로 적절하지 않은 것은?

① 곧은 길보다 구부러진 길을 선호했다.
② 거주자가 살 땅을 주도적으로 정했다.
③ 주거지와 일터가 서로 가까운 거리에 있었다.
④ 길의 복잡한 구조가 소원한 인간관계의 원인이 되었다.
⑤ 아파트와 달리 '사이 공간'이라는 공동의 영역이 존재했다.

067 ㉠의 사례로 가장 적절한 것은?

① 쌀값 안정 대책을 요구하는 온라인 서명 운동을 진행했다.
② 마을 사람들이 관광버스를 대절하여 설악산으로 단풍놀이를 떠났다.
③ 마을 한가운데 있는 마을 회관에서 정기 총회를 열어 마을 이장을 뽑는 선거를 실시했다.
④ 마을 옆을 지나가는 산업 도로 건설의 문제점에 대해서 민원을 제기하기 위해 대책 위원회를 구성하였다.
⑤ 일을 마치고 돌아오는 길에 만난 마을 사람들이 마을 회관에 들러 음료를 마시며 농사에 대한 이야기를 했다.

068 〈보기〉의 입장에서 윗글에 대한 반응으로 가장 적절한 것은?

―〈 보 기 〉―

보통 미디어에서는 아파트를 이야기할 때 회색 도시를 만드는 주범 혹은 비인간적인 주거 형태 등 좋지 않은 수식을 붙이잖아요. '우리 동네는 푸르고 좋은 곳인데.'라는 생각을 했습니다. 이 아파트가 성냥갑 아파트라고 비난받고 재건축으로 사라지면 억울할 것 같았어요. 이렇게 좋은 곳인데 기록으로 남지 않으면 몇 사람의 단편적인 기억을 제하고는 아무도 모르는 역사가 될 수 있잖아요. 푸른 나무만 많던 곳이 아니라 실제로 사람들이 어울려서 사는 좋은 동네였던 ○○아파트의 경우를 소개해서 경비 아저씨를 무시하거나 층간 소음으로 싸우는 등 아파트에 관한 선입견을 완화하고 싶었습니다.

① 아파트가 자연과 융합할 수 있다는 측면을 간과하고 있습니다.
② 아파트에 사는 사람이 아닌 건축 구조의 관점에서 비판하고 있습니다.
③ 아파트가 전통 주택에 비해 편리함을 준다는 측면을 간과하고 있습니다.
④ 재건축으로 사라질 위기에 처한 아파트를 어떻게 살릴 수 있을지에 대한 고민이 없습니다.
⑤ 아파트는 구조적으로 주변 환경과 조화롭게 어울릴 수 있는 공간이 아님을 간과하고 있습니다.

※ [069~072] 다음 글을 읽고 물음에 답하시오.

　법률이 유효하게 국민에게 적용되기 위해서는 ㉠공포(公布)라는 절차가 필요하다. 공포의 권한은 대통령이 가지며, 대통령이 하지 않을 때에는 국회의장이 공포한다. 국회에서 의결된 법률안이 정부로 넘어오면 대통령은 15일 안에 국무회의의 심의를 거쳐 공포를 하여야 하고, 아니면 거부권 행사로 국회에 재의를 요청하여야 한다. 그 어느 것도 하지 않을 경우에는 15일이 만료되는 시점에 법률로 확정된다. 대통령이 이의서를 붙여 국회에 환부(還付)하여 재의를 요구한 때에는, 재적의원 과반수의 출석과 출석의원 3분의 2 이상의 찬성으로 재의결 하여 법률안을 법률로 확정할 수 있다. 그런데 이런 경우들은 어디까지나 법률로 확정되었다는 것이지 효력이 생겼다는 것은 아니다. 헌법상 "법률은 특별한 규정이 없는 한 공포한 날로부터 20일을 경과함으로써 효력을 발생한다."(헌법 제53조 제7항)라고 되어 있고, 이를 실현하는 '법령 등 공포에 관한 법률'에서는 "법령 등의 공포일 또는 공고일은 해당 법령 등을 게재한 관보 또는 신문이 발행된 날로 한다."(제12조)라고 한다.

　공포란 공식적으로 널리 알린다는 의미이다. 전통적으로 널리 알리는 가장 일반적인 방법은 신문에 내는 것이었다. 실제로 국회의장이 법률을 공포하는 경우에는 2개 이상의 일간신문에 하도록 되어 있다.(법령 등 공포에 관한 법률 제 13조 제2항) 이는 예외적인 상황에서이다. 공적 방식의 이용이 방해되는 상황이라 비공식적 수단이라도 사용할 수 있는 길을 제시해 준 것이다. 대통령의 법률 공포는 관보에 하도록 되어 있다.

　관보는 국민 일반에게 널리 알릴 사항을 게재하기 위해 발행하는 공식적인 국가 기관지이다. 관보에 고시(告示)한다는 표현도 흔히 쓴다. 이제는 관보가 관공서에조차 잘 보이지 않는 신문이 되어서 과연 널리 알리는 효과가 있는지도 모르겠고 법령 정보 또한 관보로 확인하는 일은 거의 없는 실정이지만, 어쨌든 법률을 비롯한 법령은 관보에 실리는 것이 요건이다. 이는 또한 관보에 실린 그대로가 곧 법이라는 의미이기도 하다. 따라서 관보에 실린 법률의 조문들이 맞춤법에 어긋난 것이 있거나 띄어쓰기가 잘못된 것이 있더라도 그렇게 된 채로 법인 것이다. 마찬가지로 ㉡　　　　　　, 개정되기 전까지는 그것이 공식적으로 사용해야 할 법령 용어이다. 법에 실린 난해한 낱말이나 구절을 저 나름대로 친절하게 풀어 쓴 말로 바꾸어서 법조문이라고 인용한다면, 자의적으로 법을 왜곡하는 일이 된다.

　민법은 단기 4291년(1958) 2월 22일자 관보에 실려 공포되었다. 거기에 있는 민법의 문장들은 마치 구한말 국한문혼용체로 보일 지경이다. 근래에 제정, 개정되는 법령에서는 한자 표기를 하지 않는다. 부득이한 경우에도 괄호 안에 넣어 한글 용어 뒤에 붙인다. 뿐만 아니라 글월도 오늘날의 문법에 맞고 이해하기 좋은 말로 되어 있다. 그러다 보니 개정이 많은 민법에서는 조문들의 형식이 서로 일관되지 않기도 하는데, 아직은 어쩔 수 없는 일이다. 입법에서 국민이 이해할 수 있는 법령을 지향하는 노력은 계속되고 있다.

069 윗글의 내용과 일치하지 <u>않는</u> 것은?

① 현재의 민법은 1958년에 공포된 것에서 출발한다.
② 관보는 국민에게 공포할 사항을 싣는 신문이라 할 수 있다.
③ 일반적으로 법률은 공포된 뒤 20일이 지나면 효력을 갖는다.
④ 대통령은 법률을 공포하기 앞서 국무회의의 심의를 거쳐야 한다.
⑤ 법률안의 재의결에는 전체 국회의원 중 3분의 2의 찬성이 필요하다.

070 윗글을 바탕으로 추론한 내용으로 가장 적절한 것은?

① 법률의 원문을 확인하는 기준은 관보에 실린 법률 그대로이다.
② 다른 매체가 발달함에 따라 관보에 고시되는 법령이 줄고 있다.
③ 주요 일간지는 국가의 공식적인 국민 홍보 도구로 인정되고 있다.
④ 표현이 잘못된 법조문을 공식적으로 인용할 때는 고쳐 표기하는 것이 원칙이다.
⑤ 현행 법령에 있는 한자들을 한글로 바꾼 것을 법령 용어로 보는 것이 현재의 원칙이다.

071 ㉠에 대한 설명으로 가장 적절한 것은?

① 공포의 절차를 거치지 않은 법률은 아직 효력이 없는 것이 원칙이다.
② 일반적으로 법률의 공포는 2개 이상의 일간지에 게재하는 방식으로 한다.
③ 대통령이 법률안을 공포도 거부도 하지 않으면 국회에서 재의결하여 공포한다.
④ 국회의 재의결을 통해 법률이 확정되면 공포하지 않아도 법률의 효력이 발생한다.
⑤ 공포된 법률은 그 법률이 실린 관보의 발행일에 효력을 갖는 것이 헌법상의 원칙이다.

072 ㉡에 들어갈 말로 가장 적절한 것은?

① 다의적으로 해석될 여지가 있도록 구절들이 연결되어 있더라도
② 미사여구로 말미암아 법조문답지 않은 형식을 보이고 있더라도
③ 이제는 뜻을 알 수 없을 만큼 잘 쓰이지 않는 낱말이 있더라도
④ 쉬운 단어를 잘 활용하여 국민의 이해를 돕도록 되어 있더라도
⑤ 조문의 구조가 문법상 맞지 않아 맥락이 잘 파악되지 않더라도

※ [073~075] 다음 글을 읽고 물음에 답하시오.

㉠STM은 원자 현미경 중 처음으로 개발되었으며 뒤에 개발된 AFM보다 좋은 분해능(分解能)을 가진다. 〈그림〉은 STM의 개략도이다. 탐침은 전기화학적 식각과 열처리 방법을 이용하여 가느다란 텅스텐 선의 끝부분을 매우 뾰족하게 하여 만들어지며 맨 끝에는 원자 한두 개만이 있게 된다. 비록 두 개의 탐침과 샘플 표면이 떨어져 있지만, 탐침을 진공 중에서 전도체나 반도체인 샘플 표면에 원자 한두 개 크기의 간격인 0.5nm 정도로 접근시키면 그 간격이 아주 작으므로, 탐침과 샘플 사이에 적당한 전압을 걸어 주면 전자가 샘플 표면에서 튀어나와 탐침으로 이동하여 전류가 발생한다. 이와

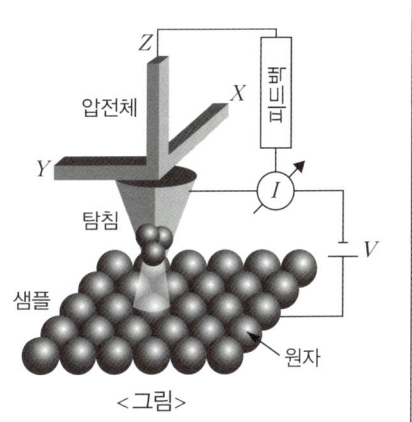

〈그림〉

같은 방식으로 전자가 튀어나오는 현상을 터널링이라 한다. 인가하는 전압이 클수록 터널링이 많이 일어나고 동일 전압에서는 STM의 탐침과 샘플 사이의 간격이 클수록 전자의 터널링 확률이 낮아져 전류가 급격히 줄어든다.

STM의 탐침은 압전체의 재질인데 압전체는 전압을 가하면 기계적 변형이 일어나는 물질로 전기를 가해 X, Y, Z 방향으로 탐침의 움직임을 조절할 수 있고, 방향 조절은 0.01nm 정도의 정밀도가 가능하다. 탐침을 통해 흐르는 전류가 일정하도록 압전체로 탐침의 높이를 조정하면서 좌우, 전후로 움직여 가면 탐침이 샘플 표면 위를 저공비행하듯이 따라간다. 이때 각각의 지점에서 탐침이 상하로 움직인 값을 컴퓨터로 처리하면 샘플의 표면 형상을 알 수 있다.

STM의 결점은 전기적으로 부도체인 샘플은 사용할 수 없다는 것과 진공이 필요한 것인데, 이를 해결하여 원자 현미경을 구현한 것이 ㉡AFM이다. AFM은 텅스텐으로 만든 바늘 대신에 캔틸레버라고 불리는 작은 막대를 쓴다. 캔틸레버는 미세한 힘에 의해서도 아래위로 쉽게 휘도록 만들어진다. 캔틸레버 끝부분에는 뾰족한 탐침이 달려 있으며, 이 탐침의 끝부분은 STM의 탐침처럼 원자 몇 개 정도의 크기로 매우 첨예하다. 압전체를 이용하여 탐침을 샘플 가까이 접근시키면 탐침과 샘플 사이의 거리에 따라 인력이나 척력이 작용한다. AFM을 이용하여 표면을 관찰하는 방법은 크게 접촉식과 비접촉식으로 나뉜다. 접촉식 AFM은 탐침을 샘플 표면에 접촉하여 표면의 정보를 얻어 내며 작용하는 척력의 크기가 $1\sim10\times10^{-9}$N 정도로 아주 미세하지만, 캔틸레버 역시 아주 민감하여 그 힘의 작용으로 휘어지게 된다. 이 캔틸레버가 아래위로 휜 정도를 측정하기 위하여 레이저를 캔틸레버의 윗면에 비추고 여기서 반사된 광선의 각도를 레이저 검지기인 포토다이오드를 사용하여 측정하는데 휘는 각에 따라 광선이 도달하는 포토다이오드의 지점이 달라진다. 이렇게 하면 탐침 끝의 움직임을 0.01nm 정도까지 미세하게 측정할 수 있다. 탐침의 높이를 조절하여 캔틸레버가 일정하게 휘도록 유지하면 탐침 끝이 샘플 표면과 일정한 힘을 유지한 채 표면을 따라가도록 할 수 있으므로 STM의 경우와 같이 샘플 표면의 형상을 측정할 수 있다.

반면 비접촉식 AFM은 원자 간의 인력을 이용하는데 그 힘의 크기가 0.01×10^{-9}N 이하로 매우 작을 뿐만 아니라, 물리적인 접촉이 없으므로 손상이 우려되는 샘플을 측정하는 데 적합하다. 하지만, 인력이 너무 작아 캔틸레버가 휘는 각도를 직접 잴 수가 없다. 따라서 비접촉식 AFM은 캔틸레버를 고유 공명진동수 부근에서 진동시킨다. 탐침이 샘플 표면에 다가가면 탐침과 샘플 표면 사이의 거리 변화에 따라 인력이 변한다. 따라서 캔틸레버의 공명진동수와 진폭이 변하게 되는데 이러한 상호 관계를 이용하면 표면의 형상을 알 수 있다. AFM 원리의 기본이 되는 원자 간 상호작용으로 발생하는 힘들은 샘플의 전기적 성질과 상관없이 항상 존재하므로 샘플의 전기 전도도와 무관하게 높은 분해능으로 관찰할 수 있다.

073 윗글을 읽고 대답할 수 있는 내용으로 적절하지 않은 것은?

① 터널링 현상이 일어나기 위한 조건은 무엇인가?
② 캔틸레버는 도체와 부도체 중 어떤 것이 쓰이는가?
③ 원자 현미경 중에서 제일 먼저 개발된 것은 무엇인가?
④ 압전체인 물체에 전압을 가하면 어떠한 현상이 발생하는가?
⑤ 접촉식과 비접촉식 AFM 중 이용되는 힘은 어느 방식에서 더 큰가?

074 ㉠과 ㉡에 대한 설명으로 적절하지 않은 것은?

① ㉠과 ㉡ 모두 원자 현미경에 속한다고 볼 수 있다.
② ㉠과 ㉡ 모두 탐침과 샘플의 거리를 조절하기 위해 압전체를 사용한다.
③ ㉠과 달리 ㉡에서는 샘플과 탐침이 서로 맞닿게 하는 경우가 있다.
④ ㉡과 달리 ㉠에서는 진공 조건에서만 표면을 관찰할 수 있다.
⑤ ㉡을 이용하여 표면의 형상을 볼 수 있는 샘플 모두는 ㉠에서도 관찰이 가능하다.

075 윗글을 바탕으로 〈보기〉의 학생들의 반응 중 적절한 것을 모두 고른 것은?

〈 보 기 〉

미세한 표면을 관찰하기 위해 오른쪽 그림과 같은 장치를 이용하고자 한다. 샘플은 유기물 반도체 물질이기 때문에 손상이 쉬운 재질이다. 따라서 샘플과 탐침의 물리적인 접촉을 피해 표면을 관찰하려 한다. 이에 대한 학생들의 반응은 아래와 같다.

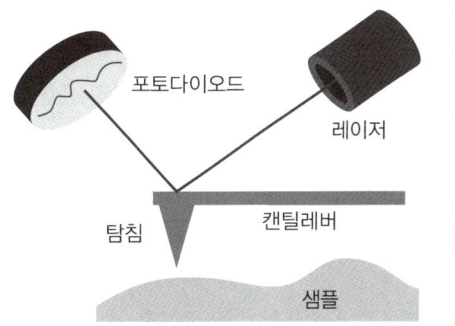

◉ 학생들의 반응
ㄱ. 샘플이 반도체이기 때문에 AFM뿐 아니라 STM으로도 샘플 표면 형상의 관찰이 가능하다.
ㄴ. 탐침과 샘플이 가까워지면 캔틸레버의 공명진동수가 바뀌어 탐침과 샘플 사이의 인력이 변한다.
ㄷ. 포토다이오드를 통하여 탐침이 휘는 정도를 측정하여 표면의 형상을 얻어낼 수 있다.
ㄹ. 샘플 표면의 원자와 탐침의 원자 사이의 서로 당기는 힘이 미치는 영향을 이용하여 샘플의 표면을 관찰하는 방식이다.

① ㄱ, ㄴ   ② ㄱ, ㄹ   ③ ㄴ, ㄷ   ④ ㄴ, ㄹ   ⑤ ㄷ, ㄹ

※ [076~078] 다음 글을 읽고 물음에 답하시오.

전통 묘기인 외줄타기를 보면 곡예사가 양팔을 접었다 폈다를 반복하면서 줄 위를 걷는다. 곡예사의 이러한 행위들은 줄 위에서 균형을 잡기 위한 것이다. 어떤 과학적 원리로 이를 설명할 수 있을까? 이는 관성 모멘트의 개념으로 설명할 수 있다.

관성 모멘트를 이해하기 위해 관성의 의미를 알아보자. 관성은 물체가 자신의 운동 상태를 유지하려는 특성을 표현한 용어이다. 즉 외부에서 힘이 작용하지 않으면 정지한 물체는 계속 정지해 있으려 하고, 운동하던 물체는 계속 등속도 운동을 한다는 것이다. 관성이 크다는 것은 운동 상태를 변화시키기 힘든 것이다. 물체에 힘을 가하면 속도가 변화한다. 속도의 변화율에 해당하는 가속도와 주어진 힘 사이에는 비례 관계가 성립한다. 비례 관계를 등호 관계로 만들어 주기 위해서 비례 상수가 사용되는데, 힘과 가속도 관계의 비례 상수가 관성 질량이다. 따라서 관성 질량은 힘의 크기와 그 힘에 의한 물체의 가속도의 비임을 알 수 있다. 즉 물체의 질량을 물체가 지닌 관성의 정도라 정의할 수 있다. 이것은 뉴턴의 운동 법칙이 질량을 힘, 질량, 가속도의 상관관계를 통해 정의한 것과 같은 의미이다. 예를

들어 같은 속도로 달리고 있을 때 질량이 큰 차가 작은 차에 비해 관성이 크기 때문에 물체의 속도 변화는 그만큼 어렵다. 이렇게 직선 운동일 경우와 같이 회전하는 물체도 회전 상태의 변화에 저항하는 성질이 있다. 이러한 성질을 나타내는 것이 관성 모멘트이다.

관성 모멘트는 직선 운동의 관성처럼 질량과 관련돼 있다. 그러나 관성 모멘트는 질량 자체보다 질량의 분포와 더 관련이 깊다. 회전 운동을 하는 질량이 m인 어떤 물체를 생각해 보자. 이때 물체는 크기가 아주 작고 질량이 m_i로 같은 미세한 알갱이들로 이루어졌다고 볼 수 있다. 이 알갱이 하나하나를 질점이라 하는데 모든 m_i의 합은 m이 되며, 이 질점 각각이 갖는 관성 모멘트의 합이 물체 전체의 관성 모멘트를 나타낸다. 관성 모멘트는 회전축으로부터의 거리 제곱에 회전체의 질량을 곱한 값이다. 따라서 질량이 같은 물체라도 질점의 분포가 다르면 관성 모멘트도 달라진다. 곡예사가 양팔을 펴는 행동은 곡예사의 질점 분포를 달리하며 곡예사의 회전 운동이 일어나지 않도록 하기 위함이다.

이러한 관성 모멘트의 개념은 각운동량 보존 개념으로 확장할 수 있다. 각속도는 단위 시간당 물체가 회전한 각을 의미하는데, 각운동량은 관성 모멘트와 각속도를 곱한 값이다. 각운동량 보존이란 회전 운동 중인 물체의 각운동량은 외부에서 회전에 영향을 주는 힘이 가해지지 않는 한 일정한 값으로 유지된다는 것이다. 회전 운동 이후 얼음판에 착지한 피겨 스케이팅 선수가 회전 속도를 줄이기 위해 양팔을 지면에 수평으로 뻗는 이유가 여기에 있다.

076 윗글의 서술상 특징으로 가장 적절한 것은?

① 특정 개념을 제시한 후 대립하는 견해를 소개하고 있다.
② 특정 대상의 장단점을 비교하여 효용성을 드러내고 있다.
③ 특정 이론이 변화하는 과정을 통시적으로 보여 주고 있다.
④ 특정 상황을 설명할 수 있는 원리를 구체적으로 설명하고 있다.
⑤ 특정 원리에 대한 반박의 내용을 질문의 형식으로 도입하고 있다.

077 윗글에서 추론한 내용으로 적절한 것을 〈보기〉에서 있는 대로 고른 것은?

〈 보기 〉

ㄱ. 외줄을 타고 있는 곡예사는 그의 균형이 무너지려 할 때 팔을 접었다가 균형이 잡히면 팔을 다시 펼 것이다.
ㄴ. 같은 크기의 힘이 가해졌을 때 가속도가 클수록 물체의 관성 질량은 작다.
ㄷ. 타자가 야구 방망이로 스윙을 하고 있을 때 방망이의 각속도는 손으로 잡은 부위에서 멀어질수록 더 커질 것이다.

① ㄱ   ② ㄴ   ③ ㄷ   ④ ㄱ, ㄴ   ⑤ ㄴ, ㄷ

078 윗글을 바탕으로 〈보기〉의 탐구 내용 중 적절한 것을 모두 고른 것은?

〈 보 기 〉

프리스타일 모터크로스(motorcross)는 오토바이 스포츠의 일종이다. 모터크로스 선수가 점프대를 이용하여 역회전을 2회 수행하며 착지하려 한다. 공중에서 회전하고 있는 동안 공기 저항 등에 의해 회전에 영향을 주는 힘은 무시하며 회전축은 변화하지 않는다.

◎ 탐구 내용

ㄱ. 모터크로스 선수가 회전하는 동안 몸을 회전축에서 더 멀리 편다면 목표한 역회전의 수에 미치지 못하겠군.
ㄴ. 공중에서 회전하고 있는 동안 오토바이의 회전축인 안장 부분의 질점이 손잡이 부분의 질점보다 각운동량이 더 크겠군.
ㄷ. 오토바이와 선수의 전체 각운동량은 공중에서 정점에 이르렀을 때가 최댓값을 보이겠군.
ㄹ. 등에 가방을 메고 같은 자세와 같은 각속도로 회전을 하고 있다면 오토바이와 선수 전체의 관성 모멘트는 가방을 메고 있을 때가 더 크겠군.

① ㄱ, ㄷ   ② ㄱ, ㄹ   ③ ㄴ, ㄷ   ④ ㄴ, ㄹ   ⑤ ㄷ, ㄹ

※ [079~082] 다음 글을 읽고 물음에 답하시오.

날마다 새로운 기능과 디자인의 상품이 쏟아져 나오는 현대 사회에서 우리는 어떤 상품을 선택하고 구매해야 할까? 대부분의 소비는 가격과 품질에서 높은 만족을 얻을 수 있는 방향으로 결정된다. 이른바 '합리적 소비'를 추구하는 것이다. 그러나 최근에는 저개발국의 인권이나 환경 보호에 관심이 커지면서 '윤리적 소비'와 관련한 인식이 널리 퍼지고 있다. 윤리적 소비 란 인간, 동물, 자연환경에 해를 끼치지 않고 윤리적으로 생산된 상품을 구매하는 것을 말한다.

윤리적 소비는 더 나은 세상을 만들기 위한 정당한 권리 행사이다. 흔히 소비를 '시장 경제 시대의 투표'라고 표현한다. 현재 우리가 살고 있는 자본주의 사회에서는 소비자들의 선택에 따라 시장에서 공급되는 상품의 종류와 양이 달라진다. 소비자들은 특정 상품을 사거나 사지 않는 선택을 함으로써 자신이 추구하는 가치를 드러낼 수 있다. 우리가 가난한 아동들의 노동으로 만든 제품을 구매하지 않는 것은 노동자를 착취하는 행위에 반대하는 것이고, 친환경 제품을 구매하는 것은 환경 보호에 지지를 보내는 것이다.

윤리적 소비는 세계의 빈곤 문제 해결에 기여한다. 세계 인권 선언 제23조에서는 "모든 사람은 차별 없이 동일한 노동을 하면 동일한 보수를 받을 권리가 있다."라고 규정하고 있다. 그러나 아직도 수많은 제삼 세계 노동자가 혹독한 노동을 하면서도 아주 적은 대가를 받는다. 그런데 우리가 노동자에게 공정한 노동의 대가를 지급한 제품을 구매하면, 그들의 빈곤을 완화하고 경제적 자립을 도울 수 있다.

또한 윤리적 소비는 지구를 지키는 친환경 소비이다. 윤리적 소비자는 지역 농산물이나 유기농 식품을 구매할 뿐만 아니라, 동물 실험을 하거나 오염 물질을 배출하는 기업을 상대로 불매 운동을 벌이기도 한다. 이것은 지구를 더는 훼손하지 않고 다음 세대에 물려주기 위한 노력의 일환이다.

생활이 달라져야 의식이 바뀌고, 소비가 바뀌어야 세상이 변한다. 세상은 더 나은 세상을 원한다는 말만으로 변하지 않는다. 윤리적 소비는 생산자와 소비자, 노동자와 기업, 지구와 인류의 공생을 위한 첫걸음이다. 어떻게 살[買] 것인가는 결국 어떻게 함께 살[生] 것인가의 다른 말이다.

소비자의 의식 변화에 발맞춰 기업들도 윤리적 소비에 한발 더 다가서고 있다. 이제 공정 무역 초콜릿이나 커피를 판매하는 곳은 어렵지 않게 찾을 수 있다. '건강에 이롭지 않은 음료'로 눈총을 받아 온 한 탄산음료 회사는 최근 비용 부담을 감수하고 친환경 페트병을 사용해 이미지 반전에 성공했다. 미국의 한 신발 회사는 한 켤레를 팔 때마다 아프리카 등 어려운 나라에 한 켤레를 기부하는 '착한 경영'을 펼치고 있다. 이와 같은 움직임은 소비자들의 의식 변화로 이루어진 것이라서 더욱 값지다.

079 윤리적 소비 의 특징으로 적절하지 않은 것은?

① 비교적 최근에 주목받으며 퍼진 개념이다.
② 소비를 통해 세상을 개선하려는 권리 행위이다.
③ 가격과 품질에 대한 만족도가 우선시되는 행위이다.
④ 구매와 불매를 통해 생산자에 대한 지지와 반대를 표현한다.
⑤ 소비자의 요구를 생산자가 수용함으로써 상호 관련을 맺는 과정이다.

080 윗글에서 추론할 수 있는 내용으로 적절하지 않은 것은?

① 개인의 소비 활동이 세상의 변화를 이끌 수 있다.
② 모든 노동자는 평등하고, 공정한 대우를 받아야 한다.
③ 소비자와 기업은 이익이 서로 상충하는 대립적 관계이다.
④ 현대 사회에서 소비 행위는 중요한 위치를 차지하고 있다.
⑤ 현재의 소비 행위는 다음 세대의 자연환경에 영향을 미친다.

081 윗글의 내용을 고려할 때, 〈보기〉의 ㉠, ㉡에 들어갈 사례로 적절하지 <u>않은</u> 것은?

〈 보 기 〉
- 빈곤 해결: (㉠   )
- 친환경: (㉡   )

① ㉠: 동물 실험　　　　　② ㉠: 신발 기부
③ ㉠: 공정 무역 커피　　　④ ㉡: 유기농 식품
⑤ ㉡: 지역 농산물

082 〈보기〉를 바탕으로 할 때 윗글에 대한 비판으로 가장 적절한 것은?

〈 보 기 〉

비판적 읽기를 위해서는 판단의 준거가 필요한데, 그 준거는 내용에 대한 준거와 형식·표현에 대한 준거로 나누어 볼 수 있다. 내용에 대한 준거로는 타당성, 공정성, 신뢰성이 있다. 타당성은 글에 나타난 내용이 합리적이며 옳은지에 대한 것이다. 공정성은 글의 주제, 필자의 관점과 태도와 관련하여 이것들이 객관적이고 균형 잡힌 시각을 갖추었는지에 대한 것이다. 신뢰성은 글의 내용이나 글에 사용된 자료가 믿을 만한지에 대한 것이다.

① 글쓴이가 소비자의 입장에서 글을 서술하였기에 타당성이 떨어진다.
② 글 전체의 내용이 일관되며 하나의 주제로 통일되므로 신뢰성이 있다.
③ 공정 무역 커피를 판매하는 곳이 실제로 제시되지 않아 공정성이 떨어진다.
④ 지역 농산물이 친환경적인 이유에 대한 설명이 누락되어 타당성이 떨어진다.
⑤ 지역 농산물이나 유기농 식품이 친환경 소비 개념을 뒷받침하고 있기에 공정성이 있다.

※ **[083~084]** 다음 글을 읽고 물음에 답하시오.

2025년 스포츠 강좌 이용권 신청 안내문

1. **지원 내용:** 1인당 10만 5천 원 범위 내 스포츠 강좌 수강료 지원
   ※ 스포츠 강좌 이용권은 1년 단위로 매년 새로 신청해야 함.

2. **신청 기간:** 2024. 11. 4.(월)~11. 22.(금)

3. **신청 대상**
   - 지원 연령: 만 5~18세 유·청소년
   - 수급 자격: 기초 생활 수급 가구 및 차상위 계층(법정 한부모 지원 가구 포함)

4. **신청 방법**
   - 온라인 신청: 스포츠 강좌 이용권 홈페이지(http://svoucher.kspo.or.kr) 접속
     - 상단 메뉴의 '개인 이용권 신청' 클릭하여 ㉠<u>신청 정보</u> 입력
   - 서면 신청: 관할 동 주민 센터 방문 및 신청서 작성

5. **신청 시 유의사항**
   - 14세 미만 아동의 경우, 법정 대리인 또는 법정 대리인의 위임을 받은 사람이 신청
     ※ 신청 대상 자녀가 2명 이상인 경우, 해당 자녀 모두를 개별적으로 신청
   - 신청자별로 실제 주민등록상의 거주지 1곳의 이용권만 신청해야 함.
     ※ 타 거주 지역에 대해 신청할 경우 취소 처리됨.
   - 세대주가 외국인인 경우 시·군·구청에 방문하여 직접 신청(홈페이지 신청 불가)
   - 「스포츠꿈나무 특기장려금」, 「지역사회서비스 투자사」와 중복 지원 불가

6. **선정 결과 안내**
   - 12월 2일까지 홈페이지 공지 사항 안내 및 신청 시 작성한 휴대 전화 번호로 개별 공지

7. **카드 발급 방법 안내**
   - 온라인 발급: 이용권 선정 결과 발표 후 회원이 카드사 홈페이지에서 직접 신청
     ※ 선정 결과 발표 후 7일 이내에 회원이 카드를 신청하지 않는 경우에만 카드 회사에서 회원에게 안내 전화 (본인 인증) 후 유선으로 카드 발급

083 윗글에 대한 이해로 적절하지 <u>않은</u> 것은?

① 신청 대상 자녀가 3명일 때 신청 횟수는 총 3회가 되어야겠군.
② '스포츠꿈나무 특기장려금'에 지원한 사람은 중복 지원할 수 없겠군.
③ 이용권 카드는 결과 발표 후에 온라인 발급과 유선 발급 중 하나를 선택하여 카드를 발급하면 되겠군.
④ 작년에 스포츠 강좌 이용권을 지원받았던 사람도 올해 신청할 수 있겠군.
⑤ 세대주가 외국인인 경우 온라인으로는 스포츠 강좌 이용권을 신청할 수 없겠군.

084 윗글에서 확인할 수 있는 ㉠의 내용으로 옳지 <u>않은</u> 것은?

① 나이
② 휴대 전화 번호
③ 수급 자격 정보
④ 홈페이지 아이디
⑤ 이용권 신청 지역

※ [085~087] 다음 뉴스 보도를 읽고 물음에 답하시오.

사라지는 붕어빵 … "노점 허가제 논의를"	
장면 1		앵커: 요즘 같은 추위에 붕어빵처럼 따뜻한 길거리 간식이 인기를 끌고 있는데요. 그런데 붕어빵 가게는 대부분 불법 노점이어서 일정 조건을 충족하면 영업을 합법화하는 노점 허가제를 전국적으로 시행해야 한다는 목소리도 나오고 있습니다. 김○○ 기자입니다.
장면 2		김 기자: 한 도심의 붕어빵 노점. 피어오르는 붕어빵 굽는 냄새를 맡고 손님들이 삼삼오오 모여듭니다. 학생들: "길거리에서 붕어빵을 자주 사 먹곤 했는데, 요즘 잘 안 보여서 보일 때마다 무조건 사 먹는 거 같아요."

장면 3		김 기자: 인기에 힘입어 주변에 붕어빵 파는 곳을 가리키는 '붕세권'이라는 말도 생겨날 정도입니다. 심지어 붕어빵 노점 위치를 알려 주는 애플리케이션도 등장했습니다. 실제로 붕어빵 지도 앱을 보고 찾아오는 사람들도 많습니다.
장면 4		김 기자: 붕어빵 장사는 대부분 불법 노점입니다. 허가를 받지 않고 도로를 점용할 경우 현행법 위반이기 때문입니다. 단속에 적발될 경우 과태료가 부과될 수 있습니다. 구청 단속을 피해 자리를 옮기기도 하고, 아예 철거되는 경우도 부지기수입니다.
장면 5	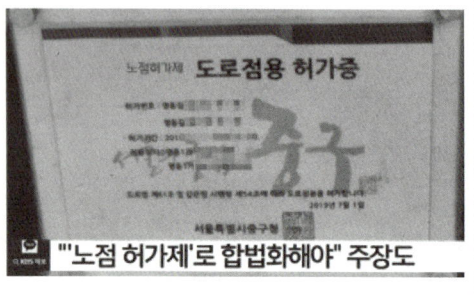	김 기자: '노점 허가제'란 일정 조건을 갖춘 노점을 대상으로 도로점용료를 받고 허가증을 내주어 합법으로 영업할 수 있는 조건을 만들어 주는 제도입니다. 기존 상인과 노점상의 상생을 위해 서울시에선 2019년 도입해 시행 중입니다. 단속과 규제만으로 해결되지 않는다면, 상생을 위한 현실적인 대안이 필요해 보입니다.

085 뉴스 보도에 사용된 정보 제시 전략으로 적절하지 <u>않은</u> 것은?

① 장면 1: 보도의 주요 제재를 드러내기 위해 앵커 배경으로 '붕어빵' 사진을 제시한다.
② 장면 2: 이어질 인터뷰를 위해 '붕어빵 노점'을 이용하는 학생들의 모습을 보여 준다.
③ 장면 3: 보도에서 다루는 신조어 '붕세권'의 뜻을 풀이하는 사전 자료를 보여 준다.
④ 장면 4: 보도에서 언급한 '불법 노점'의 현실을 자막과 영상을 통해 보여 준다.
⑤ 장면 5: 기자가 설명하는 '노점 허가제'의 이해를 돕기 위해 '허가증' 사진을 제시한다.

086 〈보기〉는 뉴스 보도를 본 시청자들의 반응이다. 이에 대한 이해로 적절하지 않은 것은?

〈 보기 〉

시청자 게시판	
┗ 소비자	붕어빵 지도 앱이 있으면 뭐 하나요. 마음먹고 찾아가도 노점이 이미 사라져 있더라고요. 보도 제목처럼 거리에서 붕어빵 사 먹기가 하늘의 별 따기예요.
┗ 노점상	형편이 어려워져 붕어빵 장사를 시작했지만 수입보다 과태료를 더 낸 적도 있어요. 한철 장사이고 제 손님이 근처 가게도 이용할 수 있을 텐데…. 서로 이해해 주었으면 좋겠어요.
┗ 가게 상인	먹고 살기 힘든 건 다 마찬가지죠. 누군 세금 내고 싶나요? 심지어 저희 디저트 가게는 인근에 붕어빵 노점이 문을 열면 매출이 20~30% 떨어져 버려요.
┗ 구청 관계자	불법 노점에 대한 민원이 많아 단속에 나설 수밖에 없죠. 세금도 내지 않고, 도로 통행에 불편을 주고, 검증받지 않은 식품을 판다며 주변에서 민원이 많이 제기돼요.
┗ ○○시의원	노점 허가제를 시행하더라도 주변 상권과의 상생을 위해 꼼꼼한 가이드라인이 필요합니다. 판매 장소, 품목, 운영 형태 등에 대해서 세부적인 논의가 필요합니다.

① 소비자: 보도 내용과 관련된 자신의 경험을 속담에 빗대며 공감하고 있다.
② 노점상: 보도의 마무리 언급처럼 단속보다는 상생이 필요함을 호소하고 있다.
③ 가게 상인: 불법 노점으로 인한 피해 상황을 수치로 제시하고 있다.
④ 구청 관계자: 보도에서 다룬 문제점을 요약하며 단속이 필요함을 강조하고 있다.
⑤ ○○시의원: 보도에서 핵심으로 다루는 제도 시행의 구체적인 방안을 고민하고 있다.

087 〈보기〉는 '노점 허가제를 도입해야 한다'는 논제에 대한 양측의 주장이다. ㄱ~ㄹ의 주장을 찬성 측과 반대 측으로 바르게 짝 지은 것은?

〈 보 기 〉

ㄱ. 노점상을 규제하려고 하기보다는 오히려 양성화해서 정당한 소득으로 인정해야 한다.
ㄴ. 일정 조건을 갖춘 노점에 허가증을 내어 주어야 하는데 일정 조건이라는 기준이 불명확하다. 불법에 예외를 두면 안 된다.
ㄷ. 도로점용료를 받더라도 노점 수익에 대한 세금 부과의 문제가 해결되기 어려울 것이며, 이미 합법으로 운영하는 인근 가게 상인들에게 역차별이 된다.
ㄹ. ○○ 공원 포장마차 거리는 불법 노점상인데도 시민들이 즐겨 찾는 관광 명소가 되고 있다. 만일 허가증을 내 주면 관광 명소의 더 큰 발전이 있을 것이다.

	찬성	반대
①	ㄱ, ㄴ	ㄷ, ㄹ
③	ㄴ, ㄷ	ㄱ, ㄹ
⑤	ㄷ, ㄹ	ㄱ, ㄴ

	찬성	반대
②	ㄱ, ㄹ	ㄴ, ㄷ
④	ㄴ, ㄹ	ㄱ, ㄷ

※ [088~090] 다음 글을 읽고 물음에 답하시오.

구직급여(중앙부처 정책지원금)

고용보험 가입 근로자가 비자발적 사유로 이직하여 재취업 활동을 하는 기간에 구직급여 등을 지급함으로써 생활 안정 및 조속한 노동 시장 복귀를 지원한다.

1. 지원 대상

- 고용보험 적용 사업장에서 경영상 해고 등 비자발적으로 이직한 피보험자
- 이직일 이전 18개월간 피보험 단위 기간 180일 이상 근무
- 근로의 의사와 능력이 있음에도 불구하고 실업한 상태에서 적극적으로 재취업 활동을 하는 사람 (일용 근로자의 경우 수급 자격 인정 신청일이 속한 달의 직전 달 초일부터 수급 자격 인정 신청일까지의 근로일 수의 합이 같은 기간 동안의 총 일수의 3분의 1 미만일 것)
- 예술인: 이직일 이전 24개월간 피보험 단위 기간 9개월 이상(예술인으로서 3개월 이상)
- 노무 제공자: 이직일 이전 24개월간 피보험 단위 기간 12개월 이상(노무 제공자로서 3개월 이상)

2. **신청:** 이직 후 지체 없이 고용노동부 홈페이지 온라인 신청
3. **지원 내용:** 이직일 다음 날부터 12개월 내 본인의 소정 급여일수 한도로 현금 지급
   - 아래의 요건을 충족하는 경우 구직급여를 연장하여 지원
     - 훈련 연장 급여: 직업 능력 개발이 필요하다고 판단되어 직업안정기관장이 훈련을 지시한 수급자격자에게 훈련을 받는 기간에 구직급여를 연장하여 지원
     - 개별 연장 급여: 취업이 특히 곤란하고 생활이 어려운 수급자 중 대통령령에 따른 지급 요건을 충족하는 자에게 최대 60일간 구직급여의 70%를 연장하여 지원
     - 특별 연장 급여: 대량 실업 사태 등 대통령령이 정한 사유 발생 시 최대 60일간 구직급여를 연장하여 지원
   * 자영업자, 예술인, 노무 제공자는 연장 급여가 지원되지 않음.

088 윗글에 대한 이해로 적절하지 <u>않은</u> 것은?

① 과도한 직무로 스트레스를 받다가 자발적으로 퇴사한 경우라면 구직급여를 받을 수 없다.
② 이직일 이전 18개월간 피보험 단위 기간 200일 이상 근무한 경우 구직급여 요건에 해당한다.
③ 심각한 재정적 어려움을 겪는다면 취업 의사와 무관하게 지원 대상이다.
④ 구직급여는 이직 후 곧바로 신청할 수 있으며, 이직 다음 날부터 지급 가능하다.
⑤ 대량의 실업 사태가 발생할 경우 구직급여를 받던 사람들은 최대 60일간 연장해서 받을 수 있다.

089 윗글과 관련하여 〈보기〉를 읽고 난 반응으로 적절하지 <u>않은</u> 것은?

〈 보 기 〉

　오랫동안 예술가로 활동해 온 A는 2년간 일하던 직장에서 경영난을 이유로 정리 해고를 당했다. 다행히 해당 직장은 고용보험이 적용되었기 때문에 A는 정리 해고가 결정된 다음 날부터 구직급여에 대해 알아보기 시작했다. 생계가 막막해진 A의 입장에서 구직급여를 받지 못한다면 심각한 생활고에 시달릴 가능성이 높다.

① A는 정리 해고 대상자이므로 구직급여의 요건에 해당하겠군.
② A는 반드시 근로 의사를 증명해야 구직급여를 받을 수 있겠군.
③ A는 실업자가 된 날 바로 구직급여를 신청할 수 있겠군.
④ A는 구직급여 요건을 모두 충족한다면 현금으로 지원받겠군.
⑤ A는 취업이 안 되고 생활고에 시달리면 구직급여를 연장할 수 있겠군.

090 윗글에서 추가로 제시되어야 할 정보로 적절하지 <u>않은</u> 것은?

① 지원 대상에 해당하는 근무일수
② 예술인의 예술 활동 증빙 자료
③ 구직급여 지원 선정 후 지급 방법
④ 적극적 재취업 활동에 대한 증명 방법
⑤ 구직급여의 구체적인 금액 또는 지원금 규모

국어 문화 91번~100번

091 〈보기〉에서 설명하는 문학 작품은?

〈 보기 〉

이 작품은 조선 선조 때 권호문이 지은 총 19수의 연시조 작품으로 벼슬길과 은거 생활의 갈등에서부터, 속세에 미련을 갖지 않고 강호의 풍류를 즐기며 살아가는 모습, 그리고 현실 세계를 초월한 자신의 모습을 그려 내고 있다.

① 어부가　　② 장진주사　　③ 강호사시가　　④ 도산십이곡　　⑤ 한거십팔곡

092 〈보기〉에서 설명하는 문학 작품은?

〈 보기 〉

이 작품은 전상국이 지은 단편 소설로, 6·25 당시에 한 마을에서 일어난 살벌한 살육의 소용돌이에서 야기된 개인의 원한과 죄의식을 다루고 있다. 특히 개인의 내면에 숨은 욕망이 역사적 흐름과 맞물리면서 비극적 모습을 일으키는 양상을 극적으로 압축한 작품으로 평가 받고 있다.

① 유예
② 동행
③ 아베의 가족
④ 우상의 눈물
⑤ 우리들의 날개

093 〈보기〉에서 설명하는 작가는?

> 〈 보 기 〉
>
> 1922년 홍사용, 현진건, 이상화, 박영희 등과 함께 『백조』 동인으로 활동하였다. 처음에는 감상과 낭만을 주조로 했으나, 차츰 당대의 현실 문제를 파헤친 사실주의 계열의 소설을 썼다. 주요 작품으로 「물레방아」, 「여이발사」, 「벙어리 삼룡이」 등이 있다.

① 김성한   ② 김소진   ③ 나도향   ④ 손창섭   ⑤ 윤흥길

094 〈보기〉는 일제 강점기에 게재된 신문 기사이다. 이에 대한 설명으로 적절하지 않은 것은?

> 〈 보 기 〉
>
> **구악(舊樂) 부흥의 이 장거(壯擧)! 흥보전도 가극화**
>
> 조선성악연구회에서 가극 춘향전을 상연하야 만도의 인기를 끄은 뒤로 구악 부흥의 새로운 광명을 발견하고 드듸여 전래의 창극을 모조리 가극으로 고치기로 결심한 후 제이 차로는 흥보전을 가극화하야 방금 전 회원 총동원 아래 맹렬한 련습을 계속하야 가는 터로 천번과 가티 본사(本社) 학예부의 후원을 벗어서 오는 륙일부터 닷새 동안 시내 동양극장에서 공연키로 되엿다. 흥보전은 전번 가극 춘향전의 경험으로 미루어서 각색과 배역을 좀 더 신중히 하고 좀더 새롭게 하는 것은 물논이요 될 수 잇는 데까지 소리를 만히 넛는 동시 소리 업는 장면을 전연 업새여 가극의 기술로서도 적지 안흔 향상을 보이어 잇는 터라 금번 공연이 더욱 더 일반의 대환영을 밧게 될 것이라고 구든 자신을 가지고 잇는 모양이다. …… 이번 흥보전을 공연함에 임하야도 동회에서는 본보 독자를 우대하지 안 허서는 안되겟다고 생각하고 게상 게하를 통하야 각 이십 전씩을 할인키로 되얏다.
>
> — 『조선일보』, 1936년 11월 5일자

① 조선성악연구회의 새 창극은 6일부터 공연된다.
② 조선성악연구회는 『조선일보』 학예부의 후원을 받고 있다.
③ 조선성악연구회의 전 회원이 공연 연습에 매진하고 있다.
④ 이번 공연은 소리 없는 장면을 늘려 여운을 전할 예정이다.
⑤ 이번 공연은 『조선일보』 독자들에게 각 20전씩 할인한다.

095 〈보기〉의 ㉠~㉤의 의미로 적절하지 않은 것은?

――――――〈 보 기 〉――――――

"폐하 어찌 망령되게 허락하였습니까? 왕실은 미약하고 외적은 강성하니, 이는 자는 범을 찌름과 같고 드는 토끼를 놓침이라. 한낱 새알이 천근의 무게를 견디리까? 가련한 백성 목숨 백 리 사장(沙場) 외로운 혼이 되면 그것인들 아니 ㉠적악(積惡)이리오. 엎드려 바라옵건대 황상은 기병하지 마옵소서." 천자 그 말을 들으시고 여러 가지로 생각하던 차에, 한담과 일 귀 일시에 ㉡합주하되, "유심의 말을 듣사오니 죽여도 애석하지 않으니, 오국 간신과 같은 무리로소이다. 대국을 저버리고 도적놈만 칭찬하여 개미 무리를 대국에 비하고 한낱 새알을 폐하에게 ㉢비하니, 일대의 간신이요 만고의 역적이라. 신 등은 ㉣저어하건대 유심의 말이 가달을 못 치게 하니 가달과 동심하여 ㉤내응이 된 듯하니 유심의 목을 먼저 베고 가달을 치사이다."

― 「유충렬전」

① ㉠: 남에게 악한 짓을 많이 함.
② ㉡: 한꺼번에 아뢰기를.
③ ㉢: 비유하니.
④ ㉣: 짐작하건데.
⑤ ㉤: 내부에서 몰래 적과 통함.

096 〈보기〉는 『훈민정음』 서문이다. ㉠~㉤과 현대국어의 대응으로 적절하지 않은 것은?

――――――〈 보 기 〉――――――

나랏 ㉠말ᄊᆞ미 中國에 달아 文字와로 서르 ᄉᆞᄆᆞᆺ디 아니ᄒᆞᆯᄊᆡ 이런 젼ᄎᆞ로 어린 百姓이 ㉡니르고져 홇 배 이셔도 ᄆᆞᄎᆞᆷ내 제 ㉢ᄠᅳ들 시러 펴디 몯ᄒᆞᇙ 노미 하니라 내 이ᄅᆞᆯ 爲ᄒᆞ야 어엿비 너겨 새로 스믈여듧 字ᄅᆞᆯ 밍ᄀᆞ노니 사ᄅᆞᆷ마다 ᄒᆡ여 수ᄫᅵ 니겨 ㉣날로 ㉤ᄡᅮ메 便安킈 ᄒᆞ고져 ᄒᆞᇙ ᄯᆞᄅᆞ미니라.

① ㉠: 말ᄊᆞᆷ > 말씀
② ㉡: 니르다 > 이르다
③ ㉢: 뜬 > 뜻
④ ㉣: 날로 > 그대로
⑤ ㉤: 쁘다 > 쓰다

097 〈보기〉는 북한의 조선말 규범집의 일부이다. 표기가 남과 북 모두 올바른 것은?

― 〈 보 기 〉 ―

제11항

• 말줄기의 모음이 《ㅏ, ㅑ, ㅗ, ㅏㅡ, ㅗㅡ》인 경우에는 《아, 았》으로 적는다.
  예 막다 - 막아, 막았다   오다 - 와, 왔다   따르다 - 따라, 따랐다
• 말줄기의 모음이 《ㅣ, ㅐ, ㅔ, ㅚ, ㅟ, ㅢ》인 경우와 줄기가 《하》인 경우에는 《여, 였》으로 적는다.
  예 기다 - 기여, 기였다   개다 - 개여, 개였다   희다 - 희여, 희였다

	(남)	(북)
①	잡었다	잡았다
②	얇었다	얇았다
③	시었다	시었다
④	쥐었다	쥐였다
⑤	띄였다	띄였다

098 〈보기〉를 바탕으로 할 때 점자 표기가 적절하지 않은 것은?

― 〈 보 기 〉 ―

[자음]

ㄱ	ㄷ	ㅇ	ㅈ	ㅍ
⠈	⠊	(⠛)	⠨	⠋

[모음]

ㅏ	ㅗ	ㅣ
⠣	⠥	⠕

※ 'ㅇ'이 첫소리 자리에 쓰일 때에는 표기하지 않는다.
※ 다음 글자들은 약자를 사용하여 적는다.

가	다	자	파
⠫	⠊	⠨	⠙

① 고가
② 오기
③ 파도
④ 도자기
⑤ 자포자기

099 밑줄 친 부분을 이해하기 쉬운 표현으로 수정한 것으로 가장 적절한 것은?

― 〈 보 기 〉 ―

이사가 그 임무를 <u>해태한</u> 때에는 그 이사는 법인에 대하여 연대하여 손해배상의 책임이 있다. (민법 제65조)

① 어떤 법률 행위를 할 기일 후에 의사를 표명한
② 어떤 법률 행위를 할 기일 전에 책임을 다하지 아니한
③ 어떤 법률 행위를 할 기일에 의사 표명을 하지 아니한
④ 어떤 법률 행위를 할 기일 전에 회의에 참석하지 아니한
⑤ 어떤 법률 행위를 할 기일을 이유 없이 넘겨 책임을 다하지 아니한

100 〈보기〉에서 드러나는 방송 언어의 특성으로 적절하지 <u>않은</u> 것은?

―〈 보 기 〉―

교통 캐스터: 오늘도 미세먼지가 말썽인데요. 호흡기 건강 관리가 중요한 시기인 만큼 주행 중에는 내기 순환 모드를 이용하시는 게 좋겠습니다. 월요일답게 출근길 상황이 계속해서 어려워지고 있고 그중에서도 한 번에 길게 막히는 곳은 서해안선입니다. 수도권 제1순환선 구리 방향 이동은 괜찮지만 구리에서 판교 쪽으로 남양주에서 상일까지는 가다 서다를 반복합니다. 한편 중부선 하남 방향으로 그새 정체가 늘었고 이제는 서청주부터 9km 구간도 어렵겠습니다. 안전을 위해 전 좌석 안전띠 잘 매 주시고 졸리면 쉬었다 가시길 바라겠습니다. 고속도로 교통 방송이었습니다.

① 교통 정보 이외에 건강, 안전 등의 정보를 포함하여 전달한다.
② '막히다'를 반복하지 않고 해당 의미를 다양한 단어로 표현한다.
③ 구체적인 도로명과 방향을 언급하며 실시간 도로 상황을 알린다.
④ '내기 순환 모드'와 같은 자동차와 관련된 전문 용어를 사용한다.
⑤ 교통 상황을 속도감 있게 전달하기 위해 문장을 명사형으로 종결한다.

어떤 길은 시작한 것만으로도,
다른 길이 펼쳐진다.

너의 시작을 옳게 만드는 노력,
그 단단한 걸음에 빛나는 길이 마중 나올 것이니.

#시작의힘 #빛나는미래

시대에듀의 퀄리티 끌어올림# 브랜드입니다.

KBS한국어능력시험
공식기출 문제집+무료강의

1쇄 발행	2025년 07월 09일
2쇄 발행	2025년 08월 25일
발 행 인	박영일
출 판 책 임	이해욱
저 자	KBS한국어진흥원
개 발 편 집	김기임 · 김선아 · 유소정 · 김소라 · 심재은 · 신지호
표 지 디 자 인	장미례
본 문 디 자 인	김휘주 · 신지연
마 케 팅	박호진
발 행 처	㈜시대고시기획시대교육
출 판 등 록	제 10-1521호
주 소	서울시 마포구 큰우물로 75[도화동 성지빌딩]
전 화	1600-3600
홈 페 이 지	www.sdedu.co.kr

이 책은 저작권법의 보호를 받는 저작물이므로 무단 전재 및 복제, 배포를 금합니다.
파본은 구입하신 서점에서 교환해 드립니다.

고맙다
끝까지 애써 온 너의 최선이
너에게 다정한 결실이 되어 올 것이다

출제기관
KBS 한국어진흥원
공/식/인/증

가장 최신 기출
국가공인 자격

KBS
한국어능력시험 공식
기출문제집 + 무료강의

KBS한국어진흥원 문제/해설/결과분석 제공

제85, 84, 83회

기출변형 모의고사

시대에듀 은 KBS한국어능력시험의 출제기관인 KBS한국어진흥원의 공식계약사로, 가장 최신 기출문제를 출간합니다.

합격시키는 힘, 합격력을 끌어올리다
콘텐츠의 정확성과 견고함을 기반으로, 자격증수험서의 본질인 합격에 집중하는
시대에듀의 합격력 끌어올림# 브랜드입니다.

출제기관
KBS 한국어진흥원
공/식/인/증

KBS
한국어능력시험 공식
기출문제집 + 무료강의
제85, 84, 83회

기출변형 모의고사

시대에듀 은 KBS한국어능력시험의 출제기관인 KBS한국어진흥원의 공식계약사로, 가장 최신 기출문제를 출간합니다.

달이 매일 차오르듯
오늘의 당신도 어제보다 조금 더 나아졌어요.
그걸 잊지 마세요.

#어제보다나은나 #하루하루성장

성 명	
수 험 번 호	
감독관 확인	

KBS한국어능력시험

KBS 한국방송

- 문제지와 답안지에 모두 성명, 수험 번호를 정확히 기입하십시오.
- 답안지와 함께 문제지를 반드시 제출하십시오.
- 본 시험지를 절취하는 것은 부정행위로 간주합니다.
- 본 시험의 내용을 무단으로 전재·복사·출판·강의하는 행위와 인터넷 등을 통해 복원하는 행위는 저작권법에 저촉됩니다.

홀수형 문항(100문항)

※ 수험번호 맨 끝자리 수가 홀수인 수험생용입니다.

영역	문항
듣기·말하기	1~15
어휘	16~30
어법	31~45
쓰기	46~50
창안	51~60
읽기	61~90
국어 문화	91~100

[듣기 · 말하기] (1번~15번)

1. 그림에 대한 설명으로 적절하지 <u>않은</u> 것은?

① 〈우리는 어디에서 왔고, 어디에 있고, 어디로 가는가?〉는 작품 완성 후에 제목을 지었다.
② 〈우리는 어디에서 왔고, 어디에 있고, 어디로 가는가?〉는 간소하고 화려한 색채를 담았다.
③ 〈우리는 어디에서 왔고, 어디에 있고, 어디로 가는가?〉는 심층적 은유와 상징을 담은 그림이다.
④ 〈우리는 어디에서 왔고, 어디에 있고, 어디로 가는가?〉는 긴 두루마리의 형태로 그린 작품이다.
⑤ 〈우리는 어디에서 왔고, 어디에 있고, 어디로 가는가?〉는 인간의 출생부터 사망까지를 한 화폭에 담은 그림이다.

2. 이야기가 주는 교훈으로 가장 적절한 것은?

① 거짓으로 가득한 현실에 저항하는 태도를 가져야 한다.
② 상대에 대한 배려를 바탕으로 연대 의식을 구축해야 한다.
③ 웃어른의 말씀을 경청하고 공경하는 태도를 갖추어야 한다.
④ 남에게 의존하는 삶을 반성하고 주체적인 삶을 추구해야 한다.
⑤ 서로의 다름을 인정하고 존중하는 공동체적인 삶을 지향해야 한다.

3. 강연의 내용과 일치하지 않는 것은?

① 19세기에 들어 과학자들이 알칼로이드 성분의 효능에 관심을 가졌다.
② 양귀비에서 나오는 알칼로이드 성분을 굳히면 아편을 만들 수 있다.
③ 양귀비는 아시아와 유럽 전역에서 재배해 흔하게 볼 수 있는 품종이다.
④ 아편은 오랫동안 진통제로 쓰이다가 과학자들에 의해 모르핀으로 만들어졌다.
⑤ FDA에서 진통제 옥시콘틴을 의료 목적으로 허가하면서 미국인들의 마약 중독이 시작되었다.

4. 방송 내용에 대한 이해로 적절하지 않은 것은?

① 뮤지컬 〈매디슨 카운티의 다리〉는 원작 소설을 바탕으로 제작되었다.
② 뮤지컬 〈매디슨 카운티의 다리〉는 세계 최정상 뮤지컬 시상식에서 음악상을 석권했다.
③ 뮤지컬 〈매디슨 카운티의 다리〉는 감정선이 중요한 드라마를 기반으로 한 작품이다.
④ 뮤지컬 〈매디슨 카운티의 다리〉는 미국 아이오와주의 한 시골 마을을 배경으로 한다.
⑤ 뮤지컬 〈매디슨 카운티의 다리〉는 시골 여인과 시골로 찾아온 청년의 사랑이 이루어지는 내용이다.

5. 이 시의 주제로 가장 적절한 것은?

① 배려하는 삶의 아름다움
② 작은 생명력에 대한 존중
③ 소외된 자들에 대한 사랑
④ 다양성을 존중하는 세상 추구
⑤ 획일성을 추구하는 현대 사회 비판

6. 전문가의 설명과 일치하지 않는 것은?

① 이차전지 산업의 전망은 비관적이다.
② 이차전지 기술에 대해 정확히 얘기해 주는 사람이 없다.
③ 이차전지 산업의 위기 요인에 대한 검토가 되고 있지 않다.
④ 이차전지에는 연축전지, 리튬이온 이차전지, 전고체 전지가 있다.
⑤ 전지는 충전을 할 수 있냐 없냐에 따라 일차전지와 이차전지로 구분된다.

7. 진행자의 말하기 방식으로 가장 적절한 것은?

① 전문가의 설명에 대한 사례를 제시하고 있다.
② 전문가의 설명에 대해 궁금한 점을 질문하고 있다.
③ 전문가에게 설명에 대한 정보의 출처를 묻고 있다.
④ 전문가가 말한 내용을 정리하며 다음 질문을 이어나가고 있다.
⑤ 전문가에게 자신이 이해한 내용이 맞는지 확인하는 질문을 하고 있다.

8. 대화를 통해 알 수 있는 내용으로 적절하지 않은 것은?

① 남자와 여자는 연인 관계이다.
② 여자는 남자에게 서운한 감정을 삭이고 있었다.
③ 남자는 여자의 행동을 탐탁지 않아 하고 있다.
④ 여자는 남자의 취업을 축하해 주려고 이벤트를 준비했다.
⑤ 남자는 공무원 시험에 여러 번 낙방하고 이번에 합격했다.

9. 두 사람의 갈등이 촉발된 근본적인 원인으로 가장 적절한 것은?

① 경제적으로 부유하지 않아서
② 상대에 대한 배려가 부족해서
③ 남녀 간의 감정에 차이가 있어서
④ 솔직하게 속마음을 말하지 않아서
⑤ 대외적으로 잘 보여야 한다는 강박이 있어서

10. 강연의 내용에 대한 이해로 적절하지 않은 것은?

① 말 그릇이 없는 사람도 있다.
② 말 그릇을 키우는 방법은 두 가지가 있다.
③ 말 그릇이 큰 사람은 말이 바깥으로 새지 않는다.
④ 말 그릇이 작은 사람은 자기 말만 하고 뒷담화를 잘한다.
⑤ 말 그릇을 키우는 방법 중 하나는 상대에게 좋은 의도가 있다고 생각하는 것이다.

11. 이 강연의 특징에 대한 설명으로 가장 적절한 것은?

① 유명인의 사례를 제시해 청중의 흥미를 유발하고 있다.
② 강연 주제에 대한 이견에 대하여 자세히 설명하고 있다.
③ 강연 내용과 관련된 근거로 전문가의 견해를 인용하고 있다.
④ 강연자의 개인적인 경험을 활용해 친숙하게 다가오도록 하고 있다.
⑤ 강연자가 청중에게 질문을 던지며 청중이 강연에 참여하도록 유도하고 있다.

12. 발표의 내용에 대한 이해로 적절하지 않은 것은?

① 소득에는 노동 소득과 자본 소득이 있다.
② 부의 불평등 문제는 서울을 포함한 전 세계적인 문제이다.
③ 부의 불평등은 사회적 문제에서 개인의 문제로까지 확대되었다.
④ 자본 소득이 늘어나는 속도가 빨라지면 누구에게나 이득이 된다.
⑤ 부의 불평등이 높은 나라에는 살인, 약물 중독과 알코올 중독 비율이 높다.

13. 발표의 내용 구성 전략으로 가장 적절한 것은?

① 발표자의 개인적인 사례를 들어 청중의 이해를 돕고 있다.
② 의견을 뒷받침할 수 있는 권위 있는 전문가의 말을 인용하고 있다.
③ 객관적인 통계 수치를 제시하고 수치에 대해 부연 설명하고 있다.
④ 주요 개념을 일상에서 접하기 쉬운 예시로 설명해 청중의 이해를 돕고 있다.
⑤ 인용한 자료의 출처를 밝혀 청중들이 발표 내용에 신뢰감을 가질 수 있도록 하고 있다.

14. 두 사람의 입장에 대한 이해로 적절하지 않은 것은?

① 최 팀장은 공지에 대해 확인 여부를 회신해야 한다고 생각한다.
② 김 대리는 최 팀장이 메시지 회신을 강요하는 것이 부당하다고 생각한다.
③ 최 팀장은 공지 내용에 담긴 업무 공백에 대한 이슈를 중요하게 생각한다.
④ 김 대리는 공지를 숙지했기 때문에 본인의 행동에 문제가 없다고 생각한다.
⑤ 최 팀장은 메시지에 회신을 하지 않은 김 대리의 행동이 그릇되었다고 생각한다.

15. 두 사람의 대화를 듣고 마지막에 말한 사람이 이어서 조언할 내용으로 가장 적절한 것은?

① 김 대리에게 앞으로 공지에 모두 회신하도록 조언한다.
② 최 팀장에게 후임에게 말할 때의 예절에 대해 조언한다.
③ 최 팀장에게 앞으로 공지는 대면으로 전달하라고 조언한다.
④ 최 팀장과 김 대리에게 동료애와 협동의 중요성에 대해 조언한다.
⑤ 최 팀장과 김 대리에게 메시지의 '확인했음' 기능을 활용해 보도록 조언한다.

[어휘] (16번~30번)

16. "모양이 제격에 어울려 맞다."를 뜻하는 고유어는?

① 나부대다   ② 도두보다   ③ 맵자하다
④ 묵새기다   ⑤ 해찰하다

17. 한자어의 사전적 뜻풀이로 옳지 않은 것은?

① 저해(沮害): 막아서 못 하도록 해침.
② 고안(考案): 연구하여 새로운 안을 생각해 냄.
③ 유착(癒着): 사물들이 서로 깊은 관계를 가지고 결합하여 있음.
④ 저촉(抵觸): 법률이나 규칙 따위에 위반되거나 어긋남.
⑤ 자성(資性): 자기 자신의 태도나 행동을 스스로 반성함.

18. 밑줄 친 고유어의 의미로 적절하지 않은 것은?

① 겨울답지 않게 푹한 날씨에 외투를 벗어 들었다. → 겨울 날씨가 퍽 따뜻하다.
② 그 애는 어른이 뭐라 해도 워낙 안차서 기도 안 죽는다. → 겁이 없고 야무지다.
③ 설명한 바지를 입고 나타난 그의 모습이 너무나 우스꽝스러웠다. → 옷이 몸에 맞지 않고 짧다.
④ 그 사람은 자기 집이 부자라고 하도 가드락가드락 친구를 대하여 모두가 그를 꺼린다. → 남의 흠이나 트집을 잡으면서 자꾸 비위를 거스르는 모양.
⑤ 그늘에 묻힌 긴 마을에 차가 나타나자 마을 꼬마들이 줄레줄레 길 쪽으로 내려온다. → 꺼불거리며 경망스럽게 행동하는 모양.

19. 밑줄 친 한자어의 쓰임이 적절하지 않은 것은?

① 그는 자신의 과오를 각성(覺醒)하고 성실한 생활을 하였다.
② 과대광고와 품질 저하로 기업의 이미지가 실추(失墜)되었다.
③ 아버지는 친지들의 도움으로 간신히 사업을 지지(支持)하고 있으시다.
④ 본점에서는 자격 조건을 갖추지 못한 사람까지 가입시키는 것을 묵인(默認)해 주었다.
⑤ 과학적인 연구에 의해 이 세상의 모든 문제를 구명(究明)할 수 있다는 생각은 잘못된 것이다.

20. 〈보기〉의 밑줄 친 ㉠~㉢에 해당하는 한자로 올바르게 묶인 것은?

─── 〈 보 기 〉 ───
• 안건에 대한 팀원들의 ㉠의사를 정리해서 전달했다.
• 이번 회의에서는 ㉡의사 진행이 일사천리로 진행되었다.
• ㉢의사가 간호사의 연락을 받고 들어왔을 때, 환자는 다시 조용해져 있었다.

	㉠	㉡	㉢
①	議事	醫師	意思
②	醫師	意思	議事
③	醫師	議事	意思
④	意思	醫師	議事
⑤	意思	議事	醫師

21. 밑줄 친 고유어의 쓰임이 적절하지 않은 것은?

① 아내는 남편을 사박스럽게 몰아붙였다.
② 과장님은 내가 하는 일이 바특하지 않은 듯이 노려보았다.
③ 철수의 뒤넘스러운 행동에 마음이 뒤틀린 게 한두 번이 아니다.
④ 영희는 우렁이 속처럼 의뭉스럽게 정작 할 말은 입에 물고 있는 눈치였다.
⑤ 이번 기술 제휴는 우리 회사를 키우는 데 종요로운 일이므로 모두가 성심으로 이 일에 임해 주기 바랍니다.

22. 단어가 나머지 단어와 다의어 관계에 있지 않은 것은?

① 상대편에게 먼저 한 골을 먹었다.
② 속상한 마음에 술을 잔뜩 먹었다.
③ 나는 마음을 독하게 먹고 그녀를 외면하였다.
④ 그는 속없는 소리를 하다가 가끔 핀잔을 먹었다.
⑤ 이 사람은 귀가 먹어서 잘 못 들으니까 큰 소리로 말씀하셔야 돼요.

23. 두 단어의 의미 관계가 〈보기〉와 동일한 것은?

─────〈 보 기 〉─────
언어 – 말

① 몸 – 팔다리
② 새 – 갈매기
③ 죽다 – 영면하다
④ 가르치다 – 배우다
⑤ 출석하다 – 결석하다

24. 고유어 '말하다'를 한자어로 바꾸었을 때, 적절하지 않은 것은?

① 경찰에게 사건 당일 내 행적에 대해 말했다. → 진술(陳述)했다
② 강사는 수강생들에게 컴퓨터를 어떻게 사용하는지 말했다. → 언급(言及)했다
③ 미안한 마음에 친구에게 자신의 실수를 구구절절이 말했다. → 변명(辨明)했다
④ 수위 아저씨에게 아이가 오면 문을 열어 달라고 말해 두었다. → 요청(要請)해
⑤ 뇌물 수수 의혹에 대해 공개적으로 말하는 자리를 마련했다. → 해명(解明)하는

25. 〈보기〉의 밑줄 친 단어의 반의어로 가장 적절한 것은?

― 〈 보 기 〉 ―
백화점 식당에서 배를 채우고 내려오던 영수는 주머니에 듬쑥한 돈으로 넥타이 하나를 택했다.

① 많은   ② 넉넉한   ③ 무수한   ④ 알량한   ⑤ 충분한

26. 밑줄 친 속담의 사용이 문맥상 적절하지 않은 것은?

① 아랫길도 못 가고 윗길도 못 가겠는 진퇴양난의 상황에 빠졌다.
② 하룻강아지 범 무서운 줄 모른다더니 신입이 대담하게 추진해서 성과를 냈다.
③ 고기도 먹어 본 사람이 많이 먹는다니까 다양한 경험을 해 보는 것이 중요하다.
④ 곧은 나무는 가운데 선다는 말이 있듯이 재간 있는 사람이 승진을 하기 마련이다.
⑤ 아무리 고슴도치도 제 새끼가 제일 곱다고 한다지만 다 큰 녀석을 언제까지 감싸고 돌 것인지 걱정이다.

27. 밑줄 친 사자성어의 쓰임이 문맥상 적절하지 않은 것은?

① 한글은 세종 대왕이 우리에게 남긴 유방백세(流芳百世)한 업적이다.
② 형제간이라도 유만부동(類萬不同)이라 그는 막내를 유달리 사랑한다.
③ 김 대리는 자신의 실수를 무마하려고 견강부회(牽強附會)를 늘어놓았다.
④ 그들은 서로들 아전인수(我田引水) 격으로 각기 딴생각으로 일을 해석했다.
⑤ 그녀는 나라를 기울일만한 전인미답(前人未踏)의 미인이라고 소문이 자자했다.

28. 밑줄 친 관용 표현의 쓰임이 적절하지 않은 것은?

① 쪼잔한 그의 행동은 눈이 시어서 못 봐주겠다.
② 그는 부모님의 눈을 붙여가며 미술을 공부하였다.
③ 이번에는 교육 환경 문제로 눈을 돌려 생각해 봅시다.
④ 남편이 다른 여자를 만나는 것을 본 그녀는 눈에서 황이 났다.
⑤ 그 일에 관계했던 사람들은 밥벌이 구멍을 찾느라고 눈이 벌게서 다니는 모습이 안쓰러웠다.

29. 밑줄 친 한자어를 순화한 표현으로 적절하지 않은 것은?

① 외근을 마치고 사무실로 귀소(歸巢)해 보고 드립니다. → 복귀
② 나이가 들어도 해태(懈怠)한 태도가 쉽게 고쳐지지 않는다. → 공격적인
③ 이번 역은 우리 열차의 종착역(終着驛)인 서울역입니다. → 마지막 역
④ 건물 외벽에 이격(離隔)이 생겨서 파편이 떨어지지 않을까 걱정된다. → 어긋남
⑤ 최근에 발생한 산불은 잔화(殘火)를 진압하는 데에서 시간이 많이 소요되었다. → 잔불

30. 밑줄 친 표현을 다듬은 말로 적절하지 않은 것은?

① 기념일을 맞이해 연인과 파인 다이닝(→ 고급 식당)에서 식사를 했다.
② 마트에서 다양한 밀 프렙(→ 소분식)을 판매해 손쉽게 요리를 할 수 있다.
③ 환경 보호에 동참하기 위해 슬로 패션(→ 친환경 패션)을 추구하고 있다.
④ 요즘 MZ세대의 대표적인 독서 문화는 SNS의 텍스트 힙(→ 독서 공유)이다.
⑤ 그는 주중에는 서울에서 회사원으로 일하고, 주말에는 시골에서 농사를 짓는 듀얼 라이프(→ 이중생활)를 즐기고 있다.

[어법] (31번~45번)

31. 밑줄 친 부분의 표기가 옳지 않은 것은?

① 경기 불황으로 올해 취업율이 지난해보다 저조하다.
② 우리 학교는 타 학교에 비하여 대학 합격률이 높다.
③ 시험 결과를 백분율로 환산한 성적 통지표를 받았다.
④ 우리 과는 전체 전공을 통틀어 출석률이 가장 높았다.
⑤ 지난 경기들을 분석했더니 실패율이 떨어지는 쾌거를 이루었다.

32. <보기>의 밑줄 친 말이 어문 규범에 맞게 쓰인 것만을 있는 대로 고른 것은?

〈 보 기 〉
ㄱ. 타작마당에서 풍물패의 노름이 벌어졌다.
ㄴ. 아이가 창호지 문을 뜨더귀로 만들어 놓았다.
ㄷ. 어머니는 아들에게 바투 다가가 두 손을 움켜쥐었다.
ㄹ. 저 산 넘어에 지금은 갈 수 없는 그리운 고향이 있다.

① ㄱ, ㄴ
② ㄴ, ㄷ
③ ㄷ, ㄹ
④ ㄱ, ㄴ, ㄹ
⑤ ㄱ, ㄷ, ㄹ

33. 밑줄 친 부분의 표기가 옳지 않은 것은?

① 그건 옳지 않은 선택이야.
② 엇저녁에 나랑 약속했잖아.
③ 뭣을 위한 교육인지 모르겠다.
④ 기럭아, 내 마음을 전해 주겠니?
⑤ 여기는 구경했으니 졸로 한번 가볼까?

34. 밑줄 친 부분의 띄어쓰기가 옳은 것은?

① 남편은 <u>사업∨차</u> 외국에 나갔다.
② 그렇게 떳떳하면 <u>법∨대로</u> 하시오.
③ 중학생이 <u>고등학생∨만큼</u> 잘 안다.
④ 쌀, 보리, 콩, 조, <u>기장∨들을</u> 오곡(五穀)이라 한다.
⑤ 동생은 <u>사과하기는∨커녕</u> 되려 나에게 화를 냈다.

35. 밑줄 친 부분의 표기가 옳지 않은 것은?

① <u>배든지</u> 사과든지 마음대로 먹어라.
② 태백산맥은 남북으로 길게 <u>뻗쳐</u> 있다.
③ 배가 파도에 쓸려 온 빙산에 <u>부딪혀</u> 가라앉았다.
④ 예산을 대충 <u>겉잡아서</u> 말하지 말고 잘 뽑아 보시오.
⑤ 그는 자신의 행동이 <u>멋적은지</u> 뒷머리를 긁적이며 웃어 보였다.

36. 문장 부호의 쓰임에 대한 설명이 올바르지 않은 것은?

	설명	용례
①	의존 명사 '대'가 쓰일 자리에 쓴다.	청군:백군(청군 대 백군)
②	주석이나 보충적인 내용을 덧붙일 때 쓴다.	니체(독일의 철학자)의 말을 빌리면 다음과 같다.
③	시의 행이 바뀌는 부분임을 나타낼 때 쓴다.	산에 / 산에 / 피는 꽃은 / 저만치 혼자서 피어 있네
④	소제목, 그림이나 노래와 같은 예술 작품의 제목, 상호, 법률, 규정 등을 나타낼 때 쓴다.	우리나라 최초의 민간 신문은 1896년에 창간된 『독립신문』이다.
⑤	문장 내용 중에서 주의가 미쳐야 할 곳이나 중요한 부분을 특별히 드러내 보일 때 쓴다.	한글의 본디 이름은 훈민정음이다.

37. 밑줄 친 표현이 표준어인 것은?

① 용케도 수펑 한 마리를 잡아 오늘 저녁은 굶지 않겠다.
② 아이가 깡충깡충 뛰는 모습을 보니 절로 미소가 지어진다.
③ 실망하지 말고 오뚜기처럼 다시 일어서서 새로 시작해 봐.
④ 첫째, 부모와 형들의 말을 잘 들어라. 두째, 공부를 열심히 해라.
⑤ 우리는 돈이 없어 삭월세로 방 하나를 얻어 신접살림을 시작했지만 어느 부부보다도 행복했다.

38. 다음은 문학 작품에 나타나는 방언이다. 대응하는 표준어가 적절하지 않은 것은?

① 혼구녕(→ 혼구멍)을 내줄랑께 시적부적 가버리네.
② 마른하늘에 베락(→ 벼락) 치겠소! 세상에 이런 애맨 소릴 듣고 우찌 살겠소?
③ "우리보담 먼첨(→ 먼저) 온 사람덜도 이리 매타작 당해감스로 살았을랑가요?"
④ 효원은 숨을 크게 들이쉬었다. 그리고 짓눌리는 듯한 어깨를 버팅겨(→ 비집어) 올렸다.
⑤ 아무도 없는 곳이기에 고이는 눈물이면 손아귀에 닷는대로 떱고 씨거운(→ 쓴) 산열매를 따먹으며 나는 함부로 줄다름질 친다.

39. 다음 중 표준 발음이 올바르지 않은 것은?

① 황급히 문고리[문고리]를 걸어 잠갔다.
② 초여름의 햇살[핻쌀]은 적당히 따사로웠다.
③ 베갯잇[배갠닏]이 다 젖도록 울음이 그치지 않았다.
④ 샛길[새낄]로 나가다 보면 오른편에 있는 정자에 있어요.
⑤ 화분에 물 주는 것을 깜빡했더니 꽃잎[꼰닙]이 모두 떨어졌다.

40. 밑줄 친 외래어의 표기가 옳은 것은?

① 정전이 되어 휴대 전화 플래쉬(flash)를 켰다.
② 요즘 올리브(olive) 치아바타 맛에 푹 빠졌다.
③ 가족 외식으로 롭스터(lobster)를 먹으러 갔다.
④ 행(hanging) 플라워를 가꾸는 데 재미를 붙였다.
⑤ 전공에 대한 비젼(vision)이 불투명해 보여 근심이다.

41. 음식명의 로마자 표기가 올바르지 않은 것은?

① 시루떡 sirutteok
② 콩국수 kongguksu
③ 묵사발 muksabal
④ 총각김치 chonggakkimchi
⑤ 감자탕 gamjatang

42. 〈보기〉의 ㉠~㉤ 가운데 어법에 맞지 않는 문장은?

〈 보 기 〉

㉠전염병의 창궐은 수백만 명의 생명을 앗아 가고 여러 문명을 크게 약화시켰다. ㉡그와 동시에 그 폐허 속에서 새로운 사회와 사상이 등장하고 번성할 수 있는 기회를 만들기도 했다. ㉢이처럼 병원균은 역사상 가장 중요한 사회적, 정치적, 경제적 변혁의 주역이었다. ㉣병원균으로 인해 여러 종의 인간이 살던 행성은 호모사피엔스가 지배하는 행성으로 전환됐다. 또한 떠돌이 수렵 채집 사회를 정착 농업 사회가 대체하게 만들었다. ㉤고대 대제국들을 멸망시키고, 봉건제에서 자본주의로 전환을 이끌었다. 이와 더불어 유럽 식민주의가 초래한 황폐화, 농업과 산업 혁명, 현대 복지국가의 탄생 등에도 결정적 역할을 했다.

① ㉠   ② ㉡   ③ ㉢   ④ ㉣   ⑤ ㉤

43. 밑줄 친 높임 표현에 대한 설명으로 적절하지 않은 것은?

① 할머니, 아버지가 곧 도착한대요. → '도착한대요'는 청자인 '할머니'를 높인다.
② 아버지, 먼저 들어가십시오. → '들어가십시오'는 청자인 '아버지'를 예사 높인다.
③ 어머니께서 내 방에 들어오셨다. → '께서'는 주체인 '어머니'를 직접적으로 높인다.
④ 교수님께 언제 방문하면 좋을지 여쭈었다. → '여쭈었다'는 객체인 '교수님'을 높인다.
⑤ 교장 선생님의 말씀이 있겠습니다. → '말씀'은 주체인 '교장 선생님'을 간접적으로 높인다.

44. 다음 중 중의적으로 해석되지 않는 문장은?

① 짱아가 구두를 신고 있다.
② 흰둥이가 밥을 다 먹지 않았다.
③ 아름다운 유리의 고향이 보고 싶다.
④ 짱구와 훈이는 맹구를 공원에서 만났다.
⑤ 원장 선생님께서 사과와 귤 두 개를 주셨다.

45. 밑줄 친 번역 투 표현을 고친 것으로 적절하지 않은 것은?

① 경기 결과는 기대에 값한다. → 기대할 만하다.
② 보안 유지는 전 사원의 노력을 필요로 한다. → 노력이 필요하다.
③ 매주 월요일 오후 2시에 회의를 갖도록 합시다. → 회의를 합시다.
④ 올해 회사의 목표는 전년대비 매출 200% 상승에 있다. → 매출 200% 상승이다.
⑤ 부부싸움을 피하기 위해서는 항상 경청하려는 자세가 필요하다. → 경청해야 한다.

[쓰기] (46번~50번)

※ [46~50] 다음은 '체육 시설 이용 관련 분쟁'을 주제로 작성한 초고이다. 제시된 물음에 답하시오.

요즘 들어 2000년대 초반 웰빙 유행 이후에 잠잠하던 건강 관리 트렌드가 다시 급부상하고 있다. ㉠웰빙은 몸과 마음의 편안함과 행복을 추구하는 태도나 행동을 뜻한다. 특히 '갓생' 트렌드와 함께 코로나 사태 이후 급부상한 '헬시플레저'가 MZ 세대의 유행으로 자리잡았다. ㉡'헬시플레저'란 건강을 의미하는 '헬시(Healthy)'와 즐거움을 뜻하는 '플레저(Pleasure)'가 합쳐진 신조어로, 재미를 추구하고 자기 자신에 대한 관심도가 높은 MZ 세대의 특성이 잘 드러나는 건강 관리법이다. 헬시플레저 트렌드의 핵심은 '지속 가능한 건강 관리'에 있다. 힘들고 재미없는 기존의 건강 관리 방식에서 벗어나 운동을 즐겁게, 식단을 맛있게 실천하며 자기 관리 속에서 즐거움을 찾는 것이다. MZ 세대들은 헬시플레저를 즐기며 #오운완 해시태그나 미라클 모닝 챌린지, 바디 프로필을 소셜 미디어(SNS)에 공유하고, 제로 푸드와 그릭 요거트, 땅콩버터로 음식을 만들어 먹는 헬시플레저형 식단을 즐기는 모습 또한 소셜 미디어(SNS)에서 자주 볼 수 있다.

이런 긍정적인 트렌드 변화에 따른 부작용도 잇달아 등장하고 있어 문제이다. 오운완(오늘 운동 완료) 해시태그 인증이 유행하는 등 건강에 대한 관심이 부쩍 높아지면서 덩달아 헬스장 관련 분쟁도 늘고 있는 것으로 나타났기 때문이다. 최근 한국소비자원에서 ㉢발표되어진 내용에 따르면 2022년부터 올해 3월까지 접수된 헬스장 피해 구제 신청은 1만 104건에 달한다. 연도별로 보면 2022년 2,654건, 2023년 3,165건, 2024년 3,412건 등으로 매년 증가세다. 올해 1분기 접수 건수만 해도 873건으로 전년 동기 741건 대비 17.8% 늘어난 수치다.

헬스장 피해 구제 신청 이유를 살펴보면, 청약 철회 또는 환급 거부, 중도 해지 시 위약금 분쟁 등에 대한 '계약 해지' 관련 피해가 전체 92%(9,290건)에 달할 정도로 대부분을 차지하고 있다. 특히 최근에는 헬스장 구독 서비스와 관련한 피해가 급증하고 있다. 구독 서비스는 모바일 애플리케이션(앱)에 신용 카드를 등록해 매달 정해진 날짜에 이용료가 자동 ⓔ결재되도록 하는 방식이다. 구독 서비스는 장기 등록이나 큰 금액을 한 번에 지출해야 하는 데에 부담을 느끼는 젊은 층에게 인기를 끄는 서비스이다. 2022년부터 올해 3월까지 '헬스장 구독 서비스' 관련 소비자 피해는 총 100건으로 파악된다. 이 중 올해 1분기에 들어온 것만 30건에 이른다. 구독 서비스 관련 피해 유형은 '자동 결제 사실 미고지'가 38%로 가장 많았고, '계약 해지 시 환급 거부' 33%, '계약 해지 기능 부재' 9%, '부당한 이용 대금 청구' 7% 등의 순이었다.

피해 구제 신청을 해도 환급·배상 등 분쟁이 해결된 경우는 신청 대비 절반에도 미치지 못한다. 49.7%가 환급이나 배상을 받지 못한 것으로 나타났다. 중도 해지 시 환급액 산정에 있어서 정상가와 할인가를 둘러싼 사업자와 소비자 간 의견 차이가 큰 것이 주요 원인이라고 소비자원은 분석했다. 한편 피해 구제 신청인의 연령대가 확인된 1만 44건 중 20~40대가 90%에 달했다. 20~30대로 좁히면 82%를 차지했다. 평균 계약 금액은 120만 원 안팎으로 집계됐다.

ⓜ그러나 20~30대의 MZ 세대들을 대상으로 헬스장 관련 분쟁이 매우 큰 상황이다. 현재 피해 구제를 신청했을 때 환급·배상 등 분쟁이 해결되는 비율이 절반에도 미치지 못하는 상황이다. [(가)]. 제도가 마련되기 전까지는 피해를 방지하기 위해서는 할인율이 높다고 하더라도 실질적으로 사용을 할 수 있는 합리적인 기간으로 계약을 체결하고, 20만 원 이상을 결제할 경우에는 3개월 이상 할부 결제를 하여 문제 발생 시 결제를 중단할 수 있도록 하는 등 개인적인 주의가 필요하다.

46. 다음은 윗글을 쓰기 전에 떠올린 글쓰기 계획이다. 윗글에 반영된 것만을 있는 대로 고른 것은?

〈 글쓰기 계획 〉

ㄱ. 독자의 이해를 돕기 위해 주요 용어에 대한 개념을 제시한다.
ㄴ. 독자의 관심을 끌기 위해 의문문을 사용해 글을 시작한다.
ㄷ. 전문가 인터뷰, 그래프 등 여러 자료를 활용해 근거를 다양하게 제시한다.
ㄹ. 문제 상황에 대한 내용 신뢰도를 높이기 위해 객관적인 수치를 제시한다.
ㅁ. 문제 상황을 객관적으로 바라볼 수 있도록 문제 상황에 대한 찬반 입장을 모두 다룬다.

① ㄱ, ㄷ
② ㄴ, ㅁ
③ ㄱ, ㄹ
④ ㄱ, ㄹ, ㅁ
⑤ ㄱ, ㄴ, ㄷ, ㄹ

47. 다음은 윗글을 수정·보완하기 위해 추가로 수집한 자료이다. 자료의 활용 방안으로 적절하지 않은 것은?

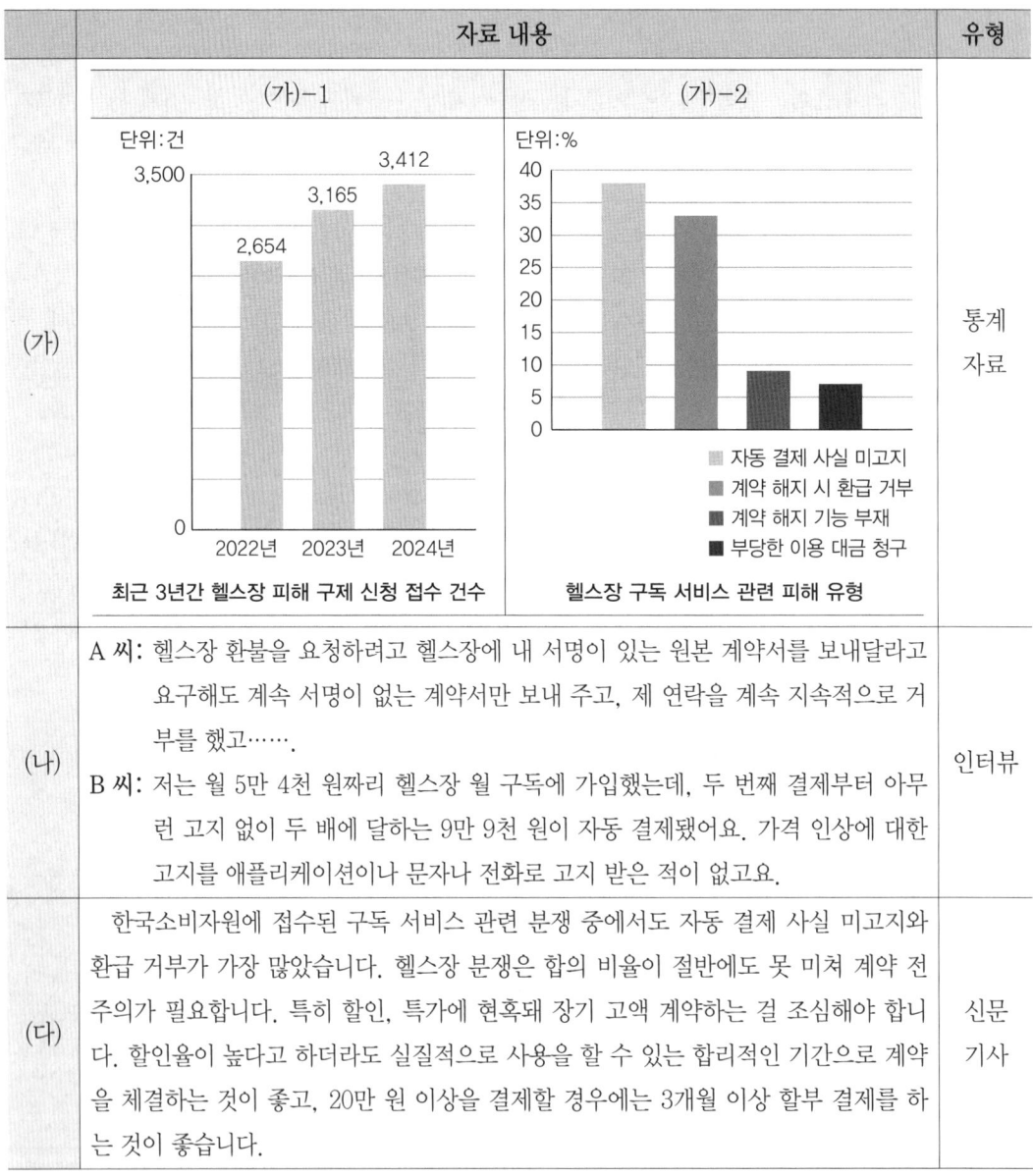

① 헬스장 분쟁 증가의 객관적 자료로 (가)-1을 제시한다.
② 구독 서비스의 피해 유형에 대한 시각적 자료로 (가)-2를 제시한다.
③ 개인의 부주의로 헬스장 분쟁이 일어날 수 있음을 보여 주는 자료로 (나)-A 씨를 제시한다.
④ 헬스장 구독 서비스의 문제 현황을 보여 주는 자료로 (나)-B 씨를 제시한다.
⑤ 헬스장 분쟁 방지를 위한 대안으로 (다)를 제시한다.

48. 다음은 윗글을 쓰기 전에 세웠던 글쓰기 개요이다. 윗글을 쓰는 과정에서 필자가 점검하여 반영한 내용으로 적절하지 <u>않은</u> 것은?

―〈 글쓰기 개요 〉―

Ⅰ. MZ 세대들 건강 관리 트렌드
　1. MZ 세대들의 건강 관리 트렌드의 종류
　2. 헬시플레저 개념
Ⅱ. 헬스장 관련 분쟁
　1. 헬스장 관련 분쟁의 원인
　2. 연도별 헬스장 피해 구제 신청 건수
　3. 헬스장 피해 구제 신청 이유
Ⅲ. 헬스장 구독 서비스 관련 분쟁
　1. 헬스장 구독 서비스 개념
　2. 헬스장 구독 서비스 피해 유형
　3. 헬스장 관련 분쟁과 헬스장 구독 서비스 관련 분쟁 공통점 비교
Ⅳ. 헬스장 관련 분쟁 피해 방지 마련을 위한 노력 촉구

① Ⅰ-2를 Ⅱ의 하위 항목으로 이동한다.
② Ⅱ-1은 Ⅱ-3에 언급될 내용과 중첩되므로 삭제한다.
③ Ⅲ-3는 글의 전체 내용에 어울리지 않으므로 삭제한다.
④ Ⅲ의 하위 항목으로 '헬스장 구독 서비스 피해 수치'를 제시한다.
⑤ Ⅳ는 제도적 장치 마련과 개인적 차원의 방안 마련으로 세분한다.

49. 윗글의 ㉠~㉤을 고쳐 쓰기 위한 방안으로 적절하지 <u>않은</u> 것은?

① ㉠은 통일성을 해치는 문장이므로 삭제한다.
② ㉡의 두 번째 문장의 주어와 서술어가 호응되지 않으므로 '드러난다'로 수정한다.
③ ㉢은 불필요한 피동 표현이 쓰였으므로 '발표한'으로 수정한다.
④ ㉣은 문맥을 고려해 '결제되도록'으로 수정한다.
⑤ ㉤ 앞뒤 맥락을 고려해 '이처럼, 이와 같이' 등으로 수정한다.

50. 글의 내용으로 미루어 볼 때, [　　가　　]에 들어갈 내용으로 가장 적절한 것은?

① 소비자를 기만하고 잇속만 챙기는 헬스장 업체들이 반성해야 한다.
② 불편하겠지만 계약서를 자세히 살펴보고 특히 환불 조항을 꼼꼼하게 확인해야 한다.
③ 피해 구제를 신청해도 분쟁이 해결되는 비중이 낮은 것은 한국소비자원이 제 기능을 하지 못해서이다.
④ 피해 구제를 신청했을 때 환급·배상 등 분쟁이 해결되는 비율이 절반에도 미치지 못하는 것은 큰 문제이다.
⑤ 이를 개선하기 위해 피해 구제를 신청했을 때 환급·배상 등 분쟁이 해결되는 비중을 높이기 위한 제도적 장치가 마련되어야 하겠다.

[창안] (51번~60번)

※ [51~53] '된장'을 인간의 삶에 유비(類比)하고자 한다. 다음 글을 읽고 물음에 답하시오.

　　된장은 덩어리지고 되직하다 하여 된장이라 불리고, 흙빛이 난다고 하여 토장(土醬)이라고도 한다. 장류 중에서도 특히 된장은 우수한 단백질 공급원이다. '밭에서 나는 고기'라고 불릴 정도로 주원료인 콩에 단백질과 지방이 풍부하기 때문이다. [A]우리의 전통 장 담그기는 간장과 된장이 한 번에 나오지만 그렇게 하면 맛있는 성분이 간장으로 다 빠져나가고 된장은 맛이 그리 좋지 않아서 점차 간장과 된장을 나누어 따로 담는 경우가 많아졌다. ㉠된장은 간장 뺀 ㉡메주를 건져내 큰 그릇에 넣고 ㉢찹쌀죽이나 다른 곡물 죽을 푹 고아 식힌 뒤에 함께 넣는다. 남긴 메주 한 덩이는 빻아서 2~3일 바람을 쐬어 말리면서 냄새를 없앤 뒤 소금을 섞어 충분히 치댄다. 된장 ㉣항아리에 넣고 꼭꼭 눌러서 담은 다음 위에 ㉤소금을 하얗게 덮어 두면 빛이 곱고 맛이 있다.
　　된장은 크게 재래된장과 개량된장으로 구분할 수 있다. ⓐ재래된장 중에는 간장을 얻고 난 건더기로 만든 전통 형태의 된장이 있고, 된장만을 목적으로 담근 막장·청국장 등의 속성된장이 있다. 재래된장은 콩만으로 메주를 쑤고, 이것을 띄워 소금물에 담근다. 간장을 걸러 내고 메줏덩이를 으깬 후 소금을 더 넣어 항아리에 담는다. ⓑ개량된장은 유익한 미생물만 배양하여 장을 담그므로 효소 작용이 왕성하고, 제조 기간이 빠르며, 잡균이 섞일 우려가 없어 위생상 안전하다는 장점이 있다.
　　간장을 뜨고 남은 메줏덩이를 으깨어 담그는 된장과는 달리 막장은 메주를 가루로 빻아 소금물로 농도를 조절해서 바로 먹을 수 있게 담근 된장이다. 고춧가루가 귀한 지역에서는 고추장 대신 막장을 고추장 대용으로 쓰기도 했다. 막장용 메주는 장 담글 때 쓰는 보통 메주를 쓰기도 하지만 메주콩에 보리 등의 곡식가루를 섞어서 막장 전용 메주를 만들어 띄워 쓰기도 한다.

51. ㉠~㉤을 결과물을 도출하는 과정에 비유할 때, 이끌어 낼 수 있는 내용으로 적절하지 않은 것은?

① ㉠: 계획하지 않았던 것으로 도출된 결과물
② ㉡: 결과물을 도출하기 위한 핵심 재료
③ ㉢: 결과물의 완성도를 높이는 보조 재료
④ ㉣: 결과물의 완성을 위한 저장 용기
⑤ ㉤: 결과물을 도출하기 위한 부수적인 재료

52. ⓐ와 ⓑ를 조직 혁신과 관련지어 이해할 때, 이끌어 낼 수 있는 사례로 가장 적절한 것은?

① 업계에서 유명한 기업의 조직 혁신 방법을 벤치마킹한다.
② 모든 직원들에게 설문조사를 해 다양한 의견을 취합한다.
③ 외부에서 조직 혁신 전문가를 초빙해 대대적으로 조직을 개편한다.
④ 모든 직원이 수평한 관계 속에서 성과를 낼 수 있도록 직급 체계를 없앤다.
⑤ 기존 직원들을 독려하는 동시에 TF팀을 꾸려 새로운 조직 운영 방안을 시도한다.

53. [A]를 참고하여 〈조건〉에 맞게 작성한 문구로 가장 적절한 것은?

―――――〈 조 건 〉―――――
[A]를 참고하여 '인재 채용'과 관련해 발휘할 수 있는 지혜를 나타낼 것.

① 인재가 유출되지 않도록 복지를 강화해야 합니다.
② 직무 포괄형으로 공채 채용을 진행하면 우수한 인재를 뽑을 수 있습니다.
③ 채용 전문가의 주체적 결정이 중시될 때 우수한 인재 채용이 가능합니다.
④ 채용 절차 진행 시 직무별, 부서별로 각기 다른 인적성 검사를 시행해야 합니다.
⑤ 신규 입사자의 부서별 순환 근무 제도는 업무 수행 능력 계발에 밑바탕이 됩니다.

※ [54~56] 다음 그림을 보고 물음에 답하시오.

54. (가)와 (나)의 변형 방식을 다음과 같이 분석할 때 적절하지 않은 것은?

	(가)	(나)
표현	㉠ 컴퓨터 기능과 필기하는 기능을 합침.	㉡ 홍탕과 백탕을 한 냄비에 담아 두 가지 음식을 한 번에 먹을 수 있게 함.
핵심	각기 다른 요소의 특징을 합쳐 편의성을 향상시킴.	㉢ 각기 다른 요소의 본질을 유지하면서 하나로 합침.
유형	㉣ 각기 다른 요소를 결합해 새로운 상품을 도출함.	㉤ 각기 다른 개성을 결합해 새로운 상품을 도출함.

① ㉠　　② ㉡　　③ ㉢　　④ ㉣　　⑤ ㉤

55. (다)의 변형 방식을 인재 육성 방식에 유추한 내용으로 가장 적절한 것은?

① 체계적이고 단계적인 신규 입사자 교육을 시행한다.
② 여러 부서를 순환 근무해 보며 다양한 직무를 경험해 본다.
③ 충분한 교육비를 지급해 개별적으로 역량을 강화할 수 있게 한다.
④ 글로벌 기업에서 시행하는 고유의 교육 방법을 취합해 접목해 본다.
⑤ 역량이 뛰어나고 개개의 직원에게 관심을 보이는 리더와 함께 일을 해야 한다.

56. (가)의 변형 방식에 해당하는 사례로 가장 적절한 것은?

① 1단은 냄비, 2단은 찜기로 쓰는 2단 냄비
② 치킨과 콜라를 한 번에 먹을 수 있는 콜팝
③ 짜장면과 짬뽕을 동시에 담을 수 있는 짬짜면
④ 가위, 칼, 병따개 등이 모두 들어 있는 만능칼
⑤ 노래 듣기, 사진 촬영, 인터넷을 모두 할 수 있는 휴대 전화

※ [57~58] 다음을 보고 물음에 답하시오.

> 2024 국민환경의식 조사에 따르면 우리나라가 직면한 중요한 환경문제에 대해 기후변화, 쓰레기/폐기물 처리 문제, 대기오염/미세먼지 문제, 과대 포장에 따른 쓰레기 발생, 생태계 훼손 순으로 응답 결과가 높았다. 이처럼 환경 위기에 대한 국민의 관심이 높아짐에 따라 환경을 보호하고 보전하는 습관을 조성하기 위해 다양한 공익 광고를 제작하고 있다. 공익 광고의 주된 전략은 아래와 같다.
>
> (가) 대중교통 이용을 권장하는 내용을 제시한다.
> (나) 쓰레기를 발생량을 줄여야 한다는 내용을 제시한다.
> (다) 대기오염과 미세먼지 문제에 대한 경각심을 담은 내용을 제시한다.
> (라) 기후위기로 삶의 터전을 잃은 동물에게 관심을 촉구하는 내용을 제시한다.
> (마) 환경을 보호해야 하는 이유가 바로 우리를 위함임을 알게 하는 내용을 제시한다.

57. 윗글의 (가)~(마)에 해당하는 광고 사례가 적절하게 짝 지어지지 않은 것은?

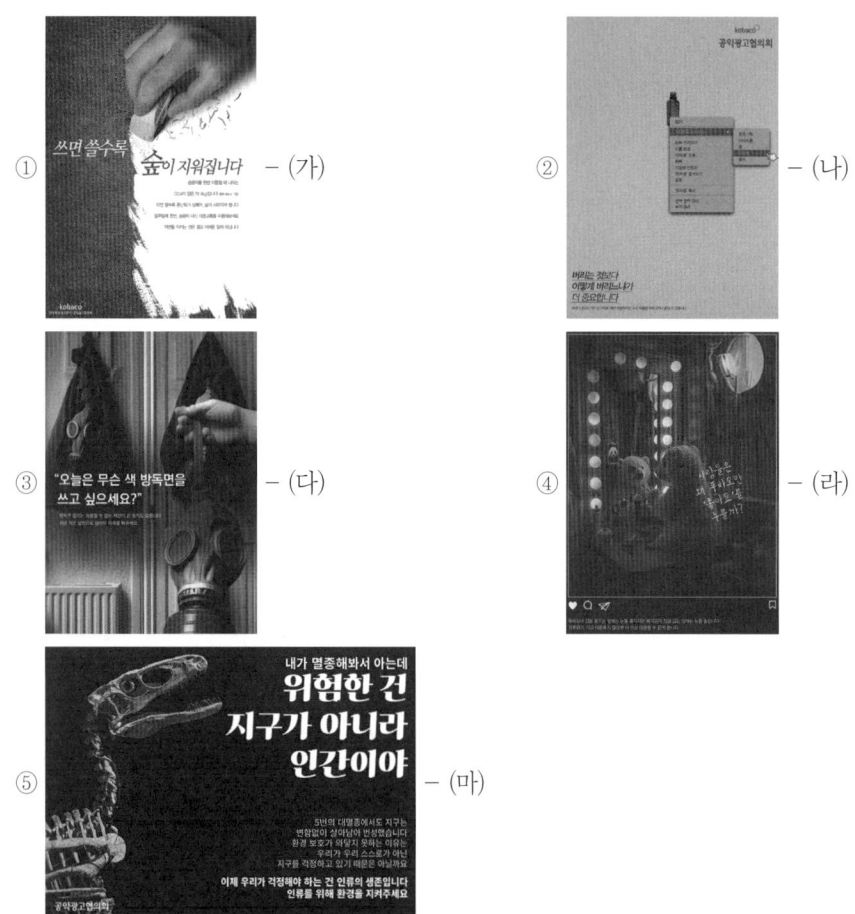

58. <조건>을 반영하여 (가)의 유형에 해당하는 공익 광고 문구를 창안할 때 가장 적절한 것은?

― < 조 건 > ―

- 승용차 이용을 줄이고 대중교통 이용을 권장하는 내용을 담을 것.
- 대구법을 활용하여 표현 효과를 높일 것.
- 청유형 문장을 사용할 것.

① CO_2는 줄여 주세요, O_2만 남겨 주세요.
② 승용차 이용을 줄이면 하늘이 깨끗해집니다.
③ 대중교통을 한 번 이용하면, 하늘이 한 뼘 맑아져요.
④ 이산화탄소 배출량을 늘리는 승용차를 계속 타시겠습니까?
⑤ 승용차 이용을 줄여 주세요, 우리 함께 대중교통을 이용해 주세요.

※ [59~60] 다음 글을 읽고 물음에 답하시오.

독수리와 여우가 서로 친구가 되어서는, 함께 어울려 살다 보면 우정이 더 돈독해지리라고 생각해서 서로 가까운 곳에 살기로 결정했다. 독수리는 아주 높은 나무로 올라가 그 가지에 둥지를 틀었고, 여우는 나무 아래에 있는 덤불 속으로 들어가 새끼를 낳았다. 어느 날 여우가 먹이를 구하러 나가자, 먹이가 없어 어려움을 겪던 ⓐ독수리는 덤불을 덮쳐 새끼 여우들을 채가서 자기 새끼들과 함께 먹어 치우고 말았다.

얼마 후에 집으로 돌아와 벌어진 일을 알게 된 여우는 자기 새끼들의 죽음보다도 그 원수를 갚아줄 수 없다는 사실 때문에 더 괴로웠다. 땅을 걸어다니는 들짐승이 하늘을 날아다니는 날짐승을 따라가서 잡기란 불가능했기 때문이었다. 여우는 능력도 없고 힘도 없는 자신을 한탄하며 멀리서 원수를 저주할 뿐이었다. 하지만 독수리가 우정을 모독한 데 대한 응징을 당하기까지는 시간이 오래 걸리지 않았다.

어떤 시골 사람들이 염소를 희생 제물로 바치고 있을 때, 독수리는 제단 위를 덮쳐 그 위에서 불타고 있던 염소의 내장을 낚아채서 나무 위에 있는 자신의 둥지로 가져왔다. 그때 강풍이 불어 내장 속에서 다 꺼져가 약한 불씨가 불꽃으로 바뀌어 둥지에 옮겨붙었다. 이렇게 해서 불이 났고, 아직 다 자라지 않아 날 수 없었던 ⓑ새끼 독수리들은 땅으로 떨어져 죽었다. 그러자 여우는 독수리가 지켜보는 앞에서 그 새끼들을 모두 먹어치워 버렸다. 이 이야기는 우정을 모독한 자는 힘없는 피해자의 보복은 피할 수 있을지라도 신에게서 오는 응징은 피할 수 없음을 보여 준다.

59. 윗글의 '독수리'와 유사한 사례로 가장 적절하지 않은 것은?

① 조카인 단종을 폐위시키고 스스로 왕위에 오른 세조
② 대한제국을 저버리고 을사늑약 체결을 주도한 이완용
③ 고려 임금에 대한 충절의 절개를 드러내는 〈단심가〉를 쓴 정몽주
④ 요동을 정벌하러 떠났다가 명령을 어기고 위화도에서 회군을 한 이성계
⑤ 고려 말에 변한 시대에 발맞춰 새 나라를 건국하자는 하여가를 쓴 이방원

60. ⓐ, ⓑ의 인과적 관계를 바탕으로 비유할 때, 가장 적절하지 않은 것은?

① 사촌을 죽여 절대반지를 빼앗은 스미골 – 절대반지에 집착하여 정신이 파괴됨
② 의붓딸 백설공주를 시기해 살해하려는 왕비 – 악행이 드러나고 유리로 변해 사라짐
③ 헨젤과 그레텔을 살찌워 잡아먹으려는 마녀 – 헨젤과 그레텔의 기지로 작동 중인 오븐에 갇힘
④ 모든 것을 얼려버리는 능력으로 동생을 다치게 한 엘사 – 통제할 수 없는 자신의 힘이 두려워 왕국을 떠남
⑤ 형을 죽이고 조카 심바를 추방한 라이온킹의 스카 – 왕위에 오른 뒤 나라가 황폐해지고 하이에나 무리에 살해당함

[읽기] (61번~90번)

※ [61~62] 다음 글을 읽고 물음에 답하시오.

㉠조금 전까지는 거기 있었는데
어디로 갔나,
밥상은 차려놓고 어디로 갔나,
넙치지지미 맵싸한 냄새가
코를 맵싸하게 하는데
어디로 갔나,
이 사람이 갑자기 왜 말이 없나,
㉡내 목소리는 메아리가 되어
되돌아온다.
내 목소리만 내 귀에 들린다.
이 사람이 어디 가서 잠시 누웠나,
옆구리 담괴가 다시 도졌나, 아니 아니
㉢이번에는 그게 아닌가 보다.
한 뼘 두 뼘 어둠을 적시며 비가 온다.
혹시나 하고 나는 밖을 기웃거린다.
㉣나는 풀이 죽는다.
㉤빗발은 한 치 앞을 못 보게 한다.
왠지 느닷없이 그렇게 퍼붓는다.
지금은 어쩔 수가 없다고.

— 김춘수, 〈강우〉

61. 윗글에 대한 설명으로 적절하지 않은 것은?

① 후각적 심상을 활용해 그리움의 대상을 떠올리고 있다.
② 그리움의 대상에 대한 시적 화자의 감정 변화가 엿보인다.
③ 객관적 상관물을 통해 시적 화자의 감정을 극대화하고 있다.
④ 동일한 시구의 반복을 통해 시적 화자의 불안한 감정을 드러낸다.
⑤ 촉각을 시각화하는 공감각적 이미지를 통해 시적 배경을 드러낸다.

62. ㉠~㉢에 대한 이해로 적절하지 않은 것은?

① ㉠: 아내의 부재를 망각한 시적 화자
② ㉡: 아내의 부재를 인식한 뒤에 느끼는 공허함과 외로움
③ ㉢: 아내의 부재를 부정하는 시적 화자의 마음
④ ㉣: 내적 갈등이 사라진 시적 화자의 마음
⑤ ㉤: 아내의 부재를 인식한 후의 상실의 슬픔과 절망감

※ [63~65] 다음 글을 읽고 물음에 답하시오.

　입주 전, 아내는 제일 먼저 그 벽부터 손봤다. 동네 인테리어 가게에 들러, 부엌과 거실 벽은 모두 흰색으로 하되 개수대와 마주한 면은 올리브색 종이를 발라 달라 주문했다. 흰색 공간에서 올리브색 벽면은 단연 '포인트'가 됐다. 아내 말대로 눈맛도 시원하고 집이 넓어 보였다. 아내는 그 벽 아래에 사인용 식탁을 놨다. 무광택 미색 다리에 엷은 감빛 상판을 얹은 따뜻한 느낌의 식탁이었다. 우리는 그걸 밥상 겸 찻상 그리고 책상으로 썼다. 아내는 식탁 한쪽에 전기 주전자를 비롯해 녹차와 허브차 티백, 종합 비타민제, 견과류를 올려놨다. 투명 용기에 담은 원두와 보는 것만으로도 왠지 으쓱한 기분이 드는 커피그라인더를 두는 일도 잊지 않았다. 우리는 그 사인용 식탁에 둘러앉아 매일 밥을 먹었다. 드물게 손님이 오면 거실에 상을 폈지만 우리끼린 대개 식탁을 이용했다. 우리 부부는 등받이가 없는 벤치형 의자에, 영우는 유아용 접이식 식탁 의자에 앉아 숟가락을 들었다. 그리고 ㉠그렇게 사소하고 시시한 하루가 쌓여 계절이 되고, 계절이 쌓여 인생이 되는 걸 배웠다. 욕실 유리컵에 꽂힌 세 개의 칫솔과 빨래 건조대에 널린 각기 다른 크기의 양말, 앙증맞은 유아용 변기 커버를 보며 그렇게 평범한 사물과 풍경이 기적이고 사건임을 알았다. 아내와 나는 식탁에서 영우를 먹이고, 혼내고, 어이없는 말대꾸에 그만 허탈하게 웃어 버리고, 그 와중에 권위를 잃지 않으려 재빨리 엄한 표정을 짓곤 했다. 영우는 거기서 젓가락질을 배우고 음식을 흘리고, 떼쓰고, 의자 아래로 기어 들어가고, 울고 종알종알 분홍 혀를 놀려 어여쁜 헛소리를 했다. 그러니까 거기 사인용 식탁에서. 식탁과 맞붙은 산뜻한 올리브색 벽지 아래서. 집 앞 어린이집에서 보내온 복분자액은 바로 거기 튄 거였다.

　아내와 나는 복분자액이 터진 날의 일을 따로 입에 올리지 않았다. 어머니는 다음 날 바로 본가로 내려갔고 우리는 평소와 다름없는 나날을 보내려 애썼다. 그러니까 어제와 같은 하루, 아주 긴 하루, 아내 말대로라면 '다 엉망이 되어 버린' 하루를. 가끔은 사람들이 '시간'이라 부르는 뭔가가 '빨리 감기'한 필름처럼 스쳐 가는 기분이 들었다. 풍경이, 계절이, 세상이 우리만 빼고 자전하는 듯한. 점점 그 폭을 좁혀 소용돌이를 만든 뒤 우리 가족을 삼키려는 것처럼 보였다. 꽃이 피고 바람이 부는 이유도, 눈이 녹고 새순이 돋는 까닭도 모두 그 때문인 것 같았다. ㉡시간이 누군가를 일방적으로 편드는 듯했다.

지난 봄, 우리는 영우를 잃었다. 영우는 후진하는 어린이집 차에 치어 그 자리서 숨졌다. 오십이 개월. 봄이랄까 여름이라는 걸, 가을 또는 겨울이란 걸 다섯 번도 채 보지 못하고였다. 가끔은 열불이 날 만큼 말을 안 듣고 말썽을 피웠지만 딱 그 또래만큼 그랬던, 그런 건 어디서 배웠는지 제 부모를 안을 때 고사리 같은 손으로 토닥토닥 등을 두드려 주던, 이제 다시 안아볼 수도, 만져 볼 수도 없는 아이였다. 무슨 수를 쓴들 두 번 다시 야단칠 수도, 먹일 수도, 재울 수도, 달랠 수도, 입맞출 수도 없는 아이였다. 화장터에서 영우를 보내며 아내는 "잘 가."라 않고 "잘 자."라 했다. 다시 만날 수 있는 양, 손으로 사진을 매만지며 그랬다.

어린이집 원장은 영업 배상 책임 보험에 가입돼 있었다. 가해 차량 역시 자동차 종합 보험에 들어 우리는 보험 회사를 통해 민사상 손해 배상을 받았다. 많다거나 적다거나 하는 세상의 잣대나 단위로 잴 수 없는 대가가 지급됐고, 어린이집에서는 그걸로 일이 마무리됐다 여기는 듯했다. 운전사를 바꾸고 당시 현장에 있던 보육 교사까지 잘랐는데 무얼 더 바라느냐 묻는 듯했다. 직접 그렇게 말하진 않았지만 우리를 대하는 표정이나 태도가 그랬다. 내가 보험 회사 직원이란 근거로 동네에 차마 입에 담지 못할 소문이 돈 것도 그즈음이었다. 처음에는 듣고도 믿을 수 없어 온몸이 바들바들 떨렸다. 끔찍한 건 몇몇 이들이 그 말을 정말로 믿는다는 거였다. 아내는 직장을 관두고 집 안에 틀어박혀 아무것도 하지 않았다. 가능하다면 나도 모든 걸 그만두고 싶었다.

— 김애란, 「입동」

63. 윗글에 대한 설명으로 가장 적절한 것은?

① 죽은 아이에 대한 복수심을 중심으로 갈등 구조를 형성하고 있다.
② 사회 제도의 부당함을 고발하며 현실을 냉소적으로 비판하고 있다.
③ 가족 간의 갈등을 중심으로 인물 간의 심리적 변화 과정을 보여 준다.
④ 반복되는 일상의 의미를 통해 상실의 아픔을 극복하는 과정을 그린다.
⑤ 평범한 일상을 살아가던 인물들의 비극적 사건 이후의 슬픔을 담담하게 그려낸다.

64. 윗글의 서술자에 대한 이해로 적절하지 않은 것은?

① 서술자는 시간의 흐름을 부정적 감정과 연결해 표현하고 있다.
② 서술자는 주변 사람들의 오해의 시선으로 인해 고통을 경험하고 있다.
③ 서술자는 복분자액이 튄 사건을 계기로 갈등의 본질을 인식하게 된다.
④ 서술자는 아이의 죽음 이후에도 평소와 같은 나날을 보내려 애쓰고 있다.
⑤ 서술자는 아이와 함께한 소소한 일상에서 삶의 의미를 발견했음을 회상하고 있다.

65. ㉠, ㉡에 대한 이해로 가장 적절한 것은?

① ㉠과 ㉡ 모두 시간의 치유력을 긍정적으로 바라보고 있다.
② ㉠은 계절의 변화에 따라 새로운 삶의 희망을 암시하며, ㉡은 운명적 순응을 나타낸다.
③ ㉠은 자녀 양육의 고단함을 표현한 것이고, ㉡은 가족 해체에 대한 불안감을 드러낸다.
④ ㉠은 반복되는 일상의 지루함을 의미하며, ㉡은 시간의 빠름에 대한 안타까움을 드러낸다.
⑤ ㉠은 소중했던 일상의 추억을 의미하며, ㉡은 무심히 흘러가는 시간에 대한 무정함을 드러낸다.

※ [66~68] 다음 글을 읽고 물음에 답하시오.

실험실은 과학 지식이 생산되는 장소인 동시에 과학자를 키워내는 인큐베이터이다. 자전거를 타는 방법에 대한 책만 읽으면 자전거를 탈 수 있는 것이 아닌 것처럼, 실제 실험의 과정은 교과서나 논문의 학습을 통해 배우기는 어렵다. 지식에는 언어로 표현할 수 있는 형식지(explicit knowledge) 외에도 암묵지(tacit knowledge)가 존재하기 때문이다.

암묵지란 경험과 학습을 통하여 개인에게 체화되어 있지만 명료하게 공식화되거나 언어로 표현할 수 없는 지식을 뜻한다. 정형화되고 문자화된 지식인 형식지와 달리, 암묵지는 언어로 표현할 수 없는 주관적이고 개인적인 지식이기 때문에 책이나 논문을 통해 습득될 수 없다. 실험 계획을 세우는 방법부터 실험 장치를 설치하고 실험 기구를 다루는 방법, 실제 실험 과정에서 시약을 혼합하는 시점이나 속도 등 다양한 조건을 조절하거나 중간에 발생하는 문제들을 해결하는 노하우, 실험 데이터를 취사선택하여 해석하고 표나 그래프와 같은 시각적 자료로 전환하는 작업 등, 교과서나 강의에서는 다루어지지는 않지만 실험에 성공하기 위해서 필수불가결한 정보와 기술은 무궁무진하다. 이러한 암묵지는 실험실에서 동료들과 생활하면서 실제 실행이 이루어지는 모습을 관찰하거나 직접 수행하는 경험을 통해 체득된다. 우리나라 실험실에서는 선배와 후배의 일대일 관계 속에서 이루어지는 교육이 중요한데, 이 때 전수되는 대부분의 지식은 책이나 논문에는 담겨있지 않은 암묵지인 것이다.

암묵지 개념은 헝가리 출신의 물리 화학자이자 철학자인 폴라니에 의해 처음으로 만들어졌다. 폴라니는 과학 교재나 이론에 담겨 있는 명시적인 지식 이외에, 과학자 개인에게 체화되어 있는 개인적이고 암묵적인 지식이 중요하다고 보고, 이를 암묵지라고 칭했다. 폴라니에 의하면, [A]무언가를 알아가는 과정은 탐침으로 어두운 동굴을 탐사하는 과정에 비유할 수 있다. 어둠 속에서 실체를 알아볼 수 없는 동굴이 인식의 초점(목표)이라면, 우리는 동굴의 여러 부분을 탐침 끝으로 더듬어 탐사한다. 이 때, 우리는 탐침을 잡고 있는 손과 근육의 느낌이라는 보조적 인식에 의존해서 동굴이라는 대상을 알게 된다. 즉, 앎의 과정은 보조적인 세부 내용들을 핵심 목표에 통합하여 전체의 패턴과 의미를 인식하는 것이며, 이 과정에서 중심에 대한 보조 부분의 관계는 서로를 통합하려는 인간의 행위를 통해서 형성된다. 과학적 발견은 이러한 암묵적 통합을 이루어내는 개인적 인식에 기초해서 이루어진다.

이러한 폴라니의 설명에서, 지식은 주체와 대상이 명확히 분리된 채 주체가 대상을 수동적으로 분석함으로써 생기는 것이 아니라, 인간이 대상을 신체 내부로 통합하거나 대상을 포함할 수 있도록 신체를 확장하는 능동적인 참여의 과정을 통해 형성된다. 마치 자전거를 타는 법을 한 번 배우면 세월이 흘러도 자연스럽게 자전거를 탈 수 있는 것처럼, 과학자는 자신의 감각과 기술을 활용하여 과학적 발견에 이르는 과정을 체화하고 있는 것이다. 그는 과학이 바로 이러한 개인적 지식과 암묵적인 과정에 의존하여 진리를 추구하는 활동이라 설명했다. 이렇게 과학 지식에 있어서 암묵지가 존재하기 때문에, [　　　　　㉠　　　　　]

66. 윗글을 이해한 내용으로 적절하지 않은 것은?

① 실험실에서는 암묵지가 전수되기도 한다.
② 형식지와 달리 암묵지는 주관성과 개인성이 강하다.
③ 암묵지와 달리 형식지는 정형화되고 문자화된 지식이다.
④ 과학적 발견은 암묵적 통합을 이루어내는 개인적 인식으로 이루어진다.
⑤ 과학적 지식의 생성은 개인의 신체적 체험과는 무관하게 객관적으로 이루어진다.

67. ㉠에 들어갈 말로 가장 적절한 것은?

① 과학의 진보는 암묵지를 제거함으로써 가능하다.
② 형식지는 책이나 논문을 통해 쉽게 전달될 수 있다.
③ 실험실에서는 실험 과정이 전적으로 객관적으로 진행된다.
④ 언어로 명확히 표현된 지식만으로도 과학적 발견이 일어날 수 있다.
⑤ 하나의 실험이 복제되거나 지식이 전수되는 과정에서 어려움이 발생하기도 한다.

68. [A]에 대한 평가로 적절하지 않은 것은?

① 암묵지의 특징을 시각적으로 잘 보여 주는 비유이다.
② 복잡한 개념을 독자에게 쉽게 전달할 수 있게 한다.
③ 암묵지를 실험적 사실보다 중요하게 여기는 오류를 지닌다.
④ 지식 형성 과정에서 중심과 주변이 통합되는 과정을 설명한다.
⑤ 과학자의 감각적 체험이 과학 지식 형성에 기여함을 보여 준다.

※ [69~72] 다음 글을 읽고 물음에 답하시오.

4대 사회보험이란 국민연금, 국민건강보험, 고용보험, 산업재해보상보험을 말한다. ㉠근로자를 사용하는 모든 사업장은 4대 보험에 가입해야 한다. 1개월 미만의 기간 동안 고용되는 일용근로자 또는 해당사업에서 1개월간의 소정근로시간이 60시간 미만인 시간제 근로자 등은 4대 보험의 가입 대상이 아니다.

국민연금은 소득활동을 할 때 일정액의 보험료를 납부해서 모아 뒀다가 노령, 장애 또는 사망 등으로 소득활동이 중단된 경우 본인이나 유족에게 연금을 지급함으로써 장기적인 소득보장이 가능하도록 정부가 보험의 원리에 따라 만든 사회보험의 일종이다. 대한민국에 거주하는 국민으로 18세 이상 60세 미만인 자는 국민연금 가입 대상이 된다. 사업장을 운영하거나 사업장에서 근로자로서 일하는 경우에는 사업장가입자가 되고, 사업장가입자가 아니면서 별도의 소득이 있으면 지역가입자가 된다. 사업장가입자와 지역가입자 외에 본인이 가입을 희망해 신청을 하면 임의가입자가 된다. 1명 이상의 근로자를 사용하는 사업장 또는 주한 외국 기관으로서 1명 이상의 대한민국 국민인 근로자를 사용하는 사업장의 18세 이상 60세 미만인 근로자와 사용자는 당연히 사업장 가입자가 된다.

국민건강보험 제도란 질병이나 부상으로 인해 발생한 고액의 진료비로 가계에 과도한 부담이 되는 것을 방지하기 위해 만들어졌다. 국민들이 평소에 보험료를 내고 보험자인 국민건강보험공단이 이를 관리·운영하다가 필요 시 보험급여를 제공해 국민 상호간 위험을 분담하고 필요한 의료서비스를 받을 수 있도록 하는 사회보장제도다. 국내에 거주하는 국민은 건강보험의 가입자 또는 피부양자가 된다. 모든 사업장의 근로자 및 사용자, 공무원 및 교직원은 직장가입자가 되지만 ㉡고용기간이 1개월 미만인 일용근로자와 1개월 동안 근무시간이 60시간 미만인 단시간 근로자는 제외한다. 직장가입자가 이직을 하면 다른 회사의 직장가입자로 변동된다. 직장가입자가 회사를 그만두는 경우에는 지역가입자로 그 자격이 변동된다.

고용보험은 고용안정, 직업능력개발사업 등을 통해 실업의 예방, 고용의 촉진 및 근로자 등의 직업능력 개발과 향상을 꾀하고, 근로자 등이 실업한 경우에 생활에 필요한 급여를 지급함으로써 근로자 등의 생활안정과 구직활동을 촉진하려는 사회보장보험이다. 보험급여를 받는 대상인 피보험자는 근로자나 자영업자이다. 근로자인 피보험자는 원칙적으로 「고용보험법」이 적용되는 사업에 고용된 날에 피보험자격을 취득한다. 자영업자인 피보험자는 보험관계가 성립한 날에 피보험자격을 취득한다.

산업재해보상보험의 보험급여 수급자는 업무상 재해를 당한 근로자이다. 업무상 재해를 당한 근로자가 「산업재해보상보험법」에 따른 보상을 받기 위해서는 업무상 사유로 근로자에게 부상·질병·신체장애 또는 사망이 발생한 경우여야 한다. 사업주가 제공한 교통수단이나 그에 준하는 교통수단을 이용하는 등 지배·관리하에서 출퇴근하는 중 발생한 사고, 그 밖에 통상적인 경로와 방법으로 출퇴근하는 중 발생한 사고의 경우에도 업무상 재해의 범위에 포함된다.

69. 윗글에 대한 이해로 가장 적절한 것은?

① 모든 근로자들은 4대 사회보험에 가입해야 한다.
② 국민연금은 소득이 중단될 때 본인에게만 연금을 지급한다.
③ 고용보험은 실업한 근로자만을 대상으로 지급하는 사회보장보험이다.
④ 국민건강보험의 직장가입자가 실직하면 지역가입자로 그 자격이 변동된다.
⑤ 산업재해보상보험의 보험급여 지급은 업무상 사유로 근로자에게 부상·질병·신체장애 또는 사망한 경우로 한정한다.

70. 윗글을 통해 알 수 없는 것은?

① 고용보험은 직업훈련 프로그램을 제공한다.
② 산업재해보상보험은 자영업자도 가입 대상이다.
③ 건강보험 직장가입자는 이직 시 새로운 직장으로 자격이 인정된다.
④ 근로시간이 일정 기준에 미치지 못하면 4대 보험 가입 대상에서 제외될 수 있다.
⑤ 국민연금은 직장가입자 외에도 본인이 원하면 임의로 가입할 수 있는 제도가 있다.

71. ㉠에 대한 설명으로 적절하지 않은 것은?

① 4대 보험의 일반적 원칙을 설명한 것이다.
② 특정 직종이나 형태에 관계없이 적용됨을 뜻한다.
③ 글의 전체 내용과 모순되는 일반화를 내포하고 있다.
④ 1개월 미만 단시간 근로자는 예외임을 고려하지 않았다.
⑤ 예외 없이 모든 근로자가 반드시 보험에 가입해야 함을 명시하고 있다.

72. 밑줄 친 ㉡에 관한 설명으로 가장 적절한 것은?

① 건강보험 직장가입자 자격에서 제외된다.
② 산업재해보상보험의 혜택을 받을 수 없다.
③ 고용보험과 국민연금에는 자동으로 가입된다.
④ 건강보험 직장가입자 자격을 자동으로 부여받는다.
⑤ 국민건강보험공단의 관리 대상에서 완전히 배제된다.

※ [73~75] 다음 글을 읽고 물음에 답하시오.

도플러 효과(Doppler effect)는 전자기파(빛)를 방출하는 물체가 관측자 기준으로 가까워지거나 또는 멀어지는 운동을 할 때, 관측자가 측정하는 전자기파의 파장이 실험실 파장과 달라지는 현상을 말한다. 도플러 효과는 1842년 오스트리아 물리학자 도플러(Christian Doppler)가 처음 제안한 물리 현상이다. 전자기파를 방출하는 물체가 관측자에게 다가올 때는 관측되는 전자기파의 파장이 짧아지고, 그 물체가 관측자로부터 멀어질 때는 관측되는 전자기파의 파장이 길어지는 현상이다. 여기서 파장이 짧아지는 현상을 ㉠청색이동이라고 하고, 파장이 길어지는 현상을 ㉡적색이동이라고 한다. 이는 가시광 영역에서 파장이 짧아지면 푸른색으로 보이고, 파장이 길어질 경우 빨간색으로 보이기 때문에 붙여진 이름이다. 도플러 효과는 기차역에 도착하거나 기차역에서 출발하는 기차의 기적소리의 음높이 변화에서도 발견할 수 있다. 즉, 기차역으로 진입하는 기차의 기적소리는 높게 들리지만(즉, 음파의 파장이 짧아지지만), 기차역을 지나 멀어지는 기차의 기적소리는 낮은 음으로 들린다(즉, 음파의 파장이 길어진다).

천문학에서 발견되는 도플러 효과는 천체에서 방출되는 스펙트럼이 적색이동 또는 청색이동하는 현상에서 찾을 수 있다. 관측자로부터 멀어지고 있는 천체에서 방출된 전자기파의 파장(파동의 두 이웃한 마루 또는 골까지의 거리)은 정지한 천체에서 방출된 전자기파의 파장보다 길게 측정된다. 관측자로부터 멀어지는 천체의 경우, 빛의 한 파장을 내는 시간 동안 천체의 움직인 거리 때문에, 정지해 있는 경우에 비해 파장이 길어진다. 주파수로 이야기하면, 관측자로부터 멀어지는 천체가 내는 빛의 주파수는 정지한 경우에 비해 낮아진다. 반대로, 관측자에게 다가오는 천체의 경우, 관측자에게 도달하는 전자기파의 주파수는 높아지게 되고, 파장은 짧아진다.

천체에서 방출되는 스펙트럼의 도플러 효과를 이용하면 천체의 시선방향 운동 속도, 곧 시선속도를 측정할 수 있다. 여기에서 시선이란 관측자에게서 천체를 연결하는 직선이다. 예를 들면, 우리은하 내의 별이나 외부은하의 시선속도를 측정할 수 있고, 쌍성계의 궤도운동속도, 외부은하의 회전속도 등을 관측할 수 있다.

73. 윗글에 대한 설명으로 가장 적절한 것은?

① 청색이동은 빛의 파장이 길어지는 현상이다.
② 기차의 기적소리는 도플러 효과와 관계가 없다.
③ 전자기파의 주파수는 물체가 멀어질수록 높아진다.
④ 도플러 효과는 전자기파에서만 나타나는 물리 현상이다.
⑤ 전자기파의 도플러 효과는 천체의 시선방향 속도를 측정하는 데 활용된다.

74. ㉠, ㉡에 대한 이해로 적절하지 않은 것은?

① ㉠은 전자기파의 파장이 짧아지는 현상이다.
② ㉡은 파장이 짧아지기 때문에 적색을 띤다.
③ ㉠은 관측자에게 가까워지는 물체에서 관측된다.
④ ㉡은 관측자로부터 멀어지는 천체에서 나타난다.
⑤ ㉠은 주파수가 높아지고, ㉡은 주파수가 낮아진다.

75. 윗글을 바탕으로 〈보기〉의 (A)에 들어갈 파형의 모양으로 가장 적절한 것은?

〈 보 기 〉

천문학에서 발견되는 도플러 효과 현상을 그림으로 표현하고자 한다. 정지한 별에서 방출된 빛은 별이 운동할 때 그 진행 방향으로 빛의 파장이 짧아지는 청색이동 현상을 보이고 반대 방향으로는 파장이 길어지는 적색이동 현상을 보인다. 별이 오른쪽으로 운동할 때에 도플러 효과는 (A)의 파형으로 표현할 수 있다.

	파형	설명
①	왼쪽(촘촘) → 오른쪽(성김)	왼쪽은 촘촘하고 오른쪽으로 갈수록 파장이 길어지는 모양
②	왼쪽(성김) → 오른쪽(촘촘)	①번과 반대로 왼쪽이 파장이 넓고 오른쪽으로갈수록 파장이 촘촘해지는 모양
③	왼쪽 → 오른쪽 (균일)	처음부터 끝까지 파장이 균일한 모양
④	왼쪽(넓음)-가운데(촘촘)-오른쪽(넓음)	왼쪽과 오른쪽 가장자리 파장은 넓고, 가운데의 파장은 촘촘한 모양
⑤	왼쪽(촘촘)-가운데(넓음)-오른쪽(촘촘)	④번과 반대로 왼쪽과 오른쪽 파장은 촘촘하고, 가운데의 파장이 넓은 모양

※ [76~78] 다음 글을 읽고 물음에 답하시오.

다시 톰프슨은 진부하면서 더 나아가 동어 반복적인 양 보이지만 사실상 생각을 도발하는 말을 했다. "만물은 그런 식으로 생겨났기에 그런 식으로 존재한다." 태양계는 물리 법칙의 작용으로 가스와 먼지의 구름이 회전하는 원반 형태로 되었다가 응축해서 태양을 형성하고 서로 같은 평면에서 한 방향으로 태양 주위를 도는 천체들을 형성했기에, 바로 그런 식으로 존재한다. 이 행성들이 이루는 평면과 방향은 원래 원시 행성계 원반의 평면이었던 방향이다. 지구의 달은 45억 년 전 지구에 일어난 거대한 충돌로 다량의 물질이 궤도로 떨어져 나갔다가 중력으로 서로 뭉쳐서 공 모양이 되었기 때문에 그런 식으로 존재한다. 처음에 달은 자전 속도가 더 빨랐지만, 서서히 느려진 끝에 지금처럼 우리에게 한쪽 면만 보이는 상태에 이르렀다. 이 현상은 '㉠조석 고정(큰 천체 주위를 도는 달 같은 작은 천체의 공전 주기와 자전 주기가 같아지는 현상)'이라고 한다. 또 달의 표면에는 더 작은 규모의 충돌이 이어지면서 충돌구들로 얽은 모습이 되었다. 지구도 같은 식으로 얽었겠지만, 침식과 지각 운동으로 지워졌다.

우리 몸은 왜 예전과 지금 같은 식으로 존재할까? 달과 마찬가지로 우리도 외부로부터 받은 상해의 흉터를 얼마간 간직하고 있다. 총알 자국, 칼 결투의의 기념품, 외과의사가 댄 수술칼 자국, 심지어 천연두나 수두의 얽은 자국까지 있다. 그러나 이것들은 피상적이며 지엽적인 사항들이다. 몸은 대체로 발생과 성장의 과정을 통해서 그런 식으로 형성되었다. 그리고 이 과정을 지시한 것은 세포에 든 DNA였다. DNA는 어떻게 그런 식으로 형성된 것일까? 여기서 우리는 이 논쟁의 핵심에 다다른다. 모든 개체의 유전체는 자기 종의 유전자 풀에서 고른 하나의 표본이다. 유전자 풀은 많은 세대를 거치면서 그런 식으로 형성되었다. 무작위 표류도 어느 정도 관여했지만, 비무작위적으로 조각하는 과정이 더 중요한 역할을 했다. 여기서 조각가는 자연선택이며, 지금처럼 될 때까지 유전자 풀 — 그리고 그것의 외부적이고 가시적인 발현 형태인 몸 — 을 깎고 다듬었다.

나는 왜 개체가 아니라 종의 유전자 풀이 조각된다고 말 하고 있을까? 미켈란젤로의 대리석과 달리, 개체의 유전자는 변하지 않기 때문이다. 개체의 유전체는 조각가가 깎는 실체가 아니다. ㉡일단 수정이 일어나면, 유전체는 접합자부터 배아 발생을 거쳐 유년기, 성년기, 노년기에 이르기까지 고정된다. 다원주의의 끝 아래에서 변하는 것은 개체의 유전체가 아니라 종의 유전자 풀이다. 그 결과로 나온 전형적인 동물 형태가 개선된 것이라는 점에서 이 변화는 조각이라고 부를 만하다.

76. 윗글의 서술상 특징으로 가장 적절한 것은?

① 개인적 경험을 중심으로 과학적 개념을 도입하고 있다.
② 과거의 사실을 시간 순으로 배열하여 설명을 구성하고 있다.
③ 과학적 사례와 일반적 원리를 병행하여 주장을 전개하고 있다.
④ 추상적인 개념을 중심으로 과학적 사실을 설명 없이 제시하고 있다.
⑤ 과학 이론의 타당성을 반박하기 위해 반례를 중심으로 서술하고 있다.

77. ㉠과 ㉡에 대한 설명으로 가장 적절한 것은?

① 달이 조석 고정 상태가 되었듯이 유전체도 고정된다는 의미이다.
② 유전자의 발현은 달의 중력 변화와 유사하게 발생한다는 의미이다.
③ 달의 표면이 변하듯 인간의 DNA도 환경에 따라 유동적이라는 의미이다.
④ 달의 형성과 변화처럼 인간의 신체도 외적 충돌로 형성되었다는 의미이다.
⑤ 달이 하나의 방향만을 보이는 현상이 생명의 진화 양상을 상징한다는 의미이다.

78. 윗글을 바탕으로 〈보기〉의 학생의 반응 중에서 적절한 것만을 있는 대로 고른 것은?

〈 보 기 〉

ㄱ. 외형은 유전 정보가 아닌 생애 중 겪은 사건에 의해 결정되는군.
ㄴ. 종의 유전자 풀은 여러 세대를 거치며 자연선택으로 다듬어지는군.
ㄷ. 유전자는 개체의 신체 형성뿐만 아니라 행동 특성에도 영향을 주는군.

① ㄱ
② ㄴ
③ ㄷ
④ ㄴ, ㄷ
⑤ ㄱ, ㄴ, ㄷ

※ [79~82] 다음 글을 읽고 물음에 답하시오.

오늘날 우리는 신이 죽었다는 사실이 그리 충격적이지 않다. 우리에게 중요한 것은 돈 같은 물질적 가치이기 때문이다. 신의 자리를 물질 만능주의가 차지하고 있다. 대부분 20대와 30대에는 대학을 졸업하느라, 좋은 직장을 구하기 위해 스펙을 쌓느라, 사랑 타령을 하느라, 인간관계를 유지하느라 불안정한 삶을 산다. 마흔이 넘어야 심리적으로, 경제적으로 어느 정도 안정적인 삶을 유지한다. 그런데 안정적인 삶을 추구할수록 새로운 삶이라는 기회를 쉽게 단념하게 된다. 새로운 도전을 하기에는 두려움도 많아졌고 용기도 부족하다.

'당신은 원하던 최고의 삶을 살고 있는가?, 인생의 중반기에 다시 한 번 치열하게 살 자신이 있는가?, 마음속에 아직 이루지 못한 꿈이 남아 있는가?, 예전에 좌절된 꿈이 아직도 자신을 옭아매고 있지는 않은가?, 다시 한 번 가슴 뛰는 삶, 남들과는 다른 삶을 살고 싶은가?' 이러한 질문에 니체의 대답은 한결같다. ㉠'사람은 언제나 자기 자신을 극복해야 하는 그 무엇이다.' 이제 익숙한 것들과 결별하는 연습을 해야 한다. 익숙한 것들이란 자신이 과거부터 지금까지 믿어 온 것들이다. 삶의 토대였던 것들을 쉽게 버리기는 힘들다. 니체가 신의 죽음을 선언했듯이 과거의 것들과 결별하기 위해서는 어떠한 계기가 있어야 한다. 계기는 다른 말로 터닝 포인트, 즉 전환점이다. 누구에게나 인생의 전환점이 있다. 어떤 상황이 다른 방향으로 바뀌는 그 지점에 서는 날이 누구에게나 예정되어 있다. 터닝 포인트는 우리의 생각과 달리 대단한 사건이 아니라 아주 사소한 일로 인해 발생한다. 또한 터닝 포인트는 누군가가 나 대신 정해 주는 것이 아니라 자기 스스로 만드는 것이다.

니체는 《차라투스트라는 이렇게 말했다》에서 우리에게 반쯤 쓰인 새로운 서판을 완성할 의무를 부과한다. 차라투스트라는 두 개의 서판을 주변에 둔 채 자신의 때를 기다린다. 하나는 낡고 부서진 서판이고, 다른 하나는 ㉡새롭게 반쯤 쓰인 서판이다. 전자에는 "신은 죽었다"라고 적혀 있고, 후자에는 "삶을 극복하고 초인이 되어라"라고 적혀 있다. 우리가 과거와 결별하고 '내가 원하는 나'로 살기 위해서는 낡은 서판을 파괴하고 새로운 서판을 완성해야 한다. 그렇다면 우리는 반쯤 쓰인 새로운 서판을 무엇으로 채워야 할까?

차라투스트라는 서판을 새로운 것으로 채우기 위해서 먼저 창조하는 자가 되라고 말한다. 결국 내가 원하는 나로 산다는 것은 창조자로서의 삶을 산다는 것이다. 우리는 어떻게 해야 창조자가 될 수 있을까? 기존의 가치 목록을 파괴하고 새로운 가치 목록을 작성해야만 한다. 익숙한 것을 버리고 새로운 것을 경험할 때 비로소 자신이 진정으로 원하는 바가 무엇인지 깨닫게 된다. 낯선 세계로 나아갈 때 내가 누구인지, 내가 진정으로 무엇을 원하는지 내면의 목소리에 집중할 수 있다. 그래서 차라투스트라는 이렇게 말한다. '나를 버리고 그대들 자신을 찾도록 하라. 그리하여 그대들 모두가 나를 부정하게 된다면 그때 내가 다시 그대들에게 돌아오리라.'

79. 윗글에 대한 이해로 적절하지 <u>않은</u> 것은?

① 사람에게는 누구에게나 인생에서 터닝 포인트, 즉 전환점이 있다.
② 니체에 의하면 내가 원하는 나로 살기 위해서는 새로운 서판을 완성해야 한다.
③ 《차라투스트라는 이렇게 말했다》에서는 낡은 서판과 반쯤 쓰인 서판의 존재를 언급한다.
④ 반쯤 쓰인 서판을 새로운 것으로 채우기 위해서는 스스로의 과거를 되돌아볼 줄 알아야 한다.
⑤ 요즘 사람들은 물질적 가치를 중시하기 때문에 신이 죽었다는 사실을 충격적으로 받아들이지 않는다.

80. ㉠에 대한 사례로 가장 적절한 것은?

① 안정적인 회사에 다니며 평생직장을 추구하는 장년
② 부모의 뜻에 따라 전공을 선택하고 진로를 정한 학생
③ 오랫동안 해 오던 취미를 계속 유지하며 삶에서 안정감을 느끼는 성인
④ 현실적인 이유로 도전을 멈추고 기존 일상에 소소한 행복을 찾으려는 청년
⑤ 실패한 창업을 계기로 자신이 진정 원하는 삶을 탐색하고 다시 도전하는 중년

81. ㉡에 대해 이해한 내용으로 적절하지 않은 것은?

① 익숙함에서 벗어나 낯섦으로 나아가야 함을 의미한다.
② 개인이 스스로의 인생을 창조해 나가야 함을 의미한다.
③ 고전적 가치에 순응하며 안정적인 삶을 추구하자는 것을 의미한다.
④ 기존의 기준이 아닌 스스로 만든 가치로 삶을 완성해 가는 것을 의미한다.
⑤ 과거와 단절하려는 시도를 통해 얻어지는 새로운 삶의 출발점을 의미한다.

82. '갑'은 윗글을 비판하는 사람이고 '을'은 윗글을 옹호하는 사람이라고 할 때, '갑'의 비판에 대한 '을'의 답변으로 적절하지 않은 것은?

① 갑: 모든 사람이 창조자가 될 수는 없어.
   을: 누구나 터닝 포인트를 맞을 수 있고, 익숙한 것과 결별할 수 있어.
② 갑: 익숙한 삶을 버리는 건 너무 위험해.
   을: 창조는 낯선 것을 경험하고 자신을 깨닫는 과정이야.
③ 갑: 니체의 철학은 현실을 무시한 이상론이야.
   을: 내가 진정으로 무엇을 원하는지 찾으라는 말은 실존적 자기 극복을 말하는 거야.
④ 갑: 낡은 서판은 결코 버릴 수 없는 전통과 지혜야.
   을: 선조들의 지혜와 가르침이 오롯이 담긴 낡은 서판을 잘 계승하고 보존해야 해.
⑤ 갑: 삶을 극복하고 초인이 되라는 건 철학적 환상일 뿐이야.
   을: 초인이 되라는 건 기존의 삶에서 탈피해 새로운 자기로 나아가자는 의미야.

※ [83~84] 다음 글을 읽고 물음에 답하시오.

믹스커피 봉지도 양파망도 폐비닐로 분리배출해 주세요

□ ◎◎시는 폐비닐 재활용 확대를 위해 폐비닐 분리배출 품목 확대 및 배출 요령 마련과 함께 2024년 7월부터 편의점, 음식점 등 상업시설을 대상으로 종량제봉투에 버려지는 폐비닐을 분리배출해 자원화하는 '폐비닐 분리배출 활성화 사업'을 추진한다.

□ 종량제봉투 내 플라스틱 함량은 2013년 8.8%에서 2022년 29.9%로 매년 증가 추세이다. 또한 2026년 '수도권 생활폐기물 직매립 금지'에 대비하고, 소각시설 온실가스 감축을 위해 폐비닐 분리배출 및 자원화가 절실한 상황이다.

◦ 2022년 ◎◎시 폐비닐 발생량은 하루 730톤이다. 이 중 328톤(45%)은 분리배출돼 고형연료 등으로 재활용되고 있으며, 402톤(55%)은 종량제봉투에 배출돼 소각·매립된다.

◦ 2020년 코로나19 이후 플라스틱 사용 추세가 더욱 증폭되고 있으며, 특히 종량제봉투 내 플라스틱 중 비닐(필름)류가 52%를 차지하고 있어 중점 관리가 필요한 실정이다.

※ 종량제봉투 내 플라스틱 중 종류별 추정 비율: (필름류) 52%, (페트병) 17%, (스티로폼) 3% 등

□ 이에 ◎◎시는 종량제봉투에 버려지는 폐비닐을 최대한 분리배출해 재활용에 나선다. 폐비닐 분리배출 품목도 확대된다. 제품 포장재(과자봉지 등), 일반 비닐봉투 및 완충재 등 모든 비닐이 분리배출 대상이다. 또한 기존 종량제봉투에 배출했던 보온·보냉팩뿐만 아니라 특수마대(PP마대)에 배출했던 비닐·플라스틱 노끈도 분리배출 품목에 포함된다. 단, 마트 식품 포장용 랩은 기존처럼 종량제봉투에 배출해야 한다.

【혼동하기 쉬운 분리배출 가능 품목】

① 일반쓰레기 보관하던 비닐, ② 과자/커피 포장 비닐, ③ 음식 재료 포장 비닐, ④ 유색 비닐, ⑤ 스티커 붙은 비닐, ⑥ 작은 비닐(삼각김밥 포장지, 약봉지, 라면 건더기 봉지 등), ⑦ 비닐장갑, ⑧ 페트라벨, ⑨ 뽁뽁이(에어캡), ⑩ 보온·보냉팩, ⑪ 양파망, ⑫ 노끈

【폐비닐 분리배출 요령】

- 기름 등 액체가 묻은 비닐도 분리배출 가능
- 폐비닐 내 음식물, 과자부스러기 등 내용물은 비운 후 분리배출 가능
- 고추장 등 고형물이 묻은 비닐은 물로 헹군 후 분리배출 가능

83. 윗글에 대한 이해로 적절하지 않은 것은?

① 폐비닐은 고형연료 등으로 재활용된다.
② 폐비닐 분리배출 품목은 과거보다 더 넓어지고 있다.
③ 2026년부터 수도권에서 비닐은 소각 없이 재활용해야 한다.
④ 2022년 기준으로 하루 700톤 이상의 폐비닐이 발생했으며 이 중 절반 이상 소각·매립된다.
⑤ 정부는 2024년부터 음식점 등 상업시설을 대상으로 폐비닐 분리배출을 강화할 예정이다.

84. 윗글의 분리배출 방법에 대한 이해로 적절하지 않은 것은?

① 유색 비닐이나 스티커가 붙은 비닐도 분리배출 대상이야.
② 마트에서 포장된 고기용 랩도 이제 분리배출할 수 있다더라.
③ 고추장이 묻은 비닐은 물로 헹구기만 하면 분리배출이 가능해.
④ 일반쓰레기를 모아두던 비닐봉투도 내용물만 비우면 분리배출할 수 있대.
⑤ 기름이 조금 묻은 믹스커피 봉지도 헹굴 필요 없이 그냥 분리배출하면 돼.

※ [85~87] 다음 글을 읽고 물음에 답하시오.

청소년 마음 건강 '빨간불' … 우울·불안 등 급증세	
장면 1		앵커: ⊙게임 속 세상에 빠져 잠도 안 자고 밥도 거르는 아이들, 남의 집 얘기 아니다 싶으시죠. 사춘기, 잠깐 그러다 말겠지 했다간 자녀들 뇌에 치명적인 결과를 가져올 수 있습니다. 자극적·중독적 디지털 콘텐츠로 멍들어가는 10대들의 마음 건강, 송○○ 기자가 챙겨봤습니다.
장면 2		송 기자: 고등학교 3학년 김모 군, 온라인 게임에 열중입니다. 게임을 안 할 때 김 군을 유혹하는 건 소셜미디어, 특히 숏폼 형태의 콘텐츠들입니다. ⓒ김 군은 현재 스트레스 장애와 ADHD를 겪고 있습니다.

장면 3	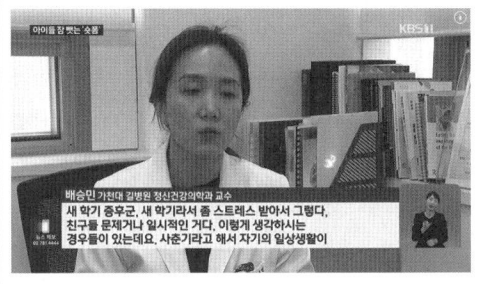	송 기자: 지난 10년간의 자료를 분석한 결과 청소년들이 겪는 만성 질환 가운데 정신 건강 관련이 압도적으로 많았고, 특히 우울증과 불안 장애, 스트레스 장애 환자의 비율이 빠르게 증가해 10년 전에 비해 3.5배로 늘었습니다. ⓒ청소년들의 마음 건강을 해치는 대표적 요인으로는 디지털 콘텐츠, 공부 스트레스, 가족 문제와 친구 관계 등이 꼽힙니다. 문제 증상이 보여도 '자라면서 괜찮아지겠지'라는 생각으로 지나칠 경우 치료는 더욱 어려워집니다.
장면 4		전문가: 새학기 증후군, 새 학기라서 좀 스트레스 받아서 그렇다, 친구들 문제거나 일시적인 거다, 이렇게 생각하시는 경우들이 있는데요. ㉣사춘기라고 해서 자기의 일상생활이 안 될 정도의 이상이 일어나지는 않습니다. 근본적인 것을 좀 더 고민해봐야 되는 그런 상태일 수 있다는 의심을 해보시고 체크를 꼭 해보셨으면 좋겠습니다.
장면 5		송 기자: 전문가들은 ㉤청소년이 식사나 수면, 감정 표현 등 일상에서 갑작스런 변화를 보일 경우 정신건강 문제를 의심해 보고 운동과 대면 활동을 늘려야 한다고 강조합니다. KBS 뉴스 송○○입니다.

85. 뉴스 보도에 사용된 정보 제시 전략으로 가장 적절한 것은?

① [장면 1]: 자막에 글자 색을 달리하여 보도의 핵심 내용을 부각하고 있다.
② [장면 2]: 주요 인물의 인터뷰를 제시해 뉴스 보도 내용의 공정성을 높이고 있다.
③ [장면 3]: 통계 자료를 시각적으로 제시하며 뉴스 보도 내용의 타당성을 높이고 있다.
④ [장면 4]: 전문가를 화면 가운데에 배치하여 뉴스 보도 내용의 신뢰성을 높이고 있다.
⑤ [장면 5]: 역동적인 배경 화면을 삽입하여 시청자에게 긍정적 정서를 심어 주고 있다.

86. 〈보기〉는 뉴스 보도에 대한 시청자의 반응이다. 〈보기〉에 대한 이해로 적절하지 <u>않은</u> 것은?

───────────────〈 보 기 〉───────────────

시청자 1: 고등학생 자녀가 숏폼 콘텐츠에 빠져 밤을 새우는 모습이 김 군 사례와 너무 비슷해서 놀랐습니다. ADHD 증상까지는 아니더라도 상담을 받아 봐야겠다고 생각했어요. 뉴스 보도가 많은 도움이 되었어요.

시청자 2: 정신 건강 문제를 디지털 콘텐츠와 연결시킨 건 좋은 시도지만, 가족 간 갈등, 학교 폭력 같은 다른 원인에 대한 언급도 부족한 것 같아요. 원인 분석이 조금 더 균형 있었으면 좋겠습니다.

시청자 3: 중독적 콘텐츠가 아이 뇌에 치명적인 결과를 가져온다는 건 내용을 너무 자극적으로 표현한 게 아닐까요? 정확한 병명이 있는 것도 아닌데 이렇게 단정적인 표현은 피해야 할 것 같아요.

시청자 4: 뉴스 내용 중 '사춘기라 괜찮겠지 하면 더 큰 문제로 이어질 수 있다.'는 말이 특히 와 닿았습니다. 사춘기라는 이유로 방치했던 제 태도를 반성하게 되었어요.

시청자 5: 정신 건강 문제를 의심해 보고 운동과 대면 활동을 늘려야 한다고 강조하지만, 더 구체적인 치료법에 대한 논의는 없더군요. 구체적인 치료법도 소개되었으면 좋았겠어요.

① 시청자 1은 뉴스 내용을 자기 경험과 관련지어 수용하며 보도의 실질적 도움을 언급하였다.
② 시청자 2는 뉴스에 언급된 원인을 확장하여 보도 내용의 타당성과 균형성을 점검하였다.
③ 시청자 3은 뉴스 표현의 선정성과 객관성을 점검하며 표현의 타당성을 비판하였다.
④ 시청자 4는 보도의 메시지를 내면화하여 기존의 태도를 반성하였다.
⑤ 시청자 5는 뉴스 보도의 근거 자료 부족을 비판하며 통계 수치의 명확성을 요구하였다.

87. ㉠~㉤에 대한 설명으로 옳은 것은?

① ㉠: 연결 어미 '-고'를 활용해 두 행위가 종속적으로 일어남을 보여 주고 있다.
② ㉡: 보조 용언 '있다'는 일시적 현상을 강조하며 정신 질환이 곧 나아질 것임을 암시한다.
③ ㉢: 의존 명사 '등'을 사용해 청소년들의 마음 건강을 해치는 원인이 더 있음을 나타내고 있다.
④ ㉣: 의존 명사 '정도'를 통해 앞말을 구체적으로 수식하여 명확한 판단을 유도하고 있다.
⑤ ㉤: '-ㄹ'은 현재 확정된 사실을 강조하는 관형사형 어미로 실현된 사건을 전제하고 있다.

※ [88~90] 다음 글을 읽고 물음에 답하시오.

◎◎시 극한호우 대비 지하차도 통제 현장훈련

□ ◎◎시가 지하차도에서 자치구, 경찰, 민간 조력자와 합동으로 여름철 집중호우 대비 지하차도 통제훈련을 실시했다.
  ◦ 이번 훈련은 극한호우가 발생해 지하차도 48개소가 침수되는 동시다발적 재난 상황을 가정했으며, 4인의 담당자가 신속히 출동해 지하차도를 통제하고 자동차단시스템 작동 여부 등을 점검하는 내용으로 진행됐다.
  ◦ ㉠지하차도 4인 담당제는 공무원, 경찰, 민간인 4명씩을 지하차도마다 배정해서 호우특보나 집중호우가 예상될 때 미리 현장에 나가 지하차도 침수 위험 시 즉시 통제하여 인명피해를 막는 민관 협력 대응체제이다.

□ 한편, ◎◎시는 여름철 집중호우 등에 대비해 인명피해 우려 지역과 방재시설 등 주요 시설물에 대한 점검을 완료했으며, 여름철 자연 재난 대비 종합계획을 수립, 5월 15일부터 10월 15일까지를 "자연재난 대책기간"으로 지정하여 대비하고 있다.

□ 훈련 개요
  • 일   시: '24. 6. 21.(금) 14:00 ~ 15:00
  • 장   소: ◇◇지하차도
  • 참여 대상: 市(재난관리과, 도로관리과, 상황대응과, 건설관리본부(시설정비과)), 자치구, 경찰, 민간(4인 담당자)
  • 훈련 내용: 각 지하차도 4인 담당자 배치, 재난안전통신망(PS-LTE) 사용 상황 보고

□ 훈련 계획

단계	내용	담당
훈련 시작	• 훈련 방법 등 설명	재난관리과장
⇩		
기상상황 전파	• 호우주의보 발효	건설도로과장
⇩		
출동 명령	• 호우경보 발효	건설도로과장
⇩		
현장 도착 보고	• 지하차도별(48개소)	4인 담당자
⇩		
침수상황 보고	• ◇◇지하차도	4인 담당자 → 상황실
⇩		
진입 통제	• 진입차단기 작동, 현장통제 수행	4인 담당자
⇩		
훈련 종료	• 훈련 강평 및 당부 말씀	시민안전실장

88. 윗글을 이해한 내용으로 적절하지 않은 것은?

① 훈련은 6월 21일 금요일에 1시간 동안 실시되었다.
② 지하차도 4인의 담당자는 민관 협력 체제로 구성된다.
③ 훈련에는 자치구, 경찰, 민간 등 다양한 주체들이 참여했다.
④ 이번 훈련은 ◎◎시 내의 48개 지하차도가 침수되는 상황을 가정했다.
⑤ 침수로 가정된 각 지하차도에는 시민과 소방관으로 구성된 4인이 배치된다.

89. 윗글에 대한 반응으로 적절하지 않은 것은?

① 재난안전통신망(PS-LTE) 사용 상황 보고는 형식적이다.
② 극한호우에 대비한 예방적 훈련을 하는 것은 바람직하다.
③ 민관 협력으로 인명피해를 줄일 수 있다는 점을 높게 평가한다.
④ 한정된 인력으로 현장 대응 능력을 끌어올리려는 노력으로 보인다.
⑤ 지하차도별로 적합한 즉각적인 대응 체계를 마련한 점이 긍정적이다.

90. 윗글에서 ㉠의 업무를 맡은 담당자가 할 일로 적절하지 않은 것은?

① 지하차도 침수 상황을 상황실에 보고한다.
② 호우특보나 집중호우가 예상되면 미리 현장에 출동한다.
③ 기상 상황을 예보하여 미리 자동차단시스템을 작동한다.
④ 지하차도 침수 위험 시 현장통제를 수행하여 인명피해를 예방한다.
⑤ 지하차도 침수 위험 시 진입차단기를 작동시켜 차량 진입을 막는다.

[국어 문화] (91번~100번)

91. 〈보기〉에서 설명하는 문학 작품은?

> 〈 보 기 〉
>
> 이 작품은 우리나라 문헌상 최초의 가전 작품이다. 돈을 의인화하여 일대기 형식으로 다루고 있으며, 엽전의 모양이 겉은 둥글고 속은 네모난 것에 빗대어 겉과 속이 다른 이중성과 표리부동한 것을 경계하고자 하는 교훈을 준다.

① 공방전
② 국순전
③ 저생전
④ 죽부인전
⑤ 청강사자현부전

92. 〈보기〉에서 설명하는 문학 작품은?

> 〈 보 기 〉
>
> 3.1 운동 직전을 배경으로 당대의 현실을 사실적으로 묘사한 염상섭의 중편 소설이다. 소설은 동경 유학생인 '나'가 아내가 위독하다는 전보를 받고 동경에서 서울까지 오는 3일간의 행적을 다루고 있으며, '나'가 출발지인 동경으로 다시 돌아가는 원점 회귀의 구조로 이루어져 있다. '나'는 동경에서 서울로 오면서 조선인이라는 이유만으로 부당한 일을 직접 겪고 목격하며 새롭게 현실을 인식하지만, 이는 조선의 독립을 위한 적극적인 행동으로 이어지지 않고, 아내의 초상을 치른 뒤 도망치듯 조선을 떠나 다시 동경으로 향한다.

① 삼대
② 임종
③ 만세전
④ 두 파산
⑤ 표본실의 청개구리

93. ⟨보기⟩에서 설명하는 작가는?

― ⟨ 보 기 ⟩ ―

이 작가는 이상, 정지용 등과 더불어 1930년대 모더니즘 문학을 대표하는 작가로, 이상, 이태준, 정지용, 김기림 등과 함께 구인회를 결성해 활동했다. 대표작으로는 「소설가 구보 씨의 일일」, 「천변풍경」 등이 있다.

① 박태원 ② 이태준 ③ 채만식
④ 최인훈 ⑤ 현진건

94. ⟨보기⟩는 일제 강점기 신문에 게재된 연극 광고이다. 이에 대한 설명으로 적절하지 <u>않은</u> 것은?

― ⟨ 보 기 ⟩ ―

츄ㅣ션다원대 연극 광고

본원에셔 쳥국 북경에 유명훈 챵희듸ㅣ를 쵸쳥하야 졀듸ㅣ훈 기예를 연주하는 바 특별히 한국 동포의 구경하심을 위하와 그 연주하는 것을 한국 국문으로 번역하야 ᄆᆞㅣ 위에 진졍하고 쳥국말 능통하신 한국인을 쳥하야 ᄆᆞㅣ 구졀을 번역 셜명홀 터이오 본월 이십일브터 시작하오니 대한국 동포는 특별완샹하심을 ᄇᆞ라옵

홍살문안 츄ㅣ션다원 연극장
－『대한매일신보』, 1909년 11월 26일자

① 취선다원대에서 낸 연극 광고이다.
② 이번 공연은 5월 20일부터 시작한다.
③ 한국 동포들을 위해 한국 국문으로 번역해 제공한다.
④ 북경에서 유명한 창희대를 초청해 기예를 연주하는 공연이다.
⑤ 청국말에 능통한 한국인이 매 구절을 한국 국문으로 번역해 설명할 것이다.

95. <보기>에 쓰인 ㉠~㉤의 의미로 적절하지 않은 것은?

― 〈 보 기 〉 ―

부자간 쳔륜이야 ㉠무삼 허물 잇스릿가 아부지는 날만 ㉡밋고 나는 아부지만 미더 되소사를 의논터니 오늘날 말삼이 네 알어 쓸 딕 업다고 ᄒ시오니 부모 근심은 곳 자식의 근심이라 제 아모리 불효ᄒ들 말슴을 안이ᄒ시니 제 ㉢마음의 섭사이다 심봉사 그졔야 니가 무삼 일을 네을 소기랴마는 만일 네가 알거드면 지극ᄒ 네의 마음의 걱정민 되것기로 말ᄒ지 못ᄒ엿다 ㉣앗ᄀ 네를 지달다가 저무도록 안이오기에 하 각갑ᄒ여 너을 마져 나갓다가 질리 너문 ㉤기쳔의 쌘져셔 거의 죽게 되엿더니 쯧박기 몽운사 화주승이 나를 건져 살여 노코 하는 말리 공양미 삼빅 셕을 진심으로 시주ᄒ면 싱젼의 눈을 써셔 쳔지만물을 보리라 ᄒ더구나

― 「심청젼」

① ㉠ 무삼: 무슨
② ㉡ 밋고: 믿고
③ ㉢ 마음: 마음
④ ㉣ 앗ᄀ: 아끼는
⑤ ㉤ 기쳔: 개천

96. <보기>의 『훈민정음』 서문에 쓰인 ㉠~㉤에 대한 설명으로 적절하지 않은 것은?

― 〈 보 기 〉 ―

나랏 ㉠말ᄊᆞ미 中國에 달아 文字와로 서르 ㉡ᄉᆞᄆᆞᆺ디 아니홀씨 이런 젼ᄎ로 어린 百姓이 ㉢니르고져 홇 배 이셔도 ᄆᆞᄎᆞᆷ내 제 ᄠᅳ들 시러 펴디 몯홇 노미 하니라. 내 이ᄅᆞᆯ 爲ᄒᆞ야 어엿비 너겨 새로 ㉣스믈여듧 字ᄅᆞᆯ 밍ᄀᆞ노니 사ᄅᆞᆷ마다 ᄒᆡᅇᅧ ㉤수ᄫᅵ 니겨 날로 ᄡᅮ메 便安킈 ᄒ고져 홇 ᄯᆞᄅᆞ미니라.

① ㉠: 이어적기가 사용되었다.
② ㉡: 8종성법이 사용되었다.
③ ㉢: 두음 법칙이 적용되었다.
④ ㉣: 원순모음화 현상이 보이지 않는다.
⑤ ㉤: 순경음 비읍이 사용되었다.

97. 〈보기〉는 북한의 어문 규정이다. 어문 규정에 대한 용례로 적절하지 <u>않은</u> 것은?

―― 〈 보 기 〉 ――

제13항 말줄기의 끝소리마디 ≪하≫의 ≪ㅏ≫가 줄어들면서 다음에 온 토의 첫소리 자음이 거세게 될 때에는 거센소리로 적는다. 예 다정타

그러나 ≪아니하다≫가 줄어든 경우에는 ≪않다≫로 적는다. 예 넉넉지 않다

[붙임] 이와 관련하여 《않다》, 《못하다》의 앞에 오는 《하지》를 줄인 경우에는 《치》로 적는다. 예 고려치 않다.

제14항 합친말은 매개 말뿌리의 본래 형태를 각각 밝혀 적는 것을 원칙으로 한다. 예 걷잡다, 값있다

다만, 《암, 수》와 결합되는 동물의 이름이나 대상은 거센소리로 적지 않고 형태를 그대로 밝혀 적는다. 예 수돼지

① 선선하지 못하다 → 선선치 못하다
② 서슴지 아니하다 → 서슴지 않다
③ 괜하지 않다 → 괜지 않다
④ 눈+웃음 → 눈웃음
⑤ 수+기와 → 수기와

98. 다음은 국립국어원의 '한국 수어 사전'에 실린 자료이다. 다음의 수어가 나타내는 의미는?

〈 보기 〉

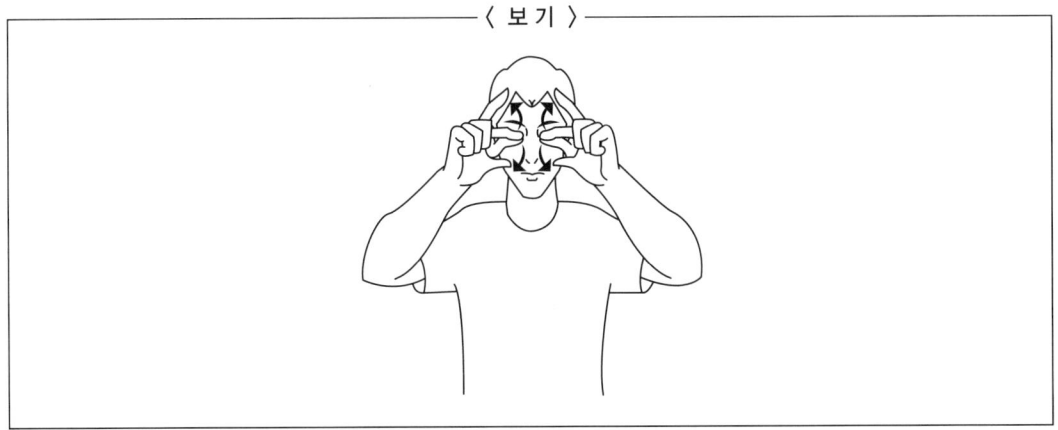

① 보다
② 깨다
③ 듣다
④ 말하다
⑤ 잊어버리다

99. 밑줄 친 법률 용어에 대한 해석으로 적절하지 않은 것은?

① 단서의 결정은 이유를 개시해(→ 밝혀) 선고한다.
② 관세등의 일괄납부는 1997년 7월 초일부터(→ 초순부터) 수입신고되는 수출용 원재료에 대하여 적용한다.
③ 관리자나 그 대리자 또는 분임자는 선량한 관리자로서의 주의를 게을리하여 그가 보관하는 현금 또는 물품이 망실되거나(→ 없어지거나) 훼손되었을 때에는 변상의 책임을 진다.
④ 이 법에 따른 급여 또는 심사 청구에 관한 기간을 계산할 때 그 서류가 시효 완성 전에 우송할(→ 우편으로 보낼) 때에는 이에 걸린 일수(日數)는 그 기간에서 제외한다.
⑤ 관할 지방검찰청 검사장은 범죄가 발생하였는데도 그 사실을 자신에게 보고하지 아니하거나 수사를 게을리하거나 수사능력이 부족하다고 인정하는 사람에 대해서는 그 임명권자에게 징계, 해임 또는 체임(→ 교체임용)을 요구할 수 있다.

100. 〈보기〉의 방송 프로그램에 대한 이해로 적절하지 <u>않은</u> 것은?

〈 보 기 〉

영상: 전문가 1

⇩

영상: 남자 진행자와 여자 진행자

⇩

영상: 전문가 2

전문가 1: 병원이나 의원에서 처방되고 있는 약재들은 우리가 알고 있는 지구상의 모든 약 중에서 가장 효과가 좋고 가장 안전한 약입니다. 우리 시청자들께서 가장 걱정하는 것이 이 콩팥 기능의 감소 또 간 손상 이런 것들이에요. 근데 당뇨 약 특히 고혈압 약, 고지혈증 약 이런 약들은 신장 기능이 감소되는 걸 막는 것을 목표로 하고 있습니다. 그렇기 때문에 지금 시청자 분들께서 오랫동안 부작용이 없이 잘 먹었다, 그러면은 끊지 말고 계속 먹는 것이 이런 일들이 벌어지는 것을 막아 주는 효과가 있다는 것을 꼭 명심하시길 바랍니다.

여자 진행자: 두 번째 질문입니다. 고혈압 약을 복용하고 나서부터 안 하던 기침을 하게 되어서 약을 바꿨더니 기침이 조금 잦아든 사례가 있다고 합니다. 혈압약과 기침 사이에 관계가 있을까요?

전문가 2: 혈압약을 드시다 보면 가장 많이 접하는 부작용으로 어지럼증과 두통이 있습니다. 그런데 이는 혈압이 너무 많이 떨어지는 경우에 발생하는 증상이구요. 말씀하신 마른 기침을 유발하는 혈압약 약제가 있습니다. 그렇지만 약제를 끊으면 서서히 증상이 없어지게 됩니다. 이처럼 혈압약들은 약제 특징에 따라 특징적인 부작용이 있게 되지만 이런 부작용이 생겼다고 곧바로 약을 중단하는 것보다는 담당 의사와 상의하셔서 적절한 약제로 교환하거나 용량을 조절하는 것이 더 중요하겠습니다.

① 건강과 관련한 정보를 전달하고 있는 방송 프로그램이다.
② 한 전문가는 객관적 수치를 기반으로 정보를 제시하고 있다.
③ 각 전문 분야의 전문가를 초빙해 신뢰성 있는 답을 전달하고 있다.
④ 진행자가 전문가들에게 질문을 던지며 답을 요하는 인터뷰 형식으로 진행된다.
⑤ 진행자는 사전에 시청자들이 궁금해할 만한 질문을 준비해 순차적으로 질문하고 있다.

기출변형
모의고사

sdedu.co.kr/book
부가학습자료(도서업데이트) 및 정오표, 교재문의

"기출 분석 좋은" 시대에듀# 자격증수험서

KBS한국어능력시험
공식기출 문제집 + 무료강의
제85, 84, 83회

2025 기분좋은
KBS한국어능력시험
#반반끝 단기기본서 + 공식기출 3회

기분좋은
오늘 NCS 완료 시즌1
#오N완 #NCS루틴 #100%새문항

2025 기분좋은
#해품사 한능검 [심화 1·2·3급]
시대별 기출회독 600제 + 기출선지

[75회 저격모의고사]
기분좋은 한국사능력검정시험 심화
[해품사 적중 키워드 50 + 모의고사 해설강의]

시대에듀# 블루스마일과 함께 빠르고 기분 좋게 합격하세요!

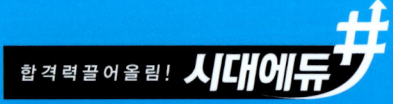

sdedu.co.kr/book
부가학습자료(도서업데이트) 및 정오표, 교재문의

KBS한국어진흥원
공식기출 문제/해설/결과분석 제공

KBS한국어진흥원은 대한민국 공영방송인 KBS한국방송이 한국어와 한국어 문화콘텐츠 확산을 위하여 사내에 설립한 KBS의 공익적 기관입니다.

2004년부터 시행하고 있는 국가공인 〈KBS한국어능력시험〉을 시작으로 청소년들의 독서와 언어능력을 높여주는 초·중등생을 위한 〈책과 함께, KBS한국어능력시험〉, 한국어를 모국어로 하지 않는 재외동포 및 외국인들의 한국어 활용 능력을 평가하는 〈외국인을 위한 KBS한국어능력시험(KBSKLT)〉, 실무적인 의사소통 능력을 평가하는 〈KBS한국어의사소통능력시험〉까지 연 10만 명 이상이 응시하는 시험을 주관하는 대한민국의 대표적 한국어 평가 기관입니다.

KBS한국어능력시험 공식기출 문제집
감수&강의

민상윤 교수

(現) KBS한국어능력시험 형설온라인교육센터 강사
(現) KB라스쿨 고등 국어 대표 강사
(現) 나두공 9급 공무원 국어 강사
(現) 러너스컴퍼니 교육컨설팅 대표

합격시키는 힘, 합격력을 끌어올리다

콘텐츠의 정확성과 견고함을 기반으로, 자격증수험서의 본질인 합격에 집중하는 시대에듀의 합격력 끌어올림# 브랜드입니다.

출제기관
KBS 한국어진흥원
공/식/인/증

KBS 한국어능력시험 공식
기출문제집+무료강의
제85, 84, 83회

2권 | 기출분석 해설집

제85회 KBS한국어능력시험   3
- 빠른 정답 확인표
- 자가 진단표
- 시험 분석 및 평가
- 정답과 해설

제84회 KBS한국어능력시험   51
- 빠른 정답 확인표
- 자가 진단표
- 시험 분석 및 평가
- 정답과 해설

제83회 KBS한국어능력시험   99
- 빠른 정답 확인표
- 자가 진단표
- 시험 분석 및 평가
- 정답과 해설

기출변형 모의고사   149
- 빠른 정답 확인표
- 정답과 해설

시대에듀 은 KBS한국어능력시험의 출제기관인 KBS한국어진흥원의 공식계약사로, 가장 최신 기출문제를 출간합니다.

나는 내가 더 노력할수록
운이 좋아진다는 걸 발견했다.

– 미국 제3대 대통령 토머스 제퍼슨

#준비된자에게행운이 #노력의힘

제85회 | 정답 및 자가 진단표

- ◆ '빠른 정답 확인표'로 채점 후 진단표에 맞은 문제, 틀린 문제를 ○, ×로 체크해 보세요.
- ◆ 문항별 정답률을 확인하고 한 번 더 봐야 할 문제들에 체크하세요.
- ◆ 문항당 1점으로 총점을 계산하고 다음 페이지에 제시된 '환산점수(100점 만점)'를 참고하여 나의 예상 등급을 확인하세요.

빠른 정답 확인표

001	002	003	004	005	006	007	008	009	010
⑤	⑤	⑤	⑤	①	⑤	①	④	③	⑤
011	012	013	014	015	016	017	018	019	020
④	④	④	②	⑤	④	②	①	③	⑤
021	022	023	024	025	026	027	028	029	030
⑤	⑤	③	⑤	①	⑤	①	④	③	④
031	032	033	034	035	036	037	038	039	040
③	③	④	⑤	⑤	⑤	①	②	⑤	⑤
041	042	043	044	045	046	047	048	049	050
③	⑤	②	②	②	②	④	⑤	③	①
051	052	053	054	055	056	057	058	059	060
④	⑤	②	③	④	⑤	②	①	③	④
061	062	063	064	065	066	067	068	069	070
③	⑤	①	②	③	④	③	⑤	②	⑤
071	072	073	074	075	076	077	078	079	080
④	④	④	⑤	④	④	①	②	⑤	④
081	082	083	084	085	086	087	088	089	090
①	②	③	②	②	⑤	⑤	①	③	②
091	092	093	094	095	096	097	098	099	100
②	③	②	⑤	④	⑤	⑤	⑤	⑤	②

자가 진단표

문항번호	영역	세부 평가 요소	정답률(%)	O, X	다시 볼 문제
001	듣기·말하기	설명(그림)	80.24		✓
002		스토리텔링	99.31		✓
003		설명(강연)	93.64		
004		설명(라디오 방송)	74.47		
005		낭독	74.02		
006		공적 대화	88.53		
007		공적 대화	72.04		
008		사적 대화	98.70		
009		사적 대화	67.40		
010		설명(강연)	95.88		
011		설명(강연)	74.05		
012		발표	98.97		
013		발표	95.53		
014		협상과 중재	86.42		
015		협상과 중재	87.77		
016	어휘	고유어의 사전적 의미	25.80		
017		한자어의 사전적 의미	18.36		
018		고유어의 문맥적 의미	33.27		
019		한자어의 문맥적 의미	67.05		
020		한자어의 문맥적 의미	46.65		
021		혼동하기 쉬운 어휘의 구별	34.45		
022		다의어와 동음이의어	82.45		
023		어휘의 관계(높임말)	91.75		
024		고유어와 한자어	59.05		
025		어휘의 관계(반의 관계)	97.67		
026		속담	83.57		
027		고사성어/사자성어	21.14		
028		관용 표현	86.20		
029		한자어의 순화	40.76		
030		외래어의 순화	63.91		
031	어법	소리에 관한 것	1.08		
032		형태에 관한 것	26.22		
033		형태에 관한 것	34.91		
034		띄어쓰기	84.90		
035		그 밖의 것	57.84		
036		문장 부호	27.52		
037		발음 변화에 따른 표준어	68.72		
038		어휘 선택 변화에 따른 표준어	71.25		
039		표준 발음법	44.49		
040		외래어의 표기	41.44		
041		국어의 로마자 표기	50.70		
042		어법에 맞는 표현(한글 맞춤법)	48.98		
043		어법에 맞는 표현(높임법)	22.96		
044		어법에 맞는 표현(중복 표현)	62.34		
045		번역 투 표현	74.71		
046	쓰기	계획하기	84.48		
047		자료의 활용	62.88		
048		개요 작성	85.02		
049		미시적 점검	95.11		
050		거시적 점검	97.45		

번호	영역	내용	점수		
051	창안	유비추론을 활용한 내용 생성	92.93		
052		유비추론을 활용한 내용 생성	83.48		
053		조건에 맞는 내용 생성	93.13		
054		구체적 그림을 활용한 내용 생성	74.17		
055		시각 리터러시	93.25		
056		유비추론을 활용한 내용 생성	98.45		
057		구체적 그림을 활용한 내용 생성	97.13		
058		구체적 그림을 활용한 내용 생성	54.41		
059		유비추론을 활용한 내용 생성	97.74		
060		유비추론을 활용한 내용 생성	92.59		
061	읽기	문학 텍스트 이해하기	56.67		
062		문학 텍스트 비판하기	55.34		
063		문학 텍스트 이해하기	71.13		
064		문학 텍스트 추론하기	85.12		
065		문학 텍스트 비판하기	42.43		
066		학술 텍스트 이해하기	91.70		
067		학술 텍스트 추론하기	77.29		
068		학술 텍스트 비판하기	74.54		
069		학술 텍스트 이해하기	67.05		
070		학술 텍스트 추론하기	33.19		
071		학술 텍스트 비판하기	48.05		
072		학술 텍스트 이해하기	73.19		
073		학술 텍스트 이해하기	94.01		
074		학술 텍스트 추론하기	81.95		
075		학술 텍스트 비판하기	68.87		
076		학술 텍스트 이해하기	77.61		
077		학술 텍스트 추론하기	59.10		
078		학술 텍스트 비판하기	72.60		
079		학술 텍스트 이해하기	52.84		
080		학술 텍스트 추론하기	78.03		
081		학술 텍스트 추론하기	75.99		
082		학술 텍스트 비판하기	33.64		
083		실용 텍스트 이해하기	97.03		
084		실용 텍스트 추론하기	96.96		
085		실용 텍스트 이해하기	89.39		
086		실용 텍스트 비판하기	90.52		
087		실용 텍스트 추론하기	93.03		
088		실용 텍스트 이해하기	92.49		
089		실용 텍스트 비판하기	94.01		
090		실용 텍스트 추론하기	79.40		
091	국어 문화	한국 고전문학(작품)	58.83		
092		한국 현대문학(작품)	35.82		
093		한국 현대문학(작가)	44.91		
094		국어 생활	41.86		
095		국어 생활	52.39		
096		국어사	59.22		
097		국어사	74.64		
098		국어 생활	75.15		
099		국어 생활	72.58		
100		매체 언어의 탐구	75.74		
		총점			점

제85회 | 시험 분석 및 평가

◆ 등급 현황

자격등급	환산점수(990점 만점)	환산점수(100점 만점)	응시자수(명)	취득자수(명)	합격률(%)
1급	830–990	92.2점	4,073	46	1.13
2+급	758–845	81.0점		133	3.27
2-급	735–800	77.4점		286	7.02
3+급	675–750	71.8점		591	14.51
3-급	625–690	66.5점		599	14.71
4+급	535–640	59.4점		989	24.28
4-급	465–550	51.0점		564	13.85
무급	10–480	24.7점		865	21.24

※ 100점 만점 기준 환산점수는 시대에듀에서 실제 시험의 등급별 환산점수 구간의 평균값을 바탕으로 임의로 산정한 참고용 수치입니다. 실제 KBS한국어능력시험 등급부여 시스템과는 차이가 있으며 현재 자신의 실력을 가늠하고 취약 영역을 보완하는 용도로만 활용하시기 바랍니다.

♦ 2025년 6월 15일(일) 4,073명이 응시한 제85회 KBS한국어능력시험의 원점수 평균은 100점 만점에 69.54점, 표준편차는 9.11로 크지 않아 이전 회차와 유사한 난도로 출제되었습니다.

♦ 3급 이상 취득자의 합격률 또한 40.64로 변별력 있게 출제되었으며 난도 자체가 쉬운 시험은 아니기에 3급 이상 취득을 위해서는 전략적인 학습이 필요합니다.

◆ 영역별 평균점수 & 예상 등급

자격등급	평균점수	내 점수	총점	예상 등급
문법 영역 (16~45번)	15.70점 (30점 만점)			
이해 영역 (1~6번, 8번, 10번, 12번, 14번, 61~90번)	30.93점 (40점 만점)			
표현 영역 (7번, 9번, 11번, 13번, 15번, 46~50번)	8.22점 (10점 만점)			
창안 영역 (51~60번)	8.77점 (10점 만점)			
국어 문화 영역 (91~100번)	5.91점 (10점 만점)			

♦ 제85회 KBS한국어능력시험의 영역별 평균점수를 살펴보면, 문법 영역이 15.70점(30점 만점), 이해 영역이 30.93점(40점 만점), 표현 영역이 8.22점(10점 만점), 창안 영역이 8.77점(10점 만점), 국어 문화 영역이 5.91점(10점 만점)이으로 문법 영역과 국어 문화 영역에서 낮은 점수를 기록했습니다. 이에 영역별로 자신의 취약점을 파악하여 시간 안에 문제들을 해결할 수 있도록 하는 훈련이 필요합니다.

◆ 총평

제85회 KBS한국어능력시험은 이전 회차들과 유사한 출제 유형과 난도를 보였으나, 어휘·어법 영역에서는 일부 문항이 가장 높은 오답률을 기록할 만큼 고난도의 문제들이 출제되었습니다. 반면, 읽기 영역에 포함된 학술 텍스트는 제84회에 비해 비교적 평이한 수준으로 시간 관리에 어려움이 없었다면 충분히 해결할 수 있었던 문항들로 구성되었습니다. 이에, 자신의 강점과 약점을 명확히 파악하고 풀이 순서를 정하여 시간 안에 최대한 많은 문항을 해결하는 연습이 필요합니다.

제85회 | 정답과 해설

영역별 접근 전략

듣기·말하기   001~015번

듣기·말하기 영역은 음성이 시작되기 전에 문제와 선지를 먼저 확인하세요. 아무 준비 없이 음성을 듣고 문제를 푸는 것보다 음성의 어느 부분에 초점을 맞추어 들어야 하는지 문제를 통해 미리 방향성을 잡고, 선지를 통해 주요 키워드를 확인해 두면 음성이 시작됨과 동시에 문제를 풀 수 있습니다. 듣기·말하기 영역은 음성이 끝나기 전, 혹은 끝난 직후 바로 다음 문제로 넘어간다는 생각으로 훈련해야 시간을 단축할 수 있습니다.

001   정답 ⑤

반응률(%)	①	②	③	④	⑤
	16.60	0.37	0.66	2.11	80.24
평가요소	1.1 담화의 유형별 화법 전략					
세부 평가요소	1.1.1 설명					
출처	"[최문영의 그림산책] 들라크루아 '민중을 이끄는 자유의 여신'", 경기일보, 2023. 4. 10. (https://www.kyeonggi.com/article/20230410580028)					

보자마자 딱! 풀리는 | 유형 딱풀 전략

1 선지를 먼저 살펴보면서 각 선지의 주요 키워드에 체크
2 설명을 들으며 체크한 키워드가 언급될 때마다 해당 선지와 설명을 비교하면서 정답 찾기

듣기 대본

1번. 먼저 그림에 대한 설명을 들려 드립니다.

'민중을 이끄는 자유의 여신'은 19세기 프랑스 낭만주의 미술의 대표 화가인 외젠 들라크루아의 대표작입니다. 이 작품은 프랑스 부르봉 왕조의 왕인 샤를 10세가 입헌군주제를 거부하고 왕정체제로 회귀하려는 움직임에 시민들이 반발하며 발생한 7월 혁명을 주제로 한 작품으로 파리에서 진격하고 있는 혁명군의 모습을 그린 것입니다.

중앙의 자유의 여신은 마리안느로 왼손에는 총을 들고 오른손에는 혁명의 상징인 삼색기를 휘날리며 민중을 이끌고 있습니다. 가슴을 크게 풀어헤친 모습으로 고개를 돌려 시민들을 바라보며 희생자들을 넘어 앞으로 나아가고 있는데, 이러한 모습은 고전 미술에서 우아하고 아름다움을 표방하는 여성상과 달리 힘차고 주도적인 모습으로 그려졌습니다.

여신이 바라보는 곳에 검은 실크 모자에 검은 정장 상의를 입고 총을 든 부르주아 남성이 있는데, 들라크루아 자신을 그려 넣은 것이라고 합니다. 그의 뒤에는 칼을 들고 셔츠를 풀어헤친 작업복 복장의 노동자가 있으며 여신의 발 아래에는 혁명의 희생자들과 상처 입고 그녀를 바라보는 인물이 그려져 있어 혁명의 희생을 보여 줍니다. 화면 우측에는 자욱하게 피어 올라오는 연기를 배경으로 양손에 총을 든 어린 소년이 있습니다. 이렇듯 다양한 계층의 인물을 그려냄으로써 '민중을 이끄는 자유의 여신'은 7월 혁명이 사회의 전반적인 지지를 받았음을 드러내고 있는 것입니다.

정답 해설

⑤ 그림에 대한 설명에서 가장 핵심 문장은 "다양한 계층의 인물을 그려냄으로써 … 사회의 전반적인 지지를 드러내고 있는 것"이다. 이는 계층 간의 연대와 혁명에 대한 집단적 참여를 시각적으로 형상화한 구성 의도를 설명한 것으로, ⑤가 이를 가장 정확하게 반영한다.

오답 해설

① 그림은 왕정체제로 회귀하려는 움직임에 시민들이 반발하며 발생한 7월 혁명을 주제로 한다고 설명하고 있다.
② 마리안느는 힘차고 주도적인 모습으로 묘사되었다. 고전주의 미술이 표방하는 우아하고 아름다운 여성상과는 거리가 멀다.
③ 삼색기는 혁명의 상징이고 휘날리며 민중을 이끌고 있다고 했으므로 정적인 이미지와 평화의 강조라고 보기 어렵다.
④ 검은 실크 모자에 검은 정장 상의를 입고 총을 든 부르주아 남성이 들라크루아 자신을 그린 것이라고 했으므로 적절하지 않다.

002   정답 ⑤

반응률(%)	①	②	③	④	⑤
	0.05	0.02	0.05	0.56	99.31
평가요소	1.2 공감적 소통					
세부 평가요소	1.2.1 스토리텔링					
출처	『이솝 우화』					

보자마자 딱! 풀리는 | 유형 딱풀 전략

1. 선지를 먼저 살펴보면서 각 선지의 주요 키워드에 체크
2. 설명을 들으며 체크한 키워드가 언급될 때마다 해당 선지와 설명을 비교하면서 정답 찾기

주의 이야기의 교훈을 묻는 문항은 항상 출제되는 유형이다. 한국말은 끝까지 들어야 한다는 말이 있듯이 반전이 있을 수 있으므로 반드시 끝까지 듣고 문제를 풀어야 한다.

듣기 대본

2번. 이번에는 이야기를 들려 드립니다.

백조를 본 까마귀는 자기도 백조처럼 깨끗하고 하얀 깃털을 가지고 싶어졌어요. 백조의 찬란한 흰색이 백조가 물에서 헤엄치며 목욕을 즐겨하기 때문이라 생각한 까마귀는 먹이가 풍부하던 자신이 살던 곳을 떠나, 호수와 못에서 살기로 했어요. 그리고 매일같이 깃털을 깨끗이 씻었어요. 그런데 아무리 씻어도 검은 깃털의 색은 변하지 않는 거예요. 결국 까마귀는 먹을 것이 없는 그곳에서 쇠약해져 죽고 말았답니다.

정답 해설

⑤ 까마귀가 백조처럼 산다고 해서 백조가 되는 것은 아니라는 것에서, 환경을 바꿔도 본질까지 바꿀 수는 없음을 알 수 있다.

오답 해설

① 본성을 바꾸는 것은 아무리 노력해도 달성할 수 없다는 내용이므로 적절하지 않다.
② 청렴결백함을 위해 노력하자는 것은 이야기의 내용과 관련성이 없다.
③ 까마귀가 백조처럼 하얀 깃털을 얻고 싶어도 얻을 수 없다는 내용이기 때문에 배울 점이 많은 친구를 가까이 하자는 것과는 관련성이 없다.
④ 까마귀는 아무리 준비해도 달성할 수 없는 목표를 가지고 있었기 때문에 실패한 것이다. 이 이야기는 준비의 문제가 아니라, 애초에 이룰 수 없는 목표를 무리하게 좇은 것이 문제였으므로 주제로 적절하지 않다.

003

정답 ⑤

반응률(%)	①	②	③	④	⑤
	0.15	0.15	3.66	2.41	93.64
평가요소	1.1 담화의 유형별 화법 전략				
세부 평가요소	1.1.1 설명				
출처	국립국어연구원(2002), 『우리 문화 길라잡이』, 학고재				

보자마자 딱! 풀리는 | 유형 딱풀 전략

1. 선지를 먼저 살펴보면서 각 선지의 주요 키워드에 체크
2. 설명을 들으며 체크한 키워드가 언급될 때마다 해당 선지와 설명을 비교하면서 정답 찾기

주의 듣기 영역에서는 '내용 일치-불일치' 문항이 어렵게 느껴질 수 있다. 음성이 나오기 이전에 선지를 빠르게 확인하여 대략적인 키워드들을 먼저 체크해 두는 것이 좋다. 불일치를 찾는 문항의 경우, 들으면서 하나씩 소거를 하는 것이 중요하다.

듣기 대본

3번. 이번에는 강연을 들려 드립니다.

청사초롱은 전통 혼례에서 사용하는 초롱이다. 초롱은 가는 대오리나 쇠로 통 모양의 뼈대를 만든 다음 그 겉에 종이나 헝겊을 씌워서 안에 촛불을 넣도록 만든 조명 기구이다. 초롱 위로 길게 손잡이가 있어 들고 다닐 수 있도록 고안되어 밤길을 다닐 때 길을 밝히는 용도로 쓰였다. 청사초롱은 초롱 중에서도 특별히 혼례 때 사용하도록 붉은색 바탕에 푸른색 단을 두른 비단을 씌운 초롱이다.

청사초롱이 혼례식에 쓰이게 된 것은 조선 후기부터라고 전한다. 조선 초기에는 사대부와 서민들이 혼례 때 초를 사용하였는데 초가 귀하고 비싸 구하기 힘들자 이를 대신하여 대나무로 틀을 만들고 비단을 씌워 안에 기름등잔을 넣은 등롱을 고안하여 사용하기 시작하였다. 그러다 조선 후기에 들어 각종 초가 대량으로 생산되면서 등잔 대신 초를 넣은 초롱이 사용되었다고 한다.

한국의 전통 혼례에서 신랑은 혼례를 치르러 말을 타고 신붓집으로 가고 혼례를 치른 다음 신부는 신랑과 함께 가마를 타고 시댁으로 간다. 청사초롱은 이 혼례 때 신랑과 신부가 가는 길을 비추어 주던 도구이다. 요즘에는 이러한 모습을 보기 어렵지만 예물을 담은 함을 보낼 때 청사초롱을 볼 수 있다. 함은 보통 해가 진 후 신랑 친구들이 전하는데 그중 한 명이 함을 지고 다른 이가 청사초롱을 들고

앞에 서서 어두운 길을 밝힌다. 신붓집에 다다르면 신부 측에서는 함과 청사초롱을 받은 후 청사초롱을 대문에 걸어 놓는다. 이 집에서 곧 혼례를 치를 것이라는 사실을 동네 사람들에게 알리게 되는 것이다.

> **정답 해설**

⑤ 신랑 측에서 받은 청사초롱은 신붓집의 대문에 걸어 동네 사람들에게 혼례가 있다는 것을 알리는 용도로 사용했다.

> **오답 해설**

① 청사초롱은 전통 혼례에서 사용하는 조명 기구이다.
② 청사초롱은 붉은색 바탕에 푸른색 단을 두른 비단을 씌운 초롱이다.
③ 청사초롱에 등잔 대신 초를 넣은 것은 조선 후기부터이다.
④ 청사초롱은 예물을 신부 측에 보낼 때 길을 밝히는 수단으로 활용되었다.

004　　　　　　　　　　　　　　　　　　　정답 ⑤

반응률(%)	①	②	③	④	⑤
	3.85	1.10	19.45	1.13	74.47
평가요소	1.1 담화의 유형별 화법 전략				
세부 평가요소	1.1.1 설명				
출처	박종호(2004), 『내가 사랑하는 클래식』, 시공사				

> **보자마자 딱! 풀리는 | 유형 딱풀 전략**

1 선지를 먼저 살펴보면서 각 선지의 주요 키워드에 체크
2 설명을 들으며 체크한 키워드가 언급될 때마다 해당 선지와 설명을 비교하면서 정답 찾기

주의 듣기 영역에서는 '내용 일치 – 불일치' 문항이 어렵게 느껴질 수 있다. 음성이 나오기 전에 선지를 빠르게 확인하여 대략적인 키워드들을 파악해 두는 것이 좋다.

> **듣기 대본**

4번. 이번에는 라디오 방송의 일부를 들려드립니다.

〈골드베르크 변주곡〉을 오늘날처럼 많은 사람들이 즐길 수 있도록 유명하게 만든 것은 역시 캐나다의 피아니스트 글렌 굴드의 공적입니다. 굴드를 말할 때면 항상 '우리 시대의 가장 기인적인 피아니스트'란 말이 빠지지 않습니다.

사실 그처럼 많은 화제를 불러일으키고 연주와 행동이 개성적인 피아니스트는 일찍이 없었기 때문입니다.

글렌 굴드(Glenn Gould, 1932~1982)는 캐나다의 토론토에서 태어났습니다. 어머니 역시 피아니스트였던 덕분에 세 살 때부터 피아노를 배웠으며, 열 살에 토론토 왕립 음악원에 입학하고, 열두 살에 졸업했습니다. 그리고 같은 해에 캐나다 사상 최연소의 나이로 왕립음악원 회원이 되었습니다.

그의 이름을 세계에 알린 것은 1955년 워싱턴에 이은 뉴욕 리사이틀이었습니다. 그의 연주는 미국 음악계에 센세이셔널한 반향을 불러일으켰습니다. 미국 데뷔에서 연주한 곡이 바로 〈골드베르크 변주곡〉이었으며, 컬럼비아 레코드와 전속 계약을 하게 됩니다. 그 후 평생 그림자처럼 그를 따라다닌 곡이 바로 〈골드베르크〉였으며, 굴드와 〈골드베르크〉는 거의 동의어로 불리게 되었습니다.

굴드의 연주는 싱싱하고 생명력이 넘치는 것이 특징입니다. 반세기가 지난 지금 들어도 그의 녹음은 여전히 세련되고 마치 내 옆에서 피아노를 두드리듯이 신선한 향취가 살아 있습니다. 그를 더욱 유명하게 한 것은 남을 의식하지 않는 특이한 행동인데, 특히 연주 도중에 여러 가지 신음 소리를 내거나 흥얼거리면서 음을 따라 부르는 것으로 유명합니다. 그는 드물게 목소리를 녹음한 피아니스트인 것입니다.

> **정답 해설**

⑤ 굴드는 연주하면서 자신의 목소리를 녹음한 연주가로 유명하다.

> **오답 해설**

① 굴드는 〈골드베르크 변주곡〉을 대중화한 장본인이다.
② 굴드는 화제를 불러일으키고 연주와 행동이 개성적인 음악가였다.
③ 굴드는 열두 살에 최연소 나이로 왕립음악원 회원이 되었다.
④ 굴드의 미국 데뷔 연주곡은 〈골드베르크 변주곡〉이었다.

005　　　　　　　　　　　　　　　　　　　정답 ①

반응률(%)	①	②	③	④	⑤
	74.02	0.07	13.14	0.83	11.81
평가요소	1.2 공감적 소통				
세부 평가요소	1.2.2 낭독				
출처	김승희(2012), 「그래도라는 섬이 있다」, 『희망이 외롭다』, 문학동네				

보자마자 딱! 풀리는 | 유형 딱풀 전략

1. 선지를 먼저 살펴보면서 어떤 주제들을 다루고 있는지 확인
2. 먼저 확인한 주제 중 해당되는 내용이 있는지에 집중하며 듣기

⚠️ 주의 낭독만을 듣고 문제를 풀기보다는 선지를 통해 주제들을 먼저 파악하여 대입해 보는 방식으로 접근하는 것이 좋다.

듣기 대본

5번. 이번에는 시 한 편을 들려 드립니다.

그 가장 서러운 것 속에 더 타오르는 찬란한 꿈
누구나 다 그런 섬에 살면서도
세상의 어느 지도에도 알려지지 않은 섬,
그래서 더 신비한 섬,
그래서 더 가꾸고 싶은 섬, 그래도
그대 가슴속의 따스한 미소와 장밋빛 체온
이글이글 사랑에 눈이 부신 영광의 함성

그래도라는 섬에서
그래도 부둥켜안고
그래도 손만 놓지 않는다면
언젠가 강을 다 건너 빛의 뗏목에 올라서리라,
어디엔가 걱정 근심 다 내려놓은 평화로운
그래도, 거기에서 만날 수 있으리라

정답 해설

① 이 시는 "그래도 부둥켜안고/그래도 손만 놓지 않는다면"과 같이 근심과 걱정을 내려놓은 평화로운 섬에서 만날 수 있을 것이라는 희망적인 태도를 보여 주고 있다.

오답 해설

② 절망적인 현실에 대한 비판과 풍자는 이 시의 주제와 거리가 멀다.
③ 아름다운 공동체를 꿈꾸는 화자의 모습을 발견할 수는 있지만, 근심 없는 사회 건설에 대한 의지적 태도를 확인하기는 어렵다.
④ 소통이 부재한 현대 사회에 대한 비판은 이 시의 주제와 거리가 멀다.
⑤ 이 시에는 사랑하는 사람을 그리워하는 안타까운 마음이 드러나 있지 않다.

---

006 정답 ⑤

반응률(%)	①	②	③	④	⑤
	1.55	0.12	0.56	9.23	88.53

평가요소	1.1 담화의 유형별 화법 전략
세부 평가요소	1.1.3 공적 대화
출처	"잘못된 과학 상식 TOP 8", brunch story, 2020. 7. 19. (https://brunch.co.kr/@shortjisik/45)

보자마자 딱! 풀리는 | 유형 딱풀 전략

1. 각각의 문항에서 묻는 내용을 체크하여 어떠한 곳에 초점을 맞추어 들어야 할지를 파악
   예 6번에서는 '전문가의 설명', 7번에서는 '진행자의 말하기 전략'
2. 전문가가 등장하는 부분에서 선지와 함께 음성을 들으며 선지를 하나씩 소거하는 방식으로 접근

⚠️ 주의 6번부터는 하나의 음성에 두 개의 문항이 구성된다. 음성이 끝나면 별도의 시간 없이 바로 다음 문항의 음성이 재생되므로 음성이 끝남과 동시에 두 문항을 모두 풀어야 한다. 이에 각 문항에서 묻는 것이 무엇인지를 먼저 확인하여 집중하여 들어야 할 요소들을 먼저 파악하고 접근하는 것이 효율적이다.

듣기 대본

이번에는 진행자와 전문가의 대담을 들려 드립니다. 6번은 듣기 문항, 7번은 말하기 문항입니다.

진행자: 오늘은 전문가를 모시고 청취자들께서 궁금해하는 일상생활의 과학 상식을 알아 보는 시간입니다. 먼저 청취자들께서 이러한 질문을 해 주셨는데요? "선풍기를 틀고 자면 사망할 수 있다." 박사님, 이 말이 과학적으로 사실인가요?

전문가: 결론적으로 이 말은 사실이 아닙니다. 이 말은 1960년대에 어느 신문에서 선풍기를 틀고 자면 체온 손실로 호흡이 곤란해지고 사망에 이를 수 있다는 기사가 실리면서 시작되었다고 합니다. 그런데 과학적으로는 근거가 없는 말입니다.

진행자: 과학적으로 근거가 없다는 것은 어떤 이유에서인가요?

전문가: 선풍기를 틀고 자다가 사망할 수 있는 이유로는 두 가지를 들 수 있습니다. 하나는 저체온증이고 다른 하나는 질식 가능성입니다. 그런데 저체온증으로 사망하려면 체온이 30도 이하로 떨어져야 하

는데 이는 선풍기 바람만으로는 불가능합니다. 선풍기를 틀고 실제로 실험한 결과에서도 저체온증 현상은 발생하지 않았습니다. 오히려 선풍기에서 열이 발생하면서 실내 온도가 올라갔습니다.
진행자: 그러면 질식 가능성도 없는 건가요?
전문가: 선풍기 바람을 얼굴에 바로 쐬면 진공 상태와 비슷해져서 숨쉬기가 어렵게 되고 호흡 곤란이 올 수 있을 거라 생각하기 쉽습니다. 그렇지만 선풍기 바람으로는 그 정도의 압력 차를 만들 수 없습니다. 만약 이런 일이 가능하다면 오토바이나 자전거를 타고 쌩쌩 달리는 사람들이 모두 숨을 쉬지 못해 사망하는 일이 일어났을 것입니다. 선풍기로 인한 인명 사고로 알려진 것들은 아마 심장 질환, 뇌 질환이나 과음, 당뇨로 인한 저혈당이 원인이었을 것으로 생각됩니다.
진행자: 그렇군요. 이제는 선풍기에 대한 막연한 두려움은 버려도 될 것 같습니다. 일상생활에서 알고 싶은 과학 상식에 대해서 알아봤습니다. 오늘 말씀 감사합니다.

정답 해설

⑤ 전문가는 선풍기 바람으로 숨쉬기 어려운 진공 상태가 만들어질 수 없다고 설명하며, 만약 그렇다면 오토바이나 자전거를 쌩쌩 타는 사람들도 숨을 쉬기 어려워야 하는데 그렇지 않다고 했다.

오답 해설

① 선풍기 사망 사고 기사는 신문에 보도되었다.
② 선풍기 바람만으로 체온이 30도 이하로 떨어지는 것은 불가능하다고 설명하였다.
③ 실험에서는 선풍기 열로 실내 온도가 올라갔다.
④ 전문가는 선풍기로 인한 인명 사고로 알려진 것들의 원인 중 하나로 저혈당을 언급했을 뿐, 선풍기 바람이 저혈당을 악화시킨다고는 설명하지 않았다.

007 정답 ①

반응률(%)	①	②	③	④	⑤
	72.04	6.38	19.86	0.79	0.93
평가요소	1.1 담화의 유형별 화법 전략				
세부 평가요소	1.1.3 공적 대화				

정답 해설

① 진행자는 대담의 첫머리에서 대담의 주제를 직접 소개하면서 대담을 시작하고 있다.

오답 해설

② 전문적인 설명은 주로 전문가가 하고 있으며, 진행자는 구체적인 예시를 덧붙이지 않는다.
③ 진행자는 전문가의 설명을 이어받아 추가 질문을 하지만, 전문가의 설명으로 해소되지 않은 예외적인 경우가 아니라 전문가가 제시한 내용을 확인하고 더 자세히 알기 위해 질문한 것이다.
④ 진행자가 통계 자료를 요청하고 있지 않다.
⑤ 남아 있는 문제를 환기하거나 청취자의 사회적 관심과 참여를 당부하고 있지 않다.

008 정답 ④

반응률(%)	①	②	③	④	⑤
	0.12	0.15	0.12	98.70	0.91
평가요소	1.1 담화의 유형별 화법 전략				
세부 평가요소	1.1.4 사적 대화				
출처	"24시 헬스클럽", KBS				

보자마자 딱! 풀리는 | 유형 딱풀 전략

1. 각각의 문항에서 묻는 내용을 체크하여 어떠한 곳에 초점을 맞추어 들어야 할지를 파악
   예 8번에서는 '대화의 핵심 내용', 9번에서는 '등장인물의 말하기 방식'
2. 선지를 보고 어떤 인물이 등장하는지 파악
   예 등장인물들을 구분할 수 있는 특징을 파악: 등장인물의 수, 성별, 직급 등
3. 인물들이 등장할 때 등장인물에 해당하는 선지를 함께 확인하며 틀린 선지 소거

주의 선지로 어떤 인물들이 등장하는지 먼저 확인한 후 해당 인물들이 등장할 때 집중하여 듣고 두 문항을 동시에 푸는 전략이 필요하다.

> 듣기 대본

8번. 다음은 대화의 일부분을 들려 드립니다. 8번은 듣기 문항, 9번은 말하기 문항입니다.

여자: 여긴가? 클럽이?
남자: 아, 저 회원님, 혹시 등록 하셨어요?
여자: 아이, 깜짝이야! 아이고, 죄송합니다. 죄송합니다.
남자: 부끄러워하지 마시고, 따라오세요. 상담해 드릴게요.
여자: 아니에요, 아닙니다! 괜찮아요. 제가 오해를 한 것 같아요. 저는 진짜 전단지를 보고 새로 생긴 클럽인 줄 알았어요.
남자: 클럽 맞습니다. 지방들의 지옥의 클럽, 헬스클럽! 하하하!
여자: 아…, 가보겠습니다.
남자: 인생을 바꾸고 싶어서 오신 것 아닙니까? 저는 압니다. 인생을 바꾸는 방법을.
여자: 인생을 바꿀 줄 안다고요?
남자: 1.5kg 이 아령보다 작게 태어난 아이가 있었습니다. 사람들은 모두 말했죠. 그 몸으로 이 험난한 세상을 버틸 수 없을 것이라고. 모두가 포기한 약한 생명이었습니다. 하지만 운동은 모두가 포기한 그 생명도 강하게 만들었습니다.
여자: 아, 지금 본인 자랑한 거예요?
남자: 네. 살면서 우리가 바꿀 수 있는 게 있을까요? 연애, 직장, 인간관계, 내가 바꾸고 싶다고 바꿀 수 있는 게 있습니까?
여자: 아니요….
남자: 우리가 확실하게 바꿀 수 있는 것은 딱 하나. 우리 몸입니다. 뛰는 만큼, 드는 만큼 강해지는 우리 몸이요. 딱 3개월만 주시죠. 제가 바꿔드리겠습니다. 회원님의 인생.
여자: 어떻게요? 3개월 만에 제 인생을 바꿀 수가 있다고요? 얼마인데요?
남자: 오백입니다.
여자: 오백이요? 하하하. 네, 안녕히 계세요.
남자: 더 이상 그런 몸으로 살면 안 됩니다. 지금 바꾸지 않으면…
여자: 그런 몸이라뇨? 그러니까 내 인생을 바꾸고 싶으면 이 구린 몸뚱이부터 바꿔야 되고, 그러려면 오백을 내라 이거네요? 와, 당신의 외모 지상주의적 사고가 더 구리네요!
남자: 저는 '외모 지상주의'가 아니라, '외몸 지상주의'입니다. 우리의 몸은 우리의 삶을 이야기하고 이끌어 주니까요.

> 정답 해설

④ 남자는 살면서 '확실하게 바꿀 수 있는 것은 딱 하나, 우리 몸'이라고 했으므로 옳은 설명이다.

> 오답 해설

① 전단지를 보고 새로 생긴 클럽인 줄 알고 헬스클럽에 잘못 방문한 것이다.
② 남자의 말에 공감하기보다는 비꼬는 반응을 보였기 때문에 믿는다고 보기 어렵다.
③ 등록을 결심하기는커녕 오백이라는 가격을 듣고 웃으며 거절했다.
⑤ 정신보다 몸의 변화를 강조하며 '외몸 지상주의'를 주장한다.

009   정답 ③

반응률(%)	①	②	③	④	⑤
	0.76	1.35	67.40	27.72	2.75
평가요소	1.1 담화의 유형별 화법 전략				
세부 평가요소	1.1.4 사적 대화				

> 정답 해설

③ 여자는 남자의 제안을 거절하고 있지만, 과거의 경험을 설명하면서 거절하고 있지는 않다.

> 오답 해설

① 남자는 '지방들의 지옥의 클럽'과 같은 비유적 표현을 사용해 여자에게 운동을 권유하고 있다.
② 남자는 자신이 '1.5kg 미숙아였다'는 이야기를 통해 운동의 효과를 직접적인 사례로 제시하며 여자를 설득하고 있다.
④ 남자의 "살면서 바꿀 수 있는 게 있을까요?"라는 말에 "아니요…"라고 조용히 대답하며 수긍하는 태도를 보인다.
⑤ "인생을 바꿀 줄 안다고요?"처럼 남자의 말을 반복하며 되묻는 방식으로 반응한다.

010   정답 ⑤

반응률(%)	①	②	③	④	⑤
	0.17	0.10	2.90	0.91	95.88
평가요소	1.1 담화의 유형별 화법 전략				
세부 평가요소	1.1.1 설명				
출처	김재민, "일란성 쌍둥이들은 텔레파시를 주고받을까?", The Science Times, 2025. 4. 15.				

보자마자 딱! 풀리는 | 유형 딱풀 전략

1. 각각의 문항에서 묻는 내용을 체크하여 어떠한 곳에 초점을 맞추어 들어야 할지를 파악
   예 10번에서는 '강연의 내용', 11번에서는 '강연자의 말하기 방식'
2. 선지를 먼저 살펴보면서 키워드를 파악
3. 음성에서 키워드들을 언급할 때 해당하는 선지를 함께 확인하며 틀린 선지 소거

듣기 대본

이번에는 강연을 들려 드립니다. 10번은 듣기 문항, 11번은 말하기 문항입니다.

일란성(identical), 이란성(fraternal) 쌍둥이 사이의 차이점과 유사점은 '유전'과 '환경'의 논쟁에 중요한 증거를 제공하고 있습니다. 쌍둥이는 유전적, 환경적 영향의 복잡한 관계를 보여 주는 살아 있는 증거로서, 단순한 호기심을 넘어 인간 정체성의 본질과 우리가 서로 연결되는 방식에 대한 정보를 제공합니다.

쌍둥이의 과학적 분류는 그들이 형성되는 방식에 따라 이루어지는데 일란성 쌍둥이는 하나의 수정란이 초기 발달 단계에서 둘로 분리되어 생성되며, 이란성 쌍둥이는 두 개의 서로 다른 난자가 각각 다른 정자에 의해 수정되어 생성됩니다.

일란성 쌍둥이는 동일한 유전자를 100% 공유하는 반면, 이란성 쌍둥이는 일반 형제자매처럼 약 50%의 유전자를 공유하기 때문에 일란성 쌍둥이의 성별은 같고 외형 및 신체 구조 그리고 사물이나 삶을 대하는 태도들이 매우 비슷한 반면, 이란성 쌍둥이의 성별은 말 그대로 예측 불가입니다. 그들의 외형은 매우 다를 수도 있으며 형제, 자매가 공유하는 정도의 유사성을 띠는 경우가 대부분입니다.

쌍둥이 연구는 유전학과 환경의 상호작용을 이해하는 데 중요한 창구가 되어 왔습니다. 일란성 쌍둥이가 완전히 동일하지 않다는 사실은 '후성 유전학(epigenetics)'의 중요성을 뒷받침합니다. 후성 유전학은 DNA 서열 자체는 변화하지 않지만, 환경 요인에 따라 유전자의 발현이 달라지는 현상을 연구하는 분야입니다. 관련 연구에 따르면, 일란성 쌍둥이도 나이가 들수록 후성 유전학적 차이가 증가하는 것으로 나타났고, 특히 분리되어 자란 쌍둥이는 함께 자란 쌍둥이보다 이러한 차이가 더 두드러진다고 보고되고 있습니다.

정답 해설

⑤ '후성 유전학'에 따르면 일란성 쌍둥이도 나이가 들수록 후성 유전학적 차이가 증가하고 특히 분리되어 성장한 경우 이러한 차이가 더 두드러진다고 기술되어 있으므로 유전자의 발현이 달라지는 경우가 존재한다.

오답 해설

① 쌍둥이는 유전적, 환경적 영향의 복잡한 관계를 보여 주는 살아 있는 증거라고 하였다.
② 쌍둥이는 형성되는 방식에 따라 일란성 쌍둥이와 이란성 쌍둥이로 분류할 수 있다.
③ 하나의 수정란이 둘로 분화한 일란성 쌍둥이는 동일한 유전자를 100% 공유한다.
④ 이란성 쌍둥이는 일반 형제자매처럼 약 50%의 유전자를 공유한다.

011   정답 ④

반응률(%)	①	②	③	④	⑤
	2.60	3.85	18.93	74.05	0.49
평가요소	1.1 담화의 유형별 화법 전략			
세부 평가요소	1.1.1 설명			

정답 해설

④ 쌍둥이를 예로 들어 '유전'과 '환경'의 관계에 대하여 구체적으로 설명하고 있다.

오답 해설

① 역사적 사례에 대한 인용은 나타나지 않는다.
② 인간의 정체성과 존재에 관한 철학적 질문이나 논쟁을 다루고 있지 않다.
③ 특정 유전학 이론의 발달 과정에 관한 세부적인 문제가 나타나 있지 않다.
⑤ 주제와 관련된 의미를 청중에게 추가로 묻고 있지 않다.

012

정답 ④

반응률(%)	①	②	③	④	⑤
	0.15	0.07	0.32	98.97	0.49

평가요소	1.1 담화의 유형별 화법 전략
세부 평가요소	1.1.5 발표
출처	• "자립준비청년의 사회적 가족"(브라더스키퍼 김성민 대표), 행복나눔재단 SIT Conference, 2022. 12. 2. (https://www.youtube.com/watch?v=wtvJ7rRoCVA&t=245s) • "자립준비청년 잇단 죽음 … '돈보단 믿을 만한 어른이 필요해요'"(원동희), KBS, 2022. 8. 26. (https://www.youtube.com/watch?v=9nNxQ0MHjjo)

보자마자 딱! 풀리는 | 유형 딱풀 전략

1. 각각의 문항에서 묻는 내용을 체크하여 어떠한 곳에 초점을 맞추어 들어야 할지를 파악
   예 12번에서는 '발표의 내용', 13번에서는 '발표자의 말하기 전략'
2. 선지를 먼저 살펴보면서 키워드를 파악
3. 음성에서 키워드들을 언급할 때 해당하는 선지를 함께 확인하며 틀린 선지 소거

듣기 대본

이번에는 발표를 들려 드립니다. 12번은 듣기 문항, 13번은 말하기 문항입니다.

　안녕하세요, 여러분. 제 소개를 시작으로 오늘의 이야기를 하려고 합니다. 저는 어릴 때 큰 집에서 살았습니다. 커다란 이층집이었는데, 방은 12개였고 화장실도 4개나 있었습니다. 눈치를 채신 분도 계시겠지만 이 공간은 제가 어릴 때 자란 보육원입니다. 보육원 친구들은 만 18살이 되면 보호시설을 떠나 홀로서기를 해야 하는데요, 이처럼 아동보호시설이나 위탁 가정의 보호가 종료돼 홀로서기를 준비하는 청년을 '자립준비청년'이라고 합니다.
　자립준비청년들은 이렇게 이야기합니다. "나는 부모에게서 보육원으로 한 번 버려졌고 보육원에서 세상으로 다시 한 번 버려졌다." 뉴스에 자립준비청년이 삶을 스스로 포기했다는 소식이 보도돼 한국 사회가 잠시 충격에 빠지기도 했습니다. 이런 소식이 자립준비청년이나 저에게는 특별하지 않습니다. 이와 같은 소식을 빈번히 접하기 때문이죠. 최근에는 제가 보육원을 퇴소했을 때보다 정부의 경제적 지원이 많이 늘어났습니다. 하지만 돈으로 모든 문제들이 해결되는 건 아닙니다.
　세상에 나온 자립준비청년에게 가장 큰 어려움은 혼자라는 두려움입니다. 저 또한 보육원을 나와서 혼자라고 생각한 시간이 있었습니다. 하지만 삶을 돌아보니 제게는 부모가 많았더라고요. 보육원에서는 선생님과 원장님이 계셨고, 자립하고 나서는 주위의 많은 분들이 아버지와 어머니의 역할을 해 주셨습니다. 그분들의 관심과 지지가 저를 이 자리까지 이끌었습니다. 저는 많은 자립준비청년들에게 이런 기회가 있었으면 좋겠습니다. 그래서 '사회적 가족 제도'라는 걸 제안 드리고 싶은데요, 입양이나 가정위탁은 그 가정에서 함께 사는 것이지만 사회적 가족은 자립준비청년과 건강한 가정이 연결되어 지내는 것입니다. 연결된 가정에서 자립준비청년의 삶을 기대해 주고 기다려 주고, 자립준비청년이 조언을 얻어야 할 때 그 가정을 찾아가 자신의 삶을 나누는 관계를 형성하는 것이죠. 홀로 살아가는 것처럼 보이는 나무도 땅과 바람과 물과 태양이 필요하듯이 자립준비청년들에게도 기댈 수 있는 존재, 즉 정서적인 안정감을 주는 관계와 지지가 필요합니다.

정답 해설

④ 삶을 돌아보니 부모가 많았었다고 하면서 보육원에서는 선생님과 원장님이 계셨다고 했으므로 적절하지 않다.

오답 해설

① 자립준비청년에 대한 정부의 경제적 지원이 이전보다 늘어났다고 언급했으므로 일치하는 내용이다.
② 세상에 나온 자립준비청년들에게 가장 큰 어려움은 혼자라는 두려움이라고 언급했으므로 일치하는 내용이다.
③ 아동보호시설이나 위탁 가정의 보호가 종료되어 홀로서기를 준비하는 청년을 자립준비청년이라고 한다고 하였으므로 적절한 내용이다.
⑤ 사회적 가족은 자립준비청년과 건강한 가정이 연결되어 지내는 것이라고 언급하였으므로 일치하는 내용이다.

013

정답 ④

반응률(%)	①	②	③	④	⑤
	1.20	1.10	0.76	95.53	1.35

평가요소	1.1 담화의 유형별 화법 전략
세부 평가요소	1.1.5 발표

정답 해설

④ 자립준비청년들의 이야기를 인용하여 이들이 겪는 어려움을 강조하고 있을 뿐 관련 분야 전문가의 말을 인용하고 있지는 않으므로 적절하지 않다.

오답 해설

① 발표자는 자신이 자립준비청년이었다고 소개하면서 과거의 어려움과 이를 이겨낸 이야기를 하고 있으므로 적절하다.
② 자신이 보육원에서 자랐음을 언급하며 발표하고 있으므로 적절하다.
③ 자립준비청년이 삶을 스스로 포기했다는 보도를 통해 한국 사회가 충격에 빠지기도 했다고 언급했으므로 적절하다.
⑤ 자립준비청년의 삶을 나무가 살아가는 것에 비유하면서 자립준비청년에 대한 관심을 촉구하며 발표를 마무리하고 있으므로 적절하다.

014 정답 ②

반응률(%)	①	②	③	④	⑤
	0.42	86.42	7.02	1.15	4.96
평가요소	1.1 담화의 유형별 화법 전략				
세부 평가요소	1.1.6 협상과 중재				

보자마자 딱! 풀리는 | 유형 딱풀 전략

1. 각각의 문항에서 묻는 내용을 체크하여 어떠한 곳에 초점을 맞추어 들어야 할지를 파악
   예 14번에서는 '두 사람의 입장', 15번에서는 '갈등 해결 방식'
2. 선지를 보고 어떤 인물이 등장하는지 파악
   예 등장인물들을 구분할 수 있는 특징을 파악: 등장인물의 수, 성별, 직급 등
3. 인물들이 등장할 때 등장인물에 해당하는 선지를 함께 확인하며 틀린 선지 소거

듣기 대본

끝으로 협상의 한 장면을 들려 드립니다. 14번은 듣기 문항, 15번은 말하기 문항입니다.

구단 관계자: 우리 구단과 송민재 선수의 재계약 협상을 시작하겠습니다. 저희 구단은 지난 시즌 준우승을 이루는 데에 큰 활약을 한 송민재 선수와 재계약을 하고자 합니다. 연봉의 10% 인상과 2년 계약을 조건으로 제시합니다.

선수 대리인: 우리 송민재 선수도 구단에 대한 애정이 깊고, 현 팀에서 계속 뛰며 우승을 이뤄내고 싶은 열망이 있습니다. 다만 선수의 헌신과 성과에 대해서는 정당한 보상이 있어야 한다고 생각합니다. 저희는 20%의 연봉 인상이 필요하다는 입장입니다.

구단 관계자: 선수의 헌신과 성과는 충분히 인정합니다. 다만 현재 전용 구장 공사가 진행 중이고 내년 시즌 전력 보강을 위한 영입 계약이 진행되고 있어 자금 여력이 충분하지 않은 상황입니다. 선수에 대한 존중 차원에서 첫해의 연봉은 10%를 인상하고 차년에 현 연봉 기준의 5%를 추가 인상하는 조정안은 어떠한지요?

선수 대리인: 환경 개선과 팀의 전력 보강은 우승을 위해 송민재 선수도 원하는 바이니 저희도 양보하겠습니다. 하지만 우승을 위해 선수가 안정적으로 집중할 수 있도록 계약 기간을 4년으로 늘리기를 요청합니다. 또 리그 우승 시에는 송민재 선수의 유니폼 판매 수익금의 일부를 송민재 선수의 모교에 기부해 주시기 바랍니다. 이러한 기부는 유소년 축구 발전에도 기여하고 구단의 이미지도 제고할 수 있을 것입니다.

구단 관계자: 저희가 제시한 조정안을 받아들이신다면 4년 계약도 받아들이겠습니다. 계약 기간 중 팀의 리그 우승 시 송민재 선수의 유니폼 판매 수익금의 10%를 송민재 선수의 모교에 기부하겠습니다.

선수 대리인: 감사합니다. 선수가 안정적으로 운동에 전념하면서 우승을 위해 노력할 수 있을 것입니다.

구단 관계자: 좋습니다. 연봉과 계약 기간 그리고 기부에 관한 사항을 담은 계약서를 마련하겠습니다. 다음 시즌 우승을 위한 선수의 활약을 기대하겠습니다.

정답 해설

② 구단 관계자는 "첫해의 연봉은 10%를 인상하고 차년에 현 연봉 기준 5%를 추가 인상하는 조정안"을 제시하고 있으므로, 2년에 걸쳐 동일한 비율의 연봉 인상을 제안한다는 내용은 적절하지 않다.

오답 해설

① 구단 관계자가 "저희 구단은 지난 시즌 준우승을 이루는 데에 큰 활약을 한 송민재 선수와 재계약을 하고자 합니다."라고 말했으므로 적절한 내용이다.

③ 선수 대리인은 "우승을 위해 선수가 안정적으로 집중할 수 있도록 계약 기간을 4년으로 늘리기를 요청합니다."라고 말했으므로 적절한 내용이다.
④ 선수 대리인은 "이러한 기부는 유소년 축구 발전에도 기여하고 구단의 이미지도 제고할 수 있을 것입니다."라고 말했으므로 적절한 내용이다.
⑤ 선수 대리인은 "환경 개선과 팀의 전력 보강은 우승을 위해 송민재 선수도 원하는 바"라고 말했으므로 적절한 내용이다.

015 정답 ⑤

반응률(%)	①	②	③	④	⑤
	0.12	0.71	10.97	0.42	87.77
평가요소	1.1 담화의 유형별 화법 전략				
세부 평가요소	1.1.6 협상과 중재				

정답 해설

⑤ 선수 대리인은 "선수가 안정적으로 운동에 전념하면서 우승을 위해 노력할 수 있을 것입니다."라고 하였고, 구단 관계자는 "다음 시즌 우승을 위한 선수의 활약을 기대하겠습니다."라고 하였다. 양측은 이처럼 우승이라는 공동의 목표를 공유하고, 이를 달성하기 위하여 연봉 인상률과 계약 기간 등의 관한 각자의 입장을 조정하였다.

오답 해설

① 선수 대리인은 정신적 피해에 대한 배상이 아니라 선수의 헌신과 성과에 대한 정당한 보상이 필요함을 근거로 상대의 양보를 요구하고 있다.
② 구단 관계자는 연봉 인상과 관련한 대안을 제시하지만 여러 대안의 장단점을 비교하고 있는 것은 아니다.
③ 구단 관계자는 연봉 협상의 조건으로 우승을 제시하지 않으므로 우승을 전제로 자신의 입장을 양보하고 있다는 것은 적절하지 않다.
④ 제3자의 절충을 요청하고 있지 않으며, 협상은 양측 간에만 이루어지고 있다.

영역별 접근 전략
어휘 016~030번

어휘 영역은 듣기·말하기 영역과 마찬가지로 시간을 단축해야 하는 영역에 해당합니다. 아는 문제는 확실히 맞히고 모르는 문제는 과감하게 넘어가는 전략으로, 시간이 많이 소요되는 읽기 영역에 필요한 풀이 시간을 확보해야 합니다. 어휘 영역의 경우 출제 범위가 정해져 있지 않기에 학습에 부담이 있으나, 빈출 어휘를 기준으로 해당 어휘의 유의어, 반의어, 어휘의 의미 관계, 혼동하기 쉬운 어휘 등을 함께 학습하여 실전에서 맞힐 수 있는 문제가 더 많아지게끔 대비해야 합니다.

016 정답 ④

반응률(%)	①	②	③	④	⑤
	11.83	0.52	35.11	25.80	26.42
평가요소	2.1 어휘의 사전적 의미				
세부 평가요소	2.1.1 고유어의 사전적 의미				
출처	국립국어원, 표준국어대사전 (stdict.korean.go.kr)				

보자마자 딱! 풀리는 | 유형 딱풀 전략

1 16번은 고유어의 사전적 뜻풀이를 묻는 문항이 고정 출제
2 고유어의 사전적 뜻풀이를 모르면 풀 수 없는 문제로 선지를 빠르게 읽고 넘어가기

개념체크 예시로 외우는 고유어
• 갈그랑거리다: 숨을 쉴 때마다 가슴에서 갈그랑거리는 소리가 났다.
• 걸리적거리다: 바짓가랑이가 풀밭에 걸리적거려서 걷기가 힘들었다.
• 버르적거리다: 그는 쓰러진 채 버르적거리며 일어나려고 애썼다.
• 시위적거리다: 그는 일을 시위적거리며 마지못해 움직였다.
• 우비적거리다: 아이들이 장난감 구멍을 우비적거리며 뭔가를 꺼내려 했다.

정답 해설

④ '시위적거리다'는 '일을 힘들여 하지 아니하고 되는대로 천천히 하다.'는 의미로 '시위적대다'로도 쓸 수 있다.

오답 해설

① '갈그랑거리다'는 '가래 따위가 목구멍에 걸려 숨 쉴 때마다 조

금 거친 소리가 자꾸 나다.'는 의미이다.
② '걸리적거리다'는 '거추장스럽게 자꾸 여기저기 걸리거나 닿는다.'는 의미이다.
③ '버르적거리다'는 '고통스러운 일이나 어려운 고비에서 벗어나려고 팔다리를 내저으며 큰 몸을 자꾸 움직인다.'는 의미이다.
⑤ '우비적거리다'는 '틈이나 구멍 속을 자꾸 함부로 긁어 파낸다.'는 의미이다.

017 정답 ②

반응률(%)	①	②	③	④	⑤
	7.19	18.36	47.63	13.04	13.72
평가요소	2.1 어휘의 사전적 의미				
세부 평가요소	2.1.2 한자어의 사전적 의미				
출처	국립국어원, 표준국어대사전 (stdict.korean.go.kr)				

보자마자 딱! 풀리는 | 유형 딱풀 전략

1. 17번은 한자어의 사전적 뜻풀이를 묻는 문항이 고정 출제
2. 한자어의 사전적 뜻풀이를 모르면 풀 수 없는 문제로 선지를 빠르게 읽고 넘어가기

개념체크 뜻풀이로 외우는 한자어
[어언(於焉)] 어(於): 어디에, 그곳에 / 언(焉): 어디에, 어느 때
→ 알지 못하는 동안에 어느덧
[기함(氣陷)] 기(氣): 기운, 기세 / 함(陷): 빠지다, 덮이다, 빠트리다
→ 기력이 없어서 가라앉음.
[격의(隔意)] 격(隔): 가로막다, 막다, 단절하다 / 의(意): 뜻, 마음, 의도
→ 서로 터놓지 않는 속마음
[맹점(盲點)] 맹(盲): 눈이 멀다, 보지 못하다 / 점(點): 지점, 점, 점선
→ 미처 생각이 미치지 못한, 모순되는 점이나 틈
[납량(納涼)] 납(納): 들이다, 받다, 받아들이다 / 량(涼): 서늘하다, 차갑다
→ 여름철에 더위를 피하여 서늘한 기운을 느낌

정답 해설

② '기함(氣陷)'은 '기력이 없어서 가라앉음.' 또는 '갑작스레 몹시 놀라거나 아프거나 하여 소리를 지르면서 넋을 잃음.'이라는 뜻이다. '크게 화를 냄', '매우 화를 냄'의 의미를 가진 단어는 '대로(大怒)'이다.

018 정답 ①

반응률(%)	①	②	③	④	⑤
	33.27	1.37	21.16	14.78	29.39
평가요소	2.2 어휘의 문맥적 의미				
세부 평가요소	2.2.1 고유어의 문맥적 의미				
출처	국립국어원, 표준국어대사전 (stdict.korean.go.kr)				

보자마자 딱! 풀리는 | 유형 딱풀 전략

1. 18번은 문맥상 적절한 고유의 쓰임을 묻는 문항으로 고정 출제
2. 고유어의 뜻을 모르더라도 문맥상 뜻을 유추할 수 있는 경우도 있기 때문에 선지 전체 살펴보기
3. 밑줄 친 고유어에 의미를 대입해 보며 정답 찾기

정답 해설

① '겻불'은 '겨를 태우는 불'을 말한다. '얻어 쬐는 불'은 '곁불'이다.

오답 해설

② '단박'은 '그 자리에서 바로'를 이르는 말'이다.
③ '갈매'는 '짙은 초록색'의 의미이다.
④ '개땅'은 '바닷물이 드나드는 땅'의 의미이다.
⑤ '나이배기'는 '겉보기보다 나이가 많은 사람을 낮잡아 이르는 말'이다.

019 정답 ③

반응률(%)	①	②	③	④	⑤
	12.23	2.19	67.05	8.79	9.60
평가요소	2.2 어휘의 문맥적 의미				
세부 평가요소	2.2.2 한자어의 문맥적 의미				
출처	• 국립국어원, 표준국어대사전 (stdict.korean.go.kr) • "세금 블랙홀, 민자사업"(시사기획 창 225회), KBS 1TV, 2012. 10. 2.				

보자마자 딱! 풀리는 | 유형 딱풀 전략

1. 19번은 문맥상 적절한 한자어의 쓰임을 묻는 문항으로 고정 출제
2. 한자어의 뜻을 모르더라도 문맥상 뜻을 유추할 수 있기 때문에 선지 전체 살펴보기

개념체크 뜻풀이로 외우는 한자어

[기탄(忌憚)] 기(忌): 꺼리다, 싫어하다 / 탄(憚): 거리끼다, 꺼리다

[만신창이(滿身瘡痍)] 만(滿): 가득하다 / 신(身): 몸 / 창(瘡): 부스럼, 상처 / 이(痍): 상처, 헌 자국

[갈파(喝破)] 갈(喝): 큰소리치다, 꾸짖다 / 파(破): 깨뜨리다, 밝히다

[간파(看破)] 간(看): 바라보다, 살펴보다 / 파(破): 깨뜨리다, 밝히다

[복마전(伏魔殿)] 복(伏): 숨어 있다, 엎드리다 / 마(魔): 마귀 / 전(殿): 전각, 큰 집

[채산(採算)] 채(採): 취하다, 따다 / 산(算): 계산하다, 셈하다

정답 해설

③ '갈파(喝破)'는 '큰 소리로 꾸짖어 기세를 눌러 버림.'이라는 의미이다. 해당 문맥에는 '속내를 꿰뚫어 알아차림.'을 의미하는 '간파(看破)'를 쓰는 것이 적절하다.

오답 해설

① '기탄(忌憚)'은 '어렵게 여겨 꺼림.'이라는 의미이므로 꺼리지 말고 말을 하라는 의미의 문맥에 적절하게 쓰였다.
② '만신창이(滿身瘡痍)'는 '온몸이 상처투성이가 되다.'는 뜻에서 '일이 아주 엉망이 됨을 비유적으로 이르는 말'로 의미가 확장되어 쓰이는 말이다. 전쟁이 터지면서 국가 경제가 엉망이 되었음을 가리키는 문맥이므로 적절하게 쓰였다.
④ '복마전(伏魔殿)'은 '마귀가 숨어 있는 집이나 굴'이라는 뜻에서 '비밀리에 나쁜 일을 꾸미는 무리들이 모이거나 활동하는 곳을 비유적으로 이르는 말'로 의미가 확장되어 쓰이는 말이다. 비리가 많은 상황을 가리키는 문맥이므로 적절하게 쓰였다.
⑤ '채산(採算)'은 '수입과 지출을 맞추어 계산함. 또는 그 계산 내용'이라는 뜻이다. 그러므로 문맥에 적절하게 쓰였다.

020   정답 ⑤

반응률(%)	①	②	③	④	⑤
	3.31	13.33	13.53	23.13	46.65

평가요소	2.2 어휘의 문맥적 의미
세부 평가요소	2.2.2 한자어의 문맥적 의미
출처	국립국어원, 표준국어대사전 (stdict.korean.go.kr)

보자마자 딱! 풀리는 | 유형 딱풀 전략

① 20번은 문맥상 적절한 한자어의 쓰임을 묻는 문항으로 고정 출제
② 한자어를 모르면 풀 수 없는 문제로 〈보기〉에 제시된 어휘의 한자어를 알고 있는지 먼저 파악

개념체크 뜻풀이로 외우는 한자어

[可望(가망)] 可(가): 가능하다, 허락하다 / 望(망): 바라다, 희망하다

[加望(가망)] 加(가): 더하다, 보태다 / 望(망): 바라다, 희망하다

[志望(지망)] 志(지): 뜻, 의지, 목표 / 望(망): 바라다, 희망하다

[地望(지망)] 地(지): 땅, 지역, 기반 / 望(망): 바라다, 희망하다

[迷妄(미망)] 迷(미): 미혹되다, 길을 잃다 / 妄(망): 망령되다, 터무니없다, 함부로 하다

[彌望(미망)] 彌(미): 멀리까지 퍼지다, 두루 미치다 / 望(망): 바라보다, 조망하다

정답 해설

㉠~㉢의 한자어는 각각 '可望(가망)', '志望(지망)', '迷妄(미망)'이다.
㉠ '可望(가망)'은 '될 만하거나 가능성이 있는 희망'을 뜻한다.
㉡ '志望(지망)'은 '뜻을 두어 바람. 또는 그 뜻'이라는 뜻이다.
㉢ '迷妄(미망)'은 '사리에 어두워 갈피를 잡지 못하고 헤맴. 또는 그런 상태'를 뜻한다.

021   정답 ⑤

반응률(%)	①	②	③	④	⑤
	11.24	14.73	26.91	12.40	34.45

평가요소	2.2 어휘의 문맥적 의미
세부 평가요소	2.2.3 혼동하기 쉬운 어휘의 구별
출처	국립국어원, 표준국어대사전 (stdict.korean.go.kr)

보자마자 딱! 풀리는 | 유형 딱풀 전략

① 21번은 문맥상 적절한 고유어의 쓰임을 묻는 문항으로 고정 출제
② 고유어의 뜻을 모르더라도 문맥상 뜻을 유추할 수 있는 경우도 있기 때문에 선지 전체 살펴보기

정답 해설

⑤ '갈마들다'는 '서로 번갈아들다'는 의미이므로 이 문맥에서는 '속으로 배어들다'는 의미를 가진 '스며들다'를 쓰는 것이 적절하다.

오답 해설

① '내박치다'는 '힘껏 집어 내던진다.'는 의미이다.
② '꼭뒤'는 '뒤통수 한 가운데'라는 의미이다.
③ '가무리다'는 '몰래 혼자 차지하거나 흔적도 없이 먹어 버리다.'라는 의미이다.
④ '대끼다'는 '어떤 일에 많이 시달리다.'라는 의미이다.

022   정답 ⑤

반응률(%)	①	②	③	④	⑤
	2.14	6.46	3.36	5.55	82.45
평가요소	2.3 어휘 간의 의미 관계				
세부 평가요소	2.3.4 다의어와 동음이의어				
출처	국립국어원, 표준국어대사전 (stdict.korean.go.kr)				

보자마자 딱! 풀리는 | 유형 딱풀 전략

1. 22번은 다의어/동음이의어 문항으로 고정 출제
2. 밑줄 친 부분만 보아서는 풀 수 없는 문제로 처음부터 선지 전체 살펴보기

개념체크 동음이의어와 다의어
- 동음이의어(同音異義語): 발음은 같지만 뜻이 다른 단어
  → 단어의 형태나 한자는 다르지만 발음이 같은 것으로, 뜻이 다르기 때문에 아예 다른 의미라고 생각하면 된다.
- 다의어(多義語): 하나의 단어가 여러 뜻을 가진 경우
  → 형태는 동일하지만 문맥에 따라 다른 의미로 해석될 수 있다. 문맥에 따라 의미가 다르긴 하지만 공통되고 중심이 되는 이미지와 특징이 있다.

정답 해설

⑤ '되다'는 동사로, '말, 되, 홉 따위로 가루, 곡식, 액체 따위의 분량을 헤아리다.'는 의미이다. 다른 선지에서 사용된 '되다'와 동음이의 관계이다.

오답 해설

①~④의 '되다'는 다의어이다.
① '되다'는 형용사로 '줄 따위가 단단하고 팽팽하다.'는 의미이다.
② '되다'는 형용사로 '반죽이나 밥 따위가 물기가 적어 빡빡하다.'는 의미이다.
③ '되다'는 형용사로 '일이 힘에 벅차다.'는 의미이다.
④ '되다'는 형용사로 '몹시 심하거나 모질다.'는 의미이다.

023   정답 ③

반응률(%)	①	②	③	④	⑤
	4.71	2.16	91.75	0.79	0.54
평가요소	2.3 어휘 간의 의미 관계				
세부 평가요소	2.3.1 어휘의 관계				
출처	국립국어원, 표준국어대사전 (stdict.korean.go.kr)				

보자마자 딱! 풀리는 | 유형 딱풀 전략

1. 23번은 두 단어의 의미 관계를 묻는 문항으로 고정 출제
2. 〈보기〉에 주어진 단어들의 관계를 파악하고 선지에 접근

주의 23번 문항은 일반적으로, 동의 관계, 반의 관계 등의 관계들이 출제되지만 높임 표현과 관련한 문항이 출제되었다. 생소할 수 있지만 〈보기〉의 관계를 통해 추론해서 풀면 된다.

정답 해설

③ 〈보기〉의 '드리다'는 동사 '주다'의 높임말인데, '여쭈다'와 '여쭙다'는 둘 다 '묻다'의 높임말이므로 동일한 관계가 아니다.

오답 해설

①, ②, ④, ⑤의 '잡수다, 뵙다, 계시다, 주무시다'는 각각 '먹다, 보다, 있다, 자다'의 높임말이다.

024   정답 ⑤

반응률(%)	①	②	③	④	⑤
	0.49	34.91	5.23	0.29	59.05
평가요소	2.3 어휘 간의 의미 관계				
세부 평가요소	2.3.3 고유어와 한자어				
출처	• 국립국어원, 표준국어대사전 (stdict.korean.go.kr) • 서울대 국어교육연구소/낱말 어휘정보처리연구소 편(2009), 『넓은풀이 우리말 유의어 대사전』, 낱말 어휘정보처리연구소				

보자마자 딱! 풀리는 | 유형 딱풀 전략

1. 24번은 고유어와 한자어의 대응을 묻는 문항으로 고정 출제
2. 한자어를 모르더라도 일상에서 쓰는 표현들이기 때문에 밑줄 어휘를 포함한 선지 전체 보기

정답 해설

⑤ '맞다'는 '시간이 흐름에 따라 오는 어떤 때를 대하다.'라는 뜻으로 쓴 것이다. '영접(迎接)하다'는 '손님을 맞아서 대접하다.'라는 뜻이므로 밑줄 친 '맞다'에 대응하는 한자어가 아니다.

오답 해설

① '맞다'는 '어떤 행위나 내용이 일정한 기준이나 정도에 어긋나거나 벗어나지 아니하다.'라는 뜻이다. '부합(符合)하다'는 '부신(符信)이 꼭 들어맞듯 사물이나 현상이 서로 꼭 들어맞다.'라는 뜻이므로 밑줄 친 '맞다'와 대응된다.
② '맞다'는 '어떤 행동, 의견, 상황 따위가 다른 것과 서로 어긋나지 아니하고 어울리다.'라는 뜻이다. '상응(相應)하다'는 '서로 응하거나 어울리다.'라는 뜻이므로 밑줄 친 '맞다'와 대응된다.
③ '맞다'는 '말이나 생각 따위가 틀리지 아니하다.'라는 뜻이다. '합치(合致)하다'는 '의견이나 주장 따위가 서로 맞아 일치하다.'라는 뜻이므로 밑줄 친 '맞다'와 대응된다.
④ '맞다'는 '말이나 생각 따위가 틀리지 아니하다.'라는 뜻이다. '적중(的中)하다'는 '예상, 가설, 계획 따위가 실현된 결과나 목표에 꼭 들어맞다.'라는 뜻이므로 밑줄 친 '맞다'와 대응된다.

025 정답 ①

반응률(%)	①	②	③	④	⑤
	97.67	0.37	0.83	0.74	0.37

평가요소	2.3 어휘 간의 의미 관계
세부 평가요소	2.3.1 어휘의 관계
출처	국립국어원, 표준국어대사전 (stdict.korean.go.kr)

보자마자 딱! 풀리는 | 유형 딱풀 전략

1. 25번은 유의어/반의어를 묻는 문항으로 고정 출제
2. 어휘의 뜻을 모르면 풀 수 없는 문제로 〈보기〉에 제시된 어휘를 알고 있는지 먼저 파악

정답 해설

① 〈보기〉의 '무겁다'는 '무게가 나가는 정도가 크다.'의 의미이다. '가벼운 이불'의 '가볍다'는 '무게가 일반적이거나 기준이 되는 대상의 것보다 적다.'로 쓰였으므로 '(가방이) 무겁다'의 반의어로 볼 수 있다.

오답 해설

② '가볍게'는 '병세나 상처 따위가 그다지 심하지 않다.'의 의미이므로 〈보기〉 '무겁다'의 반의어로 볼 수 없다. 이 문맥에서 '가볍게'의 반의어는 '심하게'로 볼 수 있다.
③ '가볍게'는 '다루기에 힘이 들지 않고 수월하다.'의 의미이므로 〈보기〉 '무겁다'의 반의어로 볼 수 없다. 이 문맥에서 '가볍게'의 반의어는 '어렵게'로 볼 수 있다.
④ '가볍게'는 '닿는 정도가 약하다.'의 의미이므로 〈보기〉 '무겁다'의 반의어로 볼 수 없다. 이 문맥에서 '가볍게'의 반의어는 '세게/세차게'로 볼 수 있다.
⑤ '가벼운'은 '노력이나 부담 따위가 적다.'의 의미이므로 〈보기〉 '무겁다'의 반의어로 볼 수 없다. 이 문맥에서 '가벼운'의 반의어는 '힘든'으로 볼 수 있다.

026 정답 ⑤

반응률(%)	①	②	③	④	⑤
	2.16	1.84	10.51	1.87	83.57

평가요소	2.4 속담 및 관용 표현
세부 평가요소	2.4.1 속담
출처	• 국립국어원, 표준국어대사전 (stdict.korean.go.kr) • 국립국어원, 우리말샘 (opendic.korean.go.kr)

보자마자 딱! 풀리는 | 유형 딱풀 전략

1. 26번은 속담을 묻는 문항으로 고정 출제
2. 속담의 뜻을 모르더라도 어느 정도 의미를 유추할 수 있으므로 선지 전체 살펴 보기

정답 해설

⑤ '땅 넓은 줄을 모르고 하늘 높은 줄만 안다'는 '키만 홀쭉하게 크고 마른 사람을 놀림조로 이르는 말'이다. 따라서 발문의 상황에 사용하기에 적절하지 않다.

오답 해설

① '적도 모르고 가지 딴다'는 '적도 딸 줄 모르면서 가지를 따려 든다는 뜻으로, 기초적인 것도 모르면서 어려운 것을 하려 드는 것을 이르는 말'이다.

② '맥도 모르고 침통 흔든다'는 '침 놓는 자리에 해당하는 맥도 모르면서 침통부터 흔든다는 뜻으로, 제대로 알지도 못하면서 일을 하려고 함을 이르는 말'이다.
③ '잣눈도 모르고 조복 마른다'는 '잣눈은 아직 완전히 여물지 않은 상태인데 조복을 미리 마른다는 뜻으로, 제대로 알지도 못하면서 일을 하려고 함을 이르는 말'이다.
④ '말똥도 모르고 마의 노릇한다'는 '말똥이 뭔지도 모르는 사람이 마부 노릇을 하려 한다는 뜻으로, 제대로 알지도 못하면서 일을 하려고 함을 이르는 말'이다.

③ '주마간산(走馬看山)'은 '말을 타고 달리며 산천을 구경한다는 뜻으로, 자세히 살피지 아니하고 대충대충 보고 지나감을 이르는 말'이다.
④ '지록위마(指鹿爲馬)'는 '모순된 것을 끝까지 우겨서 남을 속이려는 짓을 비유적으로 이르는 말'이다.
⑤ '아전인수(我田引水)'는 '자기 논에 물 대기라는 뜻으로, 자기에게만 이롭게 되도록 생각하거나 행동함을 이르는 말'이다.

027 정답 ①

반응률(%)	①	②	③	④	⑤
	21.14	0.20	7.22	41.39	29.83

평가요소	2.4 속담 및 관용 표현
세부 평가요소	2.4.2 고사성어/사자성어
출처	국립국어원, 표준국어대사전 (stdict.korean.go.kr)

보자마자 딱! 풀리는 | 유형 딱풀 전략

1. 27번은 고사성어/사자성어를 묻는 문항으로 고정 출제
2. 사자성어의 뜻을 모르면 풀 수 없는 문제로 선지를 빠르게 읽고 넘어가기

개념체크 함께 알아두면 좋은 사자성어
- 견강부회(牽強附會): 이치에 맞지 않는 말을 억지로 끌어다 붙여 자기 주장을 합리화함
- 자가당착(自家撞着): 자기의 언행이나 주장 따위가 앞뒤가 맞지 않아 모순됨
- 우이독경(牛耳讀經): 소의 귀에 대고 경을 읽는다는 뜻으로, 아무리 가르쳐도 알아듣지 못하거나 효과가 없음을 비유
- 곡학아세(曲學阿世): 학문을 왜곡하여 세상에 아부함. 자기 이익을 위해 학문적 진실을 왜곡하거나 권력에 영합하는 태도를 비판할 때 사용

정답 해설
① 만불성설(萬不成說)은 '말이 전혀 사리에 맞지 아니함'의 의미이므로 문맥에 맞지 않는다.

오답 해설
② '적반하장(賊反荷杖)'은 '도둑이 도리어 매를 든다는 뜻으로, 잘못한 사람이 아무 잘못도 없는 사람을 나무람을 이르는 말'이다.

028 정답 ④

반응률(%)	①	②	③	④	⑤
	1.94	0.15	11.10	86.20	0.49

평가요소	2.4 속담 및 관용 표현
세부 평가요소	2.4.3 관용 표현
출처	국립국어원, 표준국어대사전 (stdict.korean.go.kr)

보자마자 딱! 풀리는 | 유형 딱풀 전략

1. 28번은 관용 표현을 묻는 문항으로 고정 출제
2. 관용구를 모르더라도 일상에서 쓰는 표현들이기 때문에 밑줄을 포함한 선지 전체 보기

정답 해설
④ '입이 높다'는 '보통 음식으로 만족하지 아니하고 맛있고 좋은 음식만을 바라는 버릇이 있다.'라는 의미이므로 문맥상 적절하지 않다.

오답 해설
① '입을 씻기다'는 '돈이나 물건 따위를 주어 자기에게 불리한 말을 못 하도록 하다.'를 뜻하는 관용구로 이 문장에서 적절하게 쓰였다.
② '입이 짧다'는 '음식을 심하게 가리거나 적게 먹다.'를 뜻하는 관용구로 이 문장에서 적절하게 쓰였다.
③ '입이 궁금하다'는 '배가 출출하여 무엇이 먹고 싶다.'를 뜻하는 관용구로 이 문장에서 적절하게 쓰였다.
⑤ '입이 마르다'는 '다른 사람이나 물건에 대하여 거듭해서 말하다.'를 뜻하는 관용구로 이 문장에서 적절하게 쓰였다.

029 정답 ③

반응률(%)	①	②	③	④	⑤
	13.01	4.35	40.76	29.86	11.76

평가요소	2.5 국어 순화
세부 평가요소	2.5.1 한자어의 순화
출처	• 국립국어원, 표준국어대사전 (stdict.korean.go.kr) • 국립국어원 누리집, 다듬은 말 (https://www.korean.go.kr/front/imprv/refineList.do?mn_id=158)

보자마자 딱! 풀리는 | 유형 딱풀 전략

1. 29번은 한자어의 순화어를 묻는 문항으로 고정 출제
2. 한자어를 모르더라도 문맥으로 유추할 수 있기 때문에 밑줄을 포함한 선지 전체 보기

개념체크 뜻풀이로 외우는 한자어
[기실(其實)] 其(기): 그것, 그 / 實(실): 사실, 진실
[가사(假使)] 假(가): 가령, 만약 / 使(사): ~하게 하다, 시키다
[기왕력(既往歷)] 既(기): 이미 / 往(왕): 가다 / 歷(력): 지남, 지나온 과정
[심방조사(尋訪調査)] 尋(심): 찾다 / 訪(방): 방문하다 / 調(조): 조사하다, 조율하다 / 査(사): 살피다, 조사하다
[이격(離隔)] 離(이): 떨어지다 / 隔(격): 사이를 두다, 막다

정답 해설

③ '기왕력(既往歷)'은 '과거에 앓았던 질병이나 상해의 종류 또는 경중(輕重)과, 유전·선천병의 유무 따위에 관한 정보'라는 뜻이므로 '과거의 행적'으로 바꾸어 쓰기에 적절하지 않다.

오답 해설

① '기실(其實)'은 '실제의 사정'의 의미이므로 '사실은'으로 순화할 수 있다.
② '가사(假使)'는 '설령, 가령(가정하여 말하여)'의 의미이다.
④ '심방(尋訪)'은 '방문하여 찾아봄'의 의미이고 '조사(調査)'는 '사물의 내용을 명확히 알기 위하여 자세히 살펴보거나 찾아봄'의 의미이므로 '방문 조사'로 순화할 수 있다.
⑤ '이격(離隔)'은 '사이가 벌어짐. 또는 사이를 벌려 놓음'의 의미이므로 '떨어짐'으로 순화할 수 있다.

030 정답 ④

반응률(%)	①	②	③	④	⑤
	15.69	8.99	7.56	63.91	3.78

평가요소	2.5 국어 순화
세부 평가요소	2.5.2 외래어의 순화
출처	• 국립국어원, 표준국어대사전 (stdict.korean.go.kr) • 국립국어원 누리집, 다듬은 말 (https://www.korean.go.kr/front/imprv/refineList.do?mn_id=158)

보자마자 딱! 풀리는 | 유형 딱풀 전략

1. 30번은 외래어의 순화어를 묻는 문항으로 고정 출제
2. 제시된 외래어/한자어의 뜻을 우선 파악
3. 순화어가 자연스럽고 일상적인 우리말인지 판단
4. 문장 내 의미에 맞는 순화어를 선택

정답 해설

④ '데이터 마이닝(data mining)'은 '대규모의 데이터베이스 안에서 일정한 규칙을 찾아내어 데이터를 분석하는 일'을 의미하며, 다듬은 말은 '정보 채굴'이다.

오답 해설

① '이니셔티브(initiative)'는 '계획, 결단력, 주도권' 등을 뜻하는 영어로, 다듬은 말은 '주도권, 선제권, 구상, 발의, 발의권' 등이다.
② '그린 스완(green swan)'은 '기후 변화로 인한 경제의 파괴적 위기'를 뜻한다. 다듬은 말은 '기후발 위기'이다.
③ '파인 다이닝(fine-dining)'은 '격식을 갖춘 식사. 또는 그런 식사가 나오는 고급 식당'의 의미이며, 다듬은 말은 '고급 식사'이다.
⑤ '카르텔(Kartell)'은 '특정 집단이나 기업들이 자신들의 경제적 이익을 보호하고 확대하며 증진하려고 서로 협력하고 경쟁을 제한하며 시장을 통제하는 행위 또는 그러한 집단'의 의미이며, 다듬은 말은 '기업 연합, 담합, 담합 집단, 이권 공동체' 등이다.

영역별 접근 전략

어법 031~045번

한국어를 모국어로 사용하는 사람이라면 관련 개념을 모르더라도 어느 정도 정답을 찾아내는 것이 가능하지만 그렇다고 해서 어법 영역 풀이에 많은 시간을 허비해서는 안 됩니다. 정답률이 낮아 확실하게 차별점을 가져갈 수 있는 영역이므로 확실하게 아는 개념을 다룬 문항들을 먼저 풀고 고민이 필요한 문항들은 뒤의 영역들을 먼저 푼 후 남은 시간을 활용해 다시 확인하는 등의 전략적인 접근이 필요합니다. 어휘 영역에 비해서는 학습 범위가 어느 정도 정해져 있기 때문에 고득점을 희망한다면 평소 빈출 어법을 중심으로 문장 부호, 띄어쓰기, 외래어 표기법, 로마어 표기법, 높임법, 중의적 표현, 사이시옷 등 자주 출제되는 개념들을 학습해 두는 것이 좋습니다.

031 정답 ③

반응률(%)	①	②	③	④	⑤
	63.88	1.06	1.08	22.00	11.88
평가요소	3.1 한글 맞춤법				
세부 평가요소	3.1.1 소리에 관한 것				
출처	• 국립국어원, 표준국어대사전 (stdict.korean.go.kr) • 국립국어원(2018), 『한글 맞춤법, 표준어 규정 해설』				

보자마자 딱! 풀리는 | 유형 딱풀 전략
선지의 전체를 읽을 필요 없이 밑줄 친 어휘의 표기가 맞는지 살펴보기

정답 해설
③ '분량이 차고도 남도록 넉넉하게'의 의미로 쓰이는 경우에는 '함빡 웃다'와 같이 '함빡'이 올바른 표기이다.

오답 해설
① '산듯하다'는 '기분이나 느낌이 조금 깨끗하고 시원하다.'의 의미의 말로 올바른 표기이다.
② '문득'은 '생각이나 느낌 따위가 갑자기 떠오르는 모양'을 나타내는 말로 올바른 표기이다.
④ '깜박'은 '기억이나 의식 따위가 잠깐 흐려지는 모양'을 나타내는 말로 올바른 표기이다.
⑤ '건듯'은 '행동이나 상황 따위가 갑작스럽게 일어나거나 바뀌는 모양'을 나타내는 말로 올바른 표기이다.

032 정답 ③

반응률(%)	①	②	③	④	⑤
	62.31	7.37	26.22	0.61	3.36
평가요소	3.1 한글 맞춤법				
세부 평가요소	3.1.2 형태에 관한 것				
출처	• 국립국어원, 표준국어대사전 (stdict.korean.go.kr) • 국립국어원(2018), 『한글 맞춤법, 표준어 규정 해설』				

정답 해설
③ '멀겋다'에 '-어'가 결합하면 '멀게'로 활용된다.

오답 해설
① '하얗다'에 '-네'가 결합하면 'ㅎ'이 줄어들기도 하고 줄어들지 않기도 하므로 '하야네' 또는 '하얗네'로 활용된다.
② '허옇다'에 '-으면'이 결합하면 '허여면'으로 활용된다.
④ '누렇다'에 '-ㄹ'이 결합하면 '누럴'로 활용된다.
⑤ '까맣다'에 '-ㄹ'이 결합하면 '까말'로 활용된다.

033 정답 ④

반응률(%)	①	②	③	④	⑤
	16.60	4.42	17.28	34.91	26.64
평가요소	3.1 한글 맞춤법				
세부 평가요소	3.1.2 형태에 관한 것				
출처	• 국립국어원, 표준국어대사전 (stdict.korean.go.kr) • 국립국어원(2018), 『한글 맞춤법, 표준어 규정 해설』				

보자마자 딱! 풀리는 | 유형 딱풀 전략
형용사 활용형 문제는 원형으로 바꾸어 발음해 보며 접근

정답 해설
④ '붇다'는 '불어, 불으니, 붇는'으로 활용되므로 '-으면'이 결합하면 '불으면'이 올바른 표기이다.

오답 해설
① '붓다'에 '-어'가 결합하면 '부어'가 올바른 표기이다.
② '붓다'에 '-어서'가 결합하면 '부어서'가 올바른 표기이다.

③ '붓다'에 '-고'가 결합하면 '붓고'가 올바른 표기이다.
⑤ '붇다'는 '-어서'가 결합하면 '불어서'가 올바른 표기이다.

034　　　　　　　　　　　　　　　정답 ⑤

반응률(%)	①	②	③	④	⑤
	0.37	2.65	7.22	4.79	84.90

평가요소	3.1 한글 맞춤법
세부 평가요소	3.1.3 띄어쓰기
출처	• 국립국어원, 표준국어대사전 (stdict.korean.go.kr) • 국립국어원(2018), 『한글 맞춤법, 표준어 규정 해설』

보자마자 딱! 풀리는 │ 유형 딱풀 전략
전체 선지를 읽을 필요 없이 밑줄 친 부분만 빠르게 확인

정답 해설
⑤ '베니스의 상인'은 작품명으로 조사 '의'가 들어간 말은 띄어 쓰는 것이 원칙이다.

오답 해설
①, ②, ③ '해, 섬, 강, 산, 산맥' 등이 들어간 고유 명사는 한 단어로 붙여 쓴다. 따라서 '섬진강', '태백산맥', '카스피해'로 붙여 써야 한다.
④ '두시언해'는 책명으로 한 단어로 붙여 쓴다.

035　　　　　　　　　　　　　　　정답 ⑤

반응률(%)	①	②	③	④	⑤
	7.37	1.18	24.09	9.48	57.84

평가요소	3.1 한글 맞춤법
세부 평가요소	3.1.4 그 밖의 것
출처	• 국립국어원, 표준국어대사전 (stdict.korean.go.kr) • 국립국어원(2018), 『한글 맞춤법, 표준어 규정 해설』

정답 해설
⑤ '자꾸 긁어서 뜯거나 진집을 내다.'의 뜻을 가진 말은 '끌쩍거리다'가 올바른 표기이다.

오답 해설
① '작은 물건이나 일을 가지고 자꾸 만지작거리기만 하고 좀처럼 진전을 이루지 못하다.'는 뜻의 말은 '깔짝거리다'가 올바른 표기이다.
② '작은 것이 세차고 가볍게 자꾸 뛰어오르다.'는 뜻의 말은 '폴짝거리다'가 올바른 표기이다.
③ '몸이 둔하고 느리게 자꾸 움직이다. 또는 몸을 둔하고 느리게 자꾸 움직이다.'는 뜻의 말은 '꿈적거리다'가 올바른 표기이다.
④ '혀끝으로 잇따라 조금씩 가볍게 핥다.'는 뜻의 말은 '할짝거리다'가 올바른 표기이다.

036　　　　　　　　　　　　　　　정답 ⑤

반응률(%)	①	②	③	④	⑤
	56.13	9.55	3.51	3.14	27.52

평가요소	3.1 한글 맞춤법
세부 평가요소	3.1.5 문장 부호
출처	국립국어원(2014), 『문장 부호 해설』

정답 해설
⑤ 책의 제목이나 신문 이름 등을 나타낼 때 사용하는 것은 겹낫표(『』)와 겹화살괄호(《》)이다. 홑화살괄호는 〈〉 홑낫표(「」)와 함께 소제목, 그림이나 노래와 같은 예술 작품의 제목, 상호, 법률, 규정 등을 나타낼 때 사용된다.

037　　　　　　　　　　　　　　　정답 ①

반응률(%)	①	②	③	④	⑤
	68.72	2.14	18.39	7.49	3.17

평가요소	3.2 표준어 규정
세부 평가요소	3.2.1 발음 변화에 따른 표준어
출처	국립국어원, 표준국어대사전 (stdict.korean.go.kr)

보자마자 딱! 풀리는 │ 유형 딱풀 전략
전체 선지를 읽을 필요 없이 밑줄 친 부분만 빠르게 확인

정답 해설
① '덕지덕지'는 '어지럽게 덧붙거나 겹쳐 있는 모양'의 의미로 표준어이다.

오답 해설

② '먹은 것이 되넘어 올 것같이 속이 울렁거리는 느낌이 있다.'를 의미하는 말은 '매스껍다'로 표기한다.
③ '노엽거나 분한 마음'을 의미하는 말은 '부아'로 표기한다.
④ '사람이나 동물이 좁은 곳에 많이 모여 활발하게 움직이다.'를 의미하는 말은 '박신거리다'로 표기한다.
⑤ '맛을 보도록 조금 내놓은 음식'을 의미하는 말은 '맛보기'로 표기한다.

038　　　　　　　　　　　　　　　　　정답 ②

반응률(%)	①	②	③	④	⑤
	0.64	71.25	6.95	9.55	11.49

평가요소	3.2 표준어 규정
세부 평가요소	3.2.2 어휘 선택 변화에 따른 표준어
출처	국립국어원, 지역어 종합 정보 사이트 (https://dialect.korean.go.kr/dialect/)

보자마자 딱! 풀리는 | 유형 딱풀 전략

방언의 의미를 모르더라도 문맥적으로 유추가 가능한 경우도 있으니 전체 선지를 보여 정답 찾기

!주의 방언 문제는 문맥 유추 + 암기형 어휘를 함께 요구하는 복합 유형의 문제이다. 자주 나오는 방언 리스트를 익혀두는 것이 유리하고, 맥락과 대조 표현으로 문장 내에서 의미를 유추하면서 풀어야 한다.

정답 해설

② '궈년시리'에 대응하는 표준어는 '괜히'이다.

오답 해설

① '숭보다'에 대응하는 표준어는 '흉보다'이다.
③ '무사'에 대응하는 표준어는 '왜'이다.
④ '아무따나'에 대응하는 표준어는 '함부로'이다.
⑤ '옴시레기'에 대응하는 표준어는 '전부', '모두'이다.

039　　　　　　　　　　　　　　　　　정답 ⑤

반응률(%)	①	②	③	④	⑤
	2.73	3.12	24.67	24.85	44.49

평가요소	3.2 표준어 규정
세부 평가요소	3.2.3 표준 발음법
출처	• 국립국어원, 우리말샘 (opendic.korean.go.kr) • 국립국어원(2018), 『한글 맞춤법, 표준어 규정 해설』

보자마자 딱! 풀리는 | 유형 딱풀 전략

제시된 선지의 발음을 직접 해보며 정답 찾기

개념체크 자음동화와 경음화

[한자어의 자음동화]
한자어에서 'ㄹ' 받침 뒤에 'ㄷ, ㅅ, ㅈ'이 올 경우, 된소리로 바뀌는 자음동화 현상이 규칙적으로 나타난다.
예 갈등[갈뜽], 발달[발딸], 몰상식[몰쌍식], 불세출[불쎄출]

[합성어 경음화]
합성 명사에서 보이는 경음화(된소리)는 항상 예외 없이 일어나는 것은 아니며, 두 구성 요소의 의미가 각각 분명히 인식되면 생략되는 경우가 많다.
예 실소득[실소득]

정답 해설

⑤ 합성 명사에서 보이는 경음화는 항상 예외 없이 일어나는 것은 아니며, 결합한 두 요소의 각각 의미가 모두 인식되는 '실+소득'의 경우에는 적용되지 않는다.

오답 해설

①, ②, ③, ④ 한자어에서, 'ㄹ' 받침 뒤에 연결되는 'ㄷ, ㅅ, ㅈ'는 된소리로 발음한다.

040　　　　　　　　　　　　　　　　　정답 ⑤

반응률(%)	①	②	③	④	⑤
	9.31	14.12	16.50	18.51	41.44

평가요소	3.3 외래어 표기법
세부 평가요소	3.3.1 외래어의 표기
출처	• 국립국어원, 표준국어대사전 (stdict.korean.go.kr) • 국립국어원, 외래어 표기법(문화체육관광부고시 제2017-14호)

보자마자 딱! 풀리는 | 유형 딱풀 전략

전체 선지를 읽을 필요 없이 밑줄 친 부분만 빠르게 확인

개념체크 자주 출제되는 외래어 표기법
- 한글 24자만 사용 : 외래어는 한글의 기존 자모만 사용하고, 새로운 기호·부호는 쓰지 않는다.
- 외래 소리는 대체로 '1음운 → 1기호' 대응
- 받침으로 쓰는 자음은 ㄱ, ㄴ, ㄹ, ㅁ, ㅂ, ㅅ, ㅇ만 허용
- 파열음(p, t, k)은 된소리로 쓰지 않는다.

정답 해설

⑤ 'brochure'는 [broʊʃʊr]으로 발음되므로, 올바른 외래어 표기는 '브로슈어'이다.

오답 해설

① 'bonnet'의 올바른 외래어 표기는 '보닛'이다.
② 사진 인화나 영상 편집에서의 'cut'의 올바른 외래어 표기는 '컷'이다.
③ 'croissant'의 올바른 외래어 표기는 '크루아상'이다.
④ 'business'의 올바른 외래어 표기는 '비즈니스'이다.

041   정답 ③

반응률(%)	①	②	③	④	⑤
	5.57	23.62	50.70	16.43	3.44
평가요소	3.4 로마자 표기법				
세부 평가요소	3.4.1 국어의 로마자 표기				
출처	국립국어원, 국어의 로마자 표기법(문화체육관광부고시 제2014-42호)				

보자마자 딱! 풀리는 | 유형 딱풀 전략

전체 선지를 읽을 필요 없이 밑줄 친 부분만 빠르게 확인

개념체크 자주 출제되는 로마자 표기법
- 국어의 로마자 표기는 국어의 표준 발음법을 기준으로 적는다.
  → 원형 철자보다는 실제 소리 나는 대로 적는다.
  예 여민락[여밀락] → Yeomillak
- 음운 변화(연음, 자음동화 등)가 있을 경우, 그 '발음 결과'를 따른다.
  예 뱃노래[밴노래] → Baennorae, 여민락[여밀락] → Yeomillak

- 형태소 결합에 의해 나타나는 발음상의 된소리는 표기하지 않는다(단, 단어 자체가 원래 된소리인 경우는 반드시 표기).
  예 법고 – [법꼬] – Beopgo
  → 발음상의 된소리는 표기하지 않음
  깍두기 – [깍뚜기] – Kkakdugi
  → '깍'은 원래 된소리이기 때문에 된소리로 표기, '뚜'는 발음상 된소리이기 때문에 된소리로 표기하지 않음

정답 해설

③ '연희동'은 표준 발음이 [연히동]이므로 'Yeonhidong'으로 적는 것으로 생각할 수 있으나 로마자 표기법 제2장 제1항 [붙임 1]의 'ㅢ'는 'ㅣ'로 소리 나더라도 'ui'로 적는다는 규정에 따라 'Yeonhuidong'으로 적는다.

오답 해설

①, ② 자음 사이에서 동화 작용이 일어나는 경우 동화된 결과를 표기에 반영하므로 'Byeollae', 'Sinmunno'는 옳은 표기이다.
④ '학여울'은 '학녀울'('ㄴ' 첨가) → 항녀울(자음 동화)로 음운 변화를 겪으므로 최종 변화형을 로마자로 적은 'Hangnyeoul'은 옳은 표기이다.
⑤ 된소리는 로마자 표기에 반영하지 않으므로 'Heukseokdong'은 옳은 표기이다.

042   정답 ⑤

반응률(%)	①	②	③	④	⑤
	5.79	13.04	8.52	23.47	48.98
평가요소	3.5 정확한 문장				
세부 평가요소	3.5.1 어법에 맞는 표현				
출처	정운복, "인간과 자연은 상호 존중과 공존에 기반해야"(정운복의 아침시평), 우리문화신문, 2024. 11. 24.				

보자마자 딱! 풀리는 | 유형 딱풀 전략

전체 선지를 읽을 필요 없이 밑줄 친 부분만 빠르게 확인

주의 주어와 서술어의 호응, 목적어 생략 또는 중복, 중의적 표현, 조사의 사용 오류 등이 오답의 단서가 된다. 밑줄 친 문장을 빠르게 읽되, 문장의 중심 성분이 논리적으로 맞물리는지 확인하며 푸는 것이 중요하다.

> 정답 해설

⑤ ⓜ의 '인간은 자연을 지배하는 대상이 아니라 복종하는 대상으로'는 '인간은 자연을 지배하는 대상이 아니다'와 '인간은 자연에 복종하는 대상이다'라는 두 문장이 접속된 것이다. 따라서 '인간은 자연을 지배하는 대상이 아니라 자연에 복종하는 대상으로'로 수정하는 것이 어법에 맞다.

043   정답 ②

반응률(%)	①	②	③	④	⑤
	31.75	22.96	27.87	13.82	3.44
평가요소	3.5 정확한 문장				
세부 평가요소	3.5.1 어법에 맞는 표현				
출처	• 국립국어원, 우리말샘 (opendic.korean.go.kr) • 이관규(2002), 『학교 문법론』(개정판), 도서출판월인				

> 보자마자 딱! 풀리는 | **유형 딱풀 전략**

높임 표현의 적절한 쓰임을 묻는 문항으로 선지의 전체를 읽고 주어와 서술어, 높임 대상을 파악

개념체크 높임 표현
- 주체 높임법: 문장의 주어(행위 주체)를 높임
  예 선생님께서 들어오십니다.
- 객체 높임법: 서술어가 가리키는 행위 대상을 높임
  예 할머니를 병원에 모셨습니다.
- 상대 높임법: 청자의 높고 낮음을 반영한 종결어미 사용
  예 밥 먹었어요? / 드셨습니까?

> 정답 해설

② 〈보기〉에서 사용된 '-ㅂ시다'의 상대 높임법 등급은 '하오체'이다. 이와 동일한 상대 높임법 등급이 쓰인 것은 '-는구려'이다.

> 오답 해설

① '-세'의 상대 높임법 등급은 '하게체'이다.
③ '-십시오'의 상대 높임법 등급은 '합쇼체(하십시오체)'이다.
④ '-어요'의 상대 높임법 등급은 '해요체'이다.
⑤ '-자'의 상대 높임법 등급은 '해라체'이다.

044   정답 ②

반응률(%)	①	②	③	④	⑤
	1.55	62.34	11.12	18.63	6.19
평가요소	3.5 정확한 문장				
세부 평가요소	3.5.1 어법에 맞는 표현				
출처	임지룡(1995), 『국어 의미론』, 탑출판사				

> 보자마자 딱! 풀리는 | **유형 딱풀 전략**

선지의 전체를 읽고 두 가지 이상의 의미로 해석되는 문장이 있는지 파악

개념체크 중의적 해석이 가능한 경우
- 수식어의 위치 불분명
- 조사 해석의 모호성
- 주어/목적어 생략으로 인한 해석의 다의성
- 호응 관계 불명확

> 정답 해설

② '보고 싶다'라는 서술어의 주어가 '선생님'으로 명확하므로 중의적으로 해석되지 않는다.

> 오답 해설

① '학생이 모두 결석했다.' 또는 '출석하지 않은 학생이 좀 있다.'로도 해석될 수 있다.
③ '철수는 순희와 영자를 좋아하는데, 영자를 더 좋아한다.' 또는 '철수와 순희는 영자를 좋아하는데, 철수가 더 좋아한다.'로도 해석될 수 있다.
④ '동생은 누구를 막론하고 많은 사람을 만나고 싶어한다.' 또는 '어떤 사람이든지 동생을 만나고 싶어한다.'로도 해석될 수 있다.
⑤ 관형어 '솔직하고 성실한'이 '철수'를 꾸밀 수도 있고 '대답'을 꾸밀 수도 있어 중의적으로 해석된다.

045 정답 ②

반응률(%)	①	②	③	④	⑤
	8.62	74.71	4.20	5.33	6.97
평가요소	3.5 정확한 문장				
세부 평가요소	3.5.3 번역 투 표현				
출처	이수열(2014), 『이수열 선생님의 우리말 바로 쓰기』, 현암사				

보자마자 딱! 풀리는 | 유형 딱풀 전략

선지의 전체를 읽고 불필요하게 길거나 어색하게 느껴지는 문장을 자연스럽고 간결한 표현으로 바꿔 보는 방식으로 접근

정답 해설

② '~에 다름 아니다'는 일본어 '~に ほかならない'을 직역한 표현이며, '~에 틀림없다' 또한 일본식 표현이다. '행위에 다름 아니다.'는 '행위와 다름없다', '행위와 같다.' 정도로 바꾸는 것이 바람직하다.

오답 해설

① '~을 필요로 하다'는 영어 'need ~'의 번역 투 문장으로 '한 사람이 필요로 하는'을 '한 사람에게 필요한'으로 고친 것은 적절하다.
③ '~을(를) 요하다'는 일본어 'よう(要)する'의 직역 번역 투로 '주의를 요하는'을 '주의를 해야 하는'으로 고친 것은 적절하다.
④ '~에 의하여'는 영어 'by ~'의 번역 투 문장으로 '김 씨가 순경에 의해 연행됐다.'를 '김 씨를 순경이 연행했다.'로 고친 것은 적절하다.
⑤ '~이 요구되다'는 영어 'be required of'의 번역 투 문장으로 '책임자의 현명한 판단이 요구된다.'를 '책임자가 현명하게 판단해야 한다.'로 고친 것은 적절하다.

영역별 접근 전략

쓰기   046~050번

쓰기 영역은 글쓰기 과정을 문제화한 영역입니다. 내용 일치-불일치를 묻는 영역이기 때문에 침착하게 풀어낸다면 크게 어렵지 않습니다. 제시문을 먼저 읽기보다는 선지를 기준으로 제시문에서 파악해야 할 정보들을 우선 파악하여 역으로 추적하고, 제시문을 확인하는 동시에 선지를 하나씩 소거해 나가는 방식으로 푸는 것이 효율적입니다.

046 정답 ②

반응률(%)	①	②	③	④	⑤
	1.77	84.48	8.13	2.19	3.31
평가요소	4.1 글쓰기 계획				
세부 평가요소	4.1.1 계획하기				
출처	• 2023 교통약자 이동편의 실태 조사(국토교통부, 2023) • 2023년 장애인 실태 조사 결과(보건복지부, 2023) • 박창석, "기본권으로서의 장애인의 이동권", 한양대학교 법학연구소 • 백민, "불편한 기다림의 연속 '장애인콜택시' 제도적 개선 시급", 복지뉴스, 2024. 3. 19. • 이슬기, "장애인 특별교통수단·저상버스 지역간 격차 불균형 심각", 복지뉴스, 2024. 10. 7. • 박지영, 백소아, "숫자에 가려진 '장애인 이동권'…94% 승강기 설치하면 뭐합니까", 한겨레, 2022. 4. 29. • 정두리, "연말까지 '1역사 1동선' 달성, 교통약자 위한 서울 만든다", 웰페어뉴스, 2024. 4.18. • "장애인 이동권은 완성된 것일까?", 프레시안, 2022. 3. 14. • 장일호, "외출이 두렵다, 이동이 어렵다[인포그래픽]", 시사인, 2025. 4. 30. • 장일호, "장애인이 외출하지 않은 이유, '딱 하나' 아니다", 시사인, 2025. 5. 1. • 장일호, "휠체어 이용 장애인의 MBTI가 'J'로 끝나는 이유", 시사인, 2025. 4. 30.				

보자마자 딱! 풀리는 | 유형 딱풀 전략

1. 제시문을 읽기 전 문항에서 묻고 있는 것이 무엇인지 먼저 파악
2. 문항에서 묻고 있는 항목을 제시문으로 가서 하나씩 비교하며 소거

주의 글쓰기 계획 유형은 '내용 일치-불일치'를 확인하는 문제다. 글의 내용적인 측면과 내용을 전달하는 방식적인 측면 모두를 종합적으로 고려해야 한다. 글을 읽을 때 주로 내용적인 측면에 집중을 하게 되기 때문에 선지에서 방식적인 측면을 물어볼 경우 한 번에 떠오르지 않을 수 있다. 침착하게 하나씩 하나씩 비교하며 소거해 가는 것이 중요하다.

정답 해설

ㄱ. "만약 우리에게 지금 당장, 원하는 곳으로 이동할 수 있는 이 권리가 사라진다면 어떤 일이 벌어질까.", "그렇다면 이들이 휠체어를 타고 외출하지 않는(못하는) 이유는 무엇일까." 등과 같이 묻고 답하는 방식이 활용되어 독자의 관심을 유도하고 있다.

ㄷ. "만약 우리에게 지금 당장, 원하는 곳으로 이동할 수 있는 이 권리가 사라진다면 어떤 일이 벌어질까."와 같이 문제 상황을 가정하여 문제 해결의 필요성을 전달하고 있다.

오답 해설

ㄴ. 장애인 이동권을 보장해야 한다는 논지로 글이 진행되고 있으며, 대비되는 견해는 제시하고 있지 않다.

ㄹ. 전문가의 주장을 직접 인용한 내용은 제시되지 않았다.

047 정답 ④

반응률(%)	①	②	③	④	⑤
	1.20	17.31	13.09	62.88	5.45
평가요소	4.1 글쓰기 계획				
세부 평가요소	4.1.2 자료의 활용				

보자마자 딱! 풀리는 | 유형 딱풀 전략

1. 주어진 자료를 보기 전 선지를 먼저 확인하고 자료에서 어떠한 부분을 중점으로 보아야 할지 파악
2. 선지를 자료와 비교하며 소거

정답 해설

④ 전남의 저상버스 보급률은 충남의 저상 버스 보급률보다 낮고, 전남의 배차 간격은 충남의 배차 간격의 절반 정도이다. 또한 제주와 인천의 경우, 두 지역의 저상 버스 보급률은 비슷하지만 배차 간격에서는 큰 차이를 보인다. 따라서 지역별 저상 버스 보급률이 배차 간격의 원인이라고 말할 수는 없다.

오답 해설

① (가)의 벨기에 ○○ 대학은 장애인 관련 편의 시설에 대한 정보를 홈페이지에 충분히 제공하여 정보 수용자의 탐색 비용을 줄여 주었다. 따라서 (가)를 활용하여 교통 약자를 위한 편의 시설에 대한 정보를 충분히 제공하는 것도 이동권 증진에 도움이 될 수 있다는 내용을 추가하는 것은 적절하다.

② (나)에는 휠체어를 이용하는 장애인도 1층을 공유하여 인간다운 삶을 살 수 있도록 해야 한다는 내용이 담겨 있다. 따라서 이를 활용하여 이동권이 인간다운 삶을 위한 권리라는 내용을 뒷받침하는 것은 적절하다.

③ (다)에는 이동권 제한으로 인한 교육적 배제 때문에, 배제 당한 당사자가 자살을 생각한 비율이 그렇지 않은 사람보다 높다는 내용이 제시되어 있다. 따라서 이를 활용하여 이동권 제한이 당사자에게 심리적으로 큰 영향을 미친다는 내용을 추가하는 것은 적절하다.

⑤ (마)에는 휠체어를 이용하는 장애인이 느끼는 대중의 부정적인 인식에 대한 우려가 담겨 있다. 따라서 이를 활용하여 장애인 이동권에 대한 인식 전환의 필요성을 강조하는 내용을 뒷받침하는 것은 적절하다.

048 정답 ⑤

반응률(%)	①	②	③	④	⑤
	1.10	2.63	6.65	4.49	85.02
평가요소	4.1 글쓰기 계획				
세부 평가요소	4.1.3 개요 작성				

보자마자 딱! 풀리는 | 유형 딱풀 전략

1. 선지를 먼저 확인하고 선지에서 요구하는 내용을 찾아가는 방식으로 접근
2. '내용의 일치 여부 → 상위 항목과 하위 항목 간의 연관성 파악' 순으로 선지 확인

주의 글쓰기 개요 유형은 내용 일치 여부와 상위 항목과 하위 항목 간의 연관성을 파악하는 선지들로 구성된다. 앞선 문항들에서 제시문의 전반적인 내용을 파악했기 때문에 내용 일치 여부를 묻는 선지를 우선 확인하여 소거하는 방식으로 접근하는 것이 효율적이다.

정답 해설

⑤ 제시문에 '지하철 승강기 설치 및 관리 인력 확보'에 대한 내용은 제시되지 않았으므로, 이처럼 수정하는 것은 적절하지 않다.

오답 해설

① Ⅰ-2는 '장애인 이동권'이라는 주제와 관련이 없는 내용이므로 삭제하는 것이 적절하다.
② Ⅱ-1은 '이동권의 의미'를 다룬 Ⅰ과 관련성이 높으므로, Ⅰ의 하위 항목으로 이동하는 것이 적절하다.
③ Ⅲ은 문제 해결과 관련이 있고, Ⅳ는 문제 상황과 관련이 있으므로 글의 일반적인 '문제-해결' 구조를 고려할 때 Ⅲ과 Ⅳ의 순서를 교체하는 것은 적절하다.
④ Ⅳ의 하위 항목들은 문제 상황에 대한 내용들이며 이에 대한 개선 방법을 다루고 있지 않다. 따라서 Ⅳ를 '이동권 저해 요인'으로 수정하는 것은 적절하다.

049   정답 ③

반응률(%)	①	②	③	④	⑤
	0.49	1.89	95.11	1.40	1.03
평가요소	4.2 고쳐쓰기				
세부 평가요소	4.2.2 미시적 점검				

보자마자 딱! 풀리는 | 유형 딱풀 전략

선지에서 묻고 있는 요소를 확인하고 초점을 맞추어 제시문 확인
예) ① 피동 표현의 쓰임이 적절한지, ② 문맥상 쓰임이 적절한지

정답 해설

③ '한편'은 '어떤 일에 대하여, 앞에서 말한 측면과 다른 측면을 말할 때 쓰는 말'이다. 'ⓒ이처럼' 앞에는 설문 조사 결과가, 뒤에는 이를 요약 설명하는 방향으로 내용이 진행되고 있으므로 '한편'으로 수정하는 것은 적절하지 않다.

오답 해설

① '연결한다'는 자동사이므로 피동 표현 '연결된다'로 수정하는 것은 적절하다.
② '치루다'는 사전에 표제어로 제시되어 있지 않다. 해당 문맥에서는 '무슨 일을 겪어 내다.'의 뜻을 가진 말은 '치르다'로 표기하는 것이 적절하다.
④ 이 문장에서 주어는 '정비되어 있지 않은 인도, 찾을 수 없는 경사로, 차도를 이용할 수밖에 없는 상황' 등에 해당하는 사물이나 상황이지만, 실제로 어려움을 겪는 주체는 '휠체어를 탄 사람들'이다. 따라서 주어인 사물이 주체인 휠체어를 탄 사람들에게 어려움을 겪도록 만든다는 의미를 정확히 전달하려면, 서술어를 사동 표현인 '겪게 한다'로 수정하는 것이 적절하다.
⑤ ⓜ 뒤의 '용이하다'는 '어렵지 아니하고 매우 쉽다.'는 의미로, '쉽다'라는 의미가 이미 내재해 있다. 따라서 의미가 중복되므로 '쉽고'는 삭제하는 것이 적절하다.

050   정답 ①

반응률(%)	①	②	③	④	⑤
	97.45	0.47	0.81	0.81	0.37
평가요소	4.2 고쳐쓰기				
세부 평가요소	4.2.1 거시적 점검				

보자마자 딱! 풀리는 | 유형 딱풀 전략

1 빈칸 앞뒤 문맥을 확인하여 빈칸에 들어갈 말의 방향성 파악
2 방향성에 맞는 선지 선택

❗주의) 선지를 빈칸에 하나씩 대입해 볼 경우 여러 선지가 정답인 것처럼 느껴지는 경우가 있다. 이에 문맥을 통해 빈칸에 들어갈 말에 대한 대략적인 방향성을 잡아 두고 선지에 접근하는 것이 효율적인 풀이 방식이 될 수 있다.

정답 해설

① 〈보기〉에는 장애인 이동권 문제가 해결될 경우, 장애인뿐만 아니라 노인, 임산부, 유아차 이용자 등 모든 교통 약자의 이동의 질이 향상되고 삶이 개선될 것이라는 내용이 제시되어 있다. 따라서 이는 문제 해결에 따른 사회적 파급 효과를 강조하는 것이라고 볼 수 있다.

오답 해설

② 〈보기〉에는 기존 정책의 한계가 제시되어 있지 않다.
③ 〈보기〉에는 문제 상황이 지속될 경우 예상되는 전망이 아니라, 문제 상황이 해결될 경우 예상되는 전망이 제시되어 있다.
④ 〈보기〉에는 실현 가능한 문제 해결 방안이 제시되어 있지 않다.
⑤ 〈보기〉에는 문제 해결을 위해서는 원인 파악이 시급하다는 내용이 제시되어 있지 않다.

영역별 접근 전략

창안   051~060번

창안 영역은 주어진 제시문이나 <보기>를 바탕으로 연상하여 해결하는 문항이 출제됩니다. 이 영역은 주관이 개입될 수밖에 없기 때문에, 문제 해결 시에 제시문이나 <보기>에서 이끌어낼 수 있는 '근거'를 기준으로 하여 접근하는 것이 중요합니다. 또한 제시문을 읽을 때 발문에서 요구하는 바에 초점을 맞추어 파악하면 한결 수월하게 정답을 도출할 수 있습니다.

051   정답 ④

반응률(%)	①	②	③	④	⑤
	3.95	0.86	0.37	92.93	1.87
평가요소	5.1 텍스트 창안				
세부 평가요소	5.1.2 유비추론을 활용한 내용 생성				
출처	"아빠 황제펭귄들의 협력"(다정다감공감학교 공감동화), 한국감정연구소, 2020. 6. 5.				

보자마자 딱! 풀리는 | 유형 딱풀 전략

1. <조건>에서 요구하는 기준이 무엇인지 파악
2. 정답이 될 교훈의 방향성을 잡고 선지 확인

정답 해설

④ 펭귄은 육지와 물속 모두에서 활동할 수 있게 신체가 발달하였고, 겉씨식물은 추운 날씨에 물을 운반하기 위한 헛물관이 발달했다. 이에서 공통적으로 이끌어 낼 수 있는 교훈으로 가장 적절한 것은 '주어진 환경에 적응하는 유연함'이라고 볼 수 있다.

052   정답 ⑤

반응률(%)	①	②	③	④	⑤
	7.19	0.56	4.35	4.35	83.48
평가요소	5.1 텍스트 창안				
세부 평가요소	5.1.2 유비추론을 활용한 내용 생성				

보자마자 딱! 풀리는 | 유형 딱풀 전략

1. 요구조건(㉠)의 특징 먼저 파악
2. 요구조건의 특징을 기준으로 잡고 선지들을 기업 경영 전략에 비유

정답 해설

⑤ ㉠에서는 어느 한 펭귄 개체가 먼저 바다에 뛰어들면 다른 펭귄들이 뒤따라 뛰어드는 모습을 묘사하고 있는데, 이는 한 명의 선도적인 행동이 조직이나 집단 내 다른 구성원들의 동참을 이끌어 내는 현상에 비유할 수 있다. 이를 기업 경영 전략에 비유해보면, 기업의 성장을 위해서는 실패를 두려워하지 않고 먼저 도전하는 자세가 필요하다는 것을 이끌어 낼 수 있다.

오답 해설

①, ②, ③, ④ 각각 합의, 소통, 정보에 기초한 의사 결정, 권한과 역할 배분 등 조직 운영의 다양한 측면을 다루고 있으나, 제시문의 핵심인 '선도적 도전과 그에 따른 동참'의 의미를 담고 있지는 않다.

053   정답 ②

반응률(%)	①	②	③	④	⑤
	1.40	93.13	0.32	0.27	4.84
평가요소	5.1 텍스트 창안				
세부 평가요소	5.1.1 조건에 맞는 내용 생성				

보자마자 딱! 풀리는 | 유형 딱풀 전략

1. <보기>의 문제 상황 파악
2. 문제 해결 방안의 방향성을 잡고 선지 확인

정답 해설

② '황제펭귄'은 허들링이라는 방식으로 서로 도우며 체온을 유지한다. 황제펭귄의 입장에서 조별 과제를 개인 과제로 대체하고 싶다고 하는 철수에게 해 줄 수 있는 말은, '협력과 역할 분담을 통해 조원들과 함께 노력할 때 더 좋은 결과를 얻을 수 있다'와 같이 함께하는 것의 긍정적인 점에 대해 얘기해 주는 것이다. 따라서 '혼자 가면 빨리 가지만 함께 가면 멀리 갈 수 있다.'는 조언이 가장 적절하다.

오답 해설

① '황제펭귄'의 핵심인 '상호 협력'보다는 소통의 자세에 초점이 있어 적절하지 않다.
③ '황제펭귄'은 극한 환경 속에서도 협력으로 가능성을 만들어 내고 있으므로, '불가능한 일에 대해서는 욕심을 내지 않는 것이 좋다'는 내용과는 관련이 없다.
④ 리더십 강조는 '황제펭귄'의 상호 협력과 어울리지 않으며, '철수'의 상황에도 적절하지 않다.
⑤ '황제펭귄'과 '철수'의 사례는 개성이나 다양성보다는 상호 협력에 초점을 두고 있다.

054

정답 ③

반응률(%)	①	②	③	④	⑤
	0.44	0.17	74.17	24.67	0.39
평가요소	5.2 그림 창안				
세부 평가요소	5.2.2 구체적 그림을 활용한 내용 생성				

정답 해설

③ '가지치기'와 '퇴고하기'는 모두 그 결과를 시각적으로 확인 가능한 활동이다. 가지치기를 하면 식물의 외형이 달라지고, 퇴고를 거친 글은 수정을 통해 문장이 다듬어지므로 시각적 차이가 나타난다. 따라서 (가)와 (나)의 결과는 모두 시각적으로 드러난다.

오답 해설

① (가)는 식물 생장을 위한 과정에서 이루어지며, (나)는 완성도 있는 언어적 표현을 위한 글쓰기 과정에서 이루어진다.
② (가)와 (나)는 각각 식물의 건강한 성장과 글의 질 향상을 목적으로 한다.
④ (가)와 (나)는 모두 내적인 사고 과정을 거쳐 외적 결과로 나타난다.
⑤ (가)와 (나)는 현재 상태를 더 낫게 만들려는 조정 과정으로 볼 수 있다.

055

정답 ④

반응률(%)	①	②	③	④	⑤
	1.25	0.15	4.86	93.25	0.47
평가요소	5.2 그림 창안				
세부 평가요소	5.2.3 시각 리터러시				

보자마자 딱! 풀리는 | 유형 딱풀 전략

선지에서 제시한 기능을 토대로 그림을 확인

주의 〈그림〉을 해석할 때 주관적인 생각만을 고수하지 말고 선지에서 제시한 내용을 토대로 받아들이는 것이 중요하다.

정답 해설

④ '가지치기'는 주로 '불필요한 부분을 잘라내는' 단순한 제거 중심 활동이지만, '퇴고하기'는 문장을 다듬는 과정에서 잘못된 부분을 고치는 것뿐 아니라, 내용을 새로 추가하거나 기존의 내용을 재구성하는 등 다양한 방식으로 글의 완성도를 높이는

과정이므로 (나)는 (가)에 비해 더 복합적인 행위이다.

오답 해설

① (가)와 (나)는 단순히 과정을 정리하는 것이 아니라 결과물의 질 향상을 목적으로 하므로, 과정 정리에 초점을 맞추었다고 보기 어렵다.
② (나) 역시 문장의 적절성을 판단하고 선택적으로 고쳐야 하므로 단순 수정만 하면 되는 기계적인 행위로 보기 어렵다.
③ (가)는 삭제 중심의 행위로 볼 수 있지만, (나)는 삭제뿐 아니라 첨가와 재배치도 포함하므로 본질적으로 같은 사고 과정을 따른다고 보기 어렵다.
⑤ (가)와 (나) 모두 의도적이고 계획된 조정 행위이므로 '인위적인 개입이 필요한 과정'이다.

056

정답 ⑤

반응률(%)	①	②	③	④	⑤
	0.52	0.56	0.27	0.17	98.45
평가요소	5.1 텍스트 창안				
세부 평가요소	5.1.2 유비추론을 활용한 내용 생성				

보자마자 딱! 풀리는 | 유형 딱풀 전략

선지에서 제시한 사례를 토대로 (가)를 확인

주의 〈그림〉만 놓고 자의적으로 해석하지 말고 선지에서 제시하는 것들을 기준으로 다시 (가)를 판단해보는 과정을 거쳐서 정답을 찾아야 한다.

정답 해설

⑤ 책상 정리를 통해 꼭 필요한 물건만 남기고 나머지를 버리는 행위는 핵심을 남기고 불필요한 요소를 제거해 효율성을 높인다는 점에서 '가지치기'의 본질에 부합한다고 볼 수 있다.

오답 해설

① '덧붙인다'는 표현에서 알 수 있듯, '추가' 중심의 과정이므로 '제거' 및 '삭제'의 과정인 '가지치기'와는 반대되는 활동이다.
② 아이디어의 양을 늘리는 행위는 '축적'과 '생산' 중심의 과정이므로 '제거' 및 '삭제'의 과정인 '가지치기'와는 반대되는 활동이다.
③ 강조 행위로서, 표현 방식의 변화는 '제거' 및 '삭제'의 과정인 '가지치기'와는 관련이 없다.
④ 다양한 아이디어를 모으는 행위는 '축적' 활동으로 볼 수 있으므로 '제거' 및 '삭제'의 과정인 '가지치기'와는 반대되는 활동이다.

057 정답 ②

반응률(%)	①	②	③	④	⑤
	0.91	97.13	0.39	0.20	1.33

평가요소	5.2 그림 창안
세부 평가요소	5.2.2 구체적 그림을 활용한 내용 생성
출처	• 김예은, "반려견 2번 버린 비정한 주인…'인식칩은 사라져'", KBS뉴스, 2024. 1. 15. • 한국방송광고진흥공사 (www.kobaco.co.kr) • 동물자유연대 (animals.or.kr)

보자마자 딱! 풀리는 | 유형 딱풀 전략

제시문에서 제시하는 요구조건을 확인하고 광고를 하나씩 소거하는 방식으로 접근

정답 해설

② 기사는 동물 유기, 동물 학대에 대한 것이다. 그러나 ②는 반려동물과 산책할 때 목줄을 착용하는 것이 안전한 반려동물 문화임을 강조하는 것으로, 기사 내용과는 관련이 없다.

오답 해설

①, ③, ④, ⑤ 모두 동물 유기의 문제를 지적하고 책임감 있는 주인의식, 바람직한 반려동물 문화를 강조하는 것으로 기사의 '개 주인'에게 보여 줄 광고 사례와 문구로 적절하다.

058 정답 ⑤

반응률(%)	①	②	③	④	⑤
	0.10	1.06	36.58	7.81	54.41

평가요소	5.2 그림 창안
세부 평가요소	5.2.2 구체적 그림을 활용한 내용 생성
출처	한국방송광고진흥공사 (www.kobaco.co.kr)

보자마자 딱! 풀리는 | 유형 딱풀 전략

1 〈조건〉에 제시된 요구로 소거할 수 있는 선지들 우선 확인
2 남은 선지와 제시문을 연결지어 확인

정답 해설

⑤ (가)와 (나)는 모두 올바른 반려동물 문화에 관한 포스터이다. (가)는 반려동물을 일회용처럼 여기고 가볍게 버리는 문제를, (나)는 생명을 장난감처럼 생각하는 문제를 지적하고 있다. 기사에서도 반려견을 유기하는 행위에 대해 다루고 있으므로, 이 모두를 포괄하는 '반려견을 쓸모 있을 때 쓰고 필요 없을 때 버리거나 재미있는 장난감으로 생각하지 말고 생명으로 존중해 달라'는 내용을 담은 ⑤가 가장 적절하다.

059 정답 ③

반응률(%)	①	②	③	④	⑤
	0.69	0.34	97.74	0.52	0.69

평가요소	5.1 텍스트 창안
세부 평가요소	5.1.2 유비추론을 활용한 내용 생성
출처	"[DBR]'끼리끼리' 폐쇄적 온라인 소통이 인식 오류 만든다", 동아일보, 2020. 2. 19.

보자마자 딱! 풀리는 | 유형 딱풀 전략

1 ⊙과 〈보기〉의 핵심내용 파악
2 ⊙과 〈보기〉의 공통된 내용을 기준으로 적절한 선지 찾기

주의 ⊙과 〈보기〉에서 제시하고 있는 내용을 각각 파악하고 두 가지의 내용이 모두 담긴 선지를 찾아내는 것이 중요하다.

정답 해설

③ ⊙의 실험에서는 참가자들이 정치 성향이 같다는 이유만으로, 실제로는 잘못된 판단을 한 사람의 의견을 더 정확하다고 여기는 경향을 보였는데, 이는 비판 없는 신뢰가 얼마나 쉽게 판단을 왜곡하는지를 보여 준다. 〈보기〉에서 두 선분의 길이는 실제로 같지만, 양 끝의 화살표 방향 때문에 하나는 더 길어 보이고, 다른 하나는 더 짧아 보인다. 이는 보는 대로 믿지만 실제와 다를 수 있음을 보여 주는 사례이다. 따라서 ⊙의 실험과 〈보기〉를 통해 유추할 수 있는 교훈은 '내가 서 있는 곳만이 옳은 길이 아니라는 것을 인지해야 한다'가 가장 적절하다.

오답 해설

① 제시문에서 강조하는 비판적 사고의 필요성과 상반되는 내용이다.
② 제시문에서 다수 의견도 편향될 수 있음을 한 실험을 사례로 보여 주었다.

④ 편향된 믿음의 고착화를 지양하는 제시문의 내용과 맞지 않다.
⑤ 식견이 높은 사람의 자문을 구하는 것도 판단에 도움이 될 수 있으나, 제시문에서는 타인의 판단에 의존하기보다 스스로 편향된 사고를 경계하고 다양한 시각을 수용하며 비판적으로 사고하는 태도의 중요성을 강조하고 있다.

060 정답 ④

반응률(%)	①	②	③	④	⑤
	5.21	1.72	0.27	92.59	0.17
평가요소	5.1 텍스트 창안				
세부 평가요소	5.1.2 유비추론을 활용한 내용 생성				

보자마자 딱! 풀리는 | 유형 딱풀 전략

1. 〈보기〉의 내용을 우선 파악하여 키워드와 방향성 선정
2. 방향성에 맞는 선지 찾기

정답 해설

④ 〈보기〉는 커뮤니티 운영자가 아무런 조치를 취하지 않아 특정 의견만이 반복되고, 다양한 의견을 가진 사용자들이 이탈하게 된 상황을 보여 준다. 이는 반향실 효과의 전형적인 모습으로, 비슷한 의견만 지속적으로 노출될 때 사고의 균형이 무너지고 공동체의 다양성이 사라질 수 있다는 것을 나타낸다. 이러한 반향실 효과를 막기 위해서는, 운영자가 커뮤니티에 다양한 의견이 공존할 수 있도록 유도해야 한다. 따라서 가장 적절한 조언은 ④이다.

오답 해설

① 중립적인 내용만을 허용하는 방식으로 논쟁 자체를 차단하겠다는 태도이다. 이는 의견의 다양성을 억압하는 내용이므로 제시문의 취지와 어긋난다.
② 다수 의견 중심의 운영을 주장하고 있으나, 이는 소수 의견의 배제를 정당화하여 반향실 효과를 강화시킬 수 있으므로 적절하지 않다.
③ 〈보기〉에서는 커뮤니티 운영자의 방관이 의견 편향을 심화시키고 사용자 이탈로 이어졌다. 초기 개입이 없을 경우 반향실 효과가 강화될 수 있으므로 적절하지 않다.
⑤ 표현의 자유를 지나치게 절대화하는 주장으로, 왜곡된 정보나 과도한 편향도 그대로 두자는 내용이므로 반향실 효과가 강화될 수 있으므로 적절하지 않다.

영역별 접근 전략

읽기 061~090번

읽기 영역은 가장 많은 분량을 차지하며, 문제를 푸는 데 상대적으로 많은 시간이 소요됩니다. 따라서 다른 영역에서 풀이 시간을 줄여 읽기 영역의 지문을 세세하게 읽을 수 있는 시간을 확보하는 것이 중요합니다. 이 영역은 선지에서 언급된 부분만 확인해도 풀 수 있는 문제가 많지 않기 때문에, 선지를 먼저 공략해 빠르게 풀기보다는 긴 제시문을 두 번, 세 번 반복해서 읽지 않도록 처음부터 꼼꼼히 읽으며 동시에 선지의 답을 찾아가는 방식으로 접근하는 것이 효율적입니다.

061 정답 ③

반응률(%)	①	②	③	④	⑤
	0.44	0.88	56.67	24.97	16.92
평가요소	6.1 문학 텍스트				
세부 평가요소	6.1.1 문학 텍스트 이해하기				
출처	오은(2013), 「면접」, 『(문학동네시인선 38) 우리는 분위기를 사랑해』, 문학동네, 42쪽				

보자마자 딱! 풀리는 | 유형 딱풀 전략

1. 61~62번 문항은 하나의 제시문에 두 문항이 함께 출제되는 문항으로 제시문을 읽기 전 각각의 문항이 묻고 있는 것이 무엇인지 우선 확인하여 주의하며 읽어야할 부분 체크
   예) 61번 '표현상의 특징', 62번 '문학작품에 대한 이해'
2. 61번은 표현상의 특징을 묻는 문항으로 선지를 먼저 확인하여 유의하여 읽어야 할 표현상의 특징들을 먼저 확인
3. 제시문을 읽으며 선지를 소거하는 방식으로 접근

❗주의 하나의 선지에 여러가지 표현상의 특징이 포함되는 경우가 있기 때문에 선지를 분리하여 보는 것이 필요하다.

정답 해설

③ 제시문은 반복되는 질문과 응답의 부재, 소통의 단절 등을 통해 개인이 현실 속에서 겪는 고립감과 무력감을 표현한다. "질문만 있고 답이 없는 곳", "귀가 아팠다", "녹지 않았다" 등의 표현은 절망적인 현실을 직시하는 시적 화자의 단호하고 결연한 태도와 함께 현실에 대한 비판적 인식과 부정적인 전망을 강하게 드러낸다.

오답 해설

① 질문 혹은 단정적인 표현이 활용되고 있을 뿐 감탄형의 표현은 나타나고 있지 않다.
② 활발한 움직임을 나타내는 동작이 묘사되고 있지 않다. 오히려 '서 있어도 ~ 작았다' 등과 같이 정적인 표현이 사용되었다.
④ 유사한 단어들을 반복적으로 열거하고 있지 않다.
⑤ '낙엽'(낙하), '눈사람'(융해) 등의 이미지가 환기되고 있기는 하지만, 이 이미지를 서로 대조하고 있지 않다.

062   정답 ⑤

반응률(%)	①	②	③	④	⑤
	1.37	1.79	1.96	39.41	55.34
평가요소	6.1 문학 텍스트				
세부 평가요소	6.1.3 문학 텍스트 비판하기				

보자마자 딱! 풀리는 | 유형 딱풀 전략

1 시의 주제를 파악
2 시의 내용을 생각하며 선지에 해당하는 밑줄 표현으로 가서 하나씩 소거하는 방식으로 접근

정답 해설

⑤ '녹지 않았다 / 순순히 떨어지지 않았다'는 표현은, '눈사람'과 '낙엽'처럼 자연스럽게 사라지거나 떨어지는 운명을 거부한 것처럼 보이지만, 실제로는 면접에서 떨어지지 않기 위해 노력했던 모습을 의미한다. 또한 '떨어지지 않았다'는 표현은 화자가 '답이 안 나오는 공간에서 / 정확히 똑같은 질문을 던지기 위해'라고 의도를 밝힌 것처럼, 미래에 자신이 평가자가 되어 같은 질문을 반복하겠다는 의도를 드러내며, 현재는 면접의 관습과 권위에 순응했음을 나타낸다. 따라서 시적 화자가 부당한 상황에 항거하거나 불복한 것이라고 볼 수 없다.

오답 해설

① '질문만 있고 답이 없는'이라는 표현은 면접이라는 상황에서 피면접자가 자신만의 개성 있는 답변을 하기보다는 정형화된 답을 요구받는 현실을 드러낸다. 이는 결국 개선 없이 반복되는 문제적 구조로서의 면접 제도를 비판하는 동시에, 구어적 표현을 활용해 희망의 부재와 현실의 암담함을 효과적으로 표현한 것이다.

② 면접이 이뤄지는 공간에서 오가는 질문과 답변 사이에 권위가 균등하지 않고 비대칭적으로 놓여 있다는 사실을 '서 있는데도 앉은 사람보다 작았다'라는 역설적인 표현을 통해 드러내고 있다.
③ '듣는 사람들보다 귀가 아팠다'는 표현은, 면접 자리에서 응시자가 아무리 열심히 말해도 평가자로부터 공감이나 긍정적인 반응을 얻지 못하는 상황을 암시한다. 오히려 평가자가 결점을 지적하거나 불편한 반응을 보이면서, 응시자는 더욱 곤란하고 위축된 감정을 겪게 되며, 면접이라는 평가 구조의 일방성과 응시자의 심리적 고통을 드러낸다.
④ '정확히 똑같은 질문을 던지기 위해'라는 표현은, 면접 자리에서 이름, 전공, 고향 등 겉으로 드러나는 정보만을 반복적으로 묻는 형식적 절차가 시간이 지나도 변하지 않고 지속됨을 암시한다. 시적 화자는 그러한 형식의 부조리함을 인식하고 비판하면서도, 결국 자신 역시 같은 방식을 반복하게 됨을 드러낸다. 이는 문제 해결을 실천하지 못한 채 현실에 순응하거나 유보한 태도로 볼 수 있다.

063   정답 ①

반응률(%)	①	②	③	④	⑤
	71.13	16.62	2.14	3.34	6.53
평가요소	6.1 문학 텍스트				
세부 평가요소	6.1.1 문학 텍스트 이해하기				
출처	서수진(2020), 『코리안 티처』, 한겨레출판, 214~217쪽				

보자마자 딱! 풀리는 | 유형 딱풀 전략

1 63~65번 문항은 하나의 제시문에 세 문항이 함께 출제되는 문항으로 제시문을 읽기 전 각각의 문항이 묻고 있는 것이 무엇인지 우선 확인하여 주의하며 읽어야 할 부분 체크
   예 63번 '서술상 특징', 64번 '작품의 이해', 65번 '문학작품에 대한 비평'
2 63번은 서술상의 특징을 묻는 문항으로, 선지를 먼저 확인하여 유의하여 읽어야 할 서술상의 특징들을 먼저 확인
3 제시문을 읽으며 선지를 소거하는 방식으로 접근

주의 하나의 선지에 여러가지 서술상의 특징이 포함되는 경우가 있기 때문에 선지를 분리하여 보아야 한다.

정답 해설

① 제시문은 제이콥과 한희의 대화와 행동을 중심으로 그들의 심리와 관계를 그려내고 있다. 특히 한희에게 초점화된 방식을 적극적으로 활용하고 있다. 한희가 제이콥의 말을 받아들이지 못하면서도 마음이 흔들리는 장면, 아기의 언어와 미래에 대한 두려움 등을 통해 독자가 자연스럽게 인물의 시각에 몰입하고, 그들의 감정을 느끼도록 유도한다.

오답 해설

② 제시문의 후반부에서 미래에 대한 상상을 극히 일부 포함하고 있기는 하나, 서술자는 미래의 상황이나 장면을 예측하고 이를 근거로 삼아 인물의 현재 행위에 대해 가치 판단을 직접 내려가는 방식으로 논평하고 있지는 않다.
③ 의성어나 의태어 같은 생동감 있는 묘사가 두드러지지 않는다.
④ 한희와 제이콥이 가족을 이루고 함께 지내는 삶의 양상이 순행적으로 전개되고 있으며, 부분적인 사실과 원인을 알 수 없는 사건 제시로 의문을 점증시키고 있지 않다.
⑤ 대화 속에 삽입된 별도의 이야기가 전체 줄거리와 대비되는 구조가 아니다.

064 정답 ②

반응률(%)	①	②	③	④	⑤
	1.33	85.12	2.21	2.80	8.42
평가요소	6.1 문학 텍스트				
세부 평가요소	6.1.2 문학 텍스트 추론하기				

보자마자 딱! 풀리는 | 유형 딱풀 전략

1. 〈보기〉를 바탕으로 문학작품의 주제를 파악
2. 문학작품의 내용을 생각하며 선지에 해당하는 밑줄 표현이 무엇인지 확인하고 선지를 하나씩 소거하는 방식으로 접근

정답 해설

ㄴ. ⓐ(제이콥)는 불쑥 ⓒ(한국)의 ⓑ(한희)를 찾아와 자기가 ⓒ에서 살 것임을 선언한다. 두 인물의 대화를 통해 ⓐ가 본국에서의 직장도 관두고 숙소도 귀국 항공편도 예약하지 않은 채 별안간 이주를 목적으로 방문했다는 정황이 확인된다.
ㅁ. ⓑ(한희)는 혼인 관계에 얽매이지 않은 채로 가족을 이루자는 ⓐ(제이콥)의 제안에는 동의했지만 아이를 갖자는 제안에 대해서는 한동안 거부해왔다. 그 이유는 계약직으로서 임신이나 육아 기간에 재계약을 보장받지 못하는 열악한 노동 환경을 염려했기 때문이다.

오답 해설

ㄱ. ⓐ(제이콥)는 ⓒ(한국)에서 ⓑ(한희)가 재직 중인 종류의 여러 어학당에 취직을 시도했지만 실패했다. 또한 ⓐ는 자신이 ⓒ에서 가진 첫 직장에서 한국어를 사용하지 못하는 것을 불만족스러워하기도 했다. 따라서 ⓐ가 재직 중인 직장이나 그 환경을 ⓑ가 부러워했다고 보기는 어렵다.
ㄷ. ⓐ(제이콥)과 ⓑ(한희)는 결혼을 미룬 것이 아니라 하지 않기로 한 것이다.
ㄹ. ⓑ(한희)는 이상을 꿈꾸기도 하지만 그보다 현실적인 면이 돋보이는 성격이다. ⓐ(제이콥)의 갑작스런 방문에도 ⓑ는 반가움을 표명하는 것보다 특유의 현실적인 감각이 앞서 작용하여 머물 숙소가 정해져 있는지, 그리고 귀국 항공편이 어떠한지 ⓐ에게 우선 묻기도 한다.

065 정답 ③

반응률(%)	①	②	③	④	⑤
	14.58	7.98	42.43	28.33	6.48
평가요소	6.1 문학 텍스트				
세부 평가요소	6.1.3 문학 텍스트 비판하기				

보자마자 딱! 풀리는 | 유형 딱풀 전략

문학작품의 내용을 생각하며 선지에 해당하는 밑줄 표현으로 가서 하나씩 소거하는 방식으로 접근

정답 해설

③ 'ⓒ흔들렸다'는 영국으로의 이주 계획에 대해서나 육아 계획에 대해서 현실적인 판단(가능성 없음)이 다소 약해지고 본래 뜻(제이콥이 제안 거절)과도 달라졌음을 의미한다고 해석할 수 있다. 이러한 한희의 행동·생각의 변화는 그녀가 한국을 떠나면 영국에서 더 나은 일자리를 얻어서(직업과 경력을 포기하지 않고서) 육아도 할 수 있으리라는 희망적인(비현실적인) 전망을 조건으로 삼아 일어난 것이다.

오답 해설

① 'ⓐ선을 그었다'는 한국에서 체류하기 위해 처음 취직한 영어학원 일을 제이콥 스스로 '일시적인 일'이라고 규정하면서 제시되었다. 따라서 이 표현은 '그만하면 좋은 조건'이라는 한희의 평가에도 제이콥은 만족하지 못한다는 뜻이며 그가 더 나은 직장을 구하고 싶어하고 또 그러하리라는 의지를 드러낸 것으로 해석할 수 있다.

② 'ⓒ생소한 것'은 제이콥이 한희에게 들려주는 밀어들의 성격을 가리키며, 한글 모음, 햇살 등을 활용한 비유의 언어들이 생경한 감각을 불러일으킨다는 사실과 한희가 연인에게서 받아 온 애정에 매우 만족한다는 사실도 함께 드러낸다.
④ 'ⓔ낯설었다'는 희망(한희, 제이콥이 아이와 함께 영국으로 이주하여 안정적으로 살아갈 수 있으리라)의 실현 가능성을 막연히 믿음으로써 이어 왔던 일련의 결정과 삶의 루틴에 대해 감지하게 된 불안을 의미한다고 볼 수 있다.
⑤ 'ⓜ차갑고 물살이 센 강'은 태중의 아이와 제이콥의 관계가 두드러지게 영어로 매개되는 것에 새삼 주목하고 동시에 갑작스럽게 이들에 대해 거리감을 느끼게 된 한희의 심경을 드러낸다. 영국에서의 더 나은 삶에 대한 막연한 기대가 아기를 가지기로 결심하게 하고 또 아기에게 영어를 익히게 한다는 계획까지 세우게 만들어졌지만, 결국 영국에서의 더 나은 삶이 가능하지 않으리라는 무의식중의 또 다른 현실감각이 깨어나자 차차 불투명해지는 미래에 대한 계획이 차가운 온도 감각으로 뒤바뀌어 묘사되는 것이라고도 볼 수 있다.

066 정답 ④

반응률(%)	①	②	③	④	⑤
	4.35	1.20	1.57	91.70	1.08
평가요소	6.2 학술 텍스트				
세부 평가요소	6.2.1 학술 텍스트 이해하기				
출처	이진경(2011), 『불온한 것들의 존재론』, 휴머니스트, 37~39쪽				

보자마자 딱! 풀리는 | 유형 딱풀 전략

1 선지를 확인하고 어떠한 요소에 초점을 맞추어 이해해야 할지 파악
2 선지에서 언급된 키워드들을 제시문에서 확인하여 소거하는 방식으로 접근

정답 해설

④ 제시문의 마지막 문단에서 불편함과 불안함을 '긍정'하고 '매혹'될 때 각성에 이를 수 있다고 하였으므로, 불안함과 불편함을 회피하는 것은 '불온한 자들'을 통한 각성의 특징과 거리가 멀다.

오답 해설

① 4문단 "약물이나 믿음을 가정하지 않고 뜻하지 않은 세계를 보게 하는 것"과, 5문단 "약물 없이, 종교 없이 감각적 각성에 이를 수 있지 않을까?"에서 확인할 수 있다.

② 1문단 "기존의 익숙해진 감각에선 보이지 않던 것을 보고 느끼고 감지하게 되는 사건이다"와, 5문단 "지금 보이는 것들에 가려 보이지 않던 것 혹은 존재자에 가려 보이지 않던 존재를 보는 감각적 각성"에서 확인할 수 있다.
③ 4문단 "일단 먹어 보라고, 일단 믿어 보라고, 요컨대 일단 들어와 보라고 요구하지 않고 새로운 감각으로 각성시키는 것이어야 할 것이다."에서 확인할 수 있다.
⑤ 5문단 "어떤 '합일'의 엑스터시를 통하지 않고서도 감각적 각성에 이르는 길"에서 확인할 수 있다.

067 정답 ③

반응률(%)	①	②	③	④	⑤
	1.23	17.11	77.29	2.26	1.96
평가요소	6.2 학술 텍스트				
세부 평가요소	6.2.2 학술 텍스트 추론하기				

보자마자 딱! 풀리는 | 유형 딱풀 전략

'불온한 자들'과 '감각적 각성'에 대한 내용이 등장하는 부분을 읽을 때 선지를 함께 확인하며 소거하는 방식으로 접근

정답 해설

③ 1문단 "불온한 것들이 우리의 익숙한 감각 속으로 낯설게 침입할 때 우리는 '감각적 각성'에 이르게 된다."와 4문단 "불온한 자들, 어떤 동의도 구하지 않고 우리의 경계 안으로 밀고 들어오는 것들이야말로 이런 세속적 각성을 가능하게 하는 계기라고 할 수 있을 것이다."를 통해 '불온한 자들'이 '감각적 각성'을 유발하는 중요한 계기임을 알 수 있다.

오답 해설

① 제시문에서는 '불온한 자들'이 '감각적 각성'의 계기가 된다고 하였으므로 방해하는 부정적 요소로 작용한다는 설명은 적절하지 않다.
② '감각적 각성'은 '불온한 자들'로 인해 '이르게 되는' 사건이지, '불온한 자들'의 내재적 속성은 아니다.
④ '감각적 각성'에 이르면 '불온한 자들'을 피할 수 있게 되는지는 제시문을 통해 확인할 수 없다. 오히려 그들을 긍정하고 매혹될 때 각성이 온다고 하였다.
⑤ 제시문에서는 '불온한 자들'과 '감각적 각성'은 밀접하게 연관되어 설명되고 있으며, '불온한 자들'이 '감각적 각성'을 유발하는 계기로 볼 수 있으므로 서로 독립적으로 발생한다는 설명은 옳지 않다.

068

정답 ⑤

반응률(%)	①	②	③	④	⑤
	6.21	12.23	2.23	4.64	74.54

평가요소	6.2 학술 텍스트
세부 평가요소	6.2.3 학술 텍스트 비판하기

보자마자 딱! 풀리는 | 유형 딱풀 전략

'세속적 각성'에 대한 내용이 등장하는 부분을 읽을 때 선지를 함께 확인하며 소거하는 방식으로 접근

정답 해설

⑤ 글쓴이는 '세속적 각성'을 기존의 약물적·종교적 각성과 구별되는 것으로 제시하며, "일단 먹어 보라고, 일단 믿어 보라고, 요컨대 일단 들어와 보라고 요구하지 않고", "뜻하지 않은 세계를 보게 하는 것", "약물 없이, 종교 없이 감각적 각성에 이를 수 있지 않을까?" 등의 표현을 통해, 어떤 전제 조건 없이도 일상적인 현실 속에서 불온한 것들에 의해 감각이 깨이고 새로운 세계를 보게 되는 각성의 가능성을 강조하고 있다.

오답 해설

① 세속적 각성이 '쉽다'거나 '보편적이다'라는 평가는 제시문에서 확인할 수 없다. 글쓴이는 그 가능성과 방식에 주목했을 뿐, 도달의 용이성을 언급하지 않았다.
② 세속적 각성이 더 강렬하거나 신비롭다는 비교 서술은 없으며, 오히려 "불편함", "불안함", "아찔한 불온성" 등의 표현으로 각성의 특성을 강조하고 있다.
③ 감각적 각성은 "낡은 세계의 바깥을 보게 하리라고 말해도 좋을 것이다."라고 표현되고 있으므로 기존 질서나 가치 체계의 유지보다는 새로운 시각 및 인식의 전환과 관련이 있다.
④ 세속적 각성이 이성적 판단 및 혼란의 통제와 연결된다는 내용은 제시문에서 확인할 수 없으며, 오히려 "불온한 자들", "불편함과 불안함", "아찔한 매혹" 등을 통해 각성이 일어난다고 언급되어 있다.

069

정답 ②

반응률(%)	①	②	③	④	⑤
	6.41	67.05	10.26	5.77	10.34

평가요소	6.2 학술 텍스트
세부 평가요소	6.2.1 학술 텍스트 이해하기
출처	Wolfgang Lüke(2020), 『Zivilprozessrecht I』(11. Aufl.), C.H.BECK, 1~4쪽

보자마자 딱! 풀리는 | 유형 딱풀 전략

1. 69~72번 문항은 하나의 지문에 네 문항이 묶인 형태로, 하나의 문항을 풀 때마다 제시문을 읽는 것이 아닌 제시문을 쭉 읽으며 각각의 문항들이 등장할 때마다 하나씩 해결해 나가는 방식으로 접근
   예 무조건 순서대로 풀기보다는 제시문을 읽으며 먼저 해결할 수 있는 문항들을 풀어나가는 방식으로 접근
2. 선지의 키워드를 먼저 확인
3. 제시문을 읽고 선지에서 언급한 키워드에 대한 내용을 확인하며 소거하는 방식으로 접근

정답 해설

② 1문단에서 자력 구제를 기반으로 하게 되면 강자가 권리자를 이길 위험이 있다고 하였다.

오답 해설

① 2문단에서 판결 절차에서 법관은 제출된 증거에 터 잡아 사실관계를 확정한 뒤에 그 바탕에서 법규범을 적용한다고 하였다.
③ 3문단에서 화해는 권리를 확정하려는 것이 아니라 분쟁의 해결에 중점을 둔다고 하였다.
④ 마지막 문단에서 자유주의 사상이 풍미하던 시기에 법원을 중립적 역할에 머무르도록 하려 했는데, 이러한 원칙들 자체는 기본적으로 오늘날도 유지된다고 하였다.
⑤ 마지막 문단에서 분쟁을 타협을 통해 해결할 것을 제안하는 견해도 있다고 언급하지만, 이들 견해는 소송의 여러 목적에서 한 면을 집어 주로 강조하는 것일 뿐 민사 소송의 목적이 그 어느 한 가지일 수만은 없다고 하였다.

070

정답 ⑤

반응률(%)	①	②	③	④	⑤
	8.15	11.49	23.45	23.45	33.19

평가요소	6.2 학술 텍스트
세부 평가요소	6.2.2 학술 텍스트 추론하기

보자마자 딱! 풀리는 | 유형 딱풀 전략

1. 선지의 키워드를 먼저 확인
2. 제시문을 읽고 선지에서 언급한 키워드에 대한 내용을 확인하며 소거하는 방식으로 접근

⚠ 주의 내용 일치-불일치 문항과는 달리 제시문을 토대로 내용을 추론하는 것이기 때문에 평소 학습할 때 근거를 바탕으로 생각하는 연습을 하는 것이 필요하다.

정답 해설

⑤ 2문단에서 법적 보호의 국가 독점은 권리를 실현할 수 있는 다른 수단을 국민에게 제공해야 하는 의무가 생기고, 그에 따라 국민은 재판을 요구할 권리가 헌법상 보장된다고 하였다.

오답 해설

① 2문단에서 민사 소송은 국가의 법정에서 권리를 확정하는 판결 절차가 그것을 실현하는 집행 절차로 구성되어 있다고 하였다.
② 2문단에서 민사 소송의 판결 절차에서 법관은 과업에 관하여 사실관계를 확정하고, 거기에 실체법의 규범을 적용한다고 하였다.
③ 마지막 문단에서 민사 소송의 목적으로 법적 평화를 조성하고 유지하는 역할을 강조하는 견해를 소개하면서, 그것이 소송의 여러 목적의 하나로서 강조되는 것이라고 하였다.
④ 4문단에서 법원의 판례가 성문법의 발전에 중요한 영향을 끼치는 것을 간접적인 효과라고 하였다.

071 정답 ④

반응률(%)	①	②	③	④	⑤
	12.67	11.91	14.39	48.05	12.62
평가요소	6.2 학술 텍스트					
세부 평가요소	6.2.3 학술 텍스트 비판하기				

보자마자 딱! 풀리는 | 유형 딱풀 전략

1 선지를 확인하고 어떠한 키워드에 초점을 맞추어 이해해야 할지 파악
2 선지에서 언급된 키워드들을 제시문에서 확인하여 소거하는 방식으로 접근

정답 해설

④ 제시문에 따르면 민사 소송은 실체법 규범을 적용해 권리를 확정하는 절차로, 분쟁 해결보다 실체법 적용을 중시한다. 하지만 조정은 이런 민사 소송의 '단점을 보완'하기 위한 것이 아니라, 분쟁을 상호 양보로 해결하려는 보완적 절차로 소개된다.

오답 해설

① 화해가 민사 소송을 대체하지 못하는 까닭으로 화해가 권리를 확정하려는 것이 아니라 분쟁의 해결에 중점을 두기 때문이라고 하였다.
② 상호 양보를 기초로 하는 화해는 권리자에게 실체법상의 권리 일부를 포기하도록 하는 점이 문제라고 지적하고 있다.
③ 자력 구제의 금지는 국가의 법적 보호 독점을 의미하고 그 때문에 국민에게 소송 제도를 마련해 줄 수밖에 없다고 하였다.
⑤ 의무를 이행하지 않을 수 없도록 소송과 집행 절차가 잘 구비되어 있어, 채무자는 법적 책임을 피할 수 없다고 인식하고 도의에 맞게 의무를 이행하게 된다는 것이 제시문의 취지이다.

072 정답 ④

반응률(%)	①	②	③	④	⑤
	2.46	5.52	11.83	73.19	6.80
평가요소	6.2 학술 텍스트					
세부 평가요소	6.2.1 학술 텍스트 이해하기				

보자마자 딱! 풀리는 | 유형 딱풀 전략

㉠~㉢이 등장하는 부분을 읽을 때 선지를 함께 확인하며 소거하는 방식으로 접근

정답 해설

④ 제시문은 소송을 적극적으로 해결해야 할 사회적 분쟁으로 보고, 타협(조정)을 통한 분쟁 해결도 제시한다고 하였다.

오답 해설

① 자유주의 사상에 입각하여 실질적인 소송 진행을 당사자에게 맡기는 원칙이 오늘날에도 이어진다고 하였다.
② 객관적 민사법 질서의 조성과 유지가 민사 소송의 여러 목적 중 하나라고 설명하였다.
③ 자유주의 사상에서는 소송을 개인적인 사적 분쟁으로 보는 반면, 보수적인 입장에서는 사회의 법질서 확립이라는 공동체적 관점에서 소송을 바라본다.
⑤ 자유주의 사상은 법원의 개입을 최소화하고 중립적 지위를 강조하는 반면, 사회적 측면을 강조하는 입장에서는 소송을 적극적으로 해결해야 할 분쟁으로 본다.

073
정답 ④

반응률(%)	①	②	③	④	⑤
	1.47	1.35	1.87	94.01	1.10

평가요소	6.2 학술 텍스트
세부 평가요소	6.2.1 학술 텍스트 이해하기
출처	• Paul. Hewit/김인묵 옮김(2010), 『수학 없는 물리』(11판), 피어슨에듀케이션코리아, 2010. 12. 29. • 박찬 외(2021), 『새로운 물리학의 세계』(3판), 북스힐, 2021. 9. 5. • David Halliday 외(2021), 『일반물리학』(11판), 텍스트북스, 2021. 3. 15.

보자마자 딱! 풀리는 | 유형 딱풀 전략

1 73~75번 문항은 하나의 지문에 세 문항이 묶인 형태로, 하나의 문항을 풀 때마다 제시문을 읽는 것이 아닌 제시문을 쭉 읽으며 각각의 문항들이 등장할 때마다 하나씩 해결해 나가는 방식으로 접근
  예) 무조건 순서대로 풀기보다는 제시문을 읽으며 먼저 해결할 수 있는 문항부터 풀어나가는 방식으로 접근
2 선지의 키워드를 먼저 확인
3 제시문을 읽고 선지에서 언급한 키워드에 대한 내용을 확인하며 소거하는 방식으로 접근

정답 해설

④ 2문단에 "밀어낸 물의 무게가 배의 무게와 같아질 때 물에 뜬다."라고 설명하고 있으므로 제시문과 어긋나는 내용이다.

오답 해설

① 3문단에서 '물체가 유체 속에 차지한 부피'가 클수록 부력이 크다고 하였으므로 적절한 설명이다.
② 3문단에서 사람의 체지방률과 폐 안의 공기량에 따라 물에 뜨는 정도가 달라진다고 하였으므로 적절한 설명이다.
③, ⑤ 마지막 문단에서 제시되는 열기구의 예시를 통해 확인할 수 있는 내용이다.

074
정답 ⑤

반응률(%)	①	②	③	④	⑤
	1.06	2.97	9.99	3.88	81.95

평가요소	6.2 학술 텍스트
세부 평가요소	6.2.2 학술 텍스트 추론하기

보자마자 딱! 풀리는 | 유형 딱풀 전략

1 선지를 확인하고 '주형 물체의 부력'의 어떠한 요소에 초점을 맞추어 이해해야 할지 파악
  예) 구형 물체의 부력 조건에 대해 묻는 문항이므로 조건에 초점을 맞추어 읽기
2 선지에서 언급된 키워드들을 제시문에서 확인하여 선지를 소거하는 방식으로 접근

정답 해설

⑤ 3문단에서 물체가 유체 속에 잠길 때 작용하는 부력의 크기는 '유체의 밀도 × 물체가 유체 속에 차지한 부피 × 중력 가속도'에 비례한다고 설명하고 있다. 따라서 밀도가 높고, 물체의 크기가 크며, 액체에 완전히 잠긴 경우가 부력이 가장 크다.

오답 해설

① 밀도가 낮고, 지름이 작으며, 부분 잠김 상태이므로 부력이 작다.
② 밀도는 높지만 지름이 작아 부피가 작으므로 부력이 제한된다.
③ 밀도는 높지만 물체가 액체에 완전히 잠기지 않아 부피가 적어지므로 부력이 작다.
④ 지름은 크지만 액체의 밀도가 낮아 부력이 작다.

075
정답 ④

반응률(%)	①	②	③	④	⑤
	2.82	1.45	10.70	68.87	15.91

평가요소	6.2 학술 텍스트
세부 평가요소	6.2.3 학술 텍스트 비판하기

보자마자 딱! 풀리는 | 유형 딱풀 전략

1 〈보기〉를 읽고 제시문에서 언급되었던 키워드들에 체크
2 제시문에서 〈보기〉의 키워드들을 찾아 내용이 일치하는지 확인하여 선지를 소거하는 방법으로 접근

주의 다른 문항들과 달리 제시문을 읽는 과정에서 해결할 수 있는 문제가 아닌, 다 읽은 후 이해를 바탕으로 풀어내야 하는 문항이다. 제시문을 꼼꼼히 읽고 73번, 74번 문항을 풀었다면 〈보기〉에 등장하는 키워드들을 제시문에서 찾아보며 충분히 풀어낼 수 있으므로 겁먹지 말고 키워드를 찾는 것이 중요하다.

정답 해설

ㄱ. 3문단의 "같은 물체를 유체에 넣었을 때, 밀도가 큰 유체일수

록 더 큰 부력이 작용한다."를 통해 물에서 물체가 더 많이 떠 있다는 것은 물 쪽이 더 큰 부력을 제공했다는 뜻이므로, 물이 식용유보다 밀도가 더 높다는 것을 알 수 있다.
- ㄷ. 제시문에 따르면 부력은 유체의 밀도에 따라 달라지므로, 같은 물체라도 부력의 크기는 유체 종류에 따라 달라진다는 것은 적절한 해석이다.

오답 해설

- ㄴ. 물체가 식용유에 더 많이 잠겼다고 해서 부력이 더 크다는 뜻은 아니다. 3문단에서 밀도가 큰 유체일수록 더 큰 부력이 작용한다고 하였으므로, 밀도가 더 낮은 식용유에서 물체에 작용한 부력은 물에서보다 작다고 볼 수 있다.

오답 해설

① '모든 관성계에서 물리 법칙이 동일하다'는 것은 특수 상대성 이론의 첫 번째 전제로, 2문단을 통해 확인할 수 있다.
② 특수 상대성 이론의 핵심 결과 중 하나가 '시간 지연' 현상이며, 이는 정지한 관측자와 빠르게 움직이는 대상 간의 시간 측정 차이를 설명하는 데 쓰이므로 적절한 설명이다.
③ 특수 상대성 이론의 두 번째 전제로 진공에서의 빛의 속도는 관측자나 광원의 운동 상태와 관계없이 항상 일정하다고 하였으므로 적절한 설명이다.
⑤ 2문단의 '길이 수축' 현상에 대한 설명에서 "'정지'와 '운동'의 구분 역시 관측자의 기준에 따라 상대적으로 결정된다."라고 하였으므로 적절한 설명이다.

076 정답 ④

반응률(%)	①	②	③	④	⑤
	6.43	4.93	7.37	77.61	3.34

평가요소	6.2 학술 텍스트
세부 평가요소	6.2.1 학술 텍스트 이해하기
출처	• Paul. Hewit/김인묵 옮김(2010), 『수학 없는 물리』(11판), 피어슨에듀케이션코리아, 2010. 12. 29 • 박찬 외(2021), 『새로운 물리학의 세계』(3판), 북스힐, 2021. 9. 5. • David Halliday 외(2021), 『일반물리학』(11판), 텍스트북스, 2021. 3. 15.

보자마자 딱! 풀리는 | 유형 딱풀 전략

1. 76~78번 문항은 하나의 제시문에 세 문항이 함께 출제되는 문항으로, 제시문을 읽기 전 각각의 문항이 묻고 있는 것이 무엇인지 먼저 확인하여 주의하며 읽어야 할 부분 체크
   예 76번 '제시문에 대한 이해', 77번 '이해를 바탕으로 추론한 내용', 78번 '이해를 바탕으로 탐구한 내용'
2. 내용 일치-불일치를 묻는 문항으로, 선지를 먼저 확인하여 유의하며 읽어야 할 키워드들을 먼저 확인
3. 제시문을 읽으며 선지를 소거하는 방식으로 접근

정답 해설

④ 마지막 문단에서 "특수 상대성 이론은 등속도 운동에만 적용되며, 가속 운동이나 중력에 의한 시공간 변화는 설명하지 못한다."라고 명시되어 있다. 따라서 중력이나 가속도 운동까지 포괄적으로 설명하지 못한다는 점에서 적절하지 않은 설명이다.

077 정답 ⑤

반응률(%)	①	②	③	④	⑤
	17.53	5.28	7.27	10.51	59.10

평가요소	6.2 학술 텍스트
세부 평가요소	6.2.2 학술 텍스트 추론하기

보자마자 딱! 풀리는 | 유형 딱풀 전략

'㉠쌍둥이 역설'에 대한 내용이 등장하는 부분을 읽을 때 선지를 함께 확인하며 소거하는 방식으로 접근

정답 해설

⑤ '쌍둥이 역설'은 특수 상대성 이론의 '시간 지연' 현상을 설명하기 위한 사고실험이다. 2문단의 "이러한 시간 지연은 '쌍둥이 역설'과 같은 사고실험을 통해 널리 알려져 있으며"라는 부분을 통해 확인할 수 있으며, 이 내용은 이론적 모형으로서의 의미를 갖는다. 따라서 실제로 관련 실험을 수행한 사례는 확인할 수 없으므로 적절하지 않은 설명이다.

오답 해설

① 우주에서 빠르게 이동한 쌍둥이의 시간이 더 느리게 흐른다는 내용은 '시간 지연' 현상의 대표적 결과이므로 적절한 설명이다.
② '시간 지연'을 설명하기 위해 고안된 사고실험이라는 설명은 2문단을 통해 확인할 수 있는 내용이므로 적절한 설명이다.
③ '쌍둥이 역설'은 특수 상대성 이론의 시간 개념을 설명하는 데 활용되고 있으므로 적절한 설명이다.
④ '쌍둥이 역설'은 사고실험으로서 '시간 지연' 현상을 보여 주는 대표적 예시이기 때문에 '극단적인 시간 지연 효과의 예시'라는 설명은 적절하다.

078 정답 ②

반응률(%)	①	②	③	④	⑤
	4.96	72.60	14.66	4.74	2.70

평가요소	6.2 학술 텍스트
세부 평가요소	6.2.3 학술 텍스트 비판하기

보자마자 딱! 풀리는 | 유형 딱풀 전략

1. 〈보기〉를 읽고 제시문에서 언급되었던 키워드들에 체크
2. 제시문에서 〈보기〉의 키워드들을 찾아 내용이 일치하는지 확인하여 선지를 소거하는 방법으로 접근

정답 해설

(가) '시간 지연' 현상에 따르면, 특수 상대성 이론에서 빠르게 움직이는 물체의 시계는 시간이 "느리게" 흐른다.
(나) '길이 수축' 현상에 따르면, 특수 상대성 이론에서 빠르게 운동하는 물체는 운동 방향을 따라 측정되는 길이가 정지 상태보다 "짧게" 측정된다.

079 정답 ⑤

반응률(%)	①	②	③	④	⑤
	9.75	18.27	9.40	9.40	52.84

평가요소	6.2 학술 텍스트
세부 평가요소	6.2.1 학술 텍스트 이해하기
출처	최훈(2015), 『라플라스의 악마, 철학을 묻다』, 뿌리와이파리, 346~351쪽

보자마자 딱! 풀리는 | 유형 딱풀 전략

1. 79~82번 문항은 하나의 제시문에 네 문항이 함께 출제되는 문항으로, 제시문을 읽기 전 각각의 문항이 묻고 있는 것이 무엇인지 먼저 확인하여 주의하며 읽어야 할 부분 체크
   예 79번 '제시문에 대한 이해', 80번 '이해를 바탕으로 추론한 내용', 81번 '적절한 사례', 82번 '제시문에 대한 비판'
2. 제시문을 읽기 전 선지를 통해 어떠한 요소에 초점을 맞추어 이해해야 할지 파악
   예 내용 일치-불일치를 묻는 문항
3. 선지에서 언급된 키워드들을 제시문에서 확인하여 선지를 소거하는 방식으로 접근

정답 해설

⑤ 5문단에서 "그리고 우리는 이제 페일리 시대와 달리 둥그런 돌이 바닷물에 씻겨 생겼다는 것을 아는 것처럼 다윈의 진화론을 통해 인간의 눈이 어떻게 해서 생겼는지 안다."라고 하였다.

오답 해설

① 4문단의 "설계 논증은 시계와 인간의 눈이 비슷하다는 점에 착안한 유비 논증이다."에서 설계 논증은 유비 논증에 의존하고 있다는 것을 알 수 있다.
② 마지막 문단의 "더 중요하게는 신의 설계는 완벽하지 못하고 허점이 많기에 지적이지 못하다."에서 인간의 눈을 예로 들어 진화는 꼭 완벽한 결과로 이어지지 않음을 말하고 있다.
③ 4문단의 "유비 논증은 그 유사성이라고 본 것이 사실은 사소한 유사성이거나 유사한 점 외에 더 중요한 차이점이 있는데도 못 봤을 때는 실패하고 만다."에서 사소한 유사성에 근거하는 유비 논증은 실패한다는 것을 알 수 있다.
④ 3문단의 "이러한 신 존재 증명을 '설계 논증'이라고 부른다."에서 설계 논증은 신이 존재한다는 것을 입증하는 논증임을 알 수 있다.

080 정답 ④

반응률(%)	①	②	③	④	⑤
	6.56	3.49	7.10	78.03	4.59

평가요소	6.2 학술 텍스트
세부 평가요소	6.2.2 학술텍스트 추론하기

정답 해설

④ 신은 그 목적을 부여하는 존재일 수는 있지만, 수동적인 존재는 아니다.

오답 해설

① 마지막 문단에서 설계 논증을 비판하면서 "신은 이 세상을 만든 다음에 더 이상 세상에 관여하지 않고 사라져 버려도 상관이 없다."고 말한다. 여기서 설계자는 '영원하다'는 속성이 있어야 함을 알 수 있다.
② 마지막 문단에서 설계 논증을 비판하면서 "유일한 신이 아니라 여러 신일 수도 있다."라고 말한다. 여기서 설계자는 '유일하다'는 속성이 있어야 함을 알 수 있다.
③ 3문단에서 "수많은 부품이 움직이는 시계를 설계하기 위해서는 상당히 지적이어야" 한다고 말하는데, 여기서 설계자는 '지적이다'는 속성이 있어야 함을 알 수 있다.

⑤ 마지막 문단에서 설계 논증을 비판하면서 "그 설계자는 신처럼 초자연적 존재가 아닐 수도 있고"라고 하였으므로 설계자는 '초자연적이다'는 속성이 있어야 함을 알 수 있다.

081 정답 ①

반응률(%)	①	②	③	④	⑤
	75.99	8.35	4.08	7.61	3.51
평가요소	6.2 학술 텍스트				
세부 평가요소	6.2.2 학술텍스트 추론하기				

보자마자 딱! 풀리는 | 유형 딱풀 전략

1 선지를 먼저 확인하여 비유하고 있는 대상들의 특징을 파악
2 ㉡의 사례에서 선지에서 제시하고 있는 대상이 어떻게 적용되고 있는지 확인하며 선지를 소거하는 방식으로 접근

❗주의 사례 문항은 기준점을 먼저 잡는 것이 중요하다. 사례에서 선지에서 제시한 내용들을 어떻게 다루고 있는지 생각하고 선지를 판단해야 한다.

정답 해설

① 2문단의 "인간의 눈은 복잡하다는 점에서 시계와 가깝다. ~ 각막, 홍채, 시신경, 망막 등으로 복잡하게 구성되어 있다.", 4문단의 "설계 논증은 시계와 인간의 눈이 비슷하다는 점에 착안한 유비 논증이다."를 통해, 시계는 '눈'을 비유하고 구성 요소(시계의 부품)는 각막, 홍채 등을 비유함을 알 수 있다. 또한 4문단에서 "시계를 설계한 사람이 있으니까 인간의 눈도 누군가가 설계했을 것이라고 추론"한다고 했으므로, 설계자는 신을 비유함을 알 수 있다.

082 정답 ②

반응률(%)	①	②	③	④	⑤
	14.80	33.64	14.88	8.30	27.79
평가요소	6.2 학술 텍스트				
세부 평가요소	6.2.3 학술 텍스트 비판하기				

보자마자 딱! 풀리는 | 유형 딱풀 전략

1 필자가 '설계 논증'에 대해 어떠한 입장을 취하고 있는지 파악
2 파악한 내용을 바탕으로 선지를 소거하는 방식으로 접근

정답 해설

② 4문단에서 "시계는 누군가가 만든 것을 우리가 본 적이 있거나 들어서 알지만, 인간의 눈은 누군가가 만든 것을 본 적이 없다는 점이 그것이다."라고 말한다. 인간의 눈을 만든 설계자가 있기는 하지만 발견된 적이 없다는 것이 아니라 아예 본 적이 없다고 말하는 것이다.

오답 해설

① 마지막 문단에서 "설령 설계 논증이 옳다고 하더라도 신의 존재를 증명하지 못한다."라고 말하므로, 누군가가 설계했다고 했는데 그런 존재는 없다는 평가는 적절하다.
③ 마지막 문단에서 "신의 설계는 완벽하지 못하고 허점이 많기에 지적이지 못하다."라고 말하므로, 설계자가 그리 지적이지 못하다는 평가는 적절하다.
④ 마지막 문단에서 "유일한 신이 아니라 여러 신일 수도 있다."라고 하였으므로, 설계한 존재가 여러 명일 수 있다는 평가는 적절하다.
⑤ 마지막 문단에서 "설령 설계 논증이 옳다고 하더라도 신의 존재를 증명하지 못한다."라고 하였고, 4문단에서 "시계는 누군가가 만든 것을 우리가 본 적이 있거나 들어서 알지만, 인간의 눈은 누군가가 만든 것을 본 적이 없다는 점이 그것이다."라고 하였으므로, 설계한 존재가 없다는 평가는 적절하다.

083 정답 ③

반응률(%)	①	②	③	④	⑤
	0.25	0.69	97.03	0.98	0.76
평가요소	6.3 실용 텍스트				
세부 평가요소	6.3.1 실용 텍스트 이해하기				
출처	성균관대학교, 2025학년도 학생 건강검진 안내문				

보자마자 딱! 풀리는 | 유형 딱풀 전략

선지를 먼저 확인하여 제시문에서 선지의 키워드를 찾아 소거하는 방식으로 접근

❗주의 실용 텍스트의 경우 대부분 단순히 내용 일치-불일치를 묻는 문항이므로, 선지를 하나씩 차분히 비교하면서 푸는 연습이 필요하다.

정답 해설

③ '6. 기타 사항'에 '검사 전 8시간 금식'이라고 안내되어 있으므로 적절한 설명이다.

오답 해설

① '1. 대상자'에 '졸업생, 수료생은 미포함'이라고 명시되어 있다.
② '5. 지참물'에 '검진비는 무료'라고 명시되어 있다.
④ '6. 기타 사항'에 '2030 국가 무료 건강검진을 받은 경우 학생 건강검진 신청이 불필요하다'고 안내되어 있다.
⑤ '3. 기본 건강검진 항목'에 심전도 검사와 위내시경 검사는 포함되어 있지 않다.

084 정답 ②

반응률(%)	①	②	③	④	⑤
	0.29	96.96	0.88	0.93	0.61
평가요소	6.3 실용 텍스트				
세부 평가요소	6.3.2 실용 텍스트 추론하기				

정답 해설

② '(2) 문진표 작성/건강검진'에 따르면 검진 희망일 확정 후, 검진 1주 전에 병원에서 발송한 문자/알림톡을 확인하고 사전 문진표를 작성해야 한다고 안내하고 있다. 검진 당일에 문진표를 작성하는 것이 아니라 사전에 작성해야 하므로 이 반응은 적절하지 않다.

오답 해설

① '(1) 학내 포털 신청'에 따르면 건강검진 신청은 학내 포털을 통해 진행해야 하므로, 포털에 로그인하여 신청하는 것은 적절하다.
③ '(1) 학내 포털 신청'에 따르면 검진 관련 정보는 문자/알림톡으로 발송되므로, 연락 가능한 연락처를 확인해야 한다.
④ '(2) 문진표 작성/건강검진'에서 예약 일정 변경은 병원 콜센터를 통해서만 가능하다고 안내하고 있다.
⑤ '(3) 결과 확인'에 따르면 검진 결과는 개별 통보되며, 건강센터에서 상담이 가능하다고 안내하고 있다.

085 정답 ②

반응률(%)	①	②	③	④	⑤
	1.15	89.39	2.31	4.91	1.92
평가요소	6.3 실용 텍스트				
세부 평가요소	6.3.1 실용 텍스트 이해하기				
출처	박민경, "잠 못드는 중년 ⋯ 또 다른 고통 '수면장애'[건강하십니까]", KBS 뉴스9, 2025. 4. 26. (https://news.kbs.co.kr/news/pc/view/view.do?ncd=8238660)				

보자마자 딱! 풀리는 | 유형 딱풀 전략

선지를 먼저 확인하여 제시문에서 선지의 키워드를 찾아 소거하는 방식으로 접근

❗주의 실용 텍스트의 경우 대부분 단순히 내용 일치-불일치를 묻는 문항이므로, 선지를 하나씩 차분히 비교하면서 푸는 연습이 필요하다.

정답 해설

② 장면 2에는 수면검사를 받는 환자의 모습이 등장하지만, 이는 불면증 치료 절차를 구체적으로 안내하려는 목적이라기보다는 환자의 고통과 검사의 현장감 전달에 초점이 맞춰져 있으므로 적절하지 않은 설명이다.

오답 해설

① 장면 1에서는 '잠 못 드는 중년', '수면장애' 등 핵심어를 자막으로 제시하여 보도 주제를 시각적으로 강조하고, 시청자가 내용을 쉽게 예측할 수 있도록 구성되어 있으므로 적절한 설명이다.
③ 장면 3에서는 막대그래프 형태의 통계 자료를 통해 수면장애 환자의 증가 추세를 시각적으로 보여 주고 있으며, 이는 문제의 심각성을 환기하는 데 효과적으로 사용되었으므로 적절한 설명이다.
④ 장면 4에는 익명 인터뷰 방식의 실제 음성 발언이 삽입되어 있으며, 이는 음주가 수면에 일시적인 도움이 될 수는 있어도 오히려 음주량의 증가로 이어져 수면장애에 대한 근본적 해결이 아님을 드러내고 있으므로 적절한 설명이다.
⑤ 장면 5에서는 전문가의 인터뷰를 자막으로 제시함으로써 수면장애의 해결 방안으로 약물 치료, 햇볕 쬐기, 규칙적인 생활 등 실천 가능한 방법이 설득력 있게 전달되고 있으므로 적절한 설명이다.

086 정답 ⑤

반응률(%)	①	②	③	④	⑤
	0.27	3.17	4.27	1.37	90.52
평가요소	6.3 실용 텍스트				
세부 평가요소	6.3.3 실용 텍스트 비판하기				

보자마자 딱! 풀리는 | 유형 딱풀 전략

선지를 먼저 확인하여 제시문에서 선지의 키워드를 찾아 소거하는 방식으로 접근

정답 해설

⑤ 시청자 5는 보도를 통해 새로운 사실을 알게 되었다고는 하고 있으나 개인적 반성을 하고 있지는 않으므로 적절하지 않은 내용이다.

오답 해설

① 시청자 1은 수면 부족이 치매나 심혈관 질환으로 이어질 수 있다는 보도 내용을 계기로 보도에 나오지 않은 의학적 정보를 스스로 찾아보는 태도를 보이고 있다. 이는 보도 내용을 확장적으로 이해하려는 반응으로 볼 수 있으므로 적절한 내용이다.
② 시청자 2는 자신의 가족 경험을 떠올리며, 보도에 나온 수면검사 장면을 통해 불면증의 장기적 고통에 공감하고, 검사와 관리의 필요성을 인식하고 있으므로 적절한 내용이다.
③ 시청자 3은 불면증 해결에 대한 약물 중심의 접근에 문제의식을 갖고, 부작용에 대한 우려를 바탕으로 관련 대안 등 추가적인 정보를 요구하고 있으므로 적절한 내용이다.
④ 시청자 4는 보도에서 중장년층 여성의 수면장애 비율이 높다는 정보에 주목하는 한편, 다른 연령층과 비교한 시각 자료가 부족했다는 점을 지적하고 있으므로 적절한 내용이다.

087 정답 ⑤

반응률(%)	①	②	③	④	⑤
	0.69	0.81	1.94	3.00	93.03
평가요소	6.3 실용 텍스트				
세부 평가요소	6.3.2 실용 텍스트 추론하기				

정답 해설

⑤ '개선될 수 있습니다'는 가능성을 나타내는 표현이므로, 특정 행동을 반드시 실천하도록 요구하는 명령 표현과는 거리가 멀다.

오답 해설

① '왜 이들의 밤은 늘 환하게 밝아야 할까요?'는 반문형 의문문으로, 시청자의 관심을 유도하는 효과적인 표현이므로 적절한 설명이다.
② '잠을 이루지 못하고 몸을 뒤척이는 60대 여성입니다'는 현재형 서술로, 현장성과 몰입감을 높이는 역할을 하고 있으므로 적절한 설명이다.
③ '그러나'는 대조의 의미를 지닌 접속부사로, 술을 마시면 잠에 들 것이라는 앞의 기대와 수면의 질 저하라는 실제 결과 사이의 반전을 연결하는 기능을 하고 있으므로 적절한 설명이다.
④ '반 병 먹던 게 한 병으로 늘어나고, 한 병 반으로 늘어나고' 같은 유사한 표현의 반복은 점진적으로 음주 습관이 악화되는 모습을 보여 주고 있으므로 적절한 설명이다.

088 정답 ①

반응률(%)	①	②	③	④	⑤
	92.49	0.91	1.67	2.60	1.84
평가요소	6.3 실용 텍스트				
세부 평가요소	6.3.1 실용 텍스트 이해하기				
출처	서울시 누리집, "서울시 대학생 놀이돌봄 인턴십 참여자 모집 공고"				

보자마자 딱! 풀리는 | 유형 딱풀 전략

선지를 먼저 확인하여 제시문에서 선지의 키워드를 찾아 소거하는 방식으로 접근

주의 실용 텍스트의 경우 대부분 단순히 내용 일치-불일치를 묻는 문항이므로 선지를 하나씩 차분히 비교하면서 푸는 연습이 필요하다.

정답 해설

① '3. 모집 인원'에서 "7월 활동 50명, 8월 활동 50명(기간 선택, 중복 지원 가능)"이라고 명시되어 있으므로, 7월과 8월 활동에 모두 지원할 수 있다.

오답 해설

② 신청은 이메일이 아닌 서울시 누리집의 지원 시스템을 통해 등록해야 한다.
③ 서울 소재 대학교 졸업생도 지원 가능하며, 29세 이하의 조건만 충족하면 된다.
④ 서류 심사를 통과해도 추첨을 통해 100명이 최종 선발되므로 모두 선발되는 것은 아니다.

⑤ 근무지는 대학생이 직접 선택하는 것이 아니라, 희망 지역과 거주지를 종합적으로 고려하여 주최 측에서 배치한다.

089 정답 ③

반응률(%)	①	②	③	④	⑤
	0.49	3.31	94.01	1.33	0.44
평가요소	6.3 실용 텍스트				
세부 평가요소	6.3.3 실용 텍스트 비판하기				

보자마자 딱! 풀리는 | 유형 딱풀 전략

1. 각 선지의 키워드 먼저 확인
2. 키워드에 해당하는 내용을 제시문에서 찾아 선지를 하나씩 제거하는 방식으로 접근

주의 실용 텍스트와 같이 내용 일치가 중심이 되는 파트는 선지 하나하나에 차분하게 대입해서 푸는 과정에서 명확하게 틀렸다고 생각하는 선지를 한 번 더 따져봐서 확실히 틀렸다면 답을 택하고 나머지 선지를 버리고 넘어가는 것도 시간 단축을 하는 요령이 될 수 있다.

정답 해설

③ '8. 근로 임금'에서 교통비는 월 55,000원으로 명시되어 있으므로, 2개월 근무 시 교통비는 총 110,000원을 지원받는다.

오답 해설

① 활동은 여름 방학 기간에 진행되므로 학기 중 수업에 지장을 주지 않는다.
② 7월 또는 8월 활동 중 기간을 선택할 수 있다.
④ 아동 관련 전공자는 우대 대상으로 명시되어 있으므로 유아 교육과 학생은 유리하다고 볼 수 있다.
⑤ 최종 선발자와 근무 배치 모두 개별 문자로 안내되므로, 연락처를 정확히 기재해야 한다.

090 정답 ②

반응률(%)	①	②	③	④	⑤
	6.19	79.40	1.35	2.28	10.21
평가요소	6.3 실용 텍스트				
세부 평가요소	6.3.2 실용 텍스트 추론하기				

보자마자 딱! 풀리는 | 유형 딱풀 전략

1. 이미 제시된 내용은 아닌지 확인
2. 제시문과 상관 없는 내용을 다루고 있지는 않은지 확인

정답 해설

② 제시문에서는 "아동 관련 전공 우대"라고만 명시되어 있고, 어떤 전공이 포함되는지는 구체적으로 제시되지 않았다. 이는 지원자의 판단에 혼란을 줄 수 있으므로 '유아교육, 아동학, 아동심리' 등 아동 관련 전공의 구체적인 예시가 제시될 필요가 있다.

오답 해설

① 시간당 급여(11,779원)와 교통비(월 55,000원)가 이미 명시되어 있으므로 추가로 제시될 필요가 없다.
③ 서울시 누리집의 다른 모집 공고는 본 인턴십 정보와는 직접 관련이 없으므로 추가로 제시될 필요가 없다.
④ 유사 프로그램 비교 정보는 본 공고의 안내 목적과 관련이 없으므로 추가로 제시될 필요가 없다.
⑤ 이전 인턴십 참여자의 만족도 조사 결과는 보조적 자료로는 가능하나, 공고에 꼭 필요한 정보는 아니므로 추가로 제시되어야 할 정보로 적절하지 않다.

영역별 접근 전략

국어 문화   091~100번

국어 문화 영역은 배경 지식이 필요한 91~93번을 제외한다면 유추하여 풀 수 있는 문항들이 많습니다. 읽기만 한다면 풀 수 있는 문항들이 있음에도 구성상 마지막에 배치되어 있어 항상 정답률이 높지 않은 영역인데, 매회 출제되는 『훈민정음(해례본)』, 북한어, 수어, 점자 등은 미리 학습하여 듣기·말하기 영역 풀이 종료 후 바로 넘어와 짧은 시간 안에 먼저 해결하고 다른 영역들에 접근하는 등 영역별로 자신의 강점과 약점을 파악하고 풀이 순서를 구성하는 전략이 필요합니다.

091

정답 ②

반응률(%)	①	②	③	④	⑤
	6.80	58.83	5.99	24.58	3.22
평가요소	7.2 국문학				
세부 평가요소	7.2.2 한국 고전문학				
출처	고창균 외(2019), 『해법문학 고전시가』, 천재교육				

보자마자 딱! 풀리는 | 유형 딱풀 전략

91~93번 문항은 보통 문학 작품과 작가를 묻는 문항으로 고난도 문항으로 고정

주의 평소에 문학 작품–작가–간단한 줄거리, 이렇게 3개의 축으로 공부를 해나가면 되고, 특히 한 작가의 주요 작품들을 같이 공부하면 좋다. 또한 기출문제에 나왔던 작가들, 작품들이 반복해서 출제되기도 하니 나왔던 작가, 작품은 공부의 최우선순위로 두어야 한다.

정답 해설

② 「강호사시가」는 조선 세종 때 맹사성이 지은 최초의 연시조로, 자연과 함께하는 전원생활의 즐거움과 여유를 나타낸 강호가도의 선구적 작품이다.

오답 해설

① 「어부가」는 『악장가사』에 실린 고려 속요로, 칠언 절구 형식을 사용하여 어부의 생활을 읊은 작품이며, 12장으로 구성되어 있다.

③ 「고산구곡가」는 이이의 작품으로 고산의 아홉 계곡을 유람하며 느낀 자연의 아름다움과 학문의 즐거움을 나타낸 작품으로, 유유자적한 풍류보다는 경물 감상을 통한 심미적·도학적 성찰이 중심이다.

④ 「도산십이곡」은 이황이 도산서당에서 제자들을 가르치며 지은 연작 가사로, 자연 속에서 학문 수양에 대한 의지를 노래한 작품이다.

⑤ 「한거십팔곡」은 권호문이 지은 가사로, 자연 속 은거 생활을 통해 유교적 삶의 실천과 안빈낙도의 가치를 노래하였다.

092

정답 ③

반응률(%)	①	②	③	④	⑤
	4.15	1.82	35.82	11.69	45.94
평가요소	7.2 국문학				
세부 평가요소	7.2.3 한국 현대문학				
출처	김윤식(2014), 『한국현대문학사』, 현대문학				

정답 해설

③ 〈보기〉에서 설명하는 작품은 김승옥의 「무진기행」이다. 작품 속 '나'는 일상적이고 세속적인 서울을 잠시 떠나 과거의 추억이 서린 '무진'이라는 공간에서 순수함과 자아를 회복하고자 한다. 그러나 끝내 현실로 돌아오면서 무진을 떠나 타협한 자신에게 부끄러움과 자기모순을 느끼게 된다.

오답 해설

① 김동리의 「역마」는 '역마살'이라는 운명적 요소를 통해 떠돌 수밖에 없는 인간의 삶을 그린 작품으로, 운명에 순응하거나 고통 속에서도 삶을 지속하는 인물들의 태도가 중심이 된다.

② 이문구의 「관촌수필」은 산업화와 근대화 속에서 해체되어 가는 전통 농촌 공동체에 대한 회고와 애정을 담은 작품으로, 사라지는 고향에 대한 아쉬움과 시대의 변화에 대한 복합적 감정이 드러난다.

④ 황석영의 「삼포 가는 길」은 도시와 산업 사회의 주변부에 놓인 인물들이 '삼포'라는 이상향을 향해 가는 여정을 통해 현대인의 소외, 고독, 인간애, 그리고 희망을 탐색하는 내용이다.

⑤ 김승옥의 「서울, 1964년 겨울」은 무명 씨, '나', 안 해본 일을 찾는 사내 세 인물을 등장시켜 서울이라는 대도시의 차가운 풍경 속에서 이들이 느끼는 고독, 소외, 무력감을 섬세하게 그린 작품이다.

093

정답 ②

반응률(%)	①	②	③	④	⑤
	18.46	44.91	17.14	9.01	9.85

평가요소	7.2 국문학
세부 평가요소	7.2.3 한국 현대문학
출처	한국민족문화대백과사전, '유치환'

정답 해설

② 유치환은 1931년 『문예월간』을 통해 시 문단에 등장하였으며, 「깃발」 등의 작품을 통해 남성적 어조로 생명에 대한 강인한 의지를 노래하였다.

오답 해설

① 신석정은 1931년 『시문학』지에 시를 발표하여 그 잡지의 동인이 되면서부터 본격적인 작품 활동을 전개하였다.
③ 이상화는 1922년 『백조』에 「나의 침실로」를 발표하면서 문단 활동을 시작하였으며, 「빼앗긴 들에도 봄은 오는가」 등을 통해 피압박 민족의 비애와 일제에 대한 강력한 저항의식을 다루었다.
④ 이육사는 1930년 『조선일보』에 시 「말」을 발표하며 문단에 처음 등장하였으며, 이후 「청포도」, 「절정」, 「광야」 등을 통해 일제 강점기의 민족 저항 정신을 상징적으로 표현한 대표적인 저항 시인이다.
⑤ 한용운은 「님의 침묵」 등을 통해 일제 강점기의 저항 정신뿐 아니라 사랑, 불교 사상, 자아 성찰을 상징적으로 표현한 시인이다.

094

정답 ⑤

반응률(%)	①	②	③	④	⑤
	39.82	3.93	9.80	3.83	41.86

평가요소	7.3 매체와 국어 생활
세부 평가요소	7.3.1 국어 생활
출처	『매일신보』, 1922. 1. 3.

보자마자 딱! 풀리는 | 유형 딱풀 전략

선지를 먼저 확인하여 제시문에서 선지의 키워드를 찾아 소거하는 방식으로 접근

❗주의 표현이 다소 어색하게 느껴질 수 있지만, 쓰여져 있는대로 발음을 해보면 어떠한 의미인지 어느 정도 유추가 된다. 선지에서 묻는 것은 내용 일치–불일치 수준의 내용들이기 때문에 차분히 푼다면 어렵지 않다.

정답 해설

⑤ "정월 하로놀 밤은 일긔가 다른 날보다 밍렬히 치워져셔 챠고 챤 믜운 바람은 ᄉ람의 쌤을 갈겨 ᄂ이ᄂ 그 치운 밤"에서 정월 초하룻날은 찬 바람이 부는 추운 날씨였을 뿐 강한 비바람이 불었다는 것은 확인할 수 없다.

오답 해설

① "활동사진관 단셩ᄉ(團成社)에도 대단 만원이 되야 취미진진ᄒᆞᆫ 것은 말홀 것 업시 박수갈치가 우레갓흔 즁에 이번브터 ᄉ진이 더욱 참신하며"를 통해 단성사에서는 새롭게 상영된 영화가 큰 호응을 얻었음을 알 수 있다.
② "구파 연극 광무대(光武臺)에도 상당히 관긱이 만허셔 륙빅여 명이 모힌 즁에 셩황을 일우엇고"를 통해, 광무대에는 600여 명 이상의 관객이 모여 성황을 이루었음을 알 수 있다.
③ "남녀 관긱이 됴수 밀니듯 하야", "관주들도 모다 깃븐 빗이 얼골에 넘치엿더라"를 통해 남녀 관객이 몰렸고 극장 운영자들이 기뻐하는 모습을 보였음을 알 수 있다.
④ "우미관(優美館) 기타 황금관 대정관 그 외에도 만원이 되야"를 통해, 우미관, 황금관, 대정관 등 주요 극장들도 만원사례를 기록했음을 알 수 있다.

095

정답 ④

반응률(%)	①	②	③	④	⑤
	9.70	15.05	20.50	52.39	1.72

평가요소	7.3 매체와 국어 생활
세부 평가요소	7.3.1 국어 생활
출처	김진영 외 편저(2003), 『흥부전 전집』 3, 박이정

보자마자 딱! 풀리는 | 유형 딱풀 전략

선지에서 ㉠~㉤의 의미로 제시된 내용을 〈보기〉에 대입해 보는 방식으로 접근

정답 해설

④ ㉣'로즈'는 '노자(路資)'로, '먼 길을 떠나 오가는 데 드는 비용'을 의미한다. '집안 살림에 드는 비용'은 '가계비'의 의미이다.

오답 해설

① ㉠'읏지'는 '어찌'로, '동작의 강도나 상태의 정도가 대단하게.'의 의미이다.
② ㉡'별안간'은 '갑작스럽고 아주 짧은 동안.'의 의미이다.

③ ⓒ'리방님'은 '이방(吏房)님'으로, '이방'은 '조선 시대에, 각 지방 관아의 이방(吏房)에 속하여 인사·비서(祕書) 따위에 관한 일을 맡아보던 구실아치'의 의미이다.
⑤ ⓜ'둘너ᄎ고'는 '둘러차고'로, '둘러차다'는 '몸에 둘러 매달려 있게 하다.'의 의미이다.

096   정답 ⑤

반응률(%)	①	②	③	④	⑤
	8.47	16.25	9.23	5.99	59.22
평가요소	7.1 국어학				
세부 평가요소	7.1.4 국어사				
출처	김민수(1958), 『주해훈민정음』, 통문관				

보자마자 딱! 풀리는 | 유형 딱풀 전략

선지에서 ㉠~㉤에 대한 설명으로 제시된 내용을 제시문에 대입해보는 방식으로 접근

❗주의 『훈민정음』 서문인 해례본은 자주 출제되는만큼 한 번만 완벽하게 공부해두면 쉽게 맞출 수 있다. 3줄 가량밖에 되지 않기 때문에 완벽하게 공부해두는 것이 좋다.

정답 해설

⑤ '수ᄫㅣ'는 '쉬이'를 거쳐 현대 국어 표기는 '쉽게'가 된다. 현대 국어에서 'ㅸ(순경음 비읍)'이 사라진 것은 맞지만 '수ᄫㅣ'는 '쉬이'가 되므로 된소리되기 현상이 나타난 것은 아니다. 'ㅸ'이 소멸되면서 'ㅗ/ㅜ'로 원순 모음화되는 불규칙 활용의 결과로 '쉬이'가 된 것이다.

오답 해설

① '니르고져'의 현대 국어 표기는 '이르고자'이다. 현대 국어에서는 'ㅣ' 계열 모음 앞에 오는 'ㄴ'이 탈락하는 두음 법칙 현상이 나타난다.
② '배'의 현대 국어 표기는 '바가'이다. 주격 조사는 중세 국어에서는 '이', 'ㅣ', 'ø'의 세 가지 형태로 나타났으나, 현대 국어에서는 모음으로 끝나는 체언 뒤에는 '가', 자음으로 끝나는 체언 뒤에는 '이'의 두 가지 형태로 나타난다.
③ 'ᄠᅳ들'의 현대 국어 표기는 '뜻을'이다. 현대 국어에서는 어두 자음군 표기가 사라지고 된소리 표기로 바뀌어 나타난다.
④ '펴디'의 현대 국어 표기는 '펴지'이다. 현대 국어에서는 'ㅣ' 계열 모음 앞에 오는 'ㄷ'이 'ㅈ'으로 변하는 구개음화 현상이 나타난다.

097   정답 ⑤

반응률(%)	①	②	③	④	⑤
	1.40	2.77	3.29	17.28	74.64
평가요소	7.1 국어학				
세부 평가요소	7.1.4 국어사				
출처	국어사정위원회(2010), 『조선말규범집』, 사회과학원 출판사				

보자마자 딱! 풀리는 | 유형 딱풀 전략

〈보기〉에 제시된 내용을 선지에 적용하는 방식으로 접근

❗주의 북한의 조선말 규범집을 외워야만 풀 수 있는 문항이 아니니 겁먹지 말고 차근차근 접근해 보면 된다.

정답 해설

⑤ '편안하다'에서 '편안하-'와 '-지'가 결합하면 (남)과 (북) 모두 '편안치'가 된다.

오답 해설

①, ③ '넉넉하다'에서 '넉넉하-'와 '-지'가 결합하면 (남)에서는 '넉넉지', (북)에서는 '넉넉치'가 된다.
② '섭섭하다'에서 '섭섭하-'와 '-지'가 결합하면 (남)에서는 '섭섭지'가 된다.
④ 흔히 '서슴지' 꼴로 쓰이는 단어의 기본형은 '서슴하다'가 아닌 '서슴다'이므로, '서슴-'에 '-지'가 결합하면 (남)과 (북) 모두 '서슴지'가 된다.

098   정답 ⑤

반응률(%)	①	②	③	④	⑤
	6.19	10.46	4.27	3.09	75.15
평가요소	7.3 매체와 국어 생활				
세부 평가요소	7.3.1 국어 생활				
출처	국립국어원(2020), 『한글 점자 규정 해설』				

보자마자 딱! 풀리는 | 유형 딱풀 전략

〈보기〉에 제시된 내용을 선지에 적용하는 방식으로 접근

정답 해설

⑤ '중앙'은 첫소리 자리에 쓰이는 'ㅇ'은 표기하지 않으므로 'ㅈ', 'ㅜ', 'ㅇ', 'ㅏ', 'ㅇ'으로 표기한 ⠨⠬⠶⠣⠶ 이 옳은 표기이다.

오답 해설

① '야유'는 'ㅇ'이 첫소리 자리에 쓰일 때에는 표기하지 않으므로 'ㅑ', 'ㅠ'로 표기되어야 한다.
② '포용'은 'ㅍ', 'ㅗ', 'ㅛ', 'ㅇ'으로 표기되어야 하며, 'ㅇ'은 받침으로 쓸 때는 ⠿로 적어야 한다.
③ '아버지'는 'ㅇ'이 첫소리 자리에 쓰일 때에는 표기하지 않으므로 'ㅏ', 'ㅂ', 'ㅓ', 'ㅈ', 'ㅣ'로 표기되어야 한다.
④ '우거지'는 'ㅇ'이 첫소리 자리에 쓰일 때에는 표기하지 않으므로 'ㅜ', 'ㄱ', 'ㅓ', 'ㅈ', 'ㅣ'로 표기되어야 한다.

099   정답 ⑤

반응률(%)	①	②	③	④	⑤
	1.08	2.21	18.86	4.49	72.58
평가요소	7.3 매체와 국어 생활				
세부 평가요소	7.3.1 국어 생활				

보자마자 딱! 풀리는 | 유형 딱풀 전략

〈보기〉를 살펴보면 어휘의 뜻을 모르더라도 선지의 내용을 유추할 수 있기 때문에 〈보기〉의 내용과 선지를 비교해가며 접근

정답 해설

⑤ '계리'는 '회계 처리'를 뜻하는 일본식 용어이므로 '계리하여야'는 '회계 처리하여야'로 바꾸어 쓰는 것이 적절하다.

100   정답 ②

반응률(%)	①	②	③	④	⑤
	1.42	75.74	3.41	9.08	9.48
평가요소	7.3 매체와 국어 생활				
세부 평가요소	7.3.2 매체 언어의 탐구				
출처	유지원의 밤을 잊은 그대에게, KBS 2Radio, 2023. 8. 22.				

보자마자 딱! 풀리는 | 유형 딱풀 전략

1 선지의 키워드 먼저 확인
2 선지에서 언급한 〈보기〉의 내용 및 표현 방식 등을 선지와 함께 확인하며 소거하는 방식으로 접근

❗주의
선지에서 〈보기〉의 '내용'과 관련한 부분도 묻고 더불어 내용을 전달하는 '방식'도 물어보기 때문에 선지를 꼼꼼하게 판단하는 것이 중요하다.

정답 해설

② 라디오 방송에서 '다음에 나올 이야기를 미리 안내하는 담화 표지'는 나타나 있지 않다. 라디오 진행자는 인생의 고난을 이겨 내면 성장할 것이라는 교훈을 씨 글라스에 비유하며 이야기를 전달하고 있으며, 오프닝 음악 이후에 청취자의 반응을 전달하고 있을 뿐이다.

오답 해설

① '초록', '주황', '분홍', '갈색' 등 다양한 색채 어휘를 사용하였으며, '동글동글', '빛나는' 등 시각적 이미지를 활용하여 생생하게 장면을 전달하고 있다.
③ '간투사'는 '감탄사'를 의미하는 말로, '어, 음, 네'와 같이 특별한 의미를 나타내지 않는 간투사를 사용하고 있다.
④ '노래가 나오셨습니다.', '100원이세요.'에서 청취자를 향한 과도한 예의 표현으로 높임의 대상이 아닌 '노래'와 '100원'을 높이는 잘못된 높임 표현을 사용하고 있다.
⑤ '저는 ○○○입니다.', '나오셨습니다'에서 격식체를 사용하고 있고, '많다고 해요', '문자를 보내 주셨네요'에서 비격식체를 사용하고 있으므로 격식체와 비격식체를 혼용하여 공적인 라디오 방송에서 청취자와의 친근감을 드러내고 있다.

제84회 | 정답 및 자가 진단표

♦ '빠른 정답 확인표'로 채점 후 진단표에 맞은 문제, 틀린 문제를 ○, ×로 체크해 보세요.
♦ 문항별 정답률을 확인하고 한 번 더 봐야 할 문제들에 체크하세요.
♦ 문항당 1점으로 총점을 계산하고 다음 페이지에 제시된 '환산점수(100점 만점)'를 참고하여 나의 예상 등급을 확인하세요.

빠른 정답 확인표

001	002	003	004	005	006	007	008	009	010
④	⑤	③	④	⑤	⑤	①	②	③	④
011	012	013	014	015	016	017	018	019	020
④	⑤	⑤	④	③	②	②	④	⑤	②
021	022	023	024	025	026	027	028	029	030
①	⑤	③	④	①	②	⑤	⑤	③	③
031	032	033	034	035	036	037	038	039	040
②	③	②	⑤	⑤	③	①	③	①	③
041	042	043	044	045	046	047	048	049	050
②	③	②	④	⑤	②	①	④	②	③
051	052	053	054	055	056	057	058	059	060
④	③	⑤	③	②	②	⑤	②	⑤	⑤
061	062	063	064	065	066	067	068	069	070
③	⑤	⑤	③	④	⑤	②	④	②	①
071	072	073	074	075	076	077	078	079	080
①	②	③	④	②	④	③	②	⑤	④
081	082	083	084	085	086	087	088	089	090
①	⑤	②	②	④	③	③	①	④	④
091	092	093	094	095	096	097	098	099	100
④	④	⑤	①	②	①	④	③	②	①

🔷 자가 진단표

문항번호	영역	세부 평가 요소	정답률(%)	O, X	다시 볼 문제
001	듣기·말하기	설명(그림)	62.68		✓
002		스토리텔링	86.07		✓
003		설명(강연)	95.07		
004		설명(라디오 방송)	96.34		
005		낭독	91.76		
006		공적 대화	99.49		
007		공적 대화	86.53		
008		사적 대화	93.01		
009		사적 대화	72.88		
010		설명(강연)	98.09		
011		설명(강연)	87.54		
012		발표	95.81		
013		발표	43.34		
014		협상과 중재	81.39		
015		협상과 중재	85.87		
016	어휘	고유어의 사전적 의미	66.70		
017		한자어의 사전적 의미	44.03		
018		고유어의 문맥적 의미	47.43		
019		한자어의 문맥적 의미	52.49		
020		한자어의 문맥적 의미	62.10		
021		혼동하기 쉬운 어휘의 구별	40.04		
022		다의어와 동음이의어	57.24		
023		어휘의 관계(상하 관계)	95.65		
024		고유어와 한자어	96.42		
025		어휘의 관계(유의 관계)	56.76		
026		속담	41.79		
027		고사성어/사자성어	79.92		
028		관용 표현	91.89		
029		한자어의 순화	10.73		
030		외래어의 순화	95.91		
031	어법	소리에 관한 것	22.98		
032		형태에 관한 것	51.86		
033		형태에 관한 것	30.02		
034		띄어쓰기	35.49		
035		그 밖의 것	63.65		
036		문장 부호	14.64		
037		발음 변화에 따른 표준어	2.92		
038		어휘 선택 변화에 따른 표준어	8.36		
039		표준 발음법	40.67		
040		외래어의 표기	69.09		
041		국어의 로마자 표기	37.95		
042		어법에 맞는 표현(한글 맞춤법)	42.22		
043		어법에 맞는 표현(높임법)	75.06		
044		어법에 맞는 표현(중복 표현)	72.32		
045		번역 투 표현	74.20		
046	쓰기	계획하기	93.98		
047		자료의 활용	87.39		
048		개요 작성	95.91		
049		미시적 점검	98.07		
050		거시적 점검	98.27		

번호	영역	내용	점수		
051	창안	유비추론을 활용한 내용 생성	96.82		
052		유비추론을 활용한 내용 생성	96.03		
053		조건에 맞는 내용 생성	99.24		
054		구체적 그림을 활용한 내용 생성	92.93		
055		시각 리터러시	98.75		
056		유비추론을 활용한 내용 생성	96.06		
057		구체적 그림을 활용한 내용 생성	93.47		
058		구체적 그림을 활용한 내용 생성	78.65		
059		유비추론을 활용한 내용 생성	89.65		
060		유비추론을 활용한 내용 생성	68.56		
061	읽기	문학 텍스트 이해하기	81.06		
062		문학 텍스트 비판하기	95.40		
063		문학 텍스트 이해하기	82.36		
064		문학 텍스트 추론하기	53.28		
065		문학 텍스트 비판하기	88.33		
066		학술 텍스트 이해하기	72.60		
067		학술 텍스트 추론하기	66.75		
068		학술 텍스트 비판하기	77.63		
069		학술 텍스트 이해하기	47.84		
070		학술 텍스트 추론하기	75.11		
071		학술 텍스트 비판하기	50.56		
072		학술 텍스트 이해하기	58.24		
073		학술 텍스트 이해하기	43.80		
074		학술 텍스트 추론하기	78.52		
075		학술 텍스트 비판하기	62.13		
076		학술 텍스트 이해하기	52.16		
077		학술 텍스트 추론하기	44.53		
078		학술 텍스트 비판하기	32.41		
079		학술 텍스트 이해하기	74.10		
080		학술 텍스트 추론하기	38.15		
081		학술 텍스트 추론하기	69.04		
082		학술 텍스트 비판하기	79.23		
083		실용 텍스트 이해하기	94.92		
084		실용 텍스트 추론하기	94.36		
085		실용 텍스트 이해하기	89.17		
086		실용 텍스트 비판하기	95.25		
087		실용 텍스트 추론하기	75.65		
088		실용 텍스트 이해하기	88.31		
089		실용 텍스트 비판하기	78.14		
090		실용 텍스트 추론하기	45.45		
091	국어 문화	한국 고전문학(작품)	38.10		
092		한국 현대문학(작품)	88.69		
093		한국 현대문학(작가)	21.66		
094		국어 생활	88.51		
095		국어 생활	71.28		
096		국어사	22.67		
097		국어사	70.03		
098		국어 생활	86.81		
099		국어 생활	27.28		
100		매체 언어의 탐구	83.81		
		총점			점

제84회 | 시험 분석 및 평가

◆ 등급 현황

자격등급	환산점수(990점 만점)	환산점수(100점 만점)	응시자수(명)	취득자수(명)	합격률(%)
1급	830~990	92.2점		44	1.12
2+급	758~845	81.0점		119	3.02
2-급	735~800	77.4점		260	6.61
3+급	675~750	71.8점	3,934	609	15.48
3-급	625~690	66.5점		579	14.72
4+급	535~640	59.4점		1,049	26.56
4-급	465~550	51.0점		465	11.82
무급	10~480	24.7점		813	20.67

※ 100점 만점 기준 환산점수는 시대에듀에서 실제 시험의 등급별 환산점수 구간의 평균값을 바탕으로 임의로 산정한 참고용 수치입니다. 실제 KBS한국어능력시험 등급부여 시스템과는 차이가 있으며 현재 자신의 실력을 가늠하고 취약 영역을 보완하는 용도로만 활용하시기 바랍니다.

♦ 2025년 4월 20일(일) 3,934명이 응시한 제84회 KBS한국어능력시험의 원점수 평균은 100점 만점에 69.15점, 표준편차는 9.65로 크지 않아 전반적으로 난도가 약간 높은 편으로 출제되었습니다.

♦ 3급 이상 취득자의 합격률 또한 40.95로 변별력 있게 출제되었으며 난도 자체가 쉬운 시험은 아니기에 3급 이상 취득을 위해서는 전략적인 학습이 필요합니다.

◆ 영역별 평균점수 & 예상 등급

자격등급	평균점수	내 점수	총점	예상 등급
문법 영역 (16~45번)	15.72점 (30점 만점)			
이해 영역 (1~6번, 8번, 10번, 12번, 14번, 61~90번)	29.84점 (40점 만점)			
표현 영역 (7번, 9번, 11번, 13번, 15번, 46~50번)	8.50점 (10점 만점)			
창안 영역 (51~60번)	9.10점 (10점 만점)			
국어 문화 영역 (91~100번)	5.99점 (10점 만점)			

♦ 제84회 KBS한국어능력시험의 영역별 평균점수를 살펴보면, 문법 영역이 15.72점(30점 만점), 이해 영역이 29.84점(40점 만점), 표현 영역이 8.50점(10점 만점), 창안 영역이 9.10점(10점 만점), 국어 문화 영역이 5.99점(10점 만점)이었습니다. 앞서 분석한 바와 같이 3급 이상을 취득하기 위해서는 체계적인 학습이 필요하며, 평균 점수가 낮은 문법 영역(어휘/어법)에서 변별력을 가지고 가는 전략이 필요합니다.

◆ 총평

제84회 시험은 전반적으로 이전 회차들과 유사한 출제 유형과 난도를 보였으나, 어휘, 어법 영역에서 일부 문항의 난도가 크게 상승하여 높은 오답률을 기록했습니다. 읽기 영역에서는 학술 텍스트의 정보량이 많아 독해 난도가 증가한 점이 특징적이었습니다. 학술 텍스트는 내용 암기하기보다 독해 연습이 중요하므로, 평소 정보량이 많은 지문을 활용해 다양한 독해 전략을 익히는 것이 필요합니다.

제84회 | 정답과 해설

영역별 접근 전략

듣기·말하기 　　　　　　　　**001~015번**

듣기·말하기 영역은 음성이 시작되기 전에 문제와 선지를 먼저 확인하세요. 아무 준비 없이 음성을 듣고 문제를 푸는 것보다 음성의 어느 부분에 초점을 맞추어 들어야 하는지 문제를 통해 미리 방향성을 잡고, 선지를 통해 주요 키워드를 확인해 두면 음성이 시작됨과 동시에 문제를 풀 수 있습니다. 듣기·말하기 영역은 음성이 끝나기 전, 혹은 끝난 직후 바로 다음 문제로 넘어간다는 생각으로 훈련해야 시간을 단축할 수 있습니다.

001　　　　　　　　　　　　　　정답 ④

반응률(%)	①	②	③	④	⑤
	1.22	3.53	2.52	62.68	29.99

평가요소	1.1 담화의 유형별 화법 전략
세부 평가요소	1.1.1 설명
출처	"「이인숙의 옛 그림 예찬」 숙종시대 화원, '팔준도첩' 중 '응상백(凝霜白)'", 매일신문, 2021. 2. 22. (https://www.imaeil.com/page/view/2021021612553928459)

보자마자 딱! 풀리는 | 유형 딱풀 전략

1. 선지를 먼저 살펴보면서 각 선지의 주요 키워드에 체크
2. 설명을 들으며 체크한 키워드가 언급될 때마다 해당 선지와 설명을 비교하면서 정답 찾기

듣기 대본

1번. 먼저 그림에 대한 설명을 들려 드립니다.

　지금 보시는 그림은 숙종이 도화서 화원에게 명하여 그리게 한 태조 이성계의 여덟 마리 말 그림인 '팔준도첩' 중 '응상백'입니다. 팔준은 이성계가 왕이 되기 전에 탔던 여덟 마리의 말인데, 그중 '응상백'은 제주산 말로 서리가 엉긴 것처럼 흰 백마여서 이런 이름이 붙여졌습니다. 이성계가 강화도 위화도에서 '회군' 할 때 탔다는 말이 바로 이 응상백이라고 합니다.
　'팔준도첩'은 모두 풀밭을 배경으로 말을 화면에 꽉 차게 크게 그렸고 말 그림의 전통에 따라 대부분 옆모습입니다. 화법은 구륵전채법(鉤勒塡彩法)이라고 해서 짙은 윤곽선으로 형태를 그리고 채색으로 형태를 채우는 기법인데 흰 호분 물감의 농도를 조절해 입체감을 줍니다. 팔준도의 말들은 비범하고 건강한 자태를 자랑하지만 전쟁터를 누비던 용맹한 군마의 이미지와는 다소 거리가 있는 우아한 모습입니다. 그것은 태조의 공업을 칭송하려는 목적에 맞게 명마의 이상적 모습을 나타내려 했다는 점과 주문자인 숙종의 취향에 맞추어진 화원 화풍의 산물이라는 점 때문일 것입니다. 그런 중에도 이 '응상백'은 준마의 용위와 더욱 거리가 있는데 고개를 늘어뜨리고 터벅터벅 어딘가로 가고 있는 모습은 회군의 고뇌를 투영시킨 것일지도 모르겠습니다. 위화도 회군으로부터 국가의 구조가 바뀌는 거대한 변화가 비롯되었지만 고려의 신하로서 '불충'의 고뇌가 없을 수 없었을 것입니다.

정답 해설

④ '팔준도첩'은 단순한 말 그림이 아니라 태조 이성계의 공적을 기리기 위해 제작되었으며, 숙종의 미적 취향이 반영되어 용맹한 군마의 이미지보다 우아하고 이상적인 명마의 모습이 강조되었다. 이에서 '팔준도첩'에는 단순한 기록화를 넘어 정치적 의미가 내포되어 있음을 알 수 있다.

오답 해설

① '팔준도첩'은 태조 이성계가 아니라 조선 숙종이 도화서 화원에게 명하여 제작한 그림이다. 또한, 그림 속 말들은 용맹한 군마의 역동성을 강조하기보다 우아하고 이상적인 명마의 모습을 묘사했다.
② '응상백'은 위화도 회군 당시 이성계가 탔던 말로 전해지지만, 그림 속 모습은 용맹한 기운을 강조한 것이 아니라 고개를 늘어뜨리고 터벅터벅 걷는 듯한 모습으로 묘사되었다. 이는 위화도 회군을 앞둔 이성계의 고뇌를 투영한 것으로 해석된다.
③ 구륵전채법은 짙은 윤곽선을 사용한 후 채색을 덧입혀 형태를 채우는 기법이다. 따라서 '윤곽선 없이 색의 번짐 효과를 활용했다'는 설명은 잘못되었다.
⑤ '응상백'의 고개를 늘어뜨린 모습은 고려 왕조의 쇠퇴를 안타까워하는 마음을 표현한 것이 아니라, 위화도 회군을 앞둔 이성계의 고뇌를 투영한 것으로 해석된다.

002

정답 ⑤

반응률(%)	①	②	③	④	⑤
	4.32	5.41	2.41	1.68	86.07

평가요소	1.2 공감적 소통
세부 평가요소	1.2.1 스토리텔링
출처	테드 창/김상훈 역(2020), 『당신 인생의 이야기』, 도서출판 엘리

보자마자 딱! 풀리는 | 유형 딱풀 전략

1. 선지를 먼저 살펴보면서 각 선지의 주요 키워드에 체크
2. 설명을 들으며 체크한 키워드가 언급될 때마다 해당 선지와 설명을 비교하면서 정답 찾기

듣기 대본

2번. 이번에는 이야기를 들려 드립니다.

나는 어떤 외계 생명체와의 의사소통을 연구하며 그들의 언어를 배우게 되었다. 그 외계의 언어는 우리가 사용하는 언어와 근본적으로 달랐다. 그들은 시간을 선형적으로 인식하지 않고, 마치 과거와 미래를 동시에 바라보는 것처럼 말했다. 나는 처음에는 그들의 문장을 해석하는 것이 어려웠지만, 점차 익숙해지면서 언어를 받아들이는 방식이 변화하기 시작했다. 이전까지 나는 시간을 과거에서 미래로 흐르는 것으로만 생각했지만, 외계의 언어를 배우면서 미래 역시 이미 정해져 있으며, 현재와 연결되어 있다는 느낌을 받았다. 그리고 어느 순간부터는 나 자신도 과거와 미래를 동시에 인식하기 시작했다.

정답 해설

⑤ 언어를 배우면서 화자의 사고방식이 변화하는 과정이 이야기의 핵심이다. 처음에는 시간을 선형적으로 인식했지만, 외계 생명체의 언어를 습득하면서 미래와 현재가 연결되어 있다는 새로운 사고방식을 받아들이게 된다. 이는 언어가 단순한 의사소통 수단이 아니라, 사람의 사고방식과 인식에도 영향을 미친다는 점을 강조하는 내용이다.

오답 해설

① 외계 생명체의 언어를 배우는 과정이 나오지만, 이 이야기가 강조하는 것은 '사고방식의 변화'이다.
② 물리적인 시간과 언어의 시간 표현이 다를 수 있다는 것을 외계 생명체와의 의사소통을 연구하며 느낀 것이기 때문에 적절하지 않다.
③ 외계의 언어는 우리가 사용하는 언어와 근본적으로 다르다고 설명하고 있으므로 적절하지 않다.
④ 이야기에서는 외계 생명체의 언어를 배우는 과정이 나오지만 언어를 배우면서 사고방식이 변화하는 것을 중심으로 다루고 있으며, 외계 생명체와의 소통을 위한 내용은 다루고 있지 않다.

003

정답 ③

반응률(%)	①	②	③	④	⑤
	0.48	1.22	95.07	2.64	0.53

평가요소	1.1 담화의 유형별 화법 전략
세부 평가요소	1.1.1 설명
출처	"'티끌 모아' 다음에 올 말, 생성형 AI는 알고 있다[인공지능 오디세이]", 시사인, 2024. 8. 22.

보자마자 딱! 풀리는 | 유형 딱풀 전략

1. 선지를 먼저 살펴보면서 각 선지의 주요 키워드에 체크
2. 설명을 들으며 체크한 키워드가 언급될 때마다 해당 선지와 설명을 비교하면서 정답 찾기

주의 듣기 영역에서는 '내용 일치-불일치' 문항이 어렵게 느껴질 수 있다. 음성이 나오기 전에 선지를 빠르게 확인하여 대략적인 키워드들을 파악해 두는 것이 좋다.

듣기 대본

3번. 이번에는 강연을 들려 드립니다.

여러분, 안녕하세요! 오늘은 언어 모델이 어떻게 발전해 왔는지 이야기해 보려고 합니다. 언어 모델은 컴퓨터가 인간의 언어를 이해하고 생성할 수 있도록 돕는 기술입니다. 이런 기술 덕분에 음성 비서, 자동 번역, 텍스트 자동 완성 같은 서비스가 가능해진 것이죠. 하지만 처음부터 이렇게 똑똑했던 것은 아닙니다.

1980년대 이전, 언어 모델은 문법 규칙을 직접 입력하는 규칙 기반 모델을 사용했습니다. 하지만 언어는 단순한 규칙으로 설명하기 어려워 이 방식에는 한계가 있었습니다. 1990년대 들어 통계적 방법이 도입되면서, 대량의 텍스트 데이터를 분석해 문장에서 어떤 단어가 자주 등장하는지를 계산하는 방식이 사용되었습니다. 이는 인간이 언어를 배울 때 주변의 말을 듣고 자연스럽게 익히는 과정과 비슷했습니다.

그리고 2000년대 이후, 신경망(Neural Network) 기반 모델이 등장하면서 AI는 비약적으로 발전했습니다. 이 모델은 빈칸 채우기 방식으로 학습하며 비로소 문맥을 이해하고, 나아가 문장을 생성할 수 있는 능력을 갖추게 되었습니다. 이렇게 발전한 언어 모델이 바로 우리가 사용하는 생성형 AI의 핵심 기술입니다.

이미 AI는 감정을 이해하고, 창의적인 글을 쓰며, 특정 분야에서 전문가처럼 정보를 제공할 수 있는 수준까지 도달하고 있습니다. 이제 중요한 것은 이 강력한 기술을 우리가 어떻게 활용할 것인지입니다.

정답 해설

③ 강연에서는 1990년대 들어 통계적 방법이 도입되면서 문장에서 어떤 단어가 자주 등장하는지를 계산적으로 분석하는 방식이 사용되었다고 설명했지만, 이를 통해 곧바로 문맥을 완벽히 이해할 수 있는 수준에 도달했다고 하지는 않았다. 문맥을 이해하는 능력은 2000년대 이후 신경망 기반 모델이 등장하면서 더욱 발전한 부분이라고 하였으므로, ③은 강연의 내용에 대한 이해로 적절하지 않다.

오답 해설

① 언어 모델이 인간의 언어를 이해하고 생성할 수 있도록 돕는 기술이라는 점이 명확히 언급되었다.
② 1980년대 이전에는 규칙 기반 모델이 사용되었으나 언어를 단순한 규칙으로 설명하는 것에 한계가 있었다고 하였다.
④ 신경망 기반 모델이 빈칸 채우기 방식으로 학습하며 문맥을 이해하는 능력을 갖추게 되었다고 하였다.
⑤ AI가 창의적인 글을 쓰고 전문가처럼 정보를 제공할 수 있는 수준까지 도달했다고 하였다.

004

정답 ④

반응률(%)	①	②	③	④	⑤
	0.20	0.18	0.20	96.34	3.05

평가요소	1.1 담화의 유형별 화법 전략
세부 평가요소	1.1.1 설명
출처	• 한완규, "쇼팽의 Op. 10 No. 1 in C Major "Waterfall"", 한국클래식음악신문, 2024. 9. 24. (http://www.classicnews.co.kr/news/306127) • 음악: https://www.youtube.com/watch?v=JRgQgr4-at8

보자마자 딱! 풀리는 | 유형 딱풀 전략

1. 선지를 먼저 살펴보면서 각 선지의 주요 키워드에 체크
2. 설명을 들으며 체크한 키워드가 언급될 때마다 해당 선지와 설명을 비교하면서 정답 찾기

주의 듣기 영역에서는 '내용 일치-불일치' 문항이 어렵게 느껴질 수 있다. 음성이 나오기 전에 선지를 빠르게 확인하여 대략적인 키워드들을 파악해 두는 것이 좋다.

듣기 대본

4번. 이번에는 라디오 방송의 일부를 들려드립니다.

안녕하세요, 클래식 음악을 사랑하는 청취자 여러분. 오늘은 쇼팽의 에튀드 중에서도 기교와 예술성이 절묘하게 결합된 작품 일명 '폭포'에 대해 이야기해 보겠습니다.

이 곡은 쇼팽이 1830년에서 1832년 사이에 작곡한 작품으로, 그의 첫 번째 에튀드 세트의 시작을 장식하는 곡입니다. 쇼팽은 당시 발전하던 피아노의 기교적 가능성을 탐구하면서, 연주자들이 단순한 기교 연습이 아닌 음악적 해석과 감정을 담아낼 수 있도록 이 곡을 작곡했습니다. 이 곡의 별칭이 '폭포'인 이유도 바로 이 아르페지오의 흐름이 마치 폭포수가 쏟아지는 듯한 느낌을 주기 때문입니다.

이 작품은 쇼팽과 리스트와의 교류 속에서도 중요한 의미를 가지고 있습니다. 쇼팽과 리스트는 서로의 연주 스타일과 작곡 기법에 많은 영향을 주고받았습니다. 한편, 이 곡이 작곡된 시기는 쇼팽에게도 중요한 전환점이었습니다. 당시 폴란드에서 11월 혁명이 발생하며 쇼팽은 고향을 떠나 파리로 이주하게 되는데요. 그의 음악에는 조국을 떠난 슬픔과 정서가 간접적으로 반영되었다고 평가되기도 합니다. 이러한 배경 속에서 탄생한 '폭포'는 피아노 연주 기술을 확장하는 동시에 감정적인 깊이까지 담아낸 작품으로, 지금까지도 많은 연주자들이 도전하는 곡으로 남아 있습니다.

정답 해설

④ 쇼팽이 11월 혁명 이후 파리로 이주한 사실이 언급되었으나, "그의 음악에는 조국을 떠난 슬픔과 정서가 간접적으로 반영되었다고 평가되기도 합니다."라고 하였으므로 이 곡을 통해 조국의 혼란한 상황을 직접적으로 표현하고자 했다는 내용은 적절하지 않다.

오답 해설

① '폭포'는 1830년에서 1832년 사이에 작곡되었으며, 쇼팽의 첫 번째 에튀드 세트의 시작을 장식하는 곡이라고 설명하고 있다.

② '폭포'라는 별칭이 붙은 이유에 대해 아르페지오의 흐름이 폭포수가 쏟아지는 듯한 느낌을 주기 때문이라고 설명하고 있다.
③ 쇼팽과 리스트는 서로의 연주 스타일과 작곡 기법에 많은 영향을 주고받았다고 설명하고 있다.
⑤ '폭포'는 단순한 기교적 연습곡이 아니라 음악적 해석과 감정을 담아낼 수 있도록 작곡되었다고 설명하고 있다.

005 정답 ⑤

반응률(%)	①	②	③	④	⑤
	1.45	1.68	1.42	3.63	91.76
평가요소	1.2 공감적 소통				
세부 평가요소	1.2.2 낭독				
출처	허영자(1971), 「씨앗을 받으며」, 『친전』, 문원사				

보자마자 딱! 풀리는 | 유형 딱풀 전략

1 선지를 먼저 살펴보면서 어떤 주제들을 다루고 있는지 확인
2 먼저 확인한 주제 중 해당되는 내용이 있는지에 집중하며 듣기

주의 낭독만을 듣고 문제를 풀기보다는 선지를 통해 주제들을 먼저 파악하여 대입해 보는 방식으로 접근하는 것이 좋다.

듣기 대본

5번. 이번에는 시 한 편을 들려 드립니다.

가을 뜨락에
씨앗을 받으려니
두 손이 송구하다
모진 비바람에 부대끼며
머언 세월을 살아오신
반백(斑白)의 어머니, 가을 초목이여
나는
바쁘게 바쁘게
거리를 헤매고도

아무
얻은 것 없이
꺼멓게 때만 묻어 돌아왔는데

저리
알차고 여문 황금빛 생명을
당신은 마련하셨네
가을 뜨락에
젊음이 역사한 씨앗을 받으려니
도무지
두 손이 염치없다

정답 해설

⑤ 이 시에는 가을날 초목의 씨앗을 받으며 자신은 아무런 결실을 맺은 것이 없음을 부끄러워하는 화자의 모습이 드러나 있다. 초목은 모진 비바람을 견디며 가을날 씨앗이라는 결실을 맺었지만, 자신은 세상을 바쁘게 살면서 아무런 결실도 맺지 못한 채 오히려 때만 묻어 돌아왔음을 반성하고 있는 화자의 모습을 표현하고 있다.

오답 해설

① 절망적인 현실에 대한 극복 의지는 나타나 있지 않다.
② 소외된 존재들에 대해 느끼는 연민은 나타나 있지 않다.
③ 현대의 물질 만능주의에 대한 내용은 드러나 있지 않다.
④ 사랑하는 이와의 이별에 대한 내용은 드러나 있지 않다.

006 정답 ⑤

반응률(%)	①	②	③	④	⑤
	0.05	0.08	0.03	0.33	99.49
평가요소	1.1 담화의 유형별 화법 전략				
세부 평가요소	1.1.3 공적 대화				
출처	"청소년에게 '더 위험한' 소셜미디어", 유레카 2025년 3월호, 17~46쪽				

보자마자 딱! 풀리는 | 유형 딱풀 전략

1 각각의 문항에서 묻는 내용을 먼저 체크하여 어떠한 곳에 초점을 맞추어 들어야 할지를 파악
  예) 6번에서는 '전문가의 설명', 7번에서는 '진행자의 말하기 전략'
2 전문가가 등장하는 부분에서 선지와 함께 음성을 들으며 선지를 하나씩 소거하는 방식으로 접근

> **주의** 6번부터는 하나의 음성에 두 개의 문항이 구성된다. 음성이 끝나면 별도의 시간 없이 바로 다음 문항의 음성이 재생되므로 음성이 끝남과 동시에 두 문항을 모두 풀어야 한다. 이에 각 문항에서 묻는 것이 무엇인지를 먼저 확인한 후, 집중하여 들어야 할 요소들을 먼저 파악하고 접근하는 것이 효율적이다.

듣기 대본

이번에는 진행자와 전문가의 대담을 들려 드립니다. 6번은 듣기 문항, 7번은 말하기 문항입니다.

진행자: 우리는 하루 종일 스마트폰을 들고 삽니다. 대부분의 생활이 SNS를 통해 소통되고 있는 세상이지만 SNS가 청소년들에게는 성인보다 훨씬 더 위험하다고 합니다. 오늘은 전문가를 모시고 'SNS가 청소년에게 미치는 악영향에 대해 이야기를 나누어 보도록 하겠습니다. SNS가 청소년들에게 더 위험한 이유는 무엇인가요?

전문가: 반복적으로 하는 중독적 행위는 뇌의 전두엽에 영향을 미쳐서 집중력과 이해력, 기억력을 퇴화시킵니다. 전두엽은 사춘기 무렵 완성되는데, 이때 SNS에 의존할 경우 전두엽이 제대로 성숙하지 못하고, 어른이 되어도 정상으로 되돌리기 어렵기 때문에 문제가 매우 심각합니다.

진행자: 청소년의 뇌가 성인의 뇌에 비해 중독에 취약한가요?

전문가: 네 맞습니다. 뇌 속 자극 신호가 전달되는 현상에서 필요한 자극의 세기는 나이에 영향을 받습니다. 성인보다 청소년의 뇌는 작은 자극에도 민감하게 반응합니다. 따라서 청소년은 성인보다 자극을 추구하고 보상에 매달리는 중독 행동을 할 위험성이 높습니다.

진행자: SNS가 청소년의 정신 건강에 미치는 악영향은 어떤가요?

전문가: 청소년들은 SNS를 보며 자신의 삶과 비교함으로써 자신이 초라해 보이고, 점점 자존감이 낮아지게 됩니다. 이는 우울과 불안으로 이어지기 쉽습니다. 이 외에도 과소비에 빠지거나, 지나치게 마른 몸을 동경해 무작정 굶는 일도 많습니다.

진행자: 정말 걱정이네요. 이렇듯 SNS가 청소년의 성장에 악영향을 미치고 있다는 점 때문에 청소년의 SNS 사용에 대한 규제가 필요하다는 목소리가 나오는데, 이에 대해서는 어떻게 생각하시나요?

전문가: 일정 수준의 보호 장치는 반드시 있어야 하지만 강압적인 규제나 전면 금지는 더 큰 유혹을 부를 수 있으므로, 미디어 리터러시 교육을 통해 SNS 유해 콘텐츠를 비판적으로 수용하는 힘도 함께 길러주는 것이 어떨까 생각합니다. SNS 운영사는 청소년을 보호하기 위해서 자체적으로 검열을 강화해야 하고, 뿐만 아니라 학교·사회·가정 모든 영역에서 어른의 노력이 필수적입니다.

정답 해설

⑤ "전두엽은 사춘기 무렵 완성되는데, 이때 SNS에 의존할 경우 전두엽이 제대로 성숙하지 못하고, 어른이 되어도 정상으로 되돌리기 어렵기 때문에 문제가 매우 심각합니다."라고 언급하고 있다.

오답 해설

① 미디어 리터러시 교육을 통해 유해 콘텐츠를 비판적으로 수용하는 힘도 함께 길러주는 것이 어떨까 생각합니다."라고 언급하고 있으므로 적절한 설명이다.
② "자극의 세기는 나이에 영향을 받습니다. 성인보다 청소년의 뇌는 작은 자극에도 민감하게 반응합니다."라고 언급하고 있으므로 적절한 설명이다.
③ "청소년들은 SNS를 보며 자신의 삶과 비교함으로써 자신이 초라해 보이고, 점점 자존감이 낮아지게 됩니다. 이는 우울과 불안으로 이어지기 쉽습니다."라고 언급하고 있으므로 적절한 설명이다.
④ "SNS 운영사는 청소년을 보호하기 위해서 자체적으로 검열을 강화해야 하고, 뿐만 아니라 학교·사회·가정 모든 영역에서 어른의 노력이 필수적입니다."라고 언급하고 있으므로 적절한 설명이다.

007　　　　　　　　　　　　　　　　정답 ①

반응률(%)	①	②	③	④	⑤
	86.53	0.66	1.17	1.30	10.29

평가요소	1.1 담화의 유형별 화법 전략
세부 평가요소	1.1.3 공적 대화

정답 해설

① SNS에 대한 용어 정의를 하고 있지 않다.

오답 해설

② SNS가 청소년의 정신 건강에 미치는 악영향에 대한 전문가의

설명을 듣고 "정말 걱정이네요."라며 청소년 정신 건강에 대한 우려를 표현하고 있다.
③ 마지막 질문에서 "청소년의 SNS 사용에 대한 규제가 필요하다는 목소리가 나오는데, 이에 대해서는 어떻게 생각하시나요?"라며 청소년 SNS 규제 대책에 대해 전문가의 의견을 구하고 있다.
④ 첫 번째 질문에서 SNS가 성인보다 청소년들에게 더 위험함을 언급하며 "SNS가 청소년들에게 더 위험한 이유는 무엇인가요?"라며 이유에 대해 질문하고 있다.
⑤ "우리는 하루 종일 스마트폰을 들고 삽니다."라며 공감할 수 있는 내용을 언급하여 주제에 대한 관심을 불러일으키고 있다.

008 정답 ②

반응률(%)	①	②	③	④	⑤
	5.01	93.01	1.14	0.15	0.56

평가요소	1.1 담화의 유형별 화법 전략
세부 평가요소	1.1.4 사적 대화
출처	"의사 요한"(11화), SBS, 2019. 8. 23. https://www.youtube.com/watch?v=MPOLZIJe9Y8

보자마자 딱! 풀리는 | 유형 딱풀 전략

1. 각각의 문항에서 묻는 내용을 먼저 체크하여 어떠한 곳에 초점을 맞추어 들어야 할지를 파악
   예) 8번에서는 '대화의 핵심 내용', 9번에서는 '등장인물의 말하기 방식'
2. 선지를 보고 어떤 인물이 등장하는지 파악
   예) 등장인물들을 구분할 수 있는 특징을 파악: 등장인물의 수, 성별, 직급 등
3. 인물들이 등장할 때 등장인물에 해당하는 선지를 함께 확인하며 틀린 선지 소거

❗주의 선지로 어떤 인물들이 등장하는지 먼저 확인한 후 해당 인물들이 등장할 때 집중하여 듣고 두 문항을 동시에 푸는 전략이 필요하다.

듣기 대본

8번. 다음은 대화의 일부분을 들려 드립니다. 8번은 듣기 문항, 9번은 말하기 문항입니다.

여자: 교수님께서 생각하는 의사의 역할은 뭡니까?
남자: 환자에게 가장 이로운 것이 무엇인지 판단하는 게 의사의 역할이라고 생각합니다.
여자: 생명에 이로운 결정이라... 거기에 안락사도 포함되는 거고요?
남자: 물론입니다.
여자: 죽음도 생명에 이로울 수 있다고 지금 말씀하시는 겁니까?
남자: 때로는 죽음이라는 결정도 생명에 이로울 수 있는 시대입니다.
여자: 당신 말대로 생사의 경계가 흔들리는 지금 같은 시기에 누군가한테 그 결정권을 쥐어 준다면, 그 결정권은 곧 권력이 되고, 권력은 이내 부패하고 남용되고 맙니다. 사람들의 목숨 줄을 손에 쥔 채로요. 그리고 그렇게 한 번 희생되어 죽은 생명은 절대 되돌아올 수가 없습니다.
남자: 생명에 이로운 결정이 항상 죽음인 것은 아닙니다. 다만 생과 사의 경계에서 환자에게 가장 이로운 것이 무엇인지 마지막까지 최선을 다해 고민하고 결정할 뿐입니다.
여자: 그 결정이 옳은지 아닌지는 법의 테두리 안에서 판단받을 일입니다.
남자: 모두를 만족시킬 수 있는 법은 없습니다. 모두를 만족시킬 수 있는 의료도 없듯이 법도 의료도 그 시대에 맞춰서 가장 우선이 되는 가치를 찾을 필요가 있다는 것입니다.

정답 해설

② 남자는 법과 의료가 절대적으로 고정된 것이 아니라, 시대에 맞춰 변화해야 한다고 주장한다. 그는 의료적 결정이 반드시 법에 의해 판단받아야 한다는 여자의 입장에 대해, 시대적 가치에 맞게 의료와 법이 변화해야 한다고 반박하고 있다.

오답 해설

① 남자는 법이 의료적 결정을 최우선으로 고려해야 한다고 주장하는 것이 아니라, 시대에 따라 법과 의료의 가치가 변화해야 한다고 주장한다.
③ 남자는 단순한 생명 연장이 아닌, 환자에게 가장 이로운 결정을 하는 것이 중요하다고 보고 있다.
④ 여자는 오히려 안락사의 허용이 의료 시스템의 부패와 남용을 초래할 수 있다고 우려하고 있다.
⑤ 여자는 생명을 결정하는 권한이 권력으로 변질될 수 있으며, 그것이 남용될 위험이 있다고 경고하고 있다.

009

정답 ③

반응률(%)	①	②	③	④	⑤
	0.89	2.36	72.88	1.30	22.52

평가요소	1.1 담화의 유형별 화법 전략
세부 평가요소	1.1.4 사적 대화

정답 해설

③ 여자는 "결정권은 곧 권력이 되고, 권력은 이내 부패하고 남용되고 맙니다."라는 내용을 들며 안락사의 위험성에 대해 설명했다.

오답 해설

① 여자는 법적 사례를 제시하며 안락사의 불법성을 강조하지 않았고, 주로 안락사의 윤리적 위험성에 집중했다.
② 여자는 남자의 의견을 받아들이기보다는, 자신의 입장을 강하게 주장하며 반대 논리를 전개했다.
④ 여자는 감정적 호소를 최소화하기보다는, 강한 어조의 수사적 표현을 활용하여 안락사의 위험성을 강조하였으며, 객관적인 자료를 사용하고 있지 않다.
⑤ 질문을 반복하여 논리를 흐리게 하기보다는, 자신의 주장을 강한 표현을 사용해 강조하는 방식이 더 두드러졌다.

010

정답 ④

반응률(%)	①	②	③	④	⑤
	0.18	0.53	0.20	98.09	0.86

평가요소	1.1 담화의 유형별 화법 전략
세부 평가요소	1.1.1 설명
출처	전은애, "브레인트레이닝 트라우마에는 유효 기간이 없다", 브레인 2024년 6월호, 26~28쪽

보자마자 딱! 풀리는 | 유형 딱풀 전략

1. 각각의 문항에서 묻는 내용을 먼저 체크하여 어떠한 곳에 초점을 맞추어 들어야할지를 파악
   예 10번에서는 '강연의 내용', 11번에서는 '강연자의 말하기 방식'
2. 선지를 먼저 살펴보면서 키워드를 파악
3. 음성에서 키워드가 언급될 때 해당 키워드를 포함한 선지를 함께 확인하며 틀린 선지 소거

듣기 대본

이번에는 강연을 들려 드립니다. 10번은 듣기 문항, 11번은 말하기 문항입니다.

　사람은 큰 사고나 자연재해 등의 심각한 사건을 경험하게 되면 정신적으로 외상을 입을 수 있습니다. 이러한 심리적 외상이 흔히 말하는 '트라우마'입니다. 신체적, 정신적 위협이 되는 사건이나 상황이 트라우마의 원인이라면 '외상후스트레스장애'는 그 결과입니다. 똑같이 충격적인 사고를 당해도 어떤 사람은 일정 시간이 지나고 필요한 도움을 받으면 회복되어 다시 일상생활로 돌아갈 수 있는 반면, 어떤 사람은 불안·우울감·무력감에서 벗어나지 못해 외상후스트레스장애로 이어지기도 합니다.

　미국 보스턴의과대학 정신의학과 교수 베셀 반 데어 콜크는 편도체를 화재경보기에 비유했습니다. 편도체는 감각 정보 중 위협을 감지하고 몸과 뇌에 신호를 보내 그것에 대처하는 역할을 합니다. 그런데 화재경보기가 화재 연기와 담배 연기를 구별하지 못하듯 편도체 역시 특정 자극이 생존에 위협이 되는지 아닌지를 구별하지 못하고 몸과 뇌에 똑같이 신호를 보냅니다. 공황장애 환자들이 전혀 위험하지 않은 상황에서 식은땀을 흘리고 죽을 것 같은 공포를 느끼는 이유가 바로 여기에 있습니다. 편도체가 오작동해 사소한 자극도 위험 상황으로 인식해서 몸과 마음에 신호를 보내는 것입니다.

　트라우마를 겪은 이들은 이전과 다른 신경계로 세상을 경험합니다. 그들은 내면의 혼돈을 억누르는 데 모든 에너지를 사용하기 때문에 평범한 일상 유지가 어렵습니다. 뇌가 본능적으로 일으키는 심리적 반응을 통제하려는 이 같은 시도는 온갖 신체 증상을 유발해 섬유 근육통이나 만성 피로, 기타 자가면역질환 등으로 나타날 수 있습니다.

　대형 재난을 겪은 피해자들의 트라우마는 단기간의 심리 지원이나 개인적인 노력으로 회복되기 어렵습니다. 트라우마에는 정해진 유효 기간이 없으므로 충분한 심리적 지원이 가능하도록 사회 시스템을 구축하는 방안이 우선되어야 합니다.

정답 해설

④ 트라우마를 겪은 사람들은 내면의 혼돈을 억누르는 데 모든 에너지를 사용하고, 이러한 심리적 반응을 통제하려는 시도는 온갖 신체 증상을 유발한다고 설명하고 있으므로 적절하지 않다.

오답 해설

① '외상후스트레스장애'가 트라우마의 결과임을 확인할 수 있다.
② 충격적 사건에 대한 반응은 사람마다 달라 모두가 외상후스트레스장애를 겪는 것은 아님을 확인할 수 있다.

③ 공황장애 환자들의 예를 통해 편도체가 오작동하면 위험하지 않은 상황에서도 심한 공포를 느낄 수 있음을 확인할 수 있다.
⑤ 대형 재난을 겪은 피해자들의 트라우마는 단기간의 심리 지원이나 개인적인 노력으로 회복되기 어렵고 트라우마에는 정해진 유효 기간이 없으므로 충분한 심리적 지원이 가능하도록 사회 시스템을 구축하는 방안이 우선되어야 한다고 언급하고 있다.

011 정답 ④

반응률(%)	①	②	③	④	⑤
	0.99	0.58	2.90	87.54	7.85
평가요소	1.1 담화의 유형별 화법 전략				
세부 평가요소	1.1.1 설명				

정답 해설

④ 전문가인 정신의학과 교수 베셀 반 데어 콜크의 의견을 언급하며 강연 내용의 신뢰성을 높이고 있다.

오답 해설

① 청중이 들으면서 유의해야 할 점을 안내하고 있지 않다.
② 구체적인 통계 수치를 활용하고 있지 않다.
③ 주제와 관련한 강연자의 의견으로 강연을 마무리하고 있다.
⑤ '트라우마'의 개념을 설명하며 강연을 시작하고 있다.

012 정답 ⑤

반응률(%)	①	②	③	④	⑤
	0.74	0.38	0.97	2.03	95.81
평가요소	1.1 담화의 유형별 화법 전략				
세부 평가요소	1.1.5 발표				
출처	최문규(2017), 『감정의 인문학적 해부학』, 북코리아, 28~29쪽				

보자마자 딱! 풀리는 | 유형 딱풀 전략

1. 각각의 문항에서 묻는 내용을 먼저 체크하여 어떠한 곳에 초점을 맞추어 들어야 할지를 파악
   예 12번에서는 '발표의 내용', 13번에서는 '발표자의 말하기 전략'
2. 선지를 먼저 살펴보면서 키워드를 파악
3. 음성에서 키워드가 언급될 때 해당 키워드를 포함한 선지를 함께 확인하며 틀린 선지 소거

듣기 대본

이번에는 발표를 들려 드립니다. 12번은 듣기 문항, 13번은 말하기 문항입니다.

여러분 멜랑콜리라는 말을 들어보셨나요? 멜랑콜리는 고대 의학에서 출발한 단어로 오늘날에는 우울을 지칭할 때 그리고 예술계에서 많이 사용됩니다. 그러면 현대 한국 사회와 멜랑콜리는 어떤 연관성이 있을까요? 사실 멜랑콜리와 사회의 관계는 양면적이라고 할 수 있습니다. 멜랑콜리를 제거하고 낙관론만 주장하는 사회는 기만적인 전체주의적 국가의 성향을 띨 수 있으며, 다른 한편으로는 멜랑콜리를 무조건 긍정시할 경우 병든 현상이 만연한 사회가 도래할 수도 있습니다.

그런데 현대 사회에서는 멜랑콜리가 특히 심화될 위험이 큽니다. 무엇보다 생업과 관련된 일자리가 점차 축소되는 사회적 현상이 심화되고 있기 때문입니다. 이런 심각한 사회 현상과 함께 멜랑콜리도 다르게 인식되어야 합니다. 즉, 전통적인 의미에서 엘리트이자 소수가 독점하는 멜랑콜리가 아니라 다수 개개인이 모두 가질 수밖에 없는 '민주화된 기질로서의 멜랑콜리'가 도래한 것을 수용해야 한다는 겁니다.

이런 상황에서 다시 한 번 강조하고 싶은 것은 병든 영혼, 암울한 세계, 삶의 허무 등으로 채색된 멜랑콜리를 단순히 부정적인 심성이나 비정상적인 정신 상태로만 파악하는 시각은 한계를 갖는다는 것입니다. 멜랑콜리의 이면에는 잘못 진행되는 사회적 상황을 비판적으로 바라보고 나아가 그런 상황을 전복하고 싶은 욕망이 숨어있습니다. 그런 점에서 멜랑콜리를 예술적으로 형상화한 작품들을 단순히 병적인 현상으로 간주할 것이 아니라 사회철학적, 문화학적, 미학적 차원에서 꼼꼼히 살펴볼 필요가 있습니다.

정답 해설

⑤ 발표 내용에 따르면 멜랑콜리와 사회의 관계는 양면적이며 멜랑콜리 그 자체도 복합적 성격을 띠고 있다. 그런 점에서 멜랑콜리를 예술적으로 형상화한 작품들을 단순히 병적인 현상으로 간주할 것이 아니라 사회철학적, 문화학적, 미학적 차원에서 꼼꼼히 살펴볼 필요가 있다고 했으므로 적절한 내용이다.

오답 해설

① 멜랑콜리를 제거하고 낙관론만을 주장하는 사회는 기만적인 전체주의적 국가의 성향을 띨 수 있다고 하였다. 낙관론을 주장한다고 해서 긍정적인 분위기로 이어지는 것은 아니므로 멜랑콜리를 억압하는 사회는 긍정적인 분위기가 팽배하다는 설명은 적절하지 않다.

② 발표자는 멜랑콜리를 과거와는 다르게 보아야 한다고 주장하고 있다. 부정적인 심성이나 비정상적인 정신 상태로만 파악하는 시각은 한계를 갖는다고 말하며, 멜랑콜리에 그 외에 다른 면모가 있음을 설명하였다.
③ 발표 내용에서는 전통사회와 달리 멜랑콜리가 "엘리트이자 소수가 독점하는 멜랑콜리가 아니라 다수 개개인이 모두 가질 수밖에 없는 '민주화된 기질로서의 멜랑콜리'가 도래한 것을 수용해야 한다."라고 밝히고 있다.
④ 발표자는 멜랑콜리를 단순히 병적이거나 비정상적인 것으로만 바라보는 시각에 한계가 있다고 말하며, 그 이면에 잘못 진행되는 사회적 상황을 비판하고 전복하려는 욕망이 숨어 있다고 설명하고 있다.

013   정답 ⑤

반응률(%)	①	②	③	④	⑤
	5.77	14.23	24.43	12.00	43.34

평가요소	1.1 담화의 유형별 화법 전략
세부 평가요소	1.1.5 발표

정답 해설

⑤ 발표자는 멜랑콜리에 대한 상황을 가정하고 있으나 그것을 구체적인 사례라고 보기 어렵다. 또한 멜랑콜리에 대한 관점이 변화해야 한다고 말할 뿐 특정한 문제를 해결하기 위한 태도를 취하고 있지는 않다.

오답 해설

① 발표자는 발화 과정에서 총 두 번의 질문을 던지는데, 이는 청중의 관심과 호응을 유도하기 위함이다.
② 발표자는 멜랑콜리를 극도로 부정하거나 긍정하는 사회를 각각 가정하고 대조를 통해 둘의 차이점을 보여 주고 있다.
③ 발표자는 멜랑콜리를 둘러싼 과거의 관점들을 비판적으로 검토하고 새로운 시각이 필요하다는 점을 역설하고 있다.
④ 발표자는 멜랑콜리가 과거에는 소수의 엘리트가 독점하였다면 오늘날에는 다수의 개개인들이 가진 민주화된 기질로서 도래했다고 설명하며 과거에 어떻게 여겨졌으며 오늘날 사회에서는 무엇이 달라졌는지를 보여 준다.

014   정답 ④

반응률(%)	①	②	③	④	⑤
	1.42	3.33	9.74	81.39	3.99

평가요소	1.1 담화의 유형별 화법 전략
세부 평가요소	1.1.6 협상과 중재
출처	이도영 외 7인, 「화법의 원리와 실제 - 의견 차이를 조정하는 토론과 협상」, 『고등학교 화법과 작문』, 창비

보자마자 딱! 풀리는 | 유형 딱풀 전략

1 각각의 문항에서 묻는 내용을 먼저 체크하여 어떠한 곳에 초점을 맞추어 들어야 할지를 파악
  예 14번에서는 '두 사람의 입장', 15번에서는 '갈등 해결 방식'
2 선지를 보고 어떤 인물이 등장하는지 파악
  예 등장인물들을 구분할 수 있는 특징을 파악: 등장인물의 수, 성별, 직급 등
3 인물들이 등장할 때 등장인물에 해당하는 선지를 함께 확인하며 틀린 선지 소거

듣기 대본

끝으로 협상의 한 장면을 들려 드립니다. 14번은 듣기 문항, 15번은 말하기 문항입니다.

대한고: 시청으로부터 예산 지원을 받는 이번 '도서 축제'는 저희 대한 고등학교에서 개최해야 한다고 생각합니다. 저희는 그간 지역 축제를 여러 번 성공적으로 개최한 경험이 있습니다.
민국고: 이번 '도서 축제'는 저희 민국 고등학교에서 개최하는 것이 더 적합하다고 생각합니다. 저희는 독서 교육에 관심을 두고 교내 독서 프로그램을 꾸준히 실행하고 있습니다.
대한고: 저희 대한고는 평소 지역민, 지역 동문과의 교류가 많아 그 경험을 살릴 수 있고, 학교 공간이 넓어서 행사 개최에 적합합니다. 게다가 개교 50주년 행사와 연계할 계획이어서 이번 '도서 축제' 개최에 대한 학내 구성원들의 열의가 대단합니다.
민국고: 저희도 신설 학교이기에 학교의 인지도를 높이겠다는 구성원들의 의지가 강한 편입니다. 그렇다면 각 학교의 목적에 맞게 필요한 행사를 나누어 '도서 축제'를 공동으로 개최하는 것은 어떨까요?
대한고: 공동 개최는 행사가 번거롭게 될 가능성이 있지만 일단 공동 개최를 논의할 필요는 있어 보입니다. 다만 저희는 공동 개최의 방식에 따라 수용 여부를 결정하겠습니다.

민국고: 약간의 우려 사항이 있지만, 두 학교가 가까이 있기 때문에 문제점들이 쉽게 해결될 것입니다. 시청에서도 공동 개최를 언급한 적이 있고 두 학교의 우의 증진이라는 명분도 얻을 수 있습니다.

대한고: 저희는 50주년이라는 큰 행사가 있어서 기념 공연이 포함된 폐막식을 중요하게 생각하고 있습니다. 폐막식을 양보해 주신다면 공동 개최를 긍정적으로 검토할 수 있을 것 같습니다.

민국고: 폐막식을 양보하는 방향으로 학교 구성원의 뜻을 모아 보겠습니다. 대신 저희도 학교 인지도를 높이기 위해 필요한 개막식을 꼭 개최하고 싶습니다. 그 밖에 축제 공식 명칭, 개최 학교명 표기 순서, 체험 프로그램, 작가 초청 이야기 등은 학교 구성원의 의견을 좀 더 들어본 후에 추후 만남에서 결정하는 것은 어떨까요?

대한고: 폐막식을 양보해 주신다면 개막식은 저희가 양보할 수 있습니다. 저희도 나머지 부분에 대해서 학교 구성원의 의견을 충분히 경청하고 다음 만남에서 최종 협의하도록 하겠습니다. 감사합니다.

민국고: 감사합니다.

> 정답 해설

④ 협상에서 민국고가 "저희는 독서 교육에 관심을 두고 교내 독서 프로그램을 꾸준히 실행하고 있습니다."라고 하며 독서 프로그램에 대한 풍부한 경험이 있음을 전하고 있는 것은 맞으나, 평소 지역민, 지역 동문과의 교류가 많아 그 경험을 살릴 수 있다며 지역 사회와 연계된 독서 프로그램에 대한 풍부한 경험을 언급한 것은 대한고이다.

> 오답 해설

① 협상에서 대한고는 "저희는 그간 지역 축제를 여러 번 성공적으로 개최한 경험이 있습니다."라고 언급하였으므로 적절한 내용이다.
② 협상에서 대한고는 "학교 공간이 넓어서 행사 개최에 적합합니다. 게다가 개교 50주년 행사와 연계할 계획이어서 이번 '도서 축제' 개최에 대한 학내 구성원들의 열의가 대단합니다."라고 언급하였으므로 적절한 내용이다.
③ 협상에서 대한고는 "폐막식을 양보해 주신다면 공동 개최를 긍정적으로 검토할 수 있을 것 같습니다."라고 언급하였으므로 적절한 내용이다.
⑤ 협상에서 민국고는 "저희도 신설 학교이기에 학교의 인지도를 높이겠다는 구성원들의 의지가 강한 편입니다."라고 언급하였으므로 적절한 내용이다.

015
정답 ③

반응률(%)	①	②	③	④	⑤
	5.41	1.14	85.87	6.08	1.37
평가요소	1.1 담화의 유형별 화법 전략				
세부 평가요소	1.1.6 협상과 중재				

> 정답 해설

③ "그렇다면 각 학교의 목적에 맞게 필요한 행사를 나누어 '도서 축제'를 공동으로 개최하는 것은 어떨까요?"라고 언급한 것처럼, 민국고는 단독 개최를 고수하지 않고, 공동 개최를 제안하기 시작하면서 협상의 진전을 위한 절충적인 대안을 제시하고 있다.

> 오답 해설

① 자신의 양보(폐막식)로 상대방의 양보(개막식)를 이끌어 낸 것은 대한고가 아니라 민국고이다.
② 대한고가 민국고의 도서 축제 개최 목적(학교 인지도 향상 등)에 대해서 지지의 의사를 표현한 내용은 드러나 있지 않다.
④ 상대방의 도서 축제 제안을 조건부로 수용(공동 개최를 논의하되, 공동 개최 방식에 따라 공동 개최 수용 여부를 결정함)한 것은 민국고가 아니라 대한고이다.
⑤ 협상에서 민국고는 "그 밖에 축제 공식 명칭, 개최 학교명 표기 순서, 체험 프로그램, 작가 초청 이야기 등은 학교 구성원의 의견을 좀 더 들어본 후에 추후 만남에서 결정하는 것은 어떨까요?"라고 말한 것처럼, 여러 제안을 묶어서 추후 결정하자고 말했을 뿐, 담판으로 일괄 결정하려 하지는 않았다.

영역별 접근 전략
어휘 016~030번

어휘 영역은 듣기·말하기 영역과 마찬가지로 시간을 단축해야 하는 영역에 해당합니다. 아는 문제는 확실히 맞히고 모르는 문제는 과감하게 넘어가는 전략으로, 시간이 많이 소요되는 읽기 영역에 필요한 풀이 시간을 확보해야 합니다. 어휘 영역의 경우 출제 범위가 정해져 있지 않기에 학습에 부담이 있으나, 빈출 어휘를 기준으로 해당 어휘의 유의어, 반의어, 어휘의 의미 관계, 혼동하기 쉬운 어휘 등을 함께 학습하여 실전에서 맞힐 수 있는 문제가 더 많아지게끔 대비해야 합니다.

016

정답 ②

반응률(%)	①	②	③	④	⑤
	21.50	66.70	3.74	2.85	5.06

평가요소	2.1 어휘의 사전적 의미
세부 평가요소	2.1.1 고유어의 사전적 의미
출처	국립국어원, 표준국어대사전 (stdict.korean.go.kr)

보자마자 딱! 풀리는 | 유형 딱풀 전략

1 16번은 고유어의 사전적 뜻풀이를 묻는 문항이 고정 출제

2 고유어의 사전적 뜻풀이를 모르면 풀 수 없는 문제로 선지를 빠르게 읽고 넘어가기

주의 간혹 고유어 문항은 발음을 하다 보면 현대적으로 쓰는 비슷한 표현들이 있다. 그렇기 때문에 단어의 의미를 몰라 최대한 유추를 해야 하는 때에는 발음을 해보는 것도 요령이 될 수 있다.

정답 해설

② '맵자하다'는 '모양이 제격에 어울려서 맞다.'의 의미이다.

오답 해설

① '가뭇없다'는 '보이던 것이 전혀 보이지 않아 찾을 곳이 감감하다.'의 의미이다.
③ '파임내다'는 '일치한 의논을 나중에 다른 소리를 하여 그르치게 하다.'의 의미이다.
④ '생때같다'는 '아무 탈 없이 멀쩡하다.', '공을 많이 들여 매우 소중하다.'의 뜻으로 '생때같은 자식', '생때같은 내 돈'과 같은 꼴로 쓰인다.
⑤ '한결같다'는 '처음부터 끝까지 변함없이 꼭 같다.'의 의미이다.

017

정답 ②

반응률(%)	①	②	③	④	⑤
	20.67	44.03	0.31	17.01	17.69

평가요소	2.1 어휘의 사전적 의미
세부 평가요소	2.1.2 한자어의 사전적 의미
출처	국립국어원, 표준국어대사전 (stdict.korean.go.kr)

보자마자 딱! 풀리는 | 유형 딱풀 전략

1 17번은 한자어의 사전적 뜻풀이를 묻는 문항이 고정 출제

2 한자어의 사전적 뜻풀이를 모르면 풀 수 없는 문제로 선지를 빠르게 읽고 넘어가기

개념체크 뜻풀이로 외우는 한자어
[정산(精算)] 정(精): 정밀하다, 정성스럽다 / 산(算): 계산하다, 셈하다
[단장(斷腸)] 단(斷): 끊다, 단절하다 / 장(腸): 창자, 내장
[괴력(怪力)] 괴(怪): 이상하다, 기이하다 / 력(力): 힘, 에너지
[무운(武運)] 무(武): 무예, 전쟁, 군사 / 운(運): 운명, 운수, 움직이다
[탐닉(耽溺)] 탐(耽): 어떤 일에 빠지다, 몰두하다 / 닉(溺): 물에 빠지다, 탐닉하다

정답 해설

② '단장(斷腸)'은 '몹시 슬퍼서 창자가 끊어지는 듯함.'의 의미이다. '유대나 연관 관계를 끊음.'을 이르는 말은 '단절(斷絶)'이다.

018

정답 ④

반응률(%)	①	②	③	④	⑤
	4.25	16.90	26.03	47.43	5.16

평가요소	2.2 어휘의 문맥적 의미
세부 평가요소	2.2.1 고유어의 문맥적 의미
출처	국립국어원, 표준국어대사전 (stdict.korean.go.kr)

보자마자 딱! 풀리는 | 유형 딱풀 전략

1 18번은 문맥상 적절한 고유어의 쓰임을 묻는 문항으로 고정 출제
2 고유어의 뜻을 모르더라도 문맥상 뜻을 유추할 수 있는 경우도 있기 때문에 선지 전체 살펴보기
3 밑줄 친 고유어에 의미를 대입해 보며 정답 찾기

정답 해설

④ '결딴'은 '어떤 일이나 물건 따위가 아주 망가져서 도무지 손을 쓸 수 없게 된 상태.'의 의미이다. '결정적인 판단을 하거나 단정을 내림. 또는 그런 판단이나 단정.'을 의미하는 말은 '결단(決斷)'이다.

019 정답 ⑤

반응률(%)	①	②	③	④	⑤
	11.54	2.82	29.54	3.36	52.49
평가요소	2.2 어휘의 문맥적 의미				
세부 평가요소	2.2.2 한자어의 문맥적 의미				
출처	국립국어원, 표준국어대사전 (stdict.korean.go.kr)				

보자마자 딱! 풀리는 | 유형 딱풀 전략

1. 19번은 문맥상 적절한 한자어의 쓰임을 묻는 문항으로 고정 출제
2. 한자어의 뜻을 모르더라도 문맥상 뜻을 유추할 수 있기 때문에 선지 전체 살펴보기

개념체크 뜻풀이로 외우는 한자어

[슬하(膝下)] 膝(슬): 무릎 / 下(하): 아래

[노파심(老婆心)] 老(노): 나이가 들다 / 婆(파): 노파, 할머니 / 心(심): 마음

[무진장(無盡藏)] 無(무): 없다 / 盡(진): 다하다, 다 쓰다 / 藏(장): 저장, 창고, 간직하다

[거마비(車馬費)] 車(거): 수레, 차량 / 馬(마): 말 / 費(비): 비용, 쓰다

[역려(逆旅)] 逆(역): 거스르다, 어긋나다 / 旅(려): 나그네, 여행

정답 해설

⑤ '역려(逆旅)'는 '나그네를 맞이한다는 뜻으로, '여관'을 이르는 말'이므로 어긋난 인연을 의미하는 말로 쓰기에 적절하지 않다.

오답 해설

① '슬하(膝下)'는 '무릎의 아래'라는 뜻이지만 주로 부모의 보호를 받는 테두리 안을 이른다.
② '노파심(老婆心)'은 '늙은 여자의 마음'이라는 뜻이지만 지금은 필요 이상으로 남의 일을 걱정하고 염려하는 마음의 뜻으로 쓰인다.
③ '무진장(無盡藏)'은 '다함이 없이 굉장히 많다.'는 뜻이다.
④ '거마비(車馬費)'는 '수레와 말을 타는 비용'이라는 뜻으로, '교통비'를 이르는 말이다.

020 정답 ②

반응률(%)	①	②	③	④	⑤
	25.57	62.10	7.73	1.63	2.75
평가요소	2.2 어휘의 문맥적 의미				
세부 평가요소	2.2.2 한자어의 문맥적 의미				
출처	국립국어원, 표준국어대사전 (stdict.korean.go.kr)				

보자마자 딱! 풀리는 | 유형 딱풀 전략

1. 20번은 문맥상 적절한 한자어의 쓰임을 묻는 문항으로 고정 출제
2. 한자어를 모르면 풀 수 없는 문제로 〈보기〉에 제시된 어휘의 한자어를 알고 있는지 먼저 파악

개념체크 뜻풀이로 외우는 한자어

[理想(이상)] 理(이): 이치, 조리, 이론 / 想(상): 생각하다, 상상하다

[異象(이상)] 異(이): 다르다, 특이하다 / 象(상): 현상, 모습
→ 이상한 모양, 특수한 현상

[轉科(전과)] 轉(전): 돌다, 바꾸다 / 科(과): 과목, 부서, 계열

[全科(전과)] 全(전): 전체, 모두 / 科(과): 과목, 부서, 계열
→ 학교에서 규정한 모든 교과 또는 학과

[後期(후기)] 後(후): 나중 / 期(기): 시기, 기간

[後記(후기)] 後(후): 나중 / 記(기): 기록하다, 쓰다
→ 본문 끝에 덧붙여 기록함. 또는 그런 글

정답 해설

㉠~㉢의 한자어는 각각 '理想(이상)', '轉科(전과)', '後期(후기)'이다.
㉠ '理想(이상)'은 '생각할 수 있는 범위 안에서 가장 완전하다고 여겨지는 상태'라는 뜻이다.
㉡ '轉科(전과)'는 '학과 따위를 옮김'이라는 뜻이다.
㉢ '後期(후기)'는 '일정 기간을 둘이나 셋으로 나누었을 때의 맨 뒤 기간'이라는 뜻이다.

021 정답 ①

반응률(%)	①	②	③	④	⑤
	40.04	5.29	26.72	1.02	26.77

평가요소	2.2 어휘의 문맥적 의미
세부 평가요소	2.2.3 혼동하기 쉬운 어휘의 구별
출처	국립국어원, 표준국어대사전 (stdict.korean.go.kr)

보자마자 딱! 풀리는 | 유형 딱풀 전략

1. 21번은 문맥상 적절한 고유어의 쓰임을 묻는 문항으로 고정 출제
2. 고유어의 뜻을 모르더라도 문맥상 뜻을 유추할 수 있는 경우도 있기 때문에 선지 전체 살펴보기

정답 해설

① '거추없다'는 '하는 짓이 어울리지 않고 싱겁다.'는 뜻으로 문맥상 적절하지 않다.

오답 해설

② '사달'은 '사고나 탈'이라는 뜻으로 적절하게 사용되었다.
③ '켯속'은 '일이 되어 가는 속사정'이라는 뜻으로 적절하게 사용되었다.
④ '소'는 '송편이나 만두 따위를 만들 때, 맛을 내기 위하여 익히기 전에 속에 넣는 여러 가지 재료'와 '통김치나 오이소박이김치 따위의 속에 넣는 여러 가지 재료'라는 뜻으로 적절하게 사용되었다.
⑤ 해당 문맥에서의 '달다'는 '안타깝거나 조마조마하여 마음이 몹시 조급해지다.'라는 뜻으로, '타지 않는 단단한 물체가 열로 몹시 뜨거워지다.'라는 기본 뜻에서 번진 뜻이다.

022 정답 ⑤

반응률(%)	①	②	③	④	⑤
	13.96	6.05	15.02	7.55	57.24

평가요소	2.3 어휘 간의 의미 관계
세부 평가요소	2.3.4 다의어와 동음이의어
출처	• 국립국어원, 표준국어대사전 (stdict.korean.go.kr) • 국립국어원, 우리말샘 (opendic.korean.go.kr)

보자마자 딱! 풀리는 | 유형 딱풀 전략

1. 22번은 다의어/동음이의어 문항으로 고정 출제
2. 밑줄 친 부분만 보아서는 풀 수 없는 문제로 처음부터 선지 전체 살펴보기

개념체크 동음이의어와 다의어
• 동음이의어(同音異義語): 발음은 같지만 뜻이 다른 단어
  → 단어의 형태나 한자는 다르지만 발음이 같은 것으로 뜻이 다르기 때문에 아예 다른 의미라고 생각하면 된다.
• 다의어(多義語): 하나의 단어가 여러 뜻을 가진 경우
  → 형태는 동일하지만 문맥에 따라 다른 의미로 해석될 수 있다. 문맥에 따라 의미가 다르긴 하지만 공통되고 중심이 되는 이미지와 특징이 있다.

정답 해설

①~④의 '죽다'는 '생명이 없어지거나 끊어지다.'의 의미에서 파생된 의미들이고, ⑤의 '죽다'는 '물체의 어느 부분이 꼿꼿하거나 날카롭지 못하고 가라앉거나 뭉툭한 상태가 되다.'의 뜻이다. 따라서 ①~④의 '죽다'는 다의 관계이고, ⑤의 '죽다'와는 동음이의 관계이다.

오답 해설

① 해당 문맥의 '죽다'는 '경기나 놀이 따위에서, 상대편에게 잡혀 제 기능을 하지 못하다.'의 뜻이다.
② 해당 문맥의 '죽다'는 '움직이던 물체가 멈추어 제 기능을 하지 못하다.'의 뜻이다.
③ 해당 문맥의 '죽다'는 '성질이나 기운 따위가 꺾이다.'의 뜻이다.
④ 해당 문맥의 '죽다'는 '글이나 말 또는 어떤 현상의 효력 따위가 현실과 동떨어져 생동성을 잃다.'의 뜻이다.

023 정답 ③

반응률(%)	①	②	③	④	⑤
	1.73	0.92	95.65	0.38	1.25

평가요소	2.3 어휘 간의 의미 관계
세부 평가요소	2.3.1 어휘의 관계
출처	국립국어원, 표준국어대사전 (stdict.korean.go.kr)

보자마자 딱! 풀리는 | 유형 딱풀 전략

1. 23번은 두 단어의 의미 관계를 묻는 문항으로 고정 출제
2. 〈보기〉에 주어진 단어들의 관계를 파악하고 선지에 접근

[개념체크] 어휘의 의미 관계
- 동의 관계: 같은 사물이나 개념을 서로 다른 말로 표현하지만 의미는 동일한 관계
  예 사과하다 ↔ 용서를 빌다, 종료하다 ↔ 끝내다
- 부분 관계: 하나의 대상이 다른 대상의 일부가 되는 관계
  예 '손'은 '몸'의 부분, '바퀴'는 '자동차'의 부분
- 유의 관계: 의미가 비슷하거나 거의 같은 관계(유사어 관계)
  예 빠르다 – 신속하다, 예쁘다 – 곱다
- 상하 관계: 상위 개념과 하위 개념의 관계로, 하위 개념이 상위 개념에 포함
  예 동물 – 개, 고양이, 과일 – 사과, 바나나
- 반의 관계: 서로 반대되거나 대립되는 의미의 관계
  예 높다 – 낮다, 살다 – 죽다

[정답 해설]

③ '기호품'과 '커피'는 상하 관계이다. 선지 중 상하 관계에 있는 것은 '탈것'(상위어)과 '가마'(하위어)이다.

[오답 해설]

① '건물'과 '계단'은 전체-부분 관계에 속한다.
② '채소', '남새', ⑤ '개똥벌레', '반딧불이'는 동의 관계이다.
④ '들보'와 '서까래'는 '한옥'의 부분을 이루는 말들이다.

024   정답 ④

반응률(%)	①	②	③	④	⑤
	1.12	0.41	1.40	96.42	0.61
평가요소	2.3 어휘 간의 의미 관계					
세부 평가요소	2.3.3 고유어와 한자어				
출처	• 국립국어원, 표준국어대사전 (stdict.korean.go.kr) • 서울대 국어교육연구소/낱말 어휘정보처리연구소 편(2009), 『넓은풀이 우리말 유의어 대사전』, 낱말 어휘정보처리연구소				

[보자마자 딱! 풀리는 | 유형 딱풀 전략]

1 24번은 고유어와 한자어의 대응을 묻는 문항으로 고정 출제
2 한자어를 모르더라도 일상에서 쓰는 표현들이기 때문에 밑줄 어휘를 포함한 선지 전체 보기

[정답 해설]

④ 해당 문맥의 '서다'는 '아이가 뱃속에 생기다.'라는 뜻으로 '잉태(孕胎)' 정도의 한자어와 바꿔 쓸 수 있다.

[오답 해설]

① 해당 문맥의 '서다'는 '어떤 역할을 맡아서 하다.'라는 뜻이므로 '담당(擔當)하다'로 바꿔 쓸 수 있다.
② 해당 문맥의 '서다'는 '사람이나 동물이 발을 땅에 대고 다리를 쭉 뻗으며 몸을 곧게 하다.'라는 뜻이므로 '기립(起立)하다'와 바꿔 쓸 수 있다.
③ 해당 문맥의 '서다'는 '물품을 생산하는 기계 따위가 작동이 멈추다.'라는 뜻이므로 '정지(停止)하다'와 바꿔 쓸 수 있다.
⑤ 해당 문맥의 '서다'는 '나라나 기관 따위가 처음으로 이루어지다.'라는 뜻이므로 '개국(開國)하다'와 바꿔 쓸 수 있다.

025   정답 ①

반응률(%)	①	②	③	④	⑤
	56.76	1.32	6.74	2.08	32.82
평가요소	2.3 어휘 간의 의미 관계				
세부 평가요소	2.3.1 어휘의 관계				
출처	• 국립국어원, 표준국어대사전 (stdict.korean.go.kr) • 서울대 국어교육연구소/낱말 어휘정보처리연구소 편(2009), 『넓은풀이 우리말 유의어 대사전』, 낱말 어휘정보처리연구소				

[보자마자 딱! 풀리는 | 유형 딱풀 전략]

1 25번은 유의어를 묻는 문항으로 고정 출제
2 어휘의 뜻을 모르면 풀 수 없는 문제로 〈보기〉에 제시된 어휘를 알고 있는지 먼저 파악

[정답 해설]

① '같잖다'는 '하는 짓이나 꼴이 제격에 맞지 않고 눈꼴사납다.'라는 뜻이다. 이에 비해 '보잘것없다'는 '볼만한 가치가 없을 정도로 하찮다.'라는 뜻으로 '같잖다'와는 유의 관계에 있다고 보기 어렵다. 이에 비해 '하찮다, 변변찮다, 볼품없다, 하잘것없다'는 모두 가치가 없다는 뜻을 공유하여 유의 관계에 있는 말들이다.

026

정답 ②

반응률(%)	①	②	③	④	⑤
	30.78	41.79	6.41	9.86	11.01

평가요소	2.4 속담 및 관용 표현
세부 평가요소	2.4.1 속담
출처	국립국어원, 표준국어대사전 (stdict.korean.go.kr)

보자마자 딱! 풀리는 | 유형 딱풀 전략

1. 26번은 속담을 묻는 문항으로 고정 출제
2. 속담의 뜻을 모르더라도 어느 정도 의미를 유추할 수 있으므로 선지 전체 살펴 보기

정답 해설

② '여름 하늘에 소낙비'는 흔히 있을 만한 일이니 조금도 놀랄 것이 없음을 비유적으로 이르는 말로, 점잖은 사람이 불같이 화를 낸다는 문맥에 적절하지 않다.

오답 해설

① '곽란에 약 지으러 보내면 좋겠다'는 급히 서둘러야 할 경우에도 미련하여 행동이 민첩하지 못함을 비꼬는 말로, 시험 날 지각한 상황처럼 다급한 경우에 적절하게 쓰였다.
③ '칠팔월 수숫잎'은 성품이 약하여 마음을 잡지 못하고 번복하기를 잘하는 사람을 비유적으로 이르는 말로, 팀장이 결정을 내리지 못하고 우물쭈물하는 상황에 적절하다.
④ '새 잡아 잔치할 것을 소 잡아 잔치한다'는 어떤 일을 처음에 소홀히 하다가 나중에 큰 손해를 보게 됨을 비유적으로 이르는 말로, 단순한 치통을 방치하다 발치를 하게 된 상황과 잘 어울린다.
⑤ '초라니 열은 보아도 능구렁이 하나는 못 본다'는 까불까불하고 경박한 사람보다 속이 의뭉한 사람이 같이 지내기에 더 어려움을 비유적으로 이르는 말로, 속을 알 수 없는 사람에 대한 불편함을 표현한 문맥에 적절하다.

027

정답 ⑤

반응률(%)	①	②	③	④	⑤
	5.16	4.27	1.86	8.72	79.92

평가요소	2.4 속담 및 관용 표현
세부 평가요소	2.4.2 고사성어/사자성어
출처	국립국어원, 표준국어대사전 (stdict.korean.go.kr)

보자마자 딱! 풀리는 | 유형 딱풀 전략

1. 27번은 고사성어/사자성어를 묻는 문항으로 고정 출제
2. 사자성어의 뜻을 모르면 풀 수 없는 문제로 선지를 빠르게 읽고 넘어가기

개념체크 함께 알아두면 좋은 사자성어

- 견문발검(見蚊拔劍): 모기를 보고 칼을 뺀다는 뜻으로, 사소한 일에 크게 성내어 덤빔을 이르는 말
- 지란지교(芝蘭之交): 지초(芝草)와 난초(蘭草)의 교제라는 뜻으로, 벗 사이의 맑고도 고귀한 사귐을 이르는 말
- 수어지교(水魚之交): 물이 없으면 살 수 없는 물고기와 물의 관계라는 뜻으로, 아주 친밀하여 떨어질 수 없는 사이를 비유적으로 이르는 말
- 일도양단(一刀兩斷): 어떤 일을 머뭇거리지 아니하고 선뜻 결정함을 비유적으로 이르는 말
- 속전속결(速戰速決): 싸움을 오래 끌지 아니하고 빨리 몰아쳐 이기고 짐을 결정함
- 노심초사(勞心焦思): 몹시 마음을 쓰며 애를 태움
- 수적천석(水滴穿石): 물방울이 떨어져 돌을 뚫는다는 뜻으로, 보잘것없이 작은 노력이라도 끈기 있게 꾸준히 하면 큰일을 이룰 수 있음을 비유적으로 이르는 말

정답 해설

⑤ '우공이산(愚公移山)'은 '우공이 산을 옮긴다는 뜻으로, 어떤 일이든 끊임없이 노력하면 반드시 이루어짐을 이르는 말'이므로 문맥상 쓰임이 적절하지 않다.

오답 해설

① '불치하문(不恥下問)'은 '손아랫사람이나 지위나 학식이 자기만 못한 사람에게 모르는 것을 묻는 일을 부끄러워하지 아니한다.'는 의미로 문맥상 쓰임이 적절하다.
② '금란지계(金蘭之契)'는 '친구 사이의 매우 두터운 정'을 뜻하는 말로 문맥상 쓰임이 적절하다.
③ '쾌도난마(快刀亂麻)'는 '어지럽고 복잡한 일을 단번에 정리함'을 비유적으로 이르는 말로 문제를 시원하게 해결한 상황에 적절하게 쓰였다.
④ '전전반측(輾轉反側)'은 '누워서 몸을 이리저리 뒤척이며 잠을 이루지 못함'을 뜻하므로, 자식을 걱정해 편히 잠들지 못하는 부모의 모습과 잘 어울린다.

028

정답 ⑤

반응률(%)	①	②	③	④	⑤
	0.08	2.03	5.72	0.23	91.89

평가요소	2.4 속담 및 관용 표현
세부 평가요소	2.4.3 관용 표현
출처	• 국립국어원, 표준국어대사전 (stdict.korean.go.kr) • 국립국어원, 우리말샘 (opendic.korean.go.kr)

보자마자 딱! 풀리는 | 유형 딱풀 전략

1. 28번은 관용 표현을 묻는 문항으로 고정 출제
2. 관용 표현을 모르더라도 일상에서 쓰는 표현들이기 때문에 밑줄을 포함한 선지 전체 보기

개념체크 예시로 외우는 관용 표현
- 배가 등에 붙다
  - 예 하루 종일 굶었더니 배가 등에 붙은 것 같아 아무 일도 손에 잡히지 않았다.
- 배를 앓다
  - 예 친구가 장학금을 받았다는 소식에 괜히 배를 앓고 말았다.
- 배에 기름이 끼다
  - 예 예전엔 고생했지만 요즘은 배에 기름이 끼게 잘 살고 있어.
- 배를 채우다
  - 예 그는 공무를 핑계 삼아 자신의 배를 채우는 데만 몰두했다.
- 배를 두드리다
  - 예 그는 은퇴 후에도 배를 두드리며 풍족하게 살고 있다.

정답 해설

⑤ '배를 두드리다'는 '생활이 풍족하거나 살림살이가 윤택하여 안락하게 지내다.'라는 의미로 급여를 받지 못한 상황에 적절하지 않다. 해당 문맥에는 '배를 곯다' 정도가 사용되는 것이 적절하다.

오답 해설

① '배가 등에 붙다'는 '먹은 것이 없어서 배가 홀쭉하고 몹시 허기지다.'라는 뜻으로 문맥에 맞게 사용되었다.
② '배를 앓다'는 '남 잘되는 것에 심술이 나서 속을 태우다.'라는 뜻으로 문맥에 맞게 사용되었다.
③ '배에 기름이 끼다'는 '살림이 넉넉하여지다.'라는 뜻으로 문맥에 맞게 사용되었다.
④ '배를 채우다'는 '재물이나 이득을 많이 차지하여 사리사욕을 채우다.'라는 뜻으로 문맥에 맞게 사용되었다.

029 정답 ③

반응률(%)	①	②	③	④	⑤
	11.26	5.85	10.73	28.57	43.26

평가요소	2.5 국어 순화
세부 평가요소	2.5.1 한자어의 순화
출처	• 국립국어원, 표준국어대사전 (stdict.korean.go.kr) • 국립국어원 누리집, 다듬은 말 (https://www.korean.go.kr/front/imprv/refineList.do?mn_id=158)

보자마자 딱! 풀리는 | 유형 딱풀 전략

1. 29번은 한자어의 순화어를 묻는 문항으로 고정 출제
2. 한자어를 모르더라도 문맥으로 유추할 수 있기 때문에 밑줄을 포함한 선지 전체 보기

정답 해설

③ '수의(隨意)'는 '하고 싶은 대로의 제 마음이나 의지'라는 뜻이고, '시담(示談)'은 '싸움을 화해할 의도로 먼저 거는 말'로 법률적으로 '민사상의 분쟁을 재판 이외에 당사자 간에 해결하는 일. 또는 그 화해 계약'을 뜻하며 '협의, 협상' 등의 의미로 쓰인다. 따라서 '수의 시담'은 당사자들이 협의한다는 뜻이므로 순화어는 '수의 계약'이 아니라 '가격 협의'가 적절하다.

030 정답 ③

반응률(%)	①	②	③	④	⑤
	1.58	0.20	95.91	0.58	1.70

평가요소	2.5 국어 순화
세부 평가요소	2.5.2 외래어의 순화
출처	• 국립국어원, 표준국어대사전 (stdict.korean.go.kr) • 국립국어원 누리집, 다듬은 말 (https://www.korean.go.kr/front/imprv/refineList.do?mn_id=158)

보자마자 딱! 풀리는 | 유형 딱풀 전략

1. 30번은 외래어의 순화어를 묻는 문항으로 고정 출제
2. 제시된 외래어/한자어의 뜻을 우선 파악
3. 순화어가 자연스럽고 일상적인 우리말인지 판단
4. 문장 내 의미에 맞는 순화어를 선택

정답 해설

③ '노쇼(no show)'는 예약을 하고 취소 연락 없이 나타나지 않는 행위를 이르는 말로 다듬은 말은 '예약 부도'이다.

오답 해설

① '레자'는 'leather'의 일본식 외래어로 이의 순화어는 '인조 가죽'이다.
② '시그니처 아이템(signature item)'은 각 회사의 상징적인 뛰어난 특징을 나타내는 특정한 제품을 이르는 말로 이에 대한 다듬은 말은 '대표 상품'이다.
④ '엑기스'는 'extract'의 일본식 외래어로 이의 순화어는 '진액, 농축액'이다.
⑤ '바우처(voucher)'는 일정한 조건을 갖춘 사람들이 교육이나 주택, 의료 등 여러 복지 서비스를 이용할 때 정부가 비용을 대신 지급하거나 보조하기 위해 전달하는 지불 보증서를 의미하며, 이를 다듬은 말은 '이용권, 상품권'이다.

영역별 접근 전략

어법   031~045번

한국어를 모국어로 사용하는 사람이라면 관련 개념을 모르더라도 어느 정도 정답을 찾아내는 것이 가능하지만 그렇다고 해서 어법 영역 풀이에 많은 시간을 허비해서는 안 됩니다. 정답률이 낮아 등급에서 차별점을 가져갈 수 있는 영역이므로 확실하게 아는 개념을 다룬 문항들을 먼저 풀고 고민이 필요한 문항들은 뒤의 영역들을 먼저 푼 후 남은 시간을 활용해 다시 확인하는 등의 전략적인 접근이 필요합니다. 어휘 영역에 비해서는 학습 범위가 어느 정도 정해져 있기 때문에 고득점을 희망한다면 평소 빈출 어법을 중심으로 문장 부호, 띄어쓰기, 외래어 표기법, 로마어 표기법, 높임법, 중의적 표현, 사이시옷 등 자주 출제되는 개념들을 학습해 두는 것이 좋습니다.

031   정답 ②

반응률(%)	①	②	③	④	⑤
	8.52	22.98	19.95	46.92	1.58

평가요소	3.1 한글 맞춤법
세부 평가요소	3.1.1 소리에 관한 것
출처	국립국어원, 한글 맞춤법(문화체육관광부고시 제2017-12호)

보자마자 딱! 풀리는 | 유형 딱풀 전략

선지의 전체를 읽을 필요 없이 밑줄 친 어휘의 표기가 맞는지 살펴보기

개념체크 한글 맞춤법 제5항

한 단어 안에서 뚜렷한 까닭 없이 나는 된소리는 다음 음절의 첫소리를 된소리로 적지만, 'ㄱ, ㅂ' 받침 뒤에서 나는 된소리는, 같은 음절이나 비슷한 음절이 겹쳐 나는 경우가 아니면 된소리로 적지 않는다.

정답 해설

② 한 단어 안에서 같은 음절이나 비슷한 음절이 겹쳐 나는 부분은 같은 글자로 적는다는 규정(한글 맞춤법 제13항)에 따라 적는 예이다. 그러므로 '쓱삭쓱삭'이 아니라 '쓱싹쓱싹'으로 적는다. '쌕쌕, 씩씩, 똑딱똑딱, 쌉쌀하다, 짭짤하다' 등도 마찬가지이다.

오답 해설

① '싹둑싹둑'은 '싹뚝싹뚝'이 아니라 '싹둑싹둑'으로 적는다.
③ '쑥설쑥설'은 '쑥썰쑥썰'이 아니라 '쑥설쑥설'로 적는다.
④ '쏙닥쏙닥'은 '쏙딱쏙딱'이 아니라 '쏙닥쏙닥'으로 적는다.
⑤ '쑥덕쑥덕'은 '쑥떡쑥떡'이 아니라 '쑥덕쑥덕'으로 적는다.

032   정답 ③

반응률(%)	①	②	③	④	⑤
	7.85	2.57	51.86	20.92	16.62

평가요소	3.1 한글 맞춤법
세부 평가요소	3.1.2 형태에 관한 것
출처	• 국립국어원, 표준국어대사전 (stdict.korean.go.kr) • 국립국어원(2018), 『한글 맞춤법, 표준어 규정 해설』

보자마자 딱! 풀리는 | 유형 딱풀 전략

선지의 전체를 읽을 필요 없이 밑줄 친 어휘의 표기가 맞는지 살펴보기

개념체크 사이시옷

• 사이시옷은 합성어에만 해당한다. (파생어 ×)
• 한자어 + 한자어 조합은 해당하지 않는다.
 → 예외: 셋방, 숫자, 횟수, 곳간, 찻간, 툇간
• 앞말이 모음으로 끝나야 한다.

- 위의 조건들과 아래의 발음상 조건을 충족해야 한다.
  - 된소리되기: 뒷말의 첫소리가 예사소리(ㄱ, ㄷ, ㅂ, ㅅ, ㅈ)일 때, 사이시옷 삽입으로 인해 된소리(ㄲ, ㄸ, ㅃ, ㅆ, ㅉ)로 발음되는 현상
    예) 기댓값[기대깝]
  - 'ㄴ' 소리 덧남 : 뒷말 첫소리 'ㄴ, ㅁ' 앞에서 'ㄴ' 소리가 덧날 때
    예) 잇몸[인몸]

정답 해설

사이시옷 규칙을 적용해보아야 한다.
③ '세차게 마구'의 뜻을 가진 [드립따]로 소리 나는 표준어는 '들입다'가 올바른 표기이다.

오답 해설

① [건:넌마을]로 소리 나는 표준어는 '건넛마을'이 올바른 표기이다.
② '보통과 다른 갖가지의'를 의미하는 표준어는 [벼릐별/벼레별]로 소리 나고 '별의별'이 올바른 표기이다.
④ '단단히 졸라 매거나 동이는 모양'을 의미하는 표준어는 [질끈]으로 소리 나고 '질끈'이 올바른 표기이다.
⑤ '고개를 흔들거나 끄덕이는 짓'을 의미하는 표준어는 [고개찓/고갣찓]으로 소리 나고 '고갯짓'이 올바른 표기이다.

033 정답 ②

반응률(%)	①	②	③	④	⑤
	21.68	30.02	13.24	3.97	30.88

평가요소	3.1 한글 맞춤법
세부 평가요소	3.1.2 형태에 관한 것
출처	• 국립국어원, 표준국어대사전 (stdict.korean.go.kr) • 국립국어원(2018), 『한글 맞춤법, 표준어 규정 해설』

보자마자 딱! 풀리는 | 유형 딱풀 전략

형용사 활용형 문제는 원형으로 바꾸어 발음해 보며 접근

개념체크 빈출 불규칙 활용 유형
둥그레 – (원형) 둥그렇다 → 둥그래 (X)
자그매 – (원형) 자그맣다 → 자그메 (X)
좁다래 – (원형) 좁다랗다 → 좁다레 (X)
새빨개 – (원형) 새빨갛다 → 새빨게 (X)
기다래 – (원형) 기다랗다 → 기다레 (X)

정답 해설

② '둥그렇다'는 '둥그레, 둥그러니, 둥그렇소'로 활용하므로 '둥그래'는 올바른 표기가 아니다.

오답 해설

① '자그맣다'는 '자그매, 자그마니, 자그맣소'로 활용하므로 '자그매'는 올바른 표기이다.
③ '좁다랗다'는 '좁다래, 좁다라니, 좁다랗소'로 활용하므로 '좁다래'는 올바른 표기이다.
④ '새빨갛다'는 '새빨개, 새빨가니, 새빨갛소'로 활용하므로 '새빨개'는 올바른 표기이다.
⑤ '기다랗다'는 '기다래, 기다라니, 기다랗소'로 활용하므로 '기다래'는 올바른 표기이다.

034 정답 ⑤

반응률(%)	①	②	③	④	⑤
	13.27	6.38	32.13	12.48	35.49

평가요소	3.1 한글 맞춤법
세부 평가요소	3.1.3 띄어쓰기
출처	• 국립국어원, 표준국어대사전 (stdict.korean.go.kr) • 국립국어원(2018), 『한글 맞춤법, 표준어 규정 해설』

보자마자 딱! 풀리는 | 유형 딱풀 전략

전체 선지를 읽을 필요 없이 밑줄 친 부분만 빠르게 확인

개념체크 의존 명사와 어미의 구분
• 의존 명사: 앞말과 띄어 쓰며, 혼자서도 의미를 가진다.
• 어미: 동사나 형용사 어간에 붙는 문법 요소이므로 붙여 쓴다.
※ '수, 뿐, 터, 대로' 등과 같이 혼동하기 쉬운 의존 명사들은 수시로 사전을 찾아보며 암기해야 한다.

정답 해설

⑤ '터이다'는 의존 명사 '터'에 '이다'가 결합한 말이므로 '끝낼∨터이다'와 같이 띄어 쓰는 것이 옳다.

오답 해설

① '-ㄹ데라니'는 감탄의 뜻을 나타내는 혼잣말 투의 종결 어미이므로 '기쁠데라니'로 붙여 쓰는 것이 옳다.
② '-ㄹ수록'은 '앞 절이 나타내는 일이 정도가 더해 가는 것이 뒤 절의 조건이 됨'을 나타내는 연결 어미이므로 '갈수록'으로 붙여 쓰는 것이 옳다.
③ '-ㄹ망정'은 '앞 절의 사실을 인정하고 뒤 절에 대립되는 다른 사실을 이어서 말할 때' 쓰는 연결 어미이므로 '줄망정'으로 붙여 쓰는 것이 옳다.
④ '-ㄹ작시면'은 '그 동작을 한번 행하여 보면'의 뜻을 나타내는 연결 어미이므로 '볼작시면'으로 붙여 쓰는 것이 옳다.

035 정답 ⑤

반응률(%)	①	②	③	④	⑤
	1.17	2.03	27.15	5.77	**63.65**
평가요소	3.1 한글 맞춤법				
세부 평가요소	3.1.4 그 밖의 것				
출처	• 국립국어원, 표준국어대사전 (stdict.korean.go.kr) • 국립국어원(2018), 『한글 맞춤법, 표준어 규정 해설』				

보자마자 딱! 풀리는 | 유형 딱풀 전략

전체 선지를 읽을 필요 없이 밑줄 친 부분만 빠르게 확인

개념체크 혼동하기 쉬운 표기

- 걷잡다/겉잡다
  - 예 분노를 걷잡을 수 없었다. / 겉잡아도 삼십 명은 넘었다.
- 받치다/밭치다
  - 예 삶은 국수를 체에 밭쳐 놓았다. / 받침대로 책을 받쳤다.
- 맞추다/맞히다
  - 예 시계를 정확히 맞추었다. / 시험 문제를 모두 맞혔다.
- 부치다/붙이다
  - 예 편지를 미국으로 부쳤다. / 벽에 스티커를 붙였다.

정답 해설

⑤ '어떤 기준이나 정도에 어긋나지 아니하게 하다.'는 뜻이므로 '초점을 맞추다'로 써야 옳다.

오답 해설

① '한 방향으로 치우쳐 흘러가는 형세 따위를 붙들어 잡다.'의 의미이므로 '걷잡다'가 옳다.
② '겉으로 보고 대강 짐작하여 헤아리다.'의 의미이므로 '겉잡다'가 옳다.
③ '구멍이 뚫린 물건 위에 국수나 야채 따위를 올려 물기를 빼다.'의 의미이므로 '밭치다'가 옳다.
④ '어떤 행사나 특별한 날에 즈음하여 어떤 의견을 나타내다.'의 의미이므로 '부치다'가 옳다.

036 정답 ③

반응률(%)	①	②	③	④	⑤
	1.88	11.51	**14.64**	56.74	15.05
평가요소	3.1 한글 맞춤법				
세부 평가요소	3.1.5 문장 부호				
출처	국립국어원(2014), 『문장 부호 해설』				

정답 해설

③ 붙임표는 '서론-본론-결론'처럼 차례대로 이어지거나 '원-달러 환율'처럼 밀접한 관련이 있는 어구를 묶어서 나타낼 때 쓴다. 표제에 해당하는 항목을 열거하여 보이거나 표제에 대한 설명을 붙일 때 표제 다음에 쓰는 문장 부호는 쌍점(:)으로, '문방사우: 종이, 붓, 먹, 벼루'와 같이 쓴다.

오답 해설

① '3.1 운동', '3·1 운동'처럼 특정한 의미가 있는 날을 표시할 때 월과 일을 나타내는 아라비아 숫자 사이에는 마침표를 쓰며, 가운뎃점도 쓸 수 있다.
② 공통 성분을 줄여서 하나의 어구로 묶을 때는 '초·중·고등학교', '초, 중, 고등학교'와 같이 가운뎃점이나 쉼표를 쓸 수 있다.
④ 책의 제목이나 신문 이름 등을 나타낼 때는 겹낫표(『 』)나 겹화살괄호(≪ ≫)를 쓰며, 이들 대신에 큰따옴표(" ")도 쓸 수 있다.
⑤ 문장 중간에 끼어든 어구의 앞뒤에는 쉼표를 쓰며, 쉼표 대신에 줄표도 쓸 수 있다. 즉 '나는, 솔직히 말하면, 그를 만나고 싶지 않아.' 또는 '나는 ― 솔직히 말하면 ― 그를 만나고 싶지 않아.'로 쓴다.

037

정답 ①

반응률(%)	①	②	③	④	⑤
	2.92	11.74	45.32	10.50	29.38

평가요소	3.2 표준어 규정
세부 평가요소	3.2.1 발음 변화에 따른 표준어
출처	• 국립국어원, 표준국어대사전 (stdict.korean.go.kr) • 국립국어원(2018), 『한글 맞춤법, 표준어 규정 해설』

보자마자 딱! 풀리는 | 유형 딱풀 전략

전체 선지를 읽을 필요 없이 밑줄 친 부분만 빠르게 확인

주의 발음 변화에 따른 표준어 문항은 접두사(수- vs 숫-), 어미(-잖다 vs -찮다), 관용 표현, 관습적 표기 등이 자주 출제되니 낯설거나 평소 듣던 말과 약간 다른 표현이 보인다면 사전을 검색하는 습관을 가져야 한다.

정답 해설

① '보리에 물을 부어 싹이 트게 한 다음에 말린 것'을 '엿길금', 또는 '엿기름'이라고 한다. 이들은 표준어 사정 원칙 제26항에 따라 둘 다 표준어로 인정된다.

오답 해설

② '끝이 없다.'라는 뜻을 나타내는 표준어는 '가없다'이며, '가이없다'는 비표준어이다.
③ '싸움이나 경기 따위가 가혹하고 격렬하다.'라는 뜻을 나타내는 표준어는 '가열(苛烈)하다'이다. '가열차다'는 '가열하다'의 비표준어이다.
④ '무당 또는 농악대들이 머리에 쓰는, 위 끝이 뾰족하게 생긴 모자'를 이르는 표준어는 '고깔'이다. '꼬깔'은 비표준어이다.
⑤ '흩어지게 하다.' 또는 '태도, 마음, 옷차림 따위를 바르게 하지 못하다.'라는 뜻을 나타내는 표준어는 '흩트리다' 또는 '흩뜨리다'이다. '흐트리다'는 비표준어이다.

038

정답 ③

반응률(%)	①	②	③	④	⑤
	38.13	3.69	8.36	27.63	21.86

평가요소	3.2 표준어 규정
세부 평가요소	3.2.2 어휘 선택 변화에 따른 표준어
출처	국립국어원, 지역어 종합 정보 사이트 (https://dialect.korean.go.kr/dialect/)

보자마자 딱! 풀리는 | 유형 딱풀 전략

방언의 의미를 모르더라도 문맥적으로 유추가 가능한 경우도 있으니 전체 선지를 보며 정답 찾기

주의 방언 문제는 문맥 유추 + 암기형 어휘를 함께 요구하는 복합 유형의 문제이다. 자주 나오는 방언 리스트를 익혀두는 것이 유리하고, 맥락과 대조 표현으로 문장 내에서 의미를 유추하면서 풀어 보면 도움이 된다.

정답 해설

③ 박목월 『눌담』에 나오는 경상도 방언이다. 경상도 방언 '미우다'의 표준어는 '메우다'이다.

오답 해설

① 박경리 『토지』에 나오는 경상도 방언으로, '가이방하다'의 표준어는 '비슷하다'이다.
② 이문구 『산 너머 남촌』에 나오는 충청도 방언으로, '패구락지'의 표준어는 '개구리'이다.
④ 문충성 『자청비』에 나오는 전라도 방언으로, '괄락괄락'의 표준어는 '벌컥벌컥'이다.
⑤ 이병천 『모래내 모래톱』에 나오는 전라도 방언으로, '말짓'의 표준어는 '장난질, 장난'이다.

039

정답 ①

반응률(%)	①	②	③	④	⑤
	40.67	3.89	37.49	5.11	12.61

평가요소	3.2 표준어 규정
세부 평가요소	3.2.3 표준 발음법
출처	국립국어원, 한글 맞춤법(문화체육관광부고시 제2017-12호)

보자마자 딱! 풀리는 | 유형 딱풀 전략

제시된 선지의 발음을 직접 해보며 정답 찾기

개념체크 한글 맞춤법 제21항
용언의 어간 뒤에 자음으로 시작되는 접미사가 붙어서 된 말은 그 어간의 원형을 밝혀 적는다. 다만, 겹받침 어간의 경우에는 다음과 같은 기준을 따른다.
• 겹받침 중 앞 자음이 발음되면 → 원형을 밝히지 않는다.
  예 곯+고 → 골고(곯다 → 골고)
   → 'ㄹ'이 소리 나므로, 원형 '곯-'을 그대로 적지 않고 소리 나는 대로 쓴다.

- 겹받침 중 뒤 자음이 발음되면 → 원형을 밝혀 적는다.
  예) 삶+고 → 삶고(삶다 → 삶고)
  → 'ㅁ'이 소리 나므로, 원형 '삶-'을 그대로 적는다.

정답 해설

① '굵-+-직하다'는 [굴찌카다]가 아니라 [국찌카다]로 발음되므로, 즉 어간 겹받침의 뒷소리가 발음되므로 원형을 밝혀 '굵직하다'로 적는다.

오답 해설

② '넓-+-적하다'는 [널쩌카다]가 아니라 [넙쩌카다]로 발음되므로 원형을 밝혀 '넓적하다'로 적은 것이다.
③ '굵-+-다랗다'는 [굴따라타]가 아니라 [국따라타]로 발음되므로 원형을 밝혀 '굵다랗다'로 적은 것이다.
④ '넓-+-죽하다'는 [널쭈카다]가 아니라 [넙쭈카다]로 발음되므로 원형을 밝혀 '넓죽하다'로 적은 것이다.
⑤ '늙-+-수그레하다'는 [늘쑤그레하다]가 아니라 [늑쑤그레하다]로 발음되므로 원형을 밝혀 '늙수그레하다'로 적은 것이다.

040 정답 ③

반응률(%)	①	②	③	④	⑤
	1.02	18.86	69.09	2.77	8.13
평가요소	3.3 외래어 표기법				
세부 평가요소	3.3.1 외래어의 표기				
출처	국립국어원, 외래어 표기법(문화체육관광부고시 제2017-14호)				

보자마자 딱! 풀리는 | 유형 딱풀 전략

전체 선지를 읽을 필요 없이 밑줄 친 부분만 빠르게 확인

개념체크 자주 출제되는 외래어 표기법

- 한글 24자만 사용: 외래어는 한글의 기존 자모만 사용하고, 새로운 기호·부호는 쓰지 않는다.
- 외래 소리는 대체로 '1음운 → 1기호'로 대응된다.
- 받침으로 쓰는 자음은 'ㄱ, ㄴ, ㄹ, ㅁ, ㅂ, ㅅ, ㅇ'만 허용한다.
- 파열음(p, t, k)은 된소리로 쓰지 않는다.

정답 해설

③ 'placard'의 외래어 표기는 '플래카드'이다. 원어 placard의 발음[plækɑːd]에는 'n' 발음이 없으므로 'ㄴ'을 표기할 이유가 없고 어중의 [l]이 모음 [æ] 앞에 올 경우 'ㄹㄹ'로 표기한다(외래어 표기법 6항 참조). 그리하여 [plæ]는 '플래'로 표기한다. 모음 [æ]는 국제 음성 기호와 한글 대조표에 따르면 '애'로 표기한다.

041 정답 ②

반응률(%)	①	②	③	④	⑤
	33.40	37.95	9.30	5.95	13.14
평가요소	3.4 로마자 표기법				
세부 평가요소	3.4.1 국어의 로마자 표기				
출처	국립국어원, 국어의 로마자 표기법(문화체육관광부고시 제2014-42호)				

보자마자 딱! 풀리는 | 유형 딱풀 전략

전체 선지를 읽을 필요 없이 밑줄 친 부분만 빠르게 확인

개념체크 자주 출제되는 로마자 표기법

- 국어의 로마자 표기는 표준 발음을 기준으로 적는다.
  → 원형 철자보다는 실제 소리 나는 대로 적는다.
  예) 여민락[여밀락] → Yeomillak
- 음운 변화(연음, 자음동화 등)가 있을 경우, 그 '발음 결과'를 따른다.
  예) 뱃노래[밴노래] → Baennorae, 여민락[여밀락] → Yeomillak
- 형태소 결합에 의해 나타나는 발음상의 된소리는 표기하지 않는다(단, 단어 자체가 원래 된소리인 경우는 반드시 표기).
  예) 법고 - [법꼬] - Beopgo
  → 발음상의 된소리는 표기하지 않음
  깍두기 - [깍뚜기] - Kkakdugi
  → '깍'은 원래 된소리이기 때문에 된소리로 표기, '뚜'는 발음상 된소리이기 때문에 된소리 표기하지 않음

정답 해설

국어의 로마자 표기법에서 가장 기본적인 원칙은 한국어의 철자가 아니라 한국어의 발음을 로마자로 옮기는 것이다.
② '백암산'은 [배감산]으로 발음되므로 로마자로는 'Baegamsan'으로 적는다.

오답 해설

① '설악산'은 [서락산]으로 발음되므로 'Seoraksan'으로 표기한다.
③ '덕룡산'은 [덩뇽산]이므로 'Deongnyongsan'으로 표기한다.
④ '한라산'은 [할라산]이므로 'Hallasan'으로 표기한다.

⑤ 체언에서 'ㄱ, ㄷ, ㅂ' 뒤에 'ㅎ'이 올 때는 'ㅎ'을 밝혀 적어야 한다. 이에, '북한산'은 발음이 [부칸산]이지만 'Bukansan'이 아니라 '한'의 'ㅎ'을 밝혀서 'Bukhansan'으로 적는다.

042　　　　　　　　　　　　　　　　　　정답 ③

반응률(%)	①	②	③	④	⑤
	2.31	7.83	42.22	19.57	27.86
평가요소	3.5 정확한 문장				
세부 평가요소	3.5.1 어법에 맞는 표현				
출처	국립국어원(2018), 『한글 맞춤법, 표준어 규정 해설』				

보자마자 딱! 풀리는 | 유형 딱풀 전략

전체 선지를 읽을 필요 없이 밑줄 친 부분만 빠르게 확인

주의 주어와 서술어의 호응, 목적어 생략 또는 중복, 중의적 표현, 조사의 사용 오류 등이 오답의 단서가 된다. 밑줄 친 문장을 빠르게 읽되, 문장의 중심 성분이 논리적으로 맞물리는지 확인하며 푸는 것이 중요하다.

정답 해설

③ ⓒ '된장찌개에는 특유의 구수한 향과 함께 맵고 짠 맛이 우러나 어떤 음식과도 잘 어울린다.'에서 '어떤 음식과도 잘 어울린다'의 주어가 빠져 있으므로 '된장찌개는 특유의 구수한 향과 함께 맵고 짠 맛이 우러나 어떤 음식과도 잘 어울린다.' 정도로 수정해야 한다.

043　　　　　　　　　　　　　　　　　　정답 ②

반응률(%)	①	②	③	④	⑤
	1.32	75.06	15.61	0.41	7.45
평가요소	3.5 정확한 문장				
세부 평가요소	3.5.1 어법에 맞는 표현				
출처	• 국립국어원, 표준국어대사전 (stdict.korean.go.kr) • 이익섭·채완(2000), 『국어문법론 강의』, 학연사 • 이익섭(2021), 『한국어 문법』, 서울대학교 출판문화원				

보자마자 딱! 풀리는 | 유형 딱풀 전략

높임 표현의 적절한 쓰임을 묻는 문항으로 선지의 전체를 읽고 주어와 서술어, 높임 대상을 파악

개념체크 높임 표현
• 주체 높임법: 문장의 주어(행위 주체)를 높임
  예 선생님께서 들어오십니다.
• 객체 높임법: 서술어가 가리키는 행위 대상을 높임
  예 할머니를 병원에 모셨습니다.
• 상대 높임법: 청자의 높고 낮음을 반영한 종결어미 사용
  예 밥 먹었어요? / 드셨습니까?

정답 해설

② 해당 문맥의 '하셨어'에 쓰인 '-어'는 '해체(반말)' 문장에 쓰이는 종결 어미이다. '해체'는 상대편, 즉 듣는 사람인 청자를 높이지 않는 뜻을 나타내는 비격식체의 종결형이다. '-어'는 종결 어미에 쓰여 어떤 사실을 서술하거나 물음, 명령, 청유를 나타낸다. '하셨어'에 쓰인 선어말 어미 '-시-'는 청자가 아니라 문장의 주체인 '선생님'을 높이고 있다.

오답 해설

① '같습니다'의 '-습니다'는 '하십시오체'의 평서문에 쓰이는 종결 어미이다. '하십시오체'는 상대 높임법 중 상대편을 가장 높이는 등급이다.
③ '대단하구려'의 '-구려'는 '하오체' 문장에서 쓰여 감탄의 뜻을 나타내는 종결 어미이다. '하오체'는 상대 높임법 중 두 번째로 상대편을 높이는 종결형으로, 아랫사람이나 친구를 높여 대접할 때 쓴다.
④ '계십시오'의 '-ㅂ시오'는 '하십시오체' 문장에서 쓰여 정중한 명령의 뜻을 나타내는 종결 어미이다.
⑤ '가오'의 '-오'는 '하오체' 문장에서 쓰여, 설명·의문·명령의 뜻을 나타내는 종결 어미이다.

044　　　　　　　　　　　　　　　　　　정답 ④

반응률(%)	①	②	③	④	⑤
	13.29	9.79	3.28	72.32	1.19
평가요소	3.5 정확한 문장				
세부 평가요소	3.5.1 어법에 맞는 표현				
출처	남기심·고영근·유현경·최형용(2019), 『표준 국어문법론』, 한국문화사				

> 보자마자 딱! 풀리는 | **유형 딱풀 전략**

선지의 전체를 읽고 두 가지 이상의 의미로 해석되는 문장이 있는지 파악

개념체크 중의적 해석이 가능한 경우
- 수식어의 위치 불분명
- 조사 해석의 모호성
- 주어/목적어 생략으로 인한 해석의 다의성
- 호응 관계 불명확

> **정답 해설**

④ 일반적인 사동문은 직접 사동의 해석과 간접 사동의 해석이 모두 가능하나, 읽는 행위의 특성상 이 사동문은 간접 사동으로만 해석된다. 즉, 책을 읽은 것은 학생들이고 학생들이 책을 읽도록 한 것이 선생님이라는 의미로만 해석된다.

> **오답 해설**

① '온 사람이 하나도 없다'라는 의미로 해석될 수도 있고 '사람이 오긴 왔는데 모두 온 것이 아니다.'라는 의미로 해석될 수도 있는 중의적인 문장이다.
② '나는 (동생보다 언니와) 더 친하다.'라는 의미로 해석될 수도 있고, '나는 (동생보다) 언니와 더 친하다.'라는 의미로도 해석될 수 있는 중의적인 문장이다. 즉, 비교 대상이 '동생'인지 '동생과 언니의 친밀도'인지에 따라 해석이 달라지는 중의적 문장이다.
③ '사과와 배 각각 하나씩 총 두 개'라는 의미로 해석될 수도 있고 '사과 한 개와 배 두 개'라는 의미로 해석될 수도 있는 중의적인 문장이다.
⑤ '철수가 신랑이고 영희가 신부인 결혼식'에 참석했다는 의미로 볼 수도 있고, '철수의 결혼식'과 '영희의 결혼식' 두 번 모두 참석했다는 의미로도 해석될 수도 있는 중의적인 문장이다.

045 정답 ⑤

반응률(%)	①	②	③	④	⑤
	1.35	20.49	1.60	2.26	74.20

평가요소	3.5 정확한 문장
세부 평가요소	3.5.3 번역 투 표현
출처	국립국어연구원(1994), 『번역 문체의 역사적 연구』

> 보자마자 딱! 풀리는 | **유형 딱풀 전략**

선지의 전체를 읽고 불필요하게 길거나 어색하게 느껴지는 문장을 자연스럽고 간결한 표현으로 바꿔 보는 방식으로 접근

> **정답 해설**

⑤ '…(으)로 하여금'은 한문의 사동 구문에 쓰이는 기능어 '使'를 직역한 번역 투 표현이다. '…에/에게 있어'는 일본어 '…にあって(~의 상황에서, ~에 있어서)'나 '…にぉいて(~에서, ~에 있어서)' 구문의 번역 투 표현이므로, '독자로 하여금'은 '독자에게로'로 바꾸어 쓰는 것이 적절하다.

> **오답 해설**

① '…에 위치하고 있다'는 영어 표현 'be located in'의 영향을 받은 번역 투 표현이므로, '산 중턱에 위치하고 있다'는 '산 중턱에 있다'로 고쳐야 한다.
② '…을/를 통해'는 영어 'through …ing' 구문의 번역 투 표현이므로, '공부하는 것을 통해'는 '공부하는 것으로' 고쳐야 한다.
③ '…(으)로 인해'는 한문의 피동 구문에 쓰이는 기능어 '因'을 직역한 번역 투 표현이므로, '사건으로 인해'는 '사건으로' 또는 '사건 때문에'로 고쳐야 한다.
④ '사용되어졌다'는 '사용되다'에 다시 피동 접미사 '-어지다'가 덧붙은 이중 피동 표현으로, 이는 영어 'was used'의 영향을 받은 번역 투이며, '사용되었다'로 고쳐야 한다.

영역별 접근 전략
쓰기 046~050번

쓰기 영역은 글쓰기 과정을 문제화한 영역입니다. 내용 일치-불일치를 묻는 영역이기 때문에 침착하게 풀어낸다면 크게 어렵지 않습니다. 제시문을 먼저 읽기보다는 선지를 기준으로 제시문에서 파악해야 할 정보들을 우선 파악하여 역으로 추적하고, 제시문을 확인하는 동시에 선지를 하나씩 소거해 나가는 방식으로 푸는 것이 효율적입니다.

046 정답 ②

반응률(%)	①	②	③	④	⑤
	0.36	93.98	4.25	0.28	0.99

평가요소	4.1 글쓰기 계획
세부 평가요소	4.1.1 계획하기
출처	• 2018~2022년 우리나라 국민의 하루 평균 나트륨 섭취량 조사(식품의약품안전처, 2024) • 일본은 나트륨 다이어트 中(농식품수출정보, 2020)

보자마자 딱! 풀리는 | 유형 딱풀 전략

1. 제시문을 읽기 전 문항에서 묻고 있는 것이 무엇인지 먼저 파악
2. 문항에서 묻고 있는 항목을 제시문으로 가서 하나씩 비교하며 소거

❗주의 글의 내용적인 측면과 내용을 전달하는 방식적인 측면을 종합적으로 고려해야 한다. 글을 읽을 때 주로 내용적인 측면에 집중을 하게 되기 때문에 선지에서 방식적인 측면을 물어볼 경우 한 번에 떠오르지 않을 수 있다. 침착하게 하나씩 비교하며 소거해 가는 것이 중요하다.

정답 해설

ㄱ. "그렇다면 우리나라 국민은 나트륨을 얼마나 섭취하고 있을까?", "그렇다면 건강의 위험을 초래할 수 있는 나트륨 과다 섭취를 줄이기 위해서는 어떠한 노력이 필요할까?"와 같이 질문의 방식으로 앞으로 이어질 내용을 제시하고 있다.

ㄷ. "2022년 기준 우리나라 국민의 1인당 하루 평균 나트륨 섭취량은 3,074㎎으로 나타났다. 이는 세계 보건 기구(WHO) 권장량인 2,000㎎보다 약 1.5배 많은 수치이다."와 같이 구체적 수치를 활용하여 우리나라 국민의 나트륨 섭취 실태를 제시하고 있다.

오답 해설

ㄴ. 나트륨의 종류를 설명하고 있지 않다.
ㄹ. 전문가의 인터뷰 내용을 직접 인용하고 있지 않다.

047   정답 ①

반응률(%)	①	②	③	④	⑤
	87.39	4.98	4.86	1.42	1.22
평가요소	4.1 글쓰기 계획				
세부 평가요소	4.1.2 자료의 활용				

보자마자 딱! 풀리는 | 유형 딱풀 전략

1. 주어진 자료를 보기 전 선지를 먼저 확인하고 자료에서 어떠한 부분을 중점으로 보아야 할지 파악
2. 선지를 자료와 비교하며 소거

정답 해설

① (가)는 나트륨 과다 섭취를 줄이기 위한 사회적 노력에 해당하므로, 나트륨 과다 섭취를 줄이기 위한 개인적 노력을 구체화한다는 진술은 적절하지 않다.

오답 해설

② (나)는 다른 나라의 1인 1일 평균 나트륨 섭취량을 보여 주는 자료이다. 따라서 이를 활용하여 나트륨 섭취의 문제가 세계적인 문제임을 강조한다는 진술은 적절하다.

③ (다)는 나트륨이 우리가 일상적으로 먹는 음식에 다량으로 함유되어 있음을 보여 주는 자료이다. 따라서 (다)를 활용하여 일상에서 섭취하는 국물을 적게 먹는 식습관 개선이 중요함을 강조하기에 적절한 자료이다.

④ (라)는 2018~2022년 우리나라의 1인 1일 평균 나트륨 섭취량 변화를 보여 주는 자료이다. 따라서 (라)를 활용하여 2018~2022년 우리나라 국민의 1인당 하루 평균 나트륨 섭취량이 감소했음에도 권장량에 비해 심각한 수준임을 강조하는 자료로 활용하기에 적절하다.

⑤ (마)는 나트륨 과다 섭취를 줄이기 위한 일본의 사례를 보여 주는 자료이다. 따라서 (마)를 활용하여 나트륨 과다 섭취를 줄이기 위해 노력하고 있는 다른 나라의 사례를 보여 주는 것은 적절하다.

048   정답 ④

반응률(%)	①	②	③	④	⑤
	0.48	0.58	1.53	95.91	1.37
평가요소	4.1 글쓰기 계획				
세부 평가요소	4.1.3 개요 작성				

보자마자 딱! 풀리는 | 유형 딱풀 전략

1. 선지를 먼저 확인하고 선지에서 요구하는 내용을 찾아가는 방식으로 접근
2. '내용의 일치 여부 → 상위 항목과 하위 항목 간의 연관성 파악' 순으로 선지 확인

정답 해설

④ 초고의 2문단을 보면, Ⅱ-2는 Ⅱ의 구체적인 내용에 해당함을 알 수 있다. 따라서 Ⅲ의 하위 항목으로 이동할 필요가 없다.

오답 해설

① 초고의 1문단을 보면, Ⅰ-3은 글의 주제와 어울리지 않는 내용이므로 삭제하였음을 알 수 있다.
② 초고의 1문단을 보면, Ⅱ-3은 상위 항목을 고려하여 Ⅰ의 하위 항목으로 이동하였음을 알 수 있다.
③ 초고의 2문단을 보면, Ⅱ는 하위 항목을 포괄할 수 있도록 '우리나라의 나트륨 섭취 실태'로 수정하였음을 알 수 있다.
⑤ 초고의 마지막 문단을 보면, 글의 맥락을 고려하여 Ⅳ-1과 Ⅳ-2의 순서를 바꾸어 서술하였음을 알 수 있다.

049 정답 ②

반응률(%)	①	②	③	④	⑤
	0.46	98.07	0.99	0.13	0.25

평가요소	4.2 고쳐쓰기
세부 평가요소	4.2.2 미시적 점검

보자마자 딱! 풀리는 | 유형 딱풀 전략

선지에서 묻고 있는 요소를 확인하고 초점을 맞추어 제시문 확인
예 ① 호응이 맞는지, ② 피동 표현의 쓰임이 적절한지

정답 해설

② ⓒ: '나트륨은'이라는 주어를 고려할 때 '유지하는'을 그대로 쓰는 것이 적절하다.

오답 해설

① ㉠: '비록'이라는 부사어와 서술어의 호응이 맞지 않으므로 '만약'으로 수정하는 것이 적절하다.
③ ㉢: 문장 간의 병렬적인 연결을 고려하여 '그리고'로 수정하는 것이 적절하다.
④ ㉣: 앞서 까닭이나 근거를 제시하는 맥락을 고려하여 '있으므로'로 수정하는 것이 적절하다.
⑤ ㉤: '작다'는 '길이, 넓이, 부피 따위가 비교 대상이나 보통보다 덜하다.'의 의미이며, '적다'는 '수효나 분량, 정도가 일정한 기준에 미치지 못하다.'의 의미이다. 따라서 '적게'로 수정하는 것이 적절하다.

050 정답 ③

반응률(%)	①	②	③	④	⑤
	0.53	0.15	98.27	0.48	0.38

평가요소	4.2 고쳐쓰기
세부 평가요소	4.2.1 거시적 점검

보자마자 딱! 풀리는 | 유형 딱풀 전략

1 빈칸 앞뒤 문맥을 확인하여 빈칸에 들어갈 말의 방향성 파악
2 방향성에 맞는 선지 선택

❗주의
선지를 빈칸에 하나씩 대입해 볼 경우 여러 선지가 정답인 것처럼 느껴지는 경우가 있다. 이에 문맥을 통해 빈칸에 들어갈 말에 대한 대략적인 방향성을 잡아 두고 선지에 접근하는 것이 효율적인 풀이 방식이 될 수 있다.

정답 해설

③ 빈칸이 포함된 문장의 앞에 '즉'이 있으므로 빈칸은 '즉'의 앞 문장과 의미적으로 호응하는 관계에 있어야 한다. 또한, 빈칸의 바로 뒷 문장에서 '이러한 개인적인 노력'이라는 말이 언급되었으므로 나트륨 섭취에 대한 심각성을 인지하고 이를 줄이기 위해서 노력해야한다는 내용과 함께 개인적인 노력이 필요하다는 의미가 더해져야 하므로, ⓐ에 들어갈 내용으로 ③이 제일 적절하다.

오답 해설

① '저염식품을 다양하게 개발하는 것이 필요하다.'는 사회적 측면의 노력에 해당하므로 적절하지 않다.
② '우리나라 국민의 나트륨 섭취량에 대한 정확한 통계 분석이 요구된다.'는 사회적 측면의 노력에 해당하므로 적절하지 않다.
④ '나트륨 과다 섭취가 건강에 미치는 영향에 대한 홍보를 활성화하는 것이 요구된다.'는 사회적 측면의 노력에 해당하므로 적절하지 않다.
⑤ '나트륨을 대체할 수 있는 감미료 개발을 위한 국가 차원의 정책적 노력이 필요하다.'는 사회적 측면의 노력에 해당하므로 적절하지 않다.

영역별 접근 전략

창안 051~060번

창안 영역은 주어진 제시문이나 <보기>를 바탕으로 연상하여 해결하는 문항이 출제됩니다. 이 영역은 주관이 개입될 수밖에 없기 때문에, 문제 해결 시에 제시문이나 <보기>에서 이끌어 낼 수 있는 '근거'를 기준으로 하여 접근하는 것이 중요합니다. 또한 제시문을 읽을 때 발문에서 요구하는 바에 초점을 맞추어 파악하면 한결 수월하게 정답을 도출할 수 있습니다.

051 정답 ④

반응률(%)	①	②	③	④	⑤
	0.86	0.84	1.02	96.82	0.38

평가요소	5.1 텍스트 창안
세부 평가요소	5.1.2 유비추론을 활용한 내용 생성

보자마자 딱! 풀리는 | 유형 딱풀 전략

1. 요구 조건(물건 → 지식, 배송 방식 → 학습 방식)의 특징 먼저 파악
2. 요구 조건의 특징을 기준으로 잡고 선지들을 'ⓐ직접 연결 방식'에 대입

정답 해설

④ ⓐ의 직접 연결 방식은 중간 거점을 거치지 않고 집하 센터에서 곧바로 배송 센터로 물건을 보내는 방식이다. 이를 학습 방식에 비유하면, 불필요한 과정 없이 필요한 정보를 직접 습득하여 빠르게 활용하는 학습법과 유사하다. 예를 들어, 강의를 듣거나 요약된 자료를 활용해 핵심 내용을 바로 익히는 학습 방식이 이에 해당한다. 이 방식은 학습 시간을 단축할 수 있지만, 정보의 구조적 정리가 부족할 수도 있다는 한계가 있다.

오답 해설

① 거점 경유 방식에 가깝다. 거점 경유 방식은 정보를 종합하여 분류하는 과정이 있으므로, 학습 과정에서 여러 개념을 비교하고 다양한 관점에서 검토하는 방식과 유사하다.
② 거점 경유 방식에 가깝다. 거점 경유 방식은 정보를 한곳에 모아 분류하고 정리한 후 다시 배송하는 과정을 포함한다. 이는 학습 내용을 구조적으로 정리하는 과정과 유사하다.
③, ⑤ 협력 학습과 관련된 내용이며, 개인이 빠르게 배송을 처리하는 데 초점을 맞추는 직접 연결 방식과는 관련성이 낮다.

052 정답 ③

반응률(%)	①	②	③	④	⑤
	0.48	0.33	96.03	0.99	2.03

평가요소	5.1 텍스트 창안
세부 평가요소	5.1.2 유비추론을 활용한 내용 생성

보자마자 딱! 풀리는 | 유형 딱풀 전략

1. 요구 조건(ⓐ, ⓑ)의 특징 먼저 파악
2. 요구 조건의 특징을 기준으로 잡고 선지들을 정보 확산 방식에 비유

정답 해설

③ ⓑ의 거점 경유 방식은 모든 정보를 한곳(거점)으로 모아 정리한 후, 다시 목적지별로 분류하여 배포하는 형태이다. 방송국은 여러 개별 뉴스 자료를 취합하여 분석하고, 핵심적인 내용을 정리한 후 대중에게 보도하는 과정을 거친다. 이 방식은 거점 경유 방식과 동일한 원리로 작동하므로 적절한 사례라고 할 수 있다.

오답 해설

①, ②, ③, ④ 모두 ⓐ인 직접 연결 방식에 해당한다.

053 정답 ⑤

반응률(%)	①	②	③	④	⑤
	0.10	0.13	0.15	0.31	99.24

평가요소	5.1 텍스트 창안
세부 평가요소	5.1.1 조건에 맞는 내용 생성

보자마자 딱! 풀리는 | 유형 딱풀 전략

1. 〈조건〉에서 요구하는 기준이 무엇인지 파악
2. 정답이 될 갈등 해결 방안의 방향성을 잡고 선지 확인

정답 해설

⑤ 택배 배송 방식을 갈등 해결 방식에 비유한다면, ⓐ직접 연결 방식은 당사자 간 직접 해결을 의미하고, ⓑ거점 경유 방식은 중재자를 거쳐 해결하는 방식과 유사하다고 할 수 있다. ⓐ과 ⓑ의 방식을 종합적으로 고려한 갈등 해결을 지혜를 표현하라고 하였으므로 직접 해결과 중재자의 개입을 통한 해결을 적절히 병행해야 한다는 표현은 적절하다.

오답 해설

① 일상적 소통을 강화하는 것은 직접 해결이나 중재자 개입 모두 고려하지 않는 태도로 조건과 맞지 않는다.
② 당사자 간 합의만을 강조하는 것은 중재자의 역할을 고려하지 않은 것이다.
③ 갈등 해결을 유보하는 것은 특별한 갈등 해결 방식을 택하는 것이 아니기 때문에 조건에 맞지 않는다.
④ 중재 기관을 중심으로 갈등을 해결하는 것은 당사자 간 직접적인 해결을 고려하지 않은 것이다.

054 정답 ③

반응률(%)	①	②	③	④	⑤
	0.05	0.23	92.93	4.47	2.21

평가요소	5.2 그림 창안
세부 평가요소	5.2.2 구체적 그림을 활용한 내용 생성
출처	그림 • (가) https://blog.naver.com/bulls0ne/223773968898 • (나) https://www.gnnews.co.kr/news/articleView.html?idxno=342936

정답 해설

③ 투명 방음벽에 새 그림을 그려 넣은 것은 조류가 투명 방음벽을 장애물로 인식하게 하여 비행 중 충돌을 막기 위함이다. 따라서 (나)의 핵심 목적은 조류의 충돌 방지이지, 고속도로의 주행 환경을 아름답게 개선하기 위한 심미적인 목적이 아니다.

오답 해설

① 고속도로의 색깔 선은 운전자에게 주행 방향을 직관적으로 안내한다.
② 진출로 및 갈라지는 곳 등의 차선 혼란을 방지하여 주행 사고를 예방한다.
④ '질서 유지를 위한 체계적이고 명확한 사회적 지침 마련'의 필요성에 대한 주장은 직관적인 안내를 제공하여 혼란을 방지하는 (가)의 목적에 부합한다.
⑤ '공존을 위한 부수적인 사회적 장치 마련'의 필요성에 대한 주장은 기존 투명 방음벽에 새 그림을 추가하여 조류 충돌 방지의 효과를 내는 (나)의 목적에 부합한다.

055 정답 ②

반응률(%)	①	②	③	④	⑤
	0.18	98.75	0.48	0.25	0.20

평가요소	5.1 텍스트 창안
세부 평가요소	5.2.3 시각 리터러시

보자마자 딱! 풀리는 | 유형 딱풀 전략

선지에서 제시한 기능을 토대로 그림을 확인

주의 〈그림〉을 해석할 때 나의 관점만을 고수하지 말고 선지에서 제시한 관점을 토대로 받아들이는 것이 중요하다.

정답 해설

② 고속도로 색깔 선의 핵심 기능은 노면에 시각적 정보를 제공하여 운전자들이 직관적으로 색깔 선을 따를 수 있도록 하며, 의식적으로 특정 행동(주행 방향 조정, 차선 변경 등)을 하도록 유도하는 기능을 한다고 할 수 있다. ②의 발자국 스티커는 바닥의 시각적 정보를 이용해 사람들이 자연스럽게 줄을 서도록 유도하는 기능을 하므로 바닥에 표시된 시각적 안내를 통해 사람들의 행동을 의식적으로 조정할 수 있다는 점에서 (가)와 가장 유사한 원리를 가진다.

오답 해설

① 연예인 사진은 사람들의 흥미와 관심을 유도하는 광고적 요소이지, 사람들의 특정 행동을 유도하는 것이 아니다.
③ 계단의 칼로리 표시는 계단 이용이라는 행동을 유도하는 기능을 한다는 점에서 유사하지만, 이는 사람들이 선택할 수 있는 심리적 동기를 주는 것일 뿐이다. 고속도로 색깔 선처럼 원하는 진행 방향을 안내하거나 특정 방향을 인식시켜 유도하는 기능은 없다.
④ 자동문은 사람이 다가왔을 때 시설이 기술적으로 자동 반응하는 방식이며 고속도로 색깔 선과 관련이 없다.
⑤ 온열 의자는 사람들에게 편의를 제공하는 것이지 시민들의 특정 행동을 유도하는 것이 아니다.

056 정답 ②

반응률(%)	①	②	③	④	⑤
	0.43	96.06	0.51	2.21	0.66

평가요소	5.1 텍스트 창안
세부 평가요소	5.1.2 유비추론을 활용한 내용 생성

보자마자 딱! 풀리는 | 유형 딱풀 전략

선지에서 제시한 시사점을 토대로 (나) 확인

주의 (나)만 놓고 자의적으로 해석하지 말고 선지에서 제시하는 것들을 기준으로 (나)를 판단해보는 과정을 거쳐서 정답을 찾아야 한다.

정답 해설

② (나)는 인간을 위한 편의 시설(방음벽)이 조류에게 예상치 못한 피해(충돌)를 초래할 수 있음을 알고 이를 방지하려는 환경 보호의 사례이다. 이를 통해 '인간 중심의 시설이 자연에 미치는 영향을 고려하고, 그에 따른 해결책을 마련하는 것이 중요하다.'는 시사점을 도출할 수 있으므로 편의 시설을 설계할 때 생

태계에 미칠 영향을 고려해야 한다는 ②가 가장 적절하다.

> 오답 해설

① 방음벽의 목적은 소음 차단이고, 핵심 기능은 조류 충돌 방지이다. 기능적 측면이 중심이며, 단순히 외형의 아름다움을 강조하는 내용과는 거리가 있다.
③ 조류 보호를 위해 보완하는 해결책을 인간을 위한 편의 시설에 적용한 사례이다. 편의 시설을 아예 없애야 한다는 주장은 극단적이므로 부적절하다.
④ (나)의 핵심 목적은 환경 보호(조류 충돌 방지)이며, 도시 미관 개선이 주된 목표가 아니다.
⑤ (나)에서 환경을 위한 제도적 지원과 자발적 실천의 여부는 모두 확인할 수 없다.

057   정답 ⑤

반응률(%)	①	②	③	④	⑤
	3.38	1.02	0.64	1.32	93.47
평가요소	5.2 그림 창안				
세부 평가요소	5.2.2 구체적 그림을 활용한 내용 생성				

> 보자마자 딱! 풀리는 | 유형 딱풀 전략

제시문에서 제시하는 요구 조건을 확인하고 광고를 하나씩 소거하는 방식으로 접근

> 정답 해설

⑤ 과도한 스마트폰 사용으로 인한 문제점이 아니라 불법 촬영을 경계하는 광고의 사례로 적합하다.

> 오답 해설

①, ②, ③, ④는 모두 과도한 스마트폰 사용으로 인한 문제점을 나타내는 광고이다.

058   정답 ②

반응률(%)	①	②	③	④	⑤
	7.09	78.65	0.33	13.04	0.69
평가요소	5.2 그림 창안				
세부 평가요소	5.2.2 구체적 그림을 활용한 내용 생성				

> 보자마자 딱! 풀리는 | 유형 딱풀 전략

1 〈조건〉에 제시된 요구로 소거할 수 있는 선지들 우선 확인
2 남은 선지와 제시문을 연결지어 확인

> 정답 해설

② '스마트폰 안 개구리'는 스마트폰 속 세상에 갇혀 벗어날 수 없는 상황을 나타내는 것으로 스마트폰에 과도하게 의존해 현실을 감각하지 못하는 제시문의 내용과 그림을 모두 포괄하고 있다.

> 오답 해설

① 스마트폰에 시선이 고정된 현대인의 모습을 의문형으로 드러냈지만, 스마트폰 중독의 심각성이나 그림에 담긴 예술 감상의 왜곡까지는 충분히 반영하지 못하고 있다.
③ 의문문 형식을 따르지 않았다.
④ 스마트폰 사용에 대한 역설적 상황을 표현하고는 있으나, 비유가 모호해, 독자가 글과 그림의 전체 메시지를 명확히 파악하기 어렵다.
⑤ 의문문 형식을 따르지 않았다.

059   정답 ⑤

반응률(%)	①	②	③	④	⑤
	5.90	0.41	1.14	2.80	89.65
평가요소	5.2 그림 창안				
세부 평가요소	5.1.2 유비추론을 활용한 내용 생성				

> 보자마자 딱! 풀리는 | 유형 딱풀 전략

1 ⊙과 〈보기〉의 핵심내용 파악
2 ⊙과 〈보기〉의 공통된 내용을 기준으로 적절한 선지 찾기

주의 ⊙과 〈보기〉에서 제시하고 있는 내용을 각각 파악하고 두 가지의 내용이 모두 담긴 선지를 찾아내는 것이 중요하다.

> 정답 해설

⑤ 운영체제가 하드웨어와 소프트웨어가 원활하게 상호 작용할 수 있도록 돕고, 사용자가 복잡한 내부 구조를 몰라도 쉽게 컴퓨터를 사용할 수 있도록 하는 것처럼, 인체의 자율 신경계도 여러 기관을 자동으로 조절하여 신체의 작용을 인식하지 않아도 정상적으로 기능할 수 있도록 한다.

오답 해설

① 개별 요소 간의 유기적인 협력이 필요하다는 메시지는 관련이 없다.
② 외부 환경 변화에 적응하는 능력이 필요하다는 메시지는 관련이 없다.
③ 독립적인 운영은 제시문과 〈보기〉의 방향과 맞지 않다.
④ 효율적인 자원 활용이란 표현은 일부 관련성이 있어보일 수 있지만, 계획적인 배분이 필요하다는 내용은 관련이 없다.

060　　　　　　　　　　　　　　　　　　　정답 ⑤

반응률(%)	①	②	③	④	⑤
	6.08	3.08	13.83	8.29	68.56
평가요소	5.2 그림 창안				
세부 평가요소	5.1.2 유비추론을 활용한 내용 생성				

보자마자 딱! 풀리는 | 유형 딱풀 전략

1 ㉡의 내용을 우선 파악하여 키워드와 방향성 선정
2 방향성에 맞는 선지 찾기

정답 해설

⑤ 직원 복지 프로그램은 회사가 잘 굴러가도록 직원에게 동기부여를 할 수 있지만 이것이 회사 운영의 업데이트와 개선을 위해 작용한다고 보기는 어렵다.

오답 해설

① 노사 간의 협상 절차는 운영체제가 사용자와 프로그램의 요구를 조정하는 기능과 유사하다.
② 업무 분장은 운영체제가 작업을 배분하는 스케줄링 기능에 해당한다.
③ 감사 제도는 시스템 내 오류를 감지하고 해결하는 운영체제의 기능과 연결된다.
④ 보안을 위한 내부망 사용은 운영체제가 외부 위협으로부터 시스템을 보호하는 기능에 대응된다.

영역별 접근 전략
읽기　　　　　　061~090번

읽기 영역은 가장 많은 분량을 차지하며, 문제를 푸는 데 상대적으로 많은 시간이 소요됩니다. 따라서 다른 영역에서 풀이 시간을 줄여 읽기 영역의 지문을 세세하게 읽을 수 있는 시간을 확보하는 것이 중요합니다. 이 영역은 선지에서 언급된 부분만 확인해도 풀 수 있는 문제가 많지 않기 때문에, 선지를 먼저 공략해 빠르게 풀기보다는 긴 제시문을 두 번, 세 번 반복해서 읽지 않도록 처음부터 꼼꼼히 읽으며 동시에 선지의 답을 찾아가는 방식으로 접근하는 것이 효율적입니다.

061　　　　　　　　　　　　　　　　　　　정답 ③

반응률(%)	①	②	③	④	⑤
	5.29	3.38	81.06	4.65	5.44
평가요소	6.1 문학 텍스트				
세부 평가요소	6.1.1 문학 텍스트 이해하기				
출처	나희덕(2011), 「뿌리로부터」, 문예중앙				

보자마자 딱! 풀리는 | 유형 딱풀 전략

1 61~62번 문항은 하나의 제시문에 두 문항이 함께 출제되는 문항으로, 제시문을 읽기 전 각각의 문항이 묻고 있는 것이 무엇인지 먼저 확인하여 주의하며 읽어야 할 부분 체크
예 61번 '표현상의 특징', 62번 '문학작품에 대한 이해'

❗주의　제시문에 대한 사전 지식이 없다면, 제시문에 대한 힌트를 얻을 수 있는 문항을 먼저 푸는 방식으로 접근하는 것이 효율적이다. 62번의 〈보기〉는 제시문에 대한 이해를 돕는 내용으로, 이 경우 62번을 먼저 풀고 61번을 푼다면 조금 더 수월하게 문제를 풀어나갈 수 있다.

정답 해설

③ '~다는 것'과 같이 명사형으로 시행을 종결하고 있으며, 청유형 종결 어미는 활용되고 있지 않다.

오답 해설

① '~다는 것', '~ 수 있을 것 같은데'와 같은 유사한 문장 구조의 반복을 통해 운율을 형성하고 있다.
② '한때', '이제는'과 같이 과거와 현재를 대비하여 화자의 태도 변화를 드러내고 있다.

④ '당신은 뿌리로부터 달아나는 데 얼마나 걸렸는지?'와 같이 의문의 형식을 통해 청자에게 질문을 하여 소재에 대한 관심을 환기하고 있다.
⑤ '줄기보다는 가지를, 가지보다는 가지에 매달린 잎을, 잎보다는 ~'의 연쇄적 표현을 활용하여 화자가 중시하게 된 대상을 드러내고 있다.

062 정답 ⑤

반응률(%)	①	②	③	④	⑤
	0.36	0.92	1.68	1.32	95.40
평가요소	6.1 문학 텍스트				
세부 평가요소	6.1.3 문학 텍스트 비판하기				

보자마자 딱! 풀리는 | 유형 딱풀 전략

1. 〈보기〉를 바탕으로 시의 주제를 파악
2. 시와 〈보기〉의 내용을 생각하며 선지에 해당하는 표현으로 가서 내용을 확인한 후 선지를 하나씩 소거하는 방식으로 접근

주의 제시문에 대한 사전 지식이 없다면, 제시문에 대한 힌트를 얻을 수 있는 문항을 먼저 푸는 방식으로 접근하는 것이 효율적이다. 62번의 〈보기〉는 제시문에 대한 이해를 돕는 내용으로, 이 경우 62번을 먼저 풀고 61번을 푼다면 조금 더 수월하게 문제를 풀어나갈 수 있다.

정답 해설

⑤ 마지막 연의 '한때 나는 뿌리의 신도였지만'을 통해 '뿌리의 신도'는 뿌리에 의지하며 살았던 화자의 과거 모습을 의미함을 알 수 있다. 따라서 '뿌리의 신도'가 스스로 존재하는 화자의 변화된 모습을 의미한다고 보기는 어렵다.

오답 해설

① '언제든 흩날릴 준비가 되어 있다는 것'에는 불안정하고 예측 불가능하지만 새로운 길로 나아가려는 화자의 마음이 드러나 있다.
② '뿌리로부터 멀어질수록' 오히려 '당신에게로 가는 길이 조금씩 보이기 시작한다'는 것은, 뿌리로부터 벗어날수록 스스로 존재할 수 있다는 역설적 인식을 보여 준다.
③ '가지 끝의 이파리가 위태롭게 파닥이고'는 뿌리에서 멀어진 상황으로, 불안정하고 예측 불가능한 상황을 보여 준다.
④ 화자는 '뿌리로부터 온 존재들'이었다가 '뿌리로부터 부단히 도망치는 발걸음들'로 변화하려는 태도를 보여 주고 있다.

063 정답 ⑤

반응률(%)	①	②	③	④	⑤
	0.76	3.10	3.43	10.02	82.36
평가요소	6.1 문학 텍스트				
세부 평가요소	6.1.1 문학 텍스트 이해하기				
출처	류보선 외(1995), 『한국소설문학대계 24』, 동아출판사, 72~119쪽				

보자마자 딱! 풀리는 | 유형 딱풀 전략

1. 63~65번 문항은 하나의 제시문에 세 문항이 함께 출제되는 문항으로, 제시문을 읽기 전 각각의 문항이 묻고 있는 것이 무엇인지 먼저 확인하여 주의하며 읽어야 할 부분 체크
   예) 63번 '등장인물', 64번 '작품의 이해', 65번 '문학작품에 대한 비평'
2. 먼저 등장하는 인물에 대한 내용을 확인하면서 선지를 소거하는 방식으로 접근

정답 해설

⑤ '나'는 기차 밖 풍경을 보고 있으나 승객들의 처지를 연민하고 있는 것은 아니다. 오히려 자신에 대한 관찰이 드러나고 있다.

오답 해설

① "우리가 지나친 공간과 시간 저편 뒤에 가로막힌 어떤 장벽이 있다면, 그것들은 캔버스 위의 한 터치, 또 한 터치의 오일같이 거기 부딪혀서 농후한 한 폭 그림이 될 것이나 아닐까?" 등에서 알 수 있듯이, '나'는 창밖의 풍경을 그림인 것처럼 표현하고 있다.
② '나'는 창밖 풍경을 '망상의 그림'으로 표현하고, 망상을 구성하는 요소들로 받아들이고 있다.
③ '나'가 바라보는 객체들이 그렇게 보이는 것은 '나'의 심리가 그러하기 때문이다.
④ '나'는 '폐허', '폐물', '조난자' 등의 용어를 사용하여 객체들로부터 부정적인 의미를 읽고 있다.

064 정답 ③

반응률(%)	①	②	③	④	⑤
	20.34	0.92	53.28	7.60	17.51
평가요소	6.1 문학 텍스트				
세부 평가요소	6.1.2 문학 텍스트 추론하기				

보자마자 딱! 풀리는 | 유형 딱풀 전략

1. 〈보기〉를 바탕으로 문학작품의 주제를 파악
2. 문학작품의 내용을 생각하며 빈칸에 선지를 하나씩 대입해보며 소거하는 방식으로 접근

정답 해설

③ 빈칸에 들어갈 말은 '속도감'이다. '나'의 의식의 흐름의 종착역은 '자신이 캔버스 위의 한 터치' 같은 존재가 되는 것은 아닐까 하는 일종의 자책감이나 자학인데, 캔버스를 생각하게 된 것은 화가이기 때문에 오는 원초적인 것임과 동시에 기차의 빠른 속도로 인해 객체들이 의미를 부여할 시간도 없이 뒤로 지나가 버리기 때문이다. '스피드', '스릴', '모험', '돌진' 등의 용어를 자주 사용하고 있는 데서 그 근거를 찾을 수 있다.

065 정답 ④

반응률(%)	①	②	③	④	⑤
	1.17	1.83	4.40	88.33	4.02
평가요소	6.1 문학 텍스트					
세부 평가요소	6.1.3 문학 텍스트 비판하기				

정답 해설

④ '상처(喪妻)하다'는 '아내의 죽음을 당하다.'라는 뜻이다. 제시문에서 재작년에 상처하고, 딸은 기숙사에 보냈다고 했으므로 가족 모두와 사별했다는 내용은 적절하지 않다.

066 정답 ⑤

반응률(%)	①	②	③	④	⑤
	10.70	1.53	5.36	9.46	72.60
평가요소	6.2 학술 텍스트				
세부 평가요소	6.2.1 학술 텍스트 이해하기				
출처	케냐 케니/최영석 역(2016), 『디아스포라 이즈is』, 앨피, 9~10쪽, 26~29쪽				

보자마자 딱! 풀리는 | 유형 딱풀 전략

1. 선지를 확인하고 어떠한 요소에 초점을 맞추어 제시문을 이해해야 할지 먼저 파악
2. 선지에서 언급된 키워드들을 제시문에서 확인하여 소거하는 방식으로 접근

정답 해설

⑤ 원인과 결과가 바뀌었다. 제시문에서는 이주자의 정체성은 파편적이고 혼종적인 경우가 많고, 이를 설명하기 위한 연구에서 단편화(fragmentation), 혼종성(hybridity), 이중 의식(double consciousness) 등의 용어를 사용한다고 하였다. 즉, 이주자의 문화적 양상을 연구하는 것이 이주자의 정체성을 파편화하고 혼종적인 것으로 만드는 것이 아니라, 파편화된 정체성을 이해하고자 새로운 방식으로 연구하는 것이다.

오답 해설

① 1문단의 "1980년대 무렵부터 거의 모든 종류의 이주를 뜻하게 되면서 그 외연이 급격히 넓어졌다."를 통해 알 수 있다.
② 2문단의 "유형론은 임의성을 내재하고 있다."를 통해 알 수 있다.
③ 5문단의 "사람들이 느낀 바를 분명하게 표현하지 않고 ~ 증거를 남기지 않는다면 이런 방식으로 디아스포라를 분석하기란 불가능하기 때문이다."를 통해 알 수 있다.
④ 3문단의 "다른 집단들과의 의미 있는 비교가 불가능해진다. 그 기준들은 서로 다른 체험에서 나온 것이기 때문이다."를 통해 알 수 있다.

067 정답 ②

반응률(%)	①	②	③	④	⑤
	4.25	66.75	3.25	21.96	3.46
평가요소	6.2 학술 텍스트				
세부 평가요소	6.2.2 학술 텍스트 추론하기				

보자마자 딱! 풀리는 | 유형 딱풀 전략

빈칸이 등장하는 부분을 읽을 때 선지를 함께 확인하며 소거하는 방식으로 접근

주의 앞 문장과의 관계를 알 수 있는 표현들을 정확하게 파악하는 것이 빈칸의 방향성을 이해하는 데 도움이 된다.

정답 해설

② ⓐ의 앞에서는 유형론적 접근에 의해 발생한 개념상의 혼란을 언급하고 있으며, ⓐ의 뒤에서는 유형론 연구가 안고 있는 위험과는 달리 이 경향은 정체성과 문화가 새로운 형태로 구성되는 방식에 초점을 맞춘다고 하였다. 따라서 ⓐ에는 새로운 연구 흐름을 가리키는 맥락인 '디아스포라가 무엇인지가 아니라 어떤 방식으로 어떻게 의미를 만들어 내는지를 묻는'이 들어가는 게 가장 적절하다.

오답 해설

① 디아스포라의 유형을 분류하는 것은 그것이 아무리 세세할지라도 여전히 유형론에 머무는 태도이다.
③ 디아스포라에 대해 특정 집단을 가리킴으로써 지시적 정의를 시도하는 일은 이주 및 이주자들에 의해 가능해진 새로운 정체성이나 문화적 양상을 다루는 일과 다소 거리가 있다.
④ 이주자들 대부분은 과거에 글을 읽고 쓸 수 없는 하층민이었기 때문에, 그들의 삶을 보여 주는 직접 기록이 거의 없다. 따라서 남은 기록은 주로 지도층의 시선으로 쓰였고, 이는 다양한 이주자들의 경험을 왜곡하거나 일반화할 위험이 있다. 디아스포라 연구는 이처럼 단일한 민족사 서술이 아닌, 다양한 정체성과 삶을 가진 이주자 개인에 주목해야 한다.
⑤ 유형론을 벗어난 문화 비평적 접근은 디아스포라를 특정 집단으로 정의하려 하지 않는다. 대신 디아스포라가 만들어 낸 문화적 변화와 정체성 형성 같은 '결과'에 주목한다. 이 방식은 이주의 기원이나 민족적 귀속보다는, 그 이후의 문화적 의미를 탐구하는 데 초점을 둔다.

068 정답 ④

반응률(%)	①	②	③	④	⑤
	3.20	5.80	10.42	77.63	2.69
평가요소	6.2 학술 텍스트				
세부 평가요소	6.2.3 학술 텍스트 비판하기				

보자마자 딱! 풀리는 | 유형 딱풀 전략

1. 〈보기〉의 핵심 내용 파악
2. 선지를 확인하여 〈보기〉가 어떠한 입장을 취하고 있는지 먼저 확인
   예 제시문에 대한 비판을 하고 있는지, 호응을 하고 있는지 등
3. 제시문을 읽으며 〈보기〉의 입장과 일치하는 내용을 인지하면서 확인

주의 단순히 〈보기〉에서 제시되었다는 이유로 정답을 골라서는 안 되고, 제시문에서 제시한 내용과 관련이 있는지 대한 확인이 필요하다.

정답 해설

④ 〈보기〉는 민족주의적 관점이 세계를 민족과 그들에 대해 적대적인 외부로 나누어 바라보고 민족 내부의 차이를 동일성으로 환원하고 만다고 말하면서, 제시문의 '다른 장소에서 다른 특징을 가지고 살아가는 많은 사람들'을 동질하고 단일한 것으로 묶어 버릴지도 모른다고 경계하는 시선을 내비친다. 〈보기〉의 마지막에서 '뿌리'가 아니라 '길'을 강조하는 것도, 돌아가야 할 장소로서의 '고국', 귀속되어야 할 집단으로서의 '민족'보다는 그것들로 포괄할 수 없을 정도로 다양한 여러 가지 삶들을 이해할 수 있도록 해 주는 또 다른 방법이 요구된다는 점을 들려주기 위해서인 것이다. 제시문의 "민족주의를 연구하는 역사학자들은 민족 지도층을 자임하는 사람들의 글과 행동에만 의존해 그 국가의 모든 사람들이 강한 민족주의 감정을 가졌다고 보면 안 된다는 것을 알고 있다. 이주 문제를 연구하는 역사학자들이 비슷한 문제에 부딪히는 것은 우연이 아니다."와 같은 표현을 통해 〈보기〉에서 관찰되는 비판적 시각이 관찰되기도 한다. 이처럼 디아스포라가 민족주의로 환원하는 것에 대해 비판적인 태도를 보여 주는 선지는 ④이다.

오답 해설

① 〈보기〉는 민족주의로 모든 걸 설명하는 방식에 대해 경계하고 있다. 민족주의 시각으로 이주의 역사를 파악하는 것은 서사와 의미상의 단일성으로 다양성을 환원해버리는 일이 된다.
② 이주자의 출신 민족과 국가에 본질적 정체성을 부여하는 것 역시 단일성으로 다양성을 환원하는 일이다.
③ 세계 각지에 퍼져 있는 이주자들을 그들의 민족과 국가 표지로써 '기원'을 찾고 정체성을 갖도록 만드는 것은 단일성으로 다양성을 환원하는 일이다.
⑤ 디아스포라를 단지 고국 귀환의 염원으로 정의하는 선입견을 담고 있으며, 이는 제시문이 강조하는 이주자의 다양한 삶과 정체성을 간과한 것이다.

069 정답 ②

반응률(%)	①	②	③	④	⑤
	12.38	47.84	4.55	16.34	18.51
평가요소	6.2 학술 텍스트				
세부 평가요소	6.2.1 학술 텍스트 이해하기				

보자마자 딱! 풀리는 | 유형 딱풀 전략

1. 69~72번 문항은 하나의 제시문에 네 문항이 묶인 형태로, 하나의 문항을 풀 때마다 제시문을 읽는 것이 아닌 제시문을 쭉 읽으며 각각의 문항들이 등장할 때마다 하나씩 해결해 나가는 방식으로 접근(무조건 순서대로 풀기보다는 제시문을 읽으며 먼저 해결할 수 있는 문항들을 풀어나가는 방식으로 접근)
2. 선지의 키워드를 먼저 확인
3. 제시문을 읽고 선지에서 언급한 키워드에 대한 내용을 확인하며 소거하는 방식으로 접근

> 정답 해설

② 사건의 심리에서 법관은 당연히 모호한 부분을 당사자에게 따져 묻는다고 하였고, 진술 내용의 일치 여부를 확인하는 다짐 과정에서도 법원이 직권으로 사건을 조사하여 증거를 확보하는 것을 막고 있지 않으며 성실한 법관은 실제로 그런 역할을 했다고 하였으므로 적절한 설명이다.

> 오답 해설

① 원고와 피고가 함께 시송다짐을 제출해야 심리가 개시된다.
③ 제출된 증거는 상대방 당사자에게 확인을 구했고, 상대방은 위조나 변조라고 하면서 부인하는 일이 많았다.
④ 당시의 법원도 당사자 신문 등 소송 지휘를 하였고 직권 증거 조사도 하였다.
⑤ 변론 종결은 법관이 주도적으로 하는 것이 아니라 당사자가 판결을 신청하는 형식으로 구성된다.

070 정답 ①

반응률(%)	①	②	③	④	⑤
	75.11	5.90	8.24	5.31	5.06
평가요소	6.2 학술 텍스트				
세부 평가요소	6.2.2 학술 텍스트 추론하기				

> 보자마자 딱! 풀리는 | 유형 딱풀 전략

1 선지의 키워드를 먼저 확인
2 제시문을 읽고 선지에서 언급한 키워드에 대한 내용을 확인하며 소거하는 방식으로 접근

❗주의 내용 일치-불일치 문항과는 달리 제시문을 토대로 내용을 추론하는 것이기 때문에 평소 학습할 때 근거를 바탕으로 생각하는 연습을 하는 것이 필요하다.

> 정답 해설

① 조선의 절차 개시는 소장이 제출되면 피고에게 송달되어 심리할 수 있는 상태가 되는 현재와는 달리, 당사자들이 함께 사건 심리의 개시의 신청, 판결의 신청을 하여 소송을 진행시키므로, 조선의 절차 개시가 현재의 민사소송보다 더 당사자주의적인 면이 강하다.

> 오답 해설

② 오늘날과 조선 시대 모두 당사자주의를 기본으로 하면서 법관의 직권 개입도 허용하므로 두 요소가 모두 공존한다.
③ 판결서 말미에 다툼의 대상들의 목록을 기재하는 일이 있었고 이는 강제집행 시에 집행의 범위가 된다고 하였다.
④ 당사자주의가 강한 조선의 민사소송에서도 법원은 소송 지휘를 하였고 직권 증거 조사도 할 수 있었다고 하였다.
⑤ 현행 제도에서 당사자주의가 퇴색되었다는 비판은 절차의 진행에서 당사자의 역할이 컸던 조선과 비교하면 선명해진다고 하였다.

071 정답 ①

반응률(%)	①	②	③	④	⑤
	50.56	2.52	6.99	13.90	25.70
평가요소	6.2 학술 텍스트				
세부 평가요소	6.2.3 학술 텍스트 비판하기				

> 보자마자 딱! 풀리는 | 유형 딱풀 전략

'㉠당사자주의'에 대한 내용이 등장하는 부분을 읽을 때 선지를 함께 확인하며 소거하는 방식으로 접근

❗주의 해당 개념을 알고 있더라도 제시문에서 해당 개념을 어떻게 다루고 있는지 확인하고 이를 바탕으로 접근하는 것이 중요하다.

> 정답 해설

① 조선의 소송에서는 법관이 당사자에게 질문을 하지만 판결서에 그 항목의 설정은 없고, 당사자의 진술 부분에 포함하여 덧붙이는 방식이었다고 하였다.

> 오답 해설

② 절차 진행의 주도권을 당사자에게 준다는 정의에 부합한다.
③ 집행 절차에서도 당사자가 스스로 판결의 이행을 서약하는 다짐의 제출을 당사자주의의 예시로 언급되었다.
④ 조선 시대에 당사자의 신청으로 절차가 개시되는 예로, 판결을 신청하는 형태로 나타나는 결송다짐을 언급하고 있다.
⑤ 당사자주의를 표방하지만 법원에게 절차의 주도권을 주는 직권주의인 현행 절차가, 조선 시대에 비해 당사자주의라고 보기 어렵다고 언급하는데서 절차 진행에서 당사자보다는 법원이 담당하는 부분이 많다는 것을 알 수 있다.

072 정답 ②

반응률(%)	①	②	③	④	⑤
	20.95	58.24	8.54	9.86	2.06

평가요소	6.2 학술 텍스트
세부 평가요소	6.2.1 학술 텍스트 이해하기

보자마자 딱! 풀리는 | 유형 딱풀 전략

빈칸이 등장하는 부분을 읽을 때 선지를 함께 확인하며 소거하는 방식으로 접근

주의) 앞 문장과의 관계를 알 수 있는 표현들을 정확하게 파악하는 것이 빈칸의 방향성을 이해하는 데 도움이 된다. 72번의 경우 '이와 달리'라는 근거를 토대로 앞 문장의 관계를 파악할 수 있고 이를 토대로 빈칸을 추론하는 것이 가능하다.

정답 해설

② 빈칸이 있는 문장의 앞에서는 기일에 불출석하는 당사자에게 불이익을 주는 방식으로 출석을 유도하는 오늘날 법원의 역할을 이야기 한다. 그러면서 "조선에서는 이와 달리"가 이어진다. 따라서 ⓒ에는 현행 제도와 어느 부분에서든 반대되는 내용이 들어가면서도 뒤에 나오는 문장과 호응이 되어야 한다. ②는 피고를 출석시키는 현재 법원의 역할과 달리 조선 시대에는 원고의 역할이었다고 하여 상반되는 사항을 이야기하고 있고, 또한 그 원고가 어렵게 피고와 함께 하게 되었다는 뒷 문장과도 잘 이어진다.

오답 해설

① 오늘날의 제도와 상반되는 조선의 제도를 짚었지만 원고가 피고를 데려와 함께 하는 내용의 뒷 부분과 매끄럽게 연결되지 않는다.
③ ⓒ 앞 부분에 소지는 소장과 같은 기능을 한다고 제시되어 있다.
④ 조선 시대에도 재판은 법원이 담당하였다.
⑤ 오늘날의 소송과 다르지 않은 내용으로 '이와 달리' 뒤에 올 내용으로 적절하지 않다.

073 정답 ③

반응률(%)	①	②	③	④	⑤
	3.63	8.69	43.80	4.98	38.43

평가요소	6.2 학술 텍스트
세부 평가요소	6.2.1 학술 텍스트 이해하기
출처	Barbour 외(2015)/공주대 CK사업단 역, 『식물생태학』(제3판)

보자마자 딱! 풀리는 | 유형 딱풀 전략

1. 73~75번 문항은 하나의 제시문에 세 문항이 묶인 형태로, 하나의 문항을 풀 때마다 제시문을 읽는 것이 아닌 제시문을 쭉 읽으며 각각의 문항들이 등장할 때마다 하나씩 해결해 나가는 방식으로 접근(무조건 순서대로 풀기보다는 제시문을 읽으며 먼저 해결할 수 있는 문항들을 풀어나가는 방식으로 접근)
2. 선지의 키워드를 먼저 확인
3. 제시문을 읽고 선지에서 언급한 키워드에 대한 내용을 확인하며 소거하는 방식으로 접근

주의) 73번과 같은 유형의 문항을 풀 때는 직접 선지에서 묻는 것에 대답을 해보면 가장 정확하다. 학술 텍스트 문항의 경우 반드시 제시문에 많은 시간을 투자하고 문제를 정확하고 빠르게 푸는 연습을 해야 한다.

정답 해설

③ 제시문은 알래스카의 범람원에서 진행되는 천이가 사초과 목야지로부터 하층에 키가 낮은 관목이 있는 흰가문비나무림으로 진행되는 진행 천이를 포괄함을 설명하지만, 이러한 천이가 일어나는 환경적 원인에 대해서는 구체적으로 밝히고 있지 않다.

오답 해설

① 1문단에 '천이는 일시적 변화와 극단적으로 큰 규모의 시간을 배제하며, 주로 500~1,000년 이내의 기간을 다룬다.'고 제시되어 있다.
② 2문단에 '생물 주도적 천이에서 환경 변화는 수관층 잎에 의한 햇빛 차단, 낙엽의 생산, 뿌리에 의한 토양 성분 흡수 등을 포함한다.'고 제시되어 있다.
④ 4문단에 '크레오소트부시는 종자 생산이 많고, 종자가 바람에 의해 널리 분산되므로 나지를 점유하기 유리하다.'고 제시되어 있다.
⑤ 4문단에 '뿌리가 지표 가까이에 위치하는 선인장은 자신을 방어해 주던 관목이 제거됨에 따라 뿌리가 침식을 당하'게 된다는 설명을 참고하면, 크레오소트부시의 존재가 선인장의 뿌리를 지키기 위한 조건 환경이 됨을 알 수 있다.

074 정답 ④

반응률(%)	①	②	③	④	⑤
	1.40	9.46	8.21	78.52	2.01

평가요소	6.2 학술 텍스트
세부 평가요소	6.2.2 학술 텍스트 추론하기

보자마자 딱! 풀리는 | 유형 딱풀 전략

1 〈보기〉를 확인하고 '천이 과정'의 어떠한 요소에 초점을 맞추어 이해해야 할지 파악
   예 '천이 과정의 유형'에 대해서 묻는 문항이므로, 유형에 초점을 맞추어 읽기
2 선지에서 언급된 키워드들을 제시문에서 확인하여 소거하는 방식으로 접근

정답 해설

④ 〈보기〉의 천이는 장기간에 걸친 토양 풍화와 영양 염류 고갈에 의한 변화이다. 이는 식물 자체에 의해 조절되지 않는 환경 주도적 요소이므로, 환경 주도적 천이로 분류할 수 있다. 또한 〈보기〉는 식물의 키와 생물량이 더 낮아지는 오래된 사구의 천이 과정을 다루고 있으므로, 시간이 지남에 따라 생물량이 감소하는 퇴행 천이 유형으로 설명할 수 있다.

075   정답 ②

반응률(%)	①	②	③	④	⑤
	15.63	62.13	11.67	5.64	4.30
평가요소	6.2 학술 텍스트				
세부 평가요소	6.2.3 학술 텍스트 비판하기				

보자마자 딱! 풀리는 | 유형 딱풀 전략

1 〈보기〉를 읽고 제시문에서 언급되었던 키워드에 체크
2 제시문에서 〈보기〉의 키워드들을 찾아 내용이 일치하는지 확인하여 선지를 소거하는 방법으로 접근

   ⚠️주의 다른 문항들과 달리 제시문을 읽는 과정에서 해결할 수 있는 문제가 아닌, 다 읽은 후 이해를 바탕으로 풀어내야 하는 문항이다. 제시문을 꼼꼼히 읽고 73번, 74번 문항을 풀었다면 〈보기〉에 등장하는 키워드들을 제시문에서 찾아보며 충분히 풀어낼 수 있으므로 키워드를 찾는 것이 중요하다.

정답 해설

ㄱ. C_4 식물은 수분 소실이 제한된 동안에도 광합성을 위해 빛을 이용할 수 있으므로 여름 동안에도 광합성을 원활하게 할 수 있다.
ㄷ. 열과 수분 스트레스가 높은 시기에 C_3 식물에서 C_4 식물로의 우점종 변화가 관찰되지만, 이는 반복되는 계절적 패턴이자 일시적인 변화이므로 천이로 볼 수 없다.

오답 해설

ㄴ. C_4 식물이 여름 동안에도 광합성을 할 수 있긴 하지만 이는 계절 변화에 따른 한시적인 현상이므로, 해당 시기를 제외하고는 C_3 식물이 우점할 수 있다. 따라서 C_4 식물의 이른 봄의 이산화탄소 축적량이 C_3 식물보다 많다고 추론할 수 없다.
ㄹ. 천이는 외적인 교란이 없다면 한 때의 우점종이 다시 그 군집의 우점종으로 되지 않는 과정이다. 〈보기〉의 현상은 일시적 우점종 변화를 보여 주지만 이를 천이로 볼 수 없으므로, 계절 변동에 따라 C_3 식물은 다시 우점종이 될 수 있다.

076   정답 ④

반응률(%)	①	②	③	④	⑤
	3.66	6.00	14.69	52.16	22.88
평가요소	6.2 학술 텍스트				
세부 평가요소	6.2.1 학술 텍스트 이해하기				
출처	Cindy L. Stanfield(2022)/문자영 외 역, 『인체생리학 입문』, 바이오사이언스				

보자마자 딱! 풀리는 | 유형 딱풀 전략

1 76~78번 문항은 하나의 제시문에 세 문항이 함께 출제되는 문항으로, 제시문을 읽기 전 각각의 문항이 묻고 있는 것이 무엇인지 먼저 확인하여 주의하며 읽어야 할 부분 체크
   예 76번 '제시문에 대한 이해', 77번 '이해를 바탕으로 추론한 내용', 78번 '이해를 바탕으로 탐구한 내용'
2 76번은 내용 일치-불일치를 묻는 문항으로 선지를 먼저 확인하여 유의하며 읽어야 할 키워드들을 먼저 확인
3 제시문을 읽으며 선지를 소거하는 방식으로 접근

정답 해설

④ 아래팔이 팔꿈치를 축으로 선회할 때 손과 이두근의 착점은 원호를 그리며 일정한 거리를 이동하는데, 이때 손은 원호가 더 큰 반경을 차지하고 있기 때문에 더 많이 이동한다고 했으므로 적절한 설명이다.

오답 해설

① 마지막 문단의 "지렛대 효과로 인해 근육이 힘의 발생량 측면에서 기계적으로 불리하지만 신체의 가동성 측면에서는 실제로 이 상황이 유리하다."에 힘의 발생량은 불리하고 가동성은 유리하다고 서술되어 있으므로, 이 선지는 제시문의 내용과 정반대다.

② 1문단의 "이두근은 아래팔의 뼈를 위로 당김으로써 힘이 추에 대항하여 위쪽으로 작용하도록 한다."에 '위쪽으로 작용'한다고 서술되어 있다.
③ 3~4문단의 "이 원리를 이용하여 〈그림 1〉의 이두근이 추를 들어 올리기 위해 필요한 힘을 알 수 있다. ~ 아래팔의 뼈는 팔꿈치를 축으로 회전하는 지레로 작용한다."에서 축은 팔꿈치임을 알 수 있다.
⑤ 1문단의 "추가 가만히 있거나 일정한 속도로 들어 올려질 때 이 힘의 크기는 추의 아래쪽으로 작용하는 중력의 힘과 같다."에서 정지 상태나 일정 속도 상태 모두에서 힘의 크기는 동일하다고 명시되어 있다.

077 정답 ③

반응률(%)	①	②	③	④	⑤
	3.25	36.73	44.53	7.37	7.32
평가요소	6.2 학술 텍스트				
세부 평가요소	6.2.2 학술 텍스트 추론하기				

보자마자 딱! 풀리는 | 유형 딱풀 전략

사칙연산이 필요한 문제이므로 제시문에서 빈칸이 포함된 문단의 원리 및 개념을 확인

!주의 본 제시문과 같이, 원리나 개념이 나오는 경우에는 해당 개념을 활용하는 문항이 나올 확률이 매우 높다. 사칙연산 등으로 개념과 개념 간의 관계식을 나타내는 부분은 문제에서 활용될 가능성이 높기에 주의하여 체크해 두어야 한다.

정답 해설

③ 손과 이두근이 동일한 일을 수행하기 때문에 손과 이두근의 힘은 '$F_1 * R_1 = F_2 * R_2$' 또는 '$F_2 = F_1 * (R_1/R_2)$'와 같은 관계식으로 나타낼 수 있다. 제시문에 주어진 값을 이용하여 15kg의 추를 손으로 들어 올릴 때 이두근은 다음과 같은 힘을 발휘함을 알아낼 수 있다. $F_2 = 15kg * (35cm/5cm) = 105kg$

078 정답 ②

반응률(%)	①	②	③	④	⑤
	13.88	32.41	17.18	20.28	15.46
평가요소	6.2 학술 텍스트				
세부 평가요소	6.2.3 학술 텍스트 비판하기				

보자마자 딱! 풀리는 | 유형 딱풀 전략

1. 〈보기〉를 읽고 제시문에서 언급되었던 키워드들에 체크
2. 제시문에서 〈보기〉의 키워드들을 찾아 내용이 일치하는지 확인하여 선지를 소거하는 방법으로 접근

정답 해설

ㄱ. 〈그림〉은 팔을 받침점으로 이두근을 힘점, 추가 올려진 손을 작용점으로 취하므로 3종 지레의 사례에 해당한다.
ㄹ. 낚싯대는 3종 지레의 일종으로, 힘의 측면에서 기계적으로 불리하지만 낚싯대를 약간만 움직여도 멀리 있는 물고기를 빠르게 낚을 수 있다.

오답 해설

ㄴ. 발가락을 축으로 뒤꿈치를 들어 올리는 작용은 발가락을 받침점으로, 종아리 및 발목 근육을 힘점으로 활용하면서 발목을 지렛대처럼 사용하므로 2종 지레에 해당한다.
ㄷ. 짧은 멍키 스패너는 힘 작용점과 받침점(회전축) 사이의 거리가 짧기 때문에, 동일한 회전력을 얻기 위해 더 큰 힘을 필요로 하게 된다. 반면 긴 멍키 스패너는 길이가 길어서 작은 힘으로도 더 큰 회전력을 발생시킬 수 있다.

079 정답 ⑤

반응률(%)	①	②	③	④	⑤
	3.94	11.26	6.61	3.46	74.10
평가요소	6.2 학술 텍스트				
세부 평가요소	6.2.1 학술 텍스트 이해하기				
출처	노직/남경희 옮김(1997), 『아나키에서 유토피아로』, 문학과지성사				

보자마자 딱! 풀리는 | 유형 딱풀 전략

1. 79~82번 문항은 하나의 제시문에 네 문항이 함께 출제되는 문항으로, 제시문을 읽기 전 각각의 문항이 묻고 있는 것이 무엇인지 먼저 확인하여 주의하며 읽어야 할 부분 체크
  예 79번 '자유 지상주의의 주장', 80번 '이해를 바탕으로 추론한 내용', 81번 '적절한 사례', 82번 '제시문에 대한 비판'
2. 제시문을 읽기 전 선지를 통해 '자유 지상주의'의 어떠한 요소에 초점을 맞추어 이해해야 할지 파악
3. 선지에서 언급된 키워드를 제시문에서 확인하여 소거하는 방식으로 접근

정답 해설

⑤ 1문단에서 '자유 지상주의'는 "내가 가지고 있는 권리를 내 마음대로 집행할 수 있다는 주장"이라고 말했다. 그리고 이어서 "설령 재분배를 통해 경제 효용성이 높아진다고 하더라도 자유라는 소중한 권리를 침해해서는 안 되는 것이다."라고 말했고, 마지막 문단에서 "이는 대부분이 가난하고 소수만 부유한 사회처럼 매우 불평등한 사회라도 마찬가지이다."라고 말했다. 따라서 '결과적으로 불평등하고 비효율적이라고 하더라도 자유는 가장 소중한 가치이다.'가 자유 지상주의의 주장으로 가장 적절하다.

오답 해설

① 1문단에 따르면 '부의 재분배'란 세금의 형태로 불평등을 바로잡는 것이다. 따라서 부의 재분배는 개인의 자유를 보장하지 못한다.
② 1문단에서 "설령 재분배를 통해 경제 효용성이 높아진다고 하더라도 자유라는 소중한 권리를 침해해서는 안 되는 것이다."라고 한 것에서 알 수 있듯이, '자유 지상주의'는 평등을 위한 자유의 제한도 정당하지 않다고 보는 입장이다. 자유를 평등 실현의 수단으로 삼지 않는다.
③ 1문단에서 "설령 재분배를 통해 경제 효용성이 높아진다고 하더라도 자유라는 소중한 권리를 침해해서는 안 되는 것이다."라고 말했고, 마지막 문단에서 "이는 대부분이 가난하고 소수만 부유한 사회처럼 매우 불평등한 사회라도 마찬가지이다."라고 말했다. 자유는 경제 효용성과 무관한 가치로 본다.
④ 마지막 문단에서 "정부는 부의 재분배를 시도해서는 안 된다. 이는 대부분이 가난하고 소수만 부유한 사회처럼 매우 불평등한 사회라도 마찬가지이다."에서 알 수 있듯이, '자유 지상주의'는 정부의 개입 자체를 부정하는 입장이다.

080   정답 ④

반응률(%)	①	②	③	④	⑤
	2.69	15.63	38.64	38.15	4.14
평가요소	6.2 학술 텍스트				
세부 평가요소	6.2.2 학술 텍스트 추론하기				

보자마자 딱! 풀리는 | 유형 딱풀 전략

1 선지를 확인하고 '재산 소유 방식'의 어떠한 요소에 초점을 맞추어 이해해야 할지 파악
  예) '재산 소유 방식'에 대한 기준을 파악하여 이를 마을에 우물이 하나밖에 없는 경우에 대입

2 선지에서 언급된 키워드를 제시문에서 확인하여 소거하는 방식으로 접근

정답 해설

④ 2문단에서 '아무도 소유하지 않은 자연 세계의 일부를 취득하는 것'은 자유지만, 다른 사람도 넉넉하게 이용할 수 있도록 넉넉하게 남겨두면 된다는 '단서'를 달았다. '강압이나 도둑질 없이 자발적인 노력만으로' 우물물을 퍼 올린다고 하더라도 '모두' 퍼 올리는 것은 이 단서에 어긋날 수 있으므로 적절하지 않다.

오답 해설

①, ②, ⑤ 다른 사람도 넉넉하게 이용할 수 있도록 넉넉하게 남겨두면 된다는 '단서'도 어기지 않고, '아무도 소유하지 않은 자연 세계의 일부를 취득'한 후 '내가 소유하고 있는 것은 내 마음대로 사용'했으므로 적절하다.
③ '최초의 점유나 자발적인 이전에서 부당한 과정이 있으면 바로잡는 과정'이므로 적절하다.

081   정답 ①

반응률(%)	①	②	③	④	⑤
	69.04	3.00	7.12	16.34	3.76
평가요소	6.2 학술 텍스트				
세부 평가요소	6.2.2 학술 텍스트 추론하기				

보자마자 딱! 풀리는 | 유형 딱풀 전략

1 선지를 먼저 확인하여 비유하고 있는 대상들의 특징을 파악
2 ⓒ의 사례에서 선지에서 제시하고 있는 경제 활동의 대상이 어떻게 적용되고 있는지 확인하며 선지를 소거하는 방식으로 접근

!주의) 사례 문항은 기준점을 먼저 잡는 것이 중요하다. 사례에서 선지에서 제시된 내용들을 어떻게 다루고 있는지, 각 주체에 따른 방향성이 무엇인지 생각하고 선지를 판단하자.

정답 해설

① 3문단에 따르면 팬들이 체임벌린에게 준 돈은 사람들이 "자신이 원하는 대로 돈을" 쓴 것이고 기부금 또한 그렇다. 이는 자유로운 거래를 막고 규제하는 부의 재분배와는 관련이 없다.

오답 해설

② '구단주'는 돈을 다른 선수에게 나누어 주라고 명령을 내린 사람이므로, 강제로 세금을 부과하는 '정부'에 비유할 수 있다.
③ 체임벌린과 선수들이 뛴 '농구 경기'는 돈을 벌기 위한 '노동'에 비유할 수 있다.
④ '기부로 받은 돈을 다른 선수들에게 나누어 주는 것'은 '세금을 납부'하는 것에 비유할 수 있다.
⑤ 구단주가 '다른 선수들에게 돈을 나누어 주라고 명령하는 것'은 정부가 '세금을 부과하는 것'에 비유할 수 있다.

082 정답 ⑤

반응률(%)	①	②	③	④	⑤
	1.91	3.66	9.76	4.47	79.23
평가요소	6.2 학술 텍스트				
세부 평가요소	6.2.3 학술 텍스트 비판하기				

보자마자 딱! 풀리는 | 유형 딱풀 전략

1 '노직'이 '체임벌린의 돈'에 대해 어떠한 입장을 취하고 있는지 파악
2 선지를 확인하여 선지의 키워드들이 등장하는 문단으로 이동하여 제시문에 대입해보며 접근

정답 해설

⑤ 노직이 체임벌린의 예를 통해 말하고자 하는 것은 정부가 강제로 세금을 부과하는 것에 대한 반대이므로 체임벌린이 자발적으로 동료 선수들에게 돈을 나누어 주는 것에 반대하는 것은 아니다. 따라서 '체임벌린도 기꺼이 다른 선수들에게 돈을 줄 수 있는 것 아닌가?'라고 물으면 '그것은 내가 반대하는 바가 아니다.'라고 답하는 것이 적절하다.

오답 해설

①, ②, ③ 2문단에서 "애초에 강압이나 도둑질이 아니라 정당하게 취득했고, 자발적인 이전이나 자유로운 교환으로 얻은 소유물이라면 나는 그 소유권에 절대적인 권리를 행사할 수 있다."라고 말했으므로 적절한 질문과 대답이다.
④ 1문단에서 "설령 재분배를 통해 경제 효용성이 높아진다고 하더라도 자유라는 소중한 권리를 침해해서는 안 된다는 것이다."라고 말했다. 따라서 절실하게 필요한 사람이 있다고 해도 다른 사람의 돈을 강제로 빼앗은 것은 옳지 않다(자유를 침해해서는 안 된다)는 대답은 적절하다.

083 정답 ②

반응률(%)	①	②	③	④	⑤
	0.69	94.92	1.53	1.47	0.92
평가요소	6.3 실용 텍스트				
세부 평가요소	6.3.1 실용 텍스트 이해하기				
출처	서울시 누리집 (https://news.seoul.go.kr/welfare/archives/564596)				

보자마자 딱! 풀리는 | 유형 딱풀 전략

선지를 먼저 확인하여 제시문에서 선지의 키워드를 찾아 소거하는 방식으로 접근

주의 실용 텍스트의 경우 대부분 단순히 내용 일치-불일치를 묻는 문항이므로, 선지를 하나씩 차분히 비교하면서 푸는 연습이 필요하다.

정답 해설

② 건강 관리 서비스 이용 시 본인 부담금 10% 결제 의무는 폐지되었다.

오답 해설

① 신청 기한은 출산일로부터 60일 이내이다.
③ 산후 조리 경비는 최대 100만 원 통합 사용이 가능하다.
④ 서울시에 출생 등록한 자녀만 지원받을 수 있다.
⑤ 사용 기한은 자녀 출생일로부터 1년까지이다.

084 정답 ②

반응률(%)	①	②	③	④	⑤
	1.60	94.36	1.35	0.79	1.42
평가요소	6.3 실용 텍스트				
세부 평가요소	6.3.2 실용 텍스트 추론하기				

정답 해설

② 동 주민센터 주소는 제시되지 않았다.

오답 해설

① 방문 시 본인 신분증과 인증을 위한 본인 명의의 휴대 전화 또는 신용(체크)카드 소지 필요하다.
③ 온라인 신청은 www.abc.korea에서 가능하다.

④ 사용처에 산모 신생아 관리 서비스, 산후조리 경비 서비스의 여러 유형이 제시되어 있다.
⑤ 서울시와 협약된 카드는 행복카드, 사랑카드, 희망카드라고 제시되어 있다.

085 정답 ④

반응률(%)	①	②	③	④	⑤
	1.14	0.84	6.05	89.17	2.31

평가요소	6.3 실용 텍스트
세부 평가요소	6.3.1 실용 텍스트 이해하기
출처	"당분간 큰 일교차 … 한낮 10도 안팎 '포근'", KBS 뉴스9, 2025. 3. 6. (https://news.kbs.co.kr/news/pc/view/view.do?ncd=8193861)

정답 해설
④ 예보에서 '충남, 광주, 전북'의 지역의 초미세 먼지 농도를 '나쁨' 수준으로 언급하고 있으나, '장면 4'에서 해당 지역의 구체적인 농도 수치를 비교하고 있지 않으며 이를 통해 심각성을 드러내고 있지도 않다.

오답 해설
① 부산 수영구에 개화한 노란 산수유 사진을 제시하며, 봄으로의 계절 변화를 시각적으로 전달하고 있다.
② 낮과 저녁의 기온을 꺾은선 그래프로 제시하며 시청자가 일교차를 쉽게 파악할 수 있도록 돕고 있다.
③ 위성 사진의 서쪽 부분에는 '나쁨' 수준을 표시하는 음영 표시가 되어 있다. 이를 통해 미세 먼지의 유입 현황을 보여 주고 있다.
⑤ 지도에 전국 주요 지역의 아침저녁 기온을 제시하며 내일 날씨 정보를 종합적으로 보여 주고 있다.

086 정답 ③

반응률(%)	①	②	③	④	⑤
	0.71	1.35	95.25	1.14	1.04

평가요소	6.3 실용 텍스트
세부 평가요소	6.3.3 실용 텍스트 비판하기

정답 해설
③ 공기 질과 대기의 흐름과의 관계에 대한 자신의 배경지식을 바탕으로, 내일 서쪽 지역의 미세 먼지가 심한 까닭을 심화하여 이해하고 있다. 따라서 예보 내용의 오류를 지적하고 있다는 내용은 적절하지 않다.

오답 해설
① 도로 미끄럼 사고를 유의하라는 기상 예보를 바탕으로, 자신의 내일 아침 출근길 안전과 연결 짓고 있다. 따라서 기상 예보를 자신의 삶과 관련지어 유용하게 활용하고 있다는 진술은 적절하다.
② 서풍에서 유입되는 미세 먼지의 원인을 '중국 쪽 대기 오염'의 상황으로 추론하고 있다. 따라서 예보 내용을 토대로 기상 현상이 나타나는 배경을 추론하고 있다는 진술은 적절하다.
④ 미세 먼지의 '나쁨' 수준에 대한 구체적인 이해가 어렵다는 지점을 토로하며, 등급별 미세 먼지 농도를 다음 예보에 추가해 달라는 요청을 하고 있다. 따라서 기상 예보에서 부족한 정보를 언급하며 개선 방향을 제안하고 있다는 진술은 적절하다.
⑤ 지난번 비 예보를 맞추지 못했던 기상 예보를 언급하며, 보도의 마지막에 예보하는 비 소식을 신뢰하지 못하고 있다. 따라서 이전 기상 예보를 바탕으로 예보 내용에 의문을 제기하고 있다는 진술은 적절하다.

087 정답 ③

반응률(%)	①	②	③	④	⑤
	6.56	1.25	75.65	5.47	10.42

평가요소	6.3 실용 텍스트
세부 평가요소	6.3.2 실용 텍스트 추론하기

정답 해설
③ "한편 오늘 밤부터 초미세 먼지의 영향으로 공기가 탁하겠습니다."에는 피동 표현이 나타나 있지 않다.

오답 해설
① "부드러운 솜털처럼"이라는 직유법을 사용하여 포근한 봄 날씨로의 변화를 비유적으로 보도하고 있다.
② "한낮에는 따스함이 감돌지만, 아침저녁에는 쌀쌀한 만큼"에서와 같이 낮과 밤의 온도 차이를 대조적으로 표현하여 일교차를 강조하고 있다.
④ '의', '이', '를' 등의 조사가 생략되어 있다. 유추 가능한 조사의 생략을 통해 많은 정보를 포함하는 보도 문장을 간결히 만들고 있다.
⑤ "비 소식이 찾아오겠습니다."라는 관습적 비유 표현을 사용하여 '다음 주에 비가 온다.'는 정보를 전달하고 있다.

088

정답 ①

반응률(%)	①	②	③	④	⑤
	88.31	1.86	5.03	2.54	1.65
평가요소	6.3 실용 텍스트				
세부 평가요소	6.3.1 실용 텍스트 이해하기				
출처	창원시 공고문 (https://blog.naver.com/amc3877/221045165224)				

보자마자 딱! 풀리는 | 유형 딱풀 전략

선지를 먼저 확인하고 제시문에서 선지의 키워드를 찾아 소거하는 방식으로 접근

주의 선지에서 다루고 있는 내용을 제시문에서 찾아가는 것이 일반적인 접근이지만 이와 같이 동일한 내용을 선지와 다른 표현으로 언급하는 경우 한 번에 적절한 선지를 찾는 것이 어려울 수 있다. 단순히 선지의 내용을 제시문에서 '찾는다'는 방식으로만 접근하지 말고 선지와 다른 표현으로 제시될 수 있음을 인지해야 한다.

정답 해설

① 제시문에 따르면 4구역은 주택재개발정비구역 상태가 해제되었다. 따라서 취소 통보 이전까지 주택재개발정비구역으로 지정되어 있었음을 알 수 있다.

오답 해설

② 처분에 이의가 있을 경우 행정심판을 청구하거나 취소소송을 제기해야 한다. 행복시의 홈페이지에서는 고시문을 확인할 수 있다고 제시되어 있다.
③ 취소소송은 공문이 발송된 시점이 아니라 처분이 있음을 알게 된 날로부터 90일 이내에 제기해야 한다.
④ 도정법에 따르면 정비구역 지정 고시 후 조합설립추진위원회는 시장의 승인을 받아야 한다.
⑤ 정비구역의 지정이 해제되는 경우 조합설립추진위원회에 내려졌던 승인은 취소해야 한다.

089

정답 ④

반응률(%)	①	②	③	④	⑤
	2.47	1.53	5.16	78.14	12.02
평가요소	6.3 실용 텍스트				
세부 평가요소	6.3.3 실용 텍스트 비판하기				

보자마자 딱! 풀리는 | 유형 딱풀 전략

1 제시문에서 ㉠이 어떠한 역할을 하는지 파악
  예 수신자, 발신자, 참여자 등
2 ㉠의 역할과 일치하는 선지를 제시문의 내용과 비교하여 함께 확인

주의 실용 텍스트와 같이 내용 일치가 중심이 되는 파트는 선지 하나하나에 차분하게 대입해서 푸는 과정에서, 명확하게 틀렸다고 생각하는 선지를 한 번 더 따져보고 확실히 틀렸다면 답을 택하고 나머지 선택을 버리고 넘어가는 것도 시간 단축을 하는 요령이 될 수 있다.

정답 해설

④ 행정심판 청구와 취소소송 제기 모두 처분이 있음을 안 날로부터 90일 이내에 진행해야 한다.

오답 해설

① 도시 및 주거환경정비법 및 조례에 근거해 해제한다고 게재되어 있기 때문에 적절한 반응이다.
② 고시문은 행복시 홈페이지의 고시 공고란에 게재되어 있다고 제시되어 있다. 따라서 고시문을 다시 확인하고 싶다면 홈페이지에 접속하면 된다.
③ 취소 처분에 대해서 행정심판을 청구하거나 취소소송을 제기할 수 있다.
⑤ 조합설립추진위원회의 입장에서는 해당 처분이 부당하게 느껴질 수 있으나, 이와 무관하게 활동을 계속한다면 처벌받을 수 있다고 제시되어 있다.

090

정답 ④

반응률(%)	①	②	③	④	⑤
	3.36	22.11	8.59	45.45	19.60
평가요소	6.3 실용 텍스트				
세부 평가요소	6.3.2 실용 텍스트 추론하기				

보자마자 딱! 풀리는 | 유형 딱풀 전략

1 이미 제시된 내용은 아닌지 먼저 확인
2 제시문과 상관 없는 내용을 다루고 있지는 않은지 확인

정답 해설

④ 제시문에는 추진위원회가 업무를 지속할 경우 처벌의 법적 근거를 이미 명시하고 있으므로 추가로 제시되어야 할 정보로 적절하지 않다.

오답 해설

① 관련 고시문을 홈페이지에 게재하였다고 밝히고 있으나 홈페이지 주소가 누락되어 있다. 이에 대한 추가 정보가 필요하다.
② 조합설립추진위원회의 승인이 취소된 이유는 정비구역 지정이 해제되었기 때문이다. 그런데 제시문에는 그 해제 사유가 누락되어 있다.
③ 제시문은 일방적인 취소 통보로 구성되어 있어 관련 문의사항이 있을 경우 연락할 수 있는 방법에 대한 정보가 없다. 따라서 이에 대한 내용이 제시되어야 한다.
⑤ 정비구역 해제와 관련해서 '도정법' 및 '도시 및 주거환경정비 조례'에 의거하여 해제한다고 했으나 관련 조항을 밝히고 있지 않으므로 관련 조항을 추가로 제시할 필요가 있다.

영역별 접근 전략

국어 문화	091~100번

국어 문화 영역은 배경 지식이 필요한 91~93번을 제외한다면 유추하여 풀 수 있는 문항들이 많습니다. 읽기만 한다면 풀 수 있는 문항들이 있음에도 구성상 마지막에 배치되어 있어 항상 정답률이 높지 않은 영역인데, 매회 출제되는 『훈민정음(혜례본)』, 북한어, 수어, 점자 등은 미리 학습하여 듣기·말하기 영역 풀이 종료 후 바로 넘어와 짧은 시간 안에 먼저 해결하고 다른 영역들에 접근하는 등 영역별로 자신의 강점과 약점을 파악하고 풀이 순서를 구성하는 전략이 필요합니다.

091   정답 ④

반응률(%)	①	②	③	④	⑤
	7.75	17.34	28.44	38.10	7.63

평가요소	7.2 국문학
세부 평가요소	7.2.2 한국 고전문학
출처	• 국립국어원, 표준국어대사전 (stdict.korean.go.kr) • 한국학중앙연구원, 한국민족문화대백과사전 (https://encykorea.aks.ac.kr/)

보자마자 딱! 풀리는 | 유형 딱풀 전략

91~93번 문항은 보통 문학 작품과 작가를 묻는 문항으로 고난도 문항으로 고정

!주의 평소에 문학 작품-작가-간단한 줄거리의 세 개의 축으로 공부를 해나가면 되고, 특히 한 작가의 주요 작품들을 같이 공부하면 좋다. 또한 기출문제에 나왔던 작가들, 작품들이 반복해서 출제되기도 하니 나왔던 작가, 작품은 반드시 학습하여야 한다.

정답 해설

④ 〈보기〉에서 설명하고 있는 작품은 정철의 〈성산별곡〉이다. 전라남도 담양군 남면 지곡리에 있는 성산의 풍경과, 서하당(棲霞堂)과 식영정(息影亭)을 중심으로 한 사계절의 변화를 읊으면서 그 누각을 세운 김성원의 풍류를 칭송한 노래이다. 《송강가사》에 실려 있다.

오답 해설

① 〈상춘곡〉은 조선 전기의 문인 정극인이 지은 우리나라 최초의 가사로, 자연 속에서의 삶에서 느끼는 여유와 조화로움을 노래한 작품이다.
② 〈관서별곡〉은 조선 명종 때 문인 백광홍이 지은 가사로, 평안도 지방의 자연 풍물을 두루 돌아보고 그 아름다움을 읊은 것이다.
③ 〈사미인곡〉은 조선 선조 때 정철이 지은 가사로, 작가가 관직에서 밀려나 4년 동안 전라남도 창평에서 지내면서 임금에 대한 그리운 정을 간곡하게 읊은 작품이다.
⑤ 〈속미인곡〉은 조선 선조 때 정철이 지은 가사로, 작가가 참소를 받아 창평에 내려가 있으면서 지었다. 임금을 천상에서 인연이 있었던 연인으로 설정하고 그 임을 잃고 사모하는 여인의 심정을 두 선녀의 대화 형식으로 표현하였다. 〈사미인곡〉의 속편이다.

092   정답 ④

반응률(%)	①	②	③	④	⑤
	1.35	2.41	5.82	88.69	0.94

평가요소	7.2 국문학
세부 평가요소	7.2.3 한국 현대문학
출처	한국학중앙연구원, 한국민족문화대백과사전 (https://encykorea.aks.ac.kr/)

[정답 해설]

④ 〈보기〉에서 설명하는 작품은 이청준의 「병신과 머저리」이다.

093 정답 ⑤

반응률(%)	①	②	③	④	⑤
	15.91	24.91	24.30	12.46	21.66
평가요소	7.2 국문학				
세부 평가요소	7.2.3 한국 현대문학				
출처	• 국립국어원, 표준국어대사전 (stdict.korean.go.kr) • 한국학중앙연구원, 한국민족문화대백과사전 (https://encykorea.aks.ac.kr/)				

[정답 해설]

⑤ 〈보기〉에서 설명하는 작가는 신석정이다. 주로 낭만주의 시를 썼으며, 작품에는 「슬픈 목가(牧歌)」, 「촛불」, 「산의 서곡(序曲)」 등이 있다.

[오답 해설]

① 김광균은 신석초, 서정주 등과 『자오선』, 『시인 부락』 따위의 동인지에서 활약하였다. 온건하고 회화적인 시풍을 나타내 1930년대 모더니즘 계열의 대표적 시인으로 평가된다.
② 김광섭은 『해외 문학』, 『문예 월간』의 동인이었으며, 식민지 시대의 지성인이 겪는 고뇌를 표현하였다. 시집에 『동경(憧憬)』, 『성북동 비둘기』 따위가 있다.
③ 김상옥은 시조 시인, 서예가, 서화가, 수필가이다. 시조 외에 동시·시 등 여러 분야에 뛰어난 재질을 발휘하였고, 섬세하고 영롱한 언어 구사가 특징이다. 시조집으로 『고원의 곡』, 시집으로 『이단의 시』 등이 있다.
④ 노천명은 일제 강점기 『산호림』, 『창변』, 『별을 쳐다보며』 등을 저술한 시인으로, 친일반민족행위자이다.

094 정답 ①

반응률(%)	①	②	③	④	⑤
	88.51	4.22	4.14	1.37	1.09
평가요소	7.3 매체와 국어 생활				
세부 평가요소	7.3.1 국어 생활				

[보자마자 딱! 풀리는 | 유형 딱풀 전략]

선지를 먼저 확인하고 제시문에서 선지의 키워드를 찾아 소거하는 방식으로 접근

⚠️ 주의) 표현이 다소 어색하게 느껴질 수 있지만, 쓰여져 있는대로 발음을 해보면 어떠한 의미인지 어느 정도 유추가 된다. 선지에서 묻는 것은 내용 일치-불일치 수준의 내용들이기 때문에 차분히 푼다면 어렵지 않다.

[정답 해설]

① 〈보기〉는 『조선일보』 1935년 7월 5일자에 수록된 것으로서, 음악 공연을 소개하는 기사이다. "평양에서 최후의 공연을 필하고 일행은 일단 해산케 되엿는데 모처럼 다수 일행이 와서 평양까지 갓다가 그대로 해산케 됨은 섭섭타고 본사 개성 지국에서 일행을 개성까지 초빙하여"를 통해 개성 공연은 처음부터 기획된 것이 아니라 뒤늦게 초빙된 공연임을 알 수 있다.

[오답 해설]

② "대구, 경성의 공연을 마추고 삼일 밤은 평양에서 최후의 공연을 필하고"에서 대구, 경성, 평양에서 공연을 했었음을 알 수 있다.
③ "본사 개성 지국에서 일행을 개성까지 초빙하여"에서 개성 공연을 신문사의 개성 지국에서 주도했음을 알 수 있다.
④ "오일 밤 팔 시 개성 중앙회 중앙회관에서 대공연을 하게 되엿다."를 통해 개성 공연은 오일 밤에 개성 중앙회 중앙회관에서 열린다는 것을 알 수 있다.
⑤ "개성으로서 이러한 성대한 대음악회를 개최하기는 실로 천재일우의 긔회라"를 통해 개성에서 큰 규모의 음악회가 흔치 않았음을 알 수 있다.

095 정답 ②

반응률(%)	①	②	③	④	⑤
	2.87	71.28	9.33	14.18	1.68
평가요소	7.3 매체와 국어 생활				
세부 평가요소	7.3.1 국어 생활				

[보자마자 딱! 풀리는 | 유형 딱풀 전략]

선지에서 ㉠~㉤의 의미로 제시된 내용을 제시문에 대입해 보는 방식으로 접근

정답 해설

② ⓒ의 '삭탈관직'은 '죄를 지은 자의 벼슬과 품계를 빼앗고 벼슬아치의 명부에서 그 이름을 지우던 일'을 뜻한다.

오답 해설

① ㉠의 '화설'은 고전 소설에서 이야기를 시작할 때 쓰는 말이다.
③ ㉢의 '요부하다'는 '살림이 넉넉하다'를 뜻한다.
④ ㉣의 '망간'은 '음력 보름께'를 말한다.
⑤ ㉤의 '시비'는 '곁에서 시중을 드는 계집종'을 말한다.

096 정답 ①

반응률(%)	①	②	③	④	⑤
	22.67	4.73	24.15	32.59	14.97

평가요소	7.1 국어학
세부 평가요소	7.1.4 국어사
출처	이기문(2006), 『(신정판) 국어사개설』, 태학사

보자마자 딱! 풀리는 | 유형 딱풀 전략

선지에서 ㉠~㉤의 의미로 제시된 내용을 〈보기〉에 대입해 보는 방식으로 접근

주의 『훈민정음』 서문인 해례본은 자주 출제되는 만큼 한 번만 완벽하게 공부해두면 쉽게 맞힐 수 있다. 3줄 가량밖에 되지 않기 때문에 완벽하게 공부해 두는 것이 좋다.

정답 해설

① 『훈민정음』 언해본에서는 각 음절의 오른쪽이 아닌 왼쪽에 점을 찍어 성조를 표시한다.

오답 해설

② 『훈민정음』 언해본에서는 한자어의 경우, 각 한자의 다음에 한글로 한자음을 표기한다.
③ 『훈민정음』 언해본에서는 현행 한글 맞춤법과 달리, 어절과 어절 사이를 띄어쓰지 않고 붙여 쓴다.
④ '쑴에'는 동사 '쓰다'의 명사형 '쑴'에 부사격 조사 '에'가 결합한 말로 [쑤메]처럼 앞말인 명사형의 'ㅁ'이 뒷말의 첫소리로 연음되어 소리 나는데, 이 경우 『훈민정음』 언해본에서는 '쑴에'처럼 어법에 맞추어 적지 않고 '쑤메'처럼 소리 나는 대로 적는다.
⑤ 『훈민정음』 언해본에서는 마침표(.), 쉼표(,) 등의 문장 부호를 일절 사용하지 않는다.

097 정답 ④

반응률(%)	①	②	③	④	⑤
	13.93	2.21	5.24	70.03	7.75

평가요소	7.1 국어학
세부 평가요소	7.1.4 국어사
출처	국어사정위원회(2010), 『조선말규범집』, 사회과학원

보자마자 딱! 풀리는 | 유형 딱풀 전략

〈보기〉에 제시된 내용을 적용하는 방식으로 접근

주의 〈보기〉에 제시된 내용만으로도 충분히 풀 수 있는 문항이니 겁먹지 말고 차근차근 접근해 보면 된다.

정답 해설

④ '갈쏘냐(가-ㄹ쏘냐)'의 '-ㄹ쏘냐'는 'ㄹ' 뒤에서 된소리로 소리 나는 토인데, 이 경우에는 된소리로 적지 않으므로 '-ㄹ소냐'(갈소냐)로 적어야 한다.

오답 해설

① '갈게(가-ㄹ게)'의 '-ㄹ께'는 'ㄹ' 뒤에서 된소리로 소리 나는 토인데, 이 경우에는 된소리로 적지 않으므로 '-ㄹ게'(갈게)로 적는다.
② '깜짝'은 한 형태소 내부에서 'ㅁ' 다음의 소리가 된소리로 소리 나는 경우이므로 '깜짝'으로 적는다.
③ '벌써'는 한 형태소 내부에서 'ㄹ' 다음의 소리가 된소리로 소리 나는 경우이므로 '벌써'로 적는다.
⑤ '할지니(하-ㄹ지니)' '-ㄹ찌니'는 'ㄹ' 뒤에서 된소리로 소리 나는 토인데, 이 경우에는 된소리로 적지 않으므로 '-ㄹ지니'(할지니)로 적는다.

098 정답 ③

반응률(%)	①	②	③	④	⑤
	4.19	2.34	86.81	4.80	1.17

평가요소	7.3 매체와 국어 생활
세부 평가요소	7.3.1 국어 생활
출처	국립국어원, 한국수어 사전 (https://sldict.korean.go.kr/front/main/main.do)

> 정답 해설

③ 〈보기〉의 "만일 동일한 동작에 중지를 함께 펴 동작한다면 전자에는 '전날', 후자에는 '다음날'의 의미가 추가된다."라는 부분에서 추론하면, '내일'의 수형에 '다음날'의 의미가 추가되는 것이다. 따라서 '모레'의 의미임을 추론할 수 있다.

> 오답 해설

① 그제   ② 오늘

 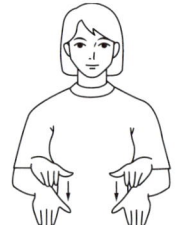

④ 글피   ⑤ 지금

 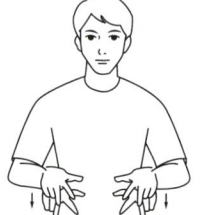

099 정답 ②

반응률(%)	①	②	③	④	⑤
	6.43	27.28	13.07	13.22	39.12
평가요소	7.3 매체와 국어 생활
세부 평가요소	7.3.1 국어 생활

보자마자 딱! 풀리는 | 유형 딱풀 전략

〈보기〉를 살펴보면 어휘의 뜻을 모르더라도 선지의 내용을 유추할 수 있기 때문에 〈보기〉의 내용과 선지를 비교해가며 접근

> 정답 해설

② 〈보기〉에 제시된 '악의'는 '일정한 사실을 알고 있다'는 뜻이다. 이 법률 문장 속의 '사실을 알고 있다'는 것은 법률적으로 '법률 행위의 원인이 되는 내면적 사실 관계를 알고 있다'는 의미로 해석된다.

100 정답 ①

반응률(%)	①	②	③	④	⑤
	83.81	0.94	6.41	1.27	6.84
평가요소	7.3 매체와 국어 생활
세부 평가요소	7.3.2 매체 언어의 탐구

보자마자 딱! 풀리는 | 유형 딱풀 전략

1 선지의 키워드 먼저 확인
2 선지에서 언급한 〈보기〉의 내용 및 표현 방식 등을 선지와 함께 확인하며 소거하는 방식으로 접근

❗주의 선지에서 〈보기〉의 '내용'과 관련한 부분도 묻고 더불어 내용을 전달하는 '방식'도 물어보기 때문에 선지를 고를 때 꼼꼼하게 판단하는 것이 중요하다.

> 정답 해설

① 방송에서는 청취자의 사연을 그대로 읽으며 전달하고 있으므로 직접 인용의 형식으로 소개하는 것이다.

> 오답 해설

② 진행자는 "마음이 어떠세요?", "혹시 나만의 적응 꿀팁을 대방출해 줄 선배님들이 있을까요?" 등의 질문을 던지며 방송을 자연스럽게 진행하고 있다.
③ 진행자가 "우리 새 학기를 앞둔 학생 여러분"이라고 특정 그룹(학생)을 직접 지칭하며 친근한 분위기를 만들고 있다.
④ 진행자는 "에구… 맞아요, 새 학기마다 긴장이 되지요. 혹시 나만의 적응 꿀팁을 대방출해 줄 선배님이 있을까요?"라며 청취자 사연에 대한 공감과 함께 자연스럽게 화제를 이어가고 있다.
⑤ 진행자는 "텐션 업!", "꿀팁" 등의 신조어와 해요체와 같은 구어체를 사용하여 친근한 방송 분위기를 조성하고 있다.

제83회 | 정답 및 자가 진단표

- ◆ '**빠른 정답 확인표**'로 채점 후 진단표에 맞은 문제, 틀린 문제를 ○, ×로 체크해 보세요.
- ◆ 문항별 정답률을 확인하고 한 번 더 봐야 할 문제들에 체크하세요.
- ◆ 문항당 1점으로 총점을 계산하고 다음 페이지에 제시된 '**환산점수(100점 만점)**'를 참고하여 나의 예상 등급을 확인하세요.

빠른 정답 확인표

001	002	003	004	005	006	007	008	009	010
③	④	⑤	⑤	④	③	②	④	②	②
011	012	013	014	015	016	017	018	019	020
①	⑤	④	③	②	④	③	⑤	②	②
021	022	023	024	025	026	027	028	029	030
⑤	⑤	②	④	①	④	⑤	②	④	②
031	032	033	034	035	036	037	038	039	040
⑤	④	③	③	⑤	⑤	④	②	③	③
041	042	043	044	045	046	047	048	049	050
③	④	③	③	①	④	④	⑤	⑤	②
051	052	053	054	055	056	057	058	059	060
②	⑤	①	④	③	②	④	⑤	①	④
061	062	063	064	065	066	067	068	069	070
②	③	③	④	⑤	④	⑤	②	⑤	①
071	072	073	074	075	076	077	078	079	080
①	③	②	⑤	②	④	②	②	③	③
081	082	083	084	085	086	087	088	089	090
①	④	③	④	③	④	②	③	⑤	①
091	092	093	094	095	096	097	098	099	100
⑤	②	③	④	④	④	④	③	⑤	⑤

자가 진단표

문항번호	영역	세부 평가 요소	정답률(%)	O, X	다시 볼 문제
001	듣기 · 말하기	설명(그림)	98.84		✓
002		스토리텔링	82.30		✓
003		설명(강연)	94.50		
004		설명(라디오 방송)	96.43		
005		낭독	97.36		
006		공적 대화	94.52		
007		공적 대화	61.03		
008		사적 대화	98.27		
009		사적 대화	96.39		
010		설명(강연)	92.88		
011		설명(강연)	93.22		
012		발표	78.24		
013		발표	86.71		
014		협상과 중재	96.65		
015		협상과 중재	60.60		
016	어휘	고유어의 사전적 의미	30.24		
017		한자어의 사전적 의미	30.00		
018		고유어의 문맥적 의미	84.76		
019		한자어의 문맥적 의미	31.34		
020		한자어의 문맥적 의미	13.88		
021		혼동하기 쉬운 어휘의 구별	18.96		
022		다의어와 동음이의어	33.77		
023		어휘의 관계(유의 관계)	96.51		
024		고유어와 한자어	96.00		
025		어휘의 관계(유의어)	7.21		
026		속담	90.18		
027		고사성어/사자성어	63.37		
028		관용 표현	41.20		
029		한자어의 순화	83.03		
030		외래어의 순화	48.31		
031	어법	소리에 관한 것	27.75		
032		형태에 관한 것	21.80		
033		형태에 관한 것	45.95		
034		띄어쓰기	19.89		
035		그 밖의 것	74.97		
036		문장 부호	79.30		
037		발음 변화에 따른 표준어	36.61		
038		어휘 선택 변화에 따른 표준어	11.55		
039		표준 발음법	32.11		
040		외래어 표기	48.22		
041		국어의 로마자 표기	40.75		
042		어법에 맞는 표현(한글 맞춤법)	47.13		
043		어법에 맞는 표현(높임법)	91.17		
044		중복 표현	79.68		
045		번역 투 표현	78.75		
046	쓰기	계획하기	98.23		
047		자료의 활용	98.19		
048		개요 작성	96.47		
049		미시적 점검	96.83		
050		거시적 점검	97.54		

051	창안	유비추론을 활용한 내용 생성	88.70		
052		유비추론을 활용한 내용 생성	90.46		
053		조건에 맞는 내용 생성	97.63		
054		구체적 그림을 활용한 내용 생성	97.14		
055		시각 리터러시	79.78		
056		유비추론을 활용한 내용 생성	63.51		
057		구체적 그림을 활용한 내용 생성	86.73		
058		구체적 그림을 활용한 내용 생성	68.22		
059		유비추론을 활용한 내용 생성	75.30		
060		유비추론을 활용한 내용 생성	81.98		
061	읽기	문학 텍스트 이해하기	93.99		
062		문학 텍스트 비판하기	82.89		
063		문학 텍스트 이해하기	85.35		
064		문학 텍스트 추론하기	27.74		
065		문학 텍스트 비판하기	74.85		
066		학술 텍스트 이해하기	96.75		
067		학술 텍스트 추론하기	93.65		
068		학술 텍스트 비판하기	61.52		
069		학술 텍스트 이해하기	74.24		
070		학술 텍스트 추론하기	84.13		
071		학술 텍스트 비판하기	65.17		
072		학술 텍스트 비판하기	75.08		
073		학술 텍스트 이해하기	67.47		
074		학술 텍스트 추론하기	65.82		
075		학술 텍스트 비판하기	32.09		
076		학술 텍스트 이해하기	93.75		
077		학술 텍스트 추론하기	18.86		
078		학술 텍스트 비판하기	55.02		
079		학술 텍스트 이해하기	94.32		
080		학술 텍스트 추론하기	92.81		
081		학술 텍스트 추론하기	94.09		
082		학술 텍스트 비판하기	71.54		
083		실용 텍스트 이해하기	90.95		
084		실용 텍스트 추론하기	86.24		
085		실용 텍스트 이해하기	91.66		
086		실용 텍스트 비판하기	71.12		
087		실용 텍스트 추론하기	86.89		
088		실용 텍스트 이해하기	74.73		
089		실용 텍스트 비판하기	61.03		
090		실용 텍스트 추론하기	63.81		
091	국어 문화	한국 고전문학(작품)	18.86		
092		한국 현대문학(작품)	11.93		
093		한국 현대문학(작가)	41.69		
094		국어 생활	84.82		
095		국어 생활	22.29		
096		국어사	37.35		
097		국어사	40.31		
098		국어 생활	73.98		
099		국어 생활	53.66		
100		매체 언어의 탐구	91.17		
		총점			점

제83회 | 시험 분석 및 평가

◆ 등급 현황

자격등급	환산점수(990점 만점)	환산점수(100점 만점)	응시자수(명)	취득자수(명)	합격률(%)
1급	830–990	92.2점		44	0.87
2+급	758–845	81.0점		139	2.74
2-급	735–800	77.4점		299	5.89
3+급	675–750	71.8점	5,073	828	16.32
3-급	625–690	66.5점		757	14.92
4+급	535–640	59.4점		1,382	27.24
4-급	465–550	51.0점		605	11.93
무급	10–480	24.7점		1,019	20.09

※ 100점 만점 기준 환산점수는 시대에듀에서 실제 시험의 등급별 환산점수 구간의 평균값을 바탕으로 임의로 산정한 참고용 수치입니다. 실제 KBS한국어능력시험 등급부여 시스템과는 차이가 있으며 현재 자신의 실력을 가늠하고 취약 영역을 보완하는 용도로만 활용하시기 바랍니다.

◆ 2025년 2월 15일 (토) 5,073명이 응시한 제83회 KBS한국어능력시험의 원점수 평균점은 100점 만점에 69.21점으로 70점에 미치지 못하였고, 표준편차 9.28로 크지 않아 전반적으로 난도가 약간 높은 편으로 출제되었습니다.

◆ 3급 이상 취득자의 합격률 또한 40.74%로 변별력 있게 출제되었으며 난도 자체가 쉬운 시험은 아니기에 3급 이상 취득을 위해서는 전략적인 학습이 필요합니다.

◆ 영역별 평균점수 & 예상 등급

자격등급	평균점수	내 점수	총점	예상 등급
문법 영역 (16~45번)	15.04점 (30점 만점)			
이해 영역 (1~6번, 8번, 10번, 12번, 14번, 61~90번)	31.58점 (40점 만점)			
표현 영역 (7번, 9번, 11번, 13번, 15번, 46~50번)	8.85점 (10점 만점)			
창안 영역 (51~60번)	8.30점 (10점 만점)			
국어 문화 영역 (91~100번)	5.44점 (10점 만점)			

◆ 제83회 KBS한국어능력시험의 영역별 평균점수를 살펴보면, 문법 영역이 15.04점(30점 만점), 이해 영역이 31.58점(40점 만점), 표현 영역이 8.85점(10점 만점), 창안 영역이 8.30점(10점 만점), 국어 문화 영역이 5.44점(10점 만점)이었습니다. 앞서 분석한 바와 같이 3급 이상을 취득하기 위해서는 체계적인 학습이 필요하며, 평균점수가 낮은 문법 영역(어휘/어법)에서 변별력을 가지고 가는 전략이 필요합니다.

◆ 총평

제83회 시험은 어휘/어법과 국어 문화 영역에서 오답률이 높았고, 읽기 영역에서는 2~3문항의 고난도 문항과 중·상 난도의 문항들이 섞여 있어 출제 유형 및 난도는 일반적인 회차들과 큰 차이 없었습니다. 특징적으로 읽기 영역의 문학 텍스트 추론하기 문항인 64번 문항의 오답률이 높았는데, 문학 텍스트 유형의 경우 일반적으로 난도가 높지 않게 구성되나 간혹 이처럼 높은 난도로 출제되는 경우가 있어 유의해야 합니다.

제83회 | 정답과 해설

영역별 접근 전략

듣기·말하기   001~015번

듣기·말하기 영역은 음성이 시작되기 전에 문제와 선지를 먼저 확인하세요. 아무 준비 없이 음성을 듣고 문제를 푸는 것보다 음성의 어느 부분에 초점을 맞추어 들어야 하는지 문제를 통해 미리 방향성을 잡고, 선지를 통해 주요 키워드를 확인해 두면 음성이 시작됨과 동시에 문제를 풀 수 있습니다. 듣기·말하기 영역은 음성이 끝나기 전, 혹은 끝난 직후 바로 다음 문제로 넘어간다는 생각으로 훈련해야 시간을 단축할 수 있습니다.

001   정답 ③

반응률(%)	①	②	③	④	⑤
	0.12	0.22	98.84	0.24	0.55
평가요소	1.1 담화의 유형별 화법 전략				
세부 평가요소	1.1.1 설명				
출처	손철주(2012), 『속속들이 옛 그림 이야기』, 자음과 모음				

보자마자 딱! 풀리는 | 유형 딱풀 전략

1. 선지를 먼저 살펴보면서 각 선지의 주요 키워드에 체크
2. 설명을 들으며 체크한 키워드가 언급될 때마다 해당 선지와 설명을 비교하면서 정답 찾기

듣기 대본

1번. 먼저 그림에 대한 설명을 들려 드립니다.

    오늘은 단원 김홍도가 남긴 〈포의풍류도〉에 대해 말씀드리겠습니다. 그림 속의 선비는 여러 가지 물건을 통해 자신의 삶을 드러내고 있습니다. 먼저 선비가 맨발인 것이 눈에 띕니다. 조선 선비는 잠자는 경우가 아니면 버선을 종일 벗지 않는데 맨발로 있는 것은 그만큼 선비의 정신이 얽매임이 없다는 의미겠지요. 선비가 들고 있는 것은 당비파입니다. 선비들은 시서뿐 아니라 음악을 즐길 줄 알아야 참다운 군자가 된다고 생각했다고 합니다. 왼쪽에 보면 천으로 싸 놓은 서책들이 있고, 서책 앞으로는 일부러 금이 가도록 만든 자기병과, 청동으로 된 향로와, 산호와 영지가 꽂힌 청동 제기가 보입니다. 모두 값비싼 골동품입니다. 바로 옆에 문방사우 중 하나인 붓과 벼루가 있네요. 선비의 발치에 놓인 것이 생황이라는 악기이고, 그 앞에 칼도 있습니다. 칼은 자신의 게으른 마음을 경계함을 상징하는 것이어서 문인도 칼을 하나씩 집안에 두고 있습니다. 그림 속 시는 종이로 창을 만들고 흙으로 벽을 바른 곳에서 평생 삼베 옷 입고 노래하고 읊조리겠다는 내용을 담고 있습니다. 포의를 입고 산다는 말은 벼슬을 하지 않는다는 뜻입니다. 벼슬을 버린 자의 망중한을 잘 그리고 있는 그림입니다.

정답 해설

③ "일부러 금이 가도록 만든 자기병과, 청동으로 된 향로와, 산호와 영지가 꽂힌 청동 제기"를 묘사하면서 "모두 값비싼 골동품"이라고 설명하였다. 그러므로 '소박한 선비의 삶'을 드러내고 있다는 설명은 적절하지 않다.

오답 해설

① "선비가 맨발인 것"은 "선비의 정신이 얽매임이 없다."라는 의미라고 설명하고 있으므로 적절한 내용이다.
② "선비들은 시서뿐 아니라 음악을 즐길 줄 알아야 참다운 군자가 된다고 생각"했다고 설명하고 있으므로 적절한 내용이다.
④ "칼은 자신의 게으른 마음을 경계함을 상징"하는 것으로 설명하고 있으므로 적절한 내용이다.
⑤ "포의를 입고 산다는 말은 벼슬을 하지 않는다는 뜻"이라고 설명하고 있으므로 적절한 내용이다.

002   정답 ④

반응률(%)	①	②	③	④	⑤
	4.81	9.78	0.16	82.30	2.88
평가요소	1.2 공감적 소통				
세부 평가요소	1.2.1 스토리텔링				
출처	루이 초카(2018), 『최강의 멘탈』, 부키				

보자마자 딱! 풀리는 | 유형 딱풀 전략

1. 선지를 먼저 살펴보면서 각 선지의 주요 키워드에 체크
2. 설명을 들으며 체크한 키워드가 언급될 때마다 해당 선지와 설명을 비교하면서 정답 찾기

주의 이야기의 교훈을 묻는 문항은 항상 출제되는 유형이다. 한국말은 끝까지 들어야 한다는 말이 있듯이 반전이 있을 수 있으므로 반드시 끝까지 듣고 문제를 풀어야 한다.

듣기 대본

2번. 이번에는 이야기를 들려 드립니다.

어느 날 저녁 나이가 지긋한 체로키 인디언이 손자에게 싸움에 관한 이야기를 들려주었다. 모든 사람의 마음속에서 일어나는 싸움에 대한 얘기였다.

"아가야, 우리 마음속에는 늑대 두 마리가 싸우고 있단다. 하나는 사악한 늑대야. 두려움과 분노, 질투, 후회, 탐욕, 자기 연민, 죄책감, 회한, 우월감, 자존심 같은 것들이지. 이 늑대는 불안과 걱정, 불확실성, 우유부단함, 무기력함을 가져온단다. 다른 하나는 착한 늑대야. 기쁨과 평화, 희망, 겸손, 친절, 자비, 공감, 진심, 연민, 신념 같은 것들이지. 착한 늑대는 차분함, 확신, 자신감, 열정, 행동을 가져온단다."

손자는 잠깐 생각하더니 할아버지에게 물었다.

"어느 쪽 늑대가 이겨요?"

늙은 체로키 인디언이 답했다.

"네가 먹이를 주는 쪽이지."

정답 해설

④ 부정적인 감정을 가져오는 '사악한 늑대'와 긍정적인 감정을 가져오는 '착한 늑대' 중 어느 쪽 늑대가 이기는지에 대한 손자의 질문에 늙은 체로키 인디언은 "네가 먹이를 주는 쪽이지."라고 하며 어떤 감정을 키우느냐는 자신의 선택에 달렸다고 말해 준다. 이는 부정적 감정을 자제하고 긍정적인 감정을 끌어내기 위해 노력해야 함을 뜻한다.

003

정답 ⑤

반응률(%)	①	②	③	④	⑤
	2.21	2.52	0.41	0.34	94.50
평가요소	1.1 담화의 유형별 화법 전략					
세부 평가요소	1.1.1 설명					
출처	한성우(2016), 『우리 음식의 언어』, 어크로스					

보자마자 딱! 풀리는 | 유형 딱풀 전략

1. 선지를 먼저 살펴보면서 각 선지의 주요 키워드에 체크
2. 설명을 들으며 체크한 키워드가 언급될 때마다 해당 선지와 설명을 비교하면서 정답 찾기

❗주의 듣기 영역에서는 '내용 일치-불일치' 문항이 어렵게 느껴질 수 있다. 음성이 나오기 전에 선지를 빠르게 확인하여 대략적인 키워드들을 파악해 두는 것이 좋다.

듣기 대본

3번. 이번에는 강연을 들려 드립니다.

냉면은 우리나라 음식입니다. 중국에도 '냉면', '양면'이 있지만 차게 해서 먹는 국수란 뜻일 뿐 우리처럼 특화된 음식이라고 할 수 없습니다. 일본에서도 메밀로 만든 면을 차게 먹기도 하지만 우리처럼 냉면에 열광하지 않습니다. 냉면은 전국 어디서나 냉면이라고 똑같이 불립니다. 다만 두 종류의 냉면이 지역 혹은 만듦새에 따라 구별됩니다. 함경도식 냉면, 즉 함흥냉면은 비빔냉면으로 전분을 많이 섞어 가늘고 질기게 뽑아낸 면을 갖은 양념을 한 장에 비벼 먹습니다. 평안도식 냉면, 즉 평양냉면은 물냉면으로 메밀을 조금 굵게 뽑아내어 동치미 육수나 고기 육수에 말아 먹습니다. 함흥냉면은 면발이 질겨 가위로 미리 자르기도 하지만 평양냉면은 이로도 뚝뚝 끊어지니 가위질이 필요 없지요.

북쪽에 냉면이 있다면 남쪽의 음식으로는 막국수가 있습니다. 막국수는 평양냉면과 마찬가지로 메밀을 주재료로 해서 만듭니다. 그런데 그 이름이 그리 고급스럽지는 않아 보입니다. '막'이 다른 말 앞에 붙으면 '거친', '품질이 낮은'의 뜻을 더하게 됩니다. 그러나 막국수는 품질이 낮은 국수는 아닙니다. 오늘날 우리가 먹는 표백한 순백색 밀가루보다 오히려 양분을 고스란히 담아 막 갈아서 뽑아낸 막국수가 건강에는 더 좋기 때문입니다.

정답 해설

⑤ 막국수의 이름에 쓰이는 '막'에 대해 "다른 말 앞에 붙으면 '거친', '품질이 낮은'의 뜻을 더하게 됩니다."라고 하며 이름이 고급스럽지 않아 보이나 "오늘날 우리가 먹는 표백한 순백색 밀가루"보다 막국수가 건강에는 더 좋다고 설명하고 있다. 막국수의 이름이 메밀을 표백하는 과정에서 유래하였다는 내용은 밀가루에 대한 설명을 막국수에 잘못 대입한 것이므로 적절하지 않다.

오답 해설

① "냉면은 우리나라 음식입니다. 중국에도 '냉면', '양면'이 있지만 차게 해서 먹는 국수란 뜻일 뿐 우리처럼 특화된 음식이라고 할 수 없습니다."에서 확인할 수 있다.
② "냉면은 전국 어디서나 냉면이라고 똑같이 불립니다."에서 확인할 수 있다.
③ "함흥냉면은 면발이 질겨 가위로 미리 자르기도 하지만"에서 확인할 수 있다.
④ "북쪽에 냉면이 있다면 남쪽의 음식으로는 막국수가 있습니다."에서 확인할 수 있다.

004

정답 ⑤

반응률(%)	①	②	③	④	⑤
	0.51	0.45	0.22	2.31	96.43

평가요소	1.1 담화의 유형별 화법 전략
세부 평가요소	1.1.1 설명
출처	박종호(2004), 『내가 사랑하는 클래식』, 시공사

보자마자 딱! 풀리는 | 유형 딱풀 전략

1. 선지를 먼저 살펴보면서 각 선지의 주요 키워드에 체크
2. 설명을 들으며 체크한 키워드가 언급될 때마다 해당 선지와 설명을 비교하면서 정답 찾기

주의 듣기 영역에서는 '내용 일치-불일치' 문항이 어렵게 느껴질 수 있다. 음성이 나오기 전에 선지를 빠르게 확인하여 대략적인 키워드들을 파악해 두는 것이 좋다.

듣기 대본

4번. 이번에는 라디오 방송의 일부를 들려드립니다.

성악가 마리아 앤더슨은 흑인 빈민가에서 태어났다. 그녀는 처음엔 가난 때문에, 나중에는 피부색 때문에 평생 한 번도 정식 음악 학교에 들어가지 못했다. 그런 여건 속에서도 그녀는 스물세 살 때 뉴욕 레비전 콩쿠르에서 우승의 영광을 차지했다. 우승자가 흑인 여성이라는 사실 때문에 뉴욕뿐 아니라 미국 전체가 떠들썩하였다.

흑인의 슬픔을 늘 잊지 않았던 그녀가 콘서트마다 꼭 부르는 곡이 흑인영가였다. 그녀의 영가에는 흑인들의 잊을 수 없는 고통과 치유할 수 없는 슬픔이 담겨 있다. 흑인영가는 아프리카에서 미국으로 끌려온 흑인 노예들 사이에서 생겨난 독특한 성악이다. 하루의 고된 일과가 끝나면 노예들은 검은 피부의 예수를 그려 놓고 기도를 올렸으며, 히브리 노예들처럼 이 땅에서 못 이룬 구원이 사후에라도 이루어지기를 염원했다.

백인들이 최소한의 악기를 갖는 것도 금지했기 때문에, 흑인들은 손뼉만을 유일한 반주로 삼아 노래를 불렀다. 그래서 흑인들의 노래는 유달리 리듬감이 강한 특징을 가지게 되었다. 그들은 자신들의 먼 고향 아프리카의 노래에서 시작하여, 주위의 아시아와 서인도 그리고 아메리카의 민속 음악들도 모두 받아들였다.

흑인들의 노래는 일을 할 때 피로를 잊기 위해 불렀던 '노동요'와 종교적인 목적으로 불렀던 '종교요'의 두 종류로 나눌 수 있는데, 이 중 종교적 색채가 짙은 노래가 '흑인영가'이다. 원래는 반주가 없었지만 요즘은 피아노 반주와 함께 연주되는 경우가 많다.

흑인영가 중에서 앤더슨이 언제 어디서나 항상 빠뜨리지 않고 불렀던 곡이 바로 〈깊은 강〉이다. 깊은 강이란 바로 요단강을 일컫는다. 아주 단순한 가사이지만, 그녀의 콘트랄토 목소리를 통해서 흘러나오는 메시지는 강렬하다.

정답 해설

⑤ '노동요'와 '종교요' 중 종교적 색채가 짙은 노래가 '흑인영가'라고 하였고, '흑인영가' 중에서 앤더슨이 빠뜨리지 않고 불렀던 곡이 〈깊은 강〉이라고 설명하고 있으므로, 〈깊은 강〉은 '종교요'에 해당한다.

오답 해설

① 그녀는 처음엔 가난 때문에, 나중에는 피부색 때문에 평생 한 번도 정식 음악 학교에 들어가지 못했다고 제시하고 있다.
② 그녀의 영가에는 흑인들의 잊을 수 없는 고통과 치유할 수 없는 슬픔이 담겨 있다고 제시하고 있다.
③ 흑인들은 최소한의 악기를 갖는 것도 금지되었기 때문에 손뼉만을 유일한 반주로 삼아 노래를 불러서 유달리 리듬감이 강한 특징을 가지게 되었다고 제시하고 있다.
④ 흑인들은 주위의 아시아와 서인도 그리고 아메리카의 민속 음악들도 모두 받아들였다고 제시하고 있다.

005

정답 ④

반응률(%)	①	②	③	④	⑤
	0.24	1.20	0.06	97.36	1.06

평가요소	1.2 공감적 소통
세부 평가요소	1.2.2 낭독
출처	이대흠(2007), 「동그라미」, 『물 속의 불』, 천년의 시작

보자마자 딱! 풀리는 | 유형 딱풀 전략

1. 선지를 먼저 살펴보면서 어떤 주제들을 다루고 있는지 확인
2. 먼저 확인한 주제 중 해당되는 내용이 있는지에 집중하며 음성 듣기

주의 낭독만을 듣고 문제를 풀기보다는 선지를 통해 주제들을 먼저 파악하여 대입해 보는 방식으로 접근하는 것이 좋다.

듣기 대본

5번. 이번에는 시 한 편을 들려 드립니다.

어머니는 말을 둥글게 하는 버릇이 있다
오느냐 가느냐라는 말이 어머니의 입을 거치면 옹가 강가
가 되고 자느냐 사느냐라는 말은 장가 상가가 되다 나무의
잎도 그저 푸른 것만이 아니어서 밤낭구 잎은 푸르딩딩해
지고 밭에서 일 하는 사람을 보면 일 항가 댕가 하기에 장
가 가는가라는 말은 장가 강가가 되고 애기 낳는가라는 말
은 아 낭가가 된다

강가 낭가 당가 랑가 망가가 수시로 사용되는 어머니의 말
에는
한사코 ㅇ이 다른 것들을 떠받들고 있다

남한테 해코지 한 번 안 하고 살았다는 어머니
일생을 흙 속에서 산,

무장 허리가 굽어져 한쪽만 뚫린 동그라미 꼴이 된 몸으로
어머니는 아직도 당신이 가진 것을 퍼 주신다
머리가 발에 닿아 둥글어질 때까지
C자의 열린 구멍에서는 살리는 것들이 쏟아질 것이다

우리들의 받침인 어머니
어머니는 한사코
오순도순 살어라이 당부를 한다

어머니는 모든 것을 둥글게 하는 버릇이 있다

정답 해설

④ 'ㅇ'이 다른 것들을 떠받들고 있는 어머니의 말버릇과 허리가 굽어져 한쪽만 뚫린 동그라미 꼴이 된 몸으로 당신이 가진 것을 퍼 주시는 어머니의 모습 그리고 "한사코 오순도순 살어라이 당부를 한다"라고 말하는 어머니의 말을 통해, 헌신하고 베풀며 더불어 사는 삶의 중요성을 드러내고 있음을 알 수 있다.

오답 해설

① 어머니의 삶에서 삶의 허무를 극복하려는 모습을 발견하기는 어렵다.
② 어머니의 삶에서는 어려움을 인내하는 모습이 아니라 헌신적인 모습을 발견할 수 있다.
③ 생태계가 파괴된 현실을 성찰하는 모습은 드러나지 않는다.
⑤ 자연의 섭리를 깨닫고 실천하는 모습은 드러나지 않는다.

---

006 정답 ③

반응률(%)	①	②	③	④	⑤
	0.57	1.64	94.52	0.71	2.44

평가요소	1.1 담화의 유형별 화법 전략
세부 평가요소	1.1.3 공적 대화
출처	"'AI 자아에 관하여' 뇌과학자와 AI 전문가의 대중문화 속 AI 이야기", SK hynix 뉴스룸, 2024. 7. 23. (https://news.skhynix.co.kr/ai-in-media-3/)

보자마자 딱! 풀리는 │ 유형 딱풀 전략

1 각각의 문항에서 묻는 내용을 먼저 체크하여 어떠한 곳에 초점을 맞추어 들어야 할지를 파악
  예 6번에서는 '전문가의 설명', 7번에서는 '진행자의 말하기 전략'

2 전문가가 등장하는 부분에서 선지와 함께 음성을 들으며 선지를 하나씩 소거하는 방식으로 접근

❗주의) 6번부터는 하나의 음성에 두 개의 문항이 구성된다. 음성이 끝나면 별도의 시간 없이 바로 다음 문항의 음성이 재생되므로 음성이 끝남과 동시에 두 문항을 모두 풀어야 한다. 이에 각 문항에서 묻는 것이 무엇인지를 먼저 확인한 후, 집중하여 들어야 할 요소들을 먼저 파악하고 접근하는 것이 효율적이다.

듣기 대본

이번에는 진행자와 전문가의 대담을 들려 드립니다. 6번은 듣기 문항, 7번은 말하기 문항입니다.

사회자: 영화 '바이센테니얼 맨'은 자유와 사랑에 대한 욕망을 가지고, 사람이 되고자 하는 AI 안드로이드의 이야기를 그렸습니다. 교수님, 사람과 AI가 갖는 욕망에는 어떤 차이가 있을까요?

전문가: 먼저 욕망이라는 개념을 정의해야 할 것 같아요. 사람의 경우, 신체적인 항상성을 유지하려는 본능적인 욕구가 가장 근본적이거든요.

사회자: 그렇다면 신체가 없는 AI에게 욕망이 없을까요?

전문가: 저는 AI도 다른 의미의 욕망은 있을 수 있다고 생각합니다. 바로 강화 학습을 통해 알 수 있는데요. 이는 동물에게 먹이를 주듯 보상을 제공함으로써 학습시키는 과정이에요. 동물들에게도 식욕이라는 욕망이 있듯 AI도 보상을 얻고자 하는 욕망이 있을 수 있는 것이죠.

사회자: 보상을 얻고자 하는 욕망은 구체적으로 어떤 것인가요?

전문가: 저는 그 욕망을 '학습된 욕망'이라고 부르고 싶은데요. AI는 초기에 기본 규칙을 배우고, 경험을 통해 학습하며, 필요할 때 추가적인 피드백을 받아 행동을 조정합니다. 결국 인간이 정해 놓은 보상 체계에서 이뤄지는 것이죠. 따라서 AI가 보상을 추구하는 욕망 또한 학습된 결과라는 것입니다.

사회자: 그렇군요. 요즘 AI의 '창의성'도 관심의 대상인데, AI가 정말로 창의성을 가질 수 있을까요?

전문가: 현재 AI가 보여 주는 창의성은 스스로 만들어낸 것이 아닌, 사람이 프로그래밍한 결과물입니다. AI가 생성하는 그림이나 음악은 대부분 어디선가 접해 본 형태거든요.

사회자: 그렇다면, 왜 AI의 창의성 발현은 어려운 것일까요?

전문가: 창의성의 핵심은 전이 학습 능력인데, AI의 전이 학습 능력은 사람과 비교하면 그 효율이 매우 떨어집니다. 생명체는 자신의 생명을 위협하는 외부 환경에 맞춰 내부 환경을 조율하고 적응하면서 뇌가 발달하고 전이 학습 능력을 강화해 왔죠. 즉, 생명체의 전이 학습 능력은 안정적인 내부 환경을 만들어 내는 능력과 깊이 연관되어서 이러한 고유 내부 환경이 외부 환경과 만나서 창발하는 무언가가 창의성의 핵심입니다. 이런 의미에서 자신만의 내부 환경이 없는 AI는 인간 수준의 전이 학습 능력과 창의성을 갖기 어렵습니다.

사회자: AI는 고도의 연산력과 데이터 저장 능력에서는 사람을 월등히 앞서지만, 창의적인 문제 해결 능력은 아직 부족하군요. 오늘 이야기 감사합니다.

> 정답 해설

③ 전문가는 AI의 창의성에 대해서 "스스로 만들어낸 것이 아닌, 사람이 프로그래밍한 결과물입니다. AI가 생성하는 그림이나 음악은 대부분 어디선가 접해 본 형태거든요."라고 했는데, 이는 AI의 창의성은 대부분 인간이 부여한 것이라는 의미이다.

> 오답 해설

① 동물들에게 식욕이라는 욕망이 있듯이 AI도 보상을 얻고자 하는 욕망이 있을 수 있다고 설명한다.
② AI의 보상을 얻고자 하는 욕망을 '학습된 욕망'이라고 말하며 보상을 추구하는 욕망 또한 학습된 결과라고 설명하고 있으므로, AI가 보상 체계를 스스로 확장할 수 있다는 설명은 적절하지 않다.
④ "AI의 전이 학습 능력은 사람과 비교하면 그 효율이 매우 떨어집니다."라고 설명하므로 적절하지 않다.
⑤ 창의성의 핵심인 전이 학습 능력은 자신의 생명을 위협하는 외부 환경에 맞춰 내부 환경을 조율하고 적응하면서 강화되기에 자신만의 내부 환경이 없는 AI는 인간 수준의 전이 학습 능력과 창의성을 갖기 어렵다고 하였다.

007

정답 ②

반응률(%)	①	②	③	④	⑤
	1.40	61.03	15.57	0.22	21.64
평가요소	1.1 담화의 유형별 화법 전략				
세부 평가요소	1.1.3 공적 대화				

> 정답 해설

② "영화 '바이센테니얼 맨'은 자유와 사랑에 대한 욕망을 가지고, 사람이 되고자 하는 AI 안드로이드의 이야기를 그렸습니다. 교수님, 사람과 AI가 갖는 욕망에는 어떠한 차이가 있을까요?"라는 질문을 하며 대담 주제와 관련된 영화의 사례를 들어 이야기를 시작하고 있다.

> 오답 해설

① 전문가의 설명에 대해 진행자의 경험 사례를 보충하지 않는다.
③ 진행자가 전문가에게 전문 용어에 대해 현실의 사례를 들어 설명하기를 요청하는 부분은 제시되지 않았다.
④ 통계 자료를 활용하지 않았으며, 출처를 요구하는 부분도 제시되지 않았다.
⑤ 청취자에게 질문을 하고 있지 않으며, 대담 주제의 사회적 의미를 강조하는 부분도 제시되지 않았다.

008

정답 ④

반응률(%)	①	②	③	④	⑤
	0.35	0.28	0.20	98.27	0.91
평가요소	1.1 담화의 유형별 화법 전략				
세부 평가요소	1.1.4 사적 대화				
출처	• 오세성, "남의 집 앞에 왜 사료를… 노후 아파트 길고양이 갈등", 한국경제, 2024. 4. 14. (http://hankyung.com/article/2024040241836) • 안대훈, "'밥 줘라', '주지마라' 길냥이 돌봄 갈등… 부산 한 아파트 해결법", 중앙일보, 2023. 10. 2. (https://www.joongang.co.kr/article/25196551)				

보자마자 딱! 풀리는 | 유형 딱풀 전략

1. 각각의 문항에서 묻는 내용을 먼저 체크하여 어떠한 곳에 초점을 맞추어 들어야 할지를 파악
   예) 8번에서는 '등장인물의 생각', 9번에서는 '인물들의 말하기 방식'
2. 선지를 보고 어떤 인물이 등장하는지 파악
   예) 등장인물들을 구분할 수 있는 특징을 파악: 등장인물의 수, 성별, 직급 등
3. 인물들이 등장할 때 각 인물에 해당하는 선지를 함께 확인하며 틀린 선지 소거

듣기 대본

8번. 다음은 대화의 일부분을 들려 드립니다. 8번은 듣기 문항, 9번은 말하기 문항입니다.

남자: 지금 뭐 하시는 거예요? 고양이 밥 주시는 거예요?
여자: 이렇게 추운데 고양이 새끼들이 배고프잖아요.
남자: 고양이 밥 주지 말라는 공지문, 못 보셨어요? 밥 먹는다고 동네 고양이들이 다 몰려들어서 차에 스크래치 생기고 쓰레기봉투도 다 뜯어 놨다고요.
여자: 배가 고프니까 쓰레기를 뒤지는 거예요. 밥을 주면 오히려 쓰레기를 뒤지지 않을 거예요. 생명 소중한 것도 모르나요?
남자: 누군 뭐, 생명이 소중한지 몰라서 이럽니까? 자기만 생명을 사랑하는 사람이고 공동으로 사는 아파트에서 다른 사람들의 불편은 생각하지 않냐고요?
여자: 그래서 주민들에게 피해가 안 가도록 주차장에서 먼 곳에다 밥을 두는 거잖아요. 그리고 고양이들이 밥을 안 준다고 없어지는 줄 아세요? 고양이는 영역 동물이라고요. 이 아파트가 사라져도 고양이는 여기 계속 남아 있을 거예요.
남자: 아주머니가 자꾸 밥을 주니까 옆 동네 고양이까지 우리 단지에 몰려들어서 문제잖아요. 또 저랑 우리 아이도 고양이 알러지가 있어서 기침에 반점에 아주 괴롭다고요.
여자: 알러지가 고양이 잘못은 아니잖아요. 알러지 있는 사람이 피해야지.
남자: 하여간, 자꾸 고양이 먹이를 주시면 관리 사무소에 이야기해서 조치하겠습니다.
여자: 길고양이에게 먹이를 주는 건 불법이 아니라고요. 사람이 없는 한적한 곳에서 제가 잘 관리해서 먹이를 주고 있으니 참견 마세요.

정답 해설

④ "고양이 밥 주지 말라는 공지문, 못 보셨어요? 밥 먹는다고 동네 고양이들이 다 몰려들어서 차에 스크래치 생기고 쓰레기봉투도 다 뜯어 놨다고요."에서 남자는 먹이를 주기 때문에 고양이가 모인다고 생각하고 있음을 알 수 있다.

오답 해설

① 여자는 "고양이들이 밥을 안 준다고 없어지는 줄 아세요? 고양이는 영역 동물이라고요. 이 아파트가 사라져도 고양이는 여기 계속 남아 있을 거예요."라고 말하고 있기 때문에 적절하다.
② 여자는 "배가 고프니까 쓰레기를 뒤지는 거예요. 밥을 주면 오히려 쓰레기를 뒤지지 않을 거예요."라고 말하고 있기 때문에 적절하다.
③ 남자는 "공동으로 사는 아파트에서 다른 사람들의 불편은 생각하지 않냐고요?"라고 말하고 있기 때문에 적절하다.
⑤ 남자는 "누군 뭐, 생명이 소중한지 몰라서 이럽니까?"라고 말하고 있기 때문에 적절하다.

009 정답 ②

반응률(%)	①	②	③	④	⑤
	1.26	96.39	0.39	1.70	0.22

평가요소	1.1 담화의 유형별 화법 전략
세부 평가요소	1.1.4 사적 대화

보자마자 딱! 풀리는 | 유형 딱풀 전략

1. 각각의 문항에서 묻는 내용을 먼저 체크하여 어떠한 곳에 초점을 맞추어 들어야할지를 파악
   예) 8번에서는 '등장인물의 생각', 9번에서는 '인물들의 말하기 방식'
2. 인물들이 등장할 때 각 인물에 해당하는 선지를 함께 확인하며 틀린 선지 소거

❗주의 적절한 것을 고르는 문항은 내용이 일치하지 않거나 대화에 제시되지 않는 내용이 등장하는 등의 크게 두 가지 방식의 오답 패턴이 있다. 음성을 듣고 제시되지 않는 문항을 실시간으로 파악하는 것은 어렵기에 내용이 일치하지 않은 선지를 찾아 소거법으로 접근해야 한다.

정답 해설

② 남자는 "저랑 우리 아이도 고양이 알러지가 있어서 기침에 반점에 아주 괴롭다고요."라고 말하며 개인적 고통을 사례로 들어 상대방의 행동을 비판하고 있음을 알 수 있다.

오답 해설

① 법적 근거를 들고 있지는 않기 때문에 적절하지 않다.
③ 여자는 자신의 입장을 변경하고 있지 않다.
④ 다른 사람 말을 인용해 반박하고 있지 않다.
⑤ "자꾸 고양이 먹이를 주시면 관리 사무소에 이야기해서 조치 하겠습니다."라고 하며 제3자의 개입 가능성을 언급한 것은 남자이다.

010   정답 ②

반응률(%)	①	②	③	④	⑤
	2.42	92.88	1.20	2.07	1.38
평가요소	1.1 담화의 유형별 화법 전략				
세부 평가요소	1.1.1 설명				
출처	김영애(2021), 『나는 미술관에 간다』, 마로니에북스				

보자마자 딱! 풀리는 | 유형 딱풀 전략

1. 각각의 문항에서 묻는 내용을 먼저 체크하여 어떠한 곳에 초점을 맞추어 들어야할지를 파악
   예 10번에서는 '강연의 내용', 11번에서는 '강연자의 말하기 방식'
2. 선지를 먼저 살펴보면서 키워드를 파악
3. 음성에서 키워드가 언급될 때 해당 키워드를 포함한 선지를 함께 확인하며 틀린 선지 소거

듣기 대본

이번에는 강연을 들려 드립니다. 10번은 듣기 문항, 11번은 말하기 문항입니다.

　미술관 산책 강연, 오늘 강연에서는 루브르 박물관에 대해 이야기해 보려고 합니다. 프랑스의 루브르 박물관은 다양한 미술 작품을 소장하고 있어 미술관의 성격도 지니고 있는데요, 처음에는 적의 침공을 막는 요새로 지어졌습니다. 이후 르네상스 양식의 궁전으로 새롭게 개조되었으며, 왕실 소유의 예술품을 전시하게 되었지요. 이후 1789년 프랑스 혁명을 계기로 루브르 박물관은 대중에게 공개되어 공공 미술관의 성격으로 탈바꿈하였습니다.
　그리고 1980년대 들어 루브르 박물관은 혁신적인 변화를 마주하게 되었는데요, 프랑스 혁명 200주년을 기념하여 과거와 현재를 이어주는 공간으로 변화하였습니다. 루브르의 명소가 된 유리 피라미드도 이때 세워졌는데요, 흥미로운 점은 처음 디자인이 선정되었을 당시에는 루브르와 피라미드가 어울리지 않는다는 이유로 유리 피라미드 건설에 대해 많은 반대가 있었다는 것입니다. 하지만 지금은 루브르의 상징적 건축물이 되었지요. 이 유리 피라미드는 박물관의 입구이자, 지하로 빛을 비추는 자연 채광 통로의 역할을 합니다.
　루브르 박물관의 대표적인 작품으로는 레오나르도 다빈치의 「모나리자」, 자크 루이 다비드의 「나폴레옹 대관식」, 외젠 들라크루아의 「민중을 이끄는 자유의 여신」 등이 있습니다. 특히 「모나리자」는 루브르 박물관에서 가장 사랑받는 작품이라고 할 수 있는데요, 오늘도 루브르 박물관은 세계 각국에서 「모나리자」를 보기 위해 찾아드는 방문객으로 북적이고 있습니다.

정답 해설

② 루브르 박물관은 처음에 적의 침공을 막는 요새로 지어졌으며, 이후 르네상스 양식의 궁전으로 새롭게 개조되었다.

오답 해설

① 1789년 프랑스 혁명을 계기로 루브르 박물관은 대중에게 공개되어 공공 미술관의 성격으로 탈바꿈하였다.
③ 디자인이 선정되었을 당시에는 루브르와 피라미드가 어울리지 않는다는 이유로 유리 피라미드 건설에 대해 많은 반대가 있었다.
④ 루브르 박물관의 유리 피라미드는 박물관의 입구이자 지하로 빛을 비추는 자연 채광 통로의 역할을 한다.
⑤ 루브르 박물관의 대표 작품으로는 레오나르도 다빈치의 「모나리자」를 포함해 자크 루이 다비드의 「나폴레옹 대관식」, 외젠 들라크루아의 「민중을 이끄는 자유의 여신」 등이 있다.

011   정답 ①

반응률(%)	①	②	③	④	⑤
	93.22	3.13	0.32	2.46	0.87
평가요소	1.1 담화의 유형별 화법 전략				
세부 평가요소	1.1.1 설명				

정답 해설

① "대표적인 작품으로는 레오나르도 다빈치의 「모나리자」, 자크 루이 다비드의 「나폴레옹 대관식」, 외젠 들라크루아의 「민중을 이끄는 자유의 여신」 등이 있습니다."에서 알 수 있듯 대표적인 작품을 나열하여 제시하고 있다.

오답 해설

② 용어의 개념을 설명하고 있지 않다.
③ 통계적 수치를 인용하여 관람객 수의 변화를 제시하고 있지 않다.
④ 도입 부분에서 루브르 박물관의 성격과 변화 양상에 대해 설명하고 있지만, 루브르 박물관에 대한 강연의 순서를 제시하고 있지는 않다.
⑤ 마무리 부분에서 「모나리자」를 보기 위해 찾아드는 방문객으로 루브르 박물관이 북적이고 있음을 밝히고 있지만, 질문의 방식을 활용하고 있지는 않다.

012　　　　　　　　　　　　　　　　　정답 ⑤

반응률(%)	①	②	③	④	⑤
	4.45	5.64	2.11	9.44	78.24
평가요소	1.1 담화의 유형별 화법 전략				
세부 평가요소	1.1.5 발표				
출처	• 루이스 캐럴/정윤희 옮김(2018), 『거울 나라의 앨리스』, 인디고 • 김나은, "붉은 여왕의 가설", 홍대신문, 2018. 11. 20. (https://hiupress.hongik.ac.kr/news/articleView.html?idxno=1885)				

보자마자 딱! 풀리는 | 유형 딱풀 전략

1. 각각의 문항에서 묻는 내용을 먼저 체크하여 어떠한 곳에 초점을 맞추어 들어야 할지를 파악
   예 12번에서는 '발표의 내용', 13번에서는 '발표자의 말하기 전략'
2. 선지를 먼저 살펴보면서 키워드를 파악
3. 음성에서 키워드가 언급될 때 해당 키워드를 포함한 선지를 함께 확인하며 틀린 선지 소거

듣기 대본

이번에는 발표를 들려 드립니다. 12번은 듣기 문항, 13번은 말하기 문항입니다.

　붉은 여왕의 가설에 대해 들어 본 적이 있으신가요? 이는 계속해서 노력하지 않으면, 결국은 경쟁 상대를 이기지 못해 도태되는 현상을 뜻합니다. 붉은 여왕의 달리기라고도 불리는 이 가설은 「거울 나라의 앨리스」의 장면에서 유래되었습니다. 앨리스가 나무 아래에서 뛰어도 결코 그곳에서 벗어나지 못하자 붉은 여왕에게 묻습니다. "계속해서 뛰는데 왜 나는 제자리인 거죠?" 그러자 여왕은 제자리에 있고 싶으면 끊임없이 뛰어야 하고, 그 자리를 벗어나 앞서 가고 싶으면 지금 뛰는 속도의 2배 이상으로 달려야 한다고 답합니다. 한 사물이 움직인다면 주위의 환경 역시 그 속도에 맞춰서 움직이기 때문입니다.
　앨리스의 이야기는 진화생물학자인 밴 베일런에 의해 가설로 발전하였습니다. 환경에 적응했더라도 그 자리에 안주하면 그 생물 역시 도태되고 멸종에 이를 수밖에 없었습니다.
　이렇듯 붉은 여왕의 가설은 진화학뿐만 아니라 이후 경영학, 물리학 등 다양한 학계에서 인용되었습니다. 예를 들면, 한 필름 카메라 회사는 디지털 카메라를 최초로 발명했지만 필름의 이익 때문에 출시를 미뤘는데, 경쟁사가 디지털 카메라를 출시하면서 결국 파산합니다. 이를 통해 현실에 안주하지 말고 발전을 위해 노력을 지속해야 한다는 교훈을 얻을 수 있습니다.

정답 해설

⑤ 디지털 카메라를 발명한 회사는 환경에 적응하지 못한 경우가 아니라 환경에 적응했더라도 그 자리에 안주한 경우에 해당한다.

오답 해설

① "환경에 적응했더라도 그 자리에 안주하면 그 생물 역시 도태되고 멸종에 이를 수밖에 없습니다."라고 하였으므로 적절하다.
② "붉은 여왕의 달리기라고도 불리는 이 가설은 ~"에서 알 수 있다.
③ "그 자리를 벗어나 앞서 가고 싶으면 지금 뛰는 속도의 2배 이상으로 달려야 한다고 답합니다."라고 하였으므로 적절하다.
④ "붉은 여왕의 달리기라고도 불리는 이 가설은 「거울 나라의 앨리스」의 장면에서 유래되었습니다."라고 하였으므로 적절하다.

013　　　　　　　　　　　　　　　　　정답 ④

반응률(%)	①	②	③	④	⑤
	8.02	0.63	2.31	86.71	2.27
평가요소	1.1 담화의 유형별 화법 전략				
세부 평가요소	1.1.5 발표				

정답 해설

④ "계속해서 노력하지 않으면, 결국은 경쟁 상대를 이기지 못해 도태되는 현상을 뜻합니다."라며 붉은 여왕의 가설에 대한 정의를 제시하고 있으며, 붉은 여왕의 가설이 다양한 학계에서

인용되었음을 디지털 카메라를 최초로 발명한 회사를 예시로 들어 설명하고 있다.

오답 해설

① 발표의 마무리에 청중의 구체적 행동을 촉구하는 내용은 언급되어 있지 않다.
② 설문 조사 자료를 활용하고 있지 않다.
③ 발표의 시작 부분에 자신이 직접 주창한 내용을 소개한 내용은 언급되어 있지 않다.
⑤ 전문가와의 인터뷰 내용은 언급되어 있지 않다.

014 정답 ③

반응률(%)	①	②	③	④	⑤
	0.08	2.13	96.65	0.41	0.69
평가요소	1.1 담화의 유형별 화법 전략				
세부 평가요소	1.1.6 협상과 중재				

보자마자 딱! 풀리는 | 유형 딱풀 전략

1. 각각의 문항에서 묻는 내용을 먼저 체크하여 어떠한 곳에 초점을 맞추어 들어야 할지를 파악
   예 14번에서는 '두 사람의 입장', 15번에서는 '갈등 해결 방식'
2. 선지를 보고 어떤 인물이 등장하는지 파악
   예 등장인물들을 구분할 수 있는 특징을 파악: 등장인물의 수, 성별, 직급 등
3. 인물들이 등장할 때 각 인물에 해당하는 선지를 함께 확인하며 틀린 선지 소거

듣기 대본

끝으로 협상의 한 장면을 들려 드립니다. 14번은 듣기 문항, 15번은 말하기 문항입니다.

도서부 대표: 다음 달에 개최되는 독서경진대회 때문에 현재 도서부원들이 도서관에서 열심히 책을 읽고 있습니다. 그동안 밴드부 연주 소리를 최대한 참아 왔지만 이제는 밴드부가 배려할 때가 되었다고 생각합니다.

밴드부 대표: 일방적으로 우리 밴드부가 가해자인 것처럼 매도하면 억울합니다. 우리 부서도 연말 연주 대회가 예정되어 있고, 평소 주변으로부터 시끄럽다는 항의를 많이 받았기에 나름대로 소음을 최소화하면서 연습을 진행해 왔습니다.

도서부 대표: 소음을 최소화했다지만 소음 자체가 우리 도서부에게는 치명적입니다. 물론 어쩔 수 없는 소음이지만 우리 도서부를 비롯한 상당수의 학생이 너무 큰 불편을 느끼고 있습니다.

밴드부 대표: 우리 부서의 특성상 소리가 날 수밖에 없다는 것은 양해해 주셔야 하는 것 아닌가요? 그 때문에 우리 부서는 철저하게 점심시간과 방과 후에만 활동하고 있습니다.

도서부 대표: 제한된 시간에만 집중적으로 활동할 수밖에 없는 밴드부의 어려움을 이해합니다.

밴드부 대표: 저희도 소음으로 힘들었을 도서부와 주변 친구들에게 진심으로 미안한 마음을 전합니다. 우리 부서원들도 오래전부터 소음에 신경 쓰지 않고 마음껏 연주하고 싶다고 안타까움을 호소해 왔습니다.

도서부 대표: 우리 도서부는 책들이 모두 도서관에 있기 때문에 다른 곳으로 자리를 옮기는 것이 힘듭니다. 밴드부가 매일 점심시간에 활동 장소를 옮겨 준다면 방과 후 매주 3일간은 저희가 소음에 대해 이의를 제기하지 않겠습니다.

밴드부 대표: 밴드부는 악기를 소지하고 있기 때문에 매일 점심시간에 이동하는 것이 쉽지 않지만 부서원들의 의견을 듣고 결정하겠습니다.

도서부 대표: 밴드부가 결정을 한다면 우리도 점심시간에 이용할 수 있는 공간을 함께 알아보고 악기를 옮기는 일도 돕도록 하겠습니다.

정답 해설

③ 도서부 대표가 악기를 옮기는 것을 돕겠다고 한 것이지 밴드부 대표가 그것을 도와주어야 한다고 주장한 것은 아니다.

오답 해설

① 밴드부 대표는 '나름대로 소음을 최소화하면서 연습을 진행해 왔다'고 주장하고 있기 때문에 적절하다.
② '우리 부서원들도 오래전부터 소음에 신경쓰지 않고 마음껏 연주하고 싶다고 안타까움을 호소해 왔다'고 주장하고 있기 때문에 적절하다.
④ 도서부 대표는 '우리 도서부를 비롯한 상당수의 학생이 큰 불편을 느끼고 있다'고 주장하고 있기 때문에 적절하다.
⑤ 도서부 대표는 '우리 도서부는 책들이 모두 도서관에 있기 때문에 다른 곳으로 자리를 옮기는 것이 힘들다'고 주장하고 있기 때문에 적절하다.

015 정답 ②

반응률(%)	①	②	③	④	⑤
	1.54	60.60	35.23	0.24	2.29

평가요소	1.1 담화의 유형별 화법 전략
세부 평가요소	1.1.6 협상과 중재

정답 해설

② 밴드부 대표는 '밴드부가 매일 점심시간에 활동 장소를 옮겨 준다면 방과 후 매주 3일간은 소음에 이의를 제기하지 않겠다'는 도서부 대표의 제안을 받아들이면서 의견을 절충하여 합의를 모색하고 있으므로 적절한 내용이다.

오답 해설

① 도서부 대표의 제안에 대해 밴드부 대표가 긍정적으로 반응하였으나 전적으로 양보한 것은 아니다.
③ 밴드부 대표가 도서부의 제안을 긍정적으로 검토해 보기로 하였고, 이에 대한 절충안을 제시하고 있지는 않다.
④ 다른 부서의 불만이 있다는 점을 언급했으나 그 불만에 공동 대응하기로 합의하고 있지는 않다.
⑤ 밴드부 대표는 도서부를 포함한 친구들에게 미안하다고 밝히고 본인들의 힘듦을 하소연하고 있지만, 이를 통해 도서부 대표가 자신의 주장을 수정하고 있지는 않다.

영역별 접근 전략
어휘 016~030번

어휘 영역은 듣기·말하기 영역과 마찬가지로 시간을 단축해야 하는 영역에 해당합니다. 아는 문제는 확실히 맞히고 모르는 문제는 과감하게 넘어가는 전략으로, 시간이 많이 소요되는 읽기 영역에 필요한 풀이 시간을 확보해야 합니다. 어휘 영역의 경우 출제 범위가 정해져 있지 않기에 학습에 부담이 있으나, 빈출 어휘를 기준으로 해당 어휘의 유의어, 반의어, 어휘의 의미 관계, 혼동하기 쉬운 어휘 등을 함께 학습하여 실전에서 맞힐 수 있는 문제가 더 많아지게끔 대비해야 합니다.

---

016 정답 ④

반응률(%)	①	②	③	④	⑤
	5.32	30.46	25.43	30.24	8.38

평가요소	2.1 어휘의 사전적 의미
세부 평가요소	2.1.1 고유어의 사전적 의미
출처	국립국어원, 표준국어대사전 (stdict.korean.go.kr)

보자마자 딱! 풀리는 | 유형 딱풀 전략

1 16번은 고유어의 사전적 뜻풀이를 묻는 문항이 고정 출제
2 고유어의 사전적 뜻풀이를 모르면 풀 수 없는 문제로 선지를 빠르게 읽고 넘어가기

주의 고유어 문항은 발음을 하다 보면 현대적으로 쓰는 비슷한 표현들이 있다. 그렇기 때문에 단어의 의미를 몰라 유추를 해야 하는 때에는 발음을 해보는 것도 요령이 될 수 있다.

정답 해설

④ '칠칠하다'는 '나무, 풀, 머리털 따위가 잘 자라서 알차고 길다.', '주접이 들지 아니하고 깨끗하고 단정하다.', '성질이나 일 처리가 반듯하고 야무지다.', '터울이 잦지 아니하다.'라는 의미이다.

오답 해설

① '가만하다'는 '움직이지 않거나 아무 말도 하지 아니한 상태에 있다.', '어떤 대책을 세우거나 손을 쓰지 아니하고 그대로 있다.', '움직임 따위가 그다지 드러나지 않을 만큼 조용하고 은은하다.'라는 의미이다.
② '마뜩하다'는 '제법 마음에 들 만하다.'라는 의미이다.
③ '말쑥하다'는 '지저분함이 없이 말끔하고 깨끗하다.', '세련되고 아담하다.'라는 의미이다.
⑤ '해사하다'는 '얼굴이 희고 곱다랗다.', '표정, 웃음소리 따위가 맑고 깨끗하다.', '옷차림, 자태 따위가 말끔하고 깨끗하다.'라는 의미이다.

---

017 정답 ③

반응률(%)	①	②	③	④	⑤
	16.01	41.81	30.00	7.75	4.26

평가요소	2.1 어휘의 사전적 의미
세부 평가요소	2.1.2 한자어의 사전적 의미
출처	국립국어원, 표준국어대사전 (stdict.korean.go.kr)

보자마자 딱! 풀리는 | 유형 딱풀 전략

1. 17번은 한자어의 사전적 뜻풀이를 묻는 문항이 고정 출제
2. 한자어의 사전적 뜻풀이를 모르면 풀 수 없는 문제로 선지를 빠르게 읽고 넘어가기

정답 해설

③ '과문(寡聞)'은 '보고 들은 것이 적음.'을 뜻하는 한자어이다.

오답 해설

① 도로(徒勞): 헛되이 수고함.
② 호우(好雨): 때를 맞추어 알맞게 오는 비.
④ 차치(且置): 내버려두고 문제 삼지 아니함.
⑤ 탱천(撑天): 하늘을 찌를 듯이 공중으로 높이 솟아오름.

018   정답 ⑤

반응률(%)	①	②	③	④	⑤
	3.00	2.35	5.46	4.28	84.76
평가요소	2.2 어휘의 문맥적 의미				
세부 평가요소	2.2.1 고유어의 문맥적 의미				
출처	국립국어원, 표준국어대사전 (stdict.korean.go.kr)				

보자마자 딱! 풀리는 | 유형 딱풀 전략

1. 18번은 문맥상 적절한 고유어의 쓰임을 묻는 문항으로 고정 출제
2. 고유어의 뜻을 모르더라도 문맥상 뜻을 유추할 수 있기 때문에 선지 전체 살펴보기
3. 밑줄 친 고유어에 의미를 대입해 보며 정답 찾기

정답 해설

⑤ 해당 문맥의 '국으로'는 '제 생긴 그대로. 또는 자기 주제에 맞게'라는 뜻이다.

오답 해설

① 해당 문맥의 '솔기'는 '옷이나 이부자리 따위를 지을 때 두 폭을 맞대고 꿰맨 줄'의 뜻이다.
② 해당 문맥의 '해거름'은 '해가 서쪽으로 넘어가는 일. 또는 그런 때'의 뜻이다.
③ 해당 문맥의 '이울다'는 '해나 달의 빛이 약해지거나 스러지다.'의 뜻이다.

④ 해당 문맥의 '가풀막'은 '몹시 가파르게 비탈진 곳'의 뜻이다.

019   정답 ②

반응률(%)	①	②	③	④	⑤
	3.92	31.34	28.54	3.59	32.27
평가요소	2.2 어휘의 문맥적 의미				
세부 평가요소	2.2.2 한자어의 문맥적 의미				
출처	국립국어원, 표준국어대사전 (stdict.korean.go.kr)				

보자마자 딱! 풀리는 | 유형 딱풀 전략

1. 19번은 문맥상 적절한 한자어의 쓰임을 묻는 문항으로 고정 출제
2. 한자어의 뜻을 모르더라도 문맥상 뜻을 유추할 수 있기 때문에 선지 전체 살펴보기

개념체크 뜻풀이로 외우는 한자어

[철시(撤市)] 철(撤): 물리다, 거두다, 물러나다 / 시(市): 시장, 가게, 상점
[반향(反響)] 반(反): 되돌리다, 반대하다 / 향(響): 울리다, 소리가 나다
[희유(稀有)] 희(稀): 드물다, 희귀하다 / 유(有): 있다
[가외(加外)] 가(加): 더하다, 추가하다 / 외(外): 밖, 외부
[격조(隔阻)] 격(隔): 막다, 사이를 두다 / 조(阻): 막다, 방해하다

정답 해설

② '철시(撤市)'는 '시장, 가게 따위가 문을 닫고 영업을 하지 아니함.'의 뜻으로 문맥상 적절하지 않다. '진출하였던 곳에서 시설이나 장비 따위를 거두어 가지고 물러남.'의 뜻을 가진 '철수(撤收)'가 쓰이는 것이 문맥상 적절하다.

오답 해설

① 반향(反響)은 '어떤 사건이나 발표 따위가 세상에 영향을 미치어 일어나는 반응'의 뜻이므로 문맥상 적절하다.
③ 희유(稀有)는 '흔하지 아니함'의 뜻이므로 문맥상 적절하다.
④ 가외(加外)는 '일정한 기준이나 정도의 밖'의 뜻이므로 문맥상 적절하다.
⑤ 격조(隔阻)는 '멀리 떨어져 있어 서로 통하지 못함'의 뜻이므로 문맥상 적절하다.

020 정답 ②

반응률(%)	①	②	③	④	⑤
	23.24	13.88	11.51	19.22	32.05
평가요소	2.2 어휘의 문맥적 의미				
세부 평가요소	2.2.2 한자어의 문맥적 의미				
출처	국립국어원, 표준국어대사전 (stdict.korean.go.kr)				

보자마자 딱! 풀리는 | 유형 딱풀 전략

1. 20번은 문맥상 적절한 한자어의 쓰임을 묻는 문항으로 고정 출제
2. 한자어를 모르면 풀 수 없는 문제로 〈보기〉에 제시된 어휘의 한자어를 알고 있는지 먼저 파악

개념체크 뜻풀이로 외우는 한자어

[霧散(무산)] 霧(무): 안개 / 散(산): 흩어지다, 흩어져 없어지다
→ 안개가 걷히듯 흩어져 없어짐. 또는 그렇게 흐지부지 취소됨.

[無算(무산)] 無(무): 없다, 없는 / 算(산): 셈, 계산
→ 이루 다 헤아릴 수 없이 많음, 생각이 없음.

[司會(사회)] 司(사): 맡다, 관리하다 / 會(회): 모임, 회의
→ 회의나 예식 따위를 진행함. 모임이나 예식에서 진행을 맡아보는 사람

[社會(사회)] 社(사): 모임, 조직 / 會(회): 모이다
→ 같은 무리끼리 모여 이루는 집단, 공동생활을 영위하는 모든 형태의 인간 집단

[指摘(지적)] 指(지): 가리키다, 지시하다 / 摘(적): 뽑다, 들추다
→ 꼭 집어서 가리킴, 허물 따위를 드러내어 폭로함.

[指笛(지적)] 指(지): 손가락, 가리키다 / 笛(적): 피리
→ 손가락으로 부는 피리(손가락을 사용하여 피리를 불 때 발생하는 소리)

정답 해설

㉠~㉢의 한자어는 각각 '霧散(무산)', '司會(사회)', '指摘(지적)'이다.
㉠ '霧散(무산)'은 '안개가 걷히듯 흩어져 없어짐. 또는 그렇게 흐지부지 취소됨.'이라는 뜻이다.
㉡ '司會(사회)'는 '회의나 예식 따위를 진행함.'이라는 뜻이다.
㉢ '指摘(지적)'은 '꼭 집어서 가리킴, 허물 따위를 드러내어 폭로함.'이라는 뜻이다.

021 정답 ⑤

반응률(%)	①	②	③	④	⑤
	8.61	26.63	26.95	18.73	18.96
평가요소	2.2 어휘의 문맥적 의미				
세부 평가요소	2.2.3 혼동하기 쉬운 어휘의 구별				
출처	국립국어원, 표준국어대사전 (stdict.korean.go.kr)				

보자마자 딱! 풀리는 | 유형 딱풀 전략

1. 21번은 문맥상 적절한 고유어의 쓰임을 묻는 문항으로 고정 출제
2. 고유어의 뜻을 모르더라도 문맥상 뜻을 유추할 수 있는 경우도 있기 때문에 선지 전체 살펴보기

개념체크 예시로 외우는 고유어

- 곰살맞다: 그는 항상 곰살맞은 태도로 사람들에게 친절하게 대하며, 누구에게나 다정하게 다가간다.
- 늘차다: 그 선수는 늘차게 공을 다루며, 상대방이 예상할 수 없는 속도로 공격을 펼친다.
- 무람하다: 그는 처음 만나는 사람 앞에서 항상 무람하게 행동하며, 자신을 과시하지 않는다.
- 성기다: 이 천은 너무 성겨서 바람이 쉽게 통한다.
- 자그럽다: 그 자그러운 소리에 내 마음은 더욱 불편해졌다.

정답 해설

⑤ '자그럽다'는 '날카로운 소리가 신경을 자극하여 몹시 듣기에 거북하다.'는 뜻이므로 마음이 편안해짐을 느꼈다는 문맥에서 사용하기에 적절하지 않다.

오답 해설

① '곰살맞다'는 '몹시 부드럽고 친절하다.'는 뜻이므로 맥락에서 적절하게 사용되었다.
② '늘차다'는 '능란하고 재빠르다.'는 뜻이므로 맥락에서 적절하게 사용되었다.
③ '무람하다'는 '부끄러워하여 삼가고 조심하는 데가 있다.'는 뜻이므로 맥락에서 적절하게 사용되었다.
④ '성기다'는 '물건의 사이가 뜨다.'는 뜻이므로 맥락에서 적절하게 사용되었다.

022 정답 ⑤

반응률(%)	①	②	③	④	⑤
	17.94	10.82	4.10	33.14	33.77

평가요소	2.3 어휘 간의 의미 관계
세부 평가요소	2.3.4 다의어와 동음이의어
출처	국립국어원, 표준국어대사전 (stdict.korean.go.kr)

보자마자 딱! 풀리는 | 유형 딱풀 전략

1. 22번은 다의어/동음이의어 문항으로 고정 출제
2. 밑줄 친 부분만 보아서는 풀 수 없는 문제로 처음부터 선지 전체 살펴보기

개념체크 동음이의어와 다의어

- 동음이의어(同音異義語): 발음은 같지만 뜻이 다른 단어
  → 단어의 형태나 한자는 다르지만 발음이 같은 것으로, 뜻이 다르기 때문에 아예 다른 의미라고 생각하면 된다.
- 다의어(多義語): 하나의 단어가 여러 뜻을 가진 경우
  → 형태는 동일하지만 문맥에 따라 다른 의미로 해석될 수 있다. 문맥에 따라 의미가 다르긴 하지만 공통되고 중심이 되는 이미지와 특징이 있다.

정답 해설

⑤ '다른 곳으로 가기 위하여 있던 곳에서 다른 곳으로 떠나다.'라는 뜻으로 사용된 '뜨다'로, 다른 선지에서 사용된 '뜨다'와 동음이의 관계이다.

오답 해설

①~④의 '뜨다'는 다의어이다.
① '물속이나 지면 따위에서 가라앉거나 내려앉지 않고 물 위나 공중에 있거나 위쪽으로 솟아오르다.'라는 의미의 '뜨다'이다.
② '착 달라붙지 않아 틈이 생기다.'라는 의미의 '뜨다'이다.
③ '차분하지 못하고 어수선하게 들떠 가라앉지 않게 되다.' 의미의 '뜨다'이다.
④ '빌려준 것을 돌려받지 못하다.'라는 의미의 '뜨다'이다.

023 정답 ②

반응률(%)	①	②	③	④	⑤
	0.95	96.51	0.75	1.08	0.65

평가요소	2.3 어휘 간의 의미 관계
세부 평가요소	2.3.1 어휘의 관계
출처	국립국어원, 표준국어대사전 (stdict.korean.go.kr)

보자마자 딱! 풀리는 | 유형 딱풀 전략

1. 23번은 두 단어의 의미 관계를 묻는 문항으로 고정 출제
2. 〈보기〉에 주어진 단어들의 관계를 파악하고 선지에 접근

개념체크 어휘의 의미 관계

- 부분 관계: 하나의 대상이 다른 대상의 일부가 되는 관계
  예 '손'은 '몸'의 부분, '바퀴'는 '자동차'의 부분
- 유의 관계: 의미가 비슷하거나 거의 같은 관계(유사어 관계)
  예 빠르다 – 신속하다, 예쁘다 – 곱다
- 상하 관계: 상위 개념과 하위 개념의 관계로, 하위 개념이 상위 개념에 포함
  예 동물 – 개, 고양이, 과일 – 사과, 바나나
- 반의 관계: 서로 반대되거나 대립되는 의미의 관계
  예 높다 – 낮다, 살다 – 죽다

정답 해설

② '낯'은 '눈, 코, 입 따위가 있는 얼굴의 바닥'이라는 뜻이고, '얼굴'은 '눈, 코, 입이 있는 머리의 앞면'이라는 뜻이므로 '낯'과 '얼굴'은 유의 관계이다. '나이'는 '사람이나 동·식물 따위가 세상에 나서 살아온 햇수'라는 뜻이고, '연령' 역시 '사람이나 동·식물 따위가 세상에 나서 살아온 햇수'라는 뜻이므로 이 둘은 유의 관계이다.

오답 해설

① '단추'는 '옷'의 일부를 이루고 있으므로, 이 둘은 부분 관계이다.
③ '요가'는 '운동'의 하위 요소이므로, 이 둘은 상하 관계이다.
④ '문학'은 '예술'의 하위 요소이므로, 이 둘은 상하 관계이다.
⑤ '진실'과 '거짓'은 반의 관계이다.

024 정답 ④

반응률(%)	①	②	③	④	⑤
	1.18	0.43	0.30	96.00	2.03

평가요소	2.3 어휘 간의 의미 관계
세부 평가요소	2.3.3 고유어와 한자어
출처	국립국어원, 표준국어대사전 (stdict.korean.go.kr)

보자마자 딱! 풀리는 | 유형 딱풀 전략

1. 24번은 고유어와 한자어의 대응을 묻는 문항으로 고정 출제
2. 한자어를 모르더라도 일상에서 쓰는 표현들이기 때문에 밑줄 어휘를 포함한 선지 전체 보기

정답 해설

④ 해당 문맥의 '보다'는 '맡아서 보살피거나 지키다.'라는 뜻으로 쓰였다. 이에 대응하는 한자어로, '사물이나 현상을 주의하여 자세히 살펴보다.'라는 뜻의 '관찰(觀察)하다'는 적절하지 않다.

오답 해설

① 해당 문맥의 '보다'는 '눈으로 대상을 즐기거나 감상하다.'라는 뜻으로 쓰였으므로 '감상(鑑賞)하다'와 대응한다.
② 해당 문맥의 '보다'는 '어떤 일을 맡아 하다.'라는 뜻으로 쓰였으므로 '수행(遂行)하다'와 대응한다.
③ 해당 문맥의 '보다'는 '의사가 환자를 진찰하다.'라는 뜻으로 쓰였으므로 '진료(診療)하다'와 대응한다.
⑤ 해당 문맥의 '보다'는 '음식상이나 잠자리 따위를 채비하다.'라는 뜻으로 쓰였으므로 '준비(準備)하다'와 대응한다.

025 정답 ①

반응률(%)	①	②	③	④	⑤
	7.21	27.05	6.37	28.05	30.81

평가요소	2.3 어휘 간의 의미 관계
세부 평가요소	2.3.1 어휘의 관계
출처	국립국어원, 표준국어대사전 (stdict.korean.go.kr)

보자마자 딱! 풀리는 | 유형 딱풀 전략

1. 25번은 유의어를 묻는 문항으로 고정 출제
2. 어휘의 뜻을 모르면 풀 수 없는 문제로 <보기>에 제시된 어휘를 알고 있는지 먼저 파악

개념체크 예시로 외우는 어휘

- 탐스럽다: 가지거나 차지하고 싶은 마음이 들 정도로 보기가 좋고 끌리는 데가 있다.
  예 탐스럽게 익은 사과가 나뭇가지에 주렁주렁 달려 있었다.
- 아담하다: 고상하면서 담백하다, 적당히 자그마하다.
  예 그 집은 아담하게 지어진 작은 전원주택이었다.
- 깨끗하다: 때나 찌꺼기 따위가 없다, 가지런히 잘 정돈되어 말끔하다.
  예 손을 깨끗하게 씻은 후 식사하세요.
- 고요하다: 조용하고 잠잠하다, 움직임이나 흔들림이 없이 잔잔하다.
  예 밤하늘은 별빛 아래 고요하게 빛나고 있었다.
- 다붓하다: 매우 가깝게 붙어 있다.
  예 가족이 다붓하게 옹기종기 모여 앉아 저녁을 먹었다.

정답 해설

① '소담하다'는 '생김새가 탐스럽다.'는 의미로 '가지거나 차지하고 싶은 마음이 들 정도로 보기가 좋고 끌리는 데가 있다.'는 의미와 의미상 가장 가깝다.

026 정답 ④

반응률(%)	①	②	③	④	⑤
	0.34	0.65	6.47	90.18	2.19

평가요소	2.4 속담 및 관용 표현
세부 평가요소	2.4.1 속담
출처	국립국어원, 표준국어대사전 (stdict.korean.go.kr)

보자마자 딱! 풀리는 | 유형 딱풀 전략

1. 26번은 속담을 묻는 문항으로 고정 출제
2. 속담의 뜻을 모르더라도 어느 정도 의미를 유추할 수 있으므로 선지 전체 살펴 보기

정답 해설

④ '달밤에 삿갓 쓰고 나온다'는 가뜩이나 미운 사람이 더 미운 짓만 함을 비유적으로 이르는 말로, 미운 짓만 하던 사람도 쓸데가 있다는 문맥에 맞지 않는 표현이다.

오답 해설

① '섶을 지고 불로 들어간다'는 당장에 불이 붙을 섶을 지고 이글거리는 불 속으로 뛰어든다는 뜻으로, 앞뒤 가리지 못하고 미련하게 행동함을 놀림조로 이르는 말이므로 문맥에 맞는 표현이다.
② '떡 본 김에 제사 지낸다'는 우연히 운 좋은 기회에, 하려던 일을 해치운다는 말이므로 문맥에 맞는 표현이다.
③ '장옷 쓰고 엿 먹기'는 겉으로는 점잖고 얌전한 체하면서 남이 보지 않는 데서는 좋지 않은 행동을 하는 경우를 비유적으로 이르는 말이므로 문맥에 맞는 표현이다.
⑤ '물이 깊어야 고기가 모인다'는 일정한 바탕이나 조건이 갖추어져야 그것에 합당한 내용이 따르게 됨을 비유적으로 이르는 말이므로 문맥에 맞는 표현이다.

027 정답 ⑤

반응률(%)	①	②	③	④	⑤
	2.33	18.00	8.85	7.21	63.37
평가요소	2.4 속담 및 관용 표현				
세부 평가요소	2.4.2 고사성어/사자성어				
출처	국립국어원, 표준국어대사전 (stdict.korean.go.kr)				

보자마자 딱! 풀리는 | 유형 딱풀 전략

1 27번은 고사성어/사자성어를 묻는 문항으로 고정 출제
2 사자성어의 뜻을 모르면 풀 수 없는 문제로 선지를 빠르게 읽고 넘어가기

개념체크 함께 알아두면 좋은 사자성어
- 막상막하(莫上莫下): 서로 낫고 못함이 없음. 실력이나 상태가 엇비슷함
- 완전무결(完全無缺): 충분히 갖추어져 있어 아무런 결점이 없음
- 우공이산(愚公移山): 우공이 산을 옮긴다는 뜻으로, 어떤 일이든 끊임없이 노력하면 반드시 이루어짐을 이르는 말
- 어부지리(漁父之利): 두 사람이 이해관계로 서로 싸우는 사이에 엉뚱한 사람이 애쓰지 않고 가로챈 이익을 이르는 말
- 조족지혈(鳥足之血): 새 발의 피라는 뜻으로, 매우 적은 분량을 비유적으로 이르는 말

정답 해설

⑤ '경전하사(鯨戰蝦死)'는 '고래 싸움에 새우 등 터진다는 뜻으로, 강한 자끼리 서로 싸우는 통에 아무 상관도 없는 약한 자가 해를 입음을 비유적으로 이르는 말'의 의미이므로 문맥상 적절하지 않다.

오답 해설

① '호각지세(互角之勢)'는 '역량이 서로 비슷비슷한 위세'를 뜻하는 사자성어로 문맥에 맞게 쓰였다.
② '목불인견(目不忍見)'은 '눈앞에 벌어진 상황 따위를 눈 뜨고는 차마 볼 수 없음'을 뜻하는 사자성어로 문맥에 맞게 쓰였다.
③ '천의무봉(天衣無縫)'은 '천사의 옷은 꿰맨 흔적이 없다는 뜻으로, 일부러 꾸민 데 없이 자연스럽고 아름다우면서 완전함을 이르는 말'을 뜻하는 사자성어로 문맥에 맞게 쓰였다.
④ '창해일속(滄海一粟)'은 '넓고 큰 바닷속의 좁쌀 한 알이라는 뜻으로, 아주 많거나 넓은 것 가운데 있는 매우 하찮고 작은 것을 이르는 말'을 뜻하는 사자성어로 문맥에 맞게 쓰였다.

028 정답 ②

반응률(%)	①	②	③	④	⑤
	1.56	41.20	27.56	14.27	15.22
평가요소	2.4 속담 및 관용 표현				
세부 평가요소	2.4.3 관용 표현				
출처	국립국어원, 표준국어대사전 (stdict.korean.go.kr)				

보자마자 딱! 풀리는 | 유형 딱풀 전략

1 28번은 관용 표현을 묻는 문항으로 고정 출제
2 관용 표현을 모르더라도 일상에서 쓰는 표현들이기 때문에 밑줄을 포함한 선지 전체 보기

개념체크 예시로 외우는 관용 표현
- 입이 쓰다
  예 회의에서 내 의견이 무시당한 뒤로 하루 종일 입이 써서 아무 말도 하기 싫었다.
- 입이 되다
  예 그 아이는 입이 돼서 아무거나 안 먹고 꼭 비싼 음식만 찾는다.
- 입이 궁금하다
  예 점심 시간이 한참 지났더니 입이 궁금해서 뭐라도 좀 먹어야겠어.
- 입이 밭다
  예 우리 막내는 원래 입이 밭아서 야채는 절대 안 먹는다.
- 입이 여물다
  예 그 친구는 입이 여물어서 발표할 때마다 다들 집중해서 듣게 돼.

> 정답 해설

② '입이 되다'는 '맛있는 음식만 먹으려고 하는 버릇이 있어 음식에 매우 까다롭다.'의 뜻으로 문맥상 적절하지 않다.

> 오답 해설

① '입이 쓰다'는 '어떤 일이나 말 따위가 못마땅하여 기분이 언짢다.'라는 뜻으로 문맥에 맞게 사용되었다.
③ '입이 궁금하다'는 '배가 출출하여 무엇이 먹고 싶다.'라는 뜻으로 문맥에 맞게 사용되었다.
④ '입이 밭다'는 '음식을 심하게 가리거나 적게 먹다.'라는 뜻으로 문맥에 맞게 사용되었다.
⑤ '입이 여물다'는 '말이 분명하고 실속이 있다.'의 뜻으로 문맥에 맞게 사용되었다.

029 정답 ④

반응률(%)	①	②	③	④	⑤
	6.39	7.90	1.75	83.03	0.81

평가요소	2.5 국어 순화
세부 평가요소	2.5.1 한자어의 순화
출처	• 국립국어원, 표준국어대사전 (stdict.korean.go.kr) • 국립국어원 누리집, 다듬은 말 (https://www.korean.go.kr/front/imprv/refineList.do?mn_id=158) • 법제처(2024), 알기 쉬운 법령 정비기준 (제10판_증보판) (https://www.moleg.go.kr)

> 보자마자 딱! 풀리는 | 유형 딱풀 전략

1 29번은 한자어의 순화어를 묻는 문항으로 고정 출제
2 한자어를 모르더라도 문맥으로 유추할 수 있기 때문에 밑줄을 포함한 선지 전체 보기

> 개념체크 뜻풀이로 외우는 한자어

[부불금(賦拂金)] 賦(부): 나누어 주다 / 拂(불): 갚다 / 金(금): 돈, 금전
→ 나누어 갚는 돈 → 할부금

[도괴(倒壞)] 倒(도): 쓰러지다, 엎어지다 / 壞(괴): 무너지다, 파괴되다
→ 건물 등이 무너짐 → 붕괴, 무너짐

[보식(補植)] 補(보): 부족한 것을 채우다 / 植(식): 식물을 심다
→ 죽거나 빠진 식물을 다시 심음 → 보충하여 심음

[반흔(瘢痕)] 瘢(반): 상처가 아문 자국 / 痕(흔): 흔적, 자국
→ 상처가 나온 뒤에 남은 자국 → 흉터

[골조(骨組)] 骨(골): 뼈, 구조의 중심이 되는 것 / 組(조): 짜이다, 구성하다
→ 구조물의 뼈대 → 뼈대, 기본 틀

> 정답 해설

④ '부불금(賦拂金)'은 '여러 번 나누어 지불하는 돈'이라는 뜻이며, 그 순화어는 '할부금'이다.

> 오답 해설

① '도괴(倒壞)하다'는 '넘어지거나 무너짐. 또는 넘어뜨리거나 무너뜨림'을 뜻하며, '무너지다'로 순화하는 것은 적절하다.
② '보식(補植)하다'는 '심은 식물이 죽거나 상한 자리에 보충하여 심다.'의 뜻이므로 '보충하여 심다'로 순화하는 것은 적절하다.
③ '반흔(瘢痕)'은 '상처나 부스럼 따위가 다 나은 뒤에 남은 자국'의 뜻이며, '흉터'로 순화하는 것은 적절하다.
⑤ '골조(骨組)'는 '건물이나 구조물의 뼈대가 되는 부분'을 뜻하며, '뼈대'로 순화하는 것은 적절하다.

030 정답 ②

반응률(%)	①	②	③	④	⑤
	28.05	48.31	1.64	4.40	17.45

평가요소	2.5 국어 순화
세부 평가요소	2.5.2 외래어의 순화
출처	• 국립국어원, 표준국어대사전 (stdict.korean.go.kr) • 국립국어원 누리집, 다듬은 말 (https://www.korean.go.kr/front/imprv/refineList.do?mn_id=158)

> 보자마자 딱! 풀리는 | 유형 딱풀 전략

1 30번은 외래어의 순화어를 묻는 문항으로 고정 출제
2 제시된 외래어/한자어의 뜻을 우선 파악
3 순화어가 자연스럽고 일상적인 우리말인지 판단
4 문맥상 의미에 맞는 순화어를 선택

> 정답 해설

② '마더 팩토리'는 '개발과 제조의 중심이 되는 공장'을 의미하며, 이를 다듬은 말로는 '핵심 공장'이 적절하다.

> 오답 해설

① '곤색'의 다듬은 말은 '감색'이나 '감청색' 등이다.
③ '엑기스'의 다듬은 말은 '진액'이다.
④ '어그로'의 다듬은 말은 '억지 주목'이다.
⑤ '레거시 미디어'의 다듬은 말은 '기존 매체' 또는 '기성 매체' 등이다.

영역별 접근 전략
어법 031~045번

한국어를 모국어로 사용하는 사람이라면 관련 개념을 모르더라도 어느 정도 정답을 찾아내는 것이 가능하지만 그렇다고 해서 어법 영역 풀이에 많은 시간을 허비해서는 안 됩니다. 정답률이 낮아 차별점을 가져갈 수 있는 영역이므로 확실하게 아는 개념을 다룬 문항들을 먼저 풀고 고민이 필요한 문항들은 뒤의 영역들을 먼저 푼 후 남은 시간을 활용해 다시 확인하는 등의 전략적인 접근이 필요합니다. 어휘 영역에 비해서는 학습 범위가 어느 정도 정해져 있기 때문에 고득점을 희망한다면 평소 빈출 어법을 중심으로 문장 부호, 띄어쓰기, 외래어 표기법, 로마자 표기법, 높임법, 중의적 표현, 사이시옷 등 자주 출제되는 개념들을 학습해 두는 것이 좋습니다.

031 정답 ⑤

반응률(%)	①	②	③	④	⑤
	11.85	11.75	17.03	31.48	27.75

평가요소	3.1 한글 맞춤법
세부 평가요소	3.1.1 소리에 관한 것
출처	• 국립국어원, 표준국어대사전 (stdict.korean.go.kr) • 국립국어원(2018), 『한글 맞춤법, 표준어 규정 해설』

> 보자마자 딱! 풀리는 | 유형 딱풀 전략

선지 전체를 읽을 필요 없이 밑줄 친 어휘의 표기가 맞는지 살펴보기

개념체크 사이시옷
• 사이시옷은 합성어에만 해당한다. (파생어 ×)
• 한자어 + 한자어 조합은 해당하지 않는다.
  → 예외: 셋방, 숫자, 횟수, 곳간, 찻간, 툇간
• 앞말이 모음으로 끝나야 한다.
• 위의 조건들과 아래의 발음상 조건을 충족해야 한다.
  – 된소리되기: 뒷말의 첫소리가 예사소리(ㄱ, ㄷ, ㅂ, ㅅ, ㅈ)일 때, 사이시옷 삽입으로 인해 된소리(ㄲ, ㄸ, ㅃ, ㅆ, ㅉ)로 발음되는 현상
    예 기댓값[기대깝]
  – 'ㄴ' 소리 덧남 : 뒷말 첫소리 'ㄴ, ㅁ' 앞에서 'ㄴ' 소리가 덧날 때
    예 잇몸[인몸]
  – 'ㄴㄴ' 소리 덧남: 뒷말 첫소리 모음 앞에서 'ㄴㄴ' 소리가 덧날 때
    예 깻잎[깬닙]

> 정답 해설

⑤ '안갯속'은 발음이 [안ː개쏙/안ː갣쏙]인 합성어(고유어+고유어)이므로 '안갯속'이 올바른 표기이다.

> 오답 해설

① 화병(火病)은 한자어+한자어의 조합인 합성어이므로 사이시옷이 들어가지 않는다.
② 표준 발음이 [코털]이므로 사이시옷이 들어가지 않는다.
③ 표준 발음이 [해님]이므로 사이시옷이 들어가지 않는다.
④ 표준 발음이 [햅쌀]이므로 사이시옷이 들어가지 않는다.

032 정답 ④

반응률(%)	①	②	③	④	⑤
	4.91	39.98	27.42	21.80	5.74

평가요소	3.1 한글 맞춤법
세부 평가요소	3.1.2 형태에 관한 것
출처	• 국립국어원, 표준국어대사전 (stdict.korean.go.kr) • 국립국어원(2018), 『한글 맞춤법, 표준어 규정 해설』

보자마자 딱! 풀리는 | 유형 딱풀 전략

선지 전체를 읽을 필요 없이 밑줄 친 어휘의 표기가 맞는지 살펴보기

개념체크 혼동하기 쉬운 맞춤법
- 얹혀살다 (○) vs 얹쳐살다 (×)
- 설거지 (○) vs 설겆이 (×)
- 아는 체하다 (○) vs 알은 체하다 (×)
- 거적때기 (○) vs 거적데기 (×)
- 예스러운 (○) vs 옛스러운 (×)

정답 해설

④ '마음이나 의지, 약속 따위가 매우 굳고 단단하게'를 의미하는 말은 '철석(鐵石)같이'로 표기해야 한다.

오답 해설

① '남은 천 조각'을 의미하는 말은 '자투리'로 표기한다.
② '새침한 성격을 지닌 사람'을 의미하는 말은 '새침데기'로 표기한다.
③ '감칠맛이 있게 조금 짜다.'를 의미하는 말은 '짭짤하다'로 표기한다.
⑤ '하는 행동이나 말이 상황에 맞지 아니하고 매우 엉뚱하다.'를 의미하는 말은 '생뚱맞다'로 표기한다.

033 정답 ③

반응률(%)	①	②	③	④	⑤
	10.09	27.87	45.95	6.05	9.86

평가요소	3.1 한글 맞춤법
세부 평가요소	3.1.2 형태에 관한 것
출처	• 국립국어원, 표준국어대사전 (stdict.korean.go.kr) • 국립국어원(2018), 『한글 맞춤법, 표준어 규정 해설』

보자마자 딱! 풀리는 | 유형 딱풀 전략

문맥상 쓰임에 따라 뜻이 달라지는 경우가 있으므로 전체 선지를 살펴보기

개념체크 혼동하기 쉬운 맞춤법
- 가르치다/가리키다
  예 선생님이 학생을 가르칩니다. / 그는 시계를 가리켰습니다.
- 낫다/낮다
  예 감기가 다 나았습니다. / 이 산은 낮습니다.
- 맞추다/맞히다
  예 옷 사이즈를 맞췄습니다. / 퀴즈 답을 맞혔습니다.
- 벌이다/벌리다
  예 축제를 벌였습니다. / 입을 벌렸습니다.
- 부치다/붙이다
  예 편지를 부쳤습니다. / 벽에 포스터를 붙였습니다.
- 이르다/일러주다
  예 목적지에 이르렀습니다. / 비밀번호를 일러주었습니다.
- 잇다/있다
  예 실을 잇습니다. / 그는 여기 있습니다.
- 졸이다/조리다
  예 시험 결과에 마음을 졸였습니다. / 생선을 간장에 조렸습니다.

정답 해설

③ '화 따위의 심리적 작용이 강하게 일어나다.'의 의미의 말은 '받치다'로 표기한다.

오답 해설

① '물건이나 돈 따위를 아끼지 아니하고 함부로 쓰는 버릇이 있다.'는 의미의 말은 '헤프다'로 표기한다.
② '장난스럽게 남을 괴롭고 귀찮게 하여 달갑지 아니하다'는 의미의 말은 '짓궂다'로 표기한다.
④ '갈피를 잡을 수 없이 뒤섞여 어수선하다.'는 의미의 말은 '착잡하다'로 표기한다.
⑤ '물건의 가장자리 끝을 한곳으로 모으다.'는 의미의 말은 '오므리다'로 표기한다.

034 정답 ③

반응률(%)	①	②	③	④	⑤
	7.81	6.43	19.89	9.40	56.34

평가요소	3.1 한글 맞춤법
세부 평가요소	3.1.3 띄어쓰기
출처	• 국립국어원, 표준국어대사전 (stdict.korean.go.kr) • 국립국어원(2018), 『한글 맞춤법, 표준어 규정 해설』

보자마자 딱! 풀리는 | 유형 딱풀 전략

전체 선지를 읽을 필요 없이 밑줄 친 부분만 빠르게 확인

개념체크 보조 용언은 띄어 씀을 원칙으로 하되, 경우에 따라 붙여 씀을 허용한다.

[띄어 써야 하는 경우]
- '-ㄴ가 보다', '-나 보다', '-었나 보다' (추측 표현)
  예 춥나 보다 (○), 춥나보다 (×)
- 앞말에 조사가 붙은 경우
  예 읽어는 보았다 (○), 읽어는보았다 (×)
- 앞말이 합성어나 파생어일 경우
  예 떠내려가 버렸다 (○), 떠내려가버렸다 (×)
- '-아/-어 하다'가 구 전체에 결합한 경우
  예 마음에 들어 하다 (○), 마음에 들어하다 (×)

[붙여 써야 하는 경우]
하나의 단어처럼 굳어져 표준어로 등재된 경우(지워지다, 되살리다, 말아먹다, 알아보다, 되풀이하다 등)
예 낙서가 지워졌다, 집단을 되살리다

정답 해설

③ 보조 용언 구성은 띄어 쓰는 것이 원칙이되 붙여 쓸 수 있는데 '-ㄴ가 보다'는 붙여 쓰는 것이 허용되지 않는 예외에 해당한다.

오답 해설

①, ②, ④, ⑤는 모두 붙여 쓰는 것이 허용되는 보조 용언에 해당한다.

035

정답 ⑤

반응률(%)	①	②	③	④	⑤
	8.12	0.63	6.74	9.38	74.97

평가요소	3.1 한글 맞춤법
세부 평가요소	3.1.4 그 밖의 것
출처	• 국립국어원, 표준국어대사전 (stdict.korean.go.kr) • 국립국어원(2018), 『한글 맞춤법, 표준어 규정 해설』

보자마자 딱! 풀리는 | 유형 딱풀 전략

전체 선지를 읽을 필요 없이 밑줄 친 부분만 빠르게 확인

주의 부사의 끝음절이 분명히 '이'로만 나는 것은 '-이'로 적고 '히'로만 나거나 '이'나 '히'로 나는 것은 '-히'로 적는다. 이러한 규칙을 이해하는 것도 필요하지만, 자주 쓰이는 부사형은 어휘처럼 익숙하게 암기하는 것이 효율적이다.

개념체크 혼동하기 쉬운 '-이/-히'의 쓰임
- 일일이 (○), 일일히 (×)
- 나긋이 (○), 나긋히 (×)
- 깊숙이 (○), 깊숙히 (×)
- 반듯이 (○), 반듯히 (×)

정답 해설

⑤ '하나씩 하나씩'을 의미하는 말은 '일일이'로 표기한다.

오답 해설

① '소리가 꽤 나직하게'를 의미하는 말은 '나지막이'로 표기한다.
② '마음속에서 우러나와 바라는 정도가 매우 절실하게'를 의미하는 말은 '간절히'로 표기한다.
③ '티 없이 맑고 환할 정도로 깨끗하게'를 의미하는 말은 '말끔히'로 표기한다.
④ '고요하고 아늑한 상태로'를 의미하는 말은 '고즈넉이'로 표기한다.

036

정답 ⑤

반응률(%)	①	②	③	④	⑤
	3.86	0.43	8.77	7.55	79.30

평가요소	3.1 한글 맞춤법
세부 평가요소	3.1.5 문장 부호
출처	• 국립국어원, 표준국어대사전 (stdict.korean.go.kr) • 국립국어원(2014), 『문장부호 해설』

정답 해설

⑤ 붙임표는 차례대로 이어지는 내용을 하나로 묶어 열거할 때 각 어구 사이에 쓰거나, 두 개 이상의 어구가 밀접한 관련이 있음을 나타내고자 할 때 쓴다. 단순히 열거만 하고자 할 때는 붙임표 대신 쉼표를 쓸 수 있지만, 붙임표 대신 물결표를 쓸 수는 없다.

오답 해설

① 공통 성분을 줄여서 하나의 어구로 묶을 때 가운뎃점 대신 쉼표를 쓸 수 있다.
② 드러냄표와 밑줄은 문장 내용 중에서 주의가 미쳐야 할 곳이나 중요한 부분을 특별히 드러내 보일 때 쓰며, 드러냄표나 밑줄 대신 작은따옴표를 쓸 수도 있다.
③ 그림, 음악 등 예술 작품의 제목에 홑낫표 대신에 작은따옴표를 쓸 수 있다.
④ 기간을 나타낼 때는 물결표 대신에 붙임표를 쓸 수 있다.

037 정답 ④

반응률(%)	①	②	③	④	⑤
	10.90	5.93	7.25	36.61	38.99

평가요소	3.2 표준어 규정
세부 평가요소	3.2.1 발음 변화에 따른 표준어
출처	• 국립국어원, 표준국어대사전 (stdict.korean.go.kr) • 국립국어원(2018), 『한글 맞춤법, 표준어 규정 해설』

보자마자 딱! 풀리는 | 유형 딱풀 전략

전체 선지를 읽을 필요 없이 밑줄 친 부분만 빠르게 확인

주의 접두사(수- vs 숫-), 어미(-잖다 vs -찮다), 관용 표현, 관습적 표기 등이 자주 출제되니 낯설거나 평소 듣던 말과 다른 표현이 보인다면 사전을 검색하는 습관을 가져야 한다.

정답 해설

④ '비웃음을 살 만큼 언행이 분수에 넘치는 데가 있다.'는 의미의 표준어는 '어쭙잖다'이다.

오답 해설

① '당나귀의 수컷'을 뜻하는 표준어는 '수탕나귀'이다.
② '부조로 내는 돈'을 뜻하는 표준어는 '부조금'이다.
③ '남이 말하는 옆에서 덩달아 참견하는 말'을 뜻하는 표준어는 '말곁'이다.
⑤ '하는 짓이 거슬리어 보기에 아니꼽다.'는 의미의 표준어는 '눈꼴시다'이다.

038 정답 ②

반응률(%)	①	②	③	④	⑤
	24.82	11.55	20.22	33.90	9.17

평가요소	3.2 표준어 규정
세부 평가요소	3.2.2 어휘 선택 변화에 따른 표준어
출처	국립국어원, 지역어 종합 정보 사이트 (https://dialect.korean.go.kr/dialect/)

보자마자 딱! 풀리는 | 유형 딱풀 전략

방언의 의미를 모르더라도 문맥적으로 유추가 가능한 경우도 있으니 전체 선지를 보며 정답 찾기

주의 방언 문제는 문맥 유추 + 암기형 어휘를 함께 요구하는 복합 유형의 문제이다. 자주 나오는 방언 리스트를 익혀두는 것이 유리하고, 맥락과 대조 표현으로 문장 내에서 의미를 유추하면서 풀어야 한다.

정답 해설

② '곰뱅이'는 '다리'의 의미가 있는 방언이다.

오답 해설

① '깝치다'는 '재촉하다'의 의미가 있는 방언이다.
③ '곱쟁이'는 '곱절, 두 배'의 의미가 있는 방언이다.
④ '개주무리'는 '감기 몸살'의 의미가 있는 방언이다.
⑤ '기덜이'는 '구더기'의 의미가 있는 방언이다.

039 정답 ③

반응률(%)	①	②	③	④	⑤
	5.93	33.75	32.11	7.77	19.81

평가요소	3.2 표준어 규정
세부 평가요소	3.2.3 표준 발음법
출처	• 국립국어원, 표준국어대사전 (stdict.korean.go.kr) • 국립국어원(2018), 『한글 맞춤법, 표준어 규정 해설』

보자마자 딱! 풀리는 | 유형 딱풀 전략

제시된 선지의 발음을 직접 해보며 정답 찾기

개념체크 음절 끝소리 규칙
받침소리로는 'ㄱ, ㄴ, ㄷ, ㄹ, ㅁ, ㅂ, ㅇ'의 7개 자음만 발음한다.

정답 해설

③ 받침 뒤에 모음으로 시작되는 실질 형태소가 연결되는 경우에는 받침을 대표음으로 바꾸어서 뒤 음절 첫소리로 옮겨 발음하므로, '뜻있다'는 [뜨딛따]로 발음한다.

오답 해설

① 'ㅚ'의 경우 단모음 대신 이중 모음으로 발음하는 것도 허용하고 있다. 'ㅚ'를 이중 모음으로 발음할 경우에는 반모음 'ㅜ[w]'와 단모음 'ㅔ'를 연속하여 발음하는 것과 같아서 'ㅞ'와 동일하다고 할 수 있다. 따라서 '되감다'의 표준 발음은 [되감따/뒈감따]이다.
② 'ㅚ'의 경우 단모음 대신 이중 모음으로 발음하는 것도 허용하므로 '되밟다'의 표준 발음은 [되밥따/뒈밥따]이다.
④, ⑤ '맛있다'와 '멋있다'는 음절 끝소리 규칙에 따르면 [마딛따]와 [머딛따]로만 발음하는 것이 맞으나, 관용적인 발음 표현을 고려하여 [마싣따], [머싣따]로 발음하는 것도 허용한다.

040   정답 ③

반응률(%)	①	②	③	④	⑤
	9.17	26.08	48.22	10.35	6.01
평가요소	3.3 외래어 표기법				
세부 평가요소	3.3.1 외래어의 표기				
출처	국립국어원, 외래어 표기법(문화체육관광부고시 제2017-14호)				

보자마자 딱! 풀리는 | 유형 딱풀 전략

전체 선지를 읽을 필요 없이 밑줄 친 부분만 빠르게 확인

개념체크 자주 출제되는 외래어 표기법
- 한글 24자만 사용: 외래어는 한글의 기존 자모만 사용하고, 새로운 기호·부호는 쓰지 않는다.
- 외래 소리는 대체로 '1음운 → 1기호'로 대응된다.
- 받침으로 쓰는 자음은 'ㄱ, ㄴ, ㄹ, ㅁ, ㅂ, ㅅ, ㅇ'만 허용한다.
- 파열음(p, t, k)은 된소리로 쓰지 않는다.

정답 해설

③ 'cardigan'은 [kɑːrdɪɡən]으로 발음되므로, '가디건'이 아닌 '카디건'이라 표기한다.

오답 해설

① 'mystery'의 올바른 외래어 표기는 '미스터리'이다.
② 'narration'은 외래어 표기상 '내레이션'이다.
④ 'climax'의 올바른 외래어 표기는 '클라이맥스'이다.
⑤ 'knockdown'은 외래어 표기상 '녹다운'이 맞다. 영어의 묵음 'k'는 외래어 표기에서도 반영하지 않으며, 발음되는 소리만 표기한다.

041   정답 ③

반응률(%)	①	②	③	④	⑤
	8.44	12.36	40.75	12.10	26.18
평가요소	3.4 로마자 표기법				
세부 평가요소	3.4.1 국어의 로마자 표기				
출처	• 국립국어원, 표준국어대사전 (stdict.korean.go.kr) • 국립국어원, 외래어 표기법(문화체육관광부고시 제2014-42호)				

보자마자 딱! 풀리는 | 유형 딱풀 전략

전체 선지를 읽을 필요 없이 밑줄 친 부분만 빠르게 확인

개념체크 자주 출제되는 로마자 표기법
- 국어의 로마자 표기는 국어의 표준 발음법을 기준으로 적는다.
  → 원형 철자보다는 실제 소리 나는 대로 적는다.
  예) 여민락[여밀락] → Yeomillak
- 음운 변화(연음, 자음동화 등)가 있을 경우, 그 '발음 결과'를 따른다.
  예) 뱃노래[밴노래] → Baennorae, 여민락[여밀락] → Yeomillak
- 형태소 결합에 의해 나타나는 발음상의 된소리는 표기하지 않는다(단, 단어 자체가 원래 된소리인 경우는 반드시 표기).
  예) 법고 – [법꼬] – Beopgo
  → 발음상의 된소리는 표기하지 않음
  깍두기 – [깍뚜기] – Kkakdugi
  → '깍'은 원래 된소리이기 때문에 된소리로 표기, '뚜'는 발음상 된소리이기 때문에 된소리로 표기 하지 않음

정답 해설

③ '여민락'의 표준 발음은 [여ː밀락]인데, 국어의 로마자 표기법에 따라 'ㄹ, ㄹ'은 'll'로 적어야 하므로 'Yeomillak'으로 적는다.

오답 해설

① '법고'는 [법꼬]로 발음되지만, 된소리되기는 표기에 반영하지 않기 때문에 'Beopgo'로 적는다.
② '뱃노래'는 발음상 [밴노래]이기 때문에 'Baennorae'로 적는다.
④ 음운 변화 없이 음절 단위로 그대로 적는다. 따라서 'Yeongsanhoesang'으로 적는다.
⑤ '동래 학춤'은 발음상 [동내 학춤]이므로 'Dongnae hakchum'으로 적는다.

042 정답 ④

반응률(%)	①	②	③	④	⑤
	9.11	16.34	15.57	47.13	11.35

평가요소	3.5 정확한 문장
세부 평가요소	3.5.1 어법에 맞는 표현
출처	• 국립국어원, 표준국어대사전 (stdict.korean.go.kr) • 네이버 지식백과, 환태평양조산대 (https://terms.naver.com/entry.naver?docId=1155483&cid=40942&categoryId=32304)

보자마자 딱! 풀리는 | 유형 딱풀 전략

전체 선지를 읽을 필요 없이 밑줄 친 부분만 빠르게 확인

주의 주어와 서술어의 호응, 목적어 생략 또는 중복, 중의적 표현, 조사의 사용 오류 등이 오답의 단서가 된다. 밑줄 친 문장을 빠르게 읽되, 문장의 중심 성분이 논리적으로 맞물리는지 확인하며 푸는 것이 중요하다.

정답 해설

④ ⓔ에는 '마치'와 호응하는 성분이 빠져 있다. '마치'는 '처럼', '듯', '듯이' 등이 붙은 단어나 '같다', '양하다' 등과 함께 쓰는 것이 적절하다. '마치 태평양을 둘러싸는 고리 모양의 띠를 이루고 있어'는 '마치 태평양을 둘러싸는 듯한 고리 모양의 띠를 이루고 있어' 정도로 수정하는 것이 어법에 맞다.

043 정답 ③

반응률(%)	①	②	③	④	⑤
	2.74	0.99	91.17	3.33	1.64

평가요소	3.5 정확한 문장
세부 평가요소	3.5.1 어법에 맞는 표현
출처	• 국립국어원, 표준국어대사전 (stdict.korean.go.kr) • 이익섭·채완(2000), 『국어문법론 강의』, 학연사 • 이익섭(2021), 『한국어 문법』, 서울대학교 출판문화원

보자마자 딱! 풀리는 | 유형 딱풀 전략

높임 표현의 적절한 쓰임을 묻는 문항으로 선지의 전체를 읽고 주어와 서술어, 높임 대상을 파악

개념체크 높임 표현
• 주체 높임법: 문장의 주어(행위 주체)를 높임
  예 선생님께서 들어오십니다.
• 객체 높임법: 서술어가 가리키는 행위 대상을 높임
  예 할머니를 병원에 모셨습니다.
• 상대 높임법: 청자의 높고 낮음을 반영한 종결 어미 사용
  예 밥 먹었어요? / 드셨습니까?

정답 해설

③ '지나갔구려'의 '-구려'는 하오체 문장에서 쓰여 감탄의 뜻을 나타내는 종결 어미이다. 이는 상대편을 보통으로 높이는 종결형 표현으로, 청자가 화자보다 윗사람일 때 사용하는 표현이 아니다.

오답 해설

① 주체 높임법이 쓰인 문장으로 이때 높임은 대상뿐만 아니라 그 대상의 신체 부분이나 소유물에도 적용될 수 있다.
② 청자를 높이는 상대 높임법이 쓰인 문장으로, '-ㅂ시오'는 '하십시오체'에서 사용되어 정중한 명령이나 권유를 나타내는 종결 어미이다.
④ 객체 높임법이 쓰인 문장으로, '모시다'는 주어의 행위가 미치는 대상인 할머니를 높이는 표현이다. '모시다'는 '데리다'의 높임말에 해당한다.
⑤ '-렴'은 해라체에서 가장 낮은 종결 어미로, 청자가 아랫사람이나 친한 사이임을 나타내며 상대를 낮추는 표현이다.

044 정답 ③

반응률(%)	①	②	③	④	⑤
	8.16	1.18	79.68	7.25	3.55

평가요소	3.5 정확한 문장
세부 평가요소	3.5.2 중복 표현
출처	• 국립국어원, 표준국어대사전 (stdict.korean.go.kr) • 이관규(2023), 『학교 문법론』, 역락 • 이익섭, 채완(2000), 『국어문법론 강의』, 학연사

보자마자 딱! 풀리는 | 유형 딱풀 전략

선지의 전체를 읽고 두 가지 이상의 의미로 해석되는 문장이 있는지 파악

개념체크 중의적 해석이 가능한 경우
- 수식어의 위치 불분명
- 조사의 해석의 모호성
- 주어/목적어 생략으로 인한 해석의 다의성
- 호응 관계 불명확

정답 해설

③ '중의문(重義文)'은 '두 가지 이상의 뜻으로 해석되는 문장'을 가리킨다. '세 명의 사냥꾼이 함께 두 마리의 토끼를 잡았다.'는 다른 뜻으로 해석되지 않으므로 중의문으로 볼 수 없다.

오답 해설

① '친구가 나보다는 동생을 더 좋아한다'의 뜻으로 해석될 수도 있고, '친구는 내가 동생을 좋아하는 것보다 더 동생을 좋아한다'의 뜻으로도 해석될 수 있는 중의문이다.
② 동생이 '울면서' 언니를 배웅했다는 뜻으로 해석될 수도 있고, 언니가 '울면서' 떠나는 것으로 해석될 수 있는 중의문이다.
④ '만나기로 한 사람'이 '친구'일 수도 있고 '친구의 동생'일 수도 있는 중의문이다.
⑤ '흰색 모자를 쓴 사람'이 어머니만일 수도 있고 어머니와 딸 모두일 수도 있다.

045 정답 ①

반응률(%)	①	②	③	④	⑤
	78.75	5.11	3.77	6.76	5.30

평가요소	3.5 정확한 문장
세부 평가요소	3.5.3 번역 투 표현
출처	• 국립국어원(2022), 한눈에 알아보는 공공언어 바로 쓰기(개정판) • 국립국어원, 표준국어대사전 (stdict.korean.go.kr)

보자마자 딱! 풀리는 | 유형 딱풀 전략

선지의 전체를 읽고 불필요하게 길거나 어색하게 느껴지는 문장을 자연스럽고 간결한 표현으로 바꿔 보는 방식으로 접근

정답 해설

① '~에 위치하고 있다'는 영어 'be located in'의 번역 투 문장이다. '연회장은 이 건물에 있습니다'로 바꾸면 자연스러운 국어 문장이 된다.

오답 해설

② 영어식 수동 표현('be given')이 번역 투로 쓰였으며, 자연스러운 국어 표현은 '영희가 받은 생일 선물이다'처럼 행위 주체를 명확히 드러내는 형태로 바꾸는 것이 바람직하다.
③ 'even though', 'although' 등의 번역 투 문장으로 쓰였으며, '~하였지만/했지만'으로 바꾸면 자연스러운 국어 문장이 된다.
④ 'be –ing'의 번역 투 문장으로 '~고 있다'로 바꾸면 자연스러운 국어 문장이 된다.
⑤ '~에 있어서'는 영어 표현('in my case', 'with regard to')의 직역 번역 투로, 이 표현은 '나에게'처럼 간결하게 고치면 훨씬 자연스럽고 명확한 문장이 된다.

영역별 접근 전략

쓰기   046~050번

쓰기 영역은 글쓰기 과정을 문제화한 영역입니다. 내용 일치-불일치를 묻는 영역이기 때문에 침착하게 풀어낸다면 크게 어렵지 않습니다. 제시문을 먼저 읽기보다는 선지를 기준으로 제시문에서 파악해야 할 정보들을 우선 파악하여 역으로 추적하고, 제시문을 확인하는 동시에 선지를 하나씩 소거해 나가는 방식으로 푸는 것이 효율적입니다.

046   정답 ④

반응률(%)	①	②	③	④	⑤
	0.22	0.55	0.32	98.23	0.63

평가요소	4.1 글쓰기 계획
세부 평가요소	4.1.1 계획하기
출처	• JTBC, "반려동물 보유세, 도입 필요할까?", 2024. 9. 27. (https://n.news.naver.com/article/437/0000412076) • 파이낸셜 뉴스, "'개똥 치울 비용' 보유세 논란에, '세금 얼마든지 냅니다, 그런데'", 2024. 12. 12. (https://www.fnnews.com/news/202412061350197277)

보자마자 딱! 풀리는 | 유형 딱풀 전략

1. 제시문을 읽기 전 문항에서 묻고 있는 것이 무엇인지 먼저 파악
2. 문항에서 묻고 있는 항목을 제시문으로 가서 하나씩 비교하며 소거

❗주의 글쓰기 계획 유형은 '내용 일치-불일치'를 확인하는 문제다. 글의 내용적인 측면과 내용을 전달하는 방식적인 측면 모두를 종합적으로 고려해야 한다. 글을 읽을 때 주로 내용적인 측면에 집중을 하게 되기 때문에 선택지에서 방식적인 측면을 물어볼 경우 한 번에 떠오르지 않을 수 있다. 침착하게 하나씩 하나씩 비교하며 소거해 가는 것이 중요하다.

정답 해설

ㄴ. 2문단에서 동물 보호 센터 예산의 증가를 구체적인 수치로 제시하고 있다.

ㄷ. 2문단에서는 반려동물 보유세 도입에 찬성하는 측의 입장을, 3문단에서는 반려동물 보유세 도입에 반대하는 측의 입장을 각각의 근거를 들어 설명하고 있다.

오답 해설

ㄱ. 질문으로 글을 시작하고 있지 않다.
ㄹ. 시민들과의 인터뷰를 인용하고 있지 않다.

047   정답 ④

반응률(%)	①	②	③	④	⑤
	0.57	0.24	0.57	98.19	0.39

평가요소	4.1 글쓰기 계획
세부 평가요소	4.1.2 자료의 활용
출처	• 이데일리, "'반려동물 보유세' 내야 한다 VS 아니다 … 전문가들 의견은?", 2024. 10. 5. (https://www.edaily.co.kr/News/Read?newsId=01610486639049968&mediaCodeNo=257&OutLnkChk=Y) • 매일일보, "반려동물 보유세 도입 찬반논란 재점화", 2024. 11. 4. (https://www.m-i.kr/news/articleView.html?idxno=1174936)

보자마자 딱! 풀리는 | 유형 딱풀 전략

1. 주어진 자료를 보기 전 선지를 먼저 확인하고 자료에서 어떠한 부분을 중점으로 보아야 할지 파악
2. 선지를 자료와 비교하며 소거

정답 해설

④ (라)는 OECD 국가 중 반려동물 보유세를 시행하는 국가를 조사한 자료로 반려동물 보유세를 시행하는 국가가 이전에 비해 줄어들었는지는 확인할 수 없다. 따라서 반려동물 보유세를 시행하는 국가가 줄어들고 있는 이유를 추가하는 자료로 활용하기에 적절하지 않다.

오답 해설

① (가)는 반려동물 등록 수와 예산 지출이 증가하고 있음을 나타내는 자료이므로 반려동물 보유세의 도입 배경을 설명하기에 적절한 자료이다.

② (나)는 반려동물 보유세의 긍정적인 측면과 도입의 필요성에 대해 언급한 전문가의 인터뷰이므로 반려동물 보유세의 도입을 찬성하는 측의 논거를 뒷받침하기에 적절한 자료이다.
③ (다)는 반려동물 보유세 신설의 부정적인 측면을 다룬 뉴스 기사이므로 반려동물 보유세 도입에 신중해야 한다는 내용을 보강하기에 적절한 자료이다.
⑤ (마)는 상당수가 반려동물 보유세 도입이 반려동물 양육자 책임 강화에 효과가 있을 것이라고 응답한 국민 인식 조사 자료이므로 반려동물 보유세 도입에 대한 국민 인식이 긍정적이라는 내용을 추가하기에 적절한 자료이다.

048 정답 ⑤

반응률(%)	①	②	③	④	⑤
	0.37	1.01	0.71	1.40	96.47
평가요소	4.1 글쓰기 계획				
세부 평가요소	4.1.3 개요 작성				

보자마자 딱! 풀리는 | 유형 딱풀 전략

1. 선지를 먼저 확인하고 선지에서 요구하는 내용을 찾아가는 방식으로 접근
2. '내용의 일치 여부 → 상위 항목과 하위 항목 간의 연관성 파악' 순으로 선지 확인

정답 해설

⑤ 마지막 문단에서 반려동물 보유세 도입과 관련하여 소득에 따른 차등 부과, 저소득층에 대한 지원 대책 마련, 철저한 반려동물 등록제 시행 등 다각적인 보완책의 필요성을 제언하고 있으므로 개요대로 작성하였음을 알 수 있다. 그러므로 '반려동물 보유세 시행의 현실적인 어려움'으로 교체할 필요가 없다.

오답 해설

① 1문단에 반려동물의 입양 절차가 제시되어 있지 않으므로 I-2를 삭제하였음을 알 수 있다.
② 3문단에 유기 동물 문제의 악화 가능성에 대한 내용이 제시되어 있으므로 II-2를 III의 하위 항목으로 이동하였음을 알 수 있다.
③ 2문단에 반려동물 복지 향상에 대한 내용이 제시되어 있으므로 III-2를 II의 하위 항목으로 이동하였음을 알 수 있다.
④ 마지막 문단에 반려동물 보유세 도입의 긍정적인 측면과 부정적인 측면, 그리고 다각적인 보완책의 필요성을 제언하고 있으므로 '반려동물 보유세 도입의 장단점 및 제언'으로 수정하였음을 알 수 있다.

049 정답 ⑤

반응률(%)	①	②	③	④	⑤
	0.30	0.34	1.62	0.85	96.83
평가요소	4.2 고쳐쓰기				
세부 평가요소	4.2.2 미시적 점검				

보자마자 딱! 풀리는 | 유형 딱풀 전략

선지에서 묻고있는 요소를 확인하여 방향성을 잡고 제시문 확인
예 ① 문맥상 쓰임이 적절한지, ② 피동 표현의 쓰임이 적절한지 등

정답 해설

⑤ '하지만'은 서로 일치하지 않거나 상반되는 사실을 나타내는 두 문장을 이어 줄 때 쓰는 접속 부사이므로 앞뒤 맥락을 고려할 때 적절하지 않다. 앞에서 말한 일이 뒤에서 말할 일의 원인, 이유, 근거가 됨을 나타내는 접속 부사인 '따라서'를 그대로 쓰는 것이 적절하다.

오답 해설

① '증여'는 '물품 따위를 선물로 줌'의 의미로 문맥상 적절하지 않으므로 '세금이나 부담금 따위를 매기어 부담하게 함'의 의미인 '부과'로 수정하는 것이 적절하다.
② 문맥상 능동 표현이 적절하므로 '검토하는'으로 수정하는 것이 적절하다.
③ 문맥상 뒤에 피동 표현이 쓰였으므로 이와 호응할 수 있게 '재원이'로 수정하는 것이 적절하다.
④ 문맥상 경제적 부담이 커질 수 있다는 내용에 이어, 그 부담을 특히 크게 느낄 수 있는 특정 대상을 부연 설명하고 있기 때문에, 대조를 나타내는 '반면'보다는 강조의 의미를 지닌 '특히'로 수정하는 것이 적절하다.

050   정답 ②

반응률(%)	①	②	③	④	⑤
	0.35	97.54	0.51	1.26	0.28

평가요소	4.2 고쳐쓰기
세부 평가요소	4.2.1 거시적 점검

보자마자 딱! 풀리는 | 유형 딱풀 전략

1 빈칸 앞뒤 문맥을 확인하여 빈칸에 들어갈 말의 방향성 파악
2 방향성에 맞는 선지 선택

주의 선지를 빈칸에 하나씩 대입해 보는 방식도 있지만, 그 경우 여러 선지가 정답인 것처럼 느껴지는 경우가 있다. 이에 문맥을 통해 빈칸에 들어갈 말에 대한 어느정도의 방향성을 잡아 두고 선지에 접근하는 것이 효율적인 풀이 방식이 될 수 있다.

정답 해설

② 내용상 흐름을 볼 때, 빈칸에는 반려동물 보유세의 도입에 대한 부정적 측면이 제시되어야 한다. 이에 반려동물 보유세가 경제적으로 취약한 계층에게는 부담이 될 수 있다는 내용이 들어가는 것이 적절하다.

오답 해설

①, ③, ⑤ 모두 반려동물 보유세 도입에 대한 긍정적인 측면에 해당하므로 ㉮에 들어가기에 적절하지 않다.
④ 반려동물 보유세 도입에 대한 부정적 측면이기는 하지만, '재정 충당 부족'은 제시문에서 직접 언급되지 않아 ㉮에 들어가기에 뒷받침되는 근거가 부족하다.

영역별 접근 전략
창안   051~060번

창안 영역은 주어진 제시문이나 <보기>를 바탕으로 연상하여 해결하는 문항이 출제됩니다. 이 영역은 주관이 개입될 수밖에 없기 때문에, 문제 해결 시에 제시문이나 <보기>에서 이끌어낼 수 있는 '근거'를 기준으로 하여 접근하는 것이 중요합니다. 또한 제시문을 읽을 때 발문에서 요구하는 바에 초점을 맞추어 파악하면 한결 수월하게 정답을 도출할 수 있습니다.

051   정답 ②

반응률(%)	①	②	③	④	⑤
	2.19	88.70	0.93	7.25	0.85

평가요소	5.1 텍스트 창안
세부 평가요소	5.1.2 유비추론을 활용한 내용 생성
출처	삽화: https://www.garmin.co.kr/minisite/garmin-technology/health-science/heart-rate-monitoring/

보자마자 딱! 풀리는 | 유형 딱풀 전략

1 요구 조건(2영역)의 특징 먼저 파악
2 요구 조건의 특징을 기준으로 잡고 선지들을 학습 방법에 대입

정답 해설

② 제시문에서 2영역은 아주 편하진 않지만 대화가 가능한 낮은 운동 강도를 장시간 지속하는 훈련이라고 설명하고 있다. 이는 '충분히 풀 수 있는 과제'를 '반복'하는 학습 방법에 빗댈 수 있다.

오답 해설

① 수준이 비슷한 친구와 과제를 해결하는 것은 장시간 지속한다는 2영역의 특징이 반영되어 있다고 보기 어렵다.
③ 2영역은 '짧은 시간'이 아닌 낮은 운동 강도를 장시간 지속하는 훈련이기에 적절하지 않은 진술이다.
④ 과제 해결에 필요한 기초 개념을 살피는 것은 1영역의 몸풀기와 비슷하며, 2영역은 기초 개념을 다룬 문제를 풀어보며 기본기를 다지는 것과 유사하기에 '훑어보기'는 적절하지 않은 진술이다.
⑤ 학생의 수준보다 어려운 '도전적 과제'를 제공하는 것은, 대화가 가능한 낮은 운동 강도를 지속하는 2영역에 적절하지 않은 진술이다.

052

정답 ⑤

반응률(%)	①	②	③	④	⑤
	0.55	0.37	4.79	3.75	90.46

평가요소	5.1 텍스트 창안
세부 평가요소	5.1.2 유비추론을 활용한 내용 생성

보자마자 딱! 풀리는 | 유형 딱풀 전략

1. 〈조건〉에서 요구하는 기준이 무엇인지 파악
2. 정답이 될 교훈의 방향성을 잡고 선지 확인

정답 해설

〈조건〉의 '심박수 120을 지향하며 살아가는 30세 직장인'은, 자신의 최대 심박수인 190의 64% 정도인 2영역을 유지하며 살아가는 삶의 태도를 가지고 있다.

⑤ ㉠에서 2영역은 장거리 달리기 실력을 위해 반드시 필요한 훈련 영역이지만 이 영역에만 머물러 있다면 고강도 훈련에서 얻을 수 있는 근력과 속도를 기르기 어려움을 이야기하고 있다. 따라서 ㉠의 조언에 따라 최대 심박수에 가까운 고강도 훈련을 겸해야 한다는 교훈이 담긴 진술로는 "땅속에서 나오지 않는 개구리는 봄날을 맞을 수 없다."가 가장 적절하다.

오답 해설

① '송충이는 솔잎을 먹어야 한다'는 자신의 분수에 맞게 살아야 한다는 의미를 담고 있는데, 최대 심박수에 가까운 고강도 운동을 해야 한다는 것과는 관련이 없다.
② '우물 안 개구리여도 자신이 행복하면 그만이다'는 도전을 할 필요가 없음을 의미하기 때문에 ㉠의 조언을 담고 있다고 보기 어렵다.
③ '쉬지 않고 걷는 거북이는 토끼를 이길 수 있다'는 2영역을 유지하다 보면 좋은 결과가 있을 것임을 의미하기 때문에 ㉠의 조언을 담고 있다고 보기 어렵다.
④ '뱁새가 황새를 이기는 전략은 준비된 꾸준함이다'는 2영역을 꾸준히 하면 된다는 의미가 되기 때문에 ㉠의 조언을 담고 있다고 보기 어렵다.

053

정답 ①

반응률(%)	①	②	③	④	⑤
	97.63	1.10	0.41	0.49	0.26

평가요소	5.1 텍스트 창안
세부 평가요소	5.1.1 조건에 맞는 내용 생성

보자마자 딱! 풀리는 | 유형 딱풀 전략

1. 발문에서에서 요구하는 기준이 무엇인지 파악
2. 정답이 될 그래프의 방향성을 잡고 선지 확인

정답 해설

① ㉢에서 러너스 하이는 심박수가 지나치게 편안하거나 각성된 상태에서 경험하기 어려우며, 운동 강도가 점진적으로 증가할 때 경험할 수 있음을 설명하고 있다. 러너스 하이를 몰입의 최고점에 비유할 때, ㉢의 조건을 충족하며 최고 몰입 지점이 나타날 수 있는 그래프 모양은 점진적인 상승 곡선을 보이는 ①이 가장 적절하다.

오답 해설

②, ③, ④, ⑤는 모두 일정 시간 점진적으로 증가하는 그래프 모양이 아니기에 ㉢에서 요구하는 최고 몰입 지점이 나타나기 어렵다.

054

정답 ④

반응률(%)	①	②	③	④	⑤
	0.16	0.55	0.35	97.14	1.66

평가요소	5.2 그림 창안
세부 평가요소	5.2.2 구체적 그림을 활용한 내용 생성
출처	그림 (가) www.flaction.com - power strip (나) www.pixabay.com - 보조 배터리

정답 해설

④ ㉣의 '과제 수행의 순서를 바꾸기 어려움.'은 여러 전자기기를 동시에 충전할 수 있는 장점이 있는 '멀티탭'에 적용하기 어렵다.

오답 해설

① ㉠의 '미리 충전해 둔 배터리를 통해 전자기기에 전원을 공급함.'이라는 설명은 (나)의 '보조 배터리'의 특성과 부합하므로 적절한 내용이다.
② ㉡의 '다양한 과제를 동시에 수행함.'이라는 설명은 동시에 여러 플러그를 연결하여 충전하는 (가) '멀티탭'의 특성과 부합하므로 적절하다.
③ ㉢의 '위기 상황에 대처 가능함.'이라는 설명은 (나)의 '보조 배터리'를 미리 충전하여 전자기기의 방전 상황에 대비하는 상황에 적용할 수 있으므로 적절한 설명이다.
⑤ ㉤의 '대처 가능한 시간에 한계가 있음.'은 용량이 한정되어 있어 일정 시간까지만 전력을 공급할 수 있는 (나) '보조 배터리'의 특성과 부합하므로 적절하다.

055 정답 ③

반응률(%)	①	②	③	④	⑤
	2.76	13.44	79.78	2.03	1.77

평가요소	5.1 텍스트 창안
세부 평가요소	5.2.3 시각 리터러시

보자마자 딱! 풀리는 | 유형 딱풀 전략

선지에서 제시한 관점을 토대로 그림을 확인

❗주의 〈그림〉을 해석할 때 나의 관점만을 고수하지 말고 선지에서 제시한 관점을 토대로 받아들이는 것이 중요하다.

정답 해설

③ (가) 멀티탭의 사용법을 업무 수행 방식에 유추한다면, 멀티탭은 업무 수행자로, 멀티탭에 연결되는 복수의 플러그들은 업무로 이해할 수 있다. 이를 통해 '멀티탭을 사용하지 않을 때는 플러그 빼기'를 업무 수행 방식에 비유한다면 '업무 시간이 아닐 때에는 충분한 휴식을 취하기'로 이해할 수 있으며, '업무의 우선 순위를 정하여 수행하기'와는 관련이 없다.

오답 해설

① 멀티탭을 업무 수행자로, 멀티탭에 연결되는 복수의 플러그들을 업무로 이해한다면, '권장 용량을 넘어서 사용하지 않기'는 '업무를 수행하며 자신의 한계를 넘지 않도록 조정하기'로 이해할 수 있으므로 적절하다.
② 멀티탭을 업무 수행 방법으로 이해한다면, '노후한 멀티탭은 새것으로 교체하기'는 '생산성이 낮은 업무 처리 방식 개선하기'로 이해할 수 있으므로 적절하다.
④ 멀티탭을 업무 수행자로, 멀티탭에 연결되는 복수의 플러그들을 업무로 이해한다면, '멀티탭에 먼지가 쌓이지 않도록 청결하게 유지하기'는 '업무 환경을 정리 및 정돈하기'로 이해할 수 있으므로 적절하다.
⑤ 멀티탭을 업무 수행자로, 멀티탭에 연결되는 복수의 플러그들을 업무로 이해한다면, '전력을 많이 사용하는 기기는 멀티탭을 쓰지 말고 콘센트에 직접 연결하기'는 '중요한 업무는 다른 업무들과 동시에 처리하기보다는 집중하여 단독 수행하기'로 이해될 수 있으므로 적절하다.

056 정답 ②

반응률(%)	①	②	③	④	⑤
	14.74	63.51	2.74	17.70	1.20

평가요소	5.1 텍스트 창안
세부 평가요소	5.1.2 유비추론을 활용한 내용 생성
출처	안경진, "번아웃보다 위험하다고? 연말 직장인 노리는 '토스트아웃' 뭐길래", 서울경제, 2024. 12. 1. (https://www.sedaily.com/NewsView/2DHY9RSJNF)

보자마자 딱! 풀리는 | 유형 딱풀 전략

1 (나) 보조 배터리의 역할과 〈보기〉의 ⓐ를 연결
2 발문의 요구 조건에 맞추어 이를 대입한 선지 찾기

❗주의 〈그림〉만 놓고 자의적으로 해석하지 말고 〈보기〉와 발문에서 제시한 요구 조건을 반드시 확인 후 선지에 접근하는 것이 중요하다.

정답 해설

② (나)의 보조 배터리는 다른 전자기기가 방전되었을 때 충전을 돕는 역할을 한다. 이를 통해 '미리 준비한 문제 해결 방안이 돌발 상황에서 위기를 극복하는 데 도움을 준다'라는 교훈을 도출할 수 있다. 이는 '스트레스에 대처할 수 있는 행동 목록을 미리 만드는' ②의 조언 내용과 부합한다.

오답 해설

① '믿을 수 있는 동료들과 서로 힘을 북돋워 주는 시간'을 가져 보라는 조언 내용은 다양한 사람들과 연결되어 문제 상황을 해결하라는 의미로, (가)의 멀티탭의 특징에 부합하므로 적절하지 않다.
③ '가족, 친구 등 주위에 있는 사람들과 소통하며 감정을 공유'하라는 조언 내용은 다양한 사람들과 연결되어 문제 상황을 해결하라는 의미로, (가)의 멀티탭의 특징에 부합하므로 적절하지 않다.
④ '업무 외에도 여가 시간에 할 수 있는 다양한 취미 활동을 시작'하라는 조언은 다양한 분야의 활동을 동시에 시도하여 문제 상황을 해결하라는 의미로, (가)의 멀티탭의 특징에 부합하므로 적절하지 않다.
⑤ '지금까지 해 왔던 일을 다양한 관점에서 성찰하고 보람과 의미'를 찾으라는 조언은 업무에 다양한 의미를 부여하며 문제 상황을 해결하라는 것으로, (가)의 멀티탭의 특징에 부합하므로 적절하지 않다.

057

정답 ④

반응률(%)	①	②	③	④	⑤
	2.03	7.71	1.93	86.73	1.46

평가요소	5.2 그림 창안
세부 평가요소	5.2.2 구체적 그림을 활용한 내용 생성

| 출처 | • 김진수, "시대 변화에 따른 학교폭력의 변화, 사이버 폭력", 전북도민일보, 2024. 10. 29. (https://www.domin.co.kr/news/articleView.html?idxno=1489863)
• (가): 공익광고협의회, "보이지 않는 폭력 1", 2015(수상자: 문세림)
• (나): 한국교원단체총연합회, "배려하지 않으면 채팅문자도 언어폭력의 흉기입니다", 2019(수상자: 김영준)
• (다): 공익광고협의회 , "10인의 살인범", 2013
• (라): 공익광고협의회, "인터넷 언어 교정", 2007
• (마): 공익광고협의회, "잘 쓰면 약이 됩니다", 2014 |

보자마자 딱! 풀리는 | 유형 딱풀 전략

(가)~(마)에서 제시하는 요구 조건을 확인하고 광고를 하나씩 소거하는 방식으로 접근

정답 해설

④ (라)는 '사이버 공간에서 언어를 순화하지 않을 때 나타날 수 있는 부정적 결과를 제시'하는 표현 전략에 해당한다. 그런데 ④의 문구는 온라인 언어를 교정(순화)할 것을 명령문으로 제시하고 있지만, 미래에 나타날 부정적 결과를 제시하고 있지는 않다.

오답 해설

① (가)는 '피해자가 느끼는 고통을 제시하며 폭력을 방관하지 않아야 함을 강조'하는 표현 전략이며, ①의 문구에서 '혼자서는 감당할 수 없는 무게'라고 하여 '사이버 언어폭력의 고통이 매우 큼'과 '타인의 도움이 필요함'을 동시에 제시하고 있으므로 적절하다.
② (나)는 '사이버 언어폭력의 폭력성과 수용자가 지녀야 할 태도를 동시에 제시'하는 표현 전략으로, ②의 문구에서 '온라인 채팅이 흉기가 될 수 있음'과 '배려'하는 태도의 중요성을 제시하고 있으므로 적절하다.
③ (다)는 '사이버 언어폭력이 심각한 범죄임을 강조하여 수용자에게 경각심을 주는' 표현 전략으로, ③의 문구에서 타자를 치는 손가락을 '키보드 위 살인범'으로 표현하여 범죄의 심각성을 강조하고 있으므로 적절하다.
⑤ (마)는 '발음은 유사하지만 뜻은 대조적인 단어를 활용하여 주제 의식을 강조'하는 표현 전략으로, ⑤의 광고 문구에서 발음이 유사하지만 뜻이 대조적인 '욕'과 '약'이라는 단어를 활용하여 사이버 언어폭력 예방이라는 주제 의식을 강조하고 있으므로 적절하다.

058

정답 ⑤

반응률(%)	①	②	③	④	⑤
	0.55	0.37	30.10	0.63	68.22

평가요소	5.2 그림 창안
세부 평가요소	5.2.2 구체적 그림을 활용한 내용 생성

보자마자 딱! 풀리는 | 유형 딱풀 전략

1 〈조건〉에 제시된 요구로 소거할 수 있는 선지들 먼저 확인
2 남은 선지와 (나)의 유형을 연결지어 확인

정답 해설

⑤ '사람을 찌르는 댓글'이라는 표현에서 사이버 언어폭력의 폭력성이 드러나며, '사람을 살리는 댓글'에서 사이버 언어폭력 예방을 위한 태도가 드러난다. 대조의 방식을 사용하고 있으며, '씁시다'에서 알 수 있듯 청유형 문장을 사용하고 있다.

오답 해설

① 언어폭력 메시지를 보내는 것을 '칼로 사람을 벤다'라고 표현하여 사이버 언어폭력의 폭력성을 드러내고 있지만, 대조의 방법과 청유문을 활용하고 있지 않다.
② '이제는 외면하지 마세요'라고 하여 광고 수용자가 지녀야 할 태도를 제시하고 있지만, 사이버 언어폭력의 폭력성이 드러나 있지는 않다. 또한 대조의 방법도 사용하지 않았으며, 청유문이 아닌 명령문을 사용하였다.
③ '사람의 마음을 치시겠습니까?'라고 표현하여 사이버 언어폭력의 폭력성이 드러나지만, 대조의 방법을 사용하지 않았으며 청유문이 아닌 의문문을 사용하였다.
④ '상대방의 마음에 멍을 남기지 맙시다'라고 하여 청유형을 사용하고, 사이버 언어폭력 예방을 위한 태도를 드러내고 있지만, 대조의 방법을 사용하지 않았다.

059 정답 ①

반응률(%)	①	②	③	④	⑤
	75.30	0.16	3.96	3.57	16.91

평가요소	5.1 텍스트 창안
세부 평가요소	5.1.2 유비추론을 활용한 내용 생성
출처	황인철(2024), 『어빙 고프만의 인문학 상호 작용의례 톺아보기』, 루미너리북스

보자마자 딱! 풀리는 | 유형 딱풀 전략

1 ㉠과 〈보기〉의 핵심 내용 파악
2 각각의 핵심 내용을 '자아 형성'에 대입하여 적절한 선지 찾기

❗주의 ㉠과 〈보기〉에서 제시하고 있는 내용을 각각 파악하고 두 가지의 내용이 모두 담긴 선지를 찾아내는 것이 중요하다.

정답 해설

① 제시문의 ㉠은 후천적으로 경험하는 항원에 따라 항체가 다양하게 생성됨을 설명하고 있으며, 〈보기〉는 자아가 사회적 상호 작용을 통해 다양한 모습으로 형성됨을 설명하고 있다. 이를 종합하여 '자아 형성'과 연관 지으면, '자아는 사회적 상호 작용을 통해 변화할 수 있다'라는 내용을 도출할 수 있다.

오답 해설

② 자아는 선천적으로 타고나며 일생 동안 변하지 않는다는 설명은, 자아가 후천적으로 형성됨을 주장하는 〈보기〉의 내용에 부합하지 않는다.
③ 자아는 타인에 대한 관찰과 모방을 통해 형성된다는 내용은 ㉠과 〈보기〉를 통해 이끌어낼 수 없다.
④ 자아는 개인이 스스로를 어떻게 규정하는지에 영향을 받는다는 설명은 ㉠과 〈보기〉를 통해 이끌어낼 수 없다.
⑤ 자아가 여러 차원으로 구성된다는 설명은 〈보기〉와 관련이 있으나, 각 차원은 상호 영향 관계에 있다는 설명은 ㉠과 〈보기〉를 통해 이끌어낼 수 없다.

060 정답 ④

반응률(%)	①	②	③	④	⑤
	0.30	1.24	16.14	81.98	0.28

평가요소	5.1 텍스트 창안
세부 평가요소	5.1.2 유비추론을 활용한 내용 생성

보자마자 딱! 풀리는 | 유형 딱풀 전략

1 ㉡의 내용을 우선 파악하여 키워드와 방향성 선정
  예 2차 면역 반응에서는 '기억' 세포로 인해 '시간'이 단축되고, '효율'이 강해진다.
2 방향성에 맞는 선지 찾기

정답 해설

④ 제시문의 ㉡은 면역 반응 중 2차 면역 반응에 대한 설명으로, 기억 세포의 작용으로 인해 면역 반응 시간이 짧고 면역 효율이 강하다는 내용이다. 이를 인간의 삶에 유추하면 예전에 경험한 내용에 대한 기억을 통해 이후의 문제를 더욱 효과적으로 해결할 수 있다는 내용을 도출할 수 있다. ④는 '특정 음식물에 대한 부정적 기억이 그 대상에 대한 기피로 나타남'을 설명하고 있으며, '경험과 기억'과는 연관되지만 '경험을 통한 문제의 효과적 해결'과는 관련성이 없다.

오답 해설

① '수학 문제를 풀 때 과거에 풀었던 유형의 문제를 더 쉽게 풀 수 있는' 사례는 과거의 경험이 이후의 과정을 더 쉽고 빠르게 한다는 점에서 ㉡에서 제시하는 '경험 및 기억을 통한 문제의 효과적 해결'에 부합하는 사례이므로 적절하다.
② '스포츠 경기에서 상대했던 팀의 특성을 기억하여 적절한 전략을 세우는' 사례는 기억을 통해 이후에 더 적절하고 효율적인 전략을 찾을 수 있다는 점에서 ㉡에 부합하는 사례이므로 적절하다.
③ '컴퓨터에서 웹 사이트에 대한 정보를 저장하여 정보 처리 속도를 단축'하는 사례는 경험을 통해 속도를 단축한다는 점에서 ㉡에 부합하는 사례이므로 적절하다.
⑤ '처음 찾아가는 장소보다 한 번 방문했던 장소에 갈 때 길을 빠르게 찾는' 사례는 경험을 통해 속도를 단축한다는 점에서 ㉡에 부합하는 사례이므로 적절하다.

영역별 접근 전략

읽기   061~090번

읽기 영역은 가장 많은 분량을 차지하며, 문제를 푸는 데 상대적으로 많은 시간이 소요됩니다. 따라서 다른 영역에서 풀이 시간을 줄여 읽기 영역의 지문을 세세하게 읽을 수 있는 시간을 확보하는 것이 중요합니다. 이 영역은 선지에서 언급된 부분만 확인해도 풀 수 있는 문제가 많지 않기 때문에, 선지를 먼저 공략해 빠르게 풀기보다는 긴 제시문을 두 번, 세 번 반복해서 읽지 않도록 처음부터 꼼꼼히 읽으며 동시에 선지의 답을 찾아가는 방식으로 접근하는 것이 효율적입니다.

061 정답 ②

반응률(%)	①	②	③	④	⑤
	0.87	93.99	0.65	1.60	2.82

평가요소	6.1 문학 텍스트
세부 평가요소	6.1.1 문학 텍스트 이해하기
출처	박목월(1964), 「가정(家庭)」, 『청담』, 일조각

보자마자 딱! 풀리는 | 유형 딱풀 전략

1. 61~62번 문항은 하나의 제시문에 두 문항이 함께 출제되는 문항으로, 제시문을 읽기 전 각각의 문항이 묻고 있는 것이 무엇인지 먼저 확인하여 주의하며 읽어야 할 부분 체크
   예 61번 '표현상의 특징', 62번 '문학작품에 대한 이해'
2. 61번은 표현상의 특징을 묻는 문항으로, 선지를 먼저 확인하고 유의하여 읽어야 할 표현상의 특징들을 먼저 확인
3. 제시문을 읽으며 선지를 소거하는 방식으로 접근

⚠️ 주의 하나의 선지에 여러가지 표현상의 특징이 포함되는 경우가 있기 때문에 선지를 분리하여 보아야 한다.

정답 해설

② '아니 현관에는', '아니 들깐에는', '아니 어느 시인의 가정에는'이나, '내가 왔다', '아버지가 왔다', '신발이 왔다' 등처럼 비슷한 문장 구조를 반복하여 운율을 형성하고 있다.

오답 해설

① 직유법은 어떤 사물이나 개념을 다른 것에 빗대어 직접 비교하는 표현 기법으로 '~처럼', '~같이', '마치 ~처럼', '~듯이' 등의 말을 사용해 두 대상을 드러내 놓고 비교하는 것으로 이 시에서는 사용되지 않았다.

③ 계절의 순환이 드러나지 않으며, 화자의 의지를 점층적으로 부각하고 있지도 않다.
④ 청유형 어미란 상대방에게 어떤 행동을 함께 하자고 권유하거나 제안할 때 쓰는 종결 어미로 이 시에서는 사용되지 않았다.
⑤ 공감각적 심상은 서로 다른 감각을 하나로 연결하거나, 한 감각을 다른 감각에 빗대어 표현하는 것으로 이 시에서는 사용되지 않았다.

062 정답 ③

반응률(%)	①	②	③	④	⑤
	0.69	5.95	82.89	0.57	9.78

평가요소	6.1 문학 텍스트
세부 평가요소	6.1.3 문학 텍스트 비판하기

보자마자 딱! 풀리는 | 유형 딱풀 전략

1. 〈보기〉를 바탕으로 시의 주제를 파악
2. 시의 내용을 생각하며 선지에 해당하는 밑줄 표현을 보며 하나씩 소거하는 방식으로 접근

⚠️ 주의 61~62번 문항은 하나의 제시문에 두 문항이 함께 출제되는 문항으로 제시문에 대한 사전 지식이 없다면, 제시문에 대한 힌트를 얻을 수 있는 문항을 먼저 푸는 방식으로 접근하는 것이 효율적이다. 62번의 〈보기〉는 제시문에 대한 이해를 돕는 내용으로, 이 경우 62번을 먼저 풀고 61번을 푼다면 조금 더 수월하게 문제를 풀어나갈 수 있다.

정답 해설

③ '얼음과 눈으로 벽을 짜올린 여기'는 현실의 어려움을 나타내고 있는 것이지 사랑하는 가족을 만날 수 없는 '아버지'의 힘겨운 현실을 의미하는 것은 아니다.

오답 해설

① '아홉 켤레의 신발'은 화자의 자녀의 수를 나타낸다.
② '십구문반'이라는 신발 크기는 가장의 무게를 드러낸다. 눈과 얼음의 길을 걷는 신발이자, 아홉 켤레의 신발과는 대비되는 모습에서 가장의 무게를 유추할 수 있다.
④ '강아지 같은 것들아'에서 아버지의 애정을 느낄 수 있다.
⑤ '아버지가 왔다'에서 아버지의 책임감을 느낄 수 있다. '굴욕과 굶주림과 추운 길을 걸어 내가 왔다'는 표현에서 가장으로서 가족을 부양하기 위해 견뎌야 했던 화자의 고단한 삶을 알 수 있으며, 이는 아버지의 책임감으로 이어진다.

063

정답 ③

반응률(%)	①	②	③	④	⑤
	4.16	1.70	85.35	3.21	5.34

평가요소	6.1 문학 텍스트
세부 평가요소	6.1.1 문학 텍스트 이해하기
출처	염상섭(1987), 「해방의 아들」, 『염상섭 전집 10 중기단편 1946~1953』, 민음사

보자마자 딱! 풀리는 | 유형 딱풀 전략

1. 63~65번 문항은 하나의 제시문에 세 문항이 함께 출제되는 문항으로, 제시문을 읽기 전 각각의 문항이 묻고 있는 것이 무엇인지 우선 확인하여 주의하며 읽어야 할 부분 체크
   예 63번 '서술상 특징', 64번 '등장인물에 대한 이해', 65번 '문학작품에 대한 비평'
2. 63번은 서술상의 특징을 묻는 문항으로, 선지를 먼저 확인하여 유의하여 읽어야 할 서술상의 특징들을 먼저 확인
3. 제시문을 읽으며 선지를 소거하는 방식으로 접근

❗주의 하나의 선지에 여러가지 서술상의 특징이 포함되는 경우가 있기 때문에 선지를 분리하여 보아야 한다.

정답 해설

③ 제시문은 두 등장인물, 하야시와 홍규의 대화로 지면의 상당 부분을 채우고 있다. 그러면서도 서술자는 이 두 인물의 대화 사이에 홍규의 내면 심리 묘사, 하야시 및 홍규의 행동 묘사를 적당히 끼워 넣어 홍규가 이내 마쓰노라는 청년을 데리러 국경을 건너가는 사건이 벌어지리라는 것을 암시한다.

오답 해설

① 제시문은 인물의 외면과 내면을 필요에 따라 묘사하고 있으나 한 인물의 외면과 내면 사이에 어떤 치명적인 모순이 나타나는 것으로 관찰되지는 않는다. 조선인 부친을 둔 청년이 마쓰노라는 이름으로 살아왔다는 내용이 언급되어 있지만, 이를 풍자 대상이라거나 내면과 외면이 상충한 모순의 사례라고 보기 어렵다. 만약, 내적 갈등을 하는 홍규의 외면과 내면에 모순이 일부 있다고 볼 수 있더라도 풍자가 있다고 보기는 어렵다.
② 서술의 객관성과 정확성을 보장하지 못하여 서술자의 신뢰성을 의심하도록 만드는 어떤 요소들이 제시문에서는 발견되지 않는다.
④ 조선인 부친을 둔 청년이 마쓰노라는 일본 이름으로 살아가게 되었고 일본인 아내와 결혼했다는 사실, 그 마쓰노가 안동에 남아 고립되어 있다는 사실 등이 하야시와 홍규의 대화를 통해서 밝혀졌으므로, 의구심이 풀리지 않은 채로 남아 사건에 신비감을 준다고 보기는 어렵다.
⑤ 하야시가 홍규에게 도움을 청하는 데서 두 사람의 입장이 구분되는 것은 사실이지만 이것이 곧 갈등 상황이고, 또 그러한 갈등이 심화되었다고 보기에는 어렵다. 더군다나 홍규는 마쓰노라는 청년에 관해서 떠올리며 하야시의 청탁에 대해 얼마간 고민을 했을 뿐이고, 그 청탁에 대해서는 대체로 원만하게 승낙하였다. 즉, 홍규의 내적 갈등이지 둘 사이의 갈등이 심화되고 있다고 보기는 어렵다.

064

정답 ④

반응률(%)	①	②	③	④	⑤
	3.51	4.20	18.12	27.74	46.01

평가요소	6.1 문학 텍스트
세부 평가요소	6.1.2 문학 텍스트 추론하기

보자마자 딱! 풀리는 | 유형 딱풀 전략

1. 선지에서 등장인물들에 대해 묻는 요소를 먼저 확인
2. 먼저 등장하는 등장인물에 대한 내용을 확인하면서 선지를 소거하는 방식으로 접근
   예 '㉠홍규'에 대한 내용을 확인하여 소거하고 남은 선지가 있다면 '㉡마쓰노'에 대한 내용을 확인하는 방식

정답 해설

④ 하야시의 해명대로 하야시의 질녀는 일본인(부모가 모두 일본인)이며 질녀의 남편(즉 하야시의 조카사위 '㉡마쓰노')은 혼혈 조선인(부친이 조선인, 모친은 일본인)이다. '㉠홍규'는 이 사실을 하야시 방문 직전 안집 친구(가네기)로부터 듣고 이미 알았는데, 이때 "하야시 조카딸 내외의 국적이 실상은 소문이나 추측과는 뒤바뀌어 버린 것"이라고 제시문에서는 서술하고 있다. 즉 그 전에 홍규는 하야시의 질녀가 조선인이고 그녀의 남편('㉡마쓰노')이 일본인이라고 소문을 통해 짐작하고 있었던 것이다.

오답 해설

① '㉠홍규'는 '㉡마쓰노'를 데리러 안동에 가기를 작정하면서 "남겨 두고 온 내 짐도 찾아와야" 한다고 말한다. 이 발화는 그가 8·15 해방 직전까지 중국의 안동 지역에서 지냈다고 짐작하기에 충분한 근거가 된다.
② 하야시가 '㉠홍규'를 찾아와 '㉡마쓰노'를 구해달라고 한 것은 사실이지만 하야시가 자기 뜻으로 그런 것인지 다른 누군가의 의뢰를 받은 것인지는 제시문을 통해서 전혀 알 수 없다.

③ 'ⓘ홍규'가 'ⓒ마쓰노'에 대해 불쾌해하며 탐탁하게 여기지 않은 이유는 혼혈 조선인인 'ⓒ마쓰노'가 지금까지 일본인으로서 살아왔다는 것과 그것이 종족에 따른 위계 질서에 따라 지위상의 편의를 누리기 위한 것이었을지도 모른다는 점 때문이다.
⑤ 제시문의 내용, 하야시의 진술대로라면 'ⓒ마쓰노'는 대략 열 살 이후 가정형편 탓에 일본인 민적에 등록되어 이후 줄곧 일본인으로서 살아왔음을 알 수 있다. 그가 편의에 따라 일본인과 조선인 신분을 오가면서 살아왔다고 판단할 수 있는 근거는 없다.

065 정답 ⑤

반응률(%)	①	②	③	④	⑤
	2.98	5.40	9.44	6.90	74.85

평가요소	6.1 문학 텍스트
세부 평가요소	6.1.3 문학 텍스트 비판하기

보자마자 딱! 풀리는 | 유형 딱풀 전략

1 〈보기〉를 바탕으로 문학작품의 주제를 파악
2 문학작품의 내용을 생각하며 선지에 해당하는 표현을 보며 하나씩 소거하는 방식으로 접근

❗주의 63~65번 문항은 하나의 제시문에 세 문항이 함께 출제되고, 제시문의 길이가 길기 때문에 한 번에 제대로 읽고 파악하는 것이 중요하다. 이에, 제시문에 대한 힌트를 얻을 수 있는 65번을 먼저 푸는 방식으로 접근하는 것이 효율적이다.

정답 해설

⑤ 가정문제를 바로잡아 놓는 것이 좋겠다는 홍규의 말은 문제를 혈통적 민족주의로 끌어 축소시키는 현상이라고 볼 수 있으므로, 존재의 다양성을 구현할 수 있다는 전망을 내포하는 것이 아니라 오히려 다중성과 다양성을 소거하는 현상으로 보아야 한다.

오답 해설

① 하야시는 마쓰노가 만주에까지 와서 일본인으로 지내던 것에 "가봉(加俸)이니 배급(配給)이니 이로운 점이 없지 않아 있었"다고 대수롭지 않게 말한다. 이에서 일본인이 조선인보다 더 많은 봉급과 식량·물품 보급을 전쟁 중에 획득할 수 있었음을 짐작할 수 있다. 그러나 민족주의적 감정이 다소 앞서 있는 홍규나 그런 홍규에게 이입한 독자는 마땅히 '조선인'이어야 할 마쓰노가 일본인 행세를 하며 득을 보았다는 점이 못마땅할 것이다.

② 해방 직후 일본인은 만주(안동)나 한반도(신의주)에서 더는 우세하거나 안전한 지위가 아니었고, 신변의 위협까지 걱정해야 하는 처지였다. 마쓰노를 서둘러 신의주로 데려오려는 것도 그런 우려 때문이다. 이는 식민 지배의 시기의 종족 위계가 뒤바뀐 현실을 보여 주며, 조선인의 정체성과 소속감을 강화하는 계기로 작용한다.
③ 마쓰노는 혼혈인이지만, 해방 이후에는 조선인이든 일본인이든 한 정체성을 선택해야만 했다. 작품은 이런 혼종성을 복잡하게 그리기보다는, 정체성을 단순히 선택 가능한 문제처럼 평면적으로 처리하고 있다.
④ 홍규는 마쓰노가 부친의 성을 되찾는 것을 조선인으로의 정체성 회복이자 당연한 일로 여긴다. 이는 마쓰노의 과거와 혼종적 정체성을 소거하는 혈통 중심의 민족주의 시각을 드러낸다.

066 정답 ④

반응률(%)	①	②	③	④	⑤
	0.26	0.85	1.34	96.75	0.71

평가요소	6.2 학술 텍스트
세부 평가요소	6.2.1 학술 텍스트 이해하기
출처	전남일(2015), 『집』, 돌베개, 281~299쪽

보자마자 딱! 풀리는 | 유형 딱풀 전략

1 선지를 먼저 확인하고 '전통 마을'의 어떠한 요소에 초점을 맞추어 이해해야 할지 파악
  예 선지에서 어떠한 대상과 비교, 대조한 내용을 다루고 있으므로 '차이점'에 초점을 맞추어 제시문 읽기
2 선지에서 언급된 키워드들을 제시문에서 확인하여 소거하는 방식으로 접근

정답 해설

④ 마을의 길이 복잡하다고 볼 수는 있지만, 오히려 이를 통해 구성원들이 자주 만날 수 있어 더 친밀해질 수 있었다.

오답 해설

① 2문단을 살펴보면 전통 마을은 '구부러진 길'을 선호한다.
② 2문단을 살펴보면 전통 마을은 거주지를 주도적으로 선택한다.
③ 3문단을 살펴보면 전통 마을은 주거지와 일터가 서로 멀리 떨어져 있지 않았다.
⑤ 6문단을 살펴보면 아파트에는 '사이 공간'이 없다고 제시하고 있다.

067 정답 ⑤

반응률(%)	①	②	③	④	⑤
	2.23	0.87	2.23	0.97	93.65

평가요소	6.2 학술 텍스트
세부 평가요소	6.2.2 학술 텍스트 추론하기

보자마자 딱! 풀리는 | 유형 딱풀 전략

1. 밑줄 친 내용이 포함된 문장 전체를 읽고 ⊙의 기준점 파악
2. 기준점에 해당하는 사례 확인

정답 해설

⑤ 이 글에서 말하는 '커뮤니티'는 비의도적으로 모여서 자연스럽게 형성된 모임을 말한다. 이러한 조건에 맞는 사례는 ⑤이다.

오답 해설

① 활동 공간이 온라인이며 '목적이 있는 모임'이다.
② '관광을 위한 의도적 모임'이며, 마을 안에서의 교류라고 할 수도 없다.
③ '정기 총회'이므로 자연스럽게 형성된 모임으로 볼 수 없다.
④ '특정한 목적을 위해서 만들어진 위원회'이다.

068 정답 ②

반응률(%)	①	②	③	④	⑤
	22.69	61.52	2.31	4.20	9.17

평가요소	6.2 학술 텍스트
세부 평가요소	6.2.3 학술 텍스트 비판하기

보자마자 딱! 풀리는 | 유형 딱풀 전략

1. 〈보기〉의 핵심 내용 파악
2. 선지를 확인하여 〈보기〉가 어떠한 입장을 취하고 있는지 먼저 확인
   예 제시문에 대한 비판을 하고 있는지, 호응을 하고 있는지 등
3. 제시문을 읽으며 〈보기〉의 입장과 반대되는 내용들을 인지하면서 확인

주의 단순히 〈보기〉에서 제시되었다는 이유로 정답을 골라서는 안 되고, 제시문에서 제시한 내용과 관련이 있는지 확인이 필요하다.

정답 해설

② 〈보기〉에서 인터뷰 응답자는 자신이 살았던 아파트에서의 인간적인 추억들을 떠올리며 이를 기록으로 남기고 싶어 한다. 이는 아파트라는 인위적 공간 속에서도 인간적인 교류와 정이 존재할 수 있는 사례로 볼 수 있다. 이러한 입장이라면 제시문은 아파트가 지닌 소통 부재의 부정적 측면을 건축 구조의 관점에서만 진술한 것으로 볼 수 있다.

오답 해설

① 〈보기〉에서는 아파트 단지가 자연과 잘 어우러졌던 경험을 언급하고 있지만, 제시문은 아파트의 공간 구조가 공동체 형성을 어렵게 만든다는 점을 이야기하고 있다. 따라서 제시문에 대하여 아파트가 자연과 융합할 수 있다는 점을 간과했다고 이야기하는 것은 적절한 비판으로 보기 어렵다.
③ 아파트가 전통 주택에 비해 편리하다는 것은 〈보기〉, 제시문의 내용과 무관하다.
④ 〈보기〉에서 아파트가 재건축으로 사라지는 것에 대한 아쉬움을 제시하고 있지만, 기록을 통해 아파트에 대한 선입견을 없애고자 한 것이다. 아파트를 살리자는 것은 제시문에 대한 반응으로 적절하지 않다.
⑤ 〈보기〉의 내용과 반대되는 내용이다. 〈보기〉는 아파트가 주변 환경과 잘 어우러졌던 자신의 경험을 이야기하고 있다.

069 정답 ⑤

반응률(%)	①	②	③	④	⑤
	4.57	10.64	3.35	6.92	74.24

평가요소	6.2 학술 텍스트
세부 평가요소	6.2.1 학술 텍스트 이해하기

보자마자 딱! 풀리는 | 유형 딱풀 전략

1. 69~72번 문항은 하나의 제시문에 네 개의 문항이 묶인 형태로, 하나의 문항을 풀 때마다 제시문을 읽는 것이 아닌 제시문을 쭉 읽으며 각각의 문항들이 등장할 때마다 하나씩 해결해 나가는 방식으로 접근
   예 무조건 순서대로 풀기보다는 제시문을 읽으며 먼저 해결할 수 있는 문항들을 풀어나가는 방식으로 접근
2. 선지의 키워드를 먼저 확인
3. 제시문을 읽고 선지에서 언급한 키워드에 대한 내용을 확인하며 소거하는 방식으로 접근

> **주의** 내용 일치-불일치 문항은 '디테일'이 핵심이다. ⑤번 선지의 3분의 2라는 숫자에만 현혹되면 안 되며, 전체 국회의원이 아니라 출석한 국회의원의 3분의 2이기에 틀린 것이다. 이러한 형태로 선지를 구성한다는 것을 알아두고, 선지를 대충 판단하지 않도록 주의해야 한다.

정답 해설

⑤ 1문단의 "재적의원 과반수의 출석과 출석의원 3분의 2 이상의 찬성으로 재의결"을 통해 전체 국회의원이 아니라 출석한 국회의원의 3분의 2를 요건으로 함을 알 수 있다.

오답 해설

① 1문단에서 법률의 공포는 관보에 게재하는 방식으로 하며, 마지막 문단에서 현재의 민법은 1958년에 관보에 실렸다고 하였으므로 내용과 일치한다.
② 2문단에서 공포를 "공식적으로 널리 알린다는 의미"라고 하였고, 3문단에서 관보는 "국민 일반에게 널리 알릴 사항을 게재하기 위해 발행하는 공식적인 국가 기관지"라고 하였으므로 내용과 일치한다.
③ 1문단에서 최고규범인 헌법에서 "법률은 특별한 규정이 없는 한 공포한 날로부터 20일을 경과함으로써 효력을 발생한다."라고 하였으므로 내용과 일치한다.
④ 1문단에서 "국회에서 의결된 법률안이 정부로 넘어오면 대통령은 15일 안에 국무회의의 심의를 거쳐 공포를 하여야" 한다고 했으므로 내용과 일치한다.

070　　　　　　　　　　　　　　　　　정답 ①

반응률(%)	①	②	③	④	⑤
	84.13	4.30	3.86	2.07	5.42
평가요소	6.2 학술 텍스트			
세부 평가요소	6.2.2 학술 텍스트 추론하기			

보자마자 딱! 풀리는 | 유형 딱풀 전략

1. 선지의 키워드를 먼저 확인
2. 제시문을 읽고 선지에서 언급한 키워드에 대한 내용을 확인하며 소거하는 방식으로 접근

> **주의** 내용 일치-불일치 문항과는 달리 제시문을 토대로 내용을 추론하는 것이기 때문에 평소 학습할 때 근거를 바탕으로 생각하는 연습을 하는 것이 필요하다.

정답 해설

① 3문단의 "관보에 실린 그대로가 곧 법이라는 의미"라는 서술과 이후의 설명에서 '법률의 원문을 확인하는 기준은 관보에 실린 법률 그대로'라는 것을 추론할 수 있다.

오답 해설

② 지금은 여러 매체들이 발달한 것은 사실이지만 3문단에서는 관보로써 법령을 확인하는 일이 별로 없지만 여전히 법률은 관보에 실려 공포된다고 하였으므로, 관보에 고시되는 법령이 줄고 있다고 추론할 수 없다.
③ 2문단에서 "국회의장이 법률을 공포하는 경우에는 2개 이상의 일간신문에 하도록 되어 있다."라고 한 것은 "예외적인 상황"이라 하였고, 공식적인 국가 기관지는 관보라고 밝히고 있다.
④ 3문단에서 "법률의 조문들이 맞춤법에 어긋난 것이 있거나 띄어쓰기가 잘못된 것이 있더라도 그렇게 된 채로 법인 것이다."라고 하였고, "개정되기 전까지는 그것이 공식적으로 사용해야 할 법령 용어이다."라고 하였으며, 법에 실린 낱말이나 구절을 풀어 쓴 말로 인용한다면 자의적으로 법을 왜곡하는 일이 된다고까지 하였다.
⑤ 3문단에서 "개정되기 전까지는 그것이 공식적으로 사용해야 할 법령 용어이다."라고 하는 데서 ⑤처럼 추론할 수 없다는 것을 알 수 있다.

071　　　　　　　　　　　　　　　　　정답 ①

반응률(%)	①	②	③	④	⑤
	65.17	14.82	3.45	4.06	12.32
평가요소	6.2 학술 텍스트			
세부 평가요소	6.2.3 학술 텍스트 비판하기			

보자마자 딱! 풀리는 | 유형 딱풀 전략

'㉠공포'에 대한 내용이 등장하는 부분을 읽을 때 선지를 함께 확인하며 소거하는 방식으로 접근

> **주의** 해당 개념에 대한 배경지식이 있더라도 제시문에서 해당 개념을 어떻게 다루고 있는지 확인하고 이를 바탕으로 접근하는 것이 중요하다.

정답 해설

① 1문단에서 "법률이 유효하게 국민에게 적용되기 위해서는 공포라는 절차가 필요하다."라고 하면서 "공포한 날로부터 20일을 경과함으로써 효력을 발생한다."는 헌법상의 규정도 들고 있다.

오답 해설

② 2문단에서 국회의장이 법률의 공포를 2개 이상의 일간지에 게재하는 방식으로 하는 것은 예외적인 상황이라고 하였다.
③ 1문단에서 법률안을 대통령이 공포도 거부도 하지 않으면 심의기간인 15일이 만료되는 시점에 법률로 확정된다고 하였다.
④ 법률은 공포를 한 날로부터 20일을 경과함으로써 효력이 발생한다. 공포는 반드시 이루어져야 하는 과정이다.
⑤ 1문단에서 법률이 관보에 실리는 것이 공포라 하였으며, 그 효력은 일반적으로 발행일로부터 20일이 지나서 생긴다는 것을 알 수 있다.

072 정답 ③

반응률(%)	①	②	③	④	⑤
	8.02	3.21	75.08	2.35	11.20
평가요소	6.2 학술 텍스트				
세부 평가요소	6.2.3 학술 텍스트 비판하기				

보자마자 딱! 풀리는 | 유형 딱풀 전략

빈칸이 등장하는 부분을 읽을 때 선지를 함께 확인하며 소거하는 방식으로 접근

!주의 앞 문장과의 관계를 알 수 있는 표현들을 정확하게 파악하는 것이 빈칸의 방향성을 이해하는 데 도움이 된다. 72번의 경우 '마찬가지로'라는 근거를 토대로 앞 문장과의 관계를 파악할 수 있고 이를 토대로 빈칸을 추론하는 것이 가능하다.

정답 해설

③ ㉡ 앞에 "마찬가지로"라는 말이 있으므로 "관보에 실린 그대로가 곧 법이라는 의미이기도 하다. 따라서 관보에 실린 법률의 조문들이 맞춤법에 어긋난 것이 있거나 띄어쓰기가 잘못된 것이 있더라도 그렇게 된 채로 법인 것이다."와 같은 맥락을 가져야 한다. 또한 ㉡ 뒤에 오는 "개정되기 전까지는 그것이 공식적으로 사용해야 할 법령 용어이다."에도 상응하기 위해 ㉡에는 부정적인 어감이면서 법령 용어와 관련된 내용이 들어가야 한다.

오답 해설

①, ②, ⑤ 뒤에 오는 "법령 용어"에 상응하지 않는다.
④ 앞 문장과 마찬가지인 것으로 보기 어렵고, 부정적인 어감도 아니다.

073 정답 ②

반응률(%)	①	②	③	④	⑤
	4.44	67.47	7.55	9.93	10.09
평가요소	6.2 학술 텍스트				
세부 평가요소	6.2.1 학술 텍스트 이해하기				
출처	양경득(2009), "나노 세계의 열쇠: 원자 현미경", 『화학교육(봄호)』, 대한화학회, 14~20쪽				

보자마자 딱! 풀리는 | 유형 딱풀 전략

1. 73~75번 문항은 하나의 제시문에 세 문항이 묶인 형태로, 하나의 문항을 풀 때마다 제시문을 읽는 것이 아닌 제시문을 쭉 읽으며 각각의 문항들이 등장할 때마다 하나씩 해결해 나가는 방식으로 접근(무조건 순서대로 풀기보다는 제시문을 읽으며 먼저 해결할 수 있는 문항들을 풀어나가는 방식으로 접근)
2. 선지의 키워드를 먼저 확인
3. 제시문을 읽고 선지에서 언급한 키워드에 대한 내용을 확인하며 소거하는 방식으로 접근

!주의 73번과 같은 유형의 문항을 풀 때는 직접 선지에서 묻는 것에 대답을 해보면 가장 정확하다. 학술 텍스트 문항의 경우 반드시 제시문에 많은 시간을 투자하고 문제를 정확하고 빠르게 푸는 연습을 해야 한다.

정답 해설

② 캔틸레버의 재질이 도체인지 부도체인지는 제시되어 있지 않다.

오답 해설

① 1문단에 따르면 진공하에서 전도체나 반도체에 탐침을 가까이 하여 전압을 걸어 주면 터널링이 일어난다.
③ 1문단에 따르면 원자 현미경 중에서 제일 먼저 개발된 것은 STM이다.
④ 2문단에 따르면 압전체에 전압을 가하면 기계적 변형이 일어난다.
⑤ 3문단과 4문단에 따르면 접촉식 AFM은 $1 \sim 10 \times 10^{-9}$N 정도의 힘을 사용하고 비접촉식 AFM은 0.01×10^{-9}N 이하의 힘을 사용한다.

074

정답 ⑤

반응률(%)	①	②	③	④	⑤
	1.66	10.35	12.40	9.28	65.82
평가요소	6.2 학술 텍스트				
세부 평가요소	6.2.2 학술 텍스트 추론하기				

보자마자 딱! 풀리는 | 유형 딱풀 전략

1. 선지를 확인하고 ㉠과 ㉡의 어떠한 요소에 초점을 맞추어 이해해야 할지 파악
   - 예 선지에서 ㉠과 ㉡을 비교하고 있음을 알고 제시문을 읽을 때 둘의 관계에 초점을 맞추어 읽기
2. 선지에서 언급된 키워드들을 제시문에서 확인하여 소거하는 방식으로 접근

정답 해설

⑤ STM은 전기적 성질이 전도체나 반도체인 물질만을 측정할 수 있는 데 반해 AFM은 전기적 성질에 상관없이 측정할 수 있다. 따라서 AFM으로 관찰이 가능한 모든 샘플을 STM으로 관찰할 수 있는 것은 아니다.

오답 해설

① 1문단과 3문단에 따르면 AFM과 STM 모두 원자 현미경이다.
② 2문단과 3문단에서 각각 STM과 AFM이 탐침과 샘플의 거리를 조절하기 위해 압전체를 사용함을 알 수 있다.
③ 1문단에 따르면 STM은 탐침과 샘플 표면을 맞닿게 하지 않고 작은 간격을 두는 것을 알 수 있으며, 3문단에 따르면 접촉식 AFM은 탐침을 샘플 표면에 접촉하여 동작한다.
④ 3문단에 따르면 STM의 단점인 진공이 필요하다는 것을 해결한 것이 AFM이다.

075

정답 ②

반응률(%)	①	②	③	④	⑤
	20.11	32.09	15.49	23.00	8.69
평가요소	6.2 학술 텍스트				
세부 평가요소	6.2.3 학술 텍스트 비판하기				

보자마자 딱! 풀리는 | 유형 딱풀 전략

1. 〈보기〉를 읽고 제시문에서 언급되었던 키워드에 체크
2. 제시문에서 〈보기〉의 키워드들을 찾아 내용이 일치하는지 확인하여 선지를 소거하는 방법으로 접근

주의 다른 문항들과 달리 제시문을 읽는 과정에서 해결할 수 있는 문제가 아닌, 다 읽은 후 이해를 바탕으로 풀어내야 하는 문항이다. 제시문을 꼼꼼히 읽고 73번, 74번 문항을 풀었다면 〈보기〉에 등장하는 키워드들을 제시문에서 찾아보며 충분히 풀어낼 수 있으므로 겁먹지 말고 키워드를 찾는 것이 중요하다.

정답 해설

ㄱ. 반도체는 AFM과 STM 모두에서 관찰이 가능하므로 적절한 내용이다.
ㄹ. 비접촉식 AFM이므로 원자 간의 인력을 이용하여 인력이 공명진동수와 진폭을 변화시키는 것을 측정한다. 따라서 적절한 진술이다.

오답 해설

ㄴ. 공명진동수가 바뀌어 탐침과 샘플 간의 인력이 변하는 것이 아니라 탐침과 샘플 간의 인력이 변하여 공명진동수가 변한다.
ㄷ. 비접촉식이므로 인력이 너무 작아 캔틸레버가 휘는 각도를 측정할 수 없다.

076

정답 ④

반응률(%)	①	②	③	④	⑤
	1.06	1.12	2.82	93.75	0.91
평가요소	6.2 학술 텍스트				
세부 평가요소	6.2.1 학술 텍스트 이해하기				
출처	"관성 모멘트", 위키피디아 (https://en.wikipedia.org/wiki/Moment_of_inertia)				

보자마자 딱! 풀리는 | 유형 딱풀 전략

1. 76~78번 문항은 하나의 제시문에 세 문항이 함께 출제되는 문항으로, 제시문을 읽기 전 각각의 문항이 묻고 있는 것이 무엇인지 우선 확인하여 주의하며 읽어야 할 부분 체크
   - 예 76번 '서술상 특징', 77번 '이해를 바탕으로 추론한 내용', 78번 '이해를 바탕으로 탐구한 내용'
2. 76번은 서술상의 특징을 묻는 문항으로 선지를 먼저 확인하여 서술상의 특징들을 확인
3. 제시문을 읽으며 선지를 소거하는 방식으로 접근

주의 하나의 선지에 여러가지 서술상의 특징이 포함되는 경우가 있기 때문에 선지를 분리하여 보는 것이 필요하다.

정답 해설

④ 제시문에 특정 상황인 곡예사의 외줄타기 상황을 설명할 수 있는 관성 모멘트의 원리가 설명되어 있다.

오답 해설

① 제시문에 특정 개념인 관성 모멘트가 제시되어 있으나 대립하는 견해에 관한 내용은 없다.
② 제시문에 특정 대상으로 볼 수 있는 관성 모멘트와 각운동량에 관한 내용이 있으나 장단점에 대한 언급은 없다.
③ 제시문에 각운동량과 관성 모멘트에 대한 이론이 제시되어 있으나 이론의 변화 과정도, 통시적으로 보여 주는 내용도 없다.
⑤ 제시문에 질문의 형식은 있으나 이것이 반박의 내용은 아니다.

077 정답 ②

반응률(%)	①	②	③	④	⑤
	15.16	18.86	34.67	8.79	22.20
평가요소	6.2 학술 텍스트				
세부 평가요소	6.2.2 학술 텍스트 추론하기				

보자마자 딱! 풀리는 | 유형 딱풀 전략

1 〈보기〉의 내용을 확인하여 제시문에서 다루고 있는 '외줄타기'의 어떤 요소에 초점을 맞추고 읽어야 보아야 할지 확인
2 제시문을 읽으며 선지를 소거하는 방식으로 접근

주의 본 제시문과 같이, 원리나 개념이 나오는 경우에는 해당 개념을 활용하는 문항이 나올 확률이 매우 높다. 제시문에서 이를 이해시키기 위해 활용한 다양한 '재진술'과 '예시'를 통해 개념을 명확하게 이해해야 한다. 또한 비례, 반비례 등의 관계는 제시문에서 활용하여 물어보기 쉬운 형태이기 때문에 출제될 가능성이 높음을 염두에 두자.

정답 해설

ㄴ. 2문단에 따르면 가속도와 주어진 힘 사이의 비례 관계를 등호 관계로 만들어 주기 위해 사용되는 비례상수인 관성 질량은 힘의 크기와 그 힘에 의한 물체의 가속도의 비이다. 따라서, 같은 크기의 힘이 가해졌을 때 가속도가 클수록 관성 질량이 작음을 알 수 있다.

오답 해설

ㄱ. 3문단에 따르면 곡예사가 양팔을 펴는 행동은 곡예사의 질점 분포를 달리하며 곡예사의 회전 운동이 일어나지 않도록 하기 위함이다. 따라서 그의 균형이 무너지려 할 때는 팔을 접는 것이 아니라 펴야 함을 알 수 있다.
ㄷ. 마지막 문단에 따르면 각속도는 단위 시간당 물체가 회전한 각을 의미한다. 따라서 야구 방망이가 회전하고 있을 때 회전하는 각은 지점에 상관없이 동일하므로 회전축을 제외한 모든 지점의 각속도는 동일하다.

078 정답 ②

반응률(%)	①	②	③	④	⑤
	10.92	55.02	8.99	12.30	12.36
평가요소	6.2 학술 텍스트				
세부 평가요소	6.2.3 학술 텍스트 비판하기				

보자마자 딱! 풀리는 | 유형 딱풀 전략

1 〈보기〉를 읽고 제시문에서 언급되었던 키워드에 체크
2 제시문에서 〈보기〉의 키워드를 찾아 내용이 일치하는지 확인하여 선지를 소거하는 방법으로 접근

주의 제시문에서 개념의 정의를 사칙연산 형태로 제시할 때에는 이를 활용한 문항이 나올 가능성이 매우 높다.

정답 해설

ㄱ. 3문단과 마지막 문단에 따르면 각운동량 보존법칙에 따라 관성 모멘트와 각속도의 값은 일정한 값을 가짐을 알 수 있으며, 몸을 회전축에서 멀리하면 관성 모멘트가 커짐을 알 수 있다. 따라서 회전 속도가 줄어들어 역회전의 수는 2회에 미치지 못하게 될 것이다.
ㄹ. 3문단에 따르면 관성 모멘트는 "회전축으로부터의 거리 제곱에 회전체의 질량을 곱한 값"이다. 같은 자세와 같은 각속도로 회전하고 있을 때, 등에 가방을 메면 질량이 늘어나고 질점 분포도 더 멀리 퍼지므로 관성 모멘트가 더 커진다.

오답 해설

ㄴ. 마지막 문단에 따르면 각운동량은 관성 모멘트와 각속도의 곱이며, 3문단에 따르면 관성 모멘트는 회전축과의 거리 제곱에 질량을 곱한 값이다. 따라서 회전축에서 거리가 더 가까운 안장 부분의 질점이 손잡이 부분의 질점보다 각운동량이 더 작음을 알 수 있다.
ㄷ. 마지막 문단에 따르면 물체의 각운동량은 외부에서 회전에 영향을 주는 힘이 가해지지 않는 한 일정한 값으로 유지된다. 따라서 공중에서 정점에 이르렀을 때나 정점에 이르지 않았을 때나 같은 값임을 알 수 있다.

079 정답 ③

반응률(%)	①	②	③	④	⑤
	0.77	0.99	94.32	2.60	1.01
평가요소	6.2 학술 텍스트				
세부 평가요소	6.2.1 학술 텍스트 이해하기				
출처	최현숙(2012), 「착한 소비와 나쁜 소비」, 『소비자가 만드는 신문』				

보자마자 딱! 풀리는 | 유형 딱풀 전략

1. 79~82번 문항은 하나의 제시문에 네 문항이 함께 출제되는 문항으로, 제시문을 읽기 전 각각의 문항이 묻고 있는 것이 무엇인지 우선 확인하여 주의하며 읽어야 할 부분을 체크
   - 예) 79번 '윤리적 소비의 특징', 80번 '이해를 바탕으로 추론한 내용', 81번 '적절한 사례', 82번 '제시문에 대한 비판'
2. 선지를 확인하고 '윤리적 소비'의 어떠한 요소에 초점을 맞추어 이해해야 할지 파악
   - 예) 선지에서 어떠한 대상과의 비교, 대조한 내용을 다루고 있으므로 차이점에 초점을 맞추어 제시문 읽기
3. 선지에서 언급된 키워드를 제시문에서 확인하여 소거하는 방식으로 접근

정답 해설
③ '합리적 소비'에 대한 설명이다.

오답 해설
① 1문단에서 윤리적 소비에 대한 인식이 퍼진 것은 최근의 일이라고 하였다.
② 2문단에서 윤리적 소비는 더 나은 세상을 만들기 위한 정당한 권리 행사라고 하였다.
④ 2문단에서 소비자는 구매를 통해 지지를 표현하거나 불매를 통해 반대를 표현할 수 있다고 하였다.
⑤ 소비자는 소비를 통해 자신의 뜻을 표현하고 생산자는 거기에 대응하면서 상호 작용한다.

080 정답 ③

반응률(%)	①	②	③	④	⑤
	0.97	2.72	92.81	1.89	1.22
평가요소	6.2 학술 텍스트				
세부 평가요소	6.2.2 학술 텍스트 추론하기				

보자마자 딱! 풀리는 | 유형 딱풀 전략

1. 선지를 확인하고 '소비'의 어떠한 요소에 초점을 맞추어 이해해야 할지 파악
   - 예) 선지에서 어떠한 대상과의 비교, 대조한 내용을 다루고 있으므로 차이점에 초점을 맞추어 지문 읽기
2. 선지에서 언급된 키워드들을 지문에서 확인하여 소거하는 방식으로 접근

정답 해설
③ 5문단에서 "윤리적 소비는 생산자와 노동자, 노동자와 기업, 지구와 인류의 공생을 위한 첫걸음이다."라고 하였으므로 대립적 관계라는 말은 적절하지 않다.

오답 해설
① 2문단에서는 소비를 '시장 경제 시대의 투표'라고 비유하며, 소비자의 선택이 시장과 세상에 변화를 가져온다고 설명한다. 또한 3문단에서는 윤리적 소비를 통해 세계의 빈곤 문제 해결에 기여한다고 하였다. 따라서 개인의 소비 활동이 세상 변화를 이끌 수 있다는 것은 타당하다.
② 3문단에서 세계 인권 선언을 들어 노동자에게 공정한 대우가 필요함을 강조하고 있다.
④ 2문단에서 소비 행위가 사회와 경제에서 중요한 역할을 하며, 소비자의 선택이 생산과 시장에 영향을 미침을 강조한다.
⑤ 4문단에서 친환경 제품 소비와 불매 운동 등의 설명에서 현재 소비 행위가 지구 환경과 다음 세대에 영향을 미친다는 점이 나타난다.

081 정답 ①

반응률(%)	①	②	③	④	⑤
	94.09	1.71	1.79	1.34	0.75
평가요소	6.2 학술 텍스트				
세부 평가요소	6.2.2 학술 텍스트 추론하기				

보자마자 딱! 풀리는 | 유형 딱풀 전략

1. 〈보기〉를 읽고 ㉠, ㉡에 들어갈 내용의 방향성 파악
2. 선지를 우선 살펴 보고 선지만 보아도 내용과 일치하지 않는 부분이 있다면 먼저 소거한 후 제시문 키워드 확인

⚠ 주의) 사례 문항은 기준점을 먼저 잡는 것이 중요하다. ㉠, ㉡에 어떤 방향성의 단어가 들어가야 할지 생각하고 선지를 판단해야 한다.

> 정답 해설

① 제시문에서 다룬 윤리적 소비 등의 이야기를 고려한다면 동물 실험은 빈곤 해결과는 무관하다.

> 오답 해설

②, ③ 공정 무역 커피를 통해 세계 빈곤 문제 해결에 기여할 수 있고, 신발 기부를 활용한 착한 경영 또한 빈곤 해결에 도움을 줄 수 있다고 마지막 문단에 언급되어 있다.
④, ⑤ 유기농 식품 및 지역 농산물은 지구를 지키는 친환경 소비의 예시로 4문단에 언급되어 있다.

082   정답 ④

반응률(%)	①	②	③	④	⑤
	4.20	10.27	3.41	71.54	10.11

평가요소	6.2 학술 텍스트
세부 평가요소	6.2.3 학술 텍스트 비판하기

> 보자마자 딱! 풀리는 | 유형 딱풀 전략

1. 〈보기〉에서 제시한 키워드의 개념을 명확하게 파악
2. 선지를 확인하여 선지의 키워드가 등장하는 문단으로 이동하여 제시문에 대입해보며 접근

🔔 주의 〈보기〉에서 제시하는 개념을 기존에 알고 있던 개념이 아닌 〈보기〉의 내용 그대로 명확하게 파악하고 제시문에 반영하는 것이 중요하다.

> 정답 해설

④ 제시문은 지역 농산물이 친환경적이라고 주장하지만, 그 이유에 대한 구체적 설명이 없어 주장에 대한 논리적 근거가 부족하다. 따라서 타당성이 떨어진다는 비판이 적절하다.

> 오답 해설

① 필자의 관점과 태도를 비판하고자 하는 것은 공정성과 관련되어 있다.
② 주제의 통일성과 관련해 비판하고자 하는 것은 타당성과 관련되어 있다.
③ 글의 내용이나 자료가 믿을만한지를 비판하고자 하는 것은 신뢰성과 관련되어 있다.
⑤ 공정성을 판단하기 위해서는 관점과 태도가 객관적인지를 따져보아야 한다. 단순히 개념을 뒷받침한다고 객관적이라 보기는 어렵다.

083   정답 ③

반응률(%)	①	②	③	④	⑤
	0.79	1.81	90.95	3.06	2.98

평가요소	6.3 실용 텍스트
세부 평가요소	6.3.1 실용 텍스트 이해하기
출처	• "2025년 스포츠 강좌 이용권 추가 접수 안내", 강동구청 홈페이지 • "개인 이용권 신청", 스포츠 강좌 이용권 홈페이지 • "신청 안내", 스포츠 강좌 이용권 홈페이지

> 보자마자 딱! 풀리는 | 유형 딱풀 전략

선지를 먼저 확인하여 제시문에서 선지의 키워드를 찾아 소거하는 방식으로 접근

🔔 주의 실용 텍스트의 경우 대부분 단순히 내용 일치-불일치를 묻는 문항이므로 선지를 하나씩 차분히 비교하면서 푸는 연습이 필요하다.

> 정답 해설

③ '7. 카드 발급 방법 안내'에서 선정 결과 발표 후 7일 이내에 회원이 카드를 신청하지 않은 경우 유선 발급함을 알 수 있다. 따라서 '결과 발표 후에 온라인 발급과 유선 발급 중 하나를 선택하여 카드를 발급하면 되겠군'이라는 설명은 적절하지 않다.

> 오답 해설

① '5. 신청 시 유의사항'에서 '신청 대상 자녀가 2명 이상인 경우, 해당 자녀 모두를 개별적으로 신청'해야 함을 알 수 있다. 따라서 '신청 대상 자녀가 3명일 때 신청 횟수는 총 3회가 되어야겠군'이라는 설명은 적절하다.
② '5. 신청 시 유의사항'에서 해당 지원금은 「스포츠꿈나무 특기장려금」과 중복 지원이 불가능함을 설명하고 있다. 따라서 적절한 내용이다.
④ '1. 지원 내용'에서 스포츠 강좌 이용권은 1년 단위로 매년 새로 신청해야 함을 설명하고 있다. 따라서 작년에 스포츠 강좌 이용권을 지원받았던 사람이 올해도 신청할 수 있다는 설명은 적절하다.
⑤ '5. 신청 시 유의사항'에서 세대주가 외국인인 경우 홈페이지 신청이 불가하며, 시·군·구청에 방문하여 직접 신청할 수 있음을 설명하고 있다. 따라서 적절한 내용이다.

084 정답 ④

반응률(%)	①	②	③	④	⑤
	0.39	5.99	3.17	86.24	3.88

평가요소	6.3 실용 텍스트
세부 평가요소	6.3.2 실용 텍스트 추론하기

정답 해설

④ 신청 안내문에 지원자의 홈페이지 아이디를 요구하는 내용은 없다.

오답 해설

① '3. 신청 대상'에서 지원 연령이 만 5~18세에 해당해야 함을 명시하고 있으므로 '나이'는 필요한 정보이다.
② '6. 선정 결과 안내'에서 신청 시 작성한 휴대 전화 번호로 선정 결과를 개별 공지함을 제시하고 있다. 따라서 '휴대 전화 번호'는 필요한 정보이다.
③ '3. 신청 대상'에서 수급 자격을 명시하고 있으므로 '수급 자격 정보'는 필요한 정보이다.
⑤ '5. 신청 시 유의사항'에서 실제 주민등록상 거주지와 다른 지역의 이용권을 신청할 경우 신청 취소 처리됨을 제시하고 있다. 따라서 '이용권 신청 지역'은 필요한 정보이다.

085 정답 ③

반응률(%)	①	②	③	④	⑤
	1.40	1.60	91.66	3.57	1.40

평가요소	6.3 실용 텍스트
세부 평가요소	6.3.1 실용 텍스트 이해하기
출처	• 김애린, "사라지는 붕어빵 … '노점허가제 논의를'", KBS뉴스, 2024. 12. 20. (https://news.kbs.co.kr/news/pc/view/view.do?ncd=8135025) • 김애린, "겨울철 인기 간식 '붕어빵' … 밀려나는 이유는?", KBS뉴스, 2024. 12. 21. (https://news.kbs.co.kr/news/pc/view/view.do?ncd=8135380)

정답 해설

③ 장면 3에서 김 기자는 '붕세권'이라는 신조어와 붕어빵 지도 앱을 설명하고 있다. 그러나 신조어 붕세권의 뜻을 풀이하는 시각 자료를 보여 주고 있지는 않으며, 붕어빵 지도 앱의 실제 화면을 사진 자료로 제시하고 있다.

오답 해설

① 보도에서는 사라지는 붕어빵을 제재로 노점 허가제 논의에 대해 알리고 있다. 이에 장면 1에서 주요 제재인 '붕어빵'을 드러내기 위해 앵커 배경으로 붕어빵 사진을 제시하고 있다는 진술은 적절하다.
② 장면 2에서는 김 기자의 보도 이후 학생들 인터뷰가 이어지고 있다. 따라서 장면 2에서 붕어빵 노점을 이용하는 학생들의 모습을 보여 준다는 진술은 적절하다.
④ 장면 4에서는 붕어빵 장사가 대부분 불법 노점임을 말하며 적발되었을 때의 벌금과 철거되는 현실 등을 설명하고 있으며, 현행법 위반, 과태료 대상이라는 자막과 철거된 노점의 모습을 사진으로 보여 주고 있다. 이에 불법 노점의 현실을 자막과 사진을 통해 보여 준다는 진술은 적절하다.
⑤ 장면 5에서 김 기자는 노점 허가제라는 제도의 정의를 설명하고 있으며 보도에서 설명한 노점 허가제와 관련한 도로점용 허가증의 실제 사진을 보여 주고 있으므로 적절한 진술이다.

086 정답 ④

반응률(%)	①	②	③	④	⑤
	8.34	7.25	3.00	71.12	9.78

평가요소	6.3 실용 텍스트
세부 평가요소	6.3.3 실용 텍스트 비판하기

정답 해설

④ 뉴스 보도에서는 불법 노점에 대한 문제점을 구체적으로 언급하고 있지 않다. 따라서 구청 관계자의 반응에서 '보도에서 다룬 문제점을 요약'한다는 진술은 적절하지 않다. 또한 구청 관계자는 주변 민원으로 인해 단속에 나설 수밖에 없는 현실을 객관적으로 이야기하고 있는 것이지 단속이 필요함을 강조하고 있지는 않다.

오답 해설

① 보도에서 언급한 붕어빵 지도 앱을 보고 찾아가도 노점이 사라져 있던 자신의 경험을 '하늘의 별 따기'라는 속담에 빗대어 공감하고 있기에 적절한 진술이다.
② 보도의 마무리에 "단속과 규제만으로 해결되지 않는다면, 상생을 위한 현실적인 대안이 필요해 보입니다."라는 멘트처럼 노점상 역시 주변 상인과 충분히 상생할 수 있고 잠깐의 겨울 장사에 대한 이해가 필요함을 호소하고 있으므로 적절한 진술이다.
③ 인근 붕어빵 노점으로 인해 디저트 가게의 매출이 하락한다는 사실을 구체적인 수치(20~30%)를 근거로 들어 제시하고 있으므로 적절한 진술이다.

⑤ ○○시의원은 노점 허가제의 전국적인 확대 시행을 위해선 꼼꼼한 가이드라인이 필요함을 언급하고 있다. 따라서 보도에서 핵심으로 다루는 제도 시행의 구체적인 방안을 고민하고 있다는 진술은 적절하다.

087
정답 ②

반응률(%)	①	②	③	④	⑤
	1.12	86.89	3.65	5.56	2.19
평가요소	6.3 실용 텍스트				
세부 평가요소	6.3.2 실용 텍스트 추론하기				

정답 해설

찬성 측은 ㄱ, ㄹ이며, 반대 측은 ㄴ, ㄷ이다.
ㄱ. 노점상을 '노점 허가제'와 같은 제도로 합법화하여 양성화해야 한다는 주장이므로 찬성 측에 해당한다.
ㄴ. 노점 허가증 발급의 현실적인 어려움을 들며, 불법에 예외를 두면 안 된다는 입장이므로 반대 측에 해당한다.
ㄷ. 노점에 대한 허가는 가게의 합법적인 운영과 근본적으로 같아질 수 없고 오히려 역차별이 된다는 입장이므로 반대 측에 해당한다.
ㄹ. 관광 명소가 된 노점 운영의 사례를 들어 노점 허가제를 통해 합법적으로 관광 명소를 더 발전시켜야 한다는 입장이므로 찬성 측에 해당한다.

088
정답 ③

반응률(%)	①	②	③	④	⑤
	5.20	13.72	74.73	4.18	1.60
평가요소	6.3 실용 텍스트				
세부 평가요소	6.3.1 실용 텍스트 이해하기				
출처	"구직급여", 정부24 사이트 (https://www.gov.kr/portal/rcvfvrSvc/dtlEx/SD0000015536)				

정답 해설

③ 제시문에 따르면 구직급여의 지원 대상은 근로 의사와 능력이 있음에도 실업한 상태에서 적극적으로 재취업 활동을 하는 사람이다. 따라서 취업 의사와 무관하게 구직급여의 지원 대상이 된다는 것은 적절하지 않다.

오답 해설

① 구직급여는 비자발적 사유로 이직한 경우에 신청할 수 있다. 따라서 직무 스트레스로 인해 자발적으로 퇴사한 경우는 구직급여 대상에 해당되지 않는다.
② 이직일 이전 18개월간 피보험 단위기간 180일 이상 근무한 경우가 구직급여 요건에 해당하는데, 이 경우 200일 이상 근무하였으므로 구직급여 신청 요건에 해당된다.
④ 구직급여는 이직 후 지체 없이 신청할 것이 권장되는 한편 이직일 다음 날부터 받을 수 있다.
⑤ 특별 연장 급여는 대량 실업 사태 등 대통령령이 정한 사유가 발생할 경우 최대 60일까지 구직급여를 연장해서 지원한다.

089
정답 ⑤

반응률(%)	①	②	③	④	⑤
	1.46	16.79	15.57	4.49	61.03
평가요소	6.3 실용 텍스트				
세부 평가요소	6.3.3 실용 텍스트 비판하기				

보자마자 딱! 풀리는 | 유형 딱풀 전략

1. 〈보기〉의 사례의 키워드 파악
2. 선지와 〈보기〉의 내용 일치-불일치 먼저 확인한 후, 세부 키워드에 대한 내용을 제시문과 함께 확인

주의 실용 텍스트와 같이 내용 일치가 중심이 되는 파트는 선지 하나하나에 차분하게 제시문과 〈보기〉의 내용을 대입해서 푸는 과정에서, 명확하게 틀렸다고 생각하는 선지를 한 번 더 따져보고 확실히 틀렸다면 답을 택하고 나머지 선지를 버리고 넘어가는 것도 시간 단축을 하는 요령이 될 수 있다.

정답 해설

⑤ 구직급여 연장 요건을 보면 자영업자, 예술인, 노무 제공자는 연장 급여가 지원되지 않는다. 따라서 A는 생활고와 무관하게 구직급여를 받더라도 구직급여를 연장할 수 없다.

오답 해설

① 구직급여의 지원 대상자는 비자발적으로 이직한 경우이며, 정리 해고는 이에 해당한다.
② 구직급여는 업종과 무관하게 적극적으로 재취업 활동을 하는 사람에게 지원된다.

③ 구직급여는 이직 후 지체 없이 신청하도록 권장되므로 실업 상태가 된 날부터 신청할 수 있다.
④ 구직급여는 현금으로 지급된다.

090

정답 ①

반응률(%)	①	②	③	④	⑤
	63.81	8.85	16.72	4.67	5.16
평가요소	6.3 실용 텍스트				
세부 평가요소	6.3.2 실용 텍스트 추론하기				

정답 해설

① 구직급여의 지원 대상 요건을 충족하는 피보험 단위 기간 근무 일수는 제시문에 나와 있는 내용이다. 따라서 ①은 추가로 제시되어야 할 정보로 적절하지 않다.

오답 해설

② 예술인의 경우 이직일 이전 24개월간 피보험 단위 기간 9개월 이상이면서 동시에 예술인으로서 3개월 이상이어야 한다. 따라서 예술 활동 증빙에 대한 정보가 필요하다.
③ 구직급여는 현금으로 지급된다. 따라서 은행을 통한 계좌 이체 등 해당 현금의 지급 방법에 대한 구체적인 정보가 필요하다.
④ 제시문에서는 재취업 활동을 하는 사람을 구직급여의 대상자로 규정하고 있다. 따라서 재취업 활동을 증명할 방법에 대한 정보가 필요하다.
⑤ 제시문에서는 구직급여의 지원금 액수에 대한 구체적인 정보가 누락되어 있다.

영역별 접근 전략

국어 문화 091~100번

국어 문화 영역은 배경 지식이 필요한 91~93번을 제외한다면 유추하여 풀 수 있는 문항들이 많습니다. 읽기만 한다면 풀 수 있는 문항들이 있음에도 구성상 마지막에 배치되어 있어 항상 정답률이 높지 않은 영역인데, 매회 출제되는 『훈민정음(해례본)』, 북한어, 수어, 점자 등은 미리 학습하여 듣기·말하기 영역 풀이 종료 후 바로 넘어와 짧은 시간 안에 먼저 해결하고 다른 영역들에 접근하는 등 영역별로 자신의 강점과 약점을 파악하고 풀이 순서를 구성하는 전략이 필요합니다.

091

정답 ⑤

반응률(%)	①	②	③	④	⑤
	5.34	5.16	63.39	6.58	18.86
평가요소	7.2 국문학				
세부 평가요소	7.2.2 한국 고전문학				

보자마자 딱! 풀리는 | 유형 딱풀 전략

91~93번 문항은 보통 문학 작품과 작가를 묻는 문항으로 고난도 문항으로 고정

주의 평소에 문학 작품 – 작가 – 간단한 줄거리의 세 개의 축으로 학습하고, 작가의 주요 작품들을 같이 학습하면 좋다. 또한 빈출 작가들, 작품들이 반복해서 출제되니 빈출 작가, 작품은 반드시 학습하여야 한다.

정답 해설

⑤ 〈한거십팔곡〉은 조선 선조 때, 권호문이 지은 연시조이며, 벼슬길과 은거 생활의 갈등에서부터, 속세에 미련을 갖지 않고 강호의 풍류를 즐기며 살아가는 담담한 심회를 적어 내려간 작품이다.

오답 해설

① 〈어부가〉는 고려 시대의 속요로, 어부의 생활을 노래한 작품이다.
② 〈장진주사〉는 조선 중기 때 정철이 지은 사설시조이며, 술로 인생의 무상함을 해소하는 내용을 담은 작품이다.
③ 〈강호사시가〉는 조선 세종 때 맹사성이 지은 연시조이며, 강호에서 자연을 즐기며 한가롭게 지내는 삶을 노래한 작품이다.
④ 〈도산십이곡〉은 조선 명종 때 이황이 지은 연시조이며, 안동에 도산 서원을 세우고 학문에 열중하면서 사물을 대할 때 일어나는 감흥과 수양의 경지를 읊은 작품이다.

092

정답 ②

반응률(%)	①	②	③	④	⑤
	25.55	11.93	13.94	25.39	22.61
평가요소	7.2 국문학				
세부 평가요소	7.2.3 한국 현대문학				

정답 해설

② 「동행」은 전상국의 단편 소설로, 전쟁이 남긴 상처와 그에 대한 인간적인 연민을 담고 있는 작품이다.

오답 해설

① 「유예」는 오상원의 단편 소설로, 주인공이 포로가 되어 처형되기 직전의 한 시간 동안 일어나는 의식의 흐름을 다룬 작품이다.
③ 「아베의 가족」은 전상국의 중편 소설로, '아베'라는 인물을 통해 전쟁의 상흔이 얼마나 깊고 끔찍한지를 보여 주며, 전쟁과 관련된 죄의식과 갈등을 중심으로 전개되는 작품이다.
④ 「우상의 눈물」은 전상국의 단편 소설로, '물리적이고 표면적이며 불법적인 폭력'과 '치밀하고 합법적인 폭력'과의 대립을 다룬 작품이다.
⑤ 「우리들의 날개」는 전상국의 단편 소설로, 무속 신앙을 따르는 한 가정에서, 액운의 원인으로 지목된 어린 아이가 겪는 고통을 그린 샤머니즘적 성격의 작품이다.

093   정답 ③

반응률(%)	①	②	③	④	⑤
	11.89	12.40	41.69	21.33	11.99

평가요소	7.2 국문학
세부 평가요소	7.2.3 한국 현대문학

정답 해설

③ 나도향의 소설은 내면을 중요시하는 낭만주의적인 욕망과 그런 욕망이 사회 속에서 드러내는 행태에 대한 객관적 묘사와 관찰을 동시에 보여 주었다.

오답 해설

① 김성한은 전후 세대 작가군의 한 사람으로서 전쟁에 의해 외면적으로 드러난 가치의 문제에 몰두한 작품을 썼으며 주요 작품으로는 「바비도」, 「오분간」 등이 있다.
② 김소진은 사회 변화의 소용돌이에 떠밀려 사회 주변부에 자리 잡은 사람들의 일상을 담담한 어조로 형상화한 작품들을 남겼으며, 주요 작품으로는 「쥐잡기」, 「자전거 도둑」 등이 있다.
④ 손창섭은 비정상적인 인물들의 비정상적인 삶을 통해 인간성이 말살된 사회에 대한 조롱과 정상적인 삶에 대한 희구를 사실적 필치로 그려 냈으며 주요 작품으로는 「인간 동물원」, 「잉여 인간」 등이 있다.
⑤ 윤흥길은 독특한 리얼리즘 기법으로 시대의 모순을 드러내고, 산업화와 소외의 문제에 대한 비판적인 인식을 표현한 작가이며 주요 작품으로는 「장마」, 「아홉 켤레의 구두로 남은 사내」 등이 있다.

094   정답 ④

반응률(%)	①	②	③	④	⑤
	3.51	5.56	4.20	84.82	1.36

평가요소	7.3 매체와 국어 생활
세부 평가요소	7.3.1 국어 생활
출처	네이버 뉴스 라이브러리 (https://newslibrary.naver.com/)

보자마자 딱! 풀리는 | 유형 딱풀 전략

선지를 먼저 확인하여 제시문에서 선지의 키워드를 찾아 소거하는 방식으로 접근

⚠ 주의 표현이 다소 어색하게 느껴질 수 있지만, 쓰여져 있는대로 발음을 해보면 어떠한 의미인지 어느 정도 유추가 된다. 선지에서 묻는 것은 내용 일치-불일치 수준의 내용들이기 때문에 차분히 푼다면 어렵지 않다.

정답 해설

④ "될 수 잇는 데까지 소리를 만히 넛는 동시 소리 업는 장면을 전연 업새여 가극의 기술로서도 적지 안흔 향상을 보이어 잇는 터라"에서, 이번 공연에서는 소리 없는 장면을 줄인다는 점을 알 수 있다.

오답 해설

① "오는 륙일부터 닷새 동안 시내 동양극장에서 공연키로 되엿다"에서 조선성악연구회의 새 창극이 6일부터 공연된다는 점을 알 수 있다.
② "천번과 가티 본사(本社) 학예부의 후원을 벌어서"에서 조선성악연구회가 『조선일보』 학예부의 후원을 받고 있음을 알 수 있다.
③ "전 회원 총동원 아래 맹렬한 련습을 계속하야 가는 터로"에서 조선성악연구회의 전 회원이 공연 연습에 매진하고 있음을 알 수 있다.
⑤ "동회에서는 본보 독자를 우대하지 안 하서는 안되겟다고 생각하고 게상 게하를 통하야 각 이십 전씩을 할인키로 되얏다"에서 『조선일보』 독자들에게 표값이 각 20전씩 할인된다는 점을 알 수 있다.

095 정답 ④

반응률(%)	①	②	③	④	⑤
	46.48	10.03	13.03	22.29	7.47

평가요소	7.3 매체와 국어 생활
세부 평가요소	7.3.1 국어 생활
출처	「유충렬전」

정답 해설

④ ㉣의 '저어하건대'는 '염려하거나 두려워하건대'의 뜻이다.

오답 해설

① ㉠의 '적악'은 '남에게 악한 짓을 많이 함.'의 뜻이다.
② ㉡의 '합주하되'는 '한꺼번에 아뢰기를.'의 뜻이다.
③ ㉢의 '비하니'는 '비유하니.'의 뜻이다.
⑤ ㉤의 '내응'은 '내부에서 몰래 적과 통함.'의 뜻이다.

096 정답 ④

반응률(%)	①	②	③	④	⑤
	36.01	11.08	11.02	37.35	4.04

평가요소	7.1 국어학
세부 평가요소	7.1.4 국어사
출처	이승희·이병기·이지영(2017), 『국어사 자료 강독』, 사회평론아카데미

보자마자 딱! 풀리는 | 유형 딱풀 전략

선지에서 ㉠~㉤의 의미로 제시된 내용을 〈보기〉에 대입해 보는 방식으로 접근

!주의 『훈민정음』 서문인 해례본은 자주 출제되는만큼 한 번만 완벽하게 공부해두면 쉽게 맞출 수 있다. 3줄 가량밖에 되지 않기 때문에 완벽하게 공부해 두는 것이 좋다.

정답 해설

④ '날로'는 '날마다'의 의미이다.

오답 해설

① '말ᄊᆞ미'는 체언 '말ᄊᆞᆷ'에 주격 조사 '이'가 결합한 말로, 체언 '말ᄊᆞᆷ'이 현대국어의 '말씀'으로 변화했다.
② '니르고져'는 용언 어간 '니르-'에 연결 어미 '-고져'가 결합한 말로, 용언 '니르다'가 현대국어의 '이르다'로 변화했다.
③ 'ᄠᅳ들'은 체언 'ᄠᅳᆮ'에 목적격 조사 '을'이 결합한 말로, 체언 'ᄠᅳᆮ'이 현대국어의 '뜻'으로 변화했다.
⑤ 'ᄡᅮ메'는 용언 어간 'ᄡᅳ-'에 명사형 어미 '-움'과 부사격 조사 '에'가 차례대로 결합한 말로, 용언 'ᄡᅳ다'가 현대국어의 '쓰다'로 변화했다.

097 정답 ④

반응률(%)	①	②	③	④	⑤
	5.64	4.06	7.08	40.31	42.18

평가요소	7.1 국어학
세부 평가요소	7.1.4 국어사
출처	• 문화체육관광부 고시 제2017-12호, 한글 맞춤법, 국립국어원 • 국어사정위원회(2010), 『조선말규범집』, 사회과학원 출판사

보자마자 딱! 풀리는 | 유형 딱풀 전략

〈보기〉에 제시된 내용을 선지에 적용하는 방식으로 접근

!주의 〈보기〉에 제시된 내용만으로도 충분히 풀 수 있는 문항이니 겁먹지 말고 차근차근 접근해 보면 된다.

정답 해설

④ (북)의 경우 말줄기의 모음이 'ㅟ'인 경우 '여, 였'으로 적는다고 했으므로 '쥐였다'가 옳은 표기이다.

오답 해설

① (남)은 '잡았다'가 옳은 표기이다.
② (남)은 '얇았다'가 옳은 표기이다.
③ (북)의 경우 말줄기의 모음이 'ㅣ'인 경우 '여, 였'으로 적는다고 했으므로 '시였다'가 옳은 표기이다.
⑤ (남)은 '띄었다'가 옳은 표기이다.

098 정답 ③

반응률(%)	①	②	③	④	⑤
	2.33	5.93	73.98	8.24	8.71

평가요소	7.3 매체와 국어 생활
세부 평가요소	7.3.1 국어 생활
출처	문화체육관광부(2004), 『[개정] 한국 점자 규정』

정답 해설

③ '파도'는 '파', 'ㄷ', 'ㅗ'로 표기되어야 한다. 그러나 선지에서는 'ㅍ', 'ㅏ', 'ㄷ', 'ㅗ'로 표기하고 있으므로 틀린 표기이다.

오답 해설

① '고가'는 'ㄱ', 'ㅗ', '가'로 표기되어야 한다.
② '오기'는 'ㅗ', 'ㄱ', 'ㅣ'로 표기되어야 하며, 'ㅇ'은 첫소리이므로 생략해야 한다.
④ '도자기'는 'ㄷ', 'ㅗ', '자', 'ㄱ', 'ㅣ'로 표기되어야 한다.
⑤ '자포자기'는 '자', 'ㅍ', 'ㅗ', '자', 'ㄱ', 'ㅣ'로 표기되어야 한다.

099 정답 ⑤

반응률(%)	①	②	③	④	⑤
	1.58	37.81	4.53	1.66	53.66

평가요소	7.3 매체와 국어 생활
세부 평가요소	7.3.1 국어 생활

보자마자 딱! 풀리는 | 유형 딱풀 전략

〈보기〉를 살펴보면 어휘의 뜻을 모르더라도 선지의 내용을 유추할 수 있기 때문에 〈보기〉의 내용과 선지를 비교해가며 접근

정답 해설

⑤ '해태'의 뜻은 '어떤 법률 행위를 할 기일을 이유 없이 넘겨 책임을 다하지 아니하는 일'이다.

100 정답 ⑤

반응률(%)	①	②	③	④	⑤
	1.01	1.30	1.81	3.82	91.17

평가요소	7.3 매체와 국어 생활
세부 평가요소	7.3.2 매체 언어의 탐구

보자마자 딱! 풀리는 | 유형 딱풀 전략

1 선지의 키워드 먼저 확인
2 선지에서 언급한 〈보기〉의 내용 및 표현 방식 등을 선지와 함께 확인하며 소거하는 방식으로 접근

주의 선지에서 〈보기〉의 '내용'과 관련한 부분도 묻고 더불어 내용을 전달하는 '방식'도 물어보기 때문에 선지를 고를 때 꼼꼼하게 판단하는 것이 중요하다.

정답 해설

⑤ 전체적으로 홑문장보다는 겹문장이 사용되고 있고, 이어진 문장의 긴 호흡의 문장 구조가 반복되고 있다. 이는 많은 교통 정보를 짧은 시간 내에 전달하기 위한 교통 라디오의 특징이라고 할 수 있다. 〈보기〉는 이를 위해 문장을 명사형으로 종결하고 있지는 않다.

오답 해설

① 교통 정보 이외에 '미세먼지, 호흡기 건강 관리'와 같은 건강 정보와, '좌석 안전띠, 졸음 운전 주의'와 같은 안전 등의 정보를 포함하여 전달하고 있기에 적절하다.
② '막히다'라는 표현을 반복하여 쓰기보다는, '어려워지고 있다', '가다 서다를 반복하다', '정체가 늘었다' 등으로 대치하여 다양하게 표현하고 있기에 적절하다.
③ '서해안선', '수도권 제1순환선', '중부선' 등의 구체적인 도로명과 '구리 방향', '하남 방향'과 같은 방향을 언급하며 실시간 도로 상황을 알리고 있기에 적절하다.
④ 미세먼지로 오염된 바깥 공기가 차 안으로 유입되지 않도록 하는 '내기 순환 모드'와 같은 자동차와 관련된 전문 용어를 사용하고 있기에 적절하다.

기출변형 모의고사 | 정답과 해설

빠른 정답 확인표

001	002	003	004	005	006	007	008	009	010
④	⑤	③	⑤	④	①	①	⑤	②	①
011	012	013	014	015	016	017	018	019	020
⑤	④	④	②	⑤	③	⑤	④	③	⑤
021	022	023	024	025	026	027	028	029	030
②	⑤	②	②	④	②	⑤	②	②	⑤
031	032	033	034	035	036	037	038	039	040
①	②	②	④	⑤	④	①	④	①	②
041	042	043	044	045	046	047	048	049	050
②	⑤	②	④	⑤	③	③	①	②	⑤
051	052	053	054	055	056	057	058	059	060
①	⑤	④	⑤	④	⑤	②	⑤	③	④
061	062	063	064	065	066	067	068	069	070
⑤	③	⑤	③	⑤	⑤	⑤	③	④	②
071	072	073	074	075	076	077	078	079	080
⑤	①	⑤	②	②	③	①	②	④	⑤
081	082	083	084	085	086	087	088	089	090
③	④	③	②	①	⑤	③	⑤	⑤	③
091	092	093	094	095	096	097	098	099	100
①	③	①	②	④	③	③	②	②	②

듣기·말하기   001~015번

001   정답 ④

평가요소	1.1 담화의 유형별 화법 전략
세부 평가요소	1.1.1 설명
출처	이러 지음/홍은경 옮김(2006), 『세계 명화 100선이 담긴 그림 박물관』, credu, 325~327쪽

듣기 대본

1번. 먼저 그림에 대한 설명을 들려 드립니다.

화가 폴 고갱은 파리에서 전시회를 열었을 때 냉담한 사람들의 반응을 보았습니다. 게다가 얼마 후에는 자식들이 죽었다는 소식까지 들려왔습니다. 결국 그는 독약을 가지고 깊은 산으로 들어갔습니다. 그러나 다시 눈을 떴을 때, 그는 놀랍게도 자신이 아직 살아있음을 발견했습니다. 이 경험이 다시 고갱의 창작욕에 불을 지폈습니다. 그는 밤낮을 가리지 않고 작품에 몰두하여 이 작품 〈우리는 어디에서 왔고, 어디에 있고, 어디로 가는가?〉를 완성했습니다.

전체 화면은 긴 두루마리 같은 인생의 각 단계를 펼쳐놓고 있습니다. 오른쪽 땅에는 태어난 지 얼마 안 되는 영아가 누워 있고, 중간에는 손을 뻗어 사과를 따는 젊은이가 있고, 왼쪽에는 죽음을 앞둔 백발의 노인이 있습니다. 그들은 출생부터 사망까지를 상징합니다.

그림 중간에 삽입된 다른 형태들도 심층적인 은유가 깔려 있습니다. 예를 들면 가장 오른쪽의 강아지는 고갱 자신을 상징하고, 가장 왼쪽의 흰 거위는 사후의 영혼을 상징합니다. 가운데의 우상은 신인을 상징합니다. 배경 중에는 타히티의 산, 정글, 바다도 있습니다. 그것들은 상고로부터 이어져 오며 역사의 긴 강을 관통합니다.

각 부분의 함의를 분명히 드러내기 위해 고갱은 형태를 간소화하고 화려한 색채를 칠해 신비한 장면을 연출했습니다. 작가는 작품이 완성되기 전까지 작품의 제목을 고민하지 않았다고 합니다. 단지 마지막 순간에 제목을 결정하고 그것을 그림의 왼쪽 상단에 적었습니다.

정답 해설

④ 〈우리는 어디에서 왔고, 어디에 있고, 어디로 가는가?〉의 전체 화면은 긴 두루마리 같은 인생의 각 단계를 펼쳐놓고 있다고 하였다. 두루마리 형태로 그린 작품은 아니다.

오답 해설

① "작가는 작품이 완성되기 전까지 작품의 제목을 고민하지 않았다고 합니다. 단지 마지막 순간에 제목을 결정하고 그것을 그림의 왼쪽 상단에 적었습니다."라고 하였으므로 적절한 내용이다.
② "각 부분의 함의를 분명히 드러내기 위해 고갱은 형태를 간소화하고 화려한 색채를 칠해 신비한 장면을 연출했습니다."라고 하였으므로 적절한 내용이다.
③ "그림 중간에 삽입된 다른 형태들도 심층적인 은유가 깔려 있습니다.", "오른쪽 땅에는 태어난 지 얼마 안 되는 영아가 누워 있고, 중간에는 손을 뻗어 사과를 따는 젊은이가 있고, 왼쪽에는 죽음을 앞둔 백발의 노인이 있습니다. 그들은 출생부터 사망까지를 상징합니다."라고 하였으므로 적절한 내용이다.
⑤ "오른쪽 땅에는 태어난 지 얼마 안 되는 영아가 누워 있고, 중간에는 손을 뻗어 사과를 따는 젊은이가 있고, 왼쪽에는 죽음을 앞둔 백발의 노인이 있습니다. 그들은 출생부터 사망까지를 상징합니다."라고 하였으므로 적절한 내용이다.

002   정답 ⑤

평가요소	1.2 공감적 소통
세부 평가요소	1.2.1 스토리텔링
출처	루리 글/그림(2021), 『긴긴밤』, 문학동네

듣기 대본

2번. 이번에는 이야기를 들려 드립니다.

노든이 떠올릴 수 있는 가장 오래된 기억은 코끼리 코였다. 노든은 그저 자신이 어리기 때문에 코와 귀가 덜 자란 줄로만 알았다. 코끼리들이 늘 그렇게 얘기했기 때문이다. 하지만 시간이 지나도 노든의 코와 귀는 자라지 않았다. 대신 뿔이 있을 뿐이었다. 노든은 어렴풋이 자신이 코끼리가 아니라는 것을 알게 되었다. 하지만 코끼리들은 노든의 코나 귀에 크게 신경 쓰지 않았다. 무리가 따르던 할머니 코끼리는 이렇게 말했다.

"눈이 멀어 이곳에 오는 애도 있고, 절뚝거리며 이곳에 오는 애도 있고, 귀 한쪽이 잘린 채 이곳으로 오는 애도 있어. 눈이 보이지 않으면 눈이 보이는 코끼리와 살을 맞대고 걸으면 되고, 다리가 불편하면 다리가 튼튼한 코끼리에게 기대서 걸으면 돼. 같이 있으면 그런 건 큰 문제가 아니야. 코가 자라지 않은 것도 별 문제는 아니지. 코가 긴 코끼리는 많으니까. 우리 옆에 있으면 돼. 그게 순리야."

정답 해설

⑤ 코끼리 무리에서 자신이 코뿔소라는 것을 깨달은 '노든'에게 할머니 코끼리는 "같이 있으면 그런 건 큰 문제가 아니야. 코가 자라지 않은 것도 별 문제는 아니지. 코가 긴 코끼리는 많으니까. 우리 옆에 있으면 돼."라고 하며 코가 긴 코끼리에게 도움을 받으면 되니 코가 자라지 않았다는 것은 별 문제가 아니라고 말해 준다. 이를 통해 서로의 다름을 인정하고 존중하는 공동체적 삶을 지향해야 한다는 교훈을 얻을 수 있다.

오답 해설

①, ②, ④ 이야기의 내용과 관련이 없다.
③ 할머니 코끼리가 노든에게 말을 하고 있기는 하지만, 이를 통해 웃어른의 말씀을 경청하고 공경하는 태도를 갖추어야 한다는 교훈을 도출할 수는 없다.

003 정답 ③

평가요소	1.1 담화의 유형별 화법 전략
세부 평가요소	1.1.1 설명
출처	강양구(2025), "어쩌다 미국은 최악의 마약 중독 국가가 되었나?", 『고교 독서평설 2025년 2월호』, 지학사

듣기 대본

3번. 이번에는 강연을 들려 드립니다.

어쩌다 미국은 최악의 마약 중독 국가가 되었을까요? 모든 재앙의 시작은 1995년 12월 12일로 거슬러 올라갑니다. 그날 미국 식품의약국(FDA)은 새로운 진통제 '옥시콘틴'(Oxycontin)의 의료 목적 사용을 허가했습니다. 이 '진통제'가 무려 30년간 미국 사회를 뒤흔들 마약 중독 사태의 기원이 되리라는 걸 그때는 아무도 생각하지 못했습니다.

옥시콘틴의 주요 성분은 옥시코돈(Oxycodone)입니다. 옥시코돈의 정체를 파악하려면 양귀비부터 살펴야 합니다. 지중해 근처에서 유래해 아시아와 유럽 전역에 퍼진 것으로 파악되는 양귀비는 빨강, 하양 등 다양한 색깔의 꽃이 화사하게 피는 식물입니다. 햇빛이 잘 드는 곳이면 특별히 신경 써 주지 않아도 어디서든 잘 자라지요. 이렇게 흔하디 흔한 양귀비를 재배하는 일이 한국에서는 불법입니다. 왜일까요?

양귀비꽃이 지고 난 뒤 자라나는 동그란 씨방의 겉을 칼로 그으면 우유처럼 하얀 액체가 나옵니다. 여기에는 화학 물질 알칼로이드(alkaloid)가 들어 있는데요. 바로 이 알칼로이드가 양귀비 재배를 불법으로 만드는 요인입니다. 좀 더 자세히 이야기해 볼까요? 알칼로이드 성분의 흰 액체는 굳으면 흑갈색의 고무처럼 변하고, 이를 말린 것을 '아편'이라고 부릅니다. 동아시아사 수업 시간에 배운 영국과 중국(청나라) 사이 아편전쟁의 원인인 그 마약 말입니다.

19세기 들어 화학의 시대가 시작되면서 다수의 과학자는 양귀비가 지닌 알칼로이드 성분의 효능에 관심을 쏟았습니다. 세계 곳곳에서 양귀비 진액과 아편을 오랫동안 진통제로 써 왔기 때문입니다. 그리고 마침내 1805년에 독일의 약사 프리드리히 제르튀르너(Friedrich W. A. Serturner)가 아편으로부터 진통제 '모르핀'(morphine)을 만들어 내기도 했습니다. 이처럼 아편은 누군가를 중독시키는 마약으로도, 누군가를 치료하는 약물로도 가공할 수 있는 것입니다.

정답 해설

③ 양귀비가 지중해 근처에서 유래해 아시아와 유럽 전역에 퍼졌다고는 했으나, 이들 지역에서 양귀비를 재배해 흔히 볼 수 있다는 내용은 언급되지 않았다.

오답 해설

① "19세기 들어 화학의 시대가 시작되면서 다수의 과학자는 양귀비가 지닌 알칼로이드 성분의 효능에 관심을 쏟았습니다."에서 확인할 수 있다.
② "바로 이 알칼로이드가 양귀비 재배를 불법으로 만드는 요인입니다. ~ 알칼로이드 성분의 흰 액체는 굳으면 흑갈색의 고무처럼 변하고, 이를 말린 것을 '아편'이라고 부릅니다."에서 확인할 수 있다.
④ "세계 곳곳에서 양귀비 진액과 아편을 오랫동안 진통제로 써 왔기 때문입니다. 그리고 마침내 1805년에 독일의 약사 프리드리히 제르튀르너(Friedrich W. A. Serturner)가 아편으로부터 진통제 '모르핀'(morphine)을 만들어 내기도 했습니다."에서 확인할 수 있다.
⑤ "미국 식품의약국(FDA)은 새로운 진통제 '옥시콘틴'(Oxycontin)의 의료 목적 사용을 허가했습니다. 이 '진통제'가 무려 30년간 미국 사회를 뒤흔들 마약 중독 사태의 기원이 되리라는 걸 그때는 아무도 생각하지 못했습니다."에서 확인할 수 있다.

004 정답 ⑤

평가요소	1.1 담화의 유형별 화법 전략
세부 평가요소	1.1.1 설명
출처	김현우, "뮤지컬 '매디슨 카운티의 다리'", CEONEWS, 2018. 6. 29. (https://www.ceomagazine.co.kr/news/articleView.html?idxno=2102)

듣기 대본

4번. 이번에는 라디오 방송의 일부를 들려드립니다.

오늘은 가슴을 울리는 멜로와 감미로운 음악으로 많은 이들의 사랑을 받았던 뮤지컬 '매디슨 카운티의 다리'에 대해 소개하려고 합니다. 뮤지컬 '매디슨 카운티의 다리'는 미국 아이오와주의 한 시골 마을에서 평범한 삶을 살고 있던 이탈리아 출신 이민자 프란체스카와 사진 촬영을 위해 이 시골 마을에 온 내셔널 지오그래픽 사진 작가 로버트 킨케이드의 이룰 수 없는 가슴 시린 사랑을 그린 작품입니다. 토니상, 드라마데스크상, 외부 비평가상 등 세계 최정상 뮤지컬 시상식의 음악상을 석권한 감미롭고 수준 높은 넘버는 물론 감성적인 연출, 아름다운 무대 미학이 어우러져 2017년 한국 초연 당시 "묵직한 여운을 남기는 정통 로맨스 웰메이드 뮤지컬"이라는 평가를 받았습니다. 그 결과 30~50대 여성의 전폭적인 지지는 물론 중년 남성들의 공감을 받으며 티켓 예매 1위에 랭크되는 등 작품성과 흥행성을 모두 인정받았습니다.

동일한 원작 소설을 바탕으로 먼저 제작된 영화와는 달리, 뮤지컬에서는 특히 원작에 보다 더 충실하게 작중 인물이 원작의 주인공들처럼 연령이나 정서적인 면에서 더 젊어졌습니다. 브로드웨이와 마찬가지로 한국에서도 이에 따라 소설의 주인공과 실제 비슷한 연령의 배우를 캐스팅하는 신중함을 보이기도 했습니다. 제작사는 "뮤지컬 '매디슨 카운티의 다리'는 감정선이 중요한 드라마를 기반으로 한 작품이기 때문에 캐스팅에 있어 매우 고심했다."고 하여, 관객들이 뮤지컬에 더욱 몰입할 수 있을 것으로 보입니다.

정답 해설

⑤ "미국 아이오와주의 한 시골 마을에서 평범한 삶을 살고 있던 ~ 이룰 수 없는 가슴 시린 사랑을 그린 작품입니다."를 통해 뮤지컬 〈매디슨 카운티의 다리〉는 이룰 수 없는 남녀의 사랑을 다루고 있는 작품임을 알 수 있다.

오답 해설

① "동일한 원작 소설을 바탕으로 먼저 제작된 영화와 달리"를 통해 원작 소설이 있음을 알 수 있다.
② "토니상, 드라마데스크상, 외부 비평가상 등 세계 최정상 뮤지컬 시상식의 음악상을 석권한 감미롭고 수준 높은 넘버는 물론"을 통해 알 수 있는 내용이다.
③ 제작사가 "뮤지컬 '매디슨 카운티의 다리'는 감정선이 중요한 드라마를 기반으로 한 작품이기 때문에"라고 말한 부분을 통해 알 수 있는 내용이다.
④ "미국 아이오와주의 한 시골 마을에서 평범한 삶을 살고 있던 ~ 이룰 수 없는 가슴 시린 사랑을 그린 작품입니다."를 통해 알 수 있는 내용이다.

005 정답 ④

평가요소	1.2 공감적 소통
세부 평가요소	1.2.2 낭독
출처	최두석, 「사람들 사이에 꽃이 필 때」

듣기 대본

5번. 이번에는 시 한 편을 들려 드립니다.

사람들 사이에 꽃이 필 때
무슨 꽃인들 어떠리
그 꽃이 뿜어내는 빛깔과 향내에 취해
절로 웃음 짓거나
저절로 노래하게 된다면

사람들 사이에 나비가 날 때
무슨 나비인들 어떠리
그 나비 춤추며 넘놀며 꿀을 빨 때
가슴에 맺힌 응어리
저절로 풀리게 된다면

정답 해설

④ 시인은 '사람들 사이에 꽃이 필 때 / 무슨 꽃인들 어떠리', '사람들 사이에 나비가 날 때 / 무슨 나비인들 어떠리'를 통해 각자의 개성을 존중하고, '그 꽃이 뿜어내는 빛깔과 향내에 취해 / 절로 웃음 짓거나 / 저절로 노래하게' 되는, '그 나비 춤추며 넘놀며 꿀을 빨 때 / 가슴에 맺힌 응어리 저절로 풀리게' 되는 세상을 꿈꾼다. 이를 통해 다양성을 존중하는 세상을 추구함을 알 수 있다.

오답 해설

①, ②, ③ 시의 내용과 관련이 없다.
⑤ 시의 '사람들 사이에 꽃이 필 때 / 무슨 꽃인들 어떠리', '사람들 사이에 나비가 날 때 / 무슨 나비인들 어떠리'를 통해 획일화보다 다양성을 추구한다는 것을 알 수는 있지만, 현대 사회에 대한 비판적 의식은 드러나지 않는다.

006 정답 ①

평가요소	1.1 담화의 유형별 화법 전략
세부 평가요소	1.1.3 공적 대화
출처	"YTN 뉴스FM 슬기로운 라디오생활", YTN 라디오, 2023. 7. 28. (https://radio.ytn.co.kr/program/index.php?f=2&id=90713&page=1&s_mcd=0433&s_hcd=01)

듣기 대본

이번에는 진행자와 전문가의 대담을 들려 드립니다. 6번은 듣기 문항, 7번은 말하기 문항입니다.

진행자: 최근 급등세를 이어오던 이차전지 관련 주식들이 가파르게 하락하고 있습니다. 이차전지가 무엇인지 전문가와 이야기해 보겠습니다. 이차전지가 대체 뭡니까?

전문가: 우리가 한 번 쓰고 버리는 일회용 전지는 일차전지라고 하고 재충전을 통해서 쓸 수 있는 전지를 이차전지라고 합니다.

진행자: 우리 왜 어렸을 때 뭐 미니카나 이런 거 가지고 놀 때 AA건전지 재충전해서 사용하곤 했는데 그러면 그것도 이차전지라고 부르는 겁니까?

전문가: 그렇죠. 어떻게 보면 이차전지가 얼마나 필요하고 중요한지를 어릴 때 장난감들을 쓰면서 알게 되죠.

진행자: 이차전지의 종류가 다양하다고 들었어요. 어떻게 다른 겁니까?

전문가: 자동차에 들어가는 연축전지도 일종의 이차전지고요. 그리고 현재 배터리 전기차라든지 모바일 IT 같은 데 들어가는 리튬이온 전지도 이차전지고요. 한참 핫하게 떠오르고 있는 전고체 전지도 이차전지일 때 의미가 있습니다.

진행자: 알겠습니다. 지금 이차전지가 이렇게 주가가 오르는 것은 어떻게 보면 미래에 대한 투자 아닙니까? 다시 말해서 앞으로 이차전지 산업이 더 클 것이다 커질 거라고 예상하고 투자를 하는 걸 텐데 이차전지에 대한 전망을 어떻게 보십니까?

전문가: 어떻게 보면 지금 주식시장에서도 이 난리가 나는 이유가 생각보다 이차전지 기술이라든지 산업 전망에 대해서 정확히 얘기해 주는 사람들이 없기 때문에 그런 거예요. 그리고 이차전지 산업이 얼마나 성장할 것인가에 대해서도 제대로 된 전망도 없고요. 너무 낙관적인 전망이 있는 경우도 있고 위기 요인에 대한 검토가 전혀 안 돼요.

진행자: 그러니까 정확히 아는 사람은 없고 어떻게 보면 여기저기서 들은 내용 가지고 이제 주식으로 접근을 하거나 이런 분들이 많다 보니까 좀 과열되는 양상들이 있다 이렇게 볼 수가 있는 거네요. 오늘 저는 낙관적으로 얘기가 나올 거라고 예상을 했는데 여러 가지 우리가 걱정할 부분들에 대해서도 짚어주셔서 아마 투자하시는 분들 뿐만 아니고 이 이차전지 산업을 바라보고 있는 분들께 좀 새로운 이야기가 됐을 것 같다는 생각이 듭니다.

정답 해설

① 전문가의 4번째 발화에서 "이차전지 산업이 얼마나 성장할 것인가에 대해서도 제대로 된 전망도 없고요. 너무 낙관적인 전망이 있는 경우도 있고 그리고 위기 요인에 대한 검토가 전혀 안 돼요."라고는 하였으나, 이차전지 산업의 전망이 비관적이라고 언급된 부분은 없다.

오답 해설

② 전문가의 4번째 발화의 "어떻게 보면 지금 주식시장에서도 이 난리가 나는 이유가 생각보다 이차전지 기술이라든지 산업 전망에 대해서 정확히 얘기해 주는 사람들이 없기 때문에 그런 거예요."에서 확인할 수 있다.
③ 전문가의 4번째 발화의 "너무 낙관적인 전망이 있는 경우도 있고 그리고 위기 요인에 대한 검토가 전혀 안 돼요."에서 확인할 수 있다.
④ 전문가의 3번째 발화의 "자동차에 들어가는 연축전지도 일종의 이차전지고요. 그리고 현재 배터리 전기차라든지 모바일 IT 같은 데 들어가는 리튬이온 이차전지도 이차전지고요. 한참 핫하게 떠오르고 있는 전고체 전지도 이차전지일 때 의미가 있습니다."에서 확인할 수 있다.
⑤ 전문가의 1번째 발화의 "우리가 한 번 쓰고 버리는 일회용 전지는 일차전지라고 하고 재충전을 통해서 쓸 수 있는 전지를 이차전지라고 합니다."에서 확인할 수 있다.

007 정답 ①

평가요소	1.1 담화의 유형별 화법 전략
세부 평가요소	1.1.3 공적 대화
출처	"YTN 뉴스FM 슬기로운 라디오생활", YTN 라디오, 2023. 7. 28. (https://radio.ytn.co.kr/program/index.php?f=2&id=90713&page=1&s_mcd=0433&s_hcd=01)

정답 해설

① 전문가가 일차전지와 이차전지의 개념을 설명하자, 진행자는 "우리 왜 어렸을 때 뭐 미니카나 이런 거 가지고 놀 때 AA건전지 재충전해서 사용하곤 했는데 그러면 그것도 이차전지라고 부르는 겁니까?"라는 질문을 하며 이차전지의 사례를 제시하고 있다.

오답 해설

② 이차전지에 대해 다양한 질문을 하고 있지만, 전문가의 설명에 대하여 꼬리를 문 질문은 아니다.
③ 진행자가 전문가에게 출처를 요구하는 부분은 제시되지 않았다.
④ 진행자가 전문가의 말을 정리하며 다음 질문을 이어나가는 부분은 제시되지 않았다.
⑤ 진행자가 전문가에게 자신이 이해한 내용이 맞는지 확인하는 질문을 하고 있는 부분은 제시되지 않았다.

008 정답 ⑤

평가요소	1.1 담화의 유형별 화법 전략
세부 평가요소	1.1.4 사적 대화
출처	"결혼은 면접부터" 오디오 드라마, kakaopage 카카오페이지, 2022. 5. 27. (https://www.youtube.com/watch?v=OGA5wL-aJME)

듣기 대본

8번. 다음은 대화의 일부분을 들려 드립니다. 8번은 듣기 문항, 9번은 말하기 문항입니다.

남: 뭐하냐?
여: 아, 깜짝이야. 왔으면 왔다고 하지. 첫 출근 축하해.
남: 남들 다 하는 출근 그게 뭐라고.
여: 그래도 축하해. 그동안 공무원 시험 준비하고 연습하느라 많이 힘들었지? 아, 케이크에 초 떨어지겠다. 후 불어 후.
남: 가은아, 설마 나 감동받으라고 여기서 이러고 있었던 거야? 그런데 좀 그렇지 않냐? 이런 케이크에 초 딸랑 들고 공원에서 이러는 건 좀 그렇잖아. 뭐 없냐.
여: 야, 이거, 첫 출근 선물. 정장이야. 필요할 것 같아서.
남: 오가은, 신경 좀 썼는데? 이런 선물은 좋은데 앞으로 이딴 짓은 하지 말자.
여: 난 그냥 너 축하해 주려고 그런 거야. 여기 우리 매일 데이트했던 공원인 건 아니? 우리 추억 있는 곳에서 기념하자는 건데, 내가 어떤 마음으로 이걸 준비했는지 생각했다면 고맙다 한마디를 해야지.
남: 고맙지 누가 안 고맙대? 내 말은 굳이 축하를 이런 동네 공원에서 해야 하냐 이거지. 내 기분 좀 생각해 달라는 거야.
여: 넌 만나면서 내 기분은 생각했니? 맨날 굳이 굳이 이렇게 우리 기념일에도 공원 벤치에 앉아서 캔 커피 마시고, 밥 먹거나 영화 봐도 네가 계산이나 제대로 한 적 있어?
남: 야, 너 내 사정 알면서도.
여: 네 사정만 있어? 내가 계산하려고 지갑 꺼내면 넌 네 걸로 포인트 적립만 했잖아. 내가 그래도 왜 너한테 서운하다고 말하지 않은 줄 알아? 네가 상처 받을까 봐. 공부하느라 항상 지쳐있는 너 배려해서. 근데 너는 내 입장, 내 기분 모두 생각 안 하잖아.
남: 그러니까 왜 배려를 해, 그때 그렇게 말을 했어야지. 그렇게까지 마음에 안 들면 헤어지던가.
여: 야, 내놔. 그 슈트 케이스. 너랑 나랑 이제 남인데 무슨 선물이야.
남: 야, 줬다 뺐는 게 어딨냐? 못 줘. 안 줘.

정답 해설

⑤ 여자의 2번째 발화의 "그동안 공무원 시험 준비하고 연습하느라 많이 힘들었지?"를 통해서 남자가 공무원 시험을 준비한 것을 알 수는 있으나, 여러 번 낙방한 끝에 합격했는지 여부는 알 수 없다.

오답 해설

① 전체 대화 맥락으로 미루어 보아 남자와 여자는 연인 관계임을 알 수 있다.
② 여자의 5~6번째 발화의 "넌 만나면서 내 기분은 생각했니? 맨날 굳이 굳이 이렇게 우리 기념일에도 공원 벤치에 앉아서 캔 커피 마시고, 밥 먹거나 영화 봐도 네가 계산이나 제대로 한 적 있어?", "내가 계산하려고 지갑 꺼내면 넌 네 걸로 포인트 적립만 했잖아. 내가 그래도 왜 너한테 서운하다고 말하지 않은 줄 알아? 네가 상처 받을까 봐. 공부하느라 항상 지쳐있는 너 배려해서."를 통해 여자도 남자에게 서운한 점이 있지만 남자를 배려해 혼자 삭이고 있었음을 알 수 있다.
③ 남자의 3번째 발화의 "가은아, 설마 나 감동받으라고 여기서 이러고 있었던 거야? 그런데 좀 그렇지 않냐? 이런 케이크에 초 딸랑 들고 공원에서 이러는 건 좀 그렇잖아. 뭐 없냐."에서 남자는 여자가 자신의 취업을 축하하려고 벌인 이벤트를 탐탁지 않아 하고 있음을 알 수 있다.
④ 여자의 1~2번째 발화의 "아, 깜짝이야. 왔으면 왔다고 하지. 첫 출근 축하해.", "그래도 축하해. 그동안 공무원 시험 준비하고 연습하느라 많이 힘들었지? 아, 케이크에 초 떨어지겠다. 후 불어 후."를 통해 여자는 남자의 취업을 축하해 주려고 이벤트를 준비하고 있었음을 알 수 있다.

009

정답 ②

평가요소	1.1 담화의 유형별 화법 전략
세부 평가요소	1.1.4 사적 대화
출처	"결혼은 면접부터" 오디오 드라마, kakaopage 카카오페이지, 2022. 5. 27. (https://www.youtube.com/watch?v=OGA5wL-aJME)

> 정답 해설

② 갈등이 촉발된 근본적인 원인은 남자가 상대를 배려하지 않았기 때문이다. 취업을 축하하기 위해 이벤트를 준비한 여자에게 남자는 3번째 발화와 같이 "가은아, 설마 나 감동받으라고 여기서 이러고 있었던 거야? 그런데 좀 그렇지 않냐? 이런 케이크에 초 딸랑 들고 공원에서 이러는 건 좀 그렇잖아. 뭐 없냐."라고 말하였으며, 그 전에도 데이트 비용을 여자가 주로 지불하게 하거나 기념일을 소홀하게 넘어가는 등의 행동을 보였다. 이는 모두 남자가 여자에 대한 배려가 부족한 모습을 보여 주는 것이다.

010

정답 ①

평가요소	1.1 담화의 유형별 화법 전략
세부 평가요소	1.1.1 설명
출처	"관계 행복 자존감 태도"(김윤나, 세바시 1144회), 세바시 강연 Sebasi Talk, 2020. 1. 22. (https://www.youtube.com/watch?v=IQJzVFUbGU4)

> 듣기 대본

이번에는 강연을 들려 드립니다. 10번은 듣기 문항, 11번은 말하기 문항입니다.

　저는 오늘 여러분들과 우리의 말 그릇을 키우는 비법에 관련된 이야기를 좀 해보려고 해요. 사람마다 말을 담아내는 그릇이 하나씩 있다. 그런데 그 크기는 다 다르다 이렇게 생각합니다. 어떤 사람은 좀 이렇게 항아리만큼 크고 넉넉해요. 그래서 그 말이 밖으로 막 새지 않고 그 안에 사람을 담아낼 수 있어요. 근데 어떤 사람은 간장 종지만한 분들이 있거든요. 이런 분들의 특징이 뭐냐면 일단 말이 많아요. 그리고 그 안에 사람을 담아내기 좀 어렵죠. 그리고 우리가 이런 사람들하고 만나다 보면 만나면 자기 얘기만 해요. 그리고 뒷담화 하는 것도 너무 좋아하고 같은 말을 해도 꼭 기분 나쁘게 해요.

　지금부터 여러분들은 머릿속에 한 사람을 떠올려 보실 건데요. 어떤 사람이냐면 대화만 시작하면 얘는 아니다 싶은 사람, 말이 너무 안 통해 이런 생각이 드는 사람이 한 사람은 있으실 거예요. 마음속에 지금 떠올려 보시고 제가 '1, 2, 3' 하면 그 사람과의 관계를 외쳐 보세요. 아, '친구'가 엄청 많네요.

　그럼 이제 그 친구를 어떻게 대해야 하는지 말해 볼게요. 왕년에 피구를 잘하는 친구들을 보면 마지막에 끝까지 남잖아요. 결승을 가릴 중요한 순간이 오면 그 친구들은 도망가지 않더라고요. 탁 거기에 서죠? 왜 서죠? 그렇죠, 공을 받아내려고 그런 거죠. 말 그릇이 큰 사람도 마찬가지예요. 공을 탁 받아서 새로운 기회를 만든다는 거죠. 그러면 말 그릇이 큰 사람은 어떻게 그걸 받아내는 걸까요? 제가 그 비법을 좀 소개할 텐데요. 비법은 그 사람의 말을 듣지 말고 그 사람을 보면서 앞으로 나아가는 겁니다. 그리고 두 가지를 기억하셔야 돼요. 첫 번째는 '저 사람은 지금 피구 하듯 말하지만 나를 공격하려는 것은 아니야.' 그리고 두 번째 기억해야 되는 것은 '피구하듯 말한 사람에게도 처음에는 좋은 의도가 있었다.'는 거예요.

> 정답 해설

① 강연자의 말 중 "사람마다 말을 담아내는 그릇이 하나씩 있다. 그런데 그 크기는 다 다르다 이렇게 생각합니다."에서 사람마다 말 그릇은 모두 가지고 있지만, 다만 그 크기가 다를 뿐임을 알 수 있다.

> 오답 해설

② 강연자의 말 중 "그러면 말 그릇이 큰 사람은 어떻게 그걸 받아 내는 걸까요? 제가 그 비법을 좀 소개할 텐데요. 비법은 그 사람의 말을 듣지 말고 그 사람을 보면서 앞으로 나아가는 겁니다. 그리고 두 가지를 기억하셔야 돼요."에서 말 그릇을 키우는 방법은 두 가지가 있음을 알 수 있다.
③ 강연자의 말 중 "어떤 사람은 좀 이렇게 항아리만큼 크고 넉넉해요. 그래서 그 말이 밖으로 막 새지 않고 그 안에 사람을 담아낼 수 있어요."에서 말 그릇이 큰 사람은 말이 바깥으로 새지 않음을 알 수 있다.
④ 강연자의 말 중 "근데 어떤 사람은 간장 종지만한 분들이 있거든요. ~ 그리고 우리가 이런 사람들하고 만나다 보면 만나면 자기 얘기만 해요. 그리고 뒷담화 하는 것도 너무 좋아하고 같은 말을 해도 꼭 기분 나쁘게 해요."에서 말 그릇이 작은 사람은 자기 말만 하고 뒷담화를 잘한다는 특징이 있음을 알 수 있다.
⑤ 강연자의 마지막 말 "그리고 두 번째 기억해야 되는 것은 '피구하듯 말한 사람에게도 처음에는 좋은 의도가 있었다.'는 거예요."에서 말 그릇을 키우는 방법 중에 하나가 상대에게 좋은 의도가 있다고 생각하는 것임을 알 수 있다.

011 정답 ⑤

평가요소	1.1 담화의 유형별 화법 전략
세부 평가요소	1.1.1 설명
출처	"관계 행복 자존감 태도"(김윤나, 세바시 1144회), 세바시 강연 Sebasi Talk, 2020. 1. 22. (https://www.youtube.com/watch?v=IQJzVFUbGU4)

정답 해설

⑤ 강연자는 강연 중에 "탁 거기에 서죠? 왜 서죠? 그렇죠, 공을 받아내려고 그런 거죠. 그러면 말 그릇이 큰 사람은 어떻게 그걸 받아내는 걸까요?"라고 질문하며 청중이 강연에 참여하도록 하고 있다.

오답 해설

① 강연 내용에 유명인의 사례를 제시한 부분은 등장하지 않는다.
② 강연 주제에 대한 이견들에 대하여 자세히 설명하는 내용은 등장하지 않는다.
③ 강연 내용과 관련된 근거로 전문가의 견해를 인용하는 내용은 등장하지 않는다.
④ '피구'를 예시로 들긴 했지만, 이것이 강연자의 개인적인 경험인지는 알 수 없다.

012 정답 ④

평가요소	1.1 담화의 유형별 화법 전략
세부 평가요소	1.1.5 발표
출처	"자본주의에서 부의 불평등은 왜 심각한 사회적 문제일까?", EBS다큐, 2025. 1. 21. (https://www.youtube.com/watch?v=eHkI32mlBD4)

듣기 대본

이번에는 발표를 들려 드립니다. 12번은 듣기 문항, 13번은 말하기 문항입니다.

여러분은 부의 불평등에 대해 들어보신 적 있으신가요? 오늘날 부의 불평등은 어느 나라도 예외 없는 전 지구적 문제입니다. 제가 살고 있는 서울도 그렇습니다. 불평등이 왜 사회적으로 문제가 될까요? 불평등이 왜 사회적으로 문제가 되느냐고 했을 때 여러 가지 이야기를 할 수 있겠습니다마는, 경제학적으로 얘기를 하자면 불평등이 심해지면 기본적으로 성장 내지는 번영에도 영향을 미치기 때문입니다. 밖에 나가서 일하고 받아오는 월급이 노동 소득입니다. 그런데 소득에는 노동 소득만 있는 것이 아닙니다. 소득에는 노동 소득과 함께 자본 소득이라고 하는 게 있죠. 은행에 적금을 했을 때 이자가 나오잖아요? 그런 이자를 포함해 주식을 가지고 있으면 배당 소득을 받을 수도 있고, 집값이 상승한 뒤 집을 팔면 얻게 되는 소득도 있고요. 즉, 일하지 않고 벌게 되는 소득들을 말하죠.

일을 해서 벌어들인 소득보다 일을 하지 않고 버는 자본 소득이 늘어나는 속도가 빨라지면 누구나 좋다고 생각하겠지만, 아무래도 자본 소득은 부자들이 많이 가지고 있겠죠? 그러니까 자본 소득이 늘어나는 속도가 빠르면 전반적으로 부의 불평등이 가속화되고 악화되는 결과를 가져온다고 할 수가 있습니다.

이런 부의 불평등이 높은 나라에서 살인율이나, 감옥 수감률, 영아 사망률, 아니면 약물 중독과 알코올 중독의 비율도 굉장히 높아지고 있습니다. 그러니까 부의 불평등이 경제적인 불평등에 나쁜 영향을 미칠 수 있을 뿐만 아니라 사회적으로도 그리고 개인의 건강에도 굉장히 나쁜 영향을 미칠 수 있는 가능성이 크다고 할 수가 있겠습니다.

정답 해설

④ 발표 내용 중 "일을 해서 벌어들인 소득보다 일을 하지 않고 버는 자본 소득이 늘어나는 속도가 빨라지면 누구나 좋다고 생각하겠지만, 아무래도 자본 소득은 부자들이 많이 가지고 있겠죠? 그러니까 자본 소득이 늘어나는 속도가 빠르면 전반적으로 부의 불평등이 가속화되고 악화되는 결과를 가져온다고 할 수가 있습니다."에서 알 수 있듯이 자본 소득이 늘어나는 속도가 빨라지면 부의 불평등이 가속화되고 악화되는 결과를 가져온다고 하였다.

오답 해설

① "소득에는 노동 소득과 함께 자본 소득이라고 하는 게 있죠."에서 확인할 수 있는 내용이다.
② "오늘날 부의 불평등은 어느 나라도 예외 없는 전 지구적 문제입니다. 제가 살고 있는 서울도 그렇습니다."에서 확인할 수 있는 내용이다.
③ "그러니까 부의 불평등이 경제적인 불평등에 나쁜 영향을 미칠 수 있을 뿐만 아니라 사회적으로도 그리고 개인의 건강에도 굉장히 나쁜 영향을 미칠 수 있는 가능성이 크다고 할 수가 있겠습니다."에서 확인할 수 있는 내용이다.
⑤ "이런 부의 불평등이 높은 나라에서 살인율이나, 감옥 수감률, 영아 사망률, 아니면 약물 중독과 알코올 중독의 비율도 굉장히 높아지고 있습니다."에서 확인할 수 있는 내용이다.

013 정답 ④

평가요소	1.1 담화의 유형별 화법 전략
세부 평가요소	1.1.5 발표
출처	"자본주의에서 부의 불평등은 왜 심각한 사회적 문제일까?", EBS다큐, 2025. 1. 21. (https://www.youtube.com/watch?v=eHkI32mIBD4)

정답 해설

④ 노동 소득을 일하고 받아오는 '월급'을 예로 들어 설명하고, 집값 상승으로 인해 얻는 소득 등과 같이 일하지 않고 얻는 소득인 자본 소득을 '이자', 배당 소득을 '이자를 포함한 주식을 통해 얻은 소득'이라고 설명하며 일상에서 접하기 쉬운 사례를 들어 청중의 이해를 돕고 있다.

014 정답 ②

평가요소	1.1 담화의 유형별 화법 전략
세부 평가요소	1.1.6 협상과 중재

듣기 대본

끝으로 협상의 한 장면을 들려 드립니다. 14번은 듣기 문항, 15번은 말하기 문항입니다.

최 팀장: 김 대리, 오전에 팀 채팅방에 게시한 7~8월 성수기 휴가 사용에 대한 공지 확인했나요?
김 대리: 네 팀장님, 확인했습니다.
최 팀장: 확인을 했으면 확인을 했다는 표시를 해야 하지 않을까요?
김 대리: 네? 공지는 숙지하라고 전달을 하신 것이고, 확인을 하고 숙지를 하면 되는 것 아닌가요?
최 팀장: 아니, 김 대리가 공지를 확인했는지조차 확인이 되지 않는데, 숙지를 했는지 안 했는지 제가 어떻게 알죠, 김 대리?
김 대리: 뭐가 문제인지 모르겠습니다. 팀장님.
최 팀장: 다른 사람들이 팀 채팅방에 확인했다고 메시지 남긴 것 못 봤나요?
김 대리: 네, 보긴 했습니다만 아까 말씀드린 것처럼 공지는 숙지만 하면 되는 거라고 생각했기 때문에 메시지를 남기지 않았습니다.
최 팀장: 그게 문제라는 거예요 김 대리. 사회생활도 한 사람이 왜 그렇게 말귀를 못 알아듣지?
김 대리: 팀장님께서 남기신 공지 메시지에 알겠다는 회신을 하지 않은 것이 이렇게까지 할 문제인지를 모르겠습니다. 제가 진짜 공지 확인을 안 한 것도 아니고, 공지 내용을 지키지 않은 것도 아니고요.
최 팀장: 김 대리, 공지 내용이 뭐였습니까? 7~8월 성수기 휴가 사용에 대한 내용이지 않습니까? 동 시기에 많은 인원이 휴가를 갈 경우 업무 공백이 생길 수 있으니 그에 대한 공지를 한 것이고, 그 메시지에 회신을 하라는 게 그렇게 이해하기 힘든 일입니까?
박 부장: 두 사람 그렇게 언성 높이지 말고, 두 사람 모두를 위한 해결책을 찾아봅시다.

정답 해설

② 김 대리는 최 팀장이 공지에 대해 회신하지 않은 것에 대해 이해할 수 없다는 입장이지만, 이를 부당하다고 생각하는 내용은 제시되지 않았다.

오답 해설

①, ⑤ 최 팀장의 전반적인 발언에서 최 팀장은 공지에 대해 확인했는지 여부를 회신해야 한다고 생각하고, 공지에 회신하지 않은 김 대리의 행동이 그릇되었다고 생각함을 알 수 있다.
③ 최 팀장의 마지막 발언인 "김 대리, 공지 내용이 뭐였습니까? 7~8월 성수기 휴가 사용에 대한 내용이지 않습니까? 동 시기에 많은 인원이 휴가를 갈 경우 업무 공백이 생길 수 있으니 그에 대한 공지를 한 것이고, 그 메시지에 회신을 하라는 게 그렇게 이해하기 힘든 일입니까?"에서 확인할 수 있다.
④ 김 대리의 전반적인 발언에서 김 대리는 공지를 숙지했기 때문에 공지에 회신을 하지 않은 자신의 행동에 문제가 없다고 생각함을 알 수 있다.

015 정답 ⑤

평가요소	1.1 담화의 유형별 화법 전략
세부 평가요소	1.1.6 협상과 중재

정답 해설

⑤ 최 팀장은 공지에 담긴 내용을 중요하게 생각해 팀원들이 공지를 확인했는지 알기를 원하고, 김 대리는 개인적으로 공지를 확인하고 숙지했으면 공지 메시지에 대한 회신은 불필요하다고 생각한다. '메시지의 확인했음 기능을 활용해 보도록 조언'하는 것은 이 둘의 모두의 입장을 고려한 해결책이므로 가장 적절하다.

> 오답 해설

① 최 팀장의 입장만 고려한 해결책이므로 적절하지 않다.
② 최 팀장에게 할 수 있는 조언이지, 두 사람 모두를 위한 해결책이 아니다.
③ 최 팀장의 입장만 고려한 해결책이므로 적절하지 않다.
④ 최 팀장과 김 대리의 갈등 상황에 어울리지 않는 조언이다.

| 어휘 | 016~030번 |

016 정답 ③

평가요소	2.1 어휘의 사전적 의미
세부 평가요소	2.1.1 고유어의 사전적 의미
출처	국립국어원, 표준국어대사전 (stdict.korean.go.kr)

> 정답 해설

③ '모양이 제격에 어울려 맞다.'는 뜻의 고유어는 '맵자하다'이다.

> 오답 해설

① '나부대다'는 '얌전히 있지 못하고 철없이 촐랑거리다.'를 뜻하는 고유어이다.
② '도두보다'는 '실상보다 좋게 보다.'를 뜻하는 고유어이다.
④ '묵새기다'는 '별로 하는 일 없이 한곳에서 오래 묵으며 날을 보내다.' 또는 '마음의 고충이나 흥분 따위를 애써 참으며 넘겨 버리다.'를 뜻하는 고유어이다.
⑤ '해찰하다'는 '마음에 썩 내키지 아니하여 물건을 부질없이 이 것저것 집적거려 해치다.' 또는 '일에는 마음을 두지 아니하고 쓸데없이 다른 짓을 하다.'를 뜻하는 고유어이다.

017 정답 ⑤

평가요소	2.1 어휘의 사전적 의미
세부 평가요소	2.1.2 한자어의 사전적 의미
출처	국립국어원, 표준국어대사전 (stdict.korean.go.kr)

> 정답 해설

⑤ '자기 자신의 태도나 행동을 스스로 반성함.'을 뜻하는 한자어는 '자성(自省)'이다. '자성(資性)'은 '본래 타고난 성격이나 성품'을 뜻한다.

> 오답 해설

① '저해(沮害)'는 '막아서 못 하도록 해침.'을 뜻하며, '저해 요인'과 같은 맥락에서 쓴다.
② '고안(考案)'은 '연구하여 새로운 안을 생각해 냄.'을 뜻하며, '신제품 고안', '새로운 기구 고안' 등의 맥락에서 쓴다.
③ '유착(癒着)'은 '사물들이 서로 깊은 관계를 가지고 결합.'을 뜻하며, '언론과 정계의 유착', '온갖 비리들의 유착으로 사회가 쇠퇴하였다.'와 같은 맥락에서 쓴다.
④ '저촉(抵觸)'은 '법률이나 규칙 따위에 위반되거나 어긋남.'을 뜻하며 '법률 저촉 행위' 등과 같은 맥락에서 쓴다.

018 정답 ④

평가요소	2.2 어휘의 문맥적 의미
세부 평가요소	2.2.1 고유어의 문맥적 의미
출처	국립국어원, 표준국어대사전 (stdict.korean.go.kr)

> 정답 해설

④ '가드락가드락'은 '조금 거만스럽게 잘난 체하며 버릇없이 자꾸 구는 모양'을 뜻하는 고유어이다. '남의 흠이나 트집을 잡으면서 자꾸 비위를 거스르는 모양'을 뜻하는 고유어는 '티적티적'이다.

> 오답 해설

① '푹하다'는 '겨울 날씨가 퍽 따뜻하다.'는 뜻으로 문맥에 적절하게 쓰였다.
② '안차다'는 '겁이 없고 야무지다.'는 뜻으로 문맥에 적절하게 쓰였다.
③ '설멍하다'는 '아랫도리가 가늘고 어울리지 아니하게 길다.'와 '옷이 몸에 맞지 않고 짧다.'는 뜻을 가진 고유어로, 문맥상 후자의 뜻으로 쓰였다.
⑤ '줄레줄레'는 '꺼불거리며 경망스럽게 행동하는 모양.'과 '무질서하게 줄줄 뒤따르는 모양'이라는 뜻과 '해지거나 헝클어져 너절하게 잇달리어 있는 모양'이라는 뜻을 가진 고유어로, 문맥상 '무질서하게 줄줄 뒤따르는 모양'이라는 뜻으로 쓰였다.

019   정답 ③

평가요소	2.2 어휘의 문맥적 의미
세부 평가요소	2.2.2 한자어의 문맥적 의미
출처	국립국어원, 표준국어대사전 (stdict.korean.go.kr)

정답 해설

③ '오래 버티거나 배겨 내다.'는 뜻의 '지탱(支撑)하다'를 쓰는 것이 문맥상 적절하다. '지지(支持)하다'는 '어떤 사람이나 단체 따위의 주의·정책·의견 따위에 찬동하여 이를 위하여 힘을 쓰다.'는 뜻으로 '새로운 이론을 지지하다.', '당선자를 지지하다.'와 같은 문맥에 쓰인다.

오답 해설

① '각성(覺醒)하다'는 '깨달아 알다.'는 뜻으로, 문맥에 적절하게 쓰였다.
② '실추(失墜)되다'는 '명예나 위신 따위가 떨어지다.'는 뜻으로, 문맥에 적절하게 쓰였다.
④ '묵인(默認)하다'는 '모르는 체하고 하려는 대로 내버려둠으로써 슬며시 인정하다.'는 뜻으로, 문맥에 적절하게 쓰였다.
⑤ '구명(究明)하다'는 '사물의 본질, 원인 따위를 깊이 연구하여 밝히다.'는 뜻으로, 문맥에 적절하게 쓰였다. '사람의 목숨을 구하다.'는 뜻의 '구명(救命)하다'와 잘 구분해야 한다.

020   정답 ⑤

평가요소	2.2 어휘의 문맥적 의미
세부 평가요소	2.2.2 한자어의 문맥적 의미
출처	국립국어원, 표준국어대사전 (stdict.korean.go.kr)

정답 해설

⑤ ㉠~㉢의 한자어는 각각 '意思(의사)', '議事(의사)', '醫師(의사)'이다.
㉠ '意思(의사)'는 '무엇을 하고자 하는 생각.'이라는 뜻이다.
㉡ '議事(의사)'는 '회의에서 어떤 일을 의논함. 또는 그 회의.'라는 뜻이다.
㉢ '醫師(의사)'는 '일정한 자격을 가지고 병을 고치는 것을 직업으로 하는 사람.'이라는 뜻이다.

021   정답 ②

평가요소	2.2 어휘의 문맥적 의미
세부 평가요소	2.2.3 혼동하기 쉬운 어휘의 구별
출처	국립국어원, 표준국어대사전 (stdict.korean.go.kr)

정답 해설

② '바특하다'는 '두 대상이나 물체 사이가 조금 가깝다.'는 뜻으로, 제시된 문맥에 쓰이기 적절하지 않다. 제시된 문맥에는 '마음에 들 만하지 아니하다.'는 뜻의 '마뜩잖다'가 쓰이는 것이 적절하다.

오답 해설

① '사박스럽다'는 '성질이 보기에 독살스럽고 야멸친 데가 있다.'는 뜻으로, 문맥에 적절하게 쓰였다.
③ '뒤넘스럽다'는 '주제넘게 행동하여 건방진 데가 있다.'는 뜻으로, 문맥에 적절하게 쓰였다.
④ '의뭉스럽다'는 '보기에 겉으로는 어리석어 보이나 속으로는 엉큼한 데가 있다.'는 뜻으로, 문맥에 적절하게 쓰였다.
⑤ '종요롭다'는 '없어서는 안 될 정도로 매우 긴요하다.'는 뜻으로, 문맥에 적절하게 쓰였다.

022   정답 ⑤

평가요소	2.3 어휘 간의 의미 관계
세부 평가요소	2.3.4 다의어와 동음이의어
출처	국립국어원, 표준국어대사전 (stdict.korean.go.kr)

정답 해설

①~④는 다의 관계이고, ⑤는 '귀나 코가 막혀서 제 기능을 하지 못하게 되다. 또는 그렇게 되게 하다.'는 뜻으로 ①~④와 동음이의 관계이다.

오답 해설

① '먹다'는 '구기 경기에서, 점수를 잃다.'의 뜻이다.
② '먹다'는 '음식 따위를 입을 통하여 뱃속에 들여보내다.'의 뜻이다.
③ '먹다'는 '어떤 마음이나 감정을 품다.'의 뜻이다.
④ '먹다'는 '욕, 핀잔 따위를 듣거나 당하다.'의 뜻이다.

023 정답 ②

평가요소	2.3 어휘 간의 의미 관계
세부 평가요소	2.3.1 어휘의 관계
출처	국립국어원, 표준국어대사전 (stdict.korean.go.kr)

정답 해설

'말'은 '사람의 생각이나 느낌 따위를 표현하고 전달하는 데 쓰는 음성 기호.'를, '언어'는 '생각, 느낌 따위를 나타내거나 전달하는 데에 쓰는 음성, 문자 따위의 수단. 또는 그 음성이나 문자 따위의 사회 관습적인 체계.'를 뜻하고 '말'은 '언어'의 하위 요소이므로, 이 둘은 상하 관계이다.
② '갈매기'는 '새'의 하위 요소이므로, 이 둘은 상하 관계이다.

오답 해설

① '팔다리'는 '몸'의 일부를 이루고 있으므로, 이 둘은 부분 관계이다.
③ '죽다'는 '생명이 없어지거나 끊어지다.'를, '영면하다'는 '영원히 잠든다는 뜻으로, 사람이 죽는 것을 이르는 말.'을 뜻하므로, 이 둘은 유의 관계이다.
④ '가르치다'와 '배우다'는 반의 관계이다.
⑤ '출석하다'와 '결석하다'는 반의 관계이다.

024 정답 ②

평가요소	2.3 어휘 간의 의미 관계
세부 평가요소	2.3.3 고유어와 한자어
출처	국립국어원, 표준국어대사전 (stdict.korean.go.kr)

정답 해설

② '언급(言及)하다'는 '어떤 문제에 대하여 말하다.'는 뜻이다. 문맥상 '어떤 일이나 대상의 내용을 상대편이 잘 알 수 있도록 밝혀 말하다.'는 뜻의 '설명(說明)하다'로 바꾸어 쓰는 것이 더 적절하다.

오답 해설

① '진술(陳述)하다'는 '형사 소송에서, 당사자·증인·감정인이 관계 사항을 구술 또는 서면으로 알리다.'는 뜻으로, '말하다'와 바꾸어 쓸 수 있다.
③ '변명(辨明)하다'는 '어떤 잘못이나 실수에 대하여 구실을 대며 그 까닭을 말하다.'는 뜻으로, '말하다'와 바꾸어 쓸 수 있다.
④ '요청(要請)하다'는 '필요한 어떤 일이나 행동을 청하다.'는 뜻으로, '말하다'와 바꾸어 쓸 수 있다.
⑤ '해명(解明)하다'는 '까닭이나 내용을 풀어서 밝히다.'는 뜻으로, '말하다'와 바꾸어 쓸 수 있다.

025 정답 ④

평가요소	2.3 어휘 간의 의미 관계
세부 평가요소	2.3.1 어휘의 관계
출처	국립국어원, 표준국어대사전 (stdict.korean.go.kr)

정답 해설

④ '듬쑥하다'는 '분량이나 수효가 매우 넉넉하다.'를 뜻한다. '알량하다'는 '시시하고 보잘것없다.'는 뜻으로, '듬쑥하다'와 반의 관계에 있다.

오답 해설

① '많다'는 '수효나 분량, 정도 따위가 일정한 기준 이상이다.'는 뜻으로, '듬쑥하다'와 유의 관계에 있다.
② '넉넉하다'는 '크기나 수량 따위가 기준에 차고도 남음이 있다.'는 뜻으로, '듬쑥하다'와 유의 관계에 있다.
③ '무수하다'는 '헤아릴 수 없다.'는 뜻으로, '듬쑥하다'와 유의 관계에 있다.
⑤ '충분하다'는 '모자람이 없이 넉넉하다.'는 뜻으로, '듬쑥하다'와 유의 관계에 있다.

026 정답 ②

평가요소	2.4 속담 및 관용 표현
세부 평가요소	2.4.1 속담
출처	국립국어원, 표준국어대사전 (stdict.korean.go.kr)

정답 해설

② '하룻강아지 범 무서운 줄 모른다'는 철없이 함부로 덤비는 경우를 이르는 말인데, '신입이 대담하게 추진해서 성과를 냈다'는 내용과는 의미상 연결이 되지 않으므로 문맥상 적절하지 않다.

오답 해설

① '아랫길도 못 가고 윗길도 못 가겠다'는 이것도 저것도 다 믿을 수 없고 어찌하여야 할지 모름을 비유적으로 이르는 말로, 문맥에 적절하게 쓰였다.
③ '고기도 먹어 본 사람이 많이 먹는다'는 무슨 일이든지 늘 하던 사람이 더 잘한다는 말로, 문맥에 적절하게 쓰였다.

④ '곧은 나무는 가운데 선다'는 곧고 좋은 나무는 한가운데 세우게 된다는 뜻으로, 재간 있고 훌륭한 사람을 기둥으로 내세우게 됨을 이르는 말이다. 문맥에 적절하게 쓰였다.
⑤ '고슴도치도 제 새끼가 제일 곱다고 한다'는 어버이 눈에는 제 자식이 다 잘나고 귀여워 보인다는 말로, 문맥에 적절하게 쓰였다.

027   정답 ⑤

평가요소	2.4 속담 및 관용 표현
세부 평가요소	2.4.2 고사성어/한자성어
출처	국립국어원, 표준국어대사전 (stdict.korean.go.kr)

정답 해설

'전인미답(前人未踏)'은 '이제까지 그 누구도 가 보지 못함.', '이제까지 그 누구도 손을 대어 본 일이 없음.'을 뜻하는 사자성어이다.
⑤ '임금이 혹하여 나라가 기울어져도 모를 정도의 미인.'이라는 뜻으로 뛰어나게 아름다운 미인을 이르는 말인 '경국지색(傾國之色)'을 쓰는 것이 적절하다.

오답 해설

① '유방백세(流芳百世)'는 '꽃다운 이름이 후세에 길이 전함.'을 뜻하는 사자성어로, 문맥에 맞게 쓰였다.
② '유만부동(類萬不同)'은 '비슷한 것이 많으나 서로 같지는 아니함.'을 뜻하는 사자성어로, 문맥에 맞게 쓰였다.
③ '견강부회(牽強附會)'는 '이치에 맞지 않는 말을 억지로 끌어 붙여 자기에게 유리하게 함.'을 뜻하는 사자성어로, 문맥에 맞게 쓰였다.
④ '아전인수(我田引水)'는 '자기 논에 물 대기'라는 뜻으로, 자기에게만 이롭게 되도록 생각하거나 행동함을 이르는 사자성어이다. 문맥에 맞게 쓰였다.

028   정답 ②

평가요소	2.4 속담 및 관용 표현
세부 평가요소	2.4.3 관용 표현
출처	국립국어원, 표준국어대사전 (stdict.korean.go.kr)

정답 해설

② '눈(을) 붙이다'는 '잠을 자다.'는 뜻으로 문맥상 쓰임이 적절하지 않다. 문맥상 '잠시 수단을 써서 보는 사람이 속아 넘어가게 하다.'는 뜻의 '눈(을) 속이다'가 쓰이는 것이 적절하다.

오답 해설

① '눈(이) 시다'는 '하는 짓이 거슬려 보기에 아니꼽다.'는 뜻으로, 문맥에 맞게 쓰였다.
③ '눈(을) 돌리다'는 '관심을 돌리다.'는 뜻으로, 문맥에 맞게 쓰였다.
④ '눈에서 황이 나다'는 '몹시 억울하거나 질투가 날 때 이르는 말.'이라는 뜻으로, 문맥에 맞게 쓰였다.
⑤ '눈(이) 벌겋다'는 '자기 잇속만 찾는 데에 몹시 열중하다.'는 뜻으로, 문맥에 맞게 쓰였다.

029   정답 ②

평가요소	2.5 국어 순화
세부 평가요소	2.5.1 한자어의 순화
출처	국립국어원 누리집, 다듬은 말 (https://www.korean.go.kr/front/imprv/refineList.do?mn_id=158)

정답 해설

② '해태(懈怠)하다'는 '행동이 느리고 움직이거나 일하기를 싫어하는 데가 있다.'는 뜻이며, 그 순화어는 '게을리하다, 제때 하지 않다'이다.

오답 해설

① '귀소(歸巢)'는 '동물이 집이나 둥지로 돌아감.'을 뜻하며, 그 순화어는 '복귀'이다.
③ '종착역(終着驛)'은 '기차나 전차 따위가 마지막으로 도착하는 역.'을 뜻하며, 그 순화어는 '마지막 역'이다.
④ '이격(離隔)'은 '사이가 벌어짐. 또는 사이를 벌려 놓음.'을 뜻하며, 그 순화어는 '어긋남, 벌림'이다.
⑤ '잔화(殘火)'는 '타고 남은 불.', '꺼져 가는 불.'을 뜻하며, 그 순화어는 '잔불'이다.

030   정답 ⑤

평가요소	2.5 국어 순화
세부 평가요소	2.5.2 외래어의 순화
출처	국립국어원 누리집, 다듬은 말 (https://www.korean.go.kr/front/imprv/refineList.do?mn_id=158)

정답 해설

⑤ '듀얼 라이프(dual life)'는 '도시와 지방에 주거지를 마련하여 두

곳을 오가며 생활하는 것'을 뜻하며, '두 지역살이'로 순화하여 쓸 수 있다.

오답 해설

① '파인 다이닝(fine dining)'은 '질 높은, 좋은(fine)'과 '식사(dining)'의 합성어로, 고급 식당이나 고급 식사를 뜻한다. '고급 식당'으로 순화하여 쓸 수 있다.
② '밀 프렙(meal prep)'은 '식사(meal)'와 '준비(preparation)'의 합성어로, 미리 여러 끼니의 식사를 준비하여 간편하게 먹는 식사 방식을 뜻한다. '소분식'으로 순화하여 쓸 수 있다.
③ '슬로 패션(slow fashion)'은 제조에서 유통까지 단 몇 주밖에 걸리지 않는 패스트 패션과 달리 유행에 민감하지 않고, 제조·유통 과정이 상대적으로 오래 걸리는 패션을 말하며, '친환경 패션'으로 순화하여 쓸 수 있다.
④ '텍스트 힙(text hip)'은 '글자(text)'와 '개성있다, 멋있다'를 뜻하는 은어인 '힙(hip)'의 합성어로, 독서 기록 등의 아날로그 콘텐츠를 즐기고 이를 SNS에 남기는 트렌드를 뜻한다. '독서 공유'로 순화하여 쓸 수 있다.

어법 031~045번

031 정답 ①

평가요소	3.1 한글 맞춤법
세부 평가요소	3.1.1 소리에 관한 것
출처	국립국어원(2018), 『한글 맞춤법, 표준어 규정 해설』, 국립국어원

정답 해설

두음 법칙은 단어의 첫소리에 특정 자음이 올 수 없는 규칙으로, 한자음 '랴, 려, 례, 료, 류, 리'가 단어 첫머리에 올 적에는, 두음 법칙에 따라 '야, 여, 예, 요, 유, 이'로 적는다. 단어의 첫머리가 아닌 경우에는 두음 법칙이 적용되지 않는 것이 원칙이지만, 모음이나 'ㄴ' 받침 뒤에 결합되는 '렬(列, 烈, 裂, 劣), 률(律, 率, 栗, 慄)'은 [열], [율]로 소리 나므로 소리대로 '열, 율'로 적고, 그 외의 받침 뒤에서는 '률'로 적는다.
① 'ㅂ' 받침 뒤에 '률'이 나오므로 '취업률'로 표기해야 한다.

오답 해설

②, ④ '률'이 모음이나 'ㄴ' 받침 뒤에 결합되지 않은 어휘들이다. '합격률', '출석률'로 옳게 표기하였다.
③, ⑤ '률'이 모음 또는 'ㄴ' 받침 뒤에 결합된 어휘들이다. '백분율', '실패율'로 옳게 표기하였다.

032 정답 ②

평가요소	3.1 한글 맞춤법
세부 평가요소	3.1.2 형태에 관한 것
출처	국립국어원(2018), 『한글 맞춤법, 표준어 규정 해설』, 국립국어원

정답 해설

어간에 '-이'나 '-음' 이외의 모음으로 시작된 접미사가 붙어서 다른 품사로 바뀐 것은 그 어간의 원형을 밝히어 적지 않는다.
② ㄴ의 '뜨더귀'는 '뜯- + -어귀'로 품사가 동사에서 명사로 바뀌었으므로 원형을 밝히지 않고 '뜨더귀'로 적는다. ㄷ의 '바투'는 '밭- + -우'로 품사가 형용사에서 부사로 바뀌었으므로 원형을 밝히지 않고 '바투'로 적는다.

오답 해설

ㄱ. 문맥상 '여러 사람이 모여서 즐겁게 노는 일. 또는 그런 활동'을 뜻하는 '놀음'이 쓰여야 한다. '놀음'은 '놀다'의 '놀-'에 '-음'이 붙은 것으로, 어간의 본뜻이 유지되므로 그 형태를 밝히어 적는다. 참고로 '노름'은 '돈이나 재물 따위를 걸고 주사위, 골패, 마작, 화투, 트럼프 따위를 써서 서로 내기를 하는 일'이라는 뜻으로, 어원적으로 '놀-'에 '-음'이 붙어서 되었다고 생각되지만 어간의 본뜻에서 멀어졌으므로 소리 나는 대로 '노름'으로 적어야 한다.
ㄹ. 문맥상 '높이나 경계로 가로막은 사물의 저쪽. 또는 그 공간'을 뜻하는 '너머'가 쓰여야 한다. '너머'는 '넘다'에서 온 말이지만 명사로 굳어진 것으로 '넘다'의 활용형 '넘어'와는 구별해서 써야 한다.

033 정답 ②

평가요소	3.1 한글 맞춤법
세부 평가요소	3.1.2 형태에 관한 것
출처	국립국어원(2018), 『한글 맞춤법, 표준어 규정 해설』, 국립국어원

정답 해설

② 단어의 끝모음이 줄어지고 자음만 남은 것은 그 앞의 음절에 받침으로 적어야 한다. '어제저녁'이 줄어들어 [얻쩌녁]이 될 때 둘째 음절 '제'에서 남은 'ㅈ'을 첫째 음절의 받침으로 적어 '엊저녁'으로 적어야 한다.

오답 해설

① 체언과 조사가 어울려 줄어지는 경우에는 준 대로 적어야 한다. 따라서 '그것+을(체언+조사)'의 준말은 '그건'으로 적는다.
③ 체언과 조사가 어울려 줄어지는 경우에는 준 대로 적어야 한다. 따라서 '무엇+을(체언+조사)'의 준말은 '뭣을'로 적는다.
④ 단어의 끝모음이 줄어지고 자음만 남은 것은 그 앞의 음절의 받침으로 적어야 하므로 '기러기+야'의 준말은 '기럭아'로 적어야 한다.
⑤ 부사에 조사가 결합할 때에는 준 대로 적어야 한다. 따라서 '조리+로(부사+조사)'의 준말은 '졸로'로 적는다.

034 정답 ④

평가요소	3.1 한글 맞춤법
세부 평가요소	3.1.3 띄어쓰기
출처	국립국어원(2018), 『한글 맞춤법, 표준어 규정 해설』, 국립국어원

정답 해설

④ 의존 명사는 앞말과 띄어 써야 한다. 두 개 이상의 사물을 열거하는 구조에서 '그런 따위'라는 뜻을 나타내는 경우의 '들'은 의존 명사이므로 앞말과 띄어 쓴다. 참고로 '들'이 '학생들, 사람들'처럼 복수를 나타낼 때에는 접미사이므로 앞말에 붙여 쓴다.

오답 해설

① '차'가 명사 뒤에 나오면 접미사이므로 앞말에 붙여 쓰고, 용언의 관형사형 뒤에서는 의존 명사이므로 앞말과 띄어 쓴다. '사업차'의 '사업'은 명사이고 '차'는 접미사이므로 앞말에 붙여 써야 한다.
② '대로'는 체언 뒤에 나오면 조사이므로 앞말에 붙여 쓰고, 용언의 관형사형 뒤에서는 의존 명사이므로 앞말과 띄어 쓴다. '법대로'의 '대로'는 '그와 같이'라는 뜻을 나타내는 조사이므로 앞말에 붙여 써야 한다.
③ '만큼'은 체언 뒤에 나오면 조사이므로 앞말에 붙여 쓰고, 용언의 관형사형 뒤에서는 의존 명사이므로 앞말과 띄어 쓴다. '고등학생만큼'의 '만큼'은 '앞말과 비슷한 정도로'라는 뜻을 나타내는 조사이므로 앞말에 붙여 써야 한다.
⑤ 조사는 앞말에 붙여 써야 하고, 조사가 둘 이상 연속되거나 어미 뒤에 붙을 때에도 앞말에 붙여 써야 한다. '사과하기는커녕'의 '사과하기는'은 '용언+어미'의 구성이므로 '커녕'은 조사가 되고 앞말에 붙여 써야 한다.

035 정답 ⑤

평가요소	3.1 한글 맞춤법
세부 평가요소	3.1.4 그 밖의 것
출처	국립국어원(2018), 『한글 맞춤법, 표준어 규정 해설』, 국립국어원

정답 해설

⑤ '적다[少]'의 뜻이 없이 [쩍따]로 발음되는 경우에는 '쩍다'로 적어야 하므로 '멋쩍은지'가 옳은 표기이다.

오답 해설

① 지난 일을 나타내는 어미는 '-더라, -던'으로 적고, 물건이나 일의 내용을 가리지 아니하는 뜻을 나타내는 조사와 어미는 '-든지'로 적어야 한다. '배든지 사과든지'는 나열된 동작이나 상태, 대상들 중에서 어느 것이든 선택될 수 있음을 나타내는 보조사이므로 옳은 표기이다.
② '어떤 방향으로 길게 이어져 가다, 어떤 것에 미치게 길게 내밀다.'는 뜻의 말은 '뻐치다'가 아닌 '뻗치다'로 적어야 하므로 옳은 표기이다.
③ '부딪히다'는 '부딪다'의 피동사로, '무엇과 무엇이 힘 있게 마주 닿게 되거나 마주 대게 되다. 또는 닿게 되거나 대게 되다.'를 뜻하며, 제시된 문맥에서 옳게 사용되었다. '부딪다'를 강조하는 말인 '부딪치다'와 헷갈리지 않도록 주의해야 한다.
④ '겉으로 보고 대강 짐작하여 헤아리다.'를 뜻하는 단어는 '겉잡다'이므로 옳은 표기이다. 이때 '한 방향으로 치우쳐 흘러가는 형세 따위를 붙들어 잡다.'는 뜻의 '걷잡다'와 헷갈리지 않도록 주의해야 한다.

036 정답 ④

평가요소	3.1 한글 맞춤법
세부 평가요소	3.1.5 문장 부호
출처	국립국어원(2014), 『문장 부호 해설』, 국립국어원

정답 해설

④ 소제목, 그림이나 노래와 같은 예술 작품의 제목, 상호, 법률, 규정 등을 나타낼 때 쓰는 문장 부호는 홑낫표(「 」)와 홑화살괄호(〈 〉)이다. 용례에 쓰인 『 』는 겹낫표로 책의 제목이나 신문 이름 등을 나타낼 때 쓴다.

037 정답 ①

평가요소	3.2 표준어 규정
세부 평가요소	3.2.1 발음 변화에 따른 표준어
출처	국립국어원(2018), 『한글 맞춤법, 표준어 규정 해설』, 국립국어원

정답 해설

① 수컷을 이르는 접두사는 '수-'로 통일해 표기하므로 '수꿩'은 옳은 표기이다. 다만, '숫양, 숫염소, 숫쥐'는 '숫-'으로 표기하므로 별도로 암기해 두어야 한다.

오답 해설

② 양성 모음이 음성 모음으로 바뀌어 굳어진 다음 단어는 음성 모음 형태를 표준어로 한다. 따라서 '깡충깡충'으로 표기해야 한다.
③ 양성 모음이 음성 모음으로 바뀌어 굳어진 다음 단어는 음성 모음 형태를 표준어로 한다. 따라서 '오뚝이'로 표기해야 한다.
④ '둘째, 셋째, 넷째'는 의미 구별 없이 한 가지 형태만을 표준어로 한다. 따라서 '둘째'로 표기해야 한다. 다만, '둘째'는 십 단위 이상의 서수사에 쓰일 때 '두째'로 써야 함에 주의한다.
⑤ 어원에서 멀어진 형태로 굳어져서 널리 쓰이는 것은, 그것을 표준어로 삼아야 한다. 따라서 '다달이 돈을 내고 빌려 쓰는 방이나 집.'를 뜻하는 말은 '사글세'로 표기한다.

038 정답 ④

평가요소	3.2 표준어 규정
세부 평가요소	3.2.2 어휘 선택 변화에 따른 표준어
출처	국립국어원, 지역어 종합 정보 사이트 (https://dialect.korean.go.kr/dialect/)

정답 해설

④ '버팅기다'는 '버티다'를 뜻하는 강원도, 경상도, 전라도 방언이다.

오답 해설

① '혼구녕'은 '혼구멍'을 뜻하는 강원도, 경상도, 전라도, 충청도, 함경도, 황해도 방언이다.
② '베락'은 '벼락'을 뜻하는 강원도, 경상도, 전라도, 충청도 방언이다.
③ '먼첨'은 '먼저'를 뜻하는 강원도, 경기도, 경상도, 전라도 방언이다.
⑤ '씨겁다'는 '쓰다'를 뜻하는 강원도, 경상도, 전라도, 충청도, 함경도 방언이다.

039 정답 ①

평가요소	3.2 표준어 규정
세부 평가요소	3.2.3 표준 발음법
출처	국립국어원(2018), 『한글 맞춤법, 표준어 규정 해설』, 국립국어원

정답 해설

① 표기상으로는 사이시옷이 없더라도, 관형격 기능을 지니는 사이시옷이 있어야 할(휴지가 성립되는) 합성어의 경우에는 뒤 단어의 첫소리 'ㄱ, ㄷ, ㅂ, ㅅ, ㅈ'을 된소리로 발음해야 한다. '문고리'는 '문+고리'의 합성어로 뒤의 단어 첫소리가 'ㄱ'이므로 [문꼬리]가 표준 발음이다.

오답 해설

② 'ㄱ, ㄷ, ㅂ, ㅅ, ㅈ'으로 시작하는 단어 앞에 사이시옷이 올 때는 이들 자음만을 된소리로 발음하는 것을 원칙으로 하되, 사이시옷을 [ㄷ]으로 발음하는 것도 허용한다. '햇살'은 '해+살'의 합성어로 '살' 앞에 사이시옷이 오므로 [해쌀/핻쌀]로 발음해야 한다. 즉, [핻쌀]은 표준 발음으로 옳게 쓰였다.
③ 사이시옷 뒤에 '이' 음이 결합되는 경우에는 [ㄴㄴ]으로 발음해야 한다. '배갯잇'은 '배개+잇'의 합성어로 사이시옷 뒤에 '이' 음이 결합되므로 [배갠닏]으로 발음해야 한다. 즉, [배갠닏]은 표준 발음으로 옳게 쓰였다.
④ 'ㄱ, ㄷ, ㅂ, ㅅ, ㅈ'으로 시작하는 단어 앞에 사이시옷이 올 때는 이들 자음만을 된소리로 발음하는 것을 원칙으로 하되, 사이시옷을 [ㄷ]으로 발음하는 것도 허용한다. '샛길'은 '새+길'의 합성어로 'ㄱ'으로 시작하는 단어 앞에 사이시옷이 오므로 [새ː낄/샏ː낄]로 발음할 수 있다. 즉, [새낄]은 표준 발음으로 옳게 쓰였다.
⑤ 합성어에서 앞 단어의 끝이 자음이고 뒤 단어의 첫음절이 '이, 야, 여, 요, 유'인 경우에는 'ㄴ' 음을 첨가하여 [니, 냐, 녀, 뇨, 뉴]로 발음해야 한다. '꽃잎'은 '꽃+잎'의 합성어이고 앞 음절이 '꽃'으로 자음으로 끝나고, 뒤 단어의 첫음절이 '잎'으로 '이'에 해당하므로 'ㄴ' 음을 첨가한다. 즉, 표준 발음인 [꼰닙]으로 옳게 쓰였다.

040 정답 ②

평가요소	3.3 외래어 표기법
세부 평가요소	3.3.1 외래어의 표기
출처	국립국어원, 외래어 표기법(문화체육관광부고시 제2017-14호)

정답 해설

② 어말 또는 자음 앞의 [v]는 '으'를 붙여 적어야 한다. 'olive'는 [ɔliv]로 발음되고, [v]는 '브'로 적어야 하므로 '올리브'는 올바른 표기이다.

오답 해설

① 어말의 [ʃ]는 '시'로 적어야 한다. 'flash'는 [flæʃ]로 발음되고, [ʃ]이 어말에 위치하여 '시'로 적어야 하므로 '플래시'가 올바른 외래어 표기이다.
③ 어말과 모든 자음 앞에 오는 유성 파열음은 '으'를 붙여 적어야 한다. 'lobster'는 [lɔbstə]로 발음되고, [b]는 자음 앞에 위치하여 '브'로 적어야 하므로 '로브스터'가 올바른 외래어 표기이다. '로브스터'로 표기하는 것이 원칙이지만, 통용되는 표기를 인정하여 '랍스터'로 적는 것도 허용한다.
④ 모음 앞과 자음 앞 또는 어말에서 [ŋ]은 'ㅇ'으로 적어야 한다. 'hanging'은 [hæŋiŋ]으로 발음되고, 첫 번째 [ŋ]은 모음 앞, 두 번째 [ŋ]은 어말에 위치하므로 둘 모두 'ㅇ'으로 표기해야 한다. 따라서 '행잉'이 올바른 외래어 표기이다.
⑤ 모음 앞의 [ʒ]는 'ㅈ'으로 적어야 하고 [ə]는 '어'로 표기한다. 'vision'은 [viʒən]으로 발음되므로 '비전'이 올바른 외래어 표기이다.

041 정답 ②

평가요소	3.4 로마자 표기법
세부 평가요소	3.4.1 국어의 로마자 표기
출처	국립국어원, 국어의 로마자 표기법(문화체육관광부고시 제2014-0042호)

정답 해설

② 로마자 표기는 국어의 표준 발음법에 따라 적어야 하며, 음운 변화가 일어날 때에는 변화의 결과에 따라 적는 것이 원칙이다. 다만, 된소리되기는 표기에 반영하지 않는다. '콩국수'의 표준 발음은 [콩국쑤]인데 된소리되기는 표기에 반영하지 않으므로 'kongguksu'로 표기해야 한다.

오답 해설

① '시루떡'의 표준 발음은 [시루떡]이다. 'ㄹ'은 모음 앞에서는 'r'로, 'ㄸ'은 'tt'로, 'ㅓ'는 'eo'로 적어야 하는데, 'sirutteok'으로 올바르게 표기하였다.
③ '묵사발'의 표준 발음은 [묵싸발]이다. 된소리되기는 표기에 반영하지 않으므로 'muksabal'로 표기하는 것은 옳다.
④ '총각김치'의 표준 발음은 [총ː각낌치]이다. 된소리되기는 표기에 반영하지 않으므로 'chonggakkimchi'로 표기하는 것은 옳다.
⑤ '감자탕'의 표준 발음은 [감자탕]이므로, 'gamjatang'으로 표기하는 것은 옳다.

042 정답 ⑤

평가요소	3.5 정확한 문장
세부 평가요소	3.5.1 어법에 맞는 표현
출처	• 국립국어원, 표준국어대사전 (stdict.korean.go.kr) • 조너선 케네디 저/조현욱 옮김(2025), 『균은 어떻게 세상을 만들어 가는가』, 아카넷, 28쪽

정답 해설

⑤ ⑩ '고대 대제국들을 멸망시키고, 봉건제에서 자본주의로 전환을 이끌었다.'에서 '멸망시키고'와 '전환을 이끌었다'와 호응하는 주어가 필요하다. 앞의 문맥을 고려할 때 '병원균은' 등의 주어가 추가되어야 한다.

043 정답 ②

평가요소	3.5 정확한 문장
세부 평가요소	3.5.1 어법에 맞는 표현

정답 해설

② '아버지, 먼저 들어가십시오.'에서 '들어가십시오'는 상대 높임법의 '하십시오체'로, 상대를 아주 높인 '하십시오체'가 쓰였다. 상대를 예사 높인 표현은 '하오체'로 '커피 한 잔 하오.'와 같이 쓴다.

오답 해설

① 문장에서 높여야 할 대상은 '할머니'로 아버지의 행동인 '도착한대요'를 낮추는 압존법을 씀으로써 청자인 '할머니'를 높이고 있다.
③ '어머니'는 문장의 주체이며 높임의 대상이므로 '께서'를 통해 주체인 '어머니'를 직접 높였다. '께서'는 직접 주체를 높일 때, 객체를 높일 때 모두 쓰이는데, 문장의 주어에 쓰였으면 주체 높임, 문장의 목적어에 쓰였으면 객체 높임으로 쓰인 것이다.
④ '여쭈었다'는 '묻다'의 높임 표현으로 객체인 '교수님'을 높이고 있다.
⑤ '말씀'은 '말'의 높임 표현으로 주체인 '교장 선생님'을 간접적으로 높이고 있다.

044 정답 ④

평가요소	3.5 정확한 문장
세부 평가요소	3.5.1 어법에 맞는 표현

정답 해설

④ 접속 조사 '와'가 쓰였으나 중의성은 드러나지 않는 문장이다.

오답 해설

① 동작이 진행되었는지 완료되었는지에 의해 중의성이 발생한 문장이다. '짱아가 구두를 신고 있는 동작이 진행 중'이라고 해석될 수도 있고, '짱아가 구두를 이미 신고 있고, 신고 있는 상태가 지속되는 중'이라고 해석될 수도 있다.
② 부정하는 대상이 미치는 범위에 의해 중의성이 발생한 문장이다. '흰둥이가 밥을 하나도 먹지 않았다.'라고 해석될 수도 있고, '흰둥이가 밥을 먹긴 했는데 모두 먹지 않았다.'라고 해석될 수도 있다.
③ '아름다운'의 수식 범위에 의해 중의성이 발생한 문장이다. '아름다운'이 '유리'를 수식할 수도, '유리의 고향'을 수식할 수도 있다.
⑤ 접속 조사 '와'의 범위에 의해 중의성이 발생한 문장이다. 원장 선생님께서 '사과 1개와 귤 1개를 주신 것'으로 해석될 수도 있고, '사과 1개와 귤 2개를 주신 것'으로 해석될 수도 있다.

045 정답 ⑤

평가요소	3.5 정확한 문장
세부 평가요소	3.5.3 번역 투 표현

정답 해설

⑤ '부부싸움을 피하기 위해서는 항상 경청하려는 자세가 필요하다.'와 '부부싸움을 피하기 위해서는 항상 경청해야 한다.' 모두 자연스러운 우리말 표현이다.

오답 해설

① '~에 값하다'는 일본어 번역 투 표현으로 '-ㄹ 만하다' 정도로 고쳐 쓰는 것이 우리말의 자연스러운 표현이다.
② '~을/를 필요로 한다'는 영어 번역 투 표현으로 '~이 필요하다' 정도로 고쳐 쓰는 것이 우리말의 자연스러운 표현이다.
③ '~을/를 갖다'는 영어 번역 투 표현으로 '~을/를 하다' 정도로 고쳐 쓰는 것이 우리말의 자연스러운 표현이다.
④ '~에 있다'는 일본어 번역 투 표현으로 '~이다' 정도로 고쳐 쓰는 것이 우리말의 자연스러운 표현이다.

쓰기 046~050번

046 정답 ③

평가요소	4.1 글쓰기 계획
세부 평가요소	4.1.1 계획하기
출처	• 박소현, "MZ 세대 트렌드 '헬시플레저' … 약사의 시대가 온다", 약사공론, 2024. 11. 7. • 한지숙, ""오운완" 유행이더니 헬스장 분쟁 80%가 MZ 세대", 헤럴드경제, 2025. 5. 14.

정답 해설

③ 제시문에는 '헬시플레저', '오운완' 등 주요 용어에 대한 개념이 제시되어 있고(ㄱ), 연도별 헬스장 피해 구제 신청 건수와 피해 구제 신청자 중 MZ 세대의 압도적인 비율을 객관적인 수치로 제공하고 있으며, 그 외에도 헬스장 피해 구제 신청 이유의 비율과 구독 서비스 관련 피해 유형 비율이 제시되어 있다(ㄹ).

오답 해설

ㄴ. 의문문으로 글을 시작하고 있지 않다.
ㄷ. 전문가 인터뷰와 그래프는 제시되어 있지 않다.
ㅁ. 문제 상황에 대한 찬반 입장은 제시되어 있지 않다.

047 정답 ③

평가요소	4.1 글쓰기 계획
세부 평가요소	4.1.2 자료의 활용
출처	• 박소현, "MZ 세대 트렌드 '헬시플레저' … 약사의 시대가 온다", 약사공론, 2024. 11. 7. • 한지숙, ""오운완" 유행이더니 헬스장 분쟁 80%가 MZ 세대", 헤럴드경제, 2025. 5. 14. • ""환불 불가" 급증한 헬스장 분쟁 … '장기·고액' 계약 주의", SBS 8시 뉴스, 2025. 5. 15. (https://tv.naver.com/v/76574287)

정답 해설

③ (나)의 A 씨 인터뷰는 헬스장 사용 계약서 원본을 헬스장에서 주지 않아 발생한 문제이므로 개인의 부주의로 발생한 문제라고 볼 수 없다. 따라서 개인의 부주의로 헬스장 분쟁이 일어날 수 있음을 보여 주는 자료로 활용하는 것은 적절하지 않다.

오답 해설

① (가)-1 그래프는 '최근 3년간 헬스장 피해 구제 신청 접수 건수'에 대한 내용이므로 헬스장 분쟁 증가에 대한 객관적 자료로 활용하기 적절하다.
② (가)-2 그래프는 '헬스장 구독 서비스 관련 피해 유형'에 대한 내용이므로 구독 서비스의 피해 유형에 대한 시각적 자료로 활용하기 적절하다.
④ (나)의 B 씨 인터뷰는 사전 고지 없이 헬스장 구독료가 인상된 문제점에 대한 내용이므로 헬스장 구독 서비스의 문제 현황을 보여 주는 자료로 활용하기 적절하다.
⑤ (다)의 내용은 헬스장 분쟁을 대비하기 위한 방안에 대한 신문 기사 내용이므로 헬스장 분쟁 방지를 위한 대안으로 활용하기 적절하다.

048 정답 ①

평가요소	4.1 글쓰기 계획
세부 평가요소	4.1.3 개요 작성
출처	• 박소현, "MZ 세대 트렌드 '헬시플레저' … 약사의 시대가 온다", 약사공론, 2024. 11. 7. • 한지숙, ""오운완" 유행이더니 헬스장 분쟁 80%가 MZ 세대", 헤럴드경제, 2025. 5. 14.

정답 해설

① 헬시플레저는 MZ 세대들의 건강 관리 트렌드 중 하나로, MZ 세대의 특징을 설명하는 주요 개념이다. 전체 글의 맥락상 글의 서두에 등장하는 것이 적절하며, Ⅱ를 설명하기 위해 사전에 제공되어야 할 정보에 해당하므로 Ⅱ의 하위 항목으로 이동하는 것은 적절하지 않다.

오답 해설

② Ⅱ-1의 '헬스장 관련 분쟁의 원인'과 Ⅱ-3의 '헬스장 피해 구제 신청 이유'는 청약 철회 또는 환급 거부, 중도 해지 시 위약금 분쟁 등의 동일한 내용이므로 Ⅱ-1을 삭제하는 것은 적절하다.
③ Ⅲ-3의 '헬스장 관련 분쟁과 헬스장 구독 서비스 관련 분쟁 공통점 비교'는 전체 글의 흐름을 고려했을 때 통일성을 해치므로 삭제하는 것은 적절하다.
④ Ⅱ-2의 '연도별 헬스장 피해 구제 신청 건수'에 이어 Ⅲ에도 '헬스장 구독 서비스 피해 수치'를 제시하여 글 전체의 신뢰성을 높일 수 있으므로 적절한 수정이다.
⑤ 헬스장 관련 분쟁을 해결하는 글의 마무리에서 제도적 차원과 개인적 차원의 두 가지 방법을 모두 다루므로, Ⅳ의 내용을 '제도적 장치 마련과 개인적 차원의 방안 마련으로 세분화'하는 것은 적절하다.

049 정답 ②

평가요소	4.2 고쳐쓰기
세부 평가요소	4.2.2 미시적 점검
출처	• 박소현, "MZ 세대 트렌드 '헬시플레저' … 약사의 시대가 온다", 약사공론, 2024. 11. 7. • 한지숙, ""오운완" 유행이더니 헬스장 분쟁 80%가 MZ 세대", 헤럴드경제, 2025. 5. 14.

정답 해설

② ⓒ은 '헬시플레저'라는 주어를 사용하는 두 개의 문장이 이어진 문장이다. 두 번째 문장에서 주어인 '헬시플레저란'과 호응하는 서술어는 '드러나는 건강 관리법이다'이다.

오답 해설

① ㉠은 요즘 MZ 세대들 사이에 헬시플레저 트렌드와 헬시플레저 사례에 대해 설명하고 있는 1문단 내용에 어울리지 않으므로 삭제하는 것이 적절하다.
③ ⓒ은 '~되어진'이 쓰여 불필요한 피동 표현으로 쓰인 문장이다. '발표되어진'을 '발표한'으로 수정해 능동문으로 바꾸는 것이 우리말 표현에 자연스럽다.
④ ㉢은 문맥상 '증권 또는 대금을 주고받아 매매 당사자 사이의 거래 관계가 끝나다.'의 '결제되다'가 쓰이는 것이 적절하다.
⑤ ㉣의 앞선 내용으로 20~30대의 MZ 세대들이 헬스장 관련 분쟁에 많이 휘말린 상태가 서술되고, ㉣에서 해당 내용을 재서술하고 있으므로 역접의 '그러나'가 아닌 순접의 '이처럼, 이와 같이'를 쓰는 것이 적절하다.

050 정답 ⑤

평가요소	4.2 고쳐쓰기
세부 평가요소	4.2.1 거시적 점검
출처	• 박소현, "MZ 세대 트렌드 '헬시플레저' … 약사의 시대가 온다", 약사공론, 2024. 11. 7. • 한지숙, ""오운완" 유행이더니 헬스장 분쟁 80%가 MZ 세대", 헤럴드경제, 2025. 5. 14.

정답 해설

⑤ 빈칸에 들어갈 내용의 앞뒤 문맥을 살폈을 때, 빈칸 앞에는 헬스장 분쟁의 큰 비중을 차지하는 것이 20~30대의 MZ 세대들이라는 내용이, 빈칸 뒤에는 제도가 마련되기 전까지 피해 방지를 위한 개인의 노력 촉구에 대한 내용이 담겨 있다. 즉, 빈칸 앞에는 문제 상황에 대해, 빈칸 뒤에는 문제를 해결하는 개인적 차원의 노력에 대해 서술되어 있으며, 특히 빈칸 뒤에 나오는 문장에서 '제도가 마련되기 전까지'라는 표현을 통해 빈칸에는 개인 차원이 아닌 제도적 장치가 마련되어야 한다는 내용이 들어가야 함을 알 수 있다. 따라서 ㉮에는 '이를 개선하기 위해 피해 구제를 신청했을 때 환급·배상 등 분쟁이 해결되는 비중을 높이기 위한 제도적 장치가 마련되어야 하겠다'가 들어가는 것이 가장 적절하다.

| 창안 | 051~060번 |

051 정답 ①

평가요소	5.1 텍스트 창안
세부 평가요소	5.1.2 유비추론을 활용한 내용 생성
출처	윤덕인, "된장", 한국민속대백과사전 (https://folkency.nfm.go.kr/topic/%EB%90%9C%EC%9E%A5)

정답 해설

① '된장'은 메주에서 간장을 뺀 후 의도적으로 만들어내는 결과물이므로, 계획했던 것으로 도출된 결과물이다.

오답 해설

② '메주'는 된장을 제조하기 위한 핵심 재료로, 전체 결과물의 기반이 된다.
③ '찹쌀 죽'은 맛과 발효를 돕는 보조 재료로, 결과물의 완성도를 높이는 역할을 한다.
④ '항아리'는 된장(결과물)을 완성하기 위해 재료들을 저장·숙성시키는 저장 용기이다.
⑤ '소금'은 된장의 빛을 곱게 하고, 맛이 있게 해 주는 부수적인 재료이다.

052 정답 ⑤

평가요소	5.1 텍스트 창안
세부 평가요소	5.1.2 유비추론을 활용한 내용 생성
출처	윤덕인, "된장", 한국민속대백과사전 (https://folkency.nfm.go.kr/topic/%EB%90%9C%EC%9E%A5)

정답 해설

⑤ ⓐ는 된장을 만들 때의 전통적인 방법을 강조하며, ⓑ는 현대적이고 효율적인 방식으로 위생과 효소 작용을 극대화하는 혁신적인 방법을 강조한다. 이를 조직의 혁신과 관련지어 이해할 때, ⑤는 기존 조직과 직원들을 존중하면서도 새로운 변화를 시도한다는 점에서 가장 적절하다.

오답 해설

① 외부 성공 사례를 참고하는 방식으로, 조직 혁신 아이디어에는 해당하지만 ⓐ와 ⓑ에서 이끌어 낼 수 있는 사례로는 적절하지 않다.
② 내부 의견 수렴에 집중하는 것으로, 조직 혁신이라기보다 현 상태 파악에 가깝다. 따라서 ⓐ와 ⓑ에서 이끌어 낼 수 있는 사례로는 적절하지 않다.
③ 적극적인 외부 자원 도입과 체계적 변화를 의미해 ⓑ의 개량된 장 방식과 연결되기는 하지만, ⓐ와 ⓑ 모두에서 이끌어 낼 수 있는 사례로는 적절하지 않다.
④ 급진적 조직 문화 혁신에 해당하는데, ⓑ의 개량된장처럼 효율과 위생을 강조하는 조직 변화와 연결 가능하다. 하지만 ⓐ와 ⓑ 모두에서 이끌어 낼 수 있는 사례로는 적절하지 않다.

053 정답 ④

평가요소	5.1 텍스트 창안
세부 평가요소	5.1.1 조건에 맞는 내용 생성
출처	윤덕인, "된장", 한국민속대백과사전 (https://folkency.nfm.go.kr/topic/%EB%90%9C%EC%9E%A5)

정답 해설

④ [A]는 된장 맛을 위해 간장과 된장을 나누어 따로 담는 경우가 많아졌다는 것이 요지이다. 이를 인재 채용에 적용해 본다면, 된장 맛을 위해 간장과 된장을 따로 담듯이 인재 또한 직무와 부서에 적합하게 따로 채용해야 한다고 적용해 볼 수 있다.

054 정답 ⑤

평가요소	5.2 그림 창안
세부 평가요소	5.2.2 구체적 그림을 활용한 내용 생성

정답 해설

⑤ (나)는 홍탕과 백탕이라는 각기 다른 두 가지 음식을 반반으로 나눈 냄비에 담아 두 가지 음식을 한 번에 먹을 수 있는 아이디어 상품이다. 홍탕과 백탕이라는 냄비에 담기는 음식은 각기 다른 개성을 지니지만, 그 음식을 반으로 나누어 담는 냄비가 각기 다른 개성을 결합하여 새로운 상품을 도출한 것이 아니라 각 본질은 유지한 채 칸을 나누어 담기만 한 것이다.

오답 해설

① (가)는 노트북과 노트와 펜의 기능을 결합한 태블릿에 대한 내용으로, 태블릿은 컴퓨터 기능과 필기하는 기능을 합친 기능을 가졌으므로 ㉠은 적절한 설명이다.
② (나)는 냄비 안쪽을 반으로 나누어 두 가지 음식을 한 번에 먹을 수 있게 한 냄비에 대한 내용이므로 ㉡은 적절한 설명이다.
③ (나)는 반으로 나눈 냄비에 백탕과 홍탕을 담으면 백탕과 홍탕이라는 각기 다른 요소의 맛이 유지되므로 ㉢은 적절한 설명이다.
④ (가)는 노트북과 노트와 펜의 기능을 결합해 태블릿이라는 새로운 상품을 탄생시킨 것이므로 ㉣은 적절한 설명이다.

055 정답 ④

평가요소	5.1 텍스트 창안
세부 평가요소	5.1.2 유비추론을 활용한 내용 생성

정답 해설

④ (다)는 각기 다른 방식의 음식 제조 방식을 결합하여 새로운 음식을 만들어낸 사례이다. 이를 인재 육성 방식에 접목해 보면 인재를 어떤 방식으로 육성하는지에 따라 각기 다른 인재로 성장할 수 있으므로, 기존에 고집한 한 가지 방식으로 교육을 하는 것이 아니라 새로운 교육 방법을 접목해 보는 것으로 볼 수 있다. 따라서 우리 회사만의 교육 방법을 고집하는 것이 아니라 타 기업에서 시행하는 교육 방법을 접목해 보는 ④가 가장 적절하다.

056 정답 ⑤

평가요소	5.2 그림 창안
세부 평가요소	5.2.2 구체적 그림을 활용한 내용 생성

정답 해설

(가)는 노트북과 노트와 펜의 기능을 결합한 태블릿에 대한 내용으로, 태블릿은 컴퓨터 기능과 필기하는 기능을 합쳐진 기능을 가진 제품이다.
⑤ MP3, 카메라, 컴퓨터의 기능이 합쳐진 기능을 가진 휴대 전화이므로 (가)의 변형 방식에 해당하는 사례로 볼 수 있다.

오답 해설

① 1단은 냄비, 2단은 찜기로 쓰는 2단 냄비는 각각의 기능이 유지되는 새로운 제품이므로, 홍탕과 백탕을 동시에 담을 수 있는 (나)의 변형 방식에 해당하는 사례로 볼 수 있다.
② 치킨과 콜라를 한 번에 먹을 수 있는 콜팝은 각각의 특징이 유지되는 음식이므로, 홍탕과 백탕을 동시에 담을 수 있는 (나)의 변형 방식에 해당하는 사례로 볼 수 있다.
③ 짜장면과 짬뽕을 동시에 담을 수 있는 짬짜면은 각각의 특징이 유지되는 새로운 음식이므로, 홍탕과 백탕을 동시에 담을 수 있는 (나)의 변형 방식에 해당하는 사례로 볼 수 있다.
④ 가위, 칼, 병따개 등이 모두 들어 있는 만능칼은 가위, 칼, 병따개 각각의 기능이 유지되는 새로운 제품이므로, 홍탕과 백탕을 동시에 담을 수 있는 (나)의 변형 방식에 해당하는 사례로 볼 수 있다.

057 정답 ②

평가요소	5.2 그림 창안
세부 평가요소	5.2.2 구체적 그림을 활용한 내용 생성
출처	2024 국민환경의식조사, 8쪽

정답 해설

② 이 공익 광고는 컴퓨터 바탕화면에서 쓰레기를 휴지통으로 버리는 모습에 비유해, 발생한 쓰레기를 분리배출 기준에 적합하게 버려야 한다는 분리배출의 중요성에 대한 내용을 담고 있다. 쓰레기 발생량을 줄여야 한다는 내용을 적용하는 것은 적절하지 않다.

오답 해설

① 대중교통의 이산화탄소 배출량을 줄이기 위해 승용차 대신 대중교통을 이용하면 자연을 지킬 수 있다는 내용을 숲을 지우는 표현에 빗댄 공익 광고이다.

③ 현재 심각해진 미세먼지 문제에 대한 경각심을 불러 일으키며, 대기오염이 더 심각해지면 방독면을 쓰고 외출해야 하는 순간이 올 수도 있다고 경고하고 있는 공익 광고이다.
④ 지구 온난화로 삶의 터전을 잃고 있는 북극곰을 주인공으로 등장시켜 기후위기로 고통 받는 동물에게 관심을 촉구하는 내용을 제시하고 있는 공익 광고이다.
⑤ 이미 멸종한 공룡을 주인공으로, 환경을 보호하지 않으면 자신과 동일하게 인간도 멸종할 수 있음을 경고하며, 환경을 보호해야 하는 이유가 바로 우리 인간을 위함임을 알게 하는 내용을 제시하고 있는 공익 광고이다.

058   정답 ⑤

평가요소	5.2 그림 창안
세부 평가요소	5.2.2 구체적 그림을 활용한 내용 생성
출처	2024 국민환경의식조사, 8쪽

정답 해설

⑤ 승용차보다 대중교통을 권장하는 내용을 담고 있고, 앞뒤 문장이 대구의 형태를 띠고 있으며, 앞뒤 문장 모두 청유형 문장을 사용하였다.

오답 해설

① 앞뒤 문장이 대구의 형태를 띠고, 앞뒤 문장 모두 청유형 문장을 사용하였으며, 대기오염에 대한 내용을 담고 있다. 그러나 대중교통 이용을 권장하는 내용을 담고 있지 않다.
② 대구법, 청유형 문장의 조건을 충족하지 못한 문장이다. 또한 승용차 이용을 줄이면 대기오염 문제를 해결할 수 있다는 내용을 담고 있으나, 대중교통 이용을 권장하는 내용을 담고 있지는 않다.
③ 대구법, 청유형 문장의 조건을 충족하지 못한 문장이다. 또한 승용차 이용을 줄이자는 내용을 담고 있지 않다.
④ 대구법, 청유형 문장의 조건을 충족하지 못한 문장이다. 또한 대중교통 이용을 권장하는 내용을 담고 있지 않다.

059   정답 ③

평가요소	5.1 텍스트 창안
세부 평가요소	5.1.2 유비추론을 활용한 내용 생성
출처	이솝 저/박문재 역(2020), 『이솝우화 전집』, 현대지성

정답 해설

친구가 된 독수리와 여우는 함께 어울려 살다 보면 우정이 더 돈독해질 것이라고 생각해서 가까운 곳에 살게 되었다. 그러나 먹이를 구하기 힘들어진 독수리는 친구인 여우의 새끼들을 사냥한다. 이런 독수리는 여우와의 신의와 우정을 저버린 배신자이자 부도덕한 대상이다.
③ 고려 임금에 대한 충절을 드러내는 〈단심가〉를 쓴 정몽주는 신의와 우정을 저버리지 않은 인물이다. 제시문의 사례와 반대의 모습이다.

오답 해설

① 세조는 왕위에 오르기 위해 현재의 왕이자 자신의 조카인 단종을 폐위시킨 인물이다. 이는 선왕이자 형인 문종에 대한 신의와 섬겨야 할 대상인 조카이자 담종에 대한 신의를 저버린 것이다.
② 이완용은 고종에 대한 신의를 저버리고 대한제국을 판 부도덕한 인물이다.
④ 이성계는 위화도 회군을 한 후에 조선을 건국한 인물이지만, 고려의 관점에서 보면 명령을 어기는 신의를 저버리는 태도를 보이며, 고려를 배신한 불충한 인물이다.
⑤ 이방원은 이성계의 아들로, 〈하여가〉를 지어 정몽주에게 협력하여 함께 새로운 나라를 세우자고 제안한다. 고려와 정몽주 관점에서 보면 고려를 배신한 인물이다.

060   정답 ④

평가요소	5.1 텍스트 창안
세부 평가요소	5.1.1 유비추론을 활용한 내용 생성
출처	이솝 저/박문재 역(2020), 『이솝우화 전집』, 현대지성

정답 해설

ⓐ '독수리'는 여우와의 신의와 우정을 저버린 배신자이자 부도덕한 대상이고, ⓑ '새끼 독수리들'은 독수리의 부도덕한 행동으로 인해 인과응보적 재앙을 받는 대상이다.
④ 엘사는 모든 것을 얼려버리는 능력으로 동생을 다치게 하였으나 이것이 신의를 저버렸다고 볼 수 없으며, 통제할 수 없는 자신의 힘이 두려워 스스로 왕국을 떠났으므로 인과응보적 재앙으로 볼 수 없다.

오답 해설

① 절대반지를 빼앗으려고 사촌을 죽인 스미골은 생명과 혈육에 대한 신의를 저버린 부도덕한 인물이며, 정신이 파괴된 것은 인과응보적 재앙으로 볼 수 있다.

② 의붓딸을 시기하고 살해하려고 한 왕비는 혈육에 대한 신의를 저버린 부도덕한 인물이며, 악행이 드러난 후 유리로 변해 사라진 것은 인과응보로 볼 수 있다.
③ 아이들을 살찌워 잡아먹으려는 마녀는 생명에 대한 신의를 저버린 부도덕한 인물이며, 헨젤과 그레텔에 의해 작동 중인 오븐에 갇힌 것은 인과응보로 볼 수 있다.
⑤ 형을 죽이고 조카 심바를 추방한 스카는 혈육에 대한 신의를 저버린 부도덕한 대상이며, 왕위에 오른 뒤에 하이에나 무리에 살해당한 것은 인과응보로 볼 수 있다.

읽기 061~090번

061
정답 ⑤

평가요소	6.1 문학 텍스트
세부 평가요소	6.1.1 문학 텍스트 이해하기
출처	김춘수(2001), 『거울 속의 천사』, 민음사

정답 해설

⑤ 공감각적 이미지란 하나의 감각이 다른 감각으로 전이되는 것을 의미한다. 이 시에서는 '한 뼘 두 뼘 어둠을 적시며 비가 온다.'에서 공감각적 이미지가 사용되었다. 그러나 시각을 촉각화하는 공감각적 이미지가 사용된 것이며, 이를 통해 시적 배경이 드러나는 것 또한 아니다.

오답 해설

① '넘치지지미 맵싸한 냄새가 / 코를 맵싸하게 하는데'에서 후각적 심상을 찾아 볼 수 있으며, 시적 화자는 이 시구를 통해 아내를 떠올리고 있다.
② 이 작품에서는 '아내의 부재 망각 → 아내의 부재를 확인하는 불안함 → 아내의 부재 인식 → 아내의 부재에 대한 슬픔과 절망'이라는 시적 화자의 감정 변화가 드러난다.
③ 객관적 상관물이란 화자의 감정이나 생각을 다른 대상이나 정황에 빗대어 표현할 때 그 대상을 의미한다. 14행, 17행의 '비, 빗발'은 아내의 부재를 깨달은 시적 화자의 슬픔을 심화하는 객관적 상관물이다.
④ '어디로 갔나'라는 시구를 반복하여 아내가 부재한 상황에 주목하게 하며, 이로 인한 시적 화자의 불안한 감정을 느낄 수 있다.

062
정답 ③

평가요소	6.1 문학 텍스트
세부 평가요소	6.1.3 문학 텍스트 비판하기
출처	김춘수(2001), 『거울 속의 천사』, 민음사

정답 해설

③ ⓒ은 아내의 부재에 불안감을 떨며 아내를 찾던 시적 화자가 아내의 부재를 인식하는 모습이 보이는 부분이다.

오답 해설

① ⊙은 아내의 부재를 망각한 시적 화자가 아내를 찾는 모습을 표현하고 있다.
② ⓒ은 불안감에 떨며 아내를 찾던 시적 화자의 외침에도 아내는 응답하지 않고 자신의 목소리만 되돌아온다는 내용으로, 아내의 부재를 인식한 뒤에 느끼는 시적 화자의 공허함과 외로움을 표현하고 있다.
④ ⓔ은 아내의 부재를 망각했던 시적 화자가 아내의 부재를 확인하며 불안감에 떨다가 슬픔과 절망에 빠진 부분으로, 시적 화자의 내적 갈등이 사라졌다고 볼 수 있다.
⑤ ⓜ은 아내의 부재를 확인한 후 슬픔과 절망에 빠진 시적 화자의 감정을 객관적 상관물 '빗발'을 통해 드러내고 있다.

063
정답 ⑤

평가요소	6.1 문학 텍스트
세부 평가요소	6.1.1 문학 텍스트 이해하기
출처	김애란(2017), 『바깥은 여름』, 문학동네

정답 해설

⑤ 평범하고 소소한 일상 속 행복을 누리며 살던 한 가족이 교통사고로 아이를 잃은 비극적 사건 이후의 상실감, 슬픔, 아픔을 1인칭 시점에서 담담하게 서술하고 있는 작품이다.

오답 해설

① 복수심은 드러나지 않으며, 갈등 구조 또한 명확하지 않다.
② 아이의 사망으로 인한 영업 배상 책임 보험, 자동차 종합 보험 등의 제도가 언급되기는 하나 부차적일 뿐이다. 제도 비판이 중심이 아니며 주된 정서가 냉소적이지도 않다.
③ 가족 간의 갈등은 드러나지 않으며, 일상의 행복을 누리던 가족이 아이의 죽음으로 인해 겪는 슬픔, 상실감, 그리움의 정서가 중심을 이룬다.
④ 제시된 부분에서는 아이를 잃은 상실감을 극복하지 못한 상태이고, 여전히 아픔과 슬픔을 겪는 상태이다.

064 정답 ③

평가요소	6.1 문학 텍스트
세부 평가요소	6.1.2 문학 텍스트 추론하기
출처	김애란(2017), 『바깥은 여름』, 문학동네

정답 해설

③ 아이는 후진하는 어린이집 차에 치어 그 자리에서 숨졌고, 그 사고를 낸 어린이집에서 보내온 복분자액이 서술자의 가족이 소소한 일상을 보내던 곳에 튄 것이라고 하며, 서술자 부부는 올라오는 슬픔을 견디기 위해 애써 평소와 다름없는 나날을 보내려 한다. 여기에서 갈등의 본질을 인식했다는 것은 적절하지 않다.

오답 해설

① "시간이 누군가를 일방적으로 편드는 듯했다."에서 알 수 있듯이, 시간의 흐름에 대한 불공정함과 무력감이 드러난 것을 알 수 있다.
② "내가(서술자) 보험 회사 직원이란 근거로 동네에 차마 입에 담지 못할 소문이 돈 것도 그즈음이었다. 처음에는 듣고도 믿을 수 없어 온몸이 바들바들 떨렸다."에서 주변인들의 시선으로 인해 고통 받고 있음을 알 수 있다.
④ "우리는 평소와 다름없는 나날을 보내려 애썼다. 그러니까 어제와 같은 하루, 아주 긴 하루, 아내 말대로라면 '다 엉망이 되어 버린' 하루를."에서, 서술자는 평소와 다름없는 나날을 보내려 애쓰고 있다는 것을 알 수 있다.
⑤ "그렇게 사소하고 시시한 하루가 쌓여 계절이 되고, 계절이 쌓여 인생이 되는 걸 배웠다."에서 아이와 함께한 소소한 일상이 곧 삶의 의미임을 깨닫는 서술자의 감정을 알 수 있다.

065 정답 ⑤

평가요소	6.1 문학 텍스트
세부 평가요소	6.1.3 문학 텍스트 비판하기
출처	김애란(2017), 『바깥은 여름』, 문학동네

정답 해설

⑤ ㉠은 일상의 사소한 행복들이 쌓여 인생을 이룬다는 의미로, 소중했던 일상을 되돌아보고 있다. ㉡은 아이를 잃은 뒤에 주변인들과 서술자의 가족 사이에 시차가 생겼다는 의미로, 아이의 죽음에도 빠르고 무심하게 흘러가는 시간에 대한 무정함을 담담하게 표현하고 있다.

오답 해설

① ㉠은 일상의 사소한 행복들이 쌓여 인생을 이룬다는 의미이고, ㉡은 아이의 죽음에도 빠르고 무심하게 흘러가는 시간에 대한 무정함을 의미하므로, ㉠과 ㉡이 시간의 치유력을 긍정적으로 본다는 것은 적절하지 않다.
② ㉠은 일상의 사소한 행복들이 쌓여 인생을 이룬다는 의미이고, ㉡은 아이의 죽음에도 빠르고 무심하게 흘러가는 시간에 대한 무정함을 의미하므로, ㉠을 새로운 삶의 희망, ㉡을 운명적 순응으로 보는 것은 적절하지 않다.
③ ㉠은 일상의 사소한 행복들이 쌓여 인생을 이룬다는 의미이고, ㉡은 아이의 죽음에도 빠르고 무심하게 흘러가는 시간에 대한 무정함을 의미하므로, ㉠을 자녀 양육의 고단함, ㉡을 가족 해체에 대한 불안함으로 보는 것은 적절하지 않다.
④ ㉠은 일상의 지루함이 아닌 일상의 소중함을 뜻한다.

066 정답 ⑤

평가요소	6.2 학술 텍스트
세부 평가요소	6.2.1 학술 텍스트 이해하기
출처	"암묵지-언어로 표현되지 않는 지식도 있다", 네이버 지식백과, 2012. 5. 7.

정답 해설

⑤ 4문단의 "이러한 폴라니의 설명에서, 지식은 ~ 인간이 대상을 신체 내부로 통합하거나 대상을 포함할 수 있도록 신체를 확장하는 능동적인 참여의 과정을 통해 형성된다."를 통해 과학 지식 생성은 개인의 신체적 체험과 연결됨을 알 수 있다.

오답 해설

① 2문단의 "이러한 암묵지는 실험실에서 동료들과 생활하면서 실제 실행이 이루어지는 모습을 관찰하거나 직접 수행하는 경험을 통해 체득된다."에서 확인할 수 있다.
②, ③ 2문단의 "정형화되고 문자화된 지식인 형식지와 달리, 암묵지는 언어로 표현할 수 없는 주관적이고 개인적인 지식이기 때문에 책이나 논문을 통해 습득될 수 없다."에서 확인할 수 있다.
④ 3문단의 "과학적 발견은 이러한 암묵적 통합을 이루어내는 개인적 인식에 기초해서 이루어진다."에서 확인할 수 있다.

067 정답 ⑤

평가요소	6.2 학술 텍스트
세부 평가요소	6.2.2 학술 텍스트 추론하기
출처	"암묵지-언어로 표현되지 않는 지식도 있다", 네이버 지식백과, 2012. 5. 7.

정답 해설

⑤ 2문단 "암묵지란 경험과 학습을 통하여 개인에게 체화되어 있지만 명료하게 공식화되거나 언어로 표현할 수 없는 지식을 뜻한다. 정형화되고 문자화된 지식인 형식지와 달리, 암묵지는 언어로 표현할 수 없는 주관적이고 개인적인 지식이기 때문에 책이나 논문을 통해 습득될 수 없다.", 3문단 "과학자 개인에게 체화되어 있는 개인적이고 암묵적인 지식이 중요하다고 보고, 이를 암묵지라고 칭했다."를 통해 암묵지가 주관적이고 개인적인 지식이며 책이나 논문을 통해 습득할 수 없다는 것을 알 수 있다. ㉠이 포함된 문장의 앞에서 '이렇게 과학 지식에 있어서 암묵지가 존재하기 때문에'라고 하였으므로 ㉠에는 암묵지로 인한 어떠한 사건이 들어가야 한다. 따라서 ㉠에는 암묵지와 관련된 '하나의 실험이 복제되거나 지식이 전수되는 과정에서 어려움이 발생하기도 한다.'가 들어가는 것이 가장 적절하다.

068 정답 ③

평가요소	6.2 학술 텍스트
세부 평가요소	6.2.3 학술 텍스트 비판하기
출처	"암묵지-언어로 표현되지 않는 지식도 있다", 네이버 지식백과, 2012. 5. 7.

정답 해설

③ 제시문에서 "과학 교재나 이론에 담겨 있는 명시적인 지식 이외에, 과학자 개인에게 체화되어 있는 개인적이고 암묵적인 지식이 중요하다고 보고"라고 하며 명시적 지식과 더불어 암묵적 지식이 중요하다고 하였지, 암묵지가 실험적 사실보다 중요하다고 말하지 않았다. 또한 "과학적 발견은 이러한 암묵적 통합을 이루어내는 개인적 인식에 기초해 이루어진다."라고 하며 둘의 통합적 관계를 강조하고 있다. 즉, '암묵지를 실험적 사실보다 중요하게 여기는 오류를 지닌다.'는 [A]를 적절하게 평가한 것으로 볼 수 없다.

오답 해설

①, ② [A]의 뒷 문장인 "어둠 속에서 실체를 알아볼 수 없는 동굴이 인식의 초점(목표)이라면, 우리는 동굴의 여러 부분을 탐침 끝으로 더듬어 탐사한다."에서 추상적 개념을 시각화하여 설명하고 있으며, 이를 통해 복잡한 개념을 독자에게 쉽게 전달함을 알 수 있다.

④ 3문단의 "앎의 과정은 보조적인 세부 내용들을 핵심 목표에 통합하여 전체의 패턴과 의미를 인식하는 것이며, 이 과정에서 중심에 대한 보조 부분의 관계는 서로를 통합하려는 인간의 행위를 통해서 형성된다."를 통해 확인할 수 있다.

⑤ 마지막 문단의 "과학자는 자신의 감각과 기술을 활용하여 과학적 발견에 이르는 과정을 체화하고 있는 것이다."를 통해 확인할 수 있다.

069 정답 ④

평가요소	6.2 학술 텍스트
세부 평가요소	6.2.1 학술 텍스트 이해하기
출처	"직장인인데 4대 보험 가입 안 하면 어떻게 되나요?", 네이버 지식백과

정답 해설

④ 3문단에서 "직장가입자가 회사를 그만두는 경우에는 지역가입자로 그 자격이 변동된다."라고 하였으므로 적절한 내용이다.

오답 해설

① 1문단에서 "1개월 미만의 기간 동안 고용되는 일용근로자 또는 해당사업에서 1개월간의 소정근로시간이 60시간 미만인 시간제 근로자 등은 4대 보험의 가입 대상이 아니다."라고 하였으므로, 4대 사회보험에 가입하지 않은 근로자가 있을 수 있다.

② 2문단에서 "국민연금은 소득활동을 할 때 일정액의 보험료를 납부해서 모아 뒀다가 노령, 장애 또는 사망 등으로 소득활동이 중단된 경우 본인이나 유족에게 연금을 지급함으로써"라고 하였으므로 유족에게도 연금 지급이 가능함을 알 수 있다.

③ 4문단에서 "고용보험은 ~ 실업한 경우에 생활에 필요한 급여를 지급함으로써 근로자 등의 생활안정과 구직활동을 촉진하려는 사회보장보험이다. 보험급여를 받는 대상인 피보험자는 근로자나 자영업자이다."라고 하였으므로 자영업자도 수급이 가능하다.

⑤ 마지막 문단에서 "사업주가 제공한 교통수단이나 그에 준하는 교통수단을 이용하는 등 지배·관리하에서 출퇴근하는 중 발생한 사고, 그 밖에 통상적인 경로와 방법으로 출퇴근하는 중 발생한 사고의 경우에도 업무상 재해의 범위에 포함된다."라고 하였으므로, 업무상 사유로 근로자에게 부상·질병·신체장애 또는 사망한 경우 외에도 산업재해보상보험의 보험급여가 지급된다.

070 정답 ②

평가요소	6.2 학술 텍스트
세부 평가요소	6.2.2 학술 텍스트 추론하기
출처	"직장인인데 4대 보험 가입 안 하면 어떻게 되나요?", 네이버 지식백과

▶ 정답 해설

② '산업재해보상보험은 자영업자도 가입 대상이다.'는 제시문에서 확인할 수 없는 내용이다.

▶ 오답 해설

① 4문단의 "고용보험은 고용안정, 직업능력개발사업 등을 통해 실업의 예방, 고용의 촉진 및 근로자 등의 직업능력 개발과 향상을 꾀하고"를 통해 확인할 수 있다.
③ 3문단의 "직장가입자가 이직을 하면 다른 회사의 직장가입자로 변동된다."를 통해 확인할 수 있다.
④ 1문단의 "1개월 미만의 기간 동안 고용되는 일용근로자 또는 해당사업에서 1개월간의 소정근로시간이 60시간 미만인 시간제 근로자 등은 4대 보험의 가입 대상이 아니다."에서 확인할 수 있다.
⑤ 2문단의 "사업장가입자와 지역가입자 외에 본인이 가입을 희망해 신청을 하면 임의가입자가 된다."를 통해 확인할 수 있다.

071 정답 ⑤

평가요소	6.2 학술 텍스트
세부 평가요소	6.2.2 학술 텍스트 추론하기
출처	"직장인인데 4대 보험 가입 안 하면 어떻게 되나요?", 네이버 지식백과

▶ 정답 해설

⑤ ㉠ 바로 다음 문장에 '1개월 미만의 기간 동안 고용되는 일용근로자 또는 해당사업에서 1개월간의 소정근로시간이 60시간 미만인 시간제 근로자 등은 4대 보험의 가입 대상이 아니다.'라고 하며 4대 보험 가입 대상의 예외에 대해 설명하고 있다. 따라서 ㉠을 '예외 없이 모든 근로자가 반드시 보험에 가입해야 함을 명시하고 있다.'라고 설명하는 것은 적절하지 않다.

▶ 오답 해설

① ㉠은 4대 보험의 일반원직 원칙을 설명한 것이다.
② ㉠은 직종이나 업종에 관계없이 모든 사업장을 대상으로 한다는 의미를 담고 있다.
③ 글 전체에서는 예외 상황을 설명하고 있는데, ㉠은 이를 포함하지 않고 일반화하고 있으므로 모순되는 진술을 내포하고 있다는 것은 적절하다.
④ ㉠은 단시간 근로자와 같은 예외적 상황을 고려하지 않은 문장이다.

072 정답 ①

평가요소	6.2 학술 텍스트
세부 평가요소	6.2.3 학술 텍스트 비판하기
출처	"직장인인데 4대 보험 가입 안 하면 어떻게 되나요?", 네이버 지식백과

▶ 정답 해설

① ㉡은 해당 조건인 근로자는 국민건강보험 가입자 자격에 해당하지 않아 국민건강보험 직장가입자로의 가입에 제외한다는 의미이다.

▶ 오답 해설

②, ③ ㉡은 국민건강보험 제도에 대한 설명이다.
④ ㉡은 해당 조건인 근로자는 국민건강보험 가입자 자격에 해당하지 않아 국민건강보험 직장가입자로의 가입에 제외한다는 의미이다.
⑤ 제시문에서 국민건강보험공단의 관리 대상에서 완전히 배제된다는 근거를 찾을 수 없다.

073 정답 ⑤

평가요소	6.2 학술 텍스트
세부 평가요소	6.2.1 학술 텍스트 이해하기
출처	"도플러 효과(Doppler effect)", 네이버 지식백과

▶ 정답 해설

⑤ 마지막 문단의 "천체에서 방출되는 스펙트럼의 도플러 효과를 이용하면 천체의 시선방향 운동 속도, 곧 시선속도를 측정할 수 있다."를 통해 확인할 수 있다.

▶ 오답 해설

① 1문단의 "여기서 파장이 짧아지는 현상을 청색이동이라고 하고, 파장이 길어지는 현상을 적색이동이라고 한다."를 통해 청색이동은 빛의 파장이 짧아지는 현상임을 알 수 있으므로 적절한 내용이 아니다.

② 1문단의 "도플러 효과는 기차역에 도착하거나 기차역에서 출발하는 기차의 기적소리의 음높이 변화에서도 발견할 수 있다."에서 기차의 기적소리와 도플러 효과가 관계가 있음을 알 수 있으므로 적절한 내용이 아니다.
③ 2문단의 "주파수로 이야기하면, 관측자로부터 멀어지는 천체가 내는 빛의 주파수는 정지한 경우에 비해 낮아진다. 반대로, 관측자에게 다가오는 천체의 경우, 관측자에게 도달하는 전자기파의 주파수는 높아지게 되고, 파장은 짧아진다."를 통해 전자기파의 주파수는 물체가 가까워질수록 높아지므로 적절한 내용이 아니다.
④ 도플러 효과는 전자기파와 함께 기차 기적소리의 음높이 변화에서도 발견할 수 있으므로 적절한 내용이 아니다.

074   정답 ②

평가요소	6.2 학술 텍스트
세부 평가요소	6.2.2 학술 텍스트 추론하기
출처	"도플러 효과(Doppler effect)", 네이버 지식백과

정답 해설

② 1문단의 "이는 가시광 영역에서 파장이 짧아지면 푸른색으로 보이고, 파장이 길어질 경우 빨간색으로 보이기 때문에 붙여진 이름이다."를 통해 '적색이동'은 파장이 길어질 경우 빨간색으로 보이는 것을 알 수 있다. 파장이 짧아지면 푸른색으로 보이는 것은 '청색이동'이다.

오답 해설

① 1문단의 "이는 가시광 영역에서 파장이 짧아지면 푸른색으로 보이고, 파장이 길어질 경우 빨간색으로 보이기 때문에 붙여진 이름이다."를 통해 '청색이동'은 전자기파의 파장이 짧아지는 현상임을 알 수 있다.
③, ④ 1문단의 "전자기파를 방출하는 물체가 관측자에게 다가올 때는 관측되는 전자기파의 파장이 짧아지고, 그 물체가 관측자로부터 멀어질 때는 관측되는 전자기파의 파장이 길어지는 현상이다. 여기서 파장이 짧아지는 현상을 청색이동이라고 하고, 파장이 길어지는 현상을 적색이동이라고 한다."를 통해서 '청색이동'은 관측자에게서 가까워지는 물체에서 관측되고, 적색이동은 관측자에게서 멀어지는 천체에서 나타남을 알 수 있다.
⑤ 1문단에서 '파장이 짧아지는 현상을 청색이동, 파장이 길어지는 현상을 적색이동'이라고 하였으며, 2문단에서는 "주파수로 이야기하면, 관측자로부터 멀어지는 천체가 내는 빛의 주파수는 정지한 경우에 비해 낮아진다. 반대로, 관측자에게 다가오는 천체의 경우, 관측자에게 도달하는 전자기파의 주파수는 높아지게 되고, 파장은 짧아진다."라고 하였다. 이를 종합해보면, 청색이동은 파장은 짧아지고 주파수는 높아지며, 적색이동은 파장은 길어지고 주파수는 낮아진다.

075   정답 ②

평가요소	6.2 학술 텍스트
세부 평가요소	6.2.3 학술 텍스트 비판하기
출처	"도플러 효과(Doppler effect)", 네이버 지식백과

정답 해설

〈보기〉에 따르면 정지한 별에서 방출된 빛은 별이 운동할 때 그 진행 방향으로 빛의 파장이 짧아지는 청색이동 현상을 보이고 반대 방향으로는 파장이 길어지는 적색이동 현상을 보인다. 그렇다면 별이 오른쪽으로 운동을 할 경우에, 진행 방향인 오른쪽 방향으로 빛의 파장이 짧아지는 현상을 보이고 그 반대는 파장이 길어져야 한다.
② 별의 운동 방향인 오른쪽 방향이 짧은 파형이고, 그 반대인 왼쪽은 긴 파형이므로 (A)에 들어갈 파형으로 가장 적절하다.

오답 해설

① 별이 왼쪽으로 운동할 때 별에서 방출된 빛의 파장이다.
③ 정지한 별에서 방출된 빛의 파장이다.
④, ⑤ 짧고 긴 파장이 섞여 있으므로 별이 한 방향으로 운동을 하다 반대 방향으로 운동 방향을 바꾸었을 때 별에서 방출된 빛의 파장이다.

076   정답 ③

평가요소	6.2 학술 텍스트
세부 평가요소	6.2.1 학술 텍스트 이해하기
출처	리처드 도킨스 저/이한음 역(2025), 『불멸의 유전자』, 을유문화사

정답 해설

③ 제시문은 과학적 사례를 들어 일반적인 원리를 설명하며 주장을 전개하고 있다. 태양계, 달, 유전체 등 다양한 예시를 통해 존재의 형성과 현재 상태의 관계를 드러낸다.

오답 해설

① 개인적인 경험이 아닌 일반적인 과학 사례를 중심으로 서술하고 있다.

② 시간 순 배열은 일부 사례에 해당하는 내용이며, 글 전체의 서술 방식은 아니다. 서술의 중심은 시간 흐름이 아니라 인과 관계와 개념 설명이다.
④ 추상적 개념만 제시하는 것이 아니라, 구체적 사례와 함께 설명하고 있다.
⑤ 과학 이론을 반박하거나 반례를 제시하는 목적의 글이 아니다. 오히려 과학 이론과 사실을 활용해 주장을 강화한다.

077 정답 ①

평가요소	6.2 학술 텍스트
세부 평가요소	6.2.2 학술 텍스트 추론하기
출처	리처드 도킨스 저/이한음 역(2025),『불멸의 유전자』, 을유문화사

▶ 정답 해설

① ㉠ '조석 고정'은 달은 처음엔 자전 속도가 더 빨랐지만 서서히 느려진 끝에 지금처럼 우리에게 한쪽 면만 보이는 상태로, 공전 주기와 자전 주기가 같아졌다고 하였으며, ㉡은 유전체에 수정이 일어나면 고정된다는 의미이다. 따라서 달이 조석 고정 상태가 되었듯이 유전체도 고정된다는 설명은 적절하다.

▶ 오답 해설

② 제시문에서는 달의 중력 변화에 대해 언급되지 않았고, 유전자 발현과 달의 중력 변화가 유사하다는 내용 또한 드러나지 않는다.
③ 1문단의 "또 달의 표면에는 더 작은 규모의 충돌이 이어지면서 충돌구들로 얽은 모습이 되었다."를 통해서 달의 표면이 변화한 것은 알 수 있으나, 인간의 DNA가 변화한다는 내용은 제시문에서 찾아볼 수 없다.
④ 달의 형성 과정은 지구에 일어난 거대한 충돌로 다량의 물질이 궤도로 떨어져 나갔다가 중력으로 서로 뭉쳐서 공 모양이 되었고, 이 공 모양의 표면에 더 작은 규모의 충돌이 이어지면서 충돌구들로 얽은 모습이 되었다고 하며 외적 충돌로 설명하고 있다. 그러나 인간 신체에 대해서는 대체로 세포에 든 DNA를 통해 발생과 성장을 하였다고 하며, 외적 충돌인 수술 자국, 천연두나 수두 자국 등은 피상적·지엽적 사항들이라고 하였으므로 적절한 내용이 아니다.
⑤ 달이 하나의 방향만을 보이는 현상은 달의 공전 주기와 자전 주기가 같아지는 조석 고정 현상이며, 이것이 생명의 진화 양상을 상징한다는 내용은 제시문에서 찾아볼 수 없다.

078 정답 ②

평가요소	6.2 학술 텍스트
세부 평가요소	6.2.3 학술 텍스트 비판하기
출처	리처드 도킨스 저/이한음 역(2025),『불멸의 유전자』, 을유문화사

▶ 정답 해설

ㄴ. 2문단의 "유전자 풀은 많은 세대를 거치면서 그런 식으로 형성되었다. ~ 여기서 조각가는 자연선택이며, 지금처럼 될 때까지 유전자 풀 ― 그리고 그것의 외부적이고 가시적인 발현 형태인 몸 ― 을 깎고 다듬었다."를 통해서 적절한 반응임을 알 수 있다.

▶ 오답 해설

ㄱ. 2문단의 "달과 마찬가지로 우리도 외부로부터 받은 상해의 흉터를 얼마간 간직하고 있다. ~ 그러나 이것들은 피상적이며 지엽적인 사항들이다."와 "모든 개체의 유전체는 자기 종의 유전자 풀에서 고른 하나의 표본이다."를 통해 인간의 외형은 생애 중 겪은 일이 아닌 유전 정보로 이루어짐을 알 수 있다.
ㄷ. 2문단의 "몸은 대체로 발생과 성장의 과정을 통해서 그런 식으로 형성되었다. 그리고 이 과정을 지시한 것은 세포에 든 DNA였다."에서 유전자가 신체 형성에 영향을 주었다는 내용은 확인할 수 있으나, 행동 특성에 영향을 준다는 내용은 확인할 수 없다.

079 정답 ④

평가요소	6.2 학술 텍스트
세부 평가요소	6.2.1 학술 텍스트 이해하기
출처	장재형(2022),『마흔에 읽는 니체』, 유노북스

▶ 정답 해설

④ '반쯤 쓰인 서판을 새롭게 채우기 위해 스스로의 과거를 되돌아볼 줄 알아야 한다'는 내용은 제시문에 언급되지 않았다. 이와 관련해서는 "그렇다면 우리는 반쯤 쓰인 새로운 서판을 무엇으로 채워야 할까?", "차라투스트라는 서판을 새로운 것으로 채우기 위해서 먼저 창조하는 자가 되라고 말한다."라고만 언급되어 있다.

▶ 오답 해설

① 2문단의 "계기는 다른 말로 터닝 포인트, 즉 전환점이다. 누구에게나 인생의 전환점이 있다."에서 확인할 수 있다.
② 3문단의 "우리가 과거와 결별하고 '내가 원하는 나'로 살기 위

해서는 낡은 서판을 파괴하고 새로운 서판을 완성해야 한다." 에서 확인할 수 있다.
③ 3문단의 "니체는 《차라투스트라는 이렇게 말했다》에서 우리에게 반쯤 쓰인 새로운 서판을 완성할 의무를 부과한다. ~ 하나는 낡고 부서진 서판이고, 다른 하나는 새롭게 반쯤 쓰인 서판이다."에서 확인할 수 있다.
⑤ 1문단의 "오늘날 우리는 신이 죽었다는 사실이 그리 충격적이지 않다. 우리에게 중요한 것은 돈 같은 물질적 가치이기 때문이다."에서 확인할 수 있다.

080   정답 ⑤

평가요소	6.2 학술 텍스트
세부 평가요소	6.2.2 학술 텍스트 추론하기
출처	장재형(2022), 『마흔에 읽는 니체』, 유노북스

정답 해설
⑤ ㉠은 과거부터 지금까지 믿어 온 익숙한 것들과 결별하며 자기 자신을 극복하는 것을 의미한다. 또한 이렇게 자기 자신을 극복하는 것은 터닝 포인트로 인해 생기게 되고, 이는 누구에게나 예정되어 있으며, 자기 스스로 만드는 것이라고 하였다. 이를 기반으로 ㉠에 대한 사례를 생각해 보았을 때, '인생에서의 실패를 계기로 스스로 자신이 원하는 삶을 탐색하고 다시 도전해 자기 자신을 극복하는 중년'이 가장 적절하다.

오답 해설
①, ②, ③ 과거부터 지금까지 믿어 온 익숙한 것들과 결별하며 자기 자신을 극복하는 내용이 담겨있지 않다.
④ 과거부터 지금까지 믿어 온 익숙한 것들과 결별하기 위해 도전을 하였으나, 어떠한 이유로 멈추고 현실에 머물러 있으므로 ㉠의 사례에 부합하지 않는다.

081   정답 ③

평가요소	6.2 학술 텍스트
세부 평가요소	6.2.2 학술 텍스트 추론하기
출처	장재형(2022), 『마흔에 읽는 니체』, 유노북스

정답 해설
㉡은 우리가 과거와 결별하고 '내가 원하는 나'로 살기 위해서 완성해야 할 존재이다. 이때 창조하는 자가 되어 기존의 가치 목록을 파괴하고 새로운 가치 목록을 작성하며 익숙한 것을 버리고 새로운 것을 경험하고, 낯선 세계로 나아가야 한다고 하였다.

③ 낯선 세계로 나아가는 것이 아닌, 과거의 것인 고전적 가치에 순응하며 안정적인 삶을 추구하는 것은 ㉡에 부합하지 않는다.

오답 해설
① 마지막 문단의 "익숙한 것을 버리고 새로운 것을 경험할 때 비로소 자신이 진정으로 원하는 바가 무엇인지 깨닫게 된다. 낯선 세계로 나아갈 때 내가 누구인지, 내가 진정으로 무엇을 원하는지 내면의 목소리에 집중할 수 있다."를 통해 확인할 수 있다.
② 마지막 문단의 "차라투스트라는 서판을 새로운 것으로 채우기 위해서 먼저 창조하는 자가 되라고 말한다. 결국 내가 원하는 나로 산다는 것은 창조자로시의 삶을 산다는 것이다."를 통해 확인할 수 있다.
④ 마지막 문단의 "기존의 가치 목록을 파괴하고 새로운 가치 목록을 작성해야만 한다.'를 통해 확인할 수 있다.
⑤ 마지막 문단의 "익숙한 것을 버리고 새로운 것을 경험할 때 비로소 자신이 진정으로 원하는 바가 무엇인지 깨닫게 된다."를 통해 확인할 수 있다.

082   정답 ④

평가요소	6.2 학술 텍스트
세부 평가요소	6.2.3 학술 텍스트 비판하기
출처	장재형(2022), 『마흔에 읽는 니체』, 유노북스

정답 해설
제시문에서 차라투스트라는 낡고 부서진 서판과 새롭게 반쯤 쓰인 서판 둘 모두를 주변에 둔 채 자신의 때를 기다리는데, 우리가 과거와 결별하고 '내가 원하는 나'로 살기 위해서는 낡은 서판을 파괴하고 새로운 서판을 완성해야 한다고 한다.
④ '갑'의 발화는 윗글을 비판하는 내용이지만, '을'은 '갑'의 의견에 동조하고 있으며 윗글을 옹호하고 있지 않다.

오답 해설
①, ②, ③, ⑤ 모두 '갑'은 윗글을 비판하고 있고, '을'은 글을 옹호하며 '갑'의 질문에 대해 답하고 있다.

083   정답 ③

평가요소	6.3 실용 텍스트
세부 평가요소	6.3.1 실용 텍스트 이해하기
출처	"믹스커피 봉지도 양파망도 페비닐로 분리배출해 주세요", 서울시 보도자료, 2024. 6.

정답 해설

③ "2026년 '수도권 생활폐기물 직매립 금지'에 대비하고, 소각시설 온실가스 감축을 위해 폐비닐 분리배출 및 자원화가 절실한 상황이다."라고 하였지, 2026년부터 수도권에서 비닐은 소각 없이 재활용해야 한다는 내용은 찾아볼 수 없다.

오답 해설

① "이 중 328톤(45%)은 분리배출돼 고형연료 등으로 재활용되고 있으며"에서 확인할 수 있다.
② "폐비닐 분리배출 품목도 확대된다.", "기존 종량제봉투에 배출했던 보온·보냉팩뿐만 아니라 특수마대(PP마대)에 배출했던 ~ 분리배출 품목에 포함한다."에서 과거 일반쓰레기로 배출되던 품목들이 이제는 분리배출 대상에 포함되었음을 알 수 있다.
④ "2022년 ◯◯시 폐비닐 발생량은 하루 730톤이다. ~ 402톤(55%)은 종량제봉투에 배출돼 소각·매립된다."에서 확인할 수 있다.
⑤ "2024년 7월부터 편의점, 음식점 등 상업시설을 대상으로 종량제봉투에 버려지는 폐비닐을 분리배출해 자원화하는 '폐비닐 분리배출 활성화 사업'을 추진한다."에서 확인할 수 있다.

084 정답 ②

평가요소	6.3 실용 텍스트
세부 평가요소	6.3.2 실용 텍스트 추론하기
출처	"믹스커피 봉지도 양파망도 폐비닐로 분리배출해 주세요", 서울시 보도자료, 2024. 6.

정답 해설

② "단, 마트 식품 포장용 랩은 기존처럼 종량제봉투에 배출해야 한다."라고 하였으므로 '마트에서 포장된 고기용 랩도 이제 분리배출할 수 있다'는 것은 분리배출 방법을 잘못 이해하고 있는 것이다.

오답 해설

① 'ⓐ 유색 비닐, ⓒ 스티커 붙은 비닐'은 분리배출 가능 품목이라고 제시되어 있다.
③ "고추장 등 고형물이 묻은 비닐은 물로 헹군 후 분리배출 가능"이라고 하였다.
④ 'ⓑ 일반쓰레기 보관하던 비닐'도 분리배출 가능 품목이라고 제시되어 있다.
⑤ '기름 등 액체가 묻은 비닐도 분리배출 가능'하며, 'ⓓ 과자/커피 포장 비닐' 또한 분리배출 가능 품목이라고 하였다.

085 정답 ①

평가요소	6.3 실용 텍스트
세부 평가요소	6.3.1 실용 텍스트 이해하기
출처	"청소년 마음 건강 '빨간불' … 우울·불안 등 급증세[건강하십니까]", KBS 뉴스, 2025. 5. 31. (https://news.kbs.co.kr/news/pc/view/view.do?ncd=8268926)

정답 해설

① 자막에서 '디지털 콘텐츠에 멍드는'의 글자색을 달리하여 핵심 내용을 부각하였다.

오답 해설

②, ③, ④ 주요 인물의 인터뷰, 통계 자료 제시, 전문가 인터뷰를 통해 얻을 수 있는 효과는 뉴스 보도 내용의 신뢰성을 높이는 것이다. 이때, ④에서 신뢰성을 확보하는 것은 전문가가 화면 가운데에 배치되는 것이 아니라 뉴스 보도 내용에 적합한 전문가를 인터뷰했다는 것이다.
⑤ 배경 화면은 송 기자의 발화 내용에 적합한 화면이지, 이를 통해 시청자에게 긍정적 정서를 심어주는 효과를 도모한 것은 아니다.

086 정답 ⑤

평가요소	6.3 실용 텍스트
세부 평가요소	6.3.3 실용 텍스트 비판하기
출처	"청소년 마음 건강 '빨간불' … 우울·불안 등 급증세[건강하십니까]", KBS 뉴스, 2025. 5. 31. (https://news.kbs.co.kr/news/pc/view/view.do?ncd=8268926)

정답 해설

⑤ 시청자 5는 정신 건강 문제를 해소할 수 있는 구체적인 치료법이 소개되면 좋겠다고 진술했을 뿐, 통계 수치나 근거 자료 부족에 대해서는 언급하지 않았다.

오답 해설

① 시청자 1은 뉴스에서 주의하라고 하는 온라인 게임, 소셜 미디어, 숏폼 중 숏폼 콘텐츠에 빠진 자녀를 언급하며 뉴스 내용을 자기 경험과 관련지어 수용하였으며, 자녀가 상담을 받을 수 있게 하겠다고 결심하며 보도를 통해 실질적 도움을 받았음을 진술하고 있으므로 적절한 내용이다.

② 시청자 2는 뉴스에서 언급하는 아이들의 마음 건강을 멍들이는 원인으로 자극적이고 중독적인 디지털 콘텐츠 외에 다른 원인도 탐구해야 한다고 진술하며 보도 내용의 타당성과 균형성을 점검하고 있으므로 적절한 내용이다.
③ 시청자 3은 앵커의 발언 중 '사춘기, 잠깐 그러다 말겠지 했다간 자녀들 뇌에 치명적인 결과를 가져올 수 있습니다.'라는 표현의 자극성과 객관성에 대한 문제 제기를 하고 있으며, '단정적인 표현을 피해야 할 것 같다'며 표현의 타당성을 비판하고 있으므로 적절한 내용이다.
④ 시청자 4는 뉴스 보도의 내용을 내면화하면서 기존에 자신이 지녔던 태도를 반성하고 있다.

087 정답 ③

평가요소	6.3 실용 텍스트
세부 평가요소	6.3.2 실용 텍스트 추론하기
출처	"청소년 마음 건강 '빨간불' … 우울·불안 등 급증세[건강하십니까]", KBS 뉴스, 2025. 5. 31. (https://news.kbs.co.kr/news/pc/view/view.do?ncd=8268926)

정답 해설
③ 의존 명사 '등'은 그 밖에도 같은 종류의 것이 더 있음을 나타내는 말이므로, 청소년들의 마음 건강을 해치는 요인이 제시된 것 외에 더 있음을 드러낸다.

오답 해설
① 연결 어미 '-고'를 활용하여 잠을 안 자는 행위와 밥을 거르는 행위를 대등적으로 연결하고 있다.
② 보조 동사 '있다'는 앞말이 뜻하는 행동이나 변화가 끝난 상태가 지속됨을 뜻하거나 앞말이 뜻하는 행동이 계속 진행되고 있거나 그 행동의 결과가 지속됨을 뜻하는 말이다. 즉, 일시적 현상을 강조하여 정신 질환이 곧 나아질 것임을 암시한다는 내용을 적절하지 않다.
④ '정도'는 '사물의 성질이나 가치를 양부(良否), 우열 따위에서 본 분량이나 수준.'이라는 뜻의 명사이며, 국어 수식 구조상 뒷말이 앞말을 수식하지 않는다.
⑤ '-ㄹ'은 앞말이 관형사의 구실을 하게 하는 어미로, 추측, 예정, 의지, 가능성 등 확정된 현실이 아님을 나타낸다. 따라서 현재 실현된 사실이 아니라 미래의 가능성을 전제로 한다.

088 정답 ⑤

평가요소	6.3 실용 텍스트
세부 평가요소	6.3.1 실용 텍스트 이해하기
출처	"대전시 여름철 집중호우 대비 지하차도 통제 훈련", 대전광역시 보도자료, 2024. 6. 24.

정답 해설
⑤ 지하차도 4인 담당제는 공무원, 경찰, 민간인 4명씩을 지하차도마다 배정하여 진행하는 민관 협력 대응체제라고 하였다. 따라서 소방관은 이번 훈련에서 침수로 가정된 각 지하차도에 배치되지 않는다.

오답 해설
① '훈련 개요'의 '일시'에서 훈련은 24. 6. 21.(금) 14:00~15:00까지 이루어진다고 하였으므로 적절한 설명이다.
② "지하차도 4인 담당제는 공무원, 경찰, 민간인 4명씩을 지하차도마다 배정해서 호우특보나 집중호우가 예상될 때 미리 현장에 나가 지하차도 침수 위험 시 즉시 통제하여 인명피해를 막는 민관 협력 대응체제이다."라고 하였으므로 적절한 설명이다.
③ '훈련 개요'의 '참여 대상'에서 훈련에는 '市(재난관리과, 도로관리과, 상황대응과, 건설관리본부(시설정비과)), 자치구, 경찰, 민간(4인 담당자)'이 참여한다고 하였으므로 적절한 설명이다.
④ "◎◎시가 지하차도에서 자치구, 경찰, 민간 조력자와 합동으로 여름철 집중호우 대비 시내의 지하차도 통제훈련을 실시했다."와 "이번 훈련은 극한 호우가 발생해 지하차도 48개소가 침수되는"을 통해 알 수 있다.

089 정답 ⑤

평가요소	6.3 실용 텍스트
세부 평가요소	6.3.3 실용 텍스트 비판하기
출처	"대전시 여름철 집중호우 대비 지하차도 통제 훈련", 대전광역시 보도자료, 2024. 6. 24.

정답 해설
⑤ 이번 훈련은 극한호우가 발생해 지하차도 48개소가 침수되는 동시다발적 재난 상황을 가정한 훈련으로, '지하차도별로 적합한 각기 다른 대응 체계를 마련했다'는 것은 적절하지 않다.

오답 해설
① 훈련 내용에 '재난안전통신망(PS-LTE) 사용 상황 보고'에 대한 내용은 언급되어 있지만, 훈련 계획에 이에 대한 구체적인 훈련 상황이 없어 형식적이라고 평가할 수 있다.

② 이 훈련은 여름철 집중호우에 대비하여 실시하는 지하차도 통제 훈련이므로, 극한호우에 대비한 예방적 훈련을 하는 것은 바람직하다고 평가할 수 있다.
③ 이 훈련의 지하차도 4인 담당제는 지하차도 침수 위험 시 즉시 통제하여 인명피해를 막는 민관 협력 대응체제로, 민관 협력으로 인명피해를 줄일 수 있다는 점을 높게 평가할 수 있다.
④ 지하차도 4인 담당제는 집중호우가 예상될 때 미리 현장에 나가 지하차도 침수 위험 시 즉시 통제해 인명피해를 막는 것으로, 이는 지하차도별 4명이라는 한정된 인력으로 현장 대응 능력을 끌어올리려는 노력으로 보인다고 평가할 수 있다.

090 정답 ③

평가요소	6.3 실용 텍스트
세부 평가요소	6.3.2 실용 텍스트 추론하기
출처	"대전시 여름철 집중호우 대비 지하차도 통제 훈련", 대전광역시 보도자료, 2024. 6. 24.

▶ 정답 해설

③ 훈련 계획에 따르면 침수 위험 시 진입을 통제하고, 진입차단기를 작동시켜 현장통제, 즉 차량 통제를 수행한다. 기상 상황을 예보해 미리 자동차단시스템을 작동시키는 것이 아니다.

▶ 오답 해설

① 훈련 계획에 따르면 4인 담당자는 침수 현장에 도착하여 침수 상황을 상황실에 보고해야 한다.
②, ④ "지하차도 4인 담당제는 공무원, 경찰, 민간인 4명씩을 지하차도마다 배정해서 호우특보나 집중호우가 예상될 때 미리 현장에 나가 지하차도 침수 위험 시 즉시 통제하여 인명피해를 막는 민관 협력 대응체제이다."를 통해 확인할 수 있다.
⑤ 훈련 계획에 따르면 침수 위험 시 진입을 통제하고, 진입차단기를 작동시켜 현장통제, 즉 차량 통제를 수행한다.

국어 문화	091~100번

091 정답 ①

평가요소	7.2 국문학
세부 평가요소	7.2.2 한국 고전문학
출처	국립국어원, 표준국어대사전 (stdict.korean.go.kr)

▶ 정답 해설

① 〈보기〉에서 설명하는 작품은 「공방전」이다.

▶ 오답 해설

② 「국순전」은 '술'을 의인화한 가전 작품으로, 간사하고 타락한 벼슬아치를 풍자한다.
③ 「저생전」은 '종이'를 의인화한 가전 작품으로, 문신으로서의 올바른 삶의 자세를 제시한다.
④ 「죽부인전」은 '대나무'를 의인화한 가전 작품으로, 여인의 절개에 대해 다룬다.
⑤ 「청강사자현부전」은 '거북'을 의인화한 가전 작품으로, 사물의 이치에 통달한 어진 인물이 어부에게 붙잡힌 사실을 통해 어진 인물도 앞날을 예측할 수 없고 한계가 있으므로 조심하는 태도를 지녀야 한다는 교훈을 준다.

092 정답 ③

평가요소	7.2 국문학
세부 평가요소	7.2.3 한국 현대문학
출처	국립국어원, 표준국어대사전 (stdict.korean.go.kr)

▶ 정답 해설

③ 〈보기〉에서 설명하는 작품은 염상섭의 「만세전」이다. '나(이인화)'를 1인칭 주인공 시점으로 하여 유학지인 동경을 출발해 다시 동경으로 돌아가는 원점 회귀 구조를 취하며, 비판적이고 냉소적 시각으로 일제 강점하에서 고통받는 조선의 현실을 고발한다.

▶ 오답 해설

① 「삼대」는 1931년에 발표한 염상섭의 장편 소설로, 구한말, 개화기, 식민지 세대를 대표하는 조 씨 3대 인물의 갈등을 다루며, 이들 세대 간 갈등을 통해 식민지 시대의 사회상을 보여준다.

② 「임종」은 1949년에 발표한 염상섭의 단편 소설로, 죽음을 받아들이지 못하고 삶에 집착하는 병자와 병자보다 자신들의 편의를 우선시하고 장례비를 아끼려는 속물적인 집안 사람들의 모습을 그린 작품이다.
④ 「두 파산」은 1949년에 발표한 염상섭의 단편 소설로, 정례 어머니의 물질적 파산과 옥임의 정신적 파산을 다루며, 물질과 정신이라는 두 파산에 이른 인물을 객관적으로 묘사함으로써 해방 후의 혼란한 세태를 풍자한다.
⑤ 「표본실의 청개구리」는 1921년에 발표한 염상섭의 단편 소설로, 불면에 시달리던 주인공 '나'가 친구의 권유로 남포로 길을 떠났다가 김창억이라는 사람을 만난 이야기를 그린다. '나'가 김창억을 만나 대화를 나누던 중 학창 시절 개구리 해부를 떠올리고, 이때 팔다리가 붙잡혀 난도질당하는 개구리의 무력감이 3.1 운동 직후의 무력한 조선인들의 심정을 빗대었다고 볼 수 있다.

093 정답 ①

평가요소	7.2 국문학
세부 평가요소	7.2.3 한국 현대문학
출처	국립국어원, 표준국어대사전 (stdict.korean.go.kr)

정답 해설

① 〈보기〉에서 설명하는 작가는 박태원이다.

오답 해설

② 이태준은 1930년대 대표 작가로, 대표작으로는 「달밤」, 「돌다리」, 「복덕방」 등이 있다.
③ 채만식은 1930년대 대표 작가로, 대표작으로는 「레디메이드 인생」, 「태평천하」, 「탁류」 등이 있다.
④ 최인훈은 1960년대 대표 작가로, 대표작으로는 「광장」, 「회색인」 등이 있다.
⑤ 현진건은 1920년대 대표 작가로, 대표작으로는 「빈처」, 「술 권하는 사회」, 「운수 좋은 날」 등이 있다.

094 정답 ②

평가요소	7.3 매체와 국어 생활
세부 평가요소	7.3.1 국어 생활
출처	대한민국 신문아카이브 (https://www.nl.go.kr/newspaper/keyword_search.do)

정답 해설

② 광고문에서 '본월 이십일브터 시작ᄒ오니'라고 하였고, 광고는 신문에 1909년 11월 26일에 실렸으므로 연극은 11월 20일부터 시작하는 것을 알 수 있다.

오답 해설

① 광고문 첫 줄의 '츄ㅣ션다원대 연극 광고'를 통해 '취선다원대'에서 낸 광고임을 알 수 있다.
③ '특별히 한국 동포의 구경ᄒ심을 위ᄒ와 그 연주ᄒᄂ 것을 한국 국문으로 번역ᄒ야ᄆㅣ'를 통해 한국 동포를 위해 연주하는 것을 한국 국문으로 번역해 제공함을 알 수 있다.
④ 광고문의 '본원에셔 청국 북경에 유명ᄒ 창희ᄃㅣ를 초청ᄒ야 절ᄃㅣᄒ 기예를 연주ᄒᄂ 바'에서 취선다원대에서 청국 북경의 유명한 창희대를 초청해 기예를 연주하는 공연임을 알 수 있다. 이때 '창희'는 전통적인 판소리나 그 형식을 빌려 만든 가극을 말한다.
⑤ 광고문의 '청국말 능통ᄒ신 한국인을 청ᄒ야 ᄆㅣ 구절을 번역 설명ᄒ 터이오'를 통해 청국말에 능통한 한국인이 매 구절을 번역해 설명할 것임을 알 수 있다.

095 정답 ④

평가요소	7.3 매체와 국어 생활
세부 평가요소	7.3.1 국어 생활
출처	"심청전권지상이라", 『심청전』(서울대 소장 완판 71장본) (http://www.davincimap.co.kr/davBase/Source/davSource.jsp?Job=Body&SourID=SOUR001534)

정답 해설

④ ㉢ '앗ㄱ'는 '조금 전'이라는 뜻의 '아까'로, '앗ㄱ 네를 지달이다가 저무도록 안이오기예'는 '아까 너를 기다리다가 날이 저물도록 안 오기에'로 해석할 수 있다.

오답 해설

① ㉠ '무삼'은 '무슨'의 의미로, '부자간 천륜이야 무삼 허물 잇스릿가'는 '부자간 천륜이야 무슨 허물이 있을까요?'로 해석할 수 있다.
② ㉡ '밋고'는 '믿고'로, '아부지는 날만 밋고'는 '아버지는 나만 믿고'로 해석할 수 있다.
③ ㉢ '마옴'은 '마음'으로, '제 마옴의 섭사이다'는 '제 마음이 섭섭합니다'로 해석할 수 있다.
⑤ ㉣ '기쳔'은 '개천'으로, '질리 너문 기쳔의 ᄲ져셔'는 '길이 넓은 개천에 빠져서'로 해석할 수 있다.

096 정답 ③

평가요소	7.1 국어학
세부 평가요소	7.1.4 국어사
출처	세종대왕(1446), 『훈민정음』 해례본의 서문

정답 해설

③ ⓒ 두음 법칙은 특정 음운이 어두에 잘 나타나지 않으려는 현상으로, 'ㅣ, ㅑ, ㅕ, ㅛ, ㅠ' 앞에서 'ㄴ'이 'ø'가 된다. 따라서 두음 법칙이 적용되면 '이르고저'가 되어야 하는데, '니르고저'로 쓰였으므로 두음 법칙이 적용되지 않은 것이다.

오답 해설

① ㉠ 이어적기는 한 음절의 종성을 다음 자의 초성으로 내려서 쓰는 규정으로, '말씀+이'의 'ㅁ'이 다음 자의 초성으로 내려가는 이어적기가 되어 '말쓰미'로 쓰였다. 즉, 이어적기가 사용되었다.
② ㉡ 8종성법은 종성에 'ㄱ, ㆁ, ㄷ, ㄴ, ㅂ, ㅁ, ㅅ, ㄹ'의 8자만 올 수 있다는 규정이다. 'ᄉᆞᆾ+디'가 'ᄉᆞᆺ디'로 쓰이며 받침 'ㅊ'이 'ㅅ'으로 바뀌었으므로 8종성법이 사용되었다.
④ ㉣ 원순모음화는 양순음 뒤에 오는 'ㅡ'가 원순모음인 'ㅜ'로 바뀌는 음운 현상으로, 원순모음화가 적용된다면 '스물'이 되어야 하는데 '스믈'로 쓰였으므로 원순모음화가 적용되지 않은 것이다.
⑤ 순경음 비읍 'ㅸ'가 사용되었다.

097 정답 ③

평가요소	7.1 국어학
세부 평가요소	7.1.4 국어사
출처	겨레말큰사전남북공동편찬위원회 (https://gyeoremal.or.kr/data/literature.php)

정답 해설

③ 《않다》, 《못하다》의 앞에 오는 《하지》를 줄인 경우에는 《치》로 적어야 하므로 '괜치 않다'로 적어야 한다.

오답 해설

① 말줄기의 끝소리마디 ≪하≫의 ≪ㅏ≫가 줄어들면서 다음에 온 토의 첫소리 자음이 거세게 될 때에는 거센소리로 적어야 하므로, '선선하지 못하다'를 줄여 '선선치 못하다'로 옳게 표기하였다.
② ≪아니하다≫가 줄어든 경우에는 ≪않다≫로 적어야 하므로, '서슴지 아니하다'를 줄여 '서슴지 않다'로 표기한 것은 옳다.
④ 합친말은 매개 말뿌리의 본래 형태를 각각 밝혀 적는 것을 원칙으로 하므로, '눈웃음'은 '눈+웃음'의 본래 형태를 각각 밝혀 적는 원칙에 따라 옳게 표기하였다.
⑤ 합친말 중 《암, 수》와 결합되는 동물의 이름이나 대상은 거센소리로 적지 않고 형태를 그대로 밝혀 적어야 하므로, '수+기와'를 '수기와'로 표기한 것은 옳다.

098 정답 ②

평가요소	7.3 매체와 국어 생활
세부 평가요소	7.3.1 국어 생활
출처	국립국어원, 한국 수어 사전 (https://sldict.korean.go.kr/front/main/main.do)

정답 해설

② 두 주먹의 1·5지를 펴서 맞댄 후, 4지의 옆면이 밖으로 향하게 하여 두 눈앞에 대고, 1·5지 사이를 벌린 수형은 '깨다'를 표현한 수어이다.

오답 해설

① '보다'는 두 손의 1·5지 끝을 맞대어 동그라미를 만들어 두 눈에 댔다가 약간 힘주어 밖으로 내미는 수형으로 나타낸다.
③ '듣다'는 오른 주먹의 1지를 펴서 반쯤 구부려 끝이 오른쪽 귀로 향하게 하여 좌우로 두 번 움직이는 수형으로 나타낸다.
④ '말하다'는 오른 주먹의 1지를 펴서 세워 옆면을 입에 댔다가 밖으로 내미는 수형으로 나타낸다.
⑤ '잊어버리다'는 오른 주먹을 머리 오른쪽에 댔다가 위로 올리며 펴는 수형으로 나타낸다.

099 정답 ②

평가요소	7.3 매체와 국어 생활
세부 평가요소	7.3.1 국어 생활

정답 해설

② 법률 용어에서 '초일'은 '(달의) 1일'을 의미한다.

오답 해설

① 법률 용어 '개시하다'는 '밝히다'를 의미한다.
③ 법률 용어 '망실되다'는 '없어지다'를 의미한다.
④ 법률 용어 '우송하다'는 '우편으로 보내다'를 의미한다.
⑤ 법률 용어 '체임'은 '교체임용'을 의미한다.

100 정답 ②

평가요소	7.3 매체와 국어 생활
세부 평가요소	7.3.2 매체 언어의 탐구
출처	"고혈압, 당뇨병, 고지혈증약! 오해와 진실[무엇이든 물어보세요]", KBS교양 유튜브 채널, 2020. 6. 29. (https://www.youtube.com/watch?v=JrnWmcauyys)

정답 해설

② 전문가 2의 영상에서 고혈압 약의 부작용 종류를 자막으로 띄우긴 하였으나, 등장한 두 전문가 모두 객관적, 통계적 수치를 제시한 부분은 나타나지 않는다.

오답 해설

① 당뇨 약, 고혈압 약, 고지혈증 약과 관련한 시청자들의 궁금증을 해소할 수 있는 건강과 관련한 정보를 전달하고 있는 방송 프로그램이다.
③ 각 전문 분야의 전문가 두 명을 초빙해 인터뷰를 진행함으로써 신뢰성 있는 답을 전달하고 있다.
④ 두 명의 진행자가 있고, 이 진행자들이 각각의 전문가들에게 질문을 던지며 답을 요하는 인터뷰 형식으로 진행된다.
⑤ 진행자는 사전에 시청자들이 궁금해할 만한 질문 4개를 준비해 각 전문가들에게 순차적으로 질문하고 있다.

남에게 하듯 나에게
구체적으로, 다정하게 칭찬해 주세요.

#나를향한다정함 #소리없는격려

KBS한국어능력시험

답 안 란 (ANSWER SHEET)

기 록 란 (DATA SHEET)

문제지 유형: 홀수형 ○ 짝수형 ○

문제지 결장의 유형을 확인 후 표기

수험생이 지켜야 할 일

1. 답안지에는 반드시 연필을 사용하여 표기해야 합니다.
2. 표기란에는 ●와 같이 바르게 표기해야 합니다.
   (잘못된 표기 예시: → ⌀ ⊘ ⊗ ⊙ ●)
3. 표기란 수정은 지우개만을 사용하여 완전 (깨끗하게) 수정해야 합니다.

KBS 한국어진흥원

절취선

KBS한국어능력시험

기 록 란 (DATA SHEET)

성 명	

응시일자 : 20 년 월 일

수 험 번 호					
⓪	⓪	⓪	⓪	⓪	⓪
①	①	①	①	①	①
②	②	②	②	②	②
③	③	③	③	③	③
④	④	④	④	④	④
⑤	⑤	⑤	⑤	⑤	⑤
⑥	⑥	⑥	⑥	⑥	⑥
⑦	⑦	⑦	⑦	⑦	⑦
⑧	⑧	⑧	⑧	⑧	⑧
⑨	⑨	⑨	⑨	⑨	⑨

생 년 월 일 (주민번호 앞자리)					
⓪	⓪	⓪	⓪	⓪	⓪
①	①	①	①	①	①
②	②	②	②	②	②
③	③	③	③	③	③
④	④	④	④	④	④
⑤	⑤	⑤	⑤	⑤	⑤
⑥	⑥	⑥	⑥	⑥	⑥
⑦	⑦	⑦	⑦	⑦	⑦
⑧	⑧	⑧	⑧	⑧	⑧
⑨	⑨	⑨	⑨	⑨	⑨

문제지 유형
홀 수 형 ○
짝 수 형 ○

문제지 겉장의 유형을 확인 후 표기

감독관 확인

수험생이 지켜야 할 일

1. 답안지에는 반드시 연필을 사용하여 표기해야 합니다.
2. 표기란에는 '●'와 같이 바르게 표기해야 합니다.
(잘못된 표기 예시 → ⦶⌀⊗⊙◑)
3. 표기란 수정은 지우개만을 사용하여 완전(깨끗)하게 수정해야 합니다.

KBS 한국어진흥원

답 안 란 (ANSWER SHEET)

문항	1	2	3	4	5	문항	1	2	3	4	5	문항	1	2	3	4	5	문항	1	2	3	4	5	문항	1	2	3	4	5
1	①	②	③	④	⑤	21	①	②	③	④	⑤	41	①	②	③	④	⑤	61	①	②	③	④	⑤	81	①	②	③	④	⑤
2	①	②	③	④	⑤	22	①	②	③	④	⑤	42	①	②	③	④	⑤	62	①	②	③	④	⑤	82	①	②	③	④	⑤
3	①	②	③	④	⑤	23	①	②	③	④	⑤	43	①	②	③	④	⑤	63	①	②	③	④	⑤	83	①	②	③	④	⑤
4	①	②	③	④	⑤	24	①	②	③	④	⑤	44	①	②	③	④	⑤	64	①	②	③	④	⑤	84	①	②	③	④	⑤
5	①	②	③	④	⑤	25	①	②	③	④	⑤	45	①	②	③	④	⑤	65	①	②	③	④	⑤	85	①	②	③	④	⑤
6	①	②	③	④	⑤	26	①	②	③	④	⑤	46	①	②	③	④	⑤	66	①	②	③	④	⑤	86	①	②	③	④	⑤
7	①	②	③	④	⑤	27	①	②	③	④	⑤	47	①	②	③	④	⑤	67	①	②	③	④	⑤	87	①	②	③	④	⑤
8	①	②	③	④	⑤	28	①	②	③	④	⑤	48	①	②	③	④	⑤	68	①	②	③	④	⑤	88	①	②	③	④	⑤
9	①	②	③	④	⑤	29	①	②	③	④	⑤	49	①	②	③	④	⑤	69	①	②	③	④	⑤	89	①	②	③	④	⑤
10	①	②	③	④	⑤	30	①	②	③	④	⑤	50	①	②	③	④	⑤	70	①	②	③	④	⑤	90	①	②	③	④	⑤
11	①	②	③	④	⑤	31	①	②	③	④	⑤	51	①	②	③	④	⑤	71	①	②	③	④	⑤	91	①	②	③	④	⑤
12	①	②	③	④	⑤	32	①	②	③	④	⑤	52	①	②	③	④	⑤	72	①	②	③	④	⑤	92	①	②	③	④	⑤
13	①	②	③	④	⑤	33	①	②	③	④	⑤	53	①	②	③	④	⑤	73	①	②	③	④	⑤	93	①	②	③	④	⑤
14	①	②	③	④	⑤	34	①	②	③	④	⑤	54	①	②	③	④	⑤	74	①	②	③	④	⑤	94	①	②	③	④	⑤
15	①	②	③	④	⑤	35	①	②	③	④	⑤	55	①	②	③	④	⑤	75	①	②	③	④	⑤	95	①	②	③	④	⑤
16	①	②	③	④	⑤	36	①	②	③	④	⑤	56	①	②	③	④	⑤	76	①	②	③	④	⑤	96	①	②	③	④	⑤
17	①	②	③	④	⑤	37	①	②	③	④	⑤	57	①	②	③	④	⑤	77	①	②	③	④	⑤	97	①	②	③	④	⑤
18	①	②	③	④	⑤	38	①	②	③	④	⑤	58	①	②	③	④	⑤	78	①	②	③	④	⑤	98	①	②	③	④	⑤
19	①	②	③	④	⑤	39	①	②	③	④	⑤	59	①	②	③	④	⑤	79	①	②	③	④	⑤	99	①	②	③	④	⑤
20	①	②	③	④	⑤	40	①	②	③	④	⑤	60	①	②	③	④	⑤	80	①	②	③	④	⑤	100	①	②	③	④	⑤

절취선

KBS한국어능력시험

기 록 란 (DATA SHEET)

성 명	

응시일자 : 20 년 월 일

수 험 번 호					
⓪①②③④⑤⑥⑦⑧⑨	⓪①②③④⑤⑥⑦⑧⑨	⓪①②③④⑤⑥⑦⑧⑨	⓪①②③④⑤⑥⑦⑧⑨	⓪①②③④⑤⑥⑦⑧⑨	⓪①②③④⑤⑥⑦⑧⑨

생 년 월 일 (주민번호 앞자리)					
⓪①②③④⑤⑥⑦⑧⑨	⓪①②③④⑤⑥⑦⑧⑨	⓪①②③④⑤⑥⑦⑧⑨	⓪①②③④⑤⑥⑦⑧⑨	⓪①②③④⑤⑥⑦⑧⑨	⓪①②③④⑤⑥⑦⑧⑨

문제지 유형
홀 수 형 ○
짝 수 형 ○

문제지 겉장의 유형을 확인 후 표기

감독관 확인

수험생이 지켜야 할 일

1. 답안지에는 반드시 연필을 사용하여 표기해야 합니다.
2. 표기란에는 '●'와 같이 바르게 표기해야 합니다.
   (잘못된 표기 예시 → ⦶⌀♉⊙◑)
3. 표기란 수정은 지우개만을 사용하여 완전(깨끗)하게 수정해야 합니다.

KBS 한국어진흥원

답 안 란 (ANSWER SHEET)

문항	1 2 3 4 5	문항	1 2 3 4 5	문항	1 2 3 4 5	문항	1 2 3 4 5	문항	1 2 3 4 5
1	①②③④⑤	21	①②③④⑤	41	①②③④⑤	61	①②③④⑤	81	①②③④⑤
2	①②③④⑤	22	①②③④⑤	42	①②③④⑤	62	①②③④⑤	82	①②③④⑤
3	①②③④⑤	23	①②③④⑤	43	①②③④⑤	63	①②③④⑤	83	①②③④⑤
4	①②③④⑤	24	①②③④⑤	44	①②③④⑤	64	①②③④⑤	84	①②③④⑤
5	①②③④⑤	25	①②③④⑤	45	①②③④⑤	65	①②③④⑤	85	①②③④⑤
6	①②③④⑤	26	①②③④⑤	46	①②③④⑤	66	①②③④⑤	86	①②③④⑤
7	①②③④⑤	27	①②③④⑤	47	①②③④⑤	67	①②③④⑤	87	①②③④⑤
8	①②③④⑤	28	①②③④⑤	48	①②③④⑤	68	①②③④⑤	88	①②③④⑤
9	①②③④⑤	29	①②③④⑤	49	①②③④⑤	69	①②③④⑤	89	①②③④⑤
10	①②③④⑤	30	①②③④⑤	50	①②③④⑤	70	①②③④⑤	90	①②③④⑤
11	①②③④⑤	31	①②③④⑤	51	①②③④⑤	71	①②③④⑤	91	①②③④⑤
12	①②③④⑤	32	①②③④⑤	52	①②③④⑤	72	①②③④⑤	92	①②③④⑤
13	①②③④⑤	33	①②③④⑤	53	①②③④⑤	73	①②③④⑤	93	①②③④⑤
14	①②③④⑤	34	①②③④⑤	54	①②③④⑤	74	①②③④⑤	94	①②③④⑤
15	①②③④⑤	35	①②③④⑤	55	①②③④⑤	75	①②③④⑤	95	①②③④⑤
16	①②③④⑤	36	①②③④⑤	56	①②③④⑤	76	①②③④⑤	96	①②③④⑤
17	①②③④⑤	37	①②③④⑤	57	①②③④⑤	77	①②③④⑤	97	①②③④⑤
18	①②③④⑤	38	①②③④⑤	58	①②③④⑤	78	①②③④⑤	98	①②③④⑤
19	①②③④⑤	39	①②③④⑤	59	①②③④⑤	79	①②③④⑤	99	①②③④⑤
20	①②③④⑤	40	①②③④⑤	60	①②③④⑤	80	①②③④⑤	100	①②③④⑤

KBS한국어능력시험

답 안 란 (ANSWER SHEET)

문항	1	2	3	4	5	문항	1	2	3	4	5	문항	1	2	3	4	5	문항	1	2	3	4	5	문항	1	2	3	4	5
1	①	②	③	④	⑤	21	①	②	③	④	⑤	41	①	②	③	④	⑤	61	①	②	③	④	⑤	81	①	②	③	④	⑤
2	①	②	③	④	⑤	22	①	②	③	④	⑤	42	①	②	③	④	⑤	62	①	②	③	④	⑤	82	①	②	③	④	⑤
3	①	②	③	④	⑤	23	①	②	③	④	⑤	43	①	②	③	④	⑤	63	①	②	③	④	⑤	83	①	②	③	④	⑤
4	①	②	③	④	⑤	24	①	②	③	④	⑤	44	①	②	③	④	⑤	64	①	②	③	④	⑤	84	①	②	③	④	⑤
5	①	②	③	④	⑤	25	①	②	③	④	⑤	45	①	②	③	④	⑤	65	①	②	③	④	⑤	85	①	②	③	④	⑤
6	①	②	③	④	⑤	26	①	②	③	④	⑤	46	①	②	③	④	⑤	66	①	②	③	④	⑤	86	①	②	③	④	⑤
7	①	②	③	④	⑤	27	①	②	③	④	⑤	47	①	②	③	④	⑤	67	①	②	③	④	⑤	87	①	②	③	④	⑤
8	①	②	③	④	⑤	28	①	②	③	④	⑤	48	①	②	③	④	⑤	68	①	②	③	④	⑤	88	①	②	③	④	⑤
9	①	②	③	④	⑤	29	①	②	③	④	⑤	49	①	②	③	④	⑤	69	①	②	③	④	⑤	89	①	②	③	④	⑤
10	①	②	③	④	⑤	30	①	②	③	④	⑤	50	①	②	③	④	⑤	70	①	②	③	④	⑤	90	①	②	③	④	⑤
11	①	②	③	④	⑤	31	①	②	③	④	⑤	51	①	②	③	④	⑤	71	①	②	③	④	⑤	91	①	②	③	④	⑤
12	①	②	③	④	⑤	32	①	②	③	④	⑤	52	①	②	③	④	⑤	72	①	②	③	④	⑤	92	①	②	③	④	⑤
13	①	②	③	④	⑤	33	①	②	③	④	⑤	53	①	②	③	④	⑤	73	①	②	③	④	⑤	93	①	②	③	④	⑤
14	①	②	③	④	⑤	34	①	②	③	④	⑤	54	①	②	③	④	⑤	74	①	②	③	④	⑤	94	①	②	③	④	⑤
15	①	②	③	④	⑤	35	①	②	③	④	⑤	55	①	②	③	④	⑤	75	①	②	③	④	⑤	95	①	②	③	④	⑤
16	①	②	③	④	⑤	36	①	②	③	④	⑤	56	①	②	③	④	⑤	76	①	②	③	④	⑤	96	①	②	③	④	⑤
17	①	②	③	④	⑤	37	①	②	③	④	⑤	57	①	②	③	④	⑤	77	①	②	③	④	⑤	97	①	②	③	④	⑤
18	①	②	③	④	⑤	38	①	②	③	④	⑤	58	①	②	③	④	⑤	78	①	②	③	④	⑤	98	①	②	③	④	⑤
19	①	②	③	④	⑤	39	①	②	③	④	⑤	59	①	②	③	④	⑤	79	①	②	③	④	⑤	99	①	②	③	④	⑤
20	①	②	③	④	⑤	40	①	②	③	④	⑤	60	①	②	③	④	⑤	80	①	②	③	④	⑤	100	①	②	③	④	⑤

기 록 란 (DATA SHEET)

성 명

응시일자 : 20   년   월   일

생 년 월 일 (주민번호 앞자리)

수 험 번 호

문제지 유형
- 홀 수 형 ○
- 짝 수 형 ○

문제지 결장의 유형을 확인 후 표기

감독관 확인

수험생이 지켜야 할 일
1. 답안지에는 반드시 연필을 사용하여 표기해야 합니다.
2. 표기란에는 '●'와 같이 바르게 표기해야 합니다.
   (잘못된 표기 예시 → ⊘⊘⊗⊙)
3. 표기란 수정은 지우개만을 사용하여 완전
   (깨끗하게 지우고 수정해야 합니다.)

KBS 한국어진흥원

"기출 분석 좋은"
시대에듀# 자격증수험서

KBS한국어능력시험
공식기출 문제집 + 무료강의
제85, 84, 83회

2025 기분좋은
KBS한국어능력시험
#반반끝 단기기본서 + 공식기출 3회

기분좋은
오늘 NCS 완료 시즌1
#오N완 #NCS루틴 #100%새문항

2025 기분좋은
#해품사 한능검 [심화 1·2·3급]
시대별 기출회독 600제 + 기출선지

[75회 저격모의고사]
기분좋은 한국사능력검정시험 심화
[해품사 적중 키워드 50 + 모의고사 해설강의]

시대에듀# 블루스마일과 함께 빠르고 기분 좋게 합격하세요!

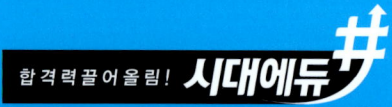

sdedu.co.kr/book
부가학습자료(도서업데이트) 및 정오표, 교재문의

KBS 한국어능력시험

공식기출 문제집 + 무료강의

가장 최신 기출
어휘·어법 공략집

공부하면 동급이 달라지는!

차례

빈출 어휘

- 01 고유어 · 03
- 02 한자어 · 09
- 03 고유어-한자어 대응 · 15
- 04 다의어와 동음이의어 · 16
- 05 어휘의 의미 관계 · 18
- 06 속담 · 19
- 07 사자성어 · 21
- 08 관용구 · 23
- 09 순화어 · 25

빈출 어법

- 01 한글 맞춤법 및 표준어 · 29
- 02 띄어쓰기 · 32
- 03 표준 발음법 · 33
- 04 외래어 표기법/로마자 표기법 · 34
- 05 어법에 맞는 표현 · 36
- 06 문장 부호 · 37
- 07 번역 투 표현 · 38
- 08 방언 · 39

빈출 어휘 01 고요어

확실하게 아는 개념에 ✓해 보세요!

■ **가만하다**
① 움직이지 않거나 아무 말도 하지 아니한 상태에 있다.
⑩ 동욱 역시 필경 잠이 들지 않았으련만 죽은 듯이 **가만하고** 있었다. 《순창선비 오는 날》
② 어떤 대책을 세우거나 손을 쓰지 아니하고 그대로 있다.
⑩ 그렇게 당하고도 **가만하고** 있자니 너무 분하다.
③ 움직임 따위가 그다지 드러나지 않을 만큼 조용하고 은은하다.
⑩ **가만한** 한숨을 쉬다.

83회 16번

■ **가무리다**
① 몰래 훔쳐 차지하거나 흔적도 없이 먹어 버리다.
⑩ 은근히 도망갈 포석으로 수비대에 도로 내밸 것이야 할 입호를 돌려보내지 않고 그대로 **가무려** 버렸다. 《한설야, 탑》
② 남이 보지 못하게 숨기다.
⑩ 어머니는 싱글 보면서 아이를 목으로 생긴 한 토막을 따로 **가무려** 두었다.

85회 21번

■ **가뭇없다**
① 보이던 것이 전혀 보이지 않아 찾을 곳이 감감하다.
⑩ **가뭇없는** 잠판에서 수난내는 눈물을 쪘다. 밤 사기에, 옹기그릇 하나 안 남기고 깡그리 때려간 것이다. 《오유권, 대지의 학대》
② 눈에 띄지 않게 감쪽같다.
⑩ 마을시의 손놀림에 따라 보자기에 있던 비둘기가 **가뭇없이** 사라져 버렸다.

84회 16번

■ **가풀막**
몹시 가파르게 비탈진 곳.
⑩ **가풀막**을 기어오르다.

83회 18번

■ **갈그랑거리다**
가래 따위가 목구멍에 걸려 숨 쉴 때마다 조금 거친 소리가 자꾸 난다. ≒갈근대다.

85회 16번

갈매들다
예 낮과 밤이 갈매든다.
서로 번갈아들다.
85회 16번

갈매
① 짙은 초록색. ≒갈매색.
예 있다홍 무명 적삼에 갈매 무명 치마를 입었는데 매우새까지도 얌전하다. 《혼인담》
② 짙은 초록빛 =갈맷빛.
85회 18번

개펄
예 기존 시설 및 버려진 개펄의 이용 문제 등을 감안할 때 전잎제염은 전존할 것으로 보인다.
바닷물이 드나드는 땅.
85회 18번

걸리적거리다
① 자주 장소럽게 지주 여기저기 걸리거나 닿다. ≒걸리적대다.
예 지름길은 걸리적거리는 나무와 풀이 빽빽한 산길이었다.
② 거추장스럽거나 성가시어 자주 거슬리거나 방해가 되다. ≒걸리적대다.
예 일이 서둘러 도움을 드리가는케셩 걸리적거리지나 않을까 걱정입니다.
85회 16번

가뭇없다
예 하는 짓이 어울리지 않고 싫었다.
예 연일이 집 앞을 실없이 한두 번 지나쳐며 흘긋이 너희 기웃거리기도 했으나 매 양 그러기도 가뭇없어 하건한 마음 안고 허엽없이 물었다. 《숨기는 염태도》
85회 21번

결다
① 어떤 일이나 물건 따위가 이주 망가져서 도무지 손을 쓸 수 없게 된 상태.
예 싫음이 맞히어 겨를 난 상태.
② 이젠 집안은 아주 결딴을 내려고 하는군.
84회 18번

켓물
예 결 태우는 불, 불기운이 미미하다.
예 장화로에 남은 켓불도 꺼졌다.
85회 18번

공손맞다
예 몸시 부드럽고 친절하다.
예 그는 항상 공손맞은 태도로 사람들에게 친절하게 대하며, 누구에게나 다정하게 다가간다.
83회 21번

■ **곡으로** 83회 18번
제 생긴 그대로. 또는 자기 주제에 맞게.
예 곡으로 가만히 있어라.

■ **꼭뒤** 85회 21번
뒤통수의 한가운데.
예 연인들은 머리를……꼭뒤에서 서너 번 돌아 쪽을 제고 비녀를 꽂고, 눈으나 점으나 꽃을 꽂았다. 《허무숙, 만담》
② 흘의 도고지가 붙은 뒤.

■ **나이배기** 85회 18번
겉보기보다 나이가 많은 사람을 낮잡아 이르는 말.

■ **내박치다** 85회 21번
힘껏 집어 내던지다.
예 입에 물었던 담배를 담벼락에 **내박쳤다**.

■ **늦치다** 83회 21번
능란하고 재빠르므로.
예 그 선수는 **늦치게** 공을 다루며, 상대방이 예상할 수 없는 속도로 공격을 펼친다.

■ **단박** 85회 18번
그 자리에서 바로를 이르는 말.
예 그는 음악을 듣자마자 **단박에** 제목을 알았다.

■ **닳다** 84회 21번
① 타지 않는 단단한 물체가 열로 몹시 뜨거워지다.
예 다리미가 **닳다**.
② 물기가 많은 음식이나 탕약 따위에 열을 가하여 물이 줄어들다.
③ 열이 나가나 부끄러워서 몸이나 몸의 일부가 뜨거워지다.
예 홀란함이나 입시에 다른 피가 몸에올라 얼굴이 화끈 **달았다**.
④ 입안이나 목안이 마르고 뜨거워지다.
⑤ 안타깝거나 조마조마하여 마음이 몹시 조급해지다.
예 애가 **달아서** 어쩔 줄을 모르다.

대끼다

① 어떤 일에 많이 시달리다.
  예) 지하철에서 사람들에게 대끼고 나니 기운이 하나도 없다.
② 여러 일을 겪어 단련되다.
  예) 큰 도시에서 많은 일에 대낀 사람이라 그런지 생각이 남다르다.

85회 21번

미쁘하다

세상 마음에 들 만하다.
예) 나는 그의 행동이 미쁘하지 않다.

83회 16번

말쑥하다

① 지저분함이 없이 말끔하고 깨끗하다.
  예) 아버지와 나는 휴일에 낡아서 뒤덮여 있던 담벼락을 말쑥하게 새로 페인트칠했다.
② 세련되고 아름답다.
  예) 말쑥한 차림새.

83회 16번

맞자하다

모양이 제격에 어울려서 맞다.
예) 옷차림이 맞자하다.

84회 16번

무람없다

예의를 지키지 않으며 삼가고 조심하는 것이 없다.
예) 제 행동이 다소 무람없더라도 용서하십시오.
  그는 처음 만나는 사람 앞에서 무람하게 행동하며, 자신을 과시하지 않는다.

83회 21번

묵근하다

쉽지 않은 분기운이 풍기지 않고 꾸준하다.
예) 사람들은 묵근한 회붓돌로 새벽까지 드웃었다.

84회 18번

바른작거리다

고통스러운 일이나 어려운 고비에서 벗어나려고 팔다리를 내저으며 큰 몸을 자꾸 움직이다.
예) 옷에 걸린 뒷다리를 바른작거리는 사슴.

85회 16번

보시기

김치나 깍두기 따위를 담는 반찬 그릇의 하나. 모양은 사발 같으나 높이가 낮고 크기가 작다. 늘보이. 소문.
예) 김치 보시기.

84회 18번

사달
84회 21번

사고나 탈.
예) 일이 까다롭게 되어 가더니만 결국 사달이 났다.

생때같다
84회 16번

① 아무 탈 없이 멀쩡하다.
예) 생때같은 사람이 하루아침에 병신이 되었다.
② 공을 많이 들여 매우 소중하다.
예) 생때같은 내 돈을 다 날렸다.

생기다
83회 21번

① 물건의 사이가 뜨다. ≒성글다. ↔배다, 「만대말」, 배다
예) 잎이 거의 다 떨어진 받자나무의 성긴 가지 사이로 서너 명의 코흘리개를 모
습이 얼비쳐 보였다. 《조정래, 태백산맥》
② 반복되는 횟수나 도수(度數)가 뜨다. ≒성글다.
예) 매일같이 만나던 두 사람이 요즘 들어서는 만남이 생기다.
③ 관계가 깊지 않고 서먹하다. ≒성글다.

소
84회 21번

① 송편이나 만두 따위를 만들 때, 맛을 내기 위하여 익히기 전에 속에 넣는 여러 가지 재료. 송편에는 팥이나 콩·대추·밤 따위를 사용하고, 만두에는 고기·두부·채소 따위를 사용한다.
예) 만두에 소를 적게 넣으면 맛이 없다.
② 통김치나 오이소박이김치 따위의 속에 넣는 여러 가지 재료.
예) 소를 많이 넣어서야지 김치 맛이 좋다.

솔기
83회 18번

옷이나 이부자리 따위를 지을 때 두 폭을 맞대고 꿰맨 줄. ≒봉목, 봉합선, 솔.
예) 터진 바지 솔기를 꿰매다.

시위적거리다
85회 16번

일을 힘들여 하지 아니하고 되는대로 천천히 하다. ≒시야적대다.

우비적거리다
83회 16번

틈이나 구멍 속을 자꾸 함부로 긁어 파내다. ≒우비적대다.

이울다
83회 18번
① 꽃이나 잎이 시들다.
   예 꽃이 이울다.
② 점점 쇠약하여지다.
   예 국운이 이울다.
③ 해나 달의 빛이 약해지거나 스러지다.
   예 이운 달빛.

지그럽다
83회 21번
남카로운 소리가 신경을 자극하여 몹시 듣기에 거북하다.
예 그 지그러운 소리에 내 마음은 더욱 불편해졌다.

짱짜미
84회 18번
남모르게 자기들끼리만 짜고 하는 약속이나 수작.
예 아내의 밤늦게 돌아오는 그 앞에 분명 노파와의 짱짜미가 있으리라. 《현덕, 남생이》

찰찰하다
83회 16번
① 나무, 풀, 머리털 따위가 잘 자라서 알차고 깁다.
   예 검고 찰찰한 머리.

켯속
84회 21번
일이 되어 가는 속사정.
   예 켯속을 따지다.

피읍내다
84회 16번
일차한 어느 날을 내중에 다른 소리를 하여 그르치게 하다.

한결같다
83회 16번
① 처음부터 끝까지 변함없이 꼭 같다.
   예 한결같은 태도.
② 여럿이 모두 꼭 같이 하나와 같다.
   예 독자들의 한결같은 반응.

빈출 어휘 02 한자어

📘 함함하다
① 털이 보드랍고 반지르르하다.
   예 털이 함함한 강아지.
② 소담하고 탐스럽다.
   예 포도가 함함하게 열렸다.

84회 18번

📘 해거름
해가 서쪽으로 넘어가는 일. 또는 그런 때. ≒일모, 해름.
예 해거름에 가겠다.

83회 18번

📘 해사하다
① 얼굴이 희고 곱다랗다.
   예 해사한 얼굴.
② 표정, 웃음소리 따위가 맑고 깨끗하다.
   예 해사하게 웃다.
③ 옷차림, 자태 따위가 말쑥하고 깨끗하다.
   만기는 서양 사람처럼 훌쭉 후리후리한 키와 알맞은 몸집에 귀공자다운 해사한 면모를 빛내고 있었다. 《손창섭, 잉여 인간》

83회 16번

📘 가망(可望)
될 만하거나 가능성이 있는 희망.
예 이번 선거에서는 당선될 가망이 있습니까?

85회 20번

📘 가외(加外)
일정한 기준이나 정도의 밖.
예 품삯과 더불어 가외로 물건을 더 받았다.

83회 19번

📘 갈파(喝破)
① 큰 소리로 꾸짖어 기세를 눌러 버림.
② 정당한 논리로 그릇된 주장을 깨뜨리고 진리를 밝힘.

83회 19번

📘 거마비(車馬費)
수레와 말을 타는 비용이라는 뜻으로, '교통비'를 이르는 말.
예 거마비를 주다.

84회 19번

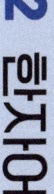

격의(隔意) 85회 17면
서로 터놓지 않는 속마음. ≒격심.
예 격의 없는 대화.

격조(格調) 83회 19번
① 문예 작품 따위에서, 격식과 운치에 어울리는 기품.
예 그의 최근 작품은 격조가 떨어진다.
② 사람의 품격과 취향.
예 격조 높은 말씨와 예절.

격조(隔阻) 83회 19번
① 멀리 떨어져 있어 서로 통하지 못함. ≒소조.
② 오랫동안 서로 소식이 막힘. ≒소조.

괴문(怪聞) 83회 17번
보고 들은 것이 적음.
예 정사에 남을 만큼 이름난 잠언인지 나로서는 과문의 탓으로 알지 못하오, 《박경리, 토지》

괴력(怪力) 84회 17번
괴상할 정도로 뛰어나게 센 힘.
예 괴력의 소유자.

기탄(忌憚) 85회 19번
어렵게 여겨 꺼림.
예 그는 이유를 기탄이 없이 말할 이었다.

기함(氣陷) 85회 17번
① 기력이 없어서 기력없음.
예 이 환자는 고혈으로 심해서 수술하기 어렵습니다.
② 갑자스레 몹시 놀라거나 아프거나 하여 소리를 지른면서 낼을 잃음.
예 천둥한 광경을 보자 여자들은 기함을 할 듯이 놀랐다.

남량(納凉) 85회 17번
여름철에 더위를 피하여 서늘한 기운을 느낌.
예 남량 특집극.

노파심(老婆心)

필요 이상으로 남의 일을 걱정하고 염려하는 마음. ≒노파성.
예 노파심에서 하는 말.

84회 19번

단장(丹粧)

① 얼굴, 머리, 옷차림 따위를 곱게 꾸밈.
예 곱게 단장한 신부.
② 건물, 거리 따위를 손질하여 꾸밈.
예 며느리를 맞이들이느라 집 안 단장을 새로 했다.

84회 17번

단장(斷腸)

몹시 슬퍼서 창자가 끊어지는 듯함.

83회 17번

도로(徒勞)

헛되이 수고함.
예 도로에 그치다.

83회 17번

만신창이(滿身瘡痍)

① 온몸이 상처투성이가 됨.
예 누구한테 얻어맞았는지 만신창이가 되었다.
② 일이 아주 엉망이 됨을 비유적으로 이르는 말.
예 모든 계획이 만신창이가 되고 말았다.

85회 19번

맹점(盲點)

① 미처 생각이 미치지 못한, 모순되는 점이나 틈.
예 맹점을 찌르다.
② 「의학」 시각 신경이 이루는 신경 섬유들이 망막에서 한곳으로 모이는 곳. 물거나 할 경우처럼 보인다. 이 부분에는 시각 세포가 없기 때문에 빛에 대한 반응이 없다. ≒시각 원반.

85회 17번

무산(霧散)

① 이루다 헤어질 수 없이 됨을 말음.
② 생각이 없음.

83회 20번

무산(霧散)

안개가 걷히듯 흩어져 없어짐. 또는 그렇게 흩어지게 취소됨.

83회 20번

무운(武運)

① 전쟁 따위에서 이기고 지는 운수.
예 **무운**을 점치다.
② 무인으로서의 운수.
예 **무운**이 다하다.

84회 17번

무진장(無盡藏)

① 다함이 없이 굉장히 많음.
예 청복에는 자갈돌이 **무진장**으로 깔려 있었다. 《김용성, 도둑 일기》
② 「물건, 덕이 넘어 끝이 없음. 무궁무진하도 다함이 없는 법의(法義)를 이른다.

84회 19번

미망(迷妄)

사리에 어두워 갈피를 잡지 못하고 헤맴. 또는 그런 상태.
예 **미망**에 빠지다.

85회 20번

미망(未亡)

남편을 죽음이나 따라 죽지 못하고 홀로 남아 있음. 지난날에 지병으로 속마님이 돌아가셔서 속모님은 **미망**의 처지에 놓이셨다.

83회 20번

반향(反響)

① 어떤 사건이나 발표 따위가 세상에 영향을 미치어 일어나는 반응.
예 **반향**을 불러일으키다.
② 음파가 어떤 장애물에 부닥쳐서 반사하여 다시 들리는 현상.
예 돌리 소리가 바위 벽에 부딪혀 **반향**이 되어 들렸다. 《이명기, 흔적과 공허》
③ 「음악」 하나의 음곡소리가 다른 악곡(樂曲)을 곧 약하게 반복하는 일.

83회 19번

북마전(伏魔殿)

① 마귀가 숨어 있는 집이나 굴.
② 비밀리에 나쁜 일을 꾸미는 무리들이 모이거나 활동하는 곳을 비유적으로 이르는 말.
예 북마전으로 알려진 하사관실에서 고기 군다 나온 것은 취진이 깨되고도 한참이나 지나서…. 《윤흥길, 반지와 신발》

85회 19번

사회(司會)

① 회의나 예식 따위를 진행함.
  예 **사회**를 보다.
② 모임이나 예식에서 진행을 맡아보는 사람. =사회자.
  예 이 모임의 **사회**를 소개하겠습니다.

83회, 20번

사회(社會)

① 같은 무리끼리 모여 이루는 집단.
  예 학생 **사회**.
② 학생이나 군인, 죄수 들이 자기가 속한 영역 이외의 영역을 이르는 말.
  예 **사회**에 진출하다.
③ 「사회 일반」 공동생활을 영위하는 모든 형태의 인간 집단. 가족, 마을, 조합, 교회, 계급, 국가, 정당, 회사 따위가 그 주요 형태이다.
④ 「역사」 촌민(村民)이 입춘이나 입추가 지난 뒤에 다섯째 무일(戊日)인 사일(社日)에 모이던 모임.

83회, 20번

슬하(膝下)

무릎의 아래라는 뜻으로, 어버이나 조부모의 보살핌 아래. 주로 부모의 보호를 받는 테두리 안을 이른다.
예 **슬하**에 자녀는 몇이나 두셨소?

84회, 19번

야언(夜言)

알지 못하는 동안에 어느덧. ≒어언간.
예 학교를 졸업한 지도 **야언** 십 년이 지났다.

85회, 17번

역겸(逆旅)

나그네를 맞이한다는 뜻으로, '여관'을 이르는 말.

84회, 19번

이상(理想)

① 생각할 수 있는 범위 안에서 가장 완전하다고 여겨지는 상태.
  예 **이상**을 향한 열정.
② 「철학」 생각할 수 있는 가장 완전한 상태. 절대적인 지성이나 감정의 최고 도달 가능한 상태적 이상과 도달 불가능한 절대적 이상으로 구별할 수 있다.

84회, 20번

진괴(轉科)

① 「교육」 학교에서 규정한 모든 교과 또는 학과.
  예 「교육」 초등학교의 전 교과에 걸친 학습 참고서의 이름.
② 아이는 **진괴**를 찾아보며 숙제를 하였다.

84회, 20번

정산(精算) 84회 17번
정확하게 계산함. 또는 그런 계산.
예 총합 소득세 정산.

지망(志望) 85회 20번
뜻을 두어 바람. 또는 그 뜻.
예 지망 학과.

지적(指摘) 83회 20번
① 꼭 집어서 가리킴.
 예 선생님의 지적을 받은 학생이 의자에서 일어나 책을 읽었다.
② 허물 따위를 드러내어 폭로함.
 예 기성 체제의 수많은 의곡과 부조리에 대해서는 이를다 할 지적이 없으면서 거기에 대응하는 논리들의 허점에는 어찌 그리 신랄한가…. 《이문열, 시대와의 불화》

치지(置之) 83회 17번
내버려두고 문제 삼지 아니함. ≒치지도외.

채산(採算) 85회 19번
① 「경제」 수입과 지출을 맞추어 계산함. 또는 그 계산 내용.
 예 채산을 맞추다.
② 「경영」 원가에 비용, 이윤 따위를 더하여 파는 값을 정함. 또는 그렇게 이익이 있도록 맞춘 계산 내용.
 예 채산이 나빠지다.

철시(撤市) 83회 19번
시장, 가게 따위가 문을 닫고 영업을 하지 아니함. ≒철전.
예 상인들은 휴가 기간에 일제히 철시를 하였다.

탐닉(耽溺) 84회 17번
① 어떤 일을 몹시 좋아하여 거기에 빠짐.
 예 재즈 탐닉.
② "의학」 약물의 반복 사용으로 의존성이 생겨 신체적으로 약물에 의존하지 않고는 정상적인 생활을 할 수 없게 됨. 또는 그런 상태. 정신적 의존인 습관성과 대비되는 개념이다.

03 고유어-한자어 대응

빈출 어휘

맞다
85회 24번
- 당신의 사회적 위상에 맞게 행동하시기 바랍니다. → 부합(符合)하게
- 연습을 하지 못했더니 다른 사람과 춤 동작이 맞지 않았다. → 상응(相應)하지
- 시업 전망에 대한 우리들의 생각이 맞아 함께 협력하기로 했다. → 합치(合致)하여
- 앞선 회담과 달리 이번 회담이 잘 될 것이라는 나의 예상이 맞았다. → 적중(的中)하였다

보다
83회 24번
- 어제 친구와 영화를 보았다. → 감상(鑑賞)하다
- 하루 종일 업무를 보느라 너무 바빴다. → 수행(遂行)하다
- 오늘은 도로공사라 오전에만 환자를 봅니다. → 진료(診療)하다
- 손님이 오시면 주무실 잠자리를 봐 드려야 한다. → 준비(準備)하다

맞잡다
83회 17번
① 서로를 채를 붙이 공중으로 높이 솟아오름. =중천.
② 분하거나 외로운 기개, 기세 따위가 북받쳐 오름. =중천.

호우(好雨)
83회 17번
때를 맞추어 알맞게 오는 비. =영우.

후기(後期)
84회 20번
① 일정 기간을 둘이나 셋으로 나누었을 때의 맨 뒤 기간.
예 조선 후기에 이르러서는 실학사상이 한층 더 고조되었다.
② 뒷날의 기억.
예 후기를 맡다.
③ 「생명, 유사 분별에서, 중간과 말기 사이의 시기. 반수의 염색체나 상동 염색체가 분리되어 양극으로 이동하는 시기를 가리킨다.

희유(稀有)
83회 19번
흔하지 아니함.
예 참으로 근래 희유의 장쾌이었다. 내거기는 내었으나 막상 나서 보니 용기는 초점
될 지경이었다. 《변영로, 명정 40년》

빈출어휘 04 다의어와 동음이의어

*단어의 정의는 국립국어원 표준국어대사전의 사전적 정의를 기준으로 함.

■ 서다
84회 24번

- 지난 결혼식에서 주례를 서기로 친구와 약속했다. → 담당(擔當)하기로
- 앉아 있던 사람들이 어느새 모두 서서 응원을 하고 있었다. → 기립(起立)해서
- 기계가 갑자기 서는 바람에 직원이 모두 일을 멈춰야 했다. → 정지(停止)하는
- 조선이 선 이후로 200년이 지나자 큰 전쟁이 이 땅에서 벌어졌다. → 개국(開國)한

■ 되다²
85회 22번

【…을 …으로】
말, 되, 홉 따위로 가루, 곡식, 액체 따위의 분량을 헤아리다.
⑩ 쌀을 되로 되다.

■ 되다⁴
85회 22번

① 반죽이나 밥 따위가 물기가 적어 빽빽하다.
 ⑩ 밥이 너무 되다.
② 줄 따위가 단단하고 팽팽하다.
 ⑩ 새끼줄로 되게 묶어라.
③ 일이 힘에 부치다.
 ⑩ 일이 되면 쉬어 가면서 해라.
④ 몹시 심하거나 모질다.
 ⑩ 진안 어른한테 된 꾸중을 들었다.

빈출어휘 ● 04 다의어와 동음이의어 16

뜨다¹

물속이나 지면 따위에서 가라앉거나 내려앉지 않고 물 위나 공중에 있거나 위쪽으로 솟아오르다.
예 종이배가 물에 **뜨다**.

83회 22번

뜨다²

① 물기 있는 물체가 제 훈김으로 썩기 시작하다.
예 퇴비가 **뜨다**.
② 누룩이나 메주 따위가 발효하다.
예 아주은 방에 들어서니 곰팡이 **뜨는** 냄새가 난다.
③ 병 따위로 얼굴빛이 누르고 살짝이 부은 것처럼 되다.
예 부종이 들어 **뜬** 얼굴.

83회 22번

뜨다³

① […에서][…을]
다른 곳으로 가기 위하여 있던 곳에서 다른 곳으로 떠나다.
예 고향에서 **뜨다**.
② […을]
(속되게) 몰래 달아나다.
예 그녀는 밤중에 몰래 이 마을을 **떴다**.

83회 22번

죽다¹

① 생명이 없어지거나 끊어지다. ≒운명하다.
예 병이 **죽다**.
② 불 따위가 타지거나 비치지 아니한 상태에 있다.
예 아궁이 불이 **죽어** 방 안이 썰렁하다.
③ 본래 가지고 있던 색깔이나 특징 따위가 변하여 드러나지 아니하다.
예 옷에 풀기가 **죽다**.
④ 성질이나 기운 따위가 꺾이다.
예 기가 **죽다**.
⑤ 마음이나 의식 속에 남아 있지 못하고 잊히다.
예 그날의 기억 이미 **죽은** 지 오래되었다.
⑥ 움직이던 물체가 멈추어 제 기능을 하지 못하다.
예 시계가 **죽어** 바람에 놓쳤다.
⑦ 경기나 놀이 따위에서, 상대편에게 잡혀 제 기능을 하지 못하다.
예 포기 **죽지** 전세가 역전됐으니.
⑧ 글이나 말 또는 어떤 현상의 효력 따위가 현실과 동떨어져 생동성을 잃다.
예 그 글은 이젠 **죽은** 글이 되었다.
⑨ 상대편에게 으름장을 놓거나 상대편을 위협하는 말.
예 너 놓으면 **죽어**.
⑩ ('주로 '죽도록, '죽어라 (하고), '죽자고' 따위의 꼴로 쓰여) 있는 힘을 다한다는 뜻을 이르는 말.
예 **죽도록** 일하다.
⑪ (은유로) 감옥에 가다.

84회 22번

05 어휘의 의미 관계

■ 동의 관계

- 개똥벌레 — 반딧불이

84회 23번

■ 유의 관계

- 나이 — 연령
- 소담하다 — 탐스럽다
- 낯 — 얼굴
- 보잘것없다 — 하찮다
  변변찮다
  볼품없다
  하잘것없다

84회 25번, 83회 23번

■ 부분 관계

- 겨울 — 계단
- 옷 — 단추
- 들보 — 서까래

84회, 83회 23번

■ 상하 관계

- 채소 — 냄새

84회 23번

- 기호품 — 커피
- 운동 — 요가
- 탈것 — 기마
- 예술 — 문학

84회, 83회 23번

■ 높임 관계

- 먹다 — 잡수다
- 있다 — 계시다
- 주다 — 드리다
- 보다 — 뵙다
- 자다 — 주무시다

85회 23번

■ 반의 관계

- 진실 — 거짓
- 무겁다 — 가볍다

85회 25번, 83회 23번

빈출 어휘

06 속담

◼ 곽란에 약 지으러 보내면 좋겠다
급히 서둘러야 할 경우에도 미련하여 행동이 민첩하지 못함을 비꼬는 말.

84회 26번

◼ 달밤에 삿갓 쓰고 나온다
가뜩이나 미운 사람이 더 미운 짓만 함을 비유적으로 이르는 말.
〈동의 속담〉 '못난 색시 달밤에 삿갓 쓰고 나선다[다닌다]', '못생긴 며느리 제삿날에 병난다', '예쁘지 않은 며느리가 삿갓 쓰고 으슥을 달밤에 나선다'

83회 26번

◼ 땅 넓은 줄 모르고 하늘 높은 줄만 안다
키만 홀쭉하게 크고 마음 좁음을 놀림조로 이르는 말.

85회 26번

◼ 똑 본 김에 제사 지낸다
우연히 좋은 기회에, 하려던 일을 해치운다는 말.
〈동의 속담〉 '떡 본 김에 굿한다', '소매 긴 김에 춤춘다'

83회 26번

◼ 말할 때 모르고 미역 노릇한다
제대로 알지도 못하면서 일을 하려고 함을 이르는 말.
〈동의 속담〉 '맥도 모르고 침통 흔든다', '짓도 모르고 조복(朝服) 마른다'

85회 26번

◼ 맥도 모르고 침통 흔든다
제대로 알지도 못하면서 일을 하려고 함을 이르는 말.
〈동의 속담〉 '말할 모르고 미역(馬醫) 노릇 한다', '짓도 모르고 조복(朝服) 마른다'

85회 26번

◼ 물이 깊어야 고기가 모인다
① 자기에게 덕망이 있어야 사람들이 따르게 됨을 비유적으로 이르는 말.
〈동의 속담〉 '숲이 깊어야 도깨비가 나온다', '덤불이 커야 도깨비가 난다', '산이 깊어야 범이 있다'
② 일정한 바탕이나 조건이 갖추어져야 그것에 합당한 내용이 따르게 됨을 비유적으로 이르는 말.
〈동의 속담〉 '숲이 깊어야 도깨비가 나온다', '덤불이 커야 도깨비가 난다', '산이 깊어야 범이 있다', '숲이 커야 짐승이 나온다[든다]'

83회 26번

빈출 어휘 ◆ 06 속담   **19**

새 잡아 진치할 것 소 잡아 진치한다   84회 26면
어떤 일을 처음에 소홀히 하다가 나중에 큰 손해를 보게 비유적으로 이르는 말. 〈동의 속담〉 '닭 잡아 겪을 나그네 소 잡아 겪는다', '닭 잡아 할 제사 소 잡아 하게 된다'

섶 지고 불로 들어가려 한다   83회 26면
당장에 불이 붙는 섶을 지고 이글거리는 불 속으로 뛰어든다는 뜻으로, 앞뒤 가리지 못하고 미련하게 행동함을 놀림조로 이르는 말.

여름 하늘에 소나기   84회 26면
흔히 있을 만한 일이니 조금도 놀랄 것이 없음을 비유적으로 이르는 말.

잣도 모르고 조복 마른다   85회 26면
제대로 알지도 못하면서 일을 하려고 함을 이르는 말. 〈동의 속담〉 '맥도 모르고 침통 흔든다', '말뜻도 모르고 마의(馬醫) 노릇 한다'

젖은 쓰고 약 먹기   83회 26면
겉으로는 점잖고 얌전한 체하면서 남이 보지 않는 데서는 좋지 않은 행동을 하는 경우에 비유적으로 이르는 말. 〈동의 속담〉 '포선 뒤에서 엿 먹는 것 같다'

적도 모르고 가지 먹다   85회 26면
적도 쓸 줄 모르면서 가지를 따러 든다는 뜻으로, 기초적인 것도 모르면서 어려운 것을 하려 드는 경우를 이르는 말.

초라니 엿을 보아도 능구렁이 하나는 못 본다   84회 26면
까불까불하고 경박한 사람보다 속이 의뭉한 사람이 깊이 지내기에 더 어려움을 비유적으로 이르는 말.

칠팔월 수수잎   84회 26면
성깔이 약하여 마음을 정치 못하고 반복하기를 잘하는 사람을 비유적으로 이르는 말.

민출 어휘 07 사자성어

■ 경장해사(鯨戰蝦死)
83회 27번

고래 싸움에 새우 등 터진다는 뜻으로, 강한 자끼리 서로 싸우는 통에 아무 상관도 없는 약한 자가 해를 입음을 비유적으로 이르는 말.

■ 금란지계(金蘭之契)
84회 27번

친구 사이의 매우 두터운 정을 이르는 말.

■ 만불성설(萬不成說)
85회 27번

말이 전혀 사리에 맞지 아니함.

예 이 새는 배 임금이라고 수차 말한다 하니 이 권철의 평생 내력을 보건대 배 임금 이라 함은 만불성설이라…. 《대한매일신보》

■ 목불인견(目不忍見)
83회 27번

눈앞에 벌어진 상황 따위를 눈 뜨고는 차마 볼 수 없음.

예 부서진 책상과 사무 집기들이 온통 목불인견의 난장판을 이루고 있었다. 《이청준, 당신들의 천국》

■ 불치하문(不恥下問)
84회 27번

손아랫사람이나 지위나 학식이 자기만 못한 사람에게 모르는 것을 묻는 일을 부끄러워하지 아니함.

■ 이전인수(我田引水)
85회 27번

자기 논에 물 대기라는 뜻으로, 자기에게만 이롭게 되도록 생각하거나 행동함을 이르는 말.

예 그들은 서로를 이전인수 격으로 각자 자기 방향으로 일을 해석했다. 《박종화, 임진왜란》

■ 우공이산(愚公移山)
84회 27번

우공이 산을 옮긴다는 뜻으로, 어떤 일이든 꾸준히 노력하면 반드시 이루어짐을 이르는 말. 우공(愚公)이라는 노인이 집 앞을 가로막은 산을 옮기려고 대대로 산의 흙을 파서 나르겠다고 하여 결국은 산신령이 산을 옮겨 주었다는 데서 유래한다. 《열자(列子)》의 〈탕문편(湯問篇)〉에 나오는 말이다.

예 나는 우공이산을 좌우명 삼아 묵묵히 일한다.

적반하장(賊反荷杖)

도둑이 도리어 매를 든다는 뜻으로, 잘못한 사람이 아무 잘못도 없는 사람을 나무람을 이르는 말.

예 적반하장도 유분수지.

85회 27번

전전반측(輾轉反側)

누워서 몸을 이리저리 뒤척이며 잠을 이루지 못함.

예 임숙한 제 형인 자신의 탐학한 사실까지 토설해 버릴 염려도 없지 않은지라 무척이나 떨릴 새록 전전반측이었다. 《김주영, 객주》

84회 27번

주마간산(走馬看山)

말을 타고 달리며 산천을 구경한다는 뜻으로, 자세히 살피지 아니하고 대충대충 보고 지나감을 이르는 말.

예 주마간산으로 구경 하고 오면 눈만 높아졌을 뿐이요……. 《염상섭, 젊은 세대》

85회 27번

지록위마(指鹿爲馬)

윗사람을 농락하여 권세를 마음대로 함을 이르는 말. 중국 진(秦)나라의 조고(趙高)가 자신의 권세를 시험하여 보고자 황제 호해(胡亥)에게 사슴을 가리키며 말이라고 한 대서 유래한다.

창해일속(滄海一粟)

넓고 큰 바닷속의 좁쌀 한 알이라는 뜻으로, 아주 많거나 넓은 것 가운데 있는 매우 하찮고 작은 것을 이르는 말. 중국 북송의 문인 소식의 〈전적벽부(前赤壁賦)〉에 나오는 말이다.

예 지구도 무한 광대한 우주에 비하면 창해일속만도 못하거늘 하물며 그 속의 인간이야 얼마나 미미한 존재이랴!

83회 27번

천의무봉(天衣無縫)

천사의 옷은 꿰맨 흔적이 없다는 뜻으로, 일부러 꾸민 데 없이 자연스럽고 아름다우면서 완전함을 이르는 말. 《태평광기》의 곽한(郭翰)의 이야기에 나오는 말이다. 주로 시가(詩歌)나 문장에 대하여 이르는 말이다.

83회 27번

쾌도난마(快刀亂麻)

어지럽게 뒤얽힌 사물이나 꼬여서 풀기 어려운 문제들을 명쾌하게 처리함을 이르는 말.

예 신임 회장은 산적한 문제들을 쾌도난마로 처리했다.

84회 27번

호각지세(互角之勢)

역량이 서로 비슷비슷한 위세.

예 새로운 입지 말을 이으며, 두 사람은 호각지세였다.

83회 27번

08 관용구

배(를) 두드리다
생활이 풍족하거나 살림살이가 윤택하여 안락하게 지내다.
예) 그도 이제는 가난한 시절 다 보내고 배를 두드리며 세월 좋게 산다.
84회 28번

배(를) 불리다[채우다]
재물이나 이득을 많이 차지하여 사리사욕을 채우다.
예) 그는 시간이 흐를수록 요행껏 자기 배를 불리기에 정신이 없었다.
84회 28번

배(를) 앓다
남 잘되는 것에 심술이 나서 속을 태우다.
예) 우리가 중형 자동차를 장만하니까 옆집에서 은근히 배를 앓는 것 같았다.
84회 28번

배가 등에 붙다
먹은 것이 없어서 배가 홀쭉하고 몹시 허기지다.
예) 3일을 걸음 잃고 산속에서 헤매었더니 배가 등에 붙었다.
84회 28번

배에 기름이 끼다
살림이 넉넉하여지다.
예) 이놈의 친구가 장사가 되나 보군, 배에 기름이 끼었어. 《한수산, 유민》
〈동의 관용구〉 '배에 기름이 오르다'
84회 28번

입(을) 씻기다
돈이나 물건 따위를 주어 자기에게 불리한 말을 못 하도록 하다.
예) "그러지 말고 그 애들 돈푼 쥐서 입을 씻기세요." 하고 일러 준다. 《염상섭, 취우》
85회 28번

입이 궁금하다
배가 출출하여 무엇이 먹고 싶다.
예) 세끼 밥만으로는 운종을 입이 궁금할 나이이기도 했지만 건동한테 들키서 도망 다니고 하면서도 재미에 더 그러는 것 같았다. 《박완서, 그 많던 싱아는 누가 다 먹었을까》
〈동의 관용구〉 '입이 심심하다'
83회 28번

입이 높다

보통 음식으로 만족하지 아니하고 맛있고 좋은 음식만을 바라는 버릇이 있다.

예) 저 친구는 입이 높아서 고급 음식점이 아니면 가지도 않는다.

85회, 28번

입이 되다

맛있는 음식만 먹으려고 하는 버릇이 있어 음식에 매우 까다롭다.

예) 별로 좋지 않은 가정 형편에 남편이 입이 되어 아내가 무척 고생이 심한 모양이야.

83회, 28번

입이 마르다

다른 사람이나 물건에 대하여 거듭해서 말하다.

〈동의 관용구〉 '침이 마르다', '입에 침이 마른다', '입이 닳다', '혀가 닳다'

예) 김 과장은 놀음이 끝내미 지랑에 아주 입이 말라.

85회, 83회, 28번

입이 밭다[짧다]

음식을 심하게 가리거나 적게 먹다.

예) 저 아이가 저렇게 마른 것은 다 입이 밭기 때문이지.

입이 쓰다

어떤 일이나 말 따위가 못마땅하여 기분이 언짢다.

예) 동네 사람들에게 친절한 사람으로 비쳤던 김 씨가 사실 엄청난 사기꾼이었다는 말을 듣고 모두들 입이 썼다.

〈동의 관용구〉 '입맛이 쓰다'

83회, 28번

입이 여물다

말이 분명하고 실속이 있다.

예) 그녀는 아무지게 생긴 얼굴 못지않게 입이 여물어 함께 일하기에 편하다.

83회, 28번

말뜻 어휘 09 순화어

■ 가사(假舍) → 설명, 가경

가정하여 말하여.

85회 29번

■ 골조(骨組) → 뼈대

① 「건설」 건물 따위의 뼈대.
② 「건설」 건물 뼈대의 짜임새.

83회 29번

■ 교부(交付) → 내줌

① 내어줌.
  예 대학 입시 원서 교부가 오늘부터 시작되었다.
② 「법률」 물건을 인도하는 일.

84회 29번

■ 기실(其實) → 사실은

① 실제의 사정.
  예 얼핏 보기에는 쉬워 보이지만 기실은 여간 어렵지 않다.
② 실제에 있어서.
  예 미호하고 과정하려 들 때지만 기실 그 진상은 독백에도 단순하고 명박하다.
  ≪이문열, 이 좋은란 역에서≫

85회 29번

■ 도괴(倒壞) → 무너지

넘어지거나 무너짐. 또는 넘어뜨리거나 무너뜨림. ≒도궤.
  예 왼권의 도괴.

83회 29번

■ 미상불(未嘗不) → 아닌 게 아니라

아닌 게 아니라 과연. ≒미상비.
  예 대영 계급장을 달고서 장군이라는 말을 들으니 미상불 기분이 좋은 것 같았다.
  ≪김용성, 리빠똥 장군≫

84회 29번

만출(挽出) → 흥단

상자나 부스럼 따위가 다 나은 뒤에 남은 자국.
예 천연두를 앓고 **만출**이 생겼다.

83회 29번

보식(補植) → 보충하여 심음

「농업」 심은 식물이 죽거나 상한 자리에 보충하여 심음.

83회 29번

부불금(賦拂金) → 할부금

부불(賦拂): 여러 번으로 나누어 지불함.

83회 29번

수의 시담(隨意示談) → 가격 협의

• 수의(隨意): 하고 싶은 대로의 제 마음이나 의지.
예 **수의**에 맡기다.
• 시담(示談)
① 새롭게 효례를 의도로 먼저 가는 말.
② '말씀', 민사상의 분쟁을 재판 이외에 당사자 간에 해결하는 일. 또는 그 화해 계약. =흥해.

84회 29번

심방조사(尋訪調査) → 방문 조사

• 심방(尋訪): 방문하여 찾아봄. =심문.
예 일 년에 한 번 한식 때에나 누이의 **심방**을 받는 최용준의 무덤은 발초로 무성 서 덧정이 만이나 벗겨지고 묘표가 비스듬히 쓰러졌다. 《심훈, 영원의 미소》
• 조사(尋査): 사물의 내용을 명확히 알기 위하여 자세히 살펴보거나 찾아봄.
예 사고 경위 **조사**.

85회 29번

이격(離隔) → 떨어짐

사이가 벌어짐. 또는 사이를 벌려 놓음.

85회 29번

재가(裁可) → 허가하였다.

① 안건을 결재하여 허가함.
예 **재가**를 얻다.
② '역사', 왕이 직접 안건에 어새(御璽)를 찍고 결재하여 허가하던 일.
예 이제 우리가 내세운 배정 개혁 조항은 상감이 **재가**를 하신 것인 만큼 조합은 우리 농민군들이고 조정 사이에 이루어진 약속입니다. 《송기숙, 녹두 장군》

84회 29번

■ **환부율(還付率)** → 반송률 84회 29번

환부(還付)
① 도로 돌려줌.
② 「법률」 법원, 행정 기관 따위의 처분으로 압수한 물건을 본디의 소유자, 소지자, 보관자에게 돌려줌. 또는 그런 일.

■ **곤색(kon[紺]色)** 83회 30번
→ 감색, 감청색

■ **노쇼(no show)** 84회 30번
→ 예약 부도

■ **데이터 마이닝(data mining)** 85회 30번
→ 정보 채굴

■ **레저(leather)** 84회 30번
→ 인조 가죽

■ **마더 팩토리(mother factory)** 83회 30번
→ 핵심 공장

■ **레거시 미디어(Legacy Media)** 83회 30번
→ 기성 매체

■ **바우처(voucher)** 84회 30번
→ 이용권 제도

■ **그린 스완(green swan)** 85회 30번
→ 기후발 위기

■ **시그니처 아이템(signature item)** 84회 30번
→ 대표 상품

■ 아그로(aggro)   83회, 30번

→ 억지 주목

■ 엑기스(ekisu)   83회, 84회, 30번

→ 진액, 농축액

■ 이니셔티브(initiative)   85회, 30번

① 주도권, 선제권
② 구상
③ 발의, 발의권

■ 카르텔(Kartell)   85회, 30번

① 기업 연합
② 담합, 담합 집단, 이권 공동체

■ 파인 다이닝(fine-dining)   85회, 30번

→ 고급 식사

01 한글 맞춤법 및 표준어

■ 사이시옷

- 사이시옷은 합성어에만 해당한다. (파생어 X)
- 한자어 + 한자어 조합은 해당하지 않는다.
  → 예외: 곳간, 숫자, 횟수, 곳간, 찻간, 툇간
- 앞말이 모음으로 끝나야 한다.
- 위의 조건들과 아래의 발음상 조건을 충족해야 한다.
  • 뒷소리되기: 뒷말의 첫소리가 예사소리(ㄱ, ㄷ, ㅂ, ㅅ, ㅈ)일 때, 사이시옷 삽입
  으로 인해 된소리(ㄲ, ㄸ, ㅃ, ㅆ, ㅉ)로 발음되는 현상
  예 기댓값 [기대깝]
  • 'ㄴ' 소리 덧남 : 뒷말 첫소리 'ㄴ, ㅁ' 앞에서 'ㄴ' 소리가 덧날 때
  예 잇몸 [인몸]
  • 'ㄴㄴ' 소리 덧남: 뒷말 첫소리 모음 앞에서 'ㄴㄴ' 소리가 덧날 때
  예 깻잎 [깬닙]

■ 표준어와 호동

O	X
얹혀살다	얹혀살다
설거지	설겆이
아는 체하다, 알은체하다	알은 체하다
가져가기	가져가기
예스럽다	옛스럽다
자투리	짜투리
새침데기	새침떼기
철썩같이	철석같이
헤프다	헤프다
찢어다	찢어다
오므리다	오무리다
아줌잡다	아줌잡다
부조금	부주금
맡결	맡겻
눈곱시다	눈꼽시리다

쌕쌕쌕쌕	쌕쌕쌕쌕
쌕색색색	쌕색색색
쑥덕쑥덕	쑥덕쑥덕
쑥덕쑥덕	쑥덕쑥덕
들입다	들입다
건넛마을	건넛마을
병이름	벼라별
고갯짓	고깨짓
둥그레	둥그레
지그메	지고매
줌다래	줌다래
새빨개	새빨개
기대래	길다래
기없다	기없다
기엽하다	기엽차다
고갱	고갱
흘르리다, 흘르리다	흘르리다
끌쩡거리다	끌쩡거리다
끌적거리다	끌적거리다
플짝거리다	플짝거리다

꿈쩍거리다	꿈쩍거리다
힐쩍거리다	힐쩍거리다
매스겁다	매시겁다
무이	무화
박신거리다	박신거리다
맛보기	맛빼기

쓰임에 따라 달라지는 맞춤법

● 집다/지문
예) 허리띠를 질끈 매다. / 바람에 나뭇가지가 지끈 부러졌다.

● 받치다/바치다
예) 감정에 받쳐 서럽게 눈물을 흘렸다. / 새로 부임한 군수에게 음식을 만들어 바쳤다.

● 걷잡다/겉잡다

예) 날씨가 걷잡을 수 없이 나빠졌다. / 이 일은 겉잡아 사흘은 걸릴 일이다.

● 부치다/붙이다
예) 편지를 부쳤습니다. / 벽에 포스터를 붙였습니다.

● 맞추다/맞히다
예) 옷 사이즈를 맞췄습니다. / 퀴즈 답을 맞혔습니다.

● 한심하다/신뜻하다
예) 기분이 오나 기분이 신뜻하다. / 기분이 신뜻하다.
→ '신뜻하다'는 '신뜻하다'보다 센 느낌을 준다.

- 목욕/목욕
  - 묵고 있던 일이 목욕 때올렸다. / 목욕 불쾌한 느낌이 든다.
  → '목욕'은 '묵욕'보다 센 느낌을 준다.
- 함박/함빡
  예 함격 소식에 임이 함빡만 해졌다. / 아기가 엄마를 보고 함빡 웃는다.
- 깜박/깜빡
  예 친구와의 약속을 깜빡 잊고 있었다. / 나는 그 말을 듣지 그만 깜빡 정신을 잃 고 말았다. 《김원일, 노을》
  → '깜빡'은 '깜박'보다 센 느낌을 준다.
- 건듯/건뜻
  예 파봇인 비가 거짓말처럼 건듯 개었다. / 휘몰아치는 정 주사의 머리에서, 필경 는 맥고자가 건듯 벗어져… 《채만식, 탁류》
  → '건뜻'은 '건듯'보다 센 느낌을 준다.
- 붇다/붓다
  예 국수가 불으면 맛이 없으니 얼른 먹자 / 묵이 부어서 말을 하기 어렵다.
  → 붇다의 활용: 붇다 - 불어 - 불으니 - 붇는
  → 붓다의 활용: 붓다 - 부어 - 부으니 - 붓는

■ 부사 '-이/-히'의 구분

부사의 끝음절이 분명히 '이'로만 나는 것은 '이'로 적고, '히'로만 나거나 '이'나 '히' 로 나는 것은 '히'로 적는다.
- '이'로만 나는 것
  예 일일이, 나직이, 고즈넉이, 나긋이, 깊숙이, 반듯이
- '히'로만 나는 것
  예 간절히, 말끔히

■ 접두사 '숫-/수-'의 사용

수컷을 이르는 접두사는 '수-'로 통일한다. (단, 양, 염소, 쥐는 '숫-'으로 표기)
예 숫양, 숫염소, 숫쥐

■ 'ㅎ' 불규칙 활용

'ㅎ' 받침으로 끝나는 어간 뒤에 모음이나 'ㄴ, ㄹ, ㅁ'이 오면 'ㅎ'은 탈락한다.
예 하얗다 → 하얘
   허옇다 → 허예
   누렇다 → 누렇
   까맣다 → 까맘
   말갛다 → 말게

밑줄 앞 02 띄어쓰기

■ 보조 용언의 띄어쓰기

보조 용언은 띄어 씀을 원칙으로 하되, 경우에 따라 붙여 씀도 허용한다.

• 반드시 띄어 써야 하는 경우
① '-나 보다', '-나 보다', '-었나 보다' (추측 표현)
  예 '춥나 보다'
② 앞말에 조사가 붙은 경우
  예 '읽어는 보았다' (○), '읽어는보았다' (×)
③ 앞말이 합성어나 파생어일 경우
  예 '떠내려가 버렸다' (○), '떠내려가버렸다' (×)
④ 보조 용언이 구 전체에 결합한 경우
  예 '마음에 들어 하다' (○), '마음에들어하다' (×)

• 붙여 쓰는 것을 허용하는 경우
① 본용언과 보조 용언 사이가 '-아/어' 꼴로 이어지는 경우
② 의존 명사에 '하다'나 '싶다'가 붙은 경우

■ 의존 명사와 어미의 구분

• 의존 명사: 앞말과 띄어 쓰며, 혼자서는 의미를 가진다.
  예 오늘은 반드시 지금 하는 일을 끝낼∨터이다. (○) / 오늘은 반드시 지금 하는 일을 끝낼터이다. (×)

• 어미: 동사나 형용사 어간에 붙는 문법 요소이므로 붙여 쓴다.
  예 선물을 받아 이렇게 기쁠데라니! (○) / 선물을 받아 이렇게 기쁠∨데라니! (×)
  시간이 갈수록 날이 짧아지고 있다. (○) / 시간이 갈∨수록 날이 짧아지고 있다. (×)
  도움은 못 줄망정 방해는 하지 마라. (○) / 도움은 못 줄∨망정 방해는 하지 마라. (×)
  그 모양을 볼작시면 어김없는 상거지다. (○) / 그 모양을 볼∨작시면 어김없는 상거지다. (×)

■ 고유 명사의 띄어쓰기

• 해, 섬, 강, 산, 산맥' 등이 들어간 고유 명사는 한 단어로 붙여 쓴다.
  예 성진강, 태백산맥, 카스피해
• '독시어해'는 책명으로 한 단어로 붙여 쓴다.

발음 어법

03 표준 발음법

■ 음절 끝소리 규칙

받침이 있을 때 실제 발음은 'ㄱ, ㄴ, ㄷ, ㄹ, ㅁ, ㅂ, ㅇ' 7개 중 하나로만 난다.

옷있다	→ 오딛따
되갚다	→ 되갑따/돼갑따
되밟다	→ 되밥따/돼밥따
맛있다	→ 마딛따/마싣따
멋있다	→ 머딛따/머싣따

■ 자음동화와 경음화

· 한자어의 자음동화: 한자어에서 'ㄹ' 받침 뒤에 'ㄷ, ㅅ, ㅈ'이 올 경우, 된소리로 바뀌는 자음동화 현상이 규칙적으로 나타난다.
(예 갈등[갈뜽], 발달[발딸], 몰상식[몰쌍식], 불세출[불쎄출])

· 합성어 경음화: 합성 명사에서 보이는 경음화는 항상 예외 없이 일어나는 것은 아니나, 두 구성 요소의 의미가 각각 분명히 인식된다면 생략되는 경우가 많다.
(예 산도둑[산도둑])

■ 표준 발음법 제12항, 제23항

표준 발음법 제12항

받침 'ㄱ(ㄲ), ㄷ, ㅂ(ㅃ), ㅈ(ㄵ)'이 뒤 음절 첫소리 'ㅎ'과 결합되는 경우에도, 역시 두 음을 합쳐서 [ㅋ, ㅌ, ㅍ, ㅊ]으로 발음한다.

표준 발음법 제23항

받침 'ㄱ(ㄲ, ㅋ, ㄳ, ㄺ), ㄷ(ㅅ, ㅆ, ㅈ, ㅊ, ㅌ), ㅂ(ㅍ, ㄼ, ㄿ, ㅄ)' 뒤에 연결되는 'ㄱ, ㄷ, ㅂ, ㅅ, ㅈ'은 된소리로 발음한다.

국자하다	→ 국짜하다
넓적하다	→ 넙쩌카다
발족하다	→ 납쪽하다
넓둥글다	→ 넙뚱글다
귀담듣다	→ 귀담듣다
늙수그레하다	→ 늑쑤그레하다

빈출 어법

04. 외래어 표기법/로마자 표기법

■ 외래어 표기법

- 한글 24자만 사용: 외래어는 한글의 기존 자모만 사용하고, 새로운 기호·부호는 쓰지 않는다.
- 외래 소리는 대체로 '1음운 → 1기호'로 대응된다.
- 받침으로 쓰는 자음은 'ㄱ, ㄴ, ㄹ, ㅁ, ㅂ, ㅅ, ㅇ'만 허용한다.
- 파열음(p, t 등)은 된소리로 쓰지 않는다.

cardigan	→ 카디건
mystery	→ 미스터리
narration	→ 내레이션
climax	→ 클라이맥스
knockdown	→ 녹다운
placard	→ 플래카드
kick-board	→ 킥보드
outlet	→ 아웃렛
after service	→ 애프터서비스
symposium	→ 심포지엄
bonnet	→ 보닛
cut	→ 컷(사진 인화), 첫(사진 편집/카드(머리))
croissant	→ 크루아상
business	→ 비즈니스
brochure	→ 브로슈어

■ 로마자 표기법

- 국어의 로마자 표기는 표준 발음을 기준으로 적는다.
- → 발음 철자보다는 실제 소리 나는 대로 적는다.
- 예 여민락[여밀락] → Yeomillak
- 음운 변화(음, 자음동화 등)가 있을 경우, 그 '음' 결과'를 따른다.
- 예 뱃노래[밴노래] → Baennorae, 여민락[여밀락] → Yeomillak
- 형태소 결합에 의해 나타나는 발음상의 된소리는 표기하지 않는다(단, 단어 자체가 원래 된소리인 경우는 반드시 표기).
- 예 법고[법꼬] → Beopgo, 깍두기[깍뚜기] → Kkakdugi

여민락	Yeomillak
뱃노래	Baennorae
법고	Beopgo
깍두기	Kkakdugi

역산회상	Yeongsanhoesang
동래 학춤	Dongnae hakchum
백암산	Baegamsan
설악산	Seoraksan
덕룡산	Deongnyongsan
한라산	Hallasan
북한산	Bukhansan
연희동	Yeonhuidong
별내	Byeollae
신문로	Sinmunno
학여울	Hangnyeoul
흑석동	Heukseokdong

빈출 어법

05 어법에 맞는 표현

■ 부사 '마치'

흔히 '처럼', '듯', '듯이' 따위가 붙은 단어나 '같다', '양하다' 따위와 함께 쓰여 '거의 비슷하게'라는 의미를 나타냄

예 훈태양은 조선에는 마치 태양을 둘러싸는 고리 모양의 띠를 이루고 있어 이런 이름이 붙었다.
→ 훈태양은 조선에는 마치 태양을 둘러싸는 듯한 고리 모양의 띠를 이루고 있어 이런 이름이 붙었다.

■ 높임 표현

• 주체 높임법: 문장의 주어(행위 주체)를 높임
  예 어머니는 키가 작으십니다.
  어제 선생님께서 전화를 하셨어.
  어머님께서 기다리실 테니 어서 집으로 가요.

• 객체 높임법: 서술어가 가리키는 행위 대상을 높임
  예 삼촌께서 할머니를 모시고 오셨다.

• 상대 높임법: 청자의 높고 낮음을 반영한 종결 어미 사용
  예 아르신, 이쪽에 앉으십시오.
  오늘은 비가 내릴 것 같습니다.
  이 사람, 음식 솜씨가 대단하구려!

■ 중복 표현

• 수식어의 위치 불분명
• 조사 해석의 모호성
• 주어/목적어 생략으로 인한 해석의 다의성
• 흔동 관계 불분명

예 아직도 올 사람이 다 안 왔다.
나는 동생보다 언니와 더 친하다.
시장에서 사과와 배 두 개를 샀다.
나는 철수와 영희의 결혼식에 참석했다.

버스가 올 때까지 얘기 않아 계십시오.
하루 종일 바쁘게 돌아다니다 피곤하니 일찍 참시다.
우리 힘껏 일해 보세.
오늘따라 아이가 밥을 잘 먹는구려.
밥맛이 차지 쫓을 담아 주십시오.
시간이 늦었으니 내일 다시 오겠어요.
약속 시간이 얼마 남지 않았으니 빨리 가자.

문장성분의 호응

주어와 서술어의 호응, 목적어 생략 또는 중복, 중의적 표현, 조사의 사용 오류 등으로 문장의 중심 성분이 논리적으로 맞물리는지 확인해야 한다.

- 된장찌개에는 특유의 구수한 향과 함께 짠 맛이 우러나 어떤 음식과도 잘 어울린다.
  → 된장찌개는 특유의 구수한 향과 함께 맡고 짠 맛이 우러나 어떤 음식과도 잘 어울린다.

- 이러한 상황 속에서 인간은 자연을 지배하는 대상이 아니라 복종하는 지연과의 관계를 새롭게 정립해야 한다는 목소리가 높아지고 있다.
  → 이러한 상황 속에서 인간은 자연을 지배하는 대상이 아니라 자연에 복종하는 대상으로 자연과의 관계를 새롭게 정립해야 한다는 목소리가 높아지고 있다.

06 문장 부호

쉼표(,)	공통 성분을 줄여 하나의 어구로 묶어 쓸 때 '가운뎃점' 대신 쓸 수 있다.
	오늘부터 초, 중, 고등학교가 방학이다.
	주의가 미쳐야 할 곳이나 중요한 부분을 특별히 드러내 보일 때 쓴다.
	다음 중 한국어의 특징이 아닌 것은?
말줄임표(……)	예술 작품의 제목을 나타낼 때 '홑낫표' 대신 쓸 수 있다.
	이 작품은 슈베르트가 작곡한 '송어'이다.
붙임표(-)	'기간'을 나타낼 때 '물결표' 대신 쓸 수 있다.
	1월 1일-12월 31일
가운뎃점(·)	특정한 의미가 있는 날을 표시할 때 쓸 수 있다.
	3·1 운동
큰따옴표("")	책의 제목이나 신문 이름 등을 나타낼 때 쓴다.
	이 책의 이름은 "조선독립운동사"이다.
줄표(-)	문장 중간에 끼어드는 어구의 앞뒤에 쓸 수 있다.
	나는 ― 솔직히 말하면 ― 그를 만나고 싶지 않아.
겹낫표(『』)	책의 제목이나 신문 이름 등을 나타낼 때 쓴다.
	이 책의 이름은 『독립신사』이다.
홑낫표(「」)	소제목, 상호, 법률, 규정 등을 나타낼 때 쓴다.
	「국어기본법에서는 국어의 지위를 규정한다.

빈출 어휘

07 반의 두 표현

- 연회장은 이 건물에 위치하고 있습니다.
  → 연회장은 이 건물에 있습니다.
- 이 꽃은 역할에게 주어진 생일 선물이다.
  → 이 꽃가 받은 생일 선물이다.
- 일찍 출발했음에도 불구하고 지각을 했다.
  → 일찍 출발했지만 지각을 했다.
- 그는 현재 행정 업무를 담당하고 있는 중이다.
  → 그는 현재 행정 업무를 담당하고 있다.
- 나에게 있어서 혼자만의 시간은 매우 소중하다.
  → 나에게 혼자만의 시간은 매우 소중하다.
- 우리 학교는 산 중턱에 위치하고 있다.
  → 우리 학교는 산 중턱에 있다.
- 교육은 공부하는 것을 통해 이루어진다.
  → 교육은 공부하는 것으로 이루어진다.
- 이번 사건으로 인해 재중이 6킬로그램이나 빠졌다.
  → 이번 사건으로 재중이 6킬로그램이나 빠졌다.
- 청동기 시대에 청동은 특권층의 무기로 사용되었다.
  → 청동기 시대에 청동은 특권층의 무기로 사용되었다.
- 한 사람이 필요로 하는 분량이 얼마나 됩니까?
  → 한 사람에게 필요한 분량이 얼마나 됩니까?

- 근무 시간에 자주 자리를 비우는 행위는 근무 태만 행위에 다름 아니다.
  → 근무 시간에 자주 자리를 비우는 행위는 근무 태만 행위와 다름없다.
- 고령화 사회에서 지배만큼이나 주의를 요하는 노인성 질환이 파킨슨병이다.
  → 고령화 사회에서 지배만큼이나 주의해야 하는 노인성 질환이 파킨슨병이다.
- 신호등을 무시하고 길을 건너던 김 씨가 큰 경에 의해 연행되었다.
  → 신호등을 무시하고 길을 건너던 김 씨를 순경이 연행했다.
- 조직 내 인사이동에 대해 책임자의 현명한 판단이 요구된다.
  → 조직 내 인사이동에 대해 책임자가 현명하게 판단해야 한다.

08 부언

갑자다	→ 채충하다
곰쟁이	→ 곱절, 두 배
개주무리	→ 감기 몸살
기딜이	→ 구더기
가이방다	→ 비슷하다
깨구락지	→ 개구리
미우다	→ 메우다
괄락괄락	→ 벌컥벌컥
맞지	→ 잔난질, 장난
솜보시구서	→ 훔보시고서
궤녁시리	→ 괜히
무사	→ 왜
아무땃나	→ 함부로
음시레기	→ 잔부

"기출 분석 좋은"
시대에듀# 자격증수험서

KBS한국어능력시험
공식기출 문제집 + 무료강의
제85, 84, 83회

2025 기분좋은
KBS한국어능력시험
#반반끝 단기기본서 + 공식기출 3회

기분좋은
오늘 NCS 완료 시즌1
#오N완 #NCS루틴 #100%새문항

2025 기분좋은
#해품사 한능검 [심화 1·2·3급]
시대별 기출회독 600제 + 기출선지

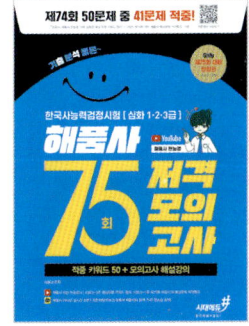

[75회 저격모의고사]
기분좋은 한국사능력검정시험 심화
[해품사 적중 키워드 50 + 모의고사 해설강의]

시대에듀# 블루스마일과 함께 빠르고 기분 좋게 합격하세요!

sdedu.co.kr/book
부가학습자료(도서업데이트) 및 정오표, 교재문의

정가 30,000원

ISBN 979-11-383-9624-0